城市轨道交通运营与维修技术丛书

城市轨道交通
通信信号系统运行与维修

何宗华　汪松滋　何其光　主编

中国建筑工业出版社

图书在版编目（CIP）数据

城市轨道交通通信信号系统运行与维修 / 何宗华等主编.
北京：中国建筑工业出版社，2006
（城市轨道交通运营与维修技术丛书）
ISBN 978－7－112－08725－9

Ⅰ.城… Ⅱ.何… Ⅲ.①城市铁路-交通信号-运行
②城市铁路-交通信号-维修 Ⅳ.U239.5

中国版本图书馆CIP数据核字（2006）第121512号

本书包括上、下两篇共22章，上篇通信系统运行与维修包括：城市轨道交通通信系统概述、传输系统、电话系统、无线集群调度系统、时钟系统、闭路电视系统、广播系统、电源系统、通信综合网络管理系统、电缆和光缆、通信系统维护检修的通用规定、城市轨道交通通信系统的发展。下篇信号系统运行与维修包括：城市轨道交通信号系统概述、ATP子系统、ATO子系统、ATS子系统、联锁子系统、ATC信号系统运行模式、数字轨道电路、辅助设备、电源设备、城市轨道交通信号系统的发展等内容。

本书服务于城市轨道交通运营管理部门的技术与行政管理人员、维修人员使用，也可作为培训教材使用。

* * *

责任编辑：胡明安
责任设计：赵明霞
责任校对：王　侠　王雪竹

城市轨道交通运营与维修技术丛书
城市轨道交通
通信信号系统运行与维修
何宗华　汪松滋　何其光　主编

*

中国建筑工业出版社出版、发行（北京西郊百万庄）
各地新华书店、建筑书店经销
北京密云红光制版公司制版
北京建筑工业印刷厂印刷

*

开本：787×1092毫米　1/16　印张：28½　字数：445千字
2007年1月第一版　2016年8月第六次印刷
定价：**62.00**元
ISBN 978-7-112-08725-9
（15389）

《城市轨道交通运营与维修技术丛书》

编　委　会

《城市轨道交通通信信号系统运行与维修》
上篇　通信系统运行与维修
编写人员名单

主　编：蔡昌俊　何其光

副主编：王　海　龚小聪

第一章　蔡昌俊

第二章　蔡昌俊　肖丽华

第三章　王　海　董武军

第四章　龚小聪　廖红中

第五章　刘立元

第六章　刘　粤

第七章　刘　伟

第八章　刘　伟

第九章　肖丽华、蔡昌俊

第十章　李　琦　龚小聪

第十一章　何其光

第十二章　蔡昌俊

《城市轨道交通通信信号系统运行与维修》
下篇　信号系统运行与维修
编写人员名单

主　编：何其光　蔡昌俊

副主编：贺茂平　丘庆球

第一章　梁东升

第二章　陈展华

第三章　丘庆球　林伟文

第四章　张大华　周剑斌

第五章　凌松涛

第六章　贺茂平

第七章　张　滔

第八章　何泳斌

第九章　凌松涛

第十章　黎晓东

序

我国城市轨道交通建设发展至今，已有30多年的历史，最初只有北京地铁40多公里的运营线路，自20世纪80年代以来，相继又有天津地铁7.4km、上海地铁65km和广州地铁18.5km投入商业运营。实践证明，发展城市轨道交通是解决大城市交通问题的必由之路，对拉动城市经济的持续发展，也起到了重大的作用。

进入21世纪，我国城市轨道交通建设，将进入快速发展的阶段。据初步统计，目前已有10余座城市正在建造地铁或轻轨交通，线路总长度将达400km之多。另外还有相当数量的大、中城市，正在着手不同类型轨道交通的建设前期工作。预计在未来的城市发展中，轨道交通的建设速度也将会加快。

众所周知，城市轨道交通系统一旦建成通车，就必须日以继夜地保持系统的安全和高效率运营。因此，各城市在工程项目建成之前，就要着手组建完整的运营管理机构和培训运营管理人才。在城市轨道交通运营管理领域里，除了应具有优质的工程与设备条件外，还需要建立一整套完善的技术保障体系，培训和提高运营管理人员的技术水平和理论知识，建成一支基础理论扎实、技术过硬的管理与维修技术队伍，以确保建成的轨道交通系统达到高效运转、优质服务和安全运营的目标。

为此，组织编写一套适用于现代城市轨道交通系统的运营与维修技术丛书，满足当前不断增长的运营管理机构的组建和日常工作需要，已是迫在眉睫的重要任务。“丛书”可作为培训专业人才所需的教材，也可作为运营管理部门组织运营及设备检修工作的参考书，还可作为设计、科研单位和大、中专院校相应专业师生的教学参考书。

相信该“丛书”能在广泛吸收国内、外同行业技术与管理经验的基础上，结合国内发展和改革的实际需要，为城市轨道交通的运营组织和设备检修业务，提供一套较为完整而系统的参考读物，亦为我国城市轨道交通运营管理的基础理论和实用技术填补空白。

周干峙

注：周干峙　中国科学院院士、中国工程院院士、原建设部副部长。

前　言

城市轨道交通对改善现代城市交通困扰局面、调整和优化城市区域布局、促进国民经济发展所发挥的作用，已是不容置疑的客观现实。对此，我国的大、中城市已普遍有所共识，也深刻体会到城市轨道交通是衡量城市综合实力的一个重要指标。观念的转变，带来了实际行动的飞跃，从而使我国城市轨道交通的建设发展，面临着一个前所未有的良好机遇。建设项目一个接着一个的落成，策划筹建的计划不断推出，有的大城市还在原定轨道交通总体规划基础上，进行了补充和调整，使轨道交通发展规模成倍增加，大量的轨道交通规划项目正等待着去实施。

众所周知，城市轨道交通是我国城市有史以来最大的公益性交通基础设施，也是城市的百年大计建设项目。因此轨道交通项目一旦建成，就必需保持整个系统日以继夜的正常运营。运营管理及维修保养技术的完善与先进性，将是既有轨道交通系统得以常年安全运营的重要保障。针对当前日益壮大的轨道交通运营队伍的迫切需要，我们组织编写了这套《城市轨道交通运营与维修技术丛书》，以满足市场的需要。

本"丛书"编写原则，是在当前最新一代地铁技术成就的基础上，以上海地铁及广州地铁的模式为依托，结合国内、外同行业的先进技术经验，对投入运营的轨道交通项目，应怎样通过科学的运营管理手段，保持不同专业技术系统的可靠性和安全运转，进行了系统的论述。技术系统的可靠性特征与故障和失灵有关，提出其整修和校正措施的可支配性条件，则是合乎逻辑的管理过程。而可支配性则可看作两个相对过程的结果，即恶化过程和保养过程（修复过程），通过事先拟定的管理程序，使任何一种技术系统及其部件，能达到被再利用的条件，从而抑止由磨损、老化、腐蚀和污染引起的干扰和故障，保持系统的正常安全运转，这是轨道交通运营管理部门共同追求的愿望。我们通过直接和间接的实践经验，将有关资料归纳汇总上升到理论，在同行业中作一抛砖引玉的尝试，希望能在运营管理与维修领域里，起到一定的作用。

鉴于编写人员技术水平及实践经验的局限性，错误与不足之处在所难免，期待着广大读者和同行，多多提出宝贵意见。

本"丛书"的编写，在建设部科技发展促进中心的主持和指导下，得到上海地铁运营有限公司和广州地铁总公司的大力支持，如期完成了编写任务，在此，仅表示诚挚的感谢。

编者

目　　录

上篇　通信系统运行与维修

下篇　信号系统运行与维修

上　　篇

通信系统运行与维修

第一章　概　　述

城市轨道交通通信系统的任务是建立一个视听链路网，确保提供传输服务，给旅客提供信息，并且保证对车站进行高层次控制。

通信系统允许运营、管理及维修人员或其他系统设备通过传输诸如语音、数据、图像等电信号在一定的距离进行通信。这些通信的服务范围包括运营控制中心、车站、车辆段、隧道及列车。

通信系统不是单一的子系统，而是多个独立的子系统的组合。这些子系统在设计上能协调工作，在不同的运营环境下正确地相互作用。各子系统可以对各自子系统内的故障进行检测和告警，从而确保整个通信系统的可靠性。

通信系统主要包括传输、无线、公务电话、调度电话、站内及轨旁电话、闭路电视、有线广播、时钟、不间断电源等子系统。传输系统、时钟系统除了为各通信（子）系统提供服务外，还能为其他系统提供传输服务。典型城市轨道交通通信系统如图1-1所示：

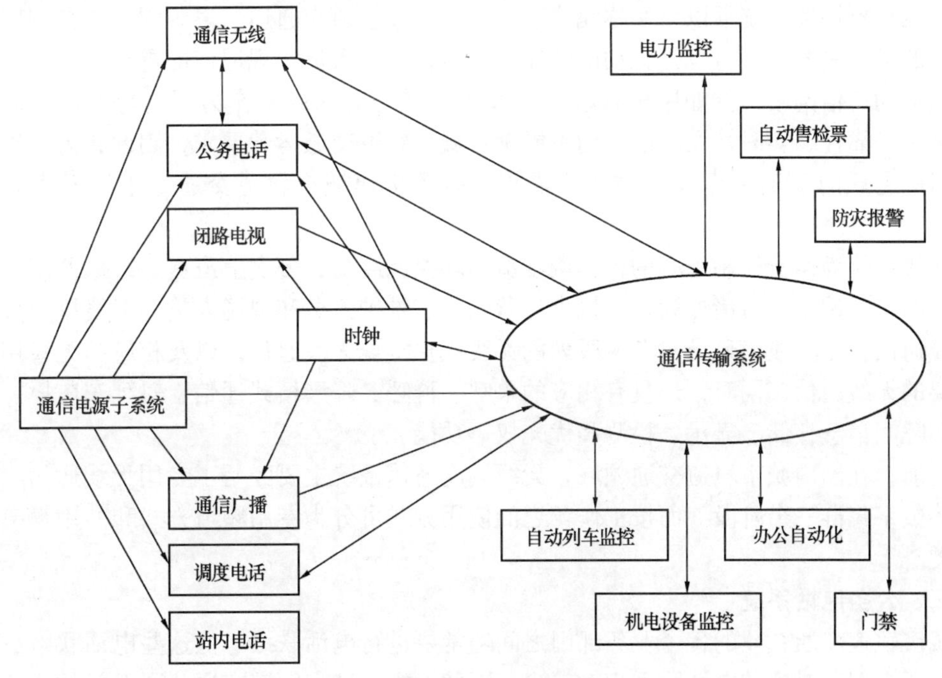

图1-1　典型城市轨道交通通信系统

一、传输系统

城市轨道交通线路的各个站点，分布于城市的各个地点，每个站点（包括车站、车辆段、变电站、冷站等）均不是一个独立的信息及业务孤岛，城市轨道交通的各站点与中心之间，各个站点之间的各个系统均是一个统一的整体，它们之间需要进行经常的信息交换，因此，必须构建通信传输网来满足各个系统各站点与中心之间及各个站点之间的信息及业务传输要求。同时，城市轨道交通的不同线路之间的信息交换，也必须借助传输系统来实现。

通信网的主干是一个基于光纤的传输系统。它是最重要的子系统，因此它应是可靠的、冗余的、可扩展的、可重构的和灵活的系统。传输系统为各城市轨道交通各系统提供丰富的接口类型，如10/100Mbps以太网接口、2Mbps接口、RS422/RS232/RS485接口、语音接口（具有2线/4线、模拟/数字、带信令/无信令）、高质量音频接口（15kHz带宽）等。除了传输通信系统所需的语音、数据、图像等各种信息外，还可以传输电力监控（SCADA）、自动售检票（AFC）、自动列车监控（ATS）、防灾报警（FAS）、机电设备监控系统（EMCS）、门禁（ACS）、办公自动化（OA）等其他系统的信息。此外，它还与其他线路的传输系统交换信息。目前国内城市轨道交通领域，采用的传输制式主要有SDH、ATM和OTN三种制式。

当然，传输系统只是一个提供传输通道的系统，它根据轨道交通的业务需求、功能定位等来选择传输制式或配置相关的接口，以满足所承载的业务需求。同时，根据业务的不同需要，在一条线路上同时构建多个传输系统也是一种可行的方案，该方案在国内外城市轨道交通领域也已经有了应用的先例。

二、无线集群调度系统

无线集群调度系统（以下简称无线系统）在城市轨道交通通信系统中，它是调度与司机通信的惟一手段，同时也是移动中的作业人员，抢险人员实现通信的重要手段。如果采用公众移动通信网络，例如中国移动通信及中国联通的网络来作为调度与司机的通信手段，则在可靠性、实时性及功能上均不能满足城市轨道交通运营要求，因此，为了确保调度与司机通话的确实可靠及多种功能需求，必须构建城市轨道交通专用的无线调度通信网。

无线系统为运营控制中心的行车调度员、环控调度员、公安值班员、维修调度员及车辆段内的车厂调度员对诸如列车司机、运营人员、维护人员和现场人员等无线用户分别实现无线通信；车辆段值班员对车辆段内的无线用户实现无线通信；以及相应的无线用户之间必要的无线通信，同时，还具有相应的单呼、群呼、降级模式通信、对列车广播、通话录音、呼叫信息存储、显示、检测和优先权等功能。

目前，在国内城市轨道交通领域，无线调度通信系统主要经历了专用无线通信、模拟集群、数字集群三个阶段，而按工作频道的使用方式可分为专用频道方式和共用频道方式两大类。

三、公务电话系统

城市轨道交通企业的各个业务部门之间经常要进行电话联络，但这些电话联络一般仅限于公司内部，对外的电话联系相对较少。因此，构建城市轨道交通公司专门的公务电话系统是必要的，同时，可以通过中继线或其他方式与市话网相连接，通过拨特殊号码出局，实现与市话网的连接。

公务电话系统主要由程控交换机等设备组成。与程控交换机相连的电话分机分布在运营控制中心、办公室、车站、设备室、车辆段及所需电话的其他区域。通常程控交换机设置在用户较集中的站点，如控制中心和车辆段在主要地点应装有自己的程控交换机，这些程控交换机之间用2Mbps接口或其他通信接口方式相连，形成一个公务电话网。系统具有交换、计费功能，可实现国内、国际长途直拨，同时还具有识别非话业务能力和2B+D交换接续、与分组交换网连接、会议电话、自我诊断、维护管理、新业务等功能。并能与其他线路的公务电话系统及当地公用电话网相连。

四、调度电话系统

调度电话系统是调度员和车站（车辆段）值班员指挥列车运行、调度指挥、设备维护等的重要工具，行车调度直接关系到行车安全，需要设备高度可靠和操作方便。在调度员发布调度命令时，对实时性有着很高的要求。

调度电话系统可为控制中心指挥人员，如行调、电调、环调、维调等提供与各站、车辆段、变电所等地专用直达通信，并具有双重热备用功能、数字环自愈功能。调度总机可对单个用户、一组用户或具有接收选叫信号能力的全体用户分别进行单呼、组呼或全呼等三种不同的操作，并在任何情况下不发生阻塞现象。同时，总机侧可对通话进行自动或人工控制录音。所有具有呼出能力的用户均可对总机进行一般呼叫和紧急呼叫，总机能显示呼出（呼入）分机的号码、呼叫类别，紧急呼叫应具有能引起调度员听、视觉注意的功能。各调度员之间可互相呼叫。分机摘机即直接呼叫总机，分机之间不能直接进行通话。分机呼叫总机遇忙时有忙音，并具有紧急呼叫手段。总机可对分机间的通话进行监听、插话、强拆等功能。

五、站内及轨旁电话系统

站内及轨旁电话系统可为站内各有关部门提供与车站值班员之间的直达通话，并且车站值班员可以呼叫其他相关车站的车站值班员。其中轨旁电话可选择相邻站或接入公务电话系统，为在轨道线路上维修作业人员提供便利的通信手段，同时作为列车在区间故障停车时司机和车站值班员的辅助通话手段。轨旁电话机一般每150~200m设置一部。

六、闭路电视系统

闭路电视监视系统（以下简称闭路电视系统）是城市轨道交通运营管理现代化的配套设备，系统可为车站值班员提供对车站的站厅、站台等主要区域进行监视；为列车司机提供对相应站台的旅客上、下车等情况进行监视；为中心调度员提供对各车站的集中监视。三方监视员是相互独立的，其中车站值班员、中心调度员具有人工和自动选择显示画面的功能，中心还具有录像功能。

闭路电视系统采用两级监视方式，即车站一级监视和中心一级监视。根据视频信号的传输方式的不同，可以有两个方案，一是用光纤直接传输模拟视频信号方案，二是利用传输网络以数字信号方式传输视频信号方案。

在模拟视频传输方案中，每站需要占用1~2根光纤，另设视频传输设备（光端机），控制指挥中心需设大容量的视频切换设备。

在数字视频传输方案中，可以利用传输网络的信道传输视频信号，不单独占用光纤，在控制指挥中心不需设大容量的视频切换设备。

七、有线广播系统

有线广播系统（以下简称广播系统）可为中心调度员、车站值班员提供对车站相应区域进行有线广播的功能；系统还具有自动和人工广播，以及相应的选择功能和优先级功能。在车辆段内的广播系统允许车厂调度员对车辆段内的部分重要区域进行广播。

广播系统由正线广播、车辆段广播两个独立的系统组成，其中正线广播又分为中心广播和车站广播两部分。

（一）正线广播系统

正线广播系统由控制中心各调度员和各车站的值班员使用，为旅客播放列车信息、向导及紧急状态的安全等服务音讯，以及工作人员播放作业命令及管理音讯。平时以车站广播为主，发生灾情时强制转为防灾广播，发生紧急情况时按优先级顺序（根据需要可调整）广播。

第一级　控制中心环（防灾）调、行调、维调、总调

第二级　车站值班员

第三级　站务员

（二）车辆段（综合基地）广播系统

车辆段（综合基地）广播系统由各自信号楼值班员、车厂值班员向现场工作人员播放车辆调度、列车编组等有关作业音讯。

其优先级顺序如下：

第一级　车厂值班员、信号楼值班员

第二级　车厂外勤人员

八、时钟系统

时钟系统是为保证轨道交通运营准时、服务乘客、统一全线设备标准时间而设置的。时钟系统由GPS时钟信号接收单元、一级母钟、监控设备、二级母钟和子钟组成。

GPS标准时钟信号接收单元设于控制中心，接收卫星时间，分别向一级母钟的主、备母钟提供同步时钟源信号；一级母钟设于控制中心，由时钟系统主机、转换单元等组成，时钟系统主机包括显示单元、主用母钟、备用母钟，输出接口等。转换单元检测主母钟的工作状态，实现母钟主、备的自动转换；在控制中心设置时钟系统的监控设备，与一级母钟相连，能够实时监控时间系统主要设备运行状态。

一级母钟具有接收标准时间信号的功能，如接收GPS或CCTV时间信息。时钟系统为各通信子系统、信号系统、电力监控系统、自动售检票系统、防灾报警系统、门禁系统、计算机系统等各有关系统的设备及中心调度员、车站值班员等客运管理的主要工作场所提供统一的标准时间信号，并且为广大乘客提供标准的时间信息。

二级母钟系统设于各车站、车辆段（综合基地）的通信设备机房内。二级母钟由时钟系统主机、转换单元等组成。二级母钟是一个独立的系统，可以接收一级母钟发来的标准时间信息和命令信息并控制子钟的运行，也可以独立于中心母钟单独运行。

子钟安装于各车站站厅、站台、车站（场）值班室、车辆段值班室、控制中心调度室等需要显示时间信息的场所。子钟分两种类型：数字式子钟和指针式子钟。

九、电源系统

为保证通信系统正常工作，一个安全可靠的通信电源及接地系统是必不可少的。该通信电源系统能够安全、可靠地向各通信设备不间断地供电，以保证在市电中断时，各通信子系统仍可正常工作一段时间。其中传输系统、公务电话系统、调度电话系统、站内及轨旁电话系统、无线通信系统等需供电4h，其他子系统需供电1h。

各车站、车辆段（综合基地）、控制中心的通信电源系统分别由各处变电所引入的两

路独立的三相五线制交流电源至各通信电源室的交流配电柜，其中一路为主用，另一路为备用。

当外电停电时，不间断电源设备则通过配备的一组蓄电池经逆变器向负载连续供电一段时间。不间断电源设备具有手/自动旁路功能。当负载端发生过载或者温度过高以及逆变器发生损坏的情况下，不间断电源设备将自动无间断的切换到电子旁路继续供应负载；当不间断电源设备内部的电子部件损坏维修时，为了不影响对负载的供电，可人为将不间断电源设备切换到手动旁路。不间断电源设备能显示工作状态和报警状态，并提供本地和远端监控功能的通信接口。

十、通信系统运行与维修

通信系统设备是城市轨道交通线路运营的必备条件。为保证行车安全、提升运营水平及为乘客提供“安全、准点、舒适、快捷”的乘车环境，通信系统设备运营维护部门应维护好系统设备，保证设备状态良好、正常运行。运营维护的部门应根据采用的系统和设备制定相应的技术标准、设备维修规程、设备操作和日常维护保养规程、安全规则和配套的有关规章制度。一般通信系统的运行和维护应包括下列标准、规则、规程和制度。

（一）《通信设备检修标准》

《通信设备检修标准》规定了城市轨道交通通信系统设备的检修技术标准、工艺要求、验收标准、材料要求等，作为通信设备维护及质量评定的依据，以保证通信设备的正常运行。其主要内容包括传输系统、电话系统（包括公务电话、调度电话和轨旁电话）、无线系统、闭路电视系统、时钟系统、广播系统、通信综合网络管理系统、不间断电源等设备和光、电缆检修应符合的技术标准与检测方法。另外还包括通信系统接口技术要求。

（二）《通信系统维修规则》

《通信系统维修规则》规定了通信系统设备维修总则，维修的组织和管理（包括维修组织架构、岗位设置及岗位职责和工作标准）、设备管理、维修的等级划分、检修计划、设备检修作业程序和故障处理程序以及各种作业记录和统计表格。

（三）《通信设备检修周期与工作内容》

《通信设备检修周期与工作内容》规定了通信系统设备检修周期、项目、工作内容和检修要求。《通信设备检修周期与工作内容》可以单独制定，也可以作为《通信系统维修规则》一个组成部分。

（四）《设备操作规程及维护保养规程》

《设备操作规程及维护保养规程》规定了通信系统设备，主要是终端用户设备的操作程序和注意事项以及日常维护保养的要求，以便操作人员和维修人员在日常使用中或检修中能正确操作设备，并对设备进行必要的清洁维护和简单的测试。

（五）《通信安全规则》

《通信安全规则》规定了通信专业的安全生产规则，包括通信设备的检修、维护、施工作业、通信故障管理以及信息安全等必须遵循的安全生产制度和作业纪律。其主要内容包括“安全第一，预防为主”的总则、基本安全生产制度和作业纪律、作业联系、要点和登记、消点和登记、通信故障分类、事故故障处理、通信故障管理及考核、技术作业安全以及信息安全。

（六）运行维修应具备的技术资料与图表

为保证通信系统设备正常运行，通信系统运营维修部门还应配备相应的技术资料，包括通信合同技术附件、各子系统的维护手册、各子系统的操作手册、各子系统的竣工资料、各子系统安装调试验交手册、通信系统设备平面布置图、通信系统原理图以及培训手册等。

第二章 传输系统

典型的城市轨道交通系统是由多条线、一个或多个控制中心以及多个车辆段和停车场组成，每条线大约长 20km 左右，通常有十多个车站。大部分通信是在车站/车辆段和控制中心进行的。各种类型的语音通信（公务电话、调度电话）、广播、无线系统、信号系统、电力监控系统、自动售检票系统、环控系统以及防灾报警系统等组成了一个个通信和控制网络。通信传输系统可以将这些系统的信息传输统一在一个单一的、综合的网络中。选择何种传输系统取决于应用的需求。城市轨道交通系统的线路具有延展性（“Stretched”环境），因此采用双环路运行方式的传输系统在城市轨道交通中得到较广泛的应用。

应用于城市轨道交通系统中的传输网络应具备开放、透明、良好的地域扩展性及较长的生命周期等特点。开放指该系统可以提供各种接口，以适应几乎所有的现有物理接口标准以及各种特定的通信协议；透明指该系统能高速、可靠地实现各种不同类型的信息（如语音、数据、数字视频和计算机网络）的传输，网络协议对高层协议应完全透明；良好的地域扩展性，应可提供远程传输。

传输网络可以提供较好的适应性与可替代性，具有较长的生命周期。在当今信息时代，各种新技术、新产品不断涌现，用户的需求也会随着时代的发展不断地变化和增加，为避免网络的重复建设，通过在现有传输网络上添加相应的接口模块来满足用户的各种需求。

相对于单一地传送语音、数据和视频信息的网络、计算机局域网（LAN）以及传统的数字传输网络，综合的传输网络具有许多明显的优势，如更高的经济性，不同的业务可以共享设备与传输介质，如光纤；更易适应各种环境，充分保护已有的设备投资；能充分利用带宽；透明地传输信息，不受高层协议的影响；更轻松简易的通信配线，因此能轻松地实现维护和管理工作。

本章将通过开放式传输网络（Open Transport Network，简称 OTN 网）的运营经验，介绍传输系统的设备运行、维护及故障处理。至于其他形式的传输系统原理以及设备运行、维护及故障处理，可参照本章所述的原则、方法自行制定。

第一节 传输系统组成及拓扑结构

一、系统的网络结构

传输网络一般包括 4 个基本组成部件：构成系统骨干的光纤、网络节点、供用户访问系统的各种类型的用户接口卡、网络管理系统。如图 2-1 所示。

（一）光纤骨干网

传输网络一个最重要的基本构成单元就是贯穿整个网络的传输介质，包括光纤和电缆。采用何种网络节点，取决于节点间的连接介质、节点间的距离及网络拓扑。

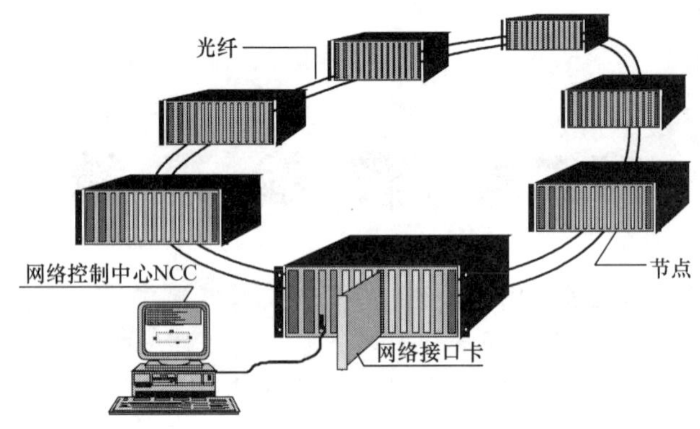

图 2-1 传输网的基本组成

1. 节点间的连接介质

节点间的连接可采用电缆或光纤，电缆一般用于短距离的连接。光纤的类型一般选用多模 50/125 光纤、多模 62.5/125 光纤及单模 9/125 光纤等几类，还可根据用户的实际需求另行选取。

2. 节点间的距离

在短距离的连接中，可使用多模光纤以及成本较便宜的 LED 光源。这样，在满足系统需求的同时可节省大量的成本，避免造成浪费。在长距离的连接中，只能选用单模光纤，这样能为系统的信息传送提供可靠的保障。

传输系统一般可提供 820nm、1300nm 及 1550nm 等波长的光发送接收器，光源则根据具体需求可选用 LED 光源或激光光源。

3. 网络的拓扑

网络的拓扑对最终决定网络的构造有非常重要的影响，这将在下面的章节中介绍。

（二）网络节点

网络节点是用户得以访问网络、使用网络资源的必需途径。各种类型的用户接口卡都是安装在节点上。节点不但为各用户接口卡提供工作用电源，还负责接收各用户接口卡的信息，经复用、打包后发送到光纤网络上；同时，来自光纤网络的信息由节点接收并确认后，再经相应的处理后传送到相应的用户接口卡上，实现用户和网络间的信息交换工作。

（三）供用户使用的接口卡

供用户使用的接口卡是为方便用户接入系统而专门设计的硬件及软件的集合。通过这些用户接口卡，用户得以将自身系统借助于传输网络在地理上无限地延伸。城市轨道交通系统中的各种通信和控制系统应用的一大特点是系统网络结构和拓扑多样，接口类型多。综合的通信传输系统为满足用户在数据、语音、视频以及 LAN 等各种类型应用上的要求，可以提供 RS422 接口卡、RS485 接口卡、语音卡、以太网卡、E1/T1 接口卡等各种类型的接口卡，用户仅需根据自身的运行参数，选择相应的用户接口卡，并做好相应的设置即可使用。

用户接口卡的设置一般分两部分，即硬件及软件。硬件的设置是通过板卡自身的跳线或微动开关实现；软件的设置则通过网络管理中心软件实现。

（四）网络管理系统

传输设备的网络管理系统一般是基于主流的、成熟的操作系统，具备强大的功能及友好的操作界面。通过该系统，用户可以轻松地对传输网络实现配置、扩展、管理及维护等功能。

二、网络的拓扑结构

网络的拓扑结构分为两方面的内容：逻辑拓扑和物理拓扑。网络的逻辑拓扑描述的是信息流在网络中流通的路径，网络的物理拓扑描述的是传输网络节点及连接节点的光纤介质的实际分布及连接方式。

（一）网络的逻辑拓扑

传输网络的逻辑拓扑一般可分为双环和菊花链两种。图 2-2 是城市轨道交通中应用较普遍的双环结构。

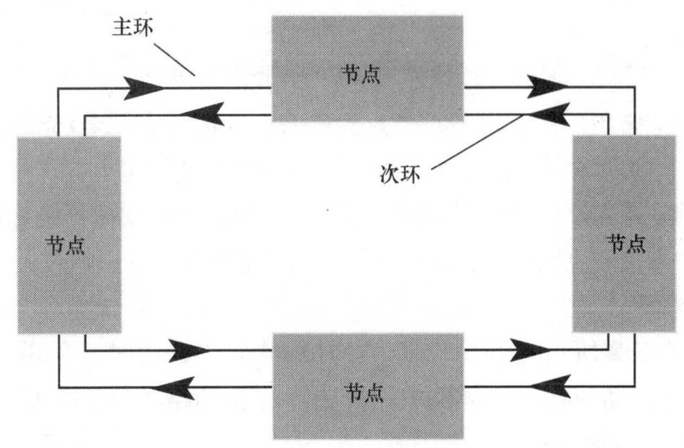

图 2-2　双环结构

城市轨道交通系统的传输网络的首选逻辑拓扑是双环结构，因为这种拓扑结构在故障情况下可提供更好的系统恢复能力。当然，根据用户的实际应用需求，传输网络也可以设置为菊花链结构。

当传输网络设置为双环结构时，系统的光纤环路是闭合的，一旦闭合的光纤环路在某种情况下出现开路状态，如光纤破损或光纤连接头松脱等，系统可以采取回环（Loopback）的方式对此事件做出反应，使信息流避开故障点，并自动向系统提交故障信息报告。

双环路的逻辑拓扑能保证高质量的服务，可为用户提供高度可靠、有效的网络。采用双环路逻辑拓扑的系统能自动地修复网络多种故障。故障回避机制将在第二节中详细介绍。

（二）网络的物理拓扑结构

一种形式的逻辑拓扑结构能够由多种形式的物理拓扑结构来实现，如点对点型、星型、环型及总线型（也称菊花链型）等，如图 2-3 所示。这些拓扑结构是简单的，它们遵循标准的安装惯例并且可以根据需要灵活地搭配使用。采取何种形式的物理拓扑结构由整个网络的实用性及所需成本决定。以下分别介绍这四种物理拓扑结构。

1. 星型拓扑结构

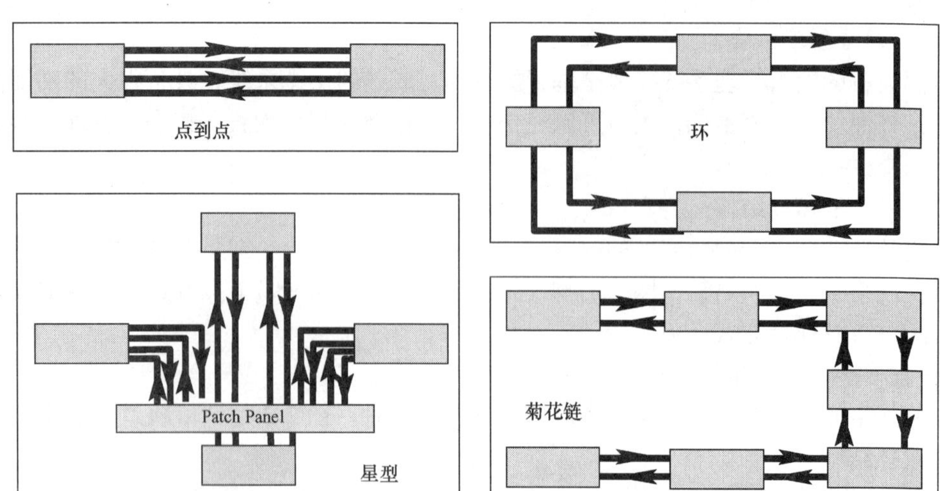

图 2-3 传输网络的四种物理拓扑结构

星型拓扑结构是非常象形的，以中心节点为中心，其他节点用电/光缆以放射状与中心节点相连。在中心节点处常常会配置一个光配线架，在这个光配线架上，任一节点的接收光纤总是连接到另一节点的发送光纤。与环型的拓扑结构相比较，星型的拓扑结构需要更多的设备和光电缆来组成，由此带来较高的成本，而且这种结构受地理环境的影响较大。

2. 环型拓扑结构

环型拓扑结构的安装所需光电缆较星型拓扑结构要少，同时，采用双环路结构的环型网络在故障发生时会自动地在两个环路中选择路由完整的路径传送信息流。环型网应用得较广泛，如校园、铁路和机场等。

3. 点对点型拓扑结构

当点对点型拓扑结构采用两个环路连接，并且其中任一环路是作为备用环路存在时，这种拓扑结构具有与物理的环型拓扑结构相同的容错能力。

4. 菊花链型拓扑结构或总线型拓扑结构

采用物理的菊花链型拓扑结构或总线型拓扑结构的网络对于光纤破损等光开路情况不具备自动路由能力。当光纤破损等造成光开路情况发生时，可采用光旁路的方式应对。这样，故障节点（例如由节点电源故障、系统自检时发生内部故障引致时）将会从网络中被旁路掉。当网络采用菊花链型拓扑结构或总线型拓扑结构时，为确保旁路情况下系统信息的正常传送，在光开销预算时要以三个连续的节点为一组考虑。采用菊花链型拓扑结构或总线型拓扑结构组网会受地理条件的限制。而且，由于必须在网络中配置光旁路开关，用户不得不采用较昂贵的光学收发装置。

（三）网络的拓扑结构及设置之间的关系

网络的拓扑结构对最终的网络配置有着决定性的影响。如果在较短的距离内使用较多的连接器（如物理星型网络），或使用损耗较大的连接器，都要求系统配置较大功率的光收发器，以确保系统信息的正常传送。

网络的拓扑结构还决定了是否需要在系统中配置光旁路开关以确保系统有较强的容错能力。

第二节　传输系统的运行方式及自愈机制

一、系统运行方式

传输系统采用双环路运作方式时，在正常情况下只有其中一个环路运作，负责传送系统信息，另一环路则处于备用状态。两个环路在功能上完全一致，但在默认情况下系统加电启动时将启用主环路传送系统信息。主环路的信息流向一般设为顺时针方向，次环与主环相反，即为逆时针方向。系统运行时，应不断地监测处于备用的环路状态，以确保备用环路随时能够被启用。

在主用环路发生故障时，备用环路可以立即激活，取代主用环路传送系统信息。除非有特别的事件发生，要求改变系统的配置，否则，启用的备用环路能够一直运作下去。

为确保系统运作高效、可靠及用户友好，传输系统一般应具备以下功能。

（一）确保最大网络可利用性

无论是环路故障还是系统节点故障，或者两种情况同时发生，系统都可以自动恢复并工作。因此由于系统故障而导致的信息（数据、语音、视频等）传送时延的扩大被限制到了尽可能小。例如：有人正通过传输网络通话，这个通话不应该因环路重组而中断。

在系统扩充，整改或修理期间，网络可以维持其所有的运作，不应该因上述动作导致系统在相当长一段时间无法使用。系统应具备以下几点功能，以保证系统的抗干扰能力。

1. 系统自动重组

在故障情况下，传输系统采取何种方式的反应来应对，一般由网络的拓朴结构和系统所使用的网卡决定。系统如何使网络重组和光纤旁路将在后面的章节作进一步介绍。

2. 采用通用的节点

系统应采用通用的节点以实现分布式管理。每一个节点都应是一个潜在的主节点，这就是说每一节点都能够作为主节点产生使网络同步的帧。例如：当前运行的主节点发生故障，其他任一节点会立即取代主节点，执行主节点的功能。即使多个故障同时出现，也会导致两个相互独立的网络出现，并在每一个网络都会产生一个主节点，同时该主节点还可执行主节点的所有功能。

3. 自动启动程序

已经设置好的系统的网络拓朴（双环或菊花链结构）可以被存储起来。当系统发生电源故障、环路重组或一个节点重新安装返回环内等情况时，网络会根据事先存储的设置自动地启动网络开始工作。

4. 系统老化自动告警

系统的光学部分是易于老化的。因此，可能会发生系统在投入运行一段时间后，因光学部分老化而导致节点不能收到有效的信息帧。传输系统为避免因系统光学部分老化而导致的系统信息传送故障，应在节点上设置老化状态告警功能，以便系统可通过采取重组等手段避免此类故障。

5. 用户接口卡的设计

传输系统的用户接口卡在设计上支持热插拔，以便在系统不中断电源的情况下更换用户接口卡。用户接口卡设置有本卡的工作开关，插拔用户接口卡时只需关闭本接口卡上的工作开关即可。插拔用户接口卡时影响的仅仅是通过这些用户接口卡连接的本地用户，网络的其余部分可以保持正常工作。

（二）简易的网络访问

在任何时候，传输系统可以保证任一用户可直接访问网络。例如采用时分复用的方式来传送用户的数据信息，即使出现本地多个用户同时向系统发送数据信息的情况，传输系统也能应付自如，不会使任一用户等待。在时分复用的运作方式下，个别用户长期占用传送信道的情况被避免了，数据信息实时应用成为可能。

在某一采用时分复用方式的传输网络中，连续的信息帧以固定的速率在环上传播，在每一帧中固定的比特被分配给某一确定的连接。这些比特构成了传输系统的传输信道，连接到传输网络的用户在设置好连接的情况下，会分配到某些固定的比特，并可长期占有这些传输信道。通过这种方式，保证了用户任何时候都可直接访问网络而无需等待。在连接到传输系统的子网上（如令牌环网、以太网等），同样的传输信道被固定地分配在每一帧中，因此已设置连接的设备同样可长期占有传输信道。但是，在不经传输网连接的以太网或令牌环网上，在同一时间只允许一个用户发送数据，因此，任一时候只有一个用户可访问网络，而其他用户则不得不等待。

（三）可靠的信息传输

传输系统可以做到无论是在办公室、车站还是移动的环境中都具有可靠的信息传输能力，由于系统部件老化或光学器件的损坏而导致的信息传输故障，可以被系统实时检测到并生成报告，进而提请系统采取相应的故障回避机制。

1. 采用光纤作为传输介质

传输推荐使用光导纤维作为传输介质，相对普通的铜导体来说具有不受电磁干扰（雷达信号的传输、大电流电机的开关、邻近的电缆、高压电缆等的影响）的优点，保证了在各种环境下非常可靠的信息传输；光纤相对于普通电缆具有更低的比特误码率，保证了非常可靠的信息传输。

2. 光传输错误检测

当光收发器接收的光功率降到系统设定的临界值时，光收发器可以产生告警，但信息传输在此时应仍然正常。告警表示光学器件老化或光纤、熔接点、连接头质量下降。所有的光收发器都可检测到传输错误（编码错误），如果该告警在接收光功率充足时发生，说明是前一节点的发送故障或本节点的接收故障。

（四）各种类型的用户接口卡

为适应各种协议的应用，传输系统应提供各种类型的用户接口卡。使传输系统的用户节约了各种各样的传输设备，如协议转换器和转换设备。

传输系统可以为数据、语音、视频及局域网用户提供相关的用户接口卡。

（五）网络的地域扩展

对使用传输系统的用户而言，传输网络的地域扩展功能意味着用户拥有了一个经济的信号调制解调器和一个信号放大器。由于噪声信令的衰减和光纤的无故障传输，可使信息以很高的速率传送，即使原有的采用铜导体为传输介质的设备在不加任何辅助设施的情况下，传输距离仍可从几十米扩展到几公里。

（六）灵活的系统配置

1. 灵活的带宽分配

系统具有各种类型的可选带宽，允许多个低速链路复用，满足不同的用户需求。

系统中用于传送用户数据信息的有效传输信道，可单独应用于数据、语音或局域网的信息传送，或根据用户需要将数据信道按需分配给数据、语音或局域网。传输信道的分配工作由网络管理中心软件实现。

在系统中如需建立新的连接链路只需要在系统带宽允许的情况下，添加相应的用户接口卡，并由传输信道中为连接链路分配相应的带宽。

2. 简单的网络调整

由于传输系统一般采用的是模块化的结构，系统的扩展变得非常容易。无论是在地理上（添加节点数目）还是用户数量（添加连接数量）的扩展，都没有必要再另外敷设长途光、电缆。

（1）节点数目的扩展

系统的扩展可通过在网络中添加新节点的方式实现。系统扩展时只需将原网络闭合光环断开，将新节点接入网络，构成新的闭合环路。传输系统自身应具有自动恢复功能，这样，在执行断开原有环路的操作时，事前已接入传输系统并处于运行状态的设备间的信息传输仍然能够保持正常运作。

（2）扩展或改变连接

在用户进行扩展时，假如在现有设备上没有多余的连接可用，扩展时只需在系统中加装相应用户接口卡即可。在执行网络的扩展或改编工作时，网络上已存在的所有的运作都不应因此而受到影响。

（3）网络控制中心

网络控制中心可以监控网络上节点和用户接口卡的分布情况和网络的配置。所有网络配置的改变，如节点扩展、节点重置、添加或移除用户接口卡等各种涉及到网络的操作，都应处于监测下。

在网络控制中心可以设置网络中的连接，系统应能自动为新建立的传输信道分配所需的带宽。

在网络控制中心进行连接编程操作时，网络的其他部分不会因此而受到影响，可保持正常运作。

（七）快速的故障检测和简单的网络恢复

任何可能出现的故障，不论是环路运作故障或用户接口卡故障，都可以在网络控制中心上显示详细的告警信息，并在本地以 LED 形式作简单显示。

1. 网络控制中心

系统的中央级告警由网络控制中心负责。它起到实时监控整个网络，并通过光环路获得各个节点和用户接口卡的运行数据的作用。网络控制中心的告警信息可以指明可能的故障类别和故障位置，实现快速的故障定位，提高系统维护人员的故障反应能力。

网络节点在连续执行了一定次数的自检后，如果仍不通过，将自动退出服务。显然，这种情况下网络控制中心不能监测到该节点的信息。这时自检的结果将会在该节点的管理模块以特定的代码显示。如果用网络控制中心在本地连接上该节点，则可看到更详细的信息。

2. 可视化的信息指示

网络节点如发生故障，可以在本地生成故障报告，并以 LED 指示灯等方式指示节点和环路运作的情况。

3. 模块化结构

模块化结构的好处在于，一旦确认用户接口卡故障，则可通过更换发生故障的用户接口卡来迅速地将故障排除。更换发生故障的用户接口卡后，传输系统可以自动地恢复发生故障的链路而完全不需要人工干涉。

（八）眼保护机制

使用激光管作为光发送器的情况下，因为光纤端头处连续的强烈激光有可能会对人眼造成伤害。为避免这种事情发生，使用激光管作为光发送模块上的眼保护机制。

如某工程实例中，传输系统两节点间光纤链路断开，节点会将相关的光发送器停用。为检测链路是否修复，节点会周期性地发一短脉冲。由于脉冲能量小，即使这时有人往光发送器或光纤中看，也不会对眼睛产生危害。如果下一节点未接收到光脉冲，说明链路仍未修复。光发送器再次停用（脉冲频率约 6 ~ 7 次每秒）。链路修复后，对维护人员眼睛可能造成的伤害不再存在，脉冲模式自动停止，光环自动恢复正常运作。眼保护机制在特殊情况下应可禁止。

二、节点间连接方式

（一）环路连接方式和链路连接方式

节点间的连接是通过节点上的光/电收发器模块实现的，因此，环路连接方式和链路连接方式描述的是节点上光/电收发器模块的连接方式。环路连接方式和链路连接方式见图 2-4 和图 2-5。

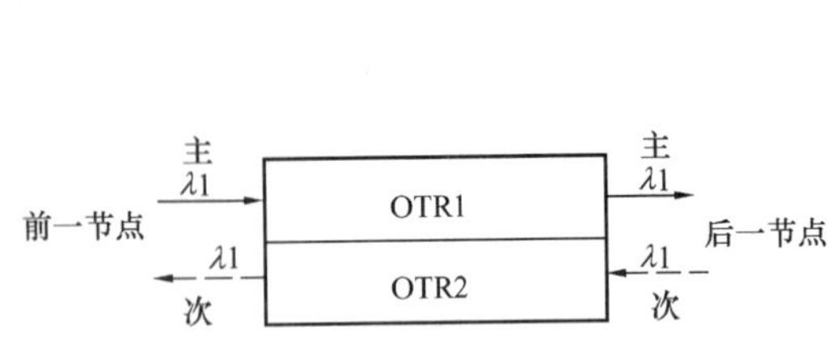

图 2-4　环路连接方式

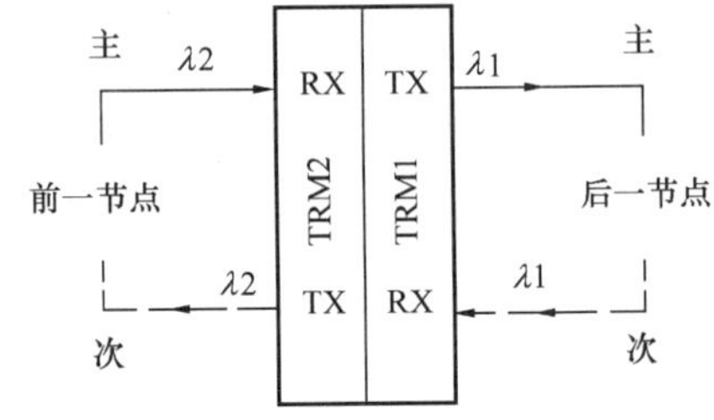

图 2-5　链路连接方式

1. 环路连接方式

当光/电收发器模块使用环路连接方式连接时，每一个光/电收发器模块分别与前一节点和后一节点进行通信。

2. 链路连接方式

当光/电收发器模块使用链路连接方式连接时，则一个光/电收发器模块负责与前一节点进行通信，而另一个光/电收发器模块负责与后一节点进行通信。

（二）链路连接方式的优越性

1. 在同一节点中针对不同的连接距离而采用不同的波长

链路连接方式的优越性在于：使用不同波长的光收发器模块可安装在同一节点中，这样，针对不同的连接距离而采用不同的波长进行连接成为可能。例如：在短距离连接中使用 850nm 的光收发器模块，而长距离连接中使用 1300nm 的低衰减光收发器模块。如图2-6所示。

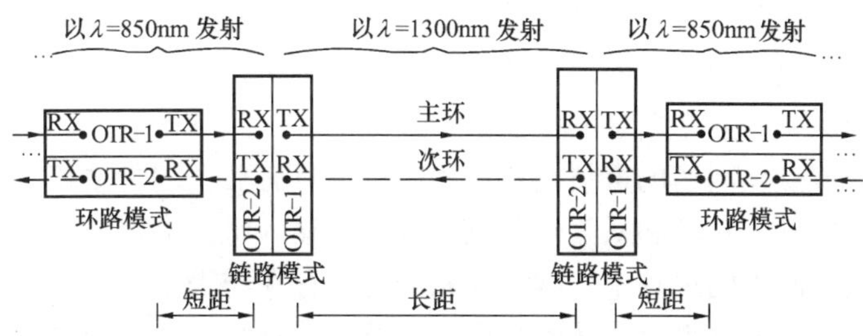

图 2-6　不同波长的光收发器模块应用于不同的连接距离

在同一节点中使用不同波长的光收发器模块要注意的一个问题是：这个节点不允许光学旁路的情况发生。如果在使用了不同波长的光收发器模块的节点中发生光学旁路操作，会导致使用波长 1 的光发送模块的发送光由使用波长 2 的光接收模块接收。

2. 在同一节点中针对不同的连接距离而采用不同的收发器模块

使用链路连接方式的另一个好处在于可在同一节点中针对不同的连接距离而采用不同的收发器模块，这样，在长距离的连接中可使用光收发器模块，在短距离的连接中可使用电收发器模块。如图 2-7 所示。

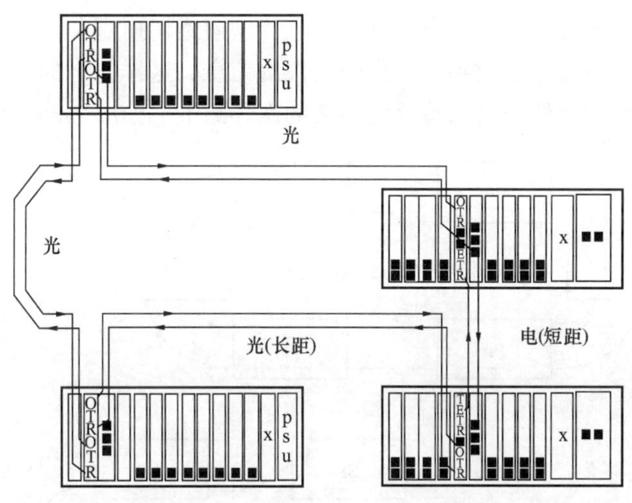

图 2-7　使用不同收发器模块应用于不同的连接距离

三、容错与恢复

传输系统一般使用双环路、两根光纤并行分布的方式运作，结合每一节点自身的控制逻辑，使系统具备独特的“热备份”或自愈能力。当故障发生时，由于系统可以自动重新配置光纤传送路径，所以系统仍然可以正常工作。

通过执行探测光信号丢失或同步信号丢失的任务，节点可以立即监测到所有的故障。每个节点都能自主决定把来自一个环路的输入光纤与另一个环路的输出光纤连接起来。这样在系统中形成了新的逻辑环路，在这个逻辑环路中，信息的传输会两次经过大多数节点。

环路的另一种可能情况是，所有的节点都自主决定将正在传输的数据信息切换到另一个环路上进行运行。环路的运作机制能够确保所有的节点同时将正在传输的信息都切换到另一个环路上运行，或者网络中的两个节点在同一时刻执行回环操作，使网络的闭合传输环路形成，从而确保系统数据信息的传输。

系统中每一个节点在网络的重新配置过程中都应具有独立的自主权，采取何种方式重新组网由节点自身的输入状态和从其他节点接收到的输入状态决定。

在网络进行重新配置的过程中，网络控制中心的存在与否不应对此造成任何影响。但是，网络控制中心应能够从系统中得到最详细的故障信息并生成相应的故障报文。在网络控制中心，故障和错误部分最好以不同的颜色直观地指示出来。

图 2-8 ~ 图 2-12 描述了某工程实例中传输网络在各种故障情况下网络自身的故障回复机制是如何使网络重新工作的。

在传输网络的节点上还可以安装光学旁路切换开关，通过该开关的动作，可决定节点是否进入运行中的网络工作。光学旁路切换开关的动作并不会影响传输网络的自动重组功能，当系统发生故障时，无论光学旁路切换开关动作与否，网络都应能够迅速地执行自动回复机制。

（一）主环故障

当主环路（正在担负系统信息传输任务的环路）发生如光纤链路破损或光收发器功能受损等影响光纤环路故障时，系统会自动将信息传输通道切换到备用环路上。网络上所有的节点会持续地在主环路上接收到同步信令丢失的信息，这样所有的节点会自主地将系统信息传输通道由主环切换到与之保持反向运转的次环路上。如图 2-8 所示。

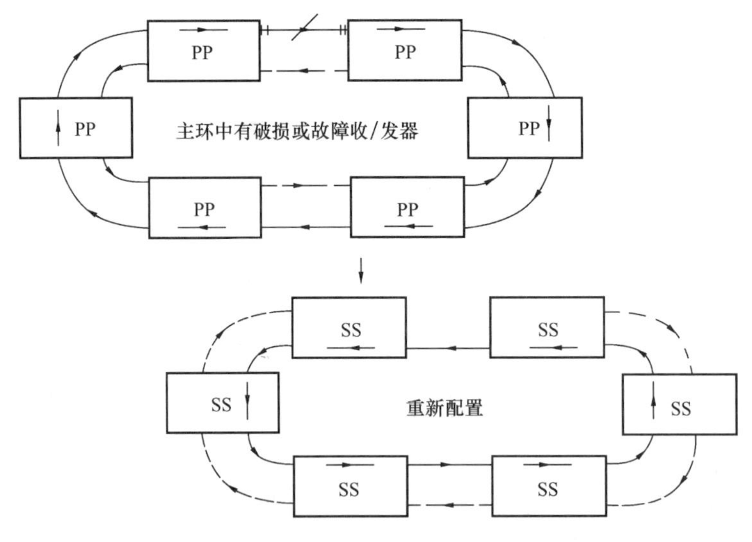

图 2-8　主环故障

（二）次环故障

当次环路（正处于“热备份”状态的环路）发生如光纤链路破损或光收发器功能受损

等影响光纤环路故障时，系统不会因此而采取任何有关网络重组的动作，主环路如常运作。但系统会将次环路的状况报告给网络控制中心，并在控制中心软件上直观地显示，如图 2-9 所示。

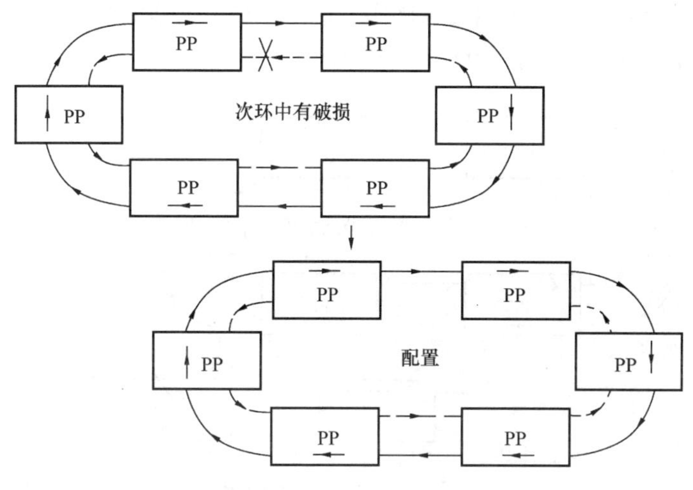

图 2-9　次环故障

（三）双环路故障

当光缆断开，或其他原因导致系统主、备用环路在同一点处同时中断，在中断点两端的节点会检测到（光缆断开）这种故障，它们会同时采取“回环”措施，其中一节点会将输出的主环路信息通过“回环”措施使之接入到次环，另一节点会执行与之相反的操作，这样，整个系统网络通过两节点的“回环”操作构成了闭合环路。新配置的环路在逻辑上与原来的环路没有任何的区别，它仍然保留了原有逻辑环路的全部功能。这个新配置的环路要两次经过大多数的节点，如图 2-10 所示。

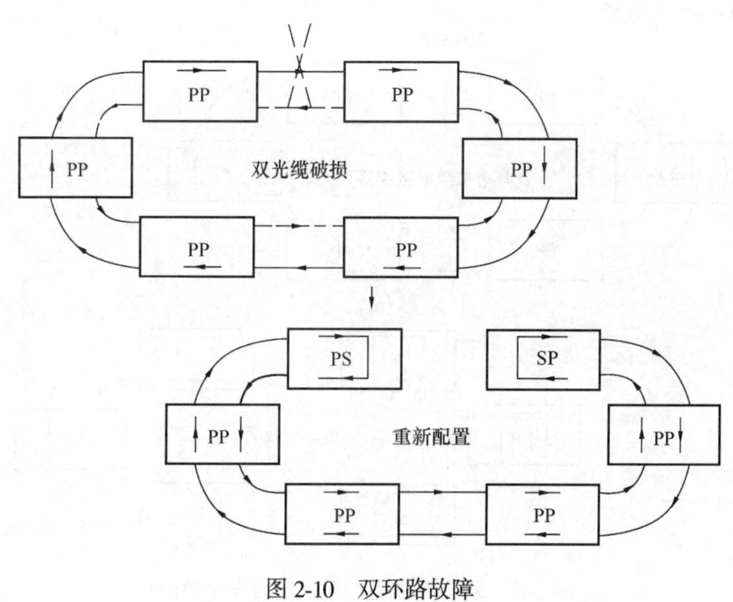

图 2-10　双环路故障

（四）节点故障

当系统中某一节点发生故障时，与该节点相邻的两个节点会在自身采取“回环”操作。与光缆断开的情况类似，其中一节点会将输出的主环路信息通过“回环”措施使之接入到次环，另一节点会执行与之相反的操作。这样，整个网络除故障节点外构成了一个闭合环路。而故障节点则被隔离，如图 2-11 所示。

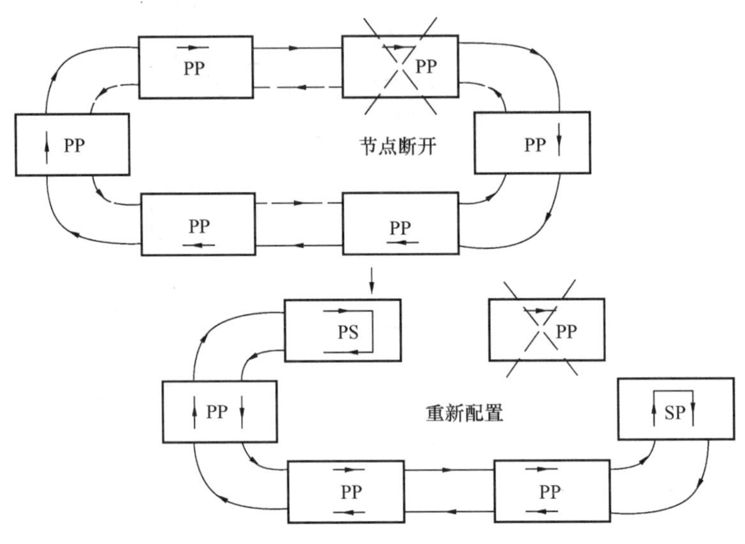

图 2-11　节点故障

（五）多个故障同时发生

当网络中有多个故障同时发生时，例如，主环路在某处断裂，而次环路在另一处也同时断裂。这时，传输网络在节点的自动故障回复机制执行下，会分隔成若干独立的子环路。在任一个子环路内部，系统信息的传输都可正常操作。子环路在功能上与原有的环路没有区别，如图 2-12 所示。

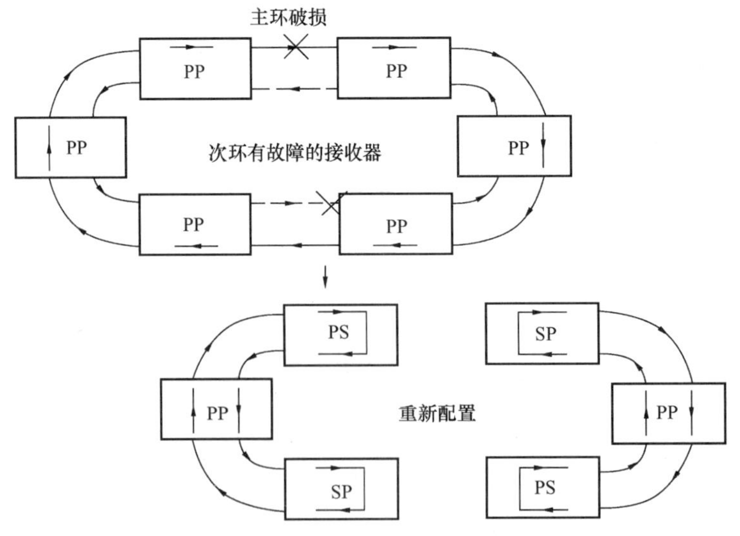

图 2-12　双环路在不同地点同时发生故障

（六）网络的重组及网络控制中心的作用

传输网络在重新配置及重新启动过程中，会在一个短暂的时间内不可使用。系统会在网络同步完成后才为各用户接口卡分配传输带宽。

在本节所描述的网络回复机制中，并没有网络控制中心的参与。在网络控制中心的参与下，传输网络应可提供更加高级的故障回避机制。

第三节 传输信道的设置

一、时分复用方式

本节以 OTN 网的具体应用实例说明时分复用方式。为实现各类型用户间的数据传输，连续的时分复用帧以固定的长度在传输网络上不断运行。每一个时分复用帧都是系统信息传输信道的集合。

以 OTN－150 为例，该系统标称带宽为 150m，单帧构成如图 2-13 所示，由 384 个信道组构成，每个信道组由 12 比特构成。系统的传输速率为 32000 帧/秒，可得系统总带宽为 12 比特 × 384 组 × 32000 帧/秒 = 147.465Mbps。考虑到系统为内部控制预留的 55 比特（其中 32 比特用于节点间同步，18 比特用于节点间及与网络维护终端的通信，1 比特用于指示故障，4 比特用于专用的工程师电话），有效带宽为 4553 比特 × 32000 帧/秒 = 145.696Mbps。

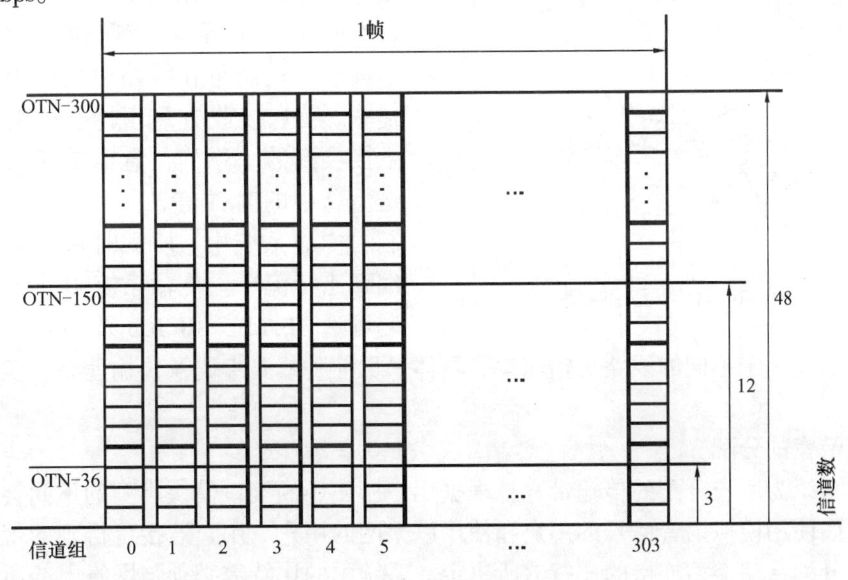

图 2-13 OTN 帧结构

在每一个链路或子网中，每一帧都被分隔成一或多个传输信道。接入传输网络的用户会分配到一个固定的传输信道，这样，保证了用户在任何时候都可以直接访问网络而无需等待。

任两个设备或局域网如通过该传输网络连接，只需简单地在网络中分配相同的传输信道给它们，所需的连接就可建立起来。

任两个设备/局域网假如在该传输网络中分配了相同的传输信道，它们之间的连接就已建立。这样，在网络中每一相关节点上，信道的设置信息就被传送到已建立连接的设备上，这些设备间的数据信息传送则通过已分配的信道进行。通过这种方式，该网络只需简单地为两个设备分配相同的传输信道，即可为两个设备建立虚拟的点对点的连接链路。

如图 2-14 所示，设备 A 发送的信息首先进入节点 A，并在节点 A 中被复用进事先建立的信道中。设备 A 的信息在此信道中不会受其他信道的信息的干扰，也不会与其他信道的信息产生碰撞。设备 A 的信息随后到达节点 B，在节点 B 中该信息仅仅被放大，并继续在网络上传输。接着，设备 A 的信息依次经过节点 C 和 D，节点 C 和 D 执行与节点 B 相同的操作。最后，设备 A 的信息到达节点 E，这里设置了与节点 A 相同的传输信道，信息由节点 E 接收，并由设备 E 解复用后接收。随后，设备 E 的响应信息被复用进相同的信道中，继续在环路上依照信息传输方向传输，在经过节点 F 的放大后，该信道在环上运行一周回到节点 A，在节点 A 处被解复用后由设备 A 接收。整个信息传输过程实现了全双工的操作。

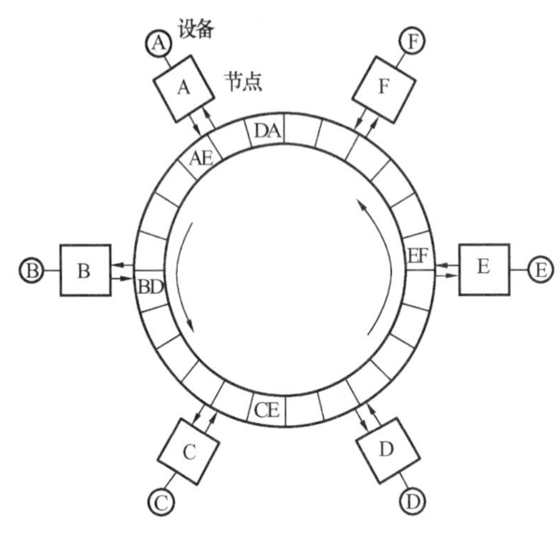

图 2-14　OTN 运行原理

在某些特定类型的链路中，允许同时分配相同的传输信道给超过两个设备，如点对多点或广播链路。

二、线路编码速率

在光发送器中应用线路传输编码机制，是为了保证在传输的低频直流分量中，包含有时钟及运行参数等传输比特流信息。引进编码机制可在线路中提供更高的传输速率。信息接收方用于恢复、组装从线路上接收到的一系列信息需要接收方附在发送信息中的时钟信息，在采用线路编码机制的传输系统中，所需时钟信息已固化在编码比特流中。传输系统中采用的线路编码可选 4B/5B、8B/10B 及 16B/20B 等线路编码，分别应用于不同的线路传输速率，具体采取何种线路编码及传输速率由实际应用决定。

三、带宽的分配

传输系统为用户分配的传输带宽，根据用户所使用的接口模块类型的不同会有很大的差别，例如使用模拟语音信号的用户和使用以太网的用户。用户连接可得到的带宽同时也由一帧中分配给这类型连接的比特数所决定。系统中的比特数必须与网络上的所需的线路数据比特和网络开销比特的总和相匹配。带宽的分配可由网络控制中心进行连接设置时进行。

四、连接的类型

现代网络应具有多种可选的连接类型。传输网络通过采取适当的接口，可以支持以下任一种连接类型。

（一）点对点的连接类型

在应用点对点的连接类型中，设备都是成对出现的，这种情况与电话机与交换机的连

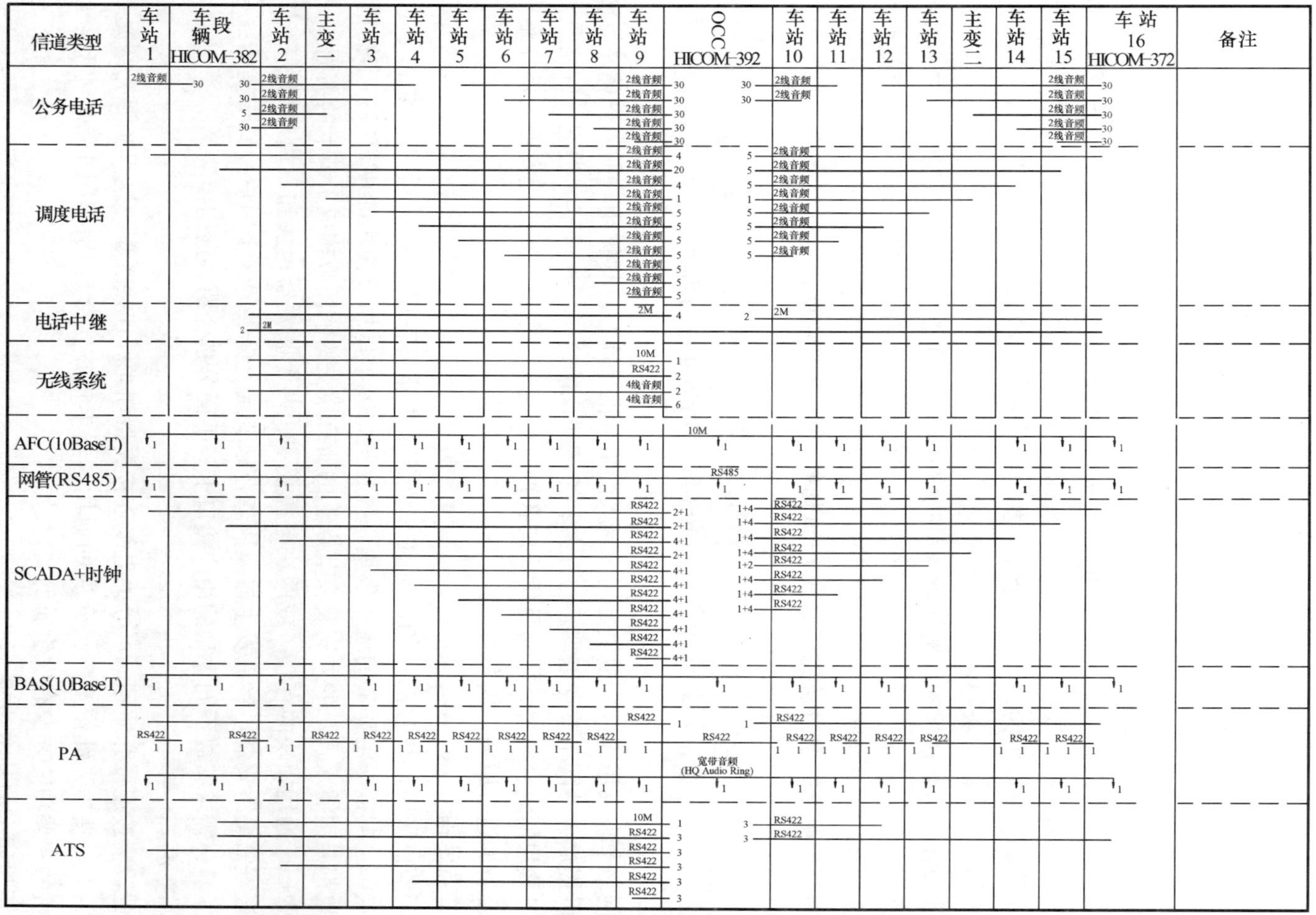

信道类型	车站1	车辆段 HICOM-382	车站2	主变一	车站3	车站4	车站5	车站6	车站7	车站8	车站9	OCC HICOM-392	车站10	车站11	车站12	车站13	主变二	车站14	车站15	车站16 HICOM-372	备注
公务电话	2线音频	30 30 30 5 30	2线音频 2线音频 2线音频 2线音频								2线音频 2线音频 2线音频 2线音频 2线音频	30 30 30 30 30 30 30	2线音频 2线音频						2线音频 2线音频 2线音频 2线音频 2线音频	30 30 30 30 30	
调度电话											2线音频 2线音频 2线音频 2线音频 2线音频 2线音频 2线音频 2线音频 2线音频 2线音频 2线音频	4 5 20 5 4 5 1 5 5 1 5 5 5 5 5 5 5 5 5	2线音频 2线音频 2线音频 2线音频 2线音频 2线音频 2线音频 2线音频								
电话中继		2	2M								2M	4 2	2M								
无线系统											10M RS422 4线音频 4线音频	1 2 2 6									
AFC(10BaseT)	1	1	1		1	1	1	1	1	1	1	10M 1	1	1	1	1		1	1	1	
网管(RS485)	1	1	1		1	1	1	1	1	1	1	RS485 1	1	1	1	1		1	1	1	
SCADA+时钟											RS422 RS422 RS422 RS422 RS422 RS422 RS422 RS422 RS422 RS422 RS422	2+1 1+4 2+1 1+4 4+1 1+4 2+1 1+4 4+1 1+2 4+1 1+4 4+1 1+4 4+1 1+4 4+1 4+1 4+1	RS422 RS422 RS422 RS422 RS422 RS422 RS422 RS422								
BAS(10BaseT)	1	1	1		1	1	1	1	1	1	1	1	1	1	1	1		1	1	1	
PA	RS422 1 1	RS422 1	1 1 1	RS422	RS422 1 1	RS422 1 1	RS422 1 1	RS422 1 1	RS422 1 1	RS422 1 1	RS422 1 1	1 1 RS422 宽带音频 (HQ Audio Ring) 1	RS422 RS422 1 1	RS422 1 1	RS422 1 1	RS422 1 1		RS422 1 1	RS422 1 1	1	
	1	1	1		1	1	1	1	1	1	1	1	1	1	1	1		1	1	1	
ATS											10M RS422 RS422 RS422 RS422 RS422	1 3 3 3 3 3 3 3	RS422 RS422								

图 2-15 传输系统业务信道分配图

接和终端对主机的连接类似。在传输网络中，这种连接可以在使用同一接口模块的任一对设备间的任一端口实现。

（二）多点的连接类型

在应用多点的连接类型中，多个设备都连接到同一“线路”上，这个“线路”可以是总线型的结构，如以太网；也可以是环型的结构，如令牌环网。网络上各用户访问网络必须遵循访问协议。局域网是这种类型连接的典型例子。多点的连接类型可以连接任意数目的用户。

（三）多站的连接类型

在应用多站的连接类型中，发送到网络上的信息会被传送到多个站点。这种连接类型常应用于公共广播系统，或某些双工的数据请求系统，这些系统的响应数据由轮询机制控制。这种连接类型可设置为一个对多个相同类型的用户接口模块的连接，但连接不能在同一节点的相同用户接口模块间建立。

在系统设计和运营过程中，根据传输系统承载的城市轨道交通系统业务，为每一种业务设置信道和带宽，以便于整个传输系统的带宽分配。通常将这种业务信道分配制成图表，统称为业务信道分配图，如图 2-15 所示。业务信道分配图包括三个基本要素：承载的通信和控制系统业务的逻辑链路（也称逻辑拓扑，包括点到点，一点到多点，总线型）、采用的接口类型和分配给业务的带宽。

第四节　网络节点及接口设备的运行原理

传输网络节点及用户接口模块是用户接入网络的惟一途径。根据用户的不同需求，传输系统可以提供各种网络节点以满足目前各种主流协议的应用。通过不同类型的网络节点及用户接口模块的组合应用，能满足用户的各种应用要求。本节以某工程实例为例介绍节点及接口设备的运行原理，供参考。

一、节点结构

该系统节点采用模块化的结构，所有的必需部件都安装在一个 19 英寸标准底座上。每一个节点都会配置一定数量的通用模块，并且提供 8 个供用户使用的用户接口卡插槽。所有的模块都是“插入式”的，安装在节点上的所有模块的前面板构成了节点的前面板。

节点中属于通用模块的有：一或两块电源模块，两个收发器模块和一块通用逻辑卡，部分节点根据需要还安装了铃流发生器模块。在该节点上提供的 8 个用户接口卡插槽，可根据用户的具体需求安放不同类型的用户接口卡。下面分别介绍各通用模块。

（一）通用逻辑卡

通用逻辑卡按连接介质不同可分为电缆连接类型和光纤连接类型，这里主要介绍光纤连接类型的卡。使用光纤作为连接介质的通用逻辑卡根据实际应用的不同有多种型号可选，但担负的主要功能并没有发生质的变化。

1. 通用逻辑卡的基本功能

通用逻辑卡一般可提供以下的功能。

(1) 通用逻辑卡的信息交换与管理功能

a. 与收发器模块实现信息交换

在每一块通用逻辑卡上，一般会安装两块收发器模块。这些收发器模块可采用光纤介质或电缆介质连接。通用逻辑卡与卡上任一块收发器模块间的数据交换都是通过数据总线实现的。

在通用逻辑卡和收发器模块之间交换的数据还包括一些状态和控制数据，例如卡的类型及告警信令状况。通用逻辑卡还可根据需要自动地启动卡上的光路切换开关，在光路切换开关的作用下，可使节点进入或离开系统工作的光纤环路，或改变系统的信息路由。

b. 与用户接口模块实现信息交换

通用逻辑卡负责系统状态和控制信令的处理，并且担负着用户接口模块和光纤链路间信息交换的职责。通用逻辑卡接收来自用户接口模块的信息，进行一系列的处理后通过与之相连接的光纤链路发送出去。同样的，通用逻辑卡也从光纤链路上接收信息，经处理后发送到相应的用户接口模块上。

c. 与网络控制中心实现信息交换

如果网络控制中心是连接在本节点上的，则通用逻辑卡通过卡上的以太接口和网络控制中心实现信息交换；如果网络控制中心连接在其他节点上，则通用逻辑卡与网络控制中心间的信息交换还需要通过光纤链路来实现。

d. 管理节点的状态和控制数据

通用逻辑卡不但能读取节点上的状态数据，当节点或用户接口模块的工作状态改变时，所接受的指令也由通用逻辑卡发出。

e. 管理光纤环路

通用逻辑卡通过以下一系列任务的执行实现对光纤环路的管理：

(a) 帧的产生，这一功能由网络中的主节点实现；

(b) 启动主、次环路，并使两环路上的信息同步；

(c) 选定主节点，并激活一或多个弹性缓冲器。在一个闭合的环路中只会存在一个弹性缓冲器，如果是双环路结构，则每一环路各存在一个弹性缓冲器；

(d) 故障情况下节点的重新配置；

(e) 向相邻的节点发送故障信息指示；

(f) 模式设置，有两种运行模式可选，链路模式及环路模式，模式的设置通过在通用逻辑卡上的跳线实现。传输系统推荐的模式是链路连接模式；

(g) 通用逻辑卡提供了功能强大的全方位的自检，可帮助用户轻松查找系统故障；

(h) 网络的拓扑设置，可选双环或菊花链方式，该功能需经由网络控制中心实现；

(i) 当系统中存在光路切换开关时，通用逻辑卡可在必要时控制光路切换开关动作。

(2) 关于与用户接口模块间的信息交换

为了实现与用户接口模块间的信息交换，在节点的底板上设计了数据、状态/控制总线，下面分别予以介绍。

a. 数据总线

节点的数据总线，包括用于选择正确用户接口模块的地址总线和用于用户接口模块上数据信息输入、输出用的数据总线。通过这些总线，来自收发器模块的数据信息被转发到相应的用户接口模块上，同时，来自用户接口模块的数据信息在同一信道中被复用并发送回收发器模块。节点底板上的数据总线分为 LS 数据总线和 HS 数据总线，LS 数据总线用于节点上低速寻址的用户接口模块，HS 数据总线用于节点上高速寻址的用户接口模块。

b. 状态/控制总线

通用逻辑卡能够请求用户接口模块发送一系列的状态数据，例如卡的类型等。NCC 能够读取这些状态数据并对之进行解释。网络控制中心对用户接口模块进行的一系列设置参数也是通过状态/控制总线发送到用户接口模块上的。

当从用户接口模块上通过状态/控制总线读取状态信息时，用户接口模块会同时使用一个独立的状态总线发送有关该用户接口模块是否已分配带宽的状态指示。

(3) 温度探测器

由于过高的工作温度会使元器件的使用寿命缩短，因此，通用逻辑卡上一般安装了温度探测器。当工作温度超过设定值，微处理器会将这种情况报告给网络控制中心。

(4) 光路切换开关

通用逻辑卡上可根据需要装配光路切换开关。

(5) 工程师电话

该项功能为可选项，某些传输网络提供该功能以方便系统安装或维护。一般在网络上分配一固定的带宽用于工程师电话，使该功能无需编程连接。

(6) 与网络控制中心的接口

通用逻辑卡与网络控制中心的连接一般采用以太方式。每一块通用逻辑卡都会被分配一个惟一的以太网地址。

(7) 自检

当系统加电启动时，节点在连接上环路前会进行全面的自检。该项工作主要由通用逻辑卡完成。在节点自检时，收发器模块也会被检测，内容包括收发器模块的类型、状态和控制逻辑以及眼保护机制等。

当自检完成后，一系列决定通用逻辑卡运行状态的参数被写入卡内的 ROM 并保存下来。这些参数包括通用逻辑卡的硬件地址；网络运行在链路连接模式还是环路连接模式；卡的类型；在自检过程中发现的故障；网络的拓扑设置（双环或菊花链）。网络控制中心会记录必需的网络拓扑设置以防系统在电源故障时丢失关于网络拓扑设置的参数。

2. 为方便维护人员及时了解板卡运作状况，通用逻辑卡前面板还可设置 LED 显示阵列及状态指示灯，用于状态指示灯指示环路运行情况、节点运作和网络设置情况。

(二) 收发器模块

根据不同的线缆类型、不同的连接距离以及不同的应用要求，传输系统应可以提供各种不同类型的收发器模块。

1. 收发器模块简介

一般采用光纤作为连接介质的收发器模块，该模块的功能是将环路上的光信号转换成与之相应的电信号，同时，它也将节点上的电信号转换成相应的光信号。收发器模块的工作波长可选 1300nm 或 1550nm。

收发器模块可使用 9/125μm 的单模光纤或 50/125μm、62.5/125μm 的多模光纤作为连接介质。

2. 收发器模块的功能

收发器模块负责节点间数据帧的发送和接收。该模块接收来自光环路上打包的光脉冲信息，并将它们转换成相应的电信息。接收的信息经过放大后，从信息中再生了时钟信令，经解码后传送到通用逻辑卡上。同时，收发器模块从通用逻辑卡上接收带时钟信令的数据流，经编码、复用，打包后将电信号转换成相应的光信号，并以光脉冲的形式通过光环路发送到下一节点。

3. 收发器模块与网络控制中心间的信息交换

网络控制中心一般经由通用逻辑卡与收发器模块实现信息交换。一般可获取下列信息：

（1）高电流告警

当驱动激光二极管的电流高于正常值时，会产生高电流告警信息。高电流告警信息的产生暗示激光二极管的工作温度过高或激光二极管已老化，须在近期内更换。

（2）脉冲模式发射

脉冲模式发射信息表示光环路处于开路状态。光发送器进入脉冲模式工作以降低光功率。

（3）脉冲模式接收

脉冲模式接收信息表示相关的节点接收到了脉冲工作模式的光脉冲。

（4）误码记数

网络控制中心通过误码记数器的记录来评估系统误码率。

4. 收发器模块的前面板上可设置 LED 指示灯用于指示“误码告警”、“光信号丢失”及“低光告警”等网络数据运行状态。

（三）供电电源模块

供电电源模块用于为节点内所有的其他模块提供工作电源。为适应不同外部供电环境，传输系统为用户提供各种供电电源模块，以适应各种用户需求。

（四）铃流发生器模块

铃流发生器模块是为传输网络中模拟语音信令的应用服务的。当某节点上连接了电话机设备时，如果连接电话机的用户接口模块上没有为电话机提供 48V 直流工作电压或铃流发生装置，则需要在该节点上安装铃流发生器模块。

某些应用情况下，用户并不需要铃流，而只需要 48V 的直流工作电压，如节点连接的是数字电话机设备。因此，传输系统可以提供各种类型的铃流发生器模块，以适应各种不同的用户需求。

（五）用户接口模块插槽

传输系统在节点上可为用户接口模块提供多个插槽，可同时插入多个用户接口模块，各模块之间不会互相干扰。所有的用户设备与传输系统的连接都必须经过这些用户接口模块。用户接口模块负责将接收到的用户数字信令进行格式转换，为用户数字信令打包进传输网络上的数据帧做准备；并将来自传数输网络上的数据帧中已解复用的用户数据信息恢复为用户可识别的格式。所有的用户接口模块应支持“热插拔”，并且在执行以上操作时不会对节点及其他用户接口模块产生任何影响。

传输系统应提供各类用户接口模块服务于语音、数据、局域网及视频等业务。

二、节点类型

随着传输系统的不断发展和完善，传输节点的种类也不断完善。根据用户的具体应用需求可为用户提供具有不同带宽、冗余配置的节点。

节点上可安装一或两块供电电源模块，这些供电电源模块与外部工作环境的匹配电压可以是－48V直流、＋24V直流、115V交流、220～240V交流等。某类型的传输系统节点上安装了两块供电电源模块时，正常状态下两块供电电源模块各自以半功率同时向节点供电，实现功率分担，增加了系统的稳定性；如果其中一块供电电源模块因故停止运作，另一块供电电源模块立即自动转为全功率运作，保证了节点的正常运作，增加了系统的可靠性。

三、用户接口模块类型及功能

传输系统可以为用户提供语音、数据、局域网及视频等业务的服务。为此，需配备各种类型的用户接口模块，满足不同的用户多方面的需求。

用户接入传输系统都是通过各用户接口模块来实现的。各用户接口模块虽然在功能、外观、电路设计上有很大区别，但它们有一个共同点：都是起到了节点到用户及用户到节点数据信息的转换功能。

在下面的章节为大家简要介绍某工程实例中应用的各用户接口模块，以供参考，具体的模块配置可根据实际的用户需求决定。

（一）2M中继模块

1.2M中继模块简介

2M中继模块服务于接入传输系统的电话交换机，用于电话交换机间经由传输网络建立数据链路连接。2M中继模块可提供总带宽为2.048Mbps的30路采用HDB3码制的脉冲编码信道（符合ITU G703标准），也可应用于ISDN的初级速率接口（符合ITU I431标准），或任何一个符合ITU G703标准的2.048Mbps带宽的连接。传输系统对于高层协议来说是全透明的。

2M中继模块以2.048Mbps的速率接收HDB3码制的脉冲编码信令，通过传输系统的光环路将所收到的信令发送到远端的2M中继模块上。同时，本地2M中继模块接收来自光环路的信令，以2.048Mbps的速率发送给用户交换机。

2.2M中继模块在传输网络中可分配的带宽

使用2M中继模块在传输网络中建立的每一个连接，可在数据帧中分配到66比特的带宽。其中64比特用于数据传输；2比特用作校验，以检测远端2M中继模块的状态，并告知本地中继模块状态。

3.状态比特

为了实现2M中继模块的远程维护，系统提供了一定数量的状态比特用于与网络控制中心通信。当有告警发生时，2M中继模块会产生一连串连续的高电平来取代无效的数据，通过这种方式通知用户交换机有故障产生。这一连串连续的高电平称为告警指示信令。

（二）音频接口模块

1.音频接口模块简介

音频接口模块可经由传输网络传输语音或音乐信息，一般应用于公共广播系统。经由音频接口模块能够传输高保真的模拟音频信息，而不像PCM设备那样将音频信息限制在300～3400Hz。

使用音频接口模块，传输系统可替代例如公共广播系统等音频应用领域的传统铜质导线，为这些系统提供全透明的传输介质，使公共广播系统的扩展不受地理条件限制。

除了传送音频信息，每块音频接口模块都配备了4路RS422通道用于控制。这些控制通道无论在硬件上还是软件上都是与音频通道隔离的，可用于本地信号放大等控制。

2. 音频和控制功能

音频接口模块配备了以下的功能。

（1）音频功能

音频接口模块可提供两路独立的音频通道用于音频信息传输。音频信息传输的途径是单向的、不可逆转的。音频接口模块担任了模/数、数/模转换的职责。为此，音频接口模块配备了控制电路用于采样信息的奇偶及同步。如果在 150ms 内，系统不能持续正常地工作超过 0.5ms，则音频信息传输信道会产生一个连接丢失告警。当故障解除后，系统会使用最大 10 个数据帧用于恢复系统的正常运作。

当任一音频信息传输信道产生连接丢失告警，系统可为用户提供一个 50 帧的紧急情况下的连接通道。

（2）控制功能

音频接口模块提供四路全双工的 RS422 通道用于控制。每个通道包含两路平衡式的输入端口及两路平衡式的输出端口。四路全双工的 RS422 通道无论在硬件还是软件上都是与音频信息传输信道互相独立的。它们主要用于：

a. 点对点的连接

通过传输网络，任一个全双工的 RS422 通道可与除本节点外任一节点上的同类型通道建立点对点的连接。

b. 多站的连接

两个全双工的 RS422 通道可配置为一个多站的端口，在需要的情况下还可为此端口加入流控功能。

因此，音频接口模块可建立最多四个全双工的点对点的连接，或两个多站的连接，或两个全双工的点对点的连接及 1 个多站的连接。

3. 音频功能运作

（1）音频功能运作原理

通过一个均衡的语音接收器和一个音量控制器，来自音源的模拟音频信号被发送到音频接口模块的数/模转换器上。在此必须在电路中设计一个音量控制器，这是因为音频信号电平不能太低或太高，太低会导致信噪比低，太高则会导致信号失真。

音量控制器的调整由网络控制中心实施。在网络控制中心的控制下，可使输入模/数转换器的信号电平具有 0dB 的衰减。通过网络控制中心的微调功能，可使高品质语音用户接口模块刚好处于光信号丢失的告警边缘。

模/数转换器可以 32kHz 的频率采样，每个采样值包含 16 比特。音频接口模块会在采样值上加上 1 个同步比特和 1 个极性比特。这样，总共 18 比特被传送到数据帧中。

音频接口模块从传输环路上接收这 18 比特并通过数/模转换器将它们转换为模拟音频信令。该模拟音频信令可由音量控制器放大后经由均衡的语音发送器传输到与音频接口模块相连接的用户。

（2）辅助工具

音频接口模块提供了静音功能，音频信息连接丢失告警及输入音频信号电平过高指示等辅助工具，以方便用户维护。

4. 控制功能运作

（1）点对点的连接

在点对点的连接中，每个有效的信道组会以系统设置的最大波特率的6.67倍的频率采样。这些采样信息平均分布在传输环路上的信息帧中。接收端将收到的采样信息还原，并发送自己的采样信息，实现全双工的通信。

（2）多站连接

每个多站连接的网络都包含一个控制单元和一系列的从站。在这种网络配置方式中，控制器通过广播通道发送信息给从站，反之亦然。如果控制器希望得到从站的信息，控制器会定址具体的从站，并通过广播通道通知该从站通过收集信道发送自身信息。

定址是控制器的任务之一，因此控制器可通过发送一个广播信息轮询问所有从站。很明显，从站信息的发送必须经由控制器请求。否则，会发生两从站共用收集信道的情况，导致数据冲突。

音频接口模块提供两个控制电路用于控制器和从站的连接。相应地传输环路为之提供了广播通道和收集通道。

控制器通过广播通道发送数据信息（包括地址信息）给从站。控制器发送数据信息到音频接口模块的接收端口。这些数据信息被发送到下一音频接口模块上。音频接口模块通过发送端口把数据信息发送给从站。数据信息在传输环上运行一周，被所有的从站复制，最后由作为控制器的音频接口模块接收并从环上清除。

从站可通过收集信道发送信息给控制器。从站将数据信息发送到音频接口模块的端口。从站的数据信息与传输环路上的信息一起构成了模块的输入信息。该信息通过收集信道发送到随后的从站。每一个从站会将请求信息回环到下一从站并同时向前一从站发送回应信息。回环会在每个从站产生一定的延迟，时间为系统最大波特率的1/6.67比特。

在作为从站的音频接口模块上，RTS/CTS控制信令为可选项。该项功能由网络控制中心实施。当系统自身不提供RTS/CTS控制信令时，应在网络控制中心上关闭RTS/CTS功能。当系统具有RTS/CTS控制信令时，推荐开启该项功能。

5. 带宽的分配

音频和数据信息经由传输网络是相互独立的。因此，音频信息和数据信息占用不同的带宽。音频信息占用数据帧中的18比特，其中16比特用于传送一路音频采样信息；2比特用于音频接口模块间通信，1个同步比特，1个极性比特。

根据RS422控制信道所采用的波特率的不同，传输系统会分别配置不同的带宽。波特率的设置根据用户需求通过网络控制中心实现。

6. 状态和控制数据

为了实现音频接口模块的远程维护，该模块提供了一定数量的状态比特用于与网络控制中心通信。

（三）RS422用户接口模块

1.RS422用户接口模块简介

RS422用户接口模块为接入传输系统的使用标准RS422接口的用户服务。RS422标准定义了用于DTE和DCE之间或DTE之间传输串行二进制码流的均衡电路的电气特性。因此，RS422用户接口模块主要用于以下用途：

(1) 在异步的工作站、终端、打印机等设备之间建立全双工的点对点连接。RS422 用户接口模块为用户提供基于 RS449 标准的定制服务，使通过该模块建立连接设备间可以传输控制、时钟和数据信令，而无需考虑极性设置、起止位数及数据和停止位。

传输网络一般将这种连接方式应用在可使用直接电缆连接的设备间，例如：具有相同的传输参数（相同的数据传输速率、极性、起止位数及数据和停止位）的设备间的连接。

(2) 在一个中央设备和本地的外围设备（工作站、终端、打印机等）之间建立多站的连接。在这种连接方式中，数据的传输由中央设备控制。为此，中央设备必须具有寻址能力。多站的连接方式需要两块不同的模块，其中一块用于连接中央设备；一块用于连接外围设备。这些模块可全透明地传输包括地址信息的数据信息。外围设备负责产生和识别地址信息。

2. 点对点的连接方式

传输网络可使用两块 RS422 用户接口模块为使用 RS422 接口的用户建立点对点的连接。供用户使用的端口不但可传输数据信息，还可传输时钟及控制信息。如果端口连接的外围设备具有流控功能，则相应的端口应与之匹配。

每个正在使用的端口会以系统设置的最大传输速率的 6.67 倍进行采样。这些采样值平均分布在数据帧上传输。所需的传输带宽由系统的最大数据传输速率、采样速率和连接所需的端口数决定。

3. 多站的连接方式

(1) 多站的连接方式简介

每个多站的网络中，包含多个点对点的连接。点对点的连接由位于不同节点的两块不同类型的用户接口模块实现。站点的数目由传输网络带宽和多站连接的数据传输速率决定。本地站点的数目仅受本地端口及传输节点数目的限制。任一节点上只可有一块 RS422 用户接口模块属于一个多站网络。当控制模块和本地用户接口模块在同一端时，必须安装在不同的节点。

(2) 多站的连接方式运作原理

每个多站网络需要两个传输通道。中央设备经由奇数的端口传输包括地址信息的数据信息。中央设备的发送信息从与各外围设备连接的第一个端口开始，依次传输。与中央设备连接的 RS422 用户接口模块通过奇数的端口发送数据信息给所有从站。数据信息在传输环路上运行一周，被所有的从站复制，最后由与中央设备连接的 RS422 用户接口模块接收并从环上清除。

当从站有信息要发送，会发出一个 RTS 信令。如果该站点连接的节点与传输网络保持同步，则该站会收到一个 CTS 应答信令。获得权限的从站会将发送信息复用进本地的二次传输信道传输。中央设备通过偶数的端口接收信息。当中央设备授权给一个从站发送信息后，其他的从站在此期间将不能发送信息。

(3) 多站连接方式带宽的分配

每个多站连接方式的网络需要两个传输信道，这些传输信道一般由时分复用帧组成。通道 1 用于接收及转发来自中央设备的信息，通道 2 用于发送信息给中央设备。因此，每个多站的连接需要的带宽是点对点连接方式的两倍。

4. 状态和控制数据

网络控制中心通过状态数据实现远程监测 RS422 网络状况，使用控制数据对 RS422 用户接口模块进行设置。

（四）RS485 用户接口模块

1.RS485 用户接口模块简述

传输系统可提供 RS485 用户接口模块服务于使用 RS485 接口协议的用户。RS485 用户接口模块可通过设置用于 RS485 接口协议或 RS422 接口协议。RS485 用户接口模块提供了三路相互独立的电路，每一路都可以单独用作 RS485 接口协议或 RS422 接口协议。通过网络控制中心，可将线路传输速率设为 1.2～2000kbps。

（1）RS485 用户接口模块的 RS485 模式

各种遵守 EIA-485 标准的 RS485 总线设备可通过 RS485 用户接口模块接入传输系统。在传输网络上传输的用户数据信息由具有固定时隙间隔的数据包组成，该时隙间隔必须持续至少 12 个比特时间。网络使用符合 EIA-485 标准的协议，由此决定了数据结构和访问方式。

当 RS485 接口设备位于 RS485 总线端头时，必须采取适当的方式终结电路，例如：在终端头处连接一个匹配电阻。

RS485 接口电路除数据信息的接收和发送电路，还提供了控制信令电路。控制信令电路用于外部转发器的工作。

（2）RS485 用户接口模块的 RS422 模式

当 RS485 用户接口模块工作于 RS422 模式时，可建立 RS422 多站式的连接。运作方式与 RS422 用户接口模块相同。

2.RS485 用户接口模块的运作原理

每块 RS485 用户接口模块都具有三路相互间完全独立的电路，每一路都可以单独运作于 RS485 模式或 RS422 模式。

一个接口电路以半双工的方式传输带时钟信令的信息包。传输环路上传输的信息由 3 比特组成：前 2 比特用于传输有效的数据信息；后 1 比特是一个“有效”比特，当该位为“1”，表示数据区包含线路接口数据。当该位为“0”，表示这是一个空的数据包。

当传输环路设置的线路带宽超过了设备间连接的速率，空的数据包会不时地插入。在线路接口数据传输之前，空的数据包会模拟运作，此时 RS485 用户接口模块上每个接口电路都处于“空闲”状态。然后接口电路从已连接的设备上接收到数据信息并临时成为 RS485 网络主站。

（1）RS485 主站

RS485 主站从本地接收到数据信息并发送到传输环路上，此时 RS485 主站处于接收状态。如果本地设备没有继续发送数据信息给 RS485 主站，则该 RS485 主站会保持接收状态直到数据包中的最后一个有效数据通过并发送到传输环路上。而且，RS485 主站负责将信息从传输环路上清除。

（2）RS485 从站

无论何时，只要 RS485 从站接收到来自传输环路的信息，会立即将该信息发送给用户，同时，将该信息发送给下一 RS485 从站。每个电路配备 2 个监控比特，用于清除环上的无效信息包。在每个 RS485 连接网络中，至少要设置 1 个监控比特。

3. 带宽的分配

RS485 连接网络所需的带宽由连接设置的数据传输速率决定。

4. 状态和控制数据

网络控制中心通过状态数据实现远程监测 RS485 网络状况，使用控制数据对 RS485 用户接口模块进行设置。

（五）4 线语音接口模块

1.4 线语音接口模块简介

4 线语音接口模块用于频率在 300 ~ 3400Hz 之间均衡的模拟信令提供固定的点对点连接，例如在两个 4 线的调制解调器之间。4 线语音接口模块配备了 3 个 4 线的端口用于连接外围设备。每个端口由 2 线的均衡发送输出端及 2 线的均衡接收输入端组成。

4 线语音接口模块及外围设备可传输信令，并允许用户自由选择信令功能。在点对点的连接方式中，信令是双向的。

外围设备通过 4 线语音接口模块前面板上的 50 针连接端口与模块相连接。外围设备与节点间的最大距离可达 1km。4 线语音接口模块上配置了开关，可在不干扰其他用户的情况下插拔该模块。

经由传输网络设置的点对点连接的数目由端口连接的模式决定。

(1) 在“公共模式”(模式 1)，一块 4 线语音接口模块上的任一端口可与另一 4 线语音接口模块的任一端口相连接；

(2) 在“公共模式”(模式 2)，一块 4 线语音接口模块上的所有端口可与任一 4 线语音接口模块的所有端口相连接；

当使用“无模式”连接配置，则链路中没有使用环路信令比特。

2.4 线语音接口模块运作原理

在 4 线语音接口模块上设计了 3 个同样的电路，其中每个电路都由模拟和数字部分组成。为了音频部分的应用，每个电路都配备了编码/解码器。编码/解码器将模拟信令编码为一个串行的 64kbps 的 PCM 信令，数字部分将编码信息复用进数据帧中相应的信道。反之，接收端 4 线语音接口模块将串行的 64kbps 的 PCM 信令经由数字部分解复用，然后由编码/解码器解码还原为模拟信令并发送给相关用户。

4 线语音接口模块的环路信令功能为可选项。当环路信令功能激活时，环路信令的传输在数据帧中单独占一信道。

3. 带宽的分配

在 4 线语音接口模块间的连接链路上有三种信令，即编码为 PCM 的模拟信令、环路信令及同步比特。同步比特用于 4 线语音接口模块间的 PCM 字的同步。

4 线语音接口模块的同步和信令信道数由电路连接模式决定。

(1) 模式 1—分离模式

在分离模式下，4 线语音接口模块上的 3 个电路可各自独立运作。一块 4 线语音接口模块上的任一端口可与另一 4 线语音接口模块的任一端口相连接。每一个连接都需要分离信令和同步信令。其中每帧 2 个比特用作任一电路的数据传输；每帧 1 个比特用作任一电路的信令；每帧 1 个比特用作任一电路的同步。

(2) 模式 2—公共模式

一块4线语音接口模块上的所有端口可与任一4线语音接口模块的所有端口相连接。在此工作模式下，3个电路共用同步信令，因而节约了带宽。其中每帧2个比特用作任一电路的数据传输；每帧1个比特用作任一模块的信令；每帧1个比特用作任一模块的同步。

因此，1个链路需4比特；2个链路需6比特；3个链路需8比特。

4. 状态和控制数据

4线语音接口模块提供一系列的状态和控制数据用于网络控制中心对本模块的远程维护。

(六) 语音接口模块

1. 语音接口模块简述

语音模块为用户交换机及它们的模拟话机之间提供经由传输网络的固定的虚拟点对点连接。

语音接口模块与用户交换机间的最大距离由用户交换机线路接口参数决定。语音接口模块与话机间的最大距离由线路间阻抗决定（最大环路阻抗为1200Ω）。

2. 语音和信令功能

使用语音接口模块可在COICs（中央办公接口电路）和SLICs（用户线路接口电路）间建立虚拟的点对点连接。在此连接中，COICs和SLICs具有两个主要功能，即语音和信令功能。其每个功能都需要在数据帧中分配独立的信道。

(1) 语音功能

语音功能由以下各项组成：

a. 从用户交换机或话机接收模拟语音信令。这个模拟语音信令包括语音信息和各种拨号音（拨号音、忙音、回铃音等）；

b. 将模拟的信令编码为一串行的64kbps的PCM信令。这种方式限制了模拟的信令必须位于300～3400Hz之中；

c. 将PCM信令复用进相关的数据帧中；

d. 相应地，接收端将提取PCM信令，并恢复原始的模拟信令然后发送给相关用户。

(2) 信令功能

信令功能用于线路的建立、检测和断开。

语音接口模块的信令功能有检测用户交换机铃流；决定线路的开路或闭合状态；当与之相连的语音接口模块检测到摘机信令，则将相应的线路闭合；发送线路电流给话机；发送铃流给话机；话机摘机检测。

3. 语音接口模块的运作原理

(1) 在用户交换机和话机之间建立连接

当用户摘机时，线路电流会通过终端接口处理机和环路线对。与用户话机相连接的SLIC检测到这一状态，会经由传输网络中固定的信令信道发送SHD（开关闭合检测）信令给相应的COIC。COIC随后通过环路继电器的动作将线路连接到用户交换机。用户交换机接收到该信令后，经相同的路由发送拨号音到话机。

当使用双音多频拨号方式，拨号信息会被编码为PCM信令并经由语音信道发送给COIC。

当使用脉冲拨号方式，环路会交替地被数字拨号脉冲中断，相应地，SHD信令也交替地处于激活或无效状态。拨号信息会经由信令信道发送给COIC。

(2) 热线连接

两个用户话机可通过语音接口模块经由传输网络建立热线连接。当话机 1 摘机，与之相连接的语音接口模块 1 检测到这个状态并通过传输环路上的信令信道将该信息发送给另一端的语音接口模块 2。语音接口模块 2 随后为话机 2 提供铃流，使话机 2 振铃。

当话机 2 摘机，线路电流会通过终端接口处理机和环路线对，语音接口模块 2 检测到这一状态并中断铃流同时发送 SHD 信令给语音接口模块 1。

至此热线连接建立。

4. 带宽的分配

在语音接口模块的应用中有 3 种类型的数据在环上传输。其中专用数据包括有呼叫信息、各种呼叫音和双音多频信令；信令数据有 GKD、SHD 和 RCD 等；同步数据。

PCM 的编码数据信息使用 64kbps 的速率。

5. 状态和控制比特

状态和控制数据用与网络控制中心对语音接口模块的远程维护。

（七）以太网用户接口模块

1. 以太网用户接口模块简介

以太网用户接口模块为接入传输系统的遵循 IEEE802.3 的局域网用户服务。IEEE802.3 标准定义了使用 CSMA/CD 访问协议的总线式网络。

以太网用户接口模块上装配了一个 AUI（连接单元接口）和一个 BNC 接口。可分别应用于：

(1) 粗以太网。粗以太网通过 AUI 接口及外部的 MAU（介质连接单元）与以太网用户接口模块连接。MAU 上的 SQE（信令品质故障）检测功能必须被禁止。

(2) 细以太网。细以太网与以太网用户接口模块连接可通过：

a. AUI 接口及外部的 MAU。MAU 上的 SQE（信令品质故障）检测功能必须被禁止。

b. BNC 接口及模块内部的 MAU。

通过以太网用户接口模块及传输网络，使用同轴电缆连接的局域网能不受地理范围的限制进行扩展。

2. 以太网用户接口模块运作原理

通过以太网用户接口模块，局域网可使用传输网络进行地域上的扩展，传输网络担当了“中继器”的职责。

以太网用户接口模块依据 IEEE802.3 标准接收来自本地网络的数据包，并在数据包上加上必要的控制和地址信息，以及一系列的填充比特后，打包成一个新的数据包放入数据帧中的相应信道中。随后的以太网用户接口模块接收这个数据包，进行地址校验。如地址相匹配，则该以太网用户接口模块接收数据包并将数据包从总线上清除；如地址不匹配，则该模块会遵守以太网信息传送规则将数据包发送回传输环路，并顺次传送到下一以太网用户接口模块。

如果一个以太网用户接口模块发送到总线上的数据包是无效数据包，由发送模块负责将该数据包从环路上清除。当发送模块不能执行或没有执行该项功能时，由总线上随机指定的监控模块执行该项功能。

3. 带宽的分配

以太网要求的带宽为 10M 或更高。传输网为每个 10M 以太网分配的 312 比特（39 字节）作为有效的数据比特，因此有效带宽为 9.984Mbps。以太网用户接口模块会为每一字节加上 1 个校验比特用于指示数据包的起止。总共 351 比特用于以太网连接。总带宽为 11.232Mbps。

4. 状态和控制数据

状态和控制数据用于网络控制中心对以太网用户接口模块的远程维护。网络控制中心通过节点上的状态和数据总线获得这些数据。

第五节　网络运行和管理

一、网络状态及控制信息

收发器模块、通用逻辑卡及用户接口模块会产生一系列的状态信息，这些状态信息不但会在本地以 LED 形式表示，还会发送到网络控制中心。任何一个状态信息的改变都会马上反映在网络控制中心上。

模块的状态信息包括设置、状态及告警信息。所有的模块都允许网络控制中心进行远程维护。网络控制中心可接收以下的信息。

（一）环路信息，如主用和备用环路信息；同步信息；环路的结构信息（正常环路还是回环）；主节点信息；运作中的、期望中的及意想不到的节点信息；网络控制中心接入的节点号信息等。

（二）光信息（基于告警的），如低光告警；误码告警；误码率过高；光信号丢失；误码率评估等。

（三）节点信息，如节点上每个槽位接口模块的类型；节点上每个槽位可安装的接口模块的类型；接口模块的开关状态；接口模块功能的开放及屏蔽等。

（四）连接信息，即网络控制中心可列表查看所有的连接信息，包括节点及接口模块。

（五）接口模块信息，根据接口模块的类型不同，会产生不同的状态信息。由于所有模块状态信息的详细描述在第四节中已介绍，故这里不再重复。

二、节点间的连接设置

（一）节点间的连接设置

节点间的连接由安装在通用逻辑卡上的收发器模块实现。关于收发器模块的介绍详见本章第四节。

（二）接口模块的连接设置

在带宽允许的情况下，接口模块的连接设置具有不同的优先级别。建立连接时须遵守优先级别，按从高到低的等级设置。例如某工程实例中它们的优先级别为以太、RS485、2M、音频、语音、RS422（线路速率 ≥ 19200bps）、4 线语音、RS422（线路速率 < 19200bps）。

三、网络管理方式

完整的传输网络管理由分布式管理和中央管理组成。

（一）分布式管理

分布式的网络管理功能主要有故障情况下网络的重新配置。每一个节点会自主地根据硬件算法规则来决定采取何种方式应对网络中回环及环路路径改变等情况。节点还会将自身内部接口模块的连接设置保存在非易失的 RAM 存储器中，以应对电源掉电等故障。系统加电重启后能读取 RAM 中的信息，从而迅速恢复连接设置。

（二）中央管理

中央管理由网络控制中心实现。网络控制中心和各节点间会不断地交换信息。最初的网络配置的设定、网络配置的改变、控制、诊断等功能都可由网络控制中心实现。

四、网络控制中心功能介绍

通过网络控制中心这一具有友好的操作界面的全方位的管理软件，用户可以对传输网络进行配置、扩展、管理以及维护等操作。网络控制中心实际上是一台个人计算机，当然，要它能够行使网络控制中心的职责，还需要安装相关的软、硬件。

网络控制中心的功能包括：网络管理、诊断、故障报告和事件记录。

（一）网络管理

网络控制中心能够管理全部的系统管理信息及各种类型用户的所有用户信息，例如网络的配置信息、每个节点及节点上用户接口模块的安装信息、网络中的各种连接设置信息等。出于安全方面的考虑，网络控制中心设置了不同级别的用户权限，从高级到低级依次为管理、维护和监测。最低级的用户只能够访问数据库，不能对数据库作任何的修改，而高级的用户不但能够修改数据库，还可将数据库删除。

1. 以图形化的方式显示网络的配置

网络控制中心将网络的配置以直观的图形化的方式显示出来，在网络的配置图上，网络中每一个节点、包括它们的地址信息，以及光环路的连接都会注明。为方便用户，使用户能更加直观地了解系统的状态信息，传输系统为网络的配置图设计了不同的颜色，用于直观地表示系统的各种状态。在传输网络正常运作时，节点以绿色显示，正在使用的光环路同样以绿色显示，备用光环路以黄色显示。当传输网络中有事件发生时，相应的节点会以红色显示，如果节点脱网，则会以灰色显示。这样，用户只需简单的根据颜色即可做出判断，实现迅速的故障定位。

2. 恢复节点数据

有关节点的设置、连接及节点内用户接口模块的各种数据信息分别保存在网络中每一个节点上和网络控制中心的硬盘上。当任一方的数据信息因故丢失时，可从另一方将信息迅速地恢复。例如某一个或多个节点的数据信息因故丢失，可从网络控制中心将信息恢复；反之，如网络控制中心的数据库因故损坏，可从节点上重新下载相关数据信息。

具体的信息包括节点地址、节点配置、告警和故障指示、已安装的网络和接口模块、连接设置以及具体的接口模块信息。

3. 设置参数

设置各用户接口模块的参数。

4. 设置或移除连接

网络控制中心通过传输带宽的分配实现各类型用户接口模块间连接的优化组合，使传输网络的带宽资源得到最佳的应用。

5. 恢复连接设置

这项操作可以是针对整个网络、单个节点、单个接口模块、单个端口或某种确定的连接类型。

网络控制中心会保存所有的网络控制中心用户信息，包括用户名、权限级别及最近一次登录 NCC 的时间。网络控制中心还会记录一定数量的用户操作信息，包括登录及退出服务、错误的登录操作等。

（二）诊断和故障报告

这项功能可实现迅速的故障隔离。网络控制中心通过不断地接收来自网络和接口模块的状态信息实现对网络的实时监测。

发生故障的设备会直观地以颜色的区别向网络控制中心报告故障信息，方便用户迅速查找。同时，具体的故障信息报文又可帮助用户迅速了解详细情况。

（三）事件记录

网络控制中心能够记录一定数量的事件和告警信息。这些信息会不停地在监视屏上显示并且能够实时打印。

五、网络控制中心工作模式

为应付不同的应用要求，网络控制中心可工作于多种模式，并且在任一工作模式下可以按需切换到任一其他的工作模式。

（一）主动模式

主动模式是最普通的工作模式。网络控制中心持续监测网络，当发现网络中出现任何与网络控制中心数据库的差异，便会以告警、日志及打印方式通知用户。

（二）恢复模式

当网络控制中心发现网络中有任何与本机数据库上的数据信息不同的设置，能自动地将本机数据库上的数据信息装载到网络。

（三）不恢复模式

当网络控制中心设为不恢复模式时，如发现网络中有任何与本机数据库上的数据信息不同的设置，会产生告警信息而不作任何改动。这有助于事后的故障分析。

（四）互动模式

在互动模式下用户可得到更加具体的关于节点、接口模块、收发器模块、设置连接/删除连接等信息。

（五）待机模式

用于实时监测主用机是否在线。

（六）接管模式

当主用机休眠一定时间（该时间可调整），处于待机模式的备用机会接管网络，担负监测职责。

（七）不接管模式

当主用机休眠一定时间，处于待机模式的备用机不会接管网络，而仅仅发出告警信息。

第六节　设备维护检修与故障处理

一、传输系统设备的维护管理

维护管理的目的是合理地分配人力资源、明确责任、确保设备的维护检修工作。

通信设备的维护管理建议采取专业工程师加工班的管理模式。专业工程师负责各类技术手册、维护手册的编写及完善，生产员工的培训与考核，系统重大故障的处理等工作；工班负责安排日常的维护检修工作，合理分配人力资源，将设备的日常维护检修工作明确到每一位生产员工。

二、人员的组织

传输系统担负着通信各子系统、信号、电力监控、自动售检票、环境监控和防灾报警等众多控制系统的信息传送任务，必需时刻保证网络的正常运作。由于网络控制中心设置在运营控制中心（OCC），因此在该处安排人员 7×24h 值守，以便及时发现问题、解决问题，其他站点为无人值守。日常值班人员加上日常维护人员、工班长及专业工程师，整个传输系统的维护约需配备 8 名员工，要求值班人员具备传输系统的专业知识及故障处理能力，一般要求中级工以上。

三、应配备的维护资料

维护人员应备有以下主要技术资料：

《传输系统技术手册》，《传输系统维护手册》；《传输系统故障记录表格》，《传输系统备品备件更换表》、《传输系统日检表》，《传输系统月检表》，《传输系统年检表》及《传输系统中修记录表》、《传输系统终端中修记录表》、《传输光缆季检表》、《传输光缆中修记录表》。表 2-1 列出了《传输系统月检表》以供参考。

传输系统月检表 **表 2-1**

<table>
<tr><td colspan="2">机柜号码</td><td></td><td colspan="5">日期：</td><td colspan="8">检修人员：</td></tr>
<tr><td>检查名称</td><td>项目</td><td>标　准</td><td>程序及方法</td><td colspan="12">检　查　内　容</td></tr>
<tr><td rowspan="18">运行状态</td><td rowspan="18">机柜设备</td><td rowspan="18">机柜内节点面板显示正常，接口卡工作正常</td><td rowspan="18">通过各设备前面板的状态显示，逐个检查各节点和接口卡的状态，并记录</td><td></td><td colspan="3">ORA</td><td>OTR</td><td>PSU</td><td colspan="6">接口卡</td></tr>
<tr><td rowspan="5">上节点</td><td><</td><td>=</td><td>></td><td>□DIS</td><td>□V1</td><td></td><td>名称</td><td>状态</td><td></td><td>名称</td><td>状态</td></tr>
<tr><td>□PP</td><td>□Link</td><td>□P1</td><td>□OFF</td><td>□V2</td><td>Ⅰ1</td><td></td><td></td><td>Ⅰ5</td><td></td><td></td></tr>
<tr><td>□PS</td><td>□DR</td><td>□P2</td><td>□CVA</td><td>□V3</td><td>Ⅰ2</td><td></td><td></td><td>Ⅰ6</td><td></td><td></td></tr>
<tr><td>□SS</td><td>□其他</td><td>□S1</td><td>□OSL</td><td></td><td>Ⅰ3</td><td></td><td></td><td>Ⅰ7</td><td></td><td></td></tr>
<tr><td>□SP</td><td></td><td>□S2</td><td>□LLA</td><td></td><td>Ⅰ4</td><td></td><td></td><td>Ⅰ8</td><td></td><td></td></tr>
<tr><td></td><td colspan="3">ORA</td><td>OTR</td><td>PSU</td><td colspan="6">接口卡</td></tr>
<tr><td rowspan="5">中节点</td><td><</td><td>=</td><td>></td><td>□DIS</td><td>□V1</td><td></td><td>名称</td><td>状态</td><td></td><td>名称</td><td>状态</td></tr>
<tr><td>□PP</td><td>□Link</td><td>□P1</td><td>□OFF</td><td>□V2</td><td>Ⅰ1</td><td></td><td></td><td>Ⅰ5</td><td></td><td></td></tr>
<tr><td>□PS</td><td>□DR</td><td>□P2</td><td>□CVA</td><td>□V3</td><td>Ⅰ2</td><td></td><td></td><td>Ⅰ6</td><td></td><td></td></tr>
<tr><td>□SS</td><td>□其他</td><td>□S1</td><td>□OSL</td><td></td><td>Ⅰ3</td><td></td><td></td><td>Ⅰ7</td><td></td><td></td></tr>
<tr><td>□SP</td><td></td><td>□S2</td><td>□LLA</td><td></td><td>Ⅰ4</td><td></td><td></td><td>Ⅰ8</td><td></td><td></td></tr>
<tr><td></td><td colspan="3">ORA</td><td>OTR</td><td>PSU</td><td colspan="6">接口卡</td></tr>
<tr><td rowspan="5">下节点</td><td><</td><td>=</td><td>></td><td>□DIS</td><td>□V1</td><td></td><td>名称</td><td>状态</td><td></td><td>名称</td><td>状态</td></tr>
<tr><td>□PP</td><td>□Link</td><td>□P1</td><td>□OFF</td><td>□V2</td><td>Ⅰ1</td><td></td><td></td><td>Ⅰ5</td><td></td><td></td></tr>
<tr><td>□PS</td><td>□DR</td><td>□P2</td><td>□CVA</td><td>□V3</td><td>Ⅰ2</td><td></td><td></td><td>Ⅰ6</td><td></td><td></td></tr>
<tr><td>□SS</td><td>□其他</td><td>□S1</td><td>□OSL</td><td></td><td>Ⅰ3</td><td></td><td></td><td>Ⅰ7</td><td></td><td></td></tr>
<tr><td>□SP</td><td></td><td>□S2</td><td>□LLA</td><td></td><td>Ⅰ4</td><td></td><td></td><td>Ⅰ8</td><td></td><td></td></tr>
</table>

续表

<table>
<tr><td colspan="2">机柜号码</td><td></td><td colspan="3">日期：</td><td colspan="2">检修人员：</td></tr>
<tr><td>检查名称</td><td>项目</td><td>标　准</td><td>程序及方法</td><td colspan="4">检　查　内　容</td></tr>
<tr><td rowspan="20">外观维护检查</td><td rowspan="15">机柜设备</td><td>机柜、节点清洁无积尘</td><td>用于抹布擦去设备外部积尘</td><td colspan="2">□机柜、节点清洁无积尘</td><td></td><td></td></tr>
<tr><td rowspan="2">设备紧固件安装牢固</td><td rowspan="2">检查紧固件的安装</td><td colspan="2">□牢固</td><td colspan="2">□有不牢固现象</td></tr>
<tr><td>□修复</td><td colspan="3">□未修复</td></tr>
<tr><td rowspan="2">机柜内线缆无破损</td><td rowspan="2">检查机柜内光纤、电缆</td><td colspan="2">□完好无破损</td><td colspan="2">□有破损现象。线缆号：</td></tr>
<tr><td>□修复</td><td colspan="3">□未修复</td></tr>
<tr><td rowspan="2">接口卡连接线连接牢固</td><td rowspan="2">检查接口卡连接线</td><td colspan="2">□牢固</td><td colspan="2">□有不牢固现象</td></tr>
<tr><td>□修复</td><td colspan="3">□未修复</td></tr>
<tr><td rowspan="2">光纤终端盒安装牢固</td><td rowspan="2">检查光纤终端盒</td><td colspan="2">□牢固</td><td colspan="2">□有不牢固现象</td></tr>
<tr><td>□修复</td><td colspan="3">□未修复</td></tr>
<tr><td rowspan="2">光配线架上各FC头紧固</td><td rowspan="2">检查ODF架上光纤的紧固</td><td colspan="2">□紧固</td><td colspan="2">□有松动现象</td></tr>
<tr><td>□修复</td><td colspan="3">□未修复</td></tr>
<tr><td rowspan="2">节点风扇运转正常</td><td rowspan="2">检查节点风扇运转是否正常</td><td>□正常</td><td>□不正常</td><td>□无异响</td><td>□有异响</td></tr>
<tr><td>□修复</td><td colspan="3">□未修复</td></tr>
<tr><td rowspan="2">地线连接牢固</td><td rowspan="2">检查地线连接是否牢固</td><td colspan="2">□牢固</td><td colspan="2">□有不牢固现象</td></tr>
<tr><td>□修复</td><td colspan="3">□未修复</td></tr>
<tr><td rowspan="4">配线架</td><td rowspan="2">接线架稳固无脱落,跳线无松脱</td><td rowspan="2">检查MDF架的接线架</td><td colspan="2">□稳固</td><td>□有脱落现象</td><td>排　号：</td></tr>
<tr><td colspan="2">□无破损、松脱</td><td>□有破损、松脱、氧化</td><td>线缆号：</td></tr>
<tr><td rowspan="2">防雷端子无松脱、缺失</td><td rowspan="2">检查防雷端子</td><td colspan="2">□完好无破损</td><td colspan="2">□有破损现象</td></tr>
<tr><td>□修复</td><td colspan="3">□未修复</td></tr>
</table>

四、应配备的工器具、备件

（一）工具

防静电手环，耐高压螺钉旋具（套装），洗耳球、防静电毛刷。

（二）仪器仪表

万用表，局域网测试仪，误码测试仪，光功率计，光源，光时域反射仪，光纤熔接机。各种仪器仪表的配置仅作参考，应与具体网络适配。

（三）备件

控制中心与车辆段应各准备一套备件。在备件紧张的情况下应首先保证在控制中心备齐一套。

五、设备的日常维护与检修

传输系统的检修应严格依照设备的检修周期与工作内容实施，以确保设备检修工作的周期与有序性。表2-2列出了《传输系统设备检修周期与工作内容》供参考。

传输系统设备检修周期与工作内容 　　　　表 2-2

序号	OTN 系统设备	修　　程	检修工作内容	周期
1	机柜（含节点）光纤终端盒 ODF 架 FC 接头 MDF 架	日常保养	1. 清洁机柜卫生； 2. 检查节点及接口卡的状态显示是否正常； 3. 检查机柜内光纤及电缆是否完好无破损	每周
		二级保养	1. 同日常保养内容； 2. 检查设备紧固件是否牢固； 3. 检查各接口卡接线是否牢固； 4. 检查节点及 ODF 架上光纤的 FC 接头是否紧固； 5. 检查节点风扇运转是否正常，有无异响； 6. 检查 MDF 架内配线无脱落，防雷端子有无老化、损坏； 7. 检查机柜内光纤终端盒是否牢固； 8. 检查地线连接是否牢固	每月
		小　　修	1. 同二级保养内容； 2. 检查及整治机柜、MDF 线缆，测试地线接地电阻（≤0.5Ω）； 3. 测试备用光纤的状态	每年 每 3 年
		中　　修	1. 同小修内容； 2. 清洗全部节点及接口卡； 3. 清洗机柜内壁积尘； 4. 测试各接口卡功能参数； 5. 检查各接口卡至 MDF 配线架连线的功能； 6. 检查及整治机柜和 MDF 架的地线功能； 7. 用光功率计测量光收发模块的发送及接收光功率（测量值符合 TRM 卡的发射接收门限范围）	每 3 年
2	终　　端（含备用终端）	日常保养	1. 清洁设备外部； 2. 检查设备紧固件是否牢固、破损； 3. 检查主机、显示器及打印机工作是否正常； 4. 正确记录故障报警信息	每周 每天
		二级保养	1. 同日常保养内容； 2. 检查网络控制中心是否正常收发及显示传输网络状态信息； 3. 检查打印机油墨，必要时给予更换	每月
		小　　修	1. 同二级保养内容； 2. 备份主、备用网络控制中心数据库内容； 3. 备份故障报警信息及登录文件	每季
		中　　修	1. 同小修内容； 2. 主、备用终端内部清洁； 3. 测试主、备用终端软件及硬件功能	每两年
3	隧道光缆	二级保养	1. 检查光缆是否破损、变形、挤压、漏油； 2. 检查光缆位置是否正确； 3. 检查光缆托架有无脱落、变形、锈蚀； 4. 检查光缆是否绑扎固定； 5. 检查光缆表面是否有水滴及泥土粘连	每季
		中　　修	1. 对状态不良的绑扎带、托臂、托架进行补缺、更换、整治； 2. 对破损光缆用热缩管进行封套或重新接续	每 3 年 必要时

六、检修要求

（一）日常保养

检查机柜、机柱、基础是否稳固，安装是否完好，有无破损；检查箱体、盒、盘、柜有无破损，密封是否良好，有无破损、漏水；检查各种指示灯、仪表指示是否正常；检查设备运行是否正常；检查各种紧固件、螺丝是否紧固；清洁设备外部。

(二) 二级保养

在日常保养基础上增加开箱、开盒检查，测试工作电压、电流等是否正常；检查杆件、紧固件、螺丝是否松动；检查配线、连线是否良好，有无松脱；调整动作部件动作是否良好；检查表示、显示是否正常；各部件检查、清洁、紧固；进行设备功能测试、动作、运行正常；更换不良部件；涂油、防锈、整修，还有清洁、注油等内容。

(三) 小修

在二级保养的基础上增加修复、更换不良部件；系统测试、试验等内容。

(四) 中修

在小修的基础上增加对现场可拆卸、替换的设备采用运回维修基地，在车间进行维修；对不易拆卸、替换的设备采用现场集中维修的方法进行维修；对设备进行全面分解、整修、补强、调整；对关键、主要部件进行修复、更换，对淘汰的设备、器材进行更换等内容。

七、设备的故障维修

(一) 传输系统设备的故障处理程序

传输系统设备发生故障后，有关值班及维护人员应及时准确地判断故障位置、故障原因，按照“先通后复”的原则，积极组织修复，缩短故障时间，把故障影响控制在最小范围内。如果传输系统故障影响到涉及行车安全的关键设备，必须采取倒换，代替，迂回等应急措施，以减少影响程度。

当传输系统值班人员在控制中心发现或接到设备的故障报告后，应及时做出是否影响行车或可能会影响行车的判断，并向车间轮值工程师报告。如果故障不影响行车，值班人员应负责处理，处理完后将处理情况向车间轮值工程师报告。如果影响或可能会影响行车，值班人员要先初步判断是否能处理，是否需要支援，并报车间轮值工程师。如果现场需要支援，专业工程师应赶到现场指导故障处理。

(二) 故障处理实例

随着现代通信技术的的飞速发展，通信设备的可靠性不断提高，故障率不断下降。但无论可靠性如何提高，故障率如何低，设备发生故障甚至系统瘫痪都是无法完全避免的。问题的关键在于，一旦故障发生，维护人员能够及时赶到现场，迅速定位故障点，快速修复设备故障，使设备尽快恢复正常，将设备故障造成的影响控制在最小范围内。作为城市轨道交通信息传输的主干网——传输系统，一旦发生故障，对整个城市轨道交通线路运营的影响是非常严重的，轻则造成个别站点与控制中心失去通信联系，重则造成线路运行受到影响。因此，城市轨道交通传输系统除了系统本身具有冗余、故障点隔离、传输链路自愈功能外，系统的维护人员还应掌握传输系统本身的工作原理，提高系统故障处理能力，同时，还应清楚知道传输系统承载的城市轨道交通系统的业务，以及这些业务在城市轨道交通线路运营中的功能。

由于现代通信技术的飞速发展，以及技术体制的不断演进，现代传输系统设备的故障类型和故障处理方法随不同的系统类型和设备而有所不同，维护人员不可能参照一个统一的规程去处理不同类型系统的故障。维护人员必须根据实际使用的系统和长期的系统运行经验，用建立故障处理卡的方式积累故障处理的方法。一个典型的故障处理卡如下：

故障编号：

故障名称：
故障现象：
故障原因分析：
　　原因 a：
　　原因 b：
　　　⋮
　　原因 n：
所需工器具、材料：
故障处理流程
　　处理流程 A（对应原因 a）：
　　处理流程 B（对应原因 b）：
　　　⋮
　　处理流程 N（对应原因 n）：
修订人：
修订日期：

下面给出传输系统的几个典型故障处理程序。

1. 节点工作完全停止，节点退出服务

(1) 故障现象

维护终端告警“无法连接节点”，维护终端监控画面显示网络出现回环情况，用户反映第 n 节点用户接口卡故障，节点本身电源灯熄灭，通用逻辑卡及接口卡运行显示均熄灭。

(2) 故障原因分析：

a. 节点右方电源模块的保险烧断；

b. 节点电源模块故障；

c. 节点电源插头与电源模块间连线故障。

(3) 所需工器具、材料

万用表，螺钉旋具一套（包括一字及十字），保险，电源模块备件、电源线。

(4) 故障处理流程

处理流程 A：

a. 确认故障位置：关闭节点开关，用一字螺钉旋具将保险左旋 90°，拔出上方保险 PK120，用万用表进行测试，检查是否保险故障；

b. 如保险管已烧坏，再佩戴防静电手环，拔下电源模块，检查电源板是否有故障；

c. 在确认故障位置为保险管后，测试要更换的保险管功能正常，然后更换相应故障部位的保险管，将更换的保险管插入节点，右旋 90°，确认已紧固；

d. 在安装好保险管后，关闭所有接口卡开关，打开电源开关，观察运行是否正常，待正常后依次打开接口卡开关；

e. 观察节点通用逻辑卡，收发器模块及接口卡面板显示是否正常，再检查维护终端上显示是否正常，待维护终端检查正常一段时间后，维护人员再离开。

处理流程 B：

a. 确认故障位置：关闭节点开关，用一字螺钉旋具将保险左旋90°，拔出上方保险，用万用表进行测试，检查是否保险故障；

b. 如保险管已烧坏，再佩带防静电手环，拔下电源模块，检查电源板是否有故障；

c. 在确认故障位置为保险管后，关上节点电源开关，拔出电源模块进行检查，是否有烧坏板子的情形；

d. 若电源板已烧坏，关闭所有接口卡开关。佩带防静电手环，更换电源模块，确认模块的微调在±12V及5V的位置；

e. 安装完毕后，打开电源开关，观察运行是否正常，待正常后，按照程序A的步骤3安装新的保险管，确认正常后，依次打开接口卡开关；

f. 观察节点通用逻辑卡、收发器模块及接口卡面板显示是否正常，再检查维护终端上显示是否正常，待维护终端检查正常一段时间后，维护人员再离开。

处理流程C：

a. 若以上均没有发生，用万用表检查电源插头是否正常；

b. 检查电源插头至电源板的连线是否正常；

c. 若电源连线有故障，需更换节点机架；

d. 关闭所有接口卡；

e. 佩带防静电手环，拔下通用逻辑卡放于防静电纸上，更换机架后，将接口板用压缩空气清洁后放入节点内；

f. 在安装好所有节点后，关闭所有接口卡开关，打开电源开关，观察运行是否正常，待正常后依次打开各接口卡开关；

g. 先观察节点通用逻辑卡，收发器模块及接口卡面板显示是否正常，再检查维护终端上显示是否正常，待维护终端检查正常一段时间后，维护人员再离开。

2. 维护终端无法监控节点运行（维护终端离线）

(1) 故障现象

在维护终端上显示“无法连接节点”，在维护终端上的全线网络显示图上所有节点颜色呈灰色，如某节点发生告警，维护终端上无法任何告警信息显示。

(2) 故障原因分析

a. ET网卡驱动软件驱动错误；

b. 与维护终端所连接的通用逻辑卡有故障；

c. 维护终端的ET网卡有故障。

(3) 所需工器具、材料

磁盘，螺钉旋具，压缩空气，防静电手环，ET网卡安装盘。

(4) 故障处理流程

处理流程A：

a. 退出维护终端界面到DOS操作系统下，检查ET驱动程序，若程序有错误，重新安装ET网卡驱动程序；

b. 运行正常驱动程序，进入维护终端操作系统，选择“设置”菜单，选择以太地址，进行搜索；

c. 如果维护终端网络已连接上，观察监视网络图的节点是否为绿色，若有，即为正常显示。

处理流程 B：

a. 维护终端的以太网卡发生故障；

b. 当检查 ET 网卡驱动程序后，发现程序工作正常；

c. 检查与维护终端相连接的节点通用逻辑卡面板显示正常；

d. 紧固与维护终端连线的 BNC 接头，故障如果依旧未消除；

e. 退出维护终端操作程序，关闭维护终端并关闭电源，更换 ET 网卡，安装正确后，打开终端计算机，再安装相应的驱动软件；

f. 运行正常驱动程序，进入维护终端操作系统，选择“设置”菜单，选择以太地址，进行搜索；

g. 如果维护终端网络已连接上，观察监视网络图的节点是否为绿色，若有，即为正常显示；

h. 在处理后，观察一段时间，确认维护终端的告警信息可正常显示，此时，方可确认故障已排除。

处理流程 C：

a. 检查与维护终端相连的通用逻辑卡面板是否正常，如正常工作，并且 ET 网卡及驱动程序均为正常，将 BNC 接头接到另一节点；

b. 如果维护终端网络已连接上，观察监视网络图的节点是否为绿色，若有，即为正常显示；

c. 如果网络并未连上，检查通用逻辑卡面板显示是否正常，若检查面板显示无异常，但网络无法与维护终端连接，更换通用逻辑卡；

d. 如果维护终端网络已连接上，观察监视网络图的节点是否为绿色，若有，即为正常显示；

e. 在处理后，观察一段时间，确认维护终端的告警信息可正常显示，此时，方可确认故障已排除。

3. 某一用户告警

(1) 故障现象

某一使用传输网络的用户单个或多个站点不能连接，用户已采取替换、修复等措施确认本地设备正常，但网络连接异常。

(2) 故障原因分析

用户与传输网络连接的外部线路断路、短路，供用户接入网络的相关接口模块故障。

(3) 所需工器具、材料

万用表，LBT，HBT，光功率计，螺钉旋具一套（包括一字及十字），保险，电源模块备件，电源线。

(4) 故障处理流程

处理流程 A：

a. 判断用户与相应传输网络节点间的连接方式（光、电）；

b. 使用相应的工器具检查用户接入站点与相应传输网络节点间的连线是否正常；

c. 检查用户接入模块上的接口是否连接牢固；

d. 排除故障线路，通知用户检查通信状况，观察一段时间，确认用户通信正常；

e. 确认故障已排除。

处理流程 B：

a. 通过维护终端检查网络状况；

b. 确定报故障用户站点对应的传输网络的节点、接口模块，确认该用户的组网方式；

c. 通过维护终端确定该用户接入的节点工作正常；

d. 通过维护终端查看该用户的接入模块；

e. 若在维护终端上查看该用户接入的模块没有信息流显示，更换该模块；

f. 若用户采用点对点方式连接，考虑更换相应站点的接入模块；

g. 通过维护终端检查用户接入模块工作状态及信息流正常，通知用户检查通信状况，观察一段时间，确认用户通信正常；

h. 确认故障已排除。

第三章　电　话　系　统

电话系统主要为城市轨道交通管理、运营及维修人员提供语音通信。从运用和功能上电话系统可分为三个子系统：

一、公务电话子系统

该子系统是以数字程控交换机设备为核心，与程控交换机相连的电话分机分布在城市轨道交通各办公管理部门、运营控制中心（OCC）、车站、设备室、车辆段及所需电话的其他区域。

二、调度电话子系统

该子系统可为控制中心（OCC）指挥人员，如行调、电调、环调、维调等提供专用直达通信，并且具有单呼、组呼、全呼、紧急呼叫和录音等功能。

三、站内及轨旁电话子系统

该子系统可为车站站内各有关部门提供与车站值班员之间的直达通话，并且车站值班员可以呼叫其他相关车站的车站值班员。其中轨旁电话可选择相邻站或接入公务电话系统。

下面对三个子系统的功能和应用作具体描述。

第一节　公务电话子系统

在城市轨道交通系统中，公务电话子系统作为专网进行网络构建，以满足对内和对外的语音通信的需求。由于公务电话子系统为城市轨道交通人员的信息沟通、运营组织管理、维修组织管理提供高效、便捷的电话语音通信，因此在城市轨道交通系统应用中占有较重要的位置。下面介绍公务电话子系统在城市轨道交通系统的应用。

一、系统构成

图 3-1 是以三台交换机为例介绍城市轨道交通系统公务电话的网络拓扑。

从图 3-1 可以看出，该公务电话网是由三台用户程控数字交换机通过传输系统以环型网络结构构成，其优点是当任意两台交换机间的传输线路出现中断，可以通过迂回传输线路保证链路的畅通，从而保证网络较高的可靠性。用同一厂家设备组网称同类网，它的最大特点是终端之间的联接是采用相同方式。

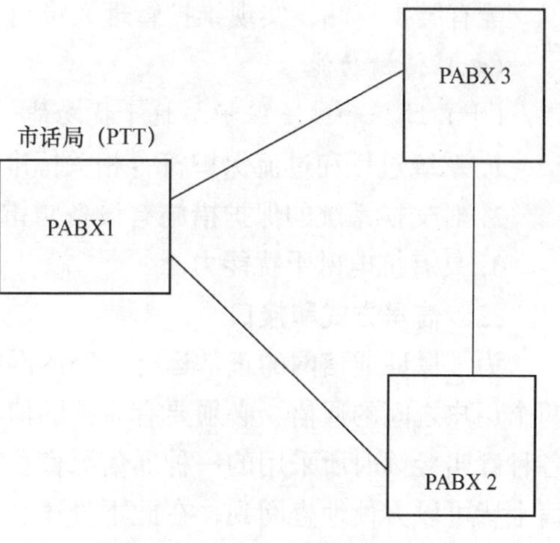

图 3-1　公务电话的网络拓扑

通常以办公集中地并兼顾沿线用户的原则

设置交换机的位置和容量。一般在车辆段、控制中心和沿线用户集中的某站。车辆段的电话用户通过直埋通信电缆线路进行连接，控制中心及其办公集中点通过楼内敷设通信电缆方式实现。各车站一般分配30～40部，通过传输系统的节点实现在各站的话路集中分配，再通过电缆线路连接到站内用户和隧道电话。

两个交换机间一般采用2M数字中继。本网和市话局（PTT）间采用全自动呼出呼入方式，通过2M数字中继电路工作。本网出局一般直接进入PTT程控交换机的选组级（DODI），入局由PTT程控交换机的选组级直接接出并以DID方式拨入城市轨道交通用户。

通信机房内所有与公务电话系统相关的设备，都由通信系统公用的不间断电源（UPS）提供220V、50Hz的供电。如果不间断电源（UPS）发生故障，电池一般能保证交换机4h运营。

二、公务电话系统功能

（一）电话交换功能

（二）计费功能

（三）非话业务功能

实现识别用户数据、用户传真等非话业务的能力，并提供2B＋D等数字用户多种接口与分组交换网连接。

（四）复原控制方式功能

实现系统普通用户之间的呼叫设置为互不控制，本局用户呼叫市话特种业务时，可根据市话局要求确定复原控制方式。

（五）号码的存储和译码功能

（六）电路的选择和释放功能

（七）新业务功能

系统可提供缩位拨号、热线服务、出局呼叫限制、免打扰、转移呼叫、三方通话、60方会议、叫醒服务、缺席用户服务、遇忙回叫、恶意呼叫追查、呼叫等待、强插/强拆等功能。

（八）维护管理功能

配有维护终端，实现维护管理人员对交换设备、数据的维护管理。

（九）传输功能

（十）过压和过流保护与抗干扰功能

1. 系统过压和过流保护符合相关标准；
2. 对交换系统的保护措施有设备防雷击和高压（二级保护）；
3. 具有抗电磁干扰能力。

三、信号方式和接口

为了保证通信网的正常运行，完成网路各部分之间信息正确传输和交换，以实现任意两个用户之间的通信，必须要有完善的信号方式。信号方式是通信网中各个交换局在完成各种呼叫接续时所采用的一种通信语言。有关信号分类及其基本含义、结构在多本专业书籍上皆可以方便地查阅到，在此不赘述。下面结合某城市轨道交通系统公务电话设备介绍其信号方式和接口。

（一）模拟用户信号及接口

本系统具有DP/DTMF兼容的用户信号方式，其用户接口的技术指标和传输特性符合国家标准《电话自动交换网用户信号方式》（GB3378—82）的有关规定。

（二）数字用户信号及接口

系统的数字用户接口符合ITU-T的I、V和X的有关规定和要求。

（三）局间信号方式及接口

本网络内局间采用CORNET共路信令，系统的接口特性符合ITU-T和GB 7611—87的有关规定。

系统与市话局的信号方式采用中国1号信号方式或CCITT 7号信号系统，应符合市话局有关要求，并满足《自动用户交换机进网要求》（YD 344—90）的有关规定。

（四）铃流和信号音

符合国家标准《电话自动交换网铃流和信号音》（GB 3380—82）的有关规定。

四、网同步

（一）数字系统中的同步

数字程控交换机组成一个数字网，它们通过数字传输系统互相连接。为提高数字信号传输的完整性，必须对这些数字设备中的时钟速率进行同步。对一个数字网则要进行网同步。所谓网同步指的是：通过适当的措施使全网中的数字交换系统和数字传输系统工作于相同的时钟速率。

（二）数字网的网同步方式

在数字通信网中采用的网同步方式有主从同步法；相互同步法；分级的主从同步法；独立时钟法；水库法。

（三）应用实例

如图3-1，公务电话网由PABX 1与市电信局一点连接入网，采用主从同步方式。正常情况下PABX 1从市电信局提取时钟信号，接受同步控制。并控制本网内其余电话交换机的同步信号。当PABX 1与市电信局间链路发生故障时，则在内部构成以PABX 1交换机为主局，其他交换机为从局的同步系统。

程控交换机同步设备应具有监视、控制和告警功能，当同步的中继链路发生故障时，同步单元可以自动转换或再同步。

第二节　调度电话子系统

调度电话子系统在城市轨道交通系统中发挥重要作用，为运营组织、电力供应、设备维修和防灾救护提供有效的通信手段。该系统为控制中心调度人员，如行调、电调、环调、维调等提供专用直达通信，并且具有单呼、组呼、全呼、紧急呼叫和录音等功能。下面结合工程实例介绍调度电话子系统在城市轨道交通系统中的应用。

一、系统构成

城市轨道交通调度电话子系统主要有调度总机、调度台、调度分机三部分，并通过传输系统或相应的通信缆线连接而成，其系统构成如图3-2所示。

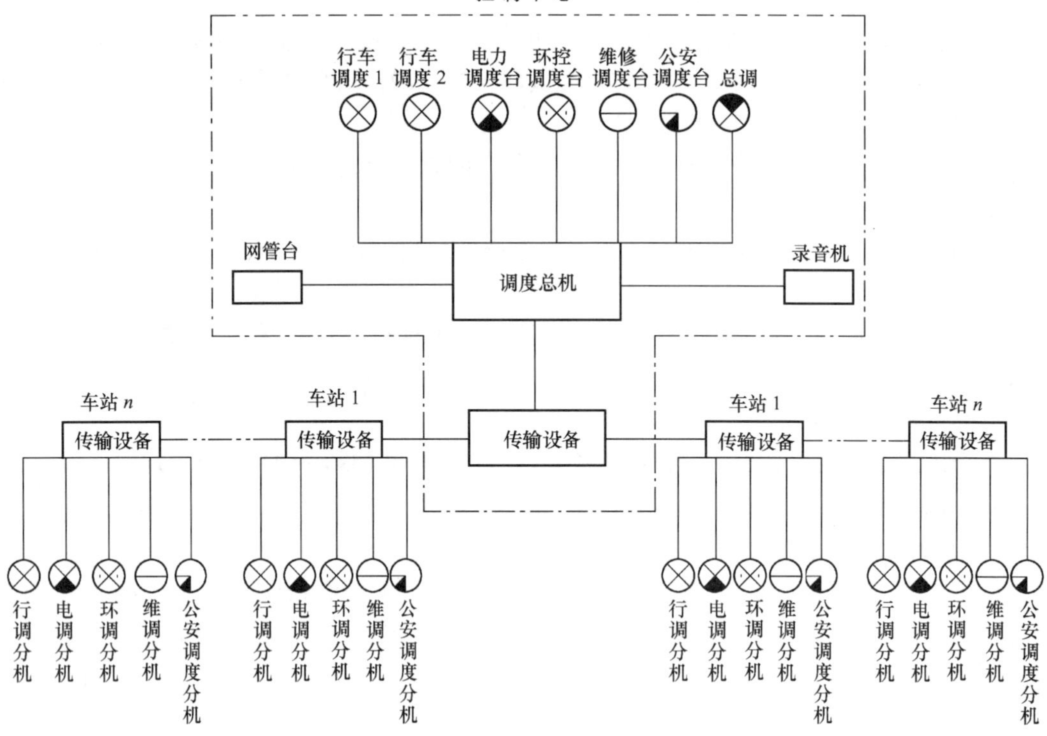

图 3-2　调度电话子系统系统构成图

（一）调度总机

调度总机是调度电话子系统的核心部分，由具有交换功能的交换机或交换模块组成，可组成 7 个以上的独立调度系统（如行调、电调、环调、维调等）。其用户线配置一般不少于 200 端口；用户板与传输系统一般以模拟接口对接；配维护终端一套（含打印机），完成各类维护管理任务。此外，调度总机还配数字录音设备一套，以完成各类调度业务的实时录音及话音文件的存档。

（二）调度台

调度台设在中央运营控制中心（OCC）。它是调度业务的操作控制台，一般为按键式，并配置手柄式话机。

（三）调度分机

调度分机为普通电话机，总机与分机通过传输系统提供的点对点式专用音频话路连接。调度台呼叫分机，按热线功能方式，无需拨号，举机即通。分机对调度台的呼叫可区分为一般呼叫和紧急呼叫。紧急呼叫时，调度台上发出相应信号，以示发生紧急呼叫。

调度总机可以采用在公务电话子系统交换机内镶入硬件模块的方式或设置独立数字交换机的方式实现其功能。采用镶入硬件模块的方式，其优点是设备紧凑，可以有效共享硬件和软件资源；其缺点是一旦交换机出现系统故障，势必对有线调度系统的正常运行造成影响甚至中断。因此，系统的可靠性与公务电话子系统交换机的可靠性有直接联系；而采用独立设置数字交换机克服了它的缺点，可靠性得到了有效的保障。

二、实际应用中的系统功能

（一）通话功能

OCC 各调度系统的中心调度员与各站（段）相应系统的分机用户、OCC 各调度员之间可直接呼叫通话，各分机之间不允许通话。

（二）选叫功能

调度台呼叫分机时可单呼、组呼、全呼，分机呼叫调度台时可区分为一般呼叫和紧急呼叫。

（三）会议功能

调度台可以方便地召集电话会议，会议参加方由调度台灵活设置；系统一般支持≥1+48（60）方会议电话；调度员可指定会议成员发言，会议成员也可向调度员提出发言请求。

（四）录音功能

调度员与分机的通话及各调度员之间的通话能以数字方式自动记录在多信道录音设备上，平均每信道记录时长不小于规定小时；录音设备记录的通话文件一般保存在计算机硬盘上，通话文件包括用户名、分机号码、通话时长及起止时间等信息，录音设备具有删除、保留、提取和放音功能；录音设备记录的话音信息可转录长期保存。

（五）维护管理功能

调度总机应具有较强的维护管理功能，能进行一般性管理（显示系统拓扑结构、实时反映所有通道和设备的连接及运行状态）、故障管理（设定告警等级及报警方式、清除告警、生成告警信息的统计报表等）、配置管理（系统设定等）、安全管理（设置管理权限，进行分级管理等）。

故障发生时，控制中心有可听、可视告警信号（灯光、铃响），告警信号也能引至有关的值班室或上一级集中告警终端。

调度总机的重要工作板发生故障，系统发出告警显示，以便维护人员能迅速判定故障，进行处理。

第三节　站内和轨旁电话子系统

站内和轨旁电话子系统为站内各有关部门提供与车站值班员之间的直达通话，并且车站值班员可以呼叫其他相关车站的车站值班员。其中轨旁电话可选择相邻站或接入公务电话系统。下面以一实例介绍车站及轨旁电话子系统在城市轨道交通系统的应用。

一、组成和功能

（一）站内电话子系统的功能

站内电话是为了适应一个车站内部各岗位之间频繁的内部联系而建立的相对独立的电话系统。

在一个车站内有站厅、站台、售票亭、值班室、站控室等各个不同的岗位，这些岗位之间通常需要大量而频繁的联系，为使这些内部联系能够快速而不受干扰地准确建立，需要每一个车站内部设立一套相对独立的电话系统，建立独立的车站电话系统也可以减少车站内部通信对城市轨道交通整体电话系统资源的占用，从经济上较为节省和实用。

站内电话系统的主要功能是满足车站内部通话及与相邻车站、联锁站之间的直达联系，另外也可根据实际情况的需要通过中继线路与城市轨道交通公务电话网联系。

内部通话的建立方式可根据需要设置成普通的拨号方式；也可设置成分机与站控室主机的热线方式，这时分机之间的通话由主机转接建立。

（二）站内电话子系统的组成

由车站电话交换机、车站值班台（值班员电话机）、电话分机共同组成站内电话系统，实现站（段）内重要部门有关人员的点对点的直接通话、相邻车站值班人员之间及轨旁作业人员的直接通话。

1. 车站电话交换机

站内电话是一个相对独立的内部电话系统，车站电话交换机一般可以用小型程控交换机来实现，也可用大型交换系统的远端模块来实现。

2. 车站值班台

站内电话系统一般包括一部车站值班台（主机），设置在车站控制室，供车站值班员使用。车站值班台可用功能比较强的数字话机来实现，具有话务转接台的作用，还可起到维护控制终端的作用。

3. 电话分机

分机与普通的电话分机并无任何区别，一般一个车站有几十门分机。

车站内部用户可用普通电话线相连接，站间的中继一般可用隧道电缆连接，如需和城市轨道交通系统内部公务电话建立中继，可用光缆传输系统实现，但一般站内电话系统作为独立的车站内部电话，是不需要和外部建立中继互连的。根据列车运行的需要，在相邻的车站之间，以及大区间闭塞区两端的车站之间，建立中继互连即可。

4. 轨旁电话子系统

(1) 轨旁电话子系统的功能

在轨道两旁以及地铁隧道里，列车司机和维修人员，在紧急情况下，可及时地建立和车站以及有关部门的联系。

(2) 轨旁电话子系统的组成

轨旁电话一般通过轨旁（隧道）电缆与站内电话交换机相连，同时也可以通过轨旁（隧道）电缆安装一部公务电话，用插座或开关在站内电话和公务电话之间进行转换。在区间内每 150 ~ 200m 左右安装一部，通常使用同线并接一个车站的电话号码，一般以区间中心为分隔，分别使用本站或邻站的号码。

二、站内电话和轨旁电话的配置

（一）站内电话的配置

作为一个车站内部的电话系统 ，用户数量一般在几十门以内，但作为车站内部通信的最后保障，可靠性要求较高，所以站内电话子系统一般可使用独立的小型程控交换机，也可用大型交换机的远端模块来实现，但出于可靠性的考虑，一般使用独立的小型交换机来实现。

由于站内电话要求热线功能，所以在交换机的选型时要充分考虑热线功能的可实现性。站内电话的中继主要是用来连接相邻车站和大区间值班台之间的直达通信，可用 E&M

中继，也可用环路中继。站内电话的主值班台一般用数字话机实现，所用的数字话机必须有足够的直选按键，用来设定相邻车站和大区间站的值班台号码。用户线路使用普通的室内电话线布线即可。

（二）轨旁电话的配置

轨旁电话的功能与普通电话并没有太大区别，但因为轨旁电话安装在轨道两旁或隧道里，所以要求轨旁电话机要具有抗冲击性和防潮湿、防鼠噬等特性。因为轨旁电话的使用率较低，从经济的角度考虑，一般3～4部轨旁话机同线并接使用一个号码。为了便于维修人员对外联系，一部轨旁电话一般可同时接站内电话和公务电话两个号码，可用不同的插座或转换开关来实现两个号码之间的转换。

第四节　电话系统设备的维护与故障处理

一、电话系统设备维护的组织管理

电话系统设备维护包括日常检修和故障处理，其目的是使系统设备始终处于正常的运行状态，为用户提供迅速、准确、可靠、不间断的电话通信保障。

设备维护的组织管理与组织机构的设置密切相关，一般由维修部门的通信部门负责，在其下设相关工班具体负责电话系统设备的维护。另外在通信部门设1～2名相关的专业工程师对设备的维护进行技术指导，可以称为专业工程师指导下的工班具体负责制。

（一）工班的主要工作内容

1. 程控交换主机房的24h不间断值班；

2. 日常电话设备的故障处理；

3. 按计划进行设备的日常检修；

4. 电话的安装、迁移等业务；

5. 设备检修所需的材料、备品备件、工器具的申领、保管；

6. 常用设备技术资料的保管；

7. 组织员工的日常业务学习、训练。

（二）专业工程师的主要工作内容

1. 日常检修计划的制定、调整、修改，以及执行情况的检查；

2. 对日常设备故障进行分析、总结，提出减少故障的措施、方法，指导工班的日常检修；

3. 处理重大的设备故障；

4. 组织工班员工的技术培训，不断提高员工的业务技能；

5. 审核、检查工班的材料申领、消耗。

以一个18km长有16个车站的城市轨道交通系统为例，程控交换工班一般配备10～12名员工，在运营控制中心（OCC）的主交换机房设一个值班点，其他交换机房及各车站机房均不设值班点，除4人轮流在OCC倒班外，其余人员负责全线电话设备的各项维护业务。

二、电话系统设备维护应建立的文本、资料

在电话设备的维护工作中，资料的建立、管理和更新是一项十分重要的工作。电话通信设备维护应建立的资料一般包括配线资料、设备检查记录、技术手册、备品备件资料和工器具材料的资料等，这些资料不但应该完善地建立、保管好，更应该随着情况的变化及时地更新。资料的格式可根据不同型号设备的特点确定。

三、程控交换机的日常维护

对于程控交换机设备日常检修维护工作，目前一般仍采取计划性作业的方式进行。加强日常维护是减少交换机故障的重要措施。实践证明，日常维护工作是系统正常运行的基础。加强日常的定期测试和维护，是提高系统稳定性和减少故障发生的重要因素。某些交换机故障的起因，就是日常维护薄弱所致。

（一）程控交换机主要的日常维护工作

1. 保持机房合适的温度、湿度，以及机房的清洁和低静电的环境；
2. 保证设备有正常的一次电源供应；
3. 接受设备各种告警信息，并及时进行处理；
4. 对设备各种故障的处理；
5. 接受用户申告，并及时进行处理；
6. 定期对设备进行清洁；
7. 对通过终端输入的所有指令进行记录；
8. 对有双备份的电路和模块进行定期人工转换，以检查备用电路、模块是否处于正常状态；
9. 定期测试、检查设备地线的接地，配线架上的保安器是否有效；
10. 定期将已修改的用户数据、局数据存盘备份；
11. 对保存在磁带、软硬盘、光盘中的各种后援信息定期检查，以免丢失、损坏；
12. 进行话务统计，一般为出、入中继话务量统计。

（二）检修周期与工作内容

表 3-1 是某运营单位正在应用的程控交换系统设备的检修周期与工作内容，供参考。

（三）检修要求

1. 日常保养（日检、周检）

（1）检查机柜、机柱、基础是否稳固，安装是否完好，有无破损；

程控系统设备检修周期与工作内容　　表 3-1

序号	设备（数量）	修程	检修工作内容	周期
1	公务电话交换机终端	日常保养	1. 对终端及打印机进行清洁。 2. 检查终端及打印机的电源。 3. 检查键盘的灵敏度及使用情况。 4. 输入指令检查终端的工作情况。 5. 检查故障历史记录内容	每周

续表

序号	设备（数量）	修程	检修工作内容	周期
1	公务电话交换机终端	二级保养	1. 同日常保养内容。 2. 检查键盘的设置情况。 3. 检查终端的接线是否牢固。 4. 打印故障历史记录内容。 5. 检查硬盘及磁光盘中的数据和信息。 6. 将最新的有关数据存入硬盘。 7. 检查并更换打印机的油墨	每月
		小　　修	1. 同二级保养内容。 2. 对公共控制部分进行倒换。 3. 检最新的有关数据及信息存入磁光盘	每半年
2	公务电话交换机机柜	日常保养	1. 对机柜内外进行清洁。 2. 检查配线架配线情况。 3. 防雷器是否插在端子排上，状态是否正常。 4. 服务层各板卡状态显示是否正常。 5. 控制层各板卡状态显示是否正常。 6. 中继板状态显示是否正常。 7. 配线架上的地线连接情况是否牢固	每周
		二级保养	1. 同日常保养内容。 2. 检查机柜连线是否牢固。 3. 检查机柜地线是否生锈。 4. 测量设备一次电源是否正常。 5. 测量各个用户层电压是否正常	每月
		小　　修	1. 同二级保养内容。 2. 对地线进行涂黄油。 3. 更换模板及部件、防雷器、配线端子模块	需要时
3	站内电话交换机机柜	二级保养	1. 对机柜内外进行清洁。 2. 对配线架进行清洁。 3. 检查配线架上的地线连接是否牢固。 4. 检查电路板的状态显示是否正常。 5. 检查备用线对的情况。 6. 检查机柜地线有无生锈	每月
		小　　修	1. 同二级保养内容。 2. 地线进行涂黄油。 3. 更换有关用户板	每半年
4	站内电话交换机主机台	二级保养	1. 检查主机有无缺损。 2. 检查主机接线是否松动。 3. 检查站间通话是否清晰。 4. 主机功能键是否可以正常使用。 5. 询问站务员了解有关使用情况	每季度
5	调度台	二级保养	1. 检查主机有无缺损。 2. 检查与各站的通话是否正常。 3. 主机功能键使用是否正常。 4. 对群呼进行测试。 5. 询问调度员了解有关情况	每月

续表

序号	设备（数量）	修程	检修工作内容	周期
6	数字录音机	二级保养	1. 检查设备接线是否牢固。 2. 对设备进行清洁。 3. 检查播音是否正常。 4. 检查磁带历史记录情况	每月
7	电话计费器	二级保养	1. 检查设备接线是否牢固。 2. 对设备进行清洁。 3. 检查状态显示及打印机状态。 4. 检查计费器的存储容量	每月
8	轨旁电话	二级保养	1. 检查它与站内电话主机通话是否正常。 2. 检查它与公务电话话机通话是否正常。 3. 插头最后是否插在站内电话插孔上。 4. 检查接地扁钢是否破损及起锈。 5. 对接地扁钢接头涂黄油	每季
9	隧道电缆	二级保养	1. 检查电缆是否破损、变形、积压。 2. 电缆位置是否正确。 3. 电缆在托架上有无脱落。 4. 电缆是否绑扎固定	每季
10	电缆井	二级保养	1. 清除井盖上的泥土和杂物。 2. 电缆有无绑扎好。 3. 井内积水是否符合标准。 4. 井内托臂有无生锈及脱落	每季
11	直埋电缆线路	二级保养	1. 巡视电缆径路有无异状和外界影响，发现问题及时处理。 2. 巡视检查电缆标石及标识、人井盖板有无异状。 3. 巡视检查分线箱、盒是否牢固、布线整齐、干燥清洁	每月
		小　修	1. 同二级保养内容。 2. 电缆标石扶正、培固、补充和标识油饰。 3. 径路一般下沉地段培土、捣固。 4. 人井盖板修理、更换。 5. 人井内缆线整理、绑扎固定，电缆托架、托臂扶正、整修。 6. 分线箱、盒的整理、清扫。 7. 电缆环路电阻、不平衡电阻、线间、对地绝缘电阻、地线测试。	每年
			8. 电缆埋深不够整修。 9. 径路塌陷填充。 10. 人井渗水、漏水整修。 11. 电缆接头腐蚀检查整修。 12. 保安装置及地线整修。 13. 电缆分线箱、盒整修	需要时
12	用户电话机	小　修	1. 摘机、拨号、通话、复原性能检查。 2. 室内配线检查。 3. 电话机机电性能测试、检修。	每半年
			4. 室内配线及不良部件的检修。 5. 检查设备房内有无鼠迹	需要时

（2）检查箱体、盒、盘、柜有无破损，密封是否良好，有无破损、漏水；

（3）检查各种指示灯、仪表指示是否正常；

（4）检查设备运行是否正常；

（5）检查各种紧固件、螺丝是否紧固；

（6）设备外部清洁。

2. 二级保养（月检、季检）

（1）同日常保养全部内容；

（2）开箱、开盒检查，测试工作电压、电流等是否正常；

（3）检查杆件、紧固件、螺丝是否松动；

（4）检查配线、连线是否良好，有无松脱；

（5）调整动作部件动作是否良好；

（6）检查表示、显示是否正常；

（7）各部件检查、清洁、紧固；

（8）进行设备功能测试，动作、运行正常；

（9）更换不良部件；

（10）涂油、防锈、整修；

（11）清洁、注油。

3. 小修

（1）同二级保养（月检、季检）内容；

（2）修复、更换不良部件；

（3）系统测试、试验。

（四）日常检修维护工作内容的表格化

将繁杂的日常检修维护工作的主要内容制作成表格，既可使日常工作程序化、规范化，又便于一线的工作人员操作实施，同时也便于管理，是设备维修工作中常用的方法。下面表3-2～表3-6列出部分某运营单位电话系统设备日常检修维护常用的表格，供参考。

公务电话交换机系统年检表 **表3-2**

		+5V	+12V	0V	-5V	-12V	-60V
控制层	1						
	2						
主控制层							
服务层							
用户层	1						
	2						
	3						
	4						
	5						
	6						
	7						

站内电话系统检查表 **表 3-3**

地点	机柜表面是否完好	机柜内外、配线架是否清洁	三块板的状态显示是否正常	机柜地线有无生锈	背板接头是否紧固	主机使用是否正常	站间电话通话是否清晰
	是□/否□	是□/否□	是□/否□	有□/无□	是□/否□	是□/否□	是□/否□
	是□/否□	是□/否□	是□/否□	有□/无□	是□/否□	是□/否□	是□/否□
	是□/否□	是□/否□	是□/否□	有□/无□	是□/否□	是□/否□	是□/否□
	是□/否□	是□/否□	是□/否□	有□/无□	是□/否□	是□/否□	是□/否□
	是□/否□	是□/否□	是□/否□	有□/无□	是□/否□	是□/否□	是□/否□
	是□/否□	是□/否□	是□/否□	有□/无□	是□/否□	是□/否□	是□/否□
	是□/否□	是□/否□	是□/否□	有□/无□	是□/否□	是□/否□	是□/否□
	是□/否□	是□/否□	是□/否□	有□/无□	是□/否□	是□/否□	是□/否□
	是□/否□	是□/否□	是□/否□	有□/无□	是□/否□	是□/否□	是□/否□
	是□/否□	是□/否□	是□/否□	有□/无□	是□/否□	是□/否□	是□/否□
	是□/否□	是□/否□	是□/否□	有□/无□	是□/否□	是□/否□	是□/否□
	是□/否□	是□/否□	是□/否□	有□/无□	是□/否□	是□/否□	是□/否□
	是□/否□	是□/否□	是□/否□	有□/无□	是□/否□	是□/否□	是□/否□
	是□/否□	是□/否□	是□/否□	有□/无□	是□/否□	是□/否□	是□/否□
	是□/否□	是□/否□	是□/否□	有□/无□	是□/否□	是□/否□	是□/否□
	是□/否□	是□/否□	是□/否□	有□/无□	是□/否□	是□/否□	是□/否□
	是□/否□	是□/否□	是□/否□	有□/无□	是□/否□	是□/否□	是□/否□
	是□/否□	是□/否□	是□/否□	有□/无□	是□/否□	是□/否□	是□/否□
	是□/否□	是□/否□	是□/否□	有□/无□	是□/否□	是□/否□	是□/否□
	是□/否□	是□/否□	是□/否□	有□/无□	是□/否□	是□/否□	是□/否□

公务电话交换机系统月检表 **表 3-4**

温度	湿　　度		
系统名称	检　查　内　容		
公务电话交换机	硬盘	光盘	处理器板
	中继板	时钟板	接口板
	振铃板	链路板	用户控制板
	控制层　　左　　右		
	主备间有无倒换：　有　　无		
	数据有无备份：　有　　无		
	维护终端是否正常：　是　　否		
	打印机是否正常：　是　　否		
	有无故障现象　　有　　无		
	故　障　记　录		
	时间	故障内容	处　理　方　法
	处理人：		

检查时间：　　　　年　　月　　日

检查人：

公务电话交换机系统季检表 **表 3-5**

			+5V	+12V	0V	-5V	-12V	-60V
公务电话交换机	服务层							
	控制层	1						
		2						
	用户层	1						
		2						
		3						
		4						
		5						
		6						

公务电话交换机系统半年检表 **表 3-6**

一、电压测量

	+12V	+5V	-5V	-12V	-60V
控制层上					
控制层下					
用户群 1 左					
用户群 1 右					
用户层 1					
用户层 2					
用户层 3					
用户层 4					
用户层 5					
用户群 2 左					
用户群 2 右					
用户层 1					
用户层 2					
用户层 3					
用户层 4					

二、地线检查：

接线固定点	牢固	松动	脱落
有无锈蚀现象	有	无	其他
是否有防护措施	有	无	

三、数字录音机

连线是否牢固	牢固	松动	其他
播音是否正常	正常	异常	其他
硬盘容量	已满	未满	其他

续表

三、数字录音机			
时钟同步	同步	不同步	其他
报警频率	无	1~10 次 30~50 次	10~30 次 50 次以上
四、会议服务器			
连线是否牢固	牢固	松动	脱落
能否完成会议电话功能	能	不能	其他
故障频率			
五、计费器			
连线是否牢固	牢固	松动	脱落
告警窗颜色	红	黄	绿
硬盘容量百分比			
以往计费记录是否完整准确			
打印机工作是否正常、是否需要更换色带			

四、电话系统设备的故障处理

（一）程控交换机的故障分类和基本检修方法

程控交换机的故障可分为软件故障和硬件故障两大类。其中软件故障多发生在早期版本的软件运行中，主要原因是软件的先天不足、容错性能差等。硬件故障多发生在程控交换机运行的初期和后期，这与元器件的初期和后期失效率高有关。另外，雷电击坏设备的情况亦时有发生。硬件故障是最常见的故障。

程控交换机的故障处理，是指故障发生后，维修人员凭借设备的自检功能或检修经验，找出故障部件（一般是故障电路板），换上备用部件，使设备恢复正常运行的过程。如果有条件的话，也可以对更换下来的故障部件进行修复。

当设备发生某些故障时，设备能在自动发出声、光告警的同时，显示相应的故障信息。维护人员还可通过维护终端进一步查询故障的相关信息。对少数自检功能发现不了的故障，则需凭借维护人员的经验找出故障部件。

当诊断为软件故障时，如局部被系统封锁、通信出错、出现某些非法数据或地址、程序进入死循环等，需进行人工的系统再启动处理。

当诊断为硬件故障时，应及时切除故障部件，换上备用部件。

（二）程控交换机的一级维修与二级维修

当程控交换机发生故障时，维修人员可运用交换机自身的自测试、自诊断功能（自检功能），或维修人员的经验，判断出故障电路板所在位置，然后将故障板用备用的电路板换上。一般将更换电路板的修理叫一级维修。对换下来的故障板进行更换元器件的修理，修复故障电路板，称为二级维修。对于通信维护人员来说，一般只要求做到一级维修。

（三）程控换机软件故障的处理

程控交换机的程序在运行中遇到一些非常情况，如用户误操作、外界干扰，以及程序运行中遇到了设计软件时未考虑到的情况时，程序会出现不正常运行或“死机”，这时需要进行程序的重新启动来排除这些软件故障（软故障）。程控交换机发生软件故障的原因主要有：

1. 软件设计先天不足；

2. 维护人员、用户误操作；

3. 某些干扰；例如：

（1）处理机负荷过高；

（2）数据总线上传输数据出错而未被系统校验出来；

（3）外界干扰，如闪光灯等；

（4）人机接口输入错误命令；

（5）用户特别服务功能的误操作；

（6）用户分机产生频次过密的拍叉信号；

（7）插拔电路板时引起 RAM 中程序或数据库混乱。

万一出现了软件故障，最好在夜间停运收车后话务量低时进行人工再启动。程序的再启动可分为四类：

第一类再启动（热启动）。从主程序中的某一段开始重新启动程序。热启动仅影响处理机现行的处理（如扫描、内部处理、驱动等），并不影响已建立的通话。这是最低级别的软件再启动。

第二类再启动（冷启动）。从 0 地址开始重新启动主程序。它包括了运行初始化程序。冷启动会使已建立的通话中断。

第三类再启动。同第二类再启动，但在再启动前局数据库与用户数据库的数据重新写入 RAM 。这类再启动不仅中断了已建立的通话，而且使所有通过人机命令更改过的局数据、用户数据的更改部分、故障纪录、未输出的计费信息等全部消失。

第四类再启动。系统程序、局数据、用户数据全部刷新后，再从 0 地址开始重新启动主程序。这是最高级别的软件再启动。

在硬件无故障的前提下，若出现用户或中继闭塞、话音单向、杂音加大、全部或部分用户振铃不止、话务台、维护终端、打印机“死机”、大量接错电话或串话，直到整机瘫痪。这些软故障均可通过软件再启动来排除。一般，先用较低级别的再启动，若排除不了软故障，则逐步升高再启动级别，总能排除软故障（除非保存在外部的系统程序或局、用户数据库出错）。

再启动的方法可以人工亦可自动进行。人工再启动，一般通过人机命令或按主 CPU 板上的复位按钮来进行；自动再启动，则是在出现软故障后自动进行的。在自动再启动无法排除软故障时，需用人工方法产生更高级别的再启动来排除故障。

（四）部分常见故障的处理

电话系统设备可能出现的故障形式多种多样，故障的原因也很复杂，故障处理能力提高的根本途径是加强学习培训，不断加深对设备原理、结构的了解，以及通过实践不断积累实际问题的处理经验，下面列举部分在电话系统设备维护中经常遇到的故障及其处理方法，供参考。

1. 端口电路软件故障的检修

（1）用户配置错误的故障检修。交换机对普通电话机提供脉冲和双音多频两种拨号方式，但某些系统定义时只允许一个用户端口对应一种拨号方式。所以，如果发现某个电话机切不断拨号音时，应用用户配置命令检查拨号方式的设置是否正确。

(2) 中继配置错误的故障检修。有时发现某个出中继端口占用不上，但使用中继端口配置命令查看，该中继端口已配置。再用中继组命令查看，可发现在中继组里没有该端口。经分析可知，原来在输入命令时，中继端口配置命令的参数值未输入，于是系统就不能占用该端口。将中继端口配置命令的参数值重新输入后，该中继端口就可被占用了。

2. 模拟用户电路板故障的检修

(1) 用户无拨号音

a. 故障现象：用户摘机后无拨号音，长时间听忙音。

b. 故障诊断：模拟用户电路板发生故障造成：用户分机摘机无拨号音；假忙现象，即使该用户未摘机，但其他用户拨打该用户时也听忙音；电话机不能振铃；单向通话，甲乙双方通话，甲方能听到乙方讲话，乙方听不到甲方。

c. 故障处理：可首先断开外部线路，使用人机命令关闭该用户所在的电路板，然后将电路板拔出后重新插入，再用人机命令打开该用户板。如果故障现象重现，则应更换该电路板。

d. 故障分析：模拟用户电路板直接通过电缆连接用户分机，用户的某些误操作或其他一些干扰，容易引起被自动关闭的现象。一般经人工恢复处理可解除。如果仍然不能排除故障，则应采取硬件故障处理方法，包括用户线路问题、机内电路板等问题的故障处理。

(2) 用户端口被反复关闭

a. 故障现象。某用户分机反复发生被系统自动关闭的现象，经多次用命令恢复，未能彻底排除。

b. 故障诊断：经更换该用户所在的电路板，也未能彻底排除故障，对用户线路进行检查，发现线路有破损现象，随温度和气候变化时好时坏，说明线路绝缘不好。

c. 故障处理：更换用户线路，故障彻底排除。

d. 故障分析：程控交换机对用户线路有一定的要求，当用户线路绝缘下降不稳定时，系统自动检测发现后，会自动将该用户端口关闭。

3. 数字用户电路板故障的检修

a. 故障现象：数字用户分机摘机后无拨号音，或话务台无信息显示，无法工作。

b. 故障诊断：经检查，数字用户电路板硬件正常，判断应为数字端口电路的软件故障。

c. 故障处理：经诊断后认为这类故障与该数字端口的呼叫处理状态有关，经使用人机命令对该电路板进行重新激活后，故障排除。

d. 故障分析：因数字话机通过电缆与数字电路板相连，一般情况下，该电路板处理的是数字信号，所以很少出现硬件故障，通常采用人工软件处理的方法即可恢复正常。

4. 中继电路故障的检修

中继电路，特别是模拟中继电路故障率较高，而且影响也较大，下面对模拟中继的几种常见故障进行一些分析。

(1) 来话没人接，出中继假忙

a. 故障现象：外线打入时长时间听回铃音，无人接听；分机拨外线时听忙音，而实际无人占用出中继。

b. 故障诊断：模拟中继电路板通过电缆连接市话，对市话局来说，该板上每一个端口相当于一部市话分机。应首先检查中继线是否正常，然后处理模拟中继电路板的问题。

c. 故障处理：根据检修经验，软件故障的可能性较大，可用人机命令关闭故障板，再将该板拔出后重新插入，最后用人机命令打开该板，一般情况下就可排除故障。

如果经过上述检修未能排除故障，则说明模拟中继电路板存在硬件故障，应更换电路板。

d. 故障分析：交换机由于在运行中受到各种干扰，中继端口容易发生软件故障，导致系统对端口的自动封闭。这种故障通常需要人工输入命令进行恢复。在主备用状态公共控制单元发生自动转换后，也可自动排除此类故障。

(2) 打外线掉线

a. 故障现象：在刚完成中继线施工后，用户打外线经常发生掉线现象，计费也经常出错。

b. 故障诊断：根据故障现象，判断可能是中继线路问题，检查配线架时发现，有一些反极性模拟中继的 a　b 线极性接错。

c. 故障处理：将反极性模拟中继的 a　b 线极性调整后，用户打外线正常，计费出错现象也消失。

d. 故障分析：某些交换机对中继线 a　b 线的极性有严格的要求，中继板的 a　b 线极性不能接反，如果接反，用户分机选上这些线路时，就会发生掉线现象，计费也会不正常。

(3) 分机占不上中继线

a. 故障现象：进行主机清洁后，重新开机，发生分机占用不上中继线的情况。

b. 故障诊断：检查中继电路板所在用户层的电源、中继电路板都无异常；测试发现该用户层的所有用户分机无拨号音；检查该层控制板，发现控制板松动。

c. 故障处理：重新拔插用户层控制板后，故障排除。

d. 故障分析：控制板是用户层中所有模块电路板与交换网络的接口，为被占用的端口分配时隙，向各个模块传送控制层的控制信号。如果控制板工作不正常，必然使整个用户层的所有端口处于瘫痪状态。从上述故障可见，维修人员对设备进行维护时，容易发生一些误操作，导致一些人为故障。

5. 电话分机故障的检修

(1) 电话无振铃音。

a. 故障现象：电话能正常打进打出，但无振铃音。

b. 故障诊断：

(a) 话机上振铃音量调整错误，导致振铃音最小，因而听不到。

(b) 话机振铃电路坏。

(c) 交换机铃流板故障，无铃流输出。

c. 故障处理：

(a) 调整话机上振铃音量开关。

(b) 更换话机。

（c）检查交换机上对应故障分机的铃流板，更换新的 RG 板。

（2）电话分机不能打进打出。

a. 故障现象：摘机无拨号音，无法打进、打出。

b. 故障诊断：

（a）电话话机坏。

（b）电话插头接触不良或损坏。

（c）在配线架上用测试话机检测，如果正常，则说明出现断路、短路故障；如测试话机也不能打进打出，说明故障出在交换机这一级。

（d）用人机指令检查该分机所在用户模块内的状态，如果正常则说明问题在于用户控制板。

（e）检查用户控制板。

c. 故障处理：

（a）更换电话话机。

（b）重做电话插头。

（c）测试线路环阻，对地电阻，如果环阻为无穷大，则逐级到分线盒处检查，确定线路断路位置，条件许可则接续，条件不许可则更换线路；如果对地电阻为零，则说明线路短路，一般短路位置均在出线盒处，经查证后，排除故障。

（d）用人机命令对用户控制板进行复位，如果故障不能排除，则更换该控制板；如果仍未排除故障，检查控制板在后背板的连线，看是否有松动，重新插好；如果存在故障，则检查是否大面积用户无法正常使用，说明交换机控制层出现严重故障，应立即报有关技术人员，共同分析解决。

第四章　无线集群调度系统

第一节　概　　述

城市轨道交通无线集群调度系统在城市轨道交通通信系统中作用重要，它是调度与司机通信的惟一可靠手段，同时也是移动中的作业人员、抢险人员实现通信的重要手段。国内城市轨道交通的无线通信系统主要采用以下两种形式：专用频道方式和集群方式。

一、专用频道方式

专用频道方式就是根据用途来配置频道，有多少用途就有多少频道。具体地说，每种频道只作一种用途，不作它用，即使处于空闲状态也不作它用。专用频道方式基本上满足了城市轨道交通无线通信的要求，在北京、上海地铁都有应用。

（一）车站台方案

车站电台，通过功率分配器与沿隧道上、下行敷设的泄漏同轴电缆始端相接，泄漏同轴电缆的末端位于两站中间，这样，一个车站台就构成一个与站管区大致相同的无线管区，整个城市轨道交通移动通信的工作区域由各无线管区构成。车站台与中心控制设备通过电缆传输系统相接，分配相应的音频话路。因此，中心控制设备与移动台（列车台与手持电台）之间的通路由有线（车站台经过光缆传输系统至控制中心设备）和无线（车站台通过泄漏同轴电缆辐射无线电波至移动台）相结合的方式构成。主要有车站台转发方案和中心转接方案。

（二）中继器方案

沿隧道敷设泄漏同轴电缆，并使之贯通整个隧道。利用泄漏同轴电缆兼有传输线和天线两种功能的特性，实现移动台（车载和手持电台）与基地台之间的无线通信。

为了补偿漏缆的传输衰耗，使场强和接收电平均匀，泄漏同轴电缆每隔一定距离串接一个中继器将发射和接收信号放大到一定电平后输出。泄漏同轴电缆和中继器的带宽应能满足发射频率和接收频率均能通过的要求。主要有单向中继器方案和双向中继器方案。

二、集群方式

（一）集群通信系统的概念及特点

集群方式又称为共用频道方式，它不是根据用途来配置频道，而是所有用途共用几个频道，根据需要和使用情况临时分配频道。具体地说，设一个控制频道和若干通话频道，通话频道的数目可以少于用途数，平时所有移动台（列车台和手持电台）均处于控制频道，以便接收中心控制和向中心返回信息，通话时由中心根据情况分配一个通话频道，通话结束后自动返回控制频道。

集群通信系统，是一种高级移动调度系统，代表着通信体制之一的专用移动通信网发展方向。它的主要优点是：

1. 共用频率：将原来分配给各部门专用的频率加以集中，供各家共用。

2. 共用设施：由于频率共用，就有可能将各家分建的控制中心和基站集中合建。

3. 共享覆盖区：可将各家邻近覆盖区的网络互连起来，从而获得更大的覆盖区。

4. 共享通信业务：可利用网络有组织地发送各种专业信息为大家服务。

5. 分担费用：共同建网可以大大降低机房、电源等建网投资，减少运营人员，并可分摊费用。

6. 改善服务：由于多信道共用，可调剂余缺；集中建网，可加强管理、维修，因此提高了服务等级，增加了系统功能。

7. 具有调度指挥功能。

8. 兼容有线通信。通过与有线交换机的连接，可以实现移动台与有线电话之间的通信。

9. 智能化、微机软件化，增加了系统功能。

10. 具有控制、交换、中继功能。

11. 其他一些功能。如在城市轨道交通运用中，通过与信号自动列车监控系统的接口，可以接收从信号系统传来的列车车身号、列车位置、列车车次、乘务员号等信息，并且在列车呼叫时在无线调度台上显示出来。

总之，集群通信系统是共享资源，分担费用，向用户提供优良服务的多用途、高效能而又廉价的先进无线调度通信系统。

集群通信系统主要有下述几种分类方式。

1. 按信令方式分：可分为共路信令方式和随路信令方式。共用信令方式是设定一个专门的控制信道来传送信令，这种方式的优点是信令速度快，电路容易实现，缺点是要占用信道，信道利用率较低，共路信令方式又可分为专用信令信道方式和非专用信令信道方式，专用与非专用的主要区别是在所有信道都忙时，控制信道能否作为语音信道来使用，如能，则为非专用信令信道方式，如不能，则为专用信令信道方式。随路信令是在一个信道中同时传送语音和信令，信令不单独占用信道，可节约信道，缺点是接续速度慢。

2. 按信令占用信道分：可分为固定式和搜索式。在固定式中，起呼占用固定信道。搜索式起呼占用随机信道，需不断搜索变化的信令信道，忙时信令信道可作为语音信道，新空出的语音信道可接替控制信道。固定式实施简单，搜索式实施起来较复杂。

3. 按占用信道分：可分为消息集群、传输集群和准传输集群。

4. 按控制方式分：可分为集中式控制方式和分散式控制方式。

5. 按呼叫处理方式分：可分为损失制和等待制系统。损失制系统中，当语音信道占满时，呼叫被示忙，要通话需重新呼叫，信道利用率低。在等待制系统中，信道被占满时，对新的呼叫采用呼叫排队方式处理，不必重新申请，信道利用率高。

（二）集群通信系统的发展前景

集群系统从制式上可分为数字集群和模拟集群两种。模拟集群通信系统由于发展时间较早，在技术上已相当成熟，但数字集群通信系统由于具有许多特点和优点，是在模拟系统中发展起来的，它具有模拟系统的各种功能、用途，且和模拟系统相比数字集群系统又采用了一些新技术，具有更好的性能。模拟集群通信系统的主要问题是频率利用率低。所能提供的业务种类受限，也就是说不能提供高速率的数据服务，保密性差，容易被窃听，移动设备成本高，体积大，网的管理控制存在一定问题等；而数字集群具有抗干扰能力强，频谱的利用率高，信令的控制能力得到进一步的增强，适于集群化等特点。数字集群系统要以集群技术为基础，是集群系统的发展方向。国外数字集群已大量地应用于城市轨道交通以及公安警察等部门的专用调度通信。近年来在我国的城市轨道交通系统中也陆续采用或即将采用数字集群系统。

三、专用频道方式与集群方式主要区别

专用频道方式基本满足行调与司机双方的通话要求，实现行调对司机的群呼和选呼功能，同时系统也有紧急情况通话信道及在列车无线设备故障情况的紧急情况处理程序，但没有短信息收发功能。由于与信号无接口，所以也没有列车位置信息及车次等方面的信息及功能。另外，该系统移动用户通话时，双方使用的频率是固定的，故只能在此信道上工作。有鉴于此，虽然此种方式设备简单，但缺点较多，主要有无线信道不能达到平均话务负荷，某些过于繁忙信道经常处于阻塞状态，而某些使用率低的信道则处于空闲状态，忙闲不均，频谱利用率不高，保密性不好，冗余功能差等；而集群通信系统则刚好能弥补其不足，上述几个缺点都基本不存在，并且在系统功能方面，即通话功能、呼叫功能、广播功能、短信息收发功能、存储功能、录音功能、显示功能、检测功能等，具有明显的优点。

第二节　集群通信系统的组网

由于集群通信系统是专用指挥调度通信系统，所以从其发展来看，最早是建立基本系统的单区网。因为它的用户数要比公用网少得多，故通常采用大区制小容量网络。但当覆盖范围达不到时，则基本系统把单基站设计为多基站。而当覆盖区域再扩大，用户增加，就发展成为以基本系统为基本模块，把基本模块叠加成为多区的区域网。

集群的控制方式主要有两种，即集中式和分散式。两种方式的结构基本上都由基地台(转发器)、系统管理终端、系统集群逻辑控制部分、调度台和用户台（车载台、车站台和手持台）组成。只不过集中式控制方式的系统无系统控制器进行集中控制，而是由每个转发器上的逻辑单元分散处理。

一、集中式控制方式的单区单基站系统

单基站系统是一个基本集群通信系统，只设一个系统控制器和一个基站。系统构成如图 4-1 所示。

二、集中式控制方式的单区多基站系统

这种结构和上述基站系统相似，只是多个基站，而多个基站均受同一个控制器控制管理。此时系统管理终端和有线调度台仍可相同，只是各基站都有各自的移动台，其构成如图 4-2 所示。

三、集中式控制方式的多控制中心多区系统

这是由多个单区网通过一个称为区域控制器的连接而构成的分级管理区域网。这样在一个地域中可以有多个不一定相邻接的区，各区设单区网。各单区网的控制中心通过无线或有线与区域控制中心（区域控制器）相连并受其控制和管理。区域控制中心主要负责越区用户的身份登记、不同区间业务的管理、控制信道的分配和管理以及区间用户的漫游业务等，其构成如图 4-3 所示。

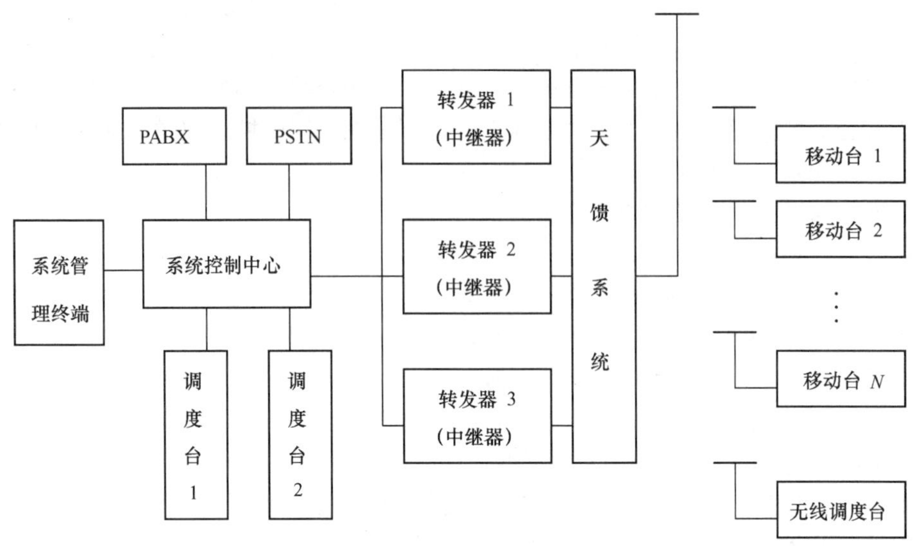

图 4-1　单区单基站系统

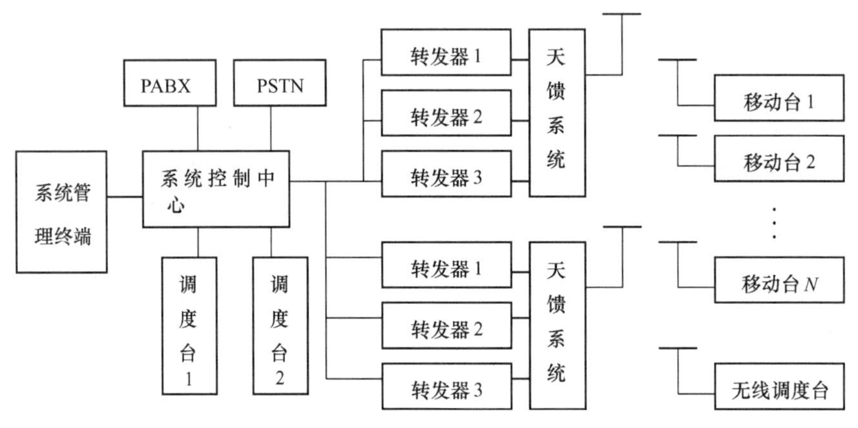

图 4-2　单区多基站系统

四、集中式多层次、多控制中心、多区系统

集中式多层次、多控制中心、多区系统由区域控制中心、多个控制中心、多基站组成而形成整个服务区。这种网络的基本单元为单基站（或多基站）和单控制中心，它构成基本区，并直接管理控制和处理区内用户业务。各控制中心将受上一级的区域控制中心控制及管理。区域管理中心与各基本区相连，负责基本区间的用户业务，如越区用户识别码的登记、控制频道分配、有线或无线用户寻找越区用户的业务，换言之，即位置登记、转移呼叫、越区频道转移的漫游业务等。

最高级管理中心，它连接各区域管理中心，处理各区域间的过区域用户登记、呼叫建立、控制管理，对各区域中心进行控制、管理和监控。其构成如图 4-4 所示。

五、分散式控制方式的单区单基站系统

分散式控制方式的单区单基站系统也是一个基本系统，与集中式控制方式的单区单基

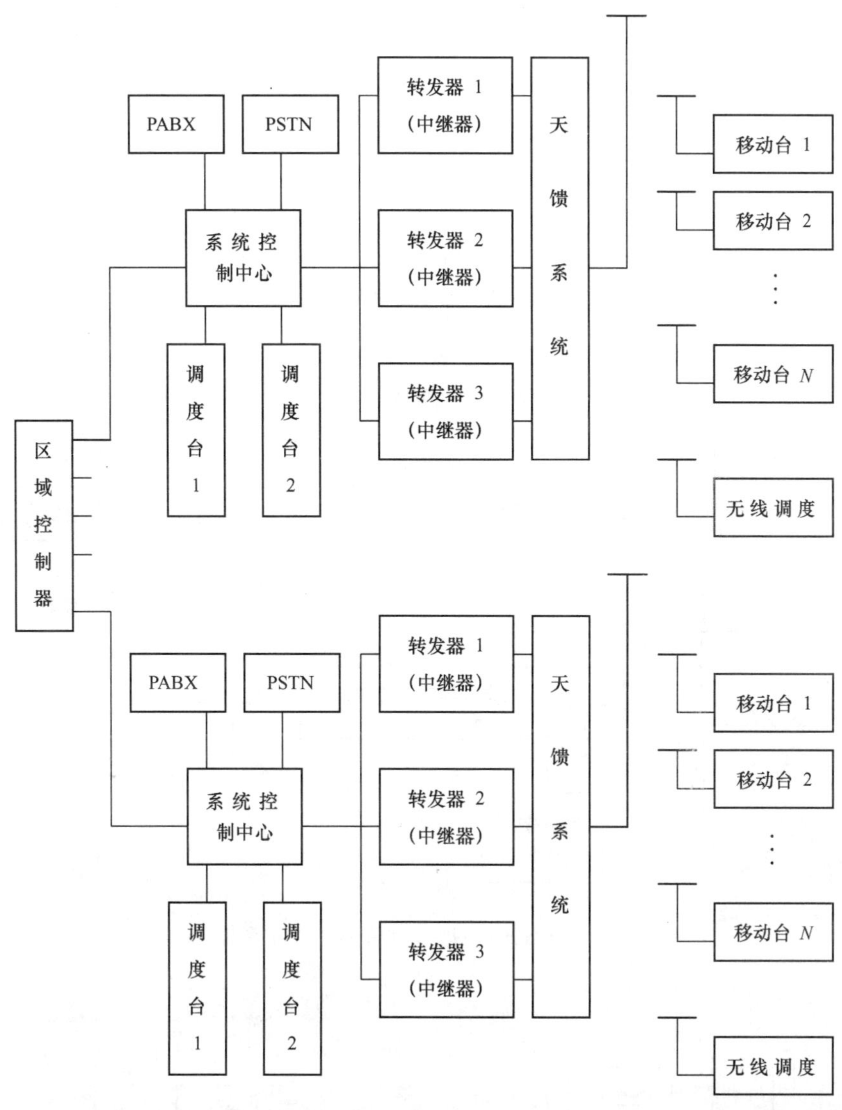

图 4-3 多控制中心多区系统

站系统不同的是控制器和基站合在一起，而基站的若干转发器都带有相同数量的控制器。每个信道也是一个转发器（含集群控制逻辑模块）。其他的几部分如系统管理终端、调度台及移动台也与集中式控制方式单区网的作用相同。其构成如图 4-5 所示。

六、分散式控制方式的多区系统

分散式控制方式的多区系统由多个单区系统相连，并由网络交换中心控制构成，这种网络结构通常要以一个网络交换中心来进行各区网的连接和交换，以构成全区的联通及用户的漫游。其构成如图 4-6 所示。

集群通信系统的组网方式主要有以上几种，各使用部门可以根据自己的特殊需要选择不同的组网方式。就城市轨道交通无线集群调度系统来说，集中式控制方式的单区多基站系统是个比较适合的方案，对于线路较多的城市轨道交通公司来说，也可以采用集中式控

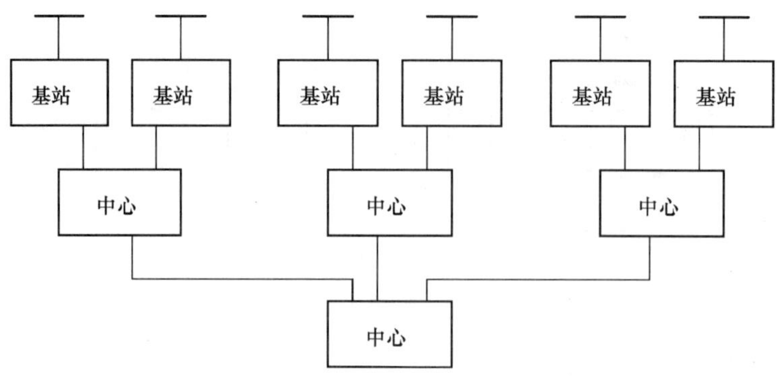

图 4-4　多层次、多控制中心、多区系统

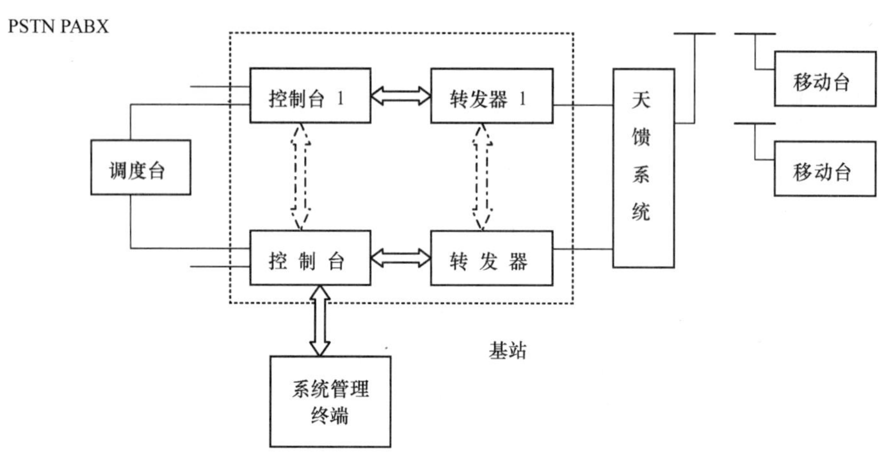

图 4-5　分散式控制方式的单区单基站系统

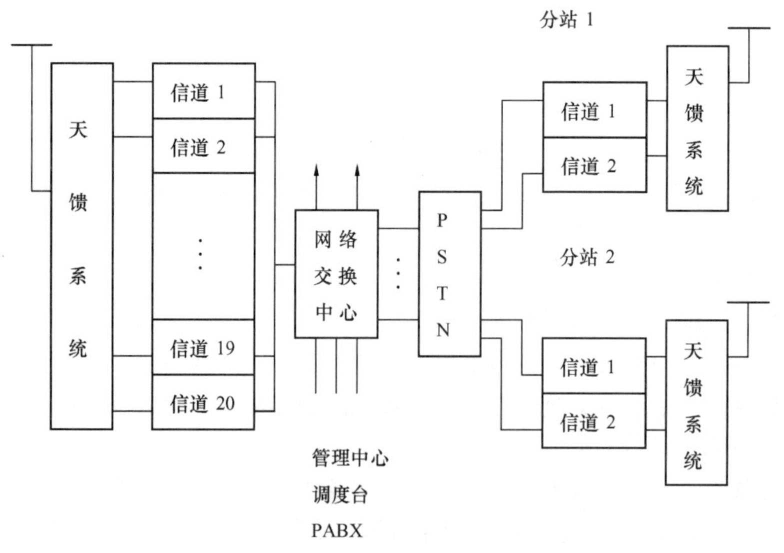

图 4-6　分散式控制方式的多区系统

制方式的多控制中心多区系统，以使所有城市轨道交通线路形成一个可以互连互通的统一的移动通信网络。鉴于当前技术发展水平及产品现状，不同集群厂家之间的互联互通仍存在较大障碍，这也是城市轨道交通公司选择组网方式必须考虑及解决的问题。

第三节　集群系统的设备

城市轨道交通无线集群调度系统的设备因采用系统型号不同而略有不同，但主要设备组成大致一样，主要包括以下四个部分。

1. 集群中央交换和控制设备；

2. 基站设备、光纤直放站或射频直放站等中继放大设备；

3. 泄漏电缆和天线等信号覆盖设备；

4. 车载电台、车站电台和手持电台等移动台设备。

下面将以 NOKIA ACTIONET 系统为例进行介绍。

一、集群中央交换和控制设备

集群中央交换和控制设备是系统的中心，它担负着系统参数配置、话路交换、呼叫控制、故障管理等功能。中央交换和控制设备主要包括主交换机（MX）、操作集中器（OPC）、操作维护终端（OMT）、录音机和电源。

（一）主交换机（MX）

主交换机是无线通信系统的核心部分，它负责在调度、移动台和有线电话分机（PABX）之间发送呼叫和信令。其主要功能有包括管理无线信道的分配；管理移动台注册的数据库；提供操作维护终端（OMT）、调度台（OPT）的接口；记录故障信息。

1. 中央控制计算机（CCC）

中央控制计算机 CCC 是交换系统中最关键部分，控制所有与呼叫处理有关的决定，因此双重保护是为了提高系统可靠性。两个中央控制计算机分别为 CCCA 和 CCCB，其中一个 CCC 作为激活系统运行而另一个 CCC 作为备用系统运行。MX 有一个完整的自我诊断，如果当前 CCC 的任何一个单元出现故障，MX 就会自动切换保护，备用 CCC 自动进入激活状态。另外当前激活和备用 CCC 可通过 OMC（操作维护计算机）的主控制切换单元板上的开关人工切换。

2. 操作维护计算机（OMC）

OMC 用于调试时形成 MX 参数和运行模式。在正常运行时，它负责连续监控主交换机各部件的工作状态，其中 MSU 板上有故障状态指示灯，并通过与其连接的维护终端和打印机输出打印故障信息。如果要访问 OMC 参数可通过操作维护终端 OMT 的操作实现。OMC 还可控制 CCC 处于当前激活状态还是备用状态。

3. 交换单元

交换单元的功能是物理连接两个或多个接口单元之间的语音传输，实现用户之间的通信，交换单元由当前激活的 CCC 直接控制。

4. 接口单元

无线系统 MX 中有三种不同类型的接口单元。

（1）基站接口单元（BSIU）

MX 中 BSIU 的主要功能是连接基站的一个信道单元到 MX 的交换单元，通过 4 芯平衡线传输语音信号和 FFSK 信号，其可工作于控制信道模式或语音信道模式，根据是来自当前激活的 CCC 指令。

(2) 控制点接口单元（CPIU）

MX 中 CPIU 的功能是连接调度台到 MX。调度台用 2×4 芯线连接到 CPIU，其中一组 4 芯线传输语音信号，另一组 4 芯线传输 RS422 控制信息。

(3) 有线接口单元（SSIU）

MX 中 SSIU 的功能是连接 PABX 用户到 MX，采用 E&M 信令。

5. 电源模块（±5V 和 ±12V）

MX 中每个机柜有两个 ±5V 和两个 ±12V 电源模块，两个 ±5V 电源采用并联输出，如果一个电源模块发生故障，单独一个电源模块也可满足设备需要。±12V 电源模块也是一样。

(二) 操作集中计算机（OPC）

OPC 在硬件上是一台兼容 PC 机，其完成下列功能：

(1) 管理系统应用的数据库。

(2) 提供与信号自动列车监控系统（ATS）的接口。

(3) 是时钟分配系统的中央节点，确保系统所有单元处于同步状态。

(4) 为维护人员提供故障诊断信息。

OPC 数据库提供单独标识符，例如列车组或移动台代号用于代替 MPT1327 地址，OPC 提供这个数据库服务于局域网上的每个 OPT。通过跟 ATS 的接口，接收 ATS 传输过来的列车信息，实现行调和车厂调度对列车的管理。

(三) 操作和维护终端（OMT）及打印机

OMT 通过 RS232 串行口直接跟 MX 上的 OMC 中的 MSU 板连接，其功能是给维护人员提供人机接口，实现对 MX 配置数据库的管理；用户数据库管理；MX、基站和其他设备和控制；收集告警、故障，打印机输出有关设备控制的修改记录和告警故障信息打印。

(四) 录音机

借助于录音机，所有调度员跟移动台和 PABX 分机之间的通话将被录音，另外还对通信广播系统的中央广播进行录音。

(五) 电源单元

系统一般都有两个 48V 电源单元，采用并联输出方式提供给 MX，即单独一个电源单元也可供应 MX 设备。

二、基站设备、光纤直放站和中继放大器

基站是无线通信系统的关键重点设备，如果基站出现严重故障，则此时系统的降级模式也将无法运行。基站负责无线信号的发射与接收。

基站设备包括基站收发信机及其他接口模块（如线路接口模块等）、光发射模块、光接收模块、电源等。

光纤直放站主要由光纤发射接收单元、放大器等设备组成，完成将基站来的光信号转换为电信号，并进行放大。同时将从天线或漏缆接收的射频信号转换为光信号发射到基站去。

中继放大器的作用是将上行或下行的信号放大，发射到天线或传送到与其相连接的光纤直放站。

三、泄漏电缆和天线

泄漏电缆是一种特殊的电缆，电缆铠甲的特殊开孔结构，使得信号能够从电缆中均匀泄漏出来，实现了无线信号的覆盖。泄漏电缆是实现隧道区间无线信号均匀覆盖的理想选择。泄漏电缆的相关知识将在第十章作详细介绍。

天线是无线通信系统的特殊重要设备，它的作用是实现高频电能与电磁波的相互转化。天线是所有需要接收和辐射电磁波的无线技术设备中不可缺少的组成部分。天线的型式很多，按其用途可以分为通信天线、雷达天线、广播天线和电视天线等；按所用波段可以分为长、中波天线、短波天线、超短波天线和微波天线等；按其特性可以分为强方向性天线、弱方向性天线、定向天线、全向天线、针状波束天线、扇形波束天线。

城市轨道交通无线通信系统使用的天线主要有以下五种。

1. 棒状天线：属全向天线，主要用于覆盖车辆段等较大范围的区域；

2. 耦合天线：属全向天线，主要用于覆盖站厅层或其他（如车库）面积较小的区域；

3. 八木天线：属定向天线，主要用于覆盖某些有特殊要求的区域（如正线上某一段轨道区域）；

4. 鞭状天线：属全向天线，主要用于无线手持台收发天线用；

5. 圆盘天线（吸顶天线）：属定向天线，主要用于无线车载台收发天线用。

四、车载电台、车站电台和手持电台

（一）车载电台

城市轨道交通列车的前后两端驾驶室各安装有一台电台。该车载电台主要由收发机、控制及接口电路、控制头、话筒、天线等组成，其中收发机和控制及接口电路安装在一个固定的箱内，控制头和话筒分别安装于司机座位前方的右边和左边，天线安装于车顶。司机可通过操作控制头的按键，发出各种通信需求，并通过话筒收听语音，通过系统跟 ATS 的连接，控制头会显示列车所属范围和车次，并自动更换。

（二）车站台

车站台安装于每个车站的车控室，车站值班站长可通过它跟行调联系，经行调转接还可与司机通话。

（三）手持电台

手持电台主要是提供给站务人员、维修人员等不固定地点作业人员跟调度通话。

这些移动台的通信功能主要有一般呼叫、紧急呼叫、短信息收发，调度台对移动台的群呼，对列车的广播等。

第四节 无线调度功能

无线集群通信系统是一种高级专业指挥调度系统，它必须在使用、系统入网、系统维护管理及多区联网上具有较齐全的功能，且要求操作方便、运行可靠、组网灵活。

一、使用功能

集群通信系统要求具备的使用功能有：

1. 基本通话功能；

2. 调度与移动台用户之间的短信息传送功能；

3. 调度与移动台用户之间紧急呼叫功能；

4. 列车在车厂与正线之间组别自动及手动转换功能；

5. 动态构组功能；

6. 组呼及全呼功能；

7. 调度台与有线电话转接功能。

二、系统入网功能

（一）基本功能

1. 入网时间短。任一用户按下按压对讲键（PTT）开关 0.5s 后，即可接入语音信道。

2. 呼叫申请自动重发。主呼移动台用户按下 PTT 开关呼叫发送。由于某些原因，未被系统控制器确认，则当移动台释放 PTT 开关后，移动台继续发出数次信道请求。

3. 遇忙排队自动回叫。当所有话务信道都在使用时，请求入网的用户进入排队等候。当有空闲信道时，中央控制器将自动依先来先服务的原则向排在队首的用户发接通提示音，让他通话。

4. 紧急呼叫。遇有紧急情况，用户按紧急呼叫键，系统将保证开放一条信道用于紧急呼叫。同时在监视终端显示紧急呼叫者的身份码，并发出特殊声光提示。开放紧急通话信道有以下两种方式：

（1）强拆式：紧急呼叫发出而又无空闲信道时，中央控制器将根据紧急呼叫需要提供话务信道，分配给紧急呼叫用户；紧急呼叫用户争用此信道，直到紧急用户释放发话键。

（2）队首式：紧急呼叫发出而又无空闲信道时，这个紧急用户将被排在队首，一旦有空闲就分配信道给紧急用户使用。

5. 限时通话。为了保证信道有效利用，缩短用户等待时间，对用户的通信时间进行限制，限时时间由系统控制中心设定。

（二）可任选功能

1. 新近用户优先。该功能是为了向那些刚刚脱离语音信道的用户提供信道，以便重返系统完成通话以保证话务量忙时的通话完整性，而优先于其他有相同优先等级而未入网的用户得到信道。一般情况下，当用户释放信道 10s 后不再使用，则此新近优先状态结束。另外，新近用户优先数应限制，以防止少数用户组（群）垄断系统。

2. 动态重组。组呼的设置是通过对用户台编程来实现的，因此，用户台配发后，就很难再对其重新进行编程。若需对某些用户进行重新编组，就需要动态重组技术。动态重组就是能够随时对用户动态地进行重新编组，可以把某些单个用户重新编成一个大组。动态重组一般是操作员通过管理终端输入指令，由中央控制器通过控制信道或语音信道发布指令，移动台用户收到指令后自动改变设置；也有的系统是通过动态重组终端来完成的。

3. 位置登记及漫游。多区网或区域网等联网工作时，用户可在大网内进行位置登记和漫游。

4. 连续信道指配更新。一旦一个语音信道分配给一个通话组使用，只要该组仍在使用该信道，控制信道就一直发送信道分配信息。个别成员（因正与别的用户通话，或因干扰未能接收到呼叫信令，或因刚刚开机）未能及时进入本组通话时，可在控制信道收到连续分配信令，而进入本组的通信。这就保证了移动台正确地直接进入到正确的信道，以便加入到本组其他成员的通话中。

5. 误导移动台保护。由于在分配的语音信道上转发器发出一串包含使用该信道的用户的识别码，因而可以保证使意外误导到该语音信道上的用户因收不到正确的识别码，而会自动退回到信令信道上去，从而保证了在该信道用户通话的私密性。

6. 遥毙。可消除由丢失或可能落入他人被窃的移动台所引起的潜在危险，并能防止非法用户进入系统工作。系统一般通过中央控制器定时或不定时地发送控制信令来“遥毙”某移动台；也可以在用户发起呼叫时，系统通过核对用户档案来“遥毙”该移动台。

“遥毙”的方式一般分为两种。其中一种相当于“禁用”，只是对移动台的使用进行限制并不破坏移动台的程序；另一种可称为真正的“毙掉”，是把移动台的程序清除。

7. 系统容错。系统容错是为了保证系统高度可靠地运行而采用的技术。它包括中央控制器热备份、备用控制信道、分散控制和故障弱化等。

(1) 中央控制器热备份。如果中央控制器出现故障，系统将不能正常工作，语音交换将不能进行。中央控制器热备份能够保证在中央控制器出现故障时，能自动切换到备用的中央控制器上工作，使得系统能正常运行，并且保持原有功能。

采用热备份的优点是可以保证在中央控制器出现故障时，能迅速地切换到备份控制器上，而冷备份须人工切换；热备份的备份控制器与主控器之间的数据在实时交换，使得备份控制器与主用控制器之间的系统数据、用户数据保持一致。主用控制器与备份控制器可以设置为定时轮流工作，如每个两周自动切换一次，或设置为在主用控制器出现故障时，自动切换到备份控制器。

(2) 备用控制信道。这是集中式控制方式系统普遍采用的技术。采用此项技术的系统所有或大部分的语音信道均可以作为控制信道。在控制信道出现故障时，系统会自动指定某一条语音信道作为控制信道。这样就可以避免因为某一控制信道的故障而造成整个系统的瘫痪，在更换控制信道后，移动台能够自动识别新的控制信道。控制信道的选用也可以实行定时轮换的方式，这样也可以保证信道不会因为长期作为控制信道，设备温度过高而老化得快些。

(3) 故障弱化。此是指当系统中央交换控制设备或中央交换控制设备与基站的连接中断时，系统将进入降级模式运营。在此情况下，将仍能保证调度的通话需求，但部分用户通话的私密性将不能实现，而且，这时无线调度台将都不能使用，只有降级模式备用调度台才能使用，承担所有的调度功能；或者通过移动台的设置，使得在降级模式下，该用户承担某一组的临时调度功能。

三、系统维护管理功能

(一) 主要功能

1. 修改运行参数。可根据业务需要，修改运行参数，如增加或删除用户、用户分组、用户限时参数、优先级别和接续权限等。

2. 统计功能。主要统计每一信道的话务量、每条中继线话务量、系统内不同组（群）用户的话务量等。

3. 监视信道忙闲状态。可通过操作终端显示出系统内各信道的忙闲。

4. 基站无人值守。

5. 系统自我诊断。包括周期性地检验控制器的运行情况、周期性地检验基站收发信机及接口的运行情况和周期性地检验供电状况等。若有故障，则在系统管理终端上有声、光告警信号，同时还可把故障显示打印记录下来。

（二）可任选功能

1. 通话记录和计费。对于城市轨道交通公司来说，计费功能可不考虑。

2. 发射机故障关闭。当发射机输出功率降低到某一电平，系统将自动切断该信道，避免用户使用带有故障的发射机工作。

3. 接收机干扰关闭。当控制器检测到某信道接收的不是该系统成员发出的，载频超过一个特定时间后，该信道将被关闭以免受干扰，直到干扰消除。

4. 多区联网功能

（1）具有单区网扩展为多区网的能力；

（2）具有自动搜索信令信道的能力；

（3）多区信令信道的管理。可采用多区同频信令信道，也可异频信令信道；

（4）多区动态使用信道。根据不同业务状况，可进行动态分配，调节后备信道的使用；

（5）多区业务管理，包括区间漫游话务量统计及计费等。

总之，无线集群通信系统的功能视不同公司生产的系统而定，有的公司的系统功能齐全一些，有的少一些。集中控制式的系统功能也比分散式控制方式的系统功能多一些。而有些功能也不一定都需具备，但是一些基本的功能则是每个集群通信系统一定要具备的。

第五节　集群和控制方式

一、集群方式

集群通信系统的集群方式根据信道不同，分配方式分为消息集群、传输集群、准传输集群几种。

（一）消息集群

消息集群也称信息集群，是指在通话期间 ，控制系统始终给用户分配一条固定的无线信道。从移动用户最后一次讲话完毕松开 PTT 开关开始，系统将等待 6 ~ 10s 的“信道保留时间”后“脱网”，才能完成消息集群，若在这段保留时间内，原来的通话用户再次按 PTT 开关要继续通话，则双方仍然在该信道上通话，即保持原来的信道分配；若超过 6 ~ 10s 的“信道保留时间”，则可将该信道分配给别的通话对使用。

可见消息集群在传输期间，若没有消息传输时仍占用此信道，并在每个消息结束后 6 ~ 10s 超时内，信道仍被原通话双方所占用。它和常规的多信道移动通信系统基本是一样的，只是最后有一个 6 ~ 10s 的“信道保留时间”，这是由系统控制的。常规的移动通信系统则没有这个规定，只要双方通话完毕松开 PTT 开关挂机，信道就撤消并可分配给其他通话对使用。可见消息集群方式的无线信道未被充分利用，效率较低，“信道保留时间”的“停顿”时间是浪费的，而“信道保留时间”也不是一定需要那么长。从这点来看，目前许多大区制多信道系统都自称为集群通信系统，就是认为符合消息集群方式的，实际上和消息集群还是有一些区别的。所以消息集群不是信道动态分配方式而是按需分配方式。

（二）传输集群

传输集群也称发射集群，是指甲乙双方用户在单工或半双工工作时，甲用户按下 PTT 开关，就占用一个空闲信道工作。当甲用户第一个消息发送完毕松开 PTT 开关时，就有一个“传输完毕”的信令送到基地台的控制器，这个信令可以用来指示该信道可以再分配给其他用户使用。因而，在这种方式集群的工作中，不会出现由于通话暂停而仍然暂时占用信道浪费信道现象，从而提高了信道利用率。所以采用传输集群方式，信道是动态分配的。通话双方每次按下 PTT 开关所分配到的通话信道是随机的，没有一定的规律，这样每一次完整的通话双方都要分几次在几个不同的信道上完成，因此传输集群还具有一定的私密性。但传输集群在每次通话结束后，即 PTT 开关一松开，原分配的信道就丢失而被分配给其他用户占用。因此，若某一个完整通话未讲完，如需要补充或进一步表达意思，则需重新寻找新的信道，而不可能在原来信道上完成，导致通话不完整，这是它的缺点。

传输集群在与消息集群相同的消息传输的时间内，前者平均为 4s，而后者为 20s 左右。所以传输集群是消息集群的 1/5～1/6，这样无效发射时间大大减少，因为它没有停顿和“信道保留时间”。

通常在集群通信系统中，有一条信道变成可再分配时，就按先来先服务的原则分配给排队的用户；而用户等待一条信道的平均时间，传输集群为消息集群的 1/5～1/6，显然效率也提高了。

（三）准传输集群

准传输集群也称准发射集群，是相对于传输集群而言的。它是为克服传输集群的缺点而改进的。准传输集群兼顾消息集群和传输集群的优点，它缩短了“信道保留时间”而增加了用户每次发话完毕松开 PTT 开关后的时间，具有短的“信道保留时间”（约 0.5～6s），而不会使消息中断。这种准传输集群方式最早是由 MOTOROLA 公司使用的，后由美国大量使用。准传输集群通信系统的经验说明了它的实用性。当然准传输集群的信道利用率比传输集群要低一些，低多少要视允许信道保留时间来定，在 MOTOROLA 的 800MHz 集群通信系统中的信道保留时间可根据用户需要在 0.5～6s 内调整。

准传输集群是考虑到传输集群通信系统在“高峰”话务量时（即业务量大时），信道负荷相当大而提出的。传输集群方式存在着用户消息延迟的可能性，因为每句话（松开 PTT 开关前）都需一个信道，在话务量大时就有可能说下一句话需获得信道而导致延迟一些时间。而这些时延是讨厌的，它会引起消息中断和不连续。如果双方继续按下 PTT 开关而仍可保持在原信道上通话，若超过保留时间（0.5～6s）双方未按 PTT 开关，则此信道才真正释放，供别的用户使用。这种方式称准传输集群方式。

二、控制方式

集群通信系统的信道控制有集中式（也称专用信道控制方式）和分散式控制方式（也称分布式控制方式）。

不论什么控制方式，都能使集群的通话需要更换多次通话信道，但用户自己并无明显的感觉，这是系统内由负责控制任务的硬件和软件配合来实现这些功能的。

对于较小集群系统来讲，为提高信道利用率，一般采用分散式控制信道方式；对于较大系统来说，由于信令联络时间更显得重要，故采用专用信道控制方式。

（一）集中式控制信道方式

集中式控制信道方式是一种采用一条专用信道作控制信道，并由集群通信系统的中央控制器集中控制和管理系统内的所有信道的方式。

集中式控制信道方式的优点大致有下面几点：

1. 接续快。无需信道扫描，可采用快速信令（9600b/s），因而建立呼叫速度快，入网接续时间短。

2. 功能设置相对较多。除专用调度功能外，还可以完成紧急呼叫，短数据传输，动态重组。防盗选择和移动台禁用等。

3. 连续分配信息更新，提高通信的可靠性。

4. 遇忙排队，自动回叫等。

但采用这种控制方式，用户所有入网的接续必须通过专用控制信道来完成，会有“碰撞”问题，因为它将会发生两个或两个以上的移动用户在同一瞬间发送信令而引起争用信道。解决方式有两种，一种是采用“定时询问”的办法，即在此系统对每个移动台都分配一个专用时隙；另一种采用竞争体制，即 ALOHA 方式或时隙 ALOHA 入网控制技术方式，通常都采用动态帧长控制时隙 ALOHA 方式。

ALOHA 方式必须有一条信道用来作控制信令信道（当然这样会造成语音信道减少）。为了防止专用控制信道发生故障造成整个系统无法运行，可选择几个信道轮流作专用控制信道，定期自动轮换一次，可主要由系统控制器来控制。系统控制器定时查询正在工作的专用控制信道，若有故障则自动转换到下一个作控制信道的信道上去。

（二）分散式控制信道方式

分散式控制信道方式的集群通信系统中的基地台的每个转发器都有一个单独的智能控制器负责信道控制和信号转发。各转发器之间的信息交换是通过一条高速数据总线进行的。移动台可在任何空闲信道上实现接入操作。

在这种系统中，移动台可预先获得可用信道，无需扫描，因而时间短。另外，由于每个信道独立完成信令交换，可在任何空闲信道上实现接入系统的操作，从而减少系统的交换负荷，提高可靠性。因此其最大优点是可以发挥系统的最大效率。

分散式控制方式中的控制过程和集中控制方式系统的过程是相通的，只是硬件结构相对分散了，把控制功能的实现分散在各个信道设备之中，即信道转发器之中，但数据信令由集中于一个控制信道变成分布于各个信道中，信令由低速和高速的混合信令变成纯低速信令，而这恰好是分布处理控制的一个缺点。另一个问题是分散式控制方式系统的系统功能将要少一些，它不如集中式控制方式容易实现一些特殊的功能，如动态重组等功能就不易实现。

总之两种控制方式各有优缺点，也各有侧重使用的场合。集中式控制方式系统功能齐全，便于自动化管理和便于处理特殊功能，也便于将基本系统联结成大的区域网，因而适宜建大中容量的多基站网。分散式控制方式的系统则系统设备简单、成本低，适宜于中小容量的单区通信网。

第六节　集群系统的信道指配和控制

一、多信道技术

为了提高无线信道的利用率和通信服务质量，配置在某一范围内的若干个无线信道，都能供该范围内所有移动用户选择和使用任意一个空闲信道，叫做多信道共用，也称多信道选址。

多信道共用技术在移动通信系统中可以明显地提高无线信道的利用率或改善通信质量，即多信道共用会使在同样多的无线用户情况下，通话的呼损率明显下降，或者说在相同的呼损率时，无线用户数明显增加。

多信道共用技术虽然可以充分发挥无线信道的作用，提高无线信道的利用率，但是多信道共用耐过载能力却变差了，尤其在共用信道数量较大时，更为严重。

当实际话务量超过设计额定值时就称为过载。虽然大量统计可以得出一个具有普遍性的通信网的日话务量和忙时话务量的曲线。然而，实际话务量将因时、因事而异，具有很大的波动性、随机性、突发性，比较难预测。因此，移动通信系统会发生过载现象，尤其是话务量和信道数设计不合理时更容易发生，所以希望所设计的系统应该具有较高的利用率和具有较强的耐过载能力。但是，当信道利用率越高，没有被利用的话务量越小，则耐过载能力也就越小，然而，对多信道共用技术来说，共用信道数越大，每个信道的利用率就越高，因此可以得出一个结论，即高利用率、大容量的多信道共用技术的耐过载的能力较低，一旦话务量出现瞬时过载，呼损的幅度就明显增长，系统的服务质量也随之下降。所以，不提倡采用信道数过多的大系统，而建议采用一个大区划分成几个小区的方案。但对于城市轨道交通应用来说，实际话务量较低，多信道技术更能发挥系统资源共享作用。

二、集群系统的信道指配

信道指配原则是指几个信道成为一个共用信道组工作时应具备的条件，而信道指配模式则是信道组与服务区的隶属关系。

信道指配原则有两条最根本的要求，一是被指配的几个共用信道所占用的总带宽最小；二是被指配的几个共用信道受到的干扰最小。

一个单位服务区（一个发射无线所覆盖的无线服务区）需配置几个信道应具备以下一些要求：

1. 被配置的几个信道无同频干扰；

2. 被配置的几个信道无三阶互调，最好无五阶互调；

3. 被配置的几个信道无邻道干扰；

4. 被配置的几个信道中，任何两个相邻频率间具有足够的频率间隔，以防多重耦合；

5. 被配置的几个信道所占的总带宽最小。

如果在同一地区所用的通信系统中存在同频段的发射频率，则还必须考虑系统间的干扰问题。

信道指配模式，大体上可分为固定信道指配模式、动态信道指配模式和混合信道指配模式三种。

1. 固定信道指配模式

若一个移动通信系统含有若干个单位服务区，当将某一信道组指配给某一个单位服务区后，该信道组就永久地隶属这个单位服务区。这种信道组与单位服务区之间具有固定不变的隶属关系，即单位服务区之间不允许“互通有无”，不允许借用空闲信道的模式，叫做固定信道指配模式。

2. 动态信道指配模式

动态信道指配是指信道组与单位服务区之间没有固定的隶属关系，只要满足通信要求，系统中的任何一个信道都可以为系统中任何一个移动用户服务。这种模式只受信道本身的质量所制约，选择信道的原则有最先使用原则、均方法、最近距离原则、最近+1原则。动态信道指配能提高信道利用率和呼叫成功率，但此优点是以系统的复杂性为代价的。

3. 混合信道指配模式

混合信道指配模式是将固定信道指配与动态信道指配混合使用的模式。这种模式是将系统的总信道分为A和B两组，假定A为固定信道指配，B为动态信道指配，则按固定模式将A组信道指配到各个单位服务区，而B组信道为系统中各基地站所共用。

集群通信系统通常采用固定信道指配模式。

第七节 用户组别配置和转换

因为无线集群调度系统在为运营行车和维修作业提供调度指挥的功能时，主要是通过组呼来实现的，所以用户组别的配置是否合理和转换是否顺利将影响到调度指挥的有效性和及时性。对于数字集群无线通信系统，其组呼功能非常强大，下面将以此为例进行说明。

一、城市轨道交通集群系统用户组别配置

集群通信系统在城市轨道交通应用中的用户主要有正线运营列车车载电台、车厂列车车载电台、车站电台、车站人员手持电台、车厂人员手持电台、工程车司机手持电台、维修人员手持电台、环控人员手持电台、保安人员手持电台，它们分属于行车调度台、车厂调度台、维修调度台、环控调度台、保安调度台等五个调度台。其中行车调度台应有正线运营列车车载电台、车站台、车站人员手持电台、工程车司机手持电台等用户；车厂组有车厂列车车载电台、车厂人员手持电台、工程车司机手持电台等用户，维修组有维修人员手持电台用户；环控组有环控人员手持电台用户；保安组有保安人员手持电台用户。这些用户的配置是针对各个调度的调度指挥的对象类别来定义的，只定义了调度台下属用户的类别，实际上调度与这些用户的通信是通过选呼这些用户的组别来实现的。

（一）五个调度台的通信对象的用户组别具体配置

1. 行车调度台可分为正线运营列车组、站长组、车站组、工程车组、行车安全组，其中正线运营列车组包括所有在正线的列车车载电台；站长组包括所有的车站电台；车站组由各车站的车站电台和本站车站人员手持电台组成各车站组；工程车组包括所有的工程车司机手持电台；行车安全组包括车长手持电台、列车备用手持电台和安全人员手持电台。正线运营列车组又可分为上行列车小组和下行列车小组。站长组又可以分为所有连锁站小组、各连锁站区间小组、各大闭塞区间小组。车站组又可以合成所有连锁站小组、各连锁站区间小组、各大闭塞区间小组。

2. 车厂调度台可分为车厂列车组、车厂管理组和车厂维修组，其中车厂列车组包括所有在车厂的列车车载电台；车厂管理组包括所有车厂管理人员手持电台；车厂维修组包括所有车厂维修人员手持电台。车厂管理组可再分为车务部车厂管理小组和车辆部管理小组。车厂维修组可根据各维修单位不同，继续分为各维修小组，例如车厂信号小组、车厂

线路检修小组、车厂接触网检修小组、车辆检修小组。

3. 维修调度台可分为设备抢修组、维修管理组、通号、机电、工建、供电等专业维修部门组。设备抢修组由公司安全部门为大组，下分维修工程部和车辆部两小组。其他具体分组和分组下的小组应根据各运营部门实际组织维修架构而定。

4. 环控调度台可按正线区段分组为所有连锁站小组、各连锁站区间小组、各大闭塞区间小组，也可根据集中供冷功能的需要按供冷区段分组。

5. 保安调度台根据保安工作的需要可分为巡查小组和紧急事故处理小组，也可按线路区段分组为所有连锁站小组、各连锁站区间小组、各大闭塞区间小组和车厂小组。

以上各调度台下属各小组及用户可根据临时工作需要，由维修调度临时派接为一组，临时工作完成后，再由维修调度取消。以上分组中车站电台和手持电台的分组都是依靠无线集群系统设备来控制分配，而列车车载电台分为正线列车组和车厂列车组，均是依靠信号自动列车监控子系统（ATS）传输给无线集群系统的控制信息来控制分组。

(二) 从调度台和各种用户的无线通信功能需求来考虑的各用户组别配置及其功能

1. 车载电台

(1) 每个车载电台设为一组，每列车的两个车体编在一起。

(2) 行车调度台全呼正线列车组可有两种方式的组别，第一种为 ATS 正常时，行调使用调度台用全呼功能键实现全呼；第二种为 ATS 不正常时使用，通过设置一个正线全呼组在行调台和每个车载电台上，并把这组定义在正线区域的基站为有效站点，车辆段基站为无效站点。

(3) 行车调度台群呼正线上行列车组，通过设置一个正线上行群呼组在行调台和每个上行车头的车载电台上，并把这组定义在正线区域的基站为有效站点，车辆段基站为无效站点。行车调度台群呼正线下行列车组，通过设置一个正线下行群呼组在行调台和每个下行车头的车载电台上，并把这组定义在正线区域的基站为有效站点，车辆段基站为无效站点。

(4) 车厂调度台全呼车辆段列车组有两种方式的组别，第一种为 ATS 正常时，车厂调度使用调度台派接功能区的全呼功能键实现全呼；第二种为 ATS 不正常时使用，通过设置一个车辆段全呼组在车厂调度台和每个车载电台上，并把这组定义在车辆段基站为有效站点，正线区域的基站为无效站点。

(5) 行车调度台或车厂调度台群呼部分列车，通过调度台的派接功能，临时把部分列车编在一组。

(6) 车载电台与车站电台之间的呼叫通过组呼实现，系统按基站来设置对应组。

2. 车站电台

每个车站电台设置为一个单独的组。

每个车站电台设置一个本站组，同时本站的所有手持电台都设置于此组。

所有的车站电台和行车调度台设置一个车站电台全呼组。

所有连锁站的车站电台设置一个组。

车站电台与所有车载电台设置一个组。

车站电台设置一个站务环控内部组。

群呼部分车站电台，通过调度台的派接功能，临时把部分车站电台编在一组，调度台可通过此派接组发起群呼。

3. 手持电台

手持电台用户分组情况见表4-1。

手持电台用户分组情况表 **表4-1**

序号	组　　名	用户1	用　户　2	用户3
1	行调全呼正线列车	行车调度台	车载电台	
2	行调全呼所有车站	行车调度台	车站电台	
3	车厂调度台全呼车辆段列车	车厂调度台	车载电台	
4	正线上行列车全呼	行车调度台	车载电台	
5	正线下行列车全呼	行车调度台	车载电台	
6	调度台与车载通话组	行车调度台	车载电台	车厂调度台
7	车载与车站通话组	车载电台	车站电台	手持电台
8	车站与调度台通话组	行车调度台	车站电台	手持电台
9	车站本站站务通话组	车站电台	手持电台	
10	调度台与连锁站通话组	行车调度台	车站电台	
11	车站与维修人员通话组	车站电台	手持电台	
12	后备模式与车站通话组	车载电台	车站电台	手持电台
13	各专业内部通话组	手持电台		
14	各专业通播组	手持电台		
15	维调各专业通话组	维修调度台	手持电台	
16	维调部门通播组	维修调度台	手持电台	手持电台
17	车厂调度台各专业通话组	车厂调度台	手持电台	
18	临时工作组	所有手持机		
19	行调抢修调度台组	行车调度台	手持电台	
20	车厂调度台抢修调度台组	车厂调度台	手持电台	
21	维调抢修调度台组	维修调度台	手持电台	
22	站务环控内部组	手持电台		
23	站务环控内部组	手持电台		
24	环控通播组	环控调度台	手持电台	
25	环调站务通话组	环控调度台	手持电台	
26	环控操作车站组	车站电台	手持电台	
27	环调全呼通播组	环控调度台	手持电台	
28	车辆部门内部通话组	手持电台		
29	车辆部通播组	手持电台		
30	行调车辆检修通话组	行车调度台	手持电台	
31	车厂调度台车辆检修通话组	车厂调度台	车辆检修手持电台	
32	乘务内部通话组	手持电台		
33	行调与列车手机通话组	行车调度台	手持电台	

续表

序号	组　　名	用户 1	用　户　2	用户 3
34	行调全呼正线列车手机	行车调度台	车务乘务室手持电台	
35	车厂调度台全呼车辆段列车手机	车厂调度台	手持电台	
36	行调工程车通话组	行车调度台	手持电台	
37	车厂调度台工程车通话组	车厂调度台	手持电台	
38	站务工作组	手持电台		
39	站务事故处理组	手持电台		
40	站务通播组	手持电台		
41	列车广播组	行车调度台	车厂调度台	车载电台

无线集群通信系统用户的分组方式可按照运营和维修组织架构和方式来决定。运营和维修组织架构和方式如变动，其无线通信用户的分组也将变动。总之，所有的分组都是为了运营组织和维修组织更加有序、更加方便、更加直接有效而设置的。

二、用户组别的转换

用户组别的转换有两种方式：一种是手动转换，用户通过操作电台，手工选择要通信的组别；第二种是列车车载电台随着列车进出车厂而在行车调度台与车厂调度台之间转换。手工转组的实现方法因各厂家的产品不同而有不同的操作方法，在这里就不介绍了，下面仅就第二种组别的转换方式做一介绍。

城市轨道交通集群通信系统中把列车车载电台分为正线运营列车车载电台和车厂列车车载电台，分属于行车调度台和车厂调度台。任一列车车载电台要么属于行车调度台，要么属于车厂调度台，即在正线的列车车载电台只能呼叫行车调度也只能被行车调度呼叫，在车厂的列车车载电台只能呼叫车厂调度也只能被车厂调度呼叫。这样列车通过车厂与正线的分界点进入正线的瞬间，列车车载电台必须从车厂调度台转换到行车调度台，此时对列车的调度指挥权也由车厂调度转移给行车调度，即该车载电台应立即从车辆段调度台中删除，并加入到正线行调台中。反之，当列车由正线进入车辆段时，该车载电台应立即从正线行调台中删除，并加入到车辆段调度台中。

（一）自动转组

当列车在进出正线与车辆段之间时，列车车载电台在行车调度台与车厂调度台之间转换，其目的是实现调度对列车的指挥权的移交，所以车载电台的转换必须与为行车指挥服务的信号系统 ATS 系统保持一致。列车在进出正线与车辆段时，通过正线与车辆段的转换轨的同时，信号 ATS 系统发送信息给无线集群通信系统，实现自动触发车载电台的动态转组。

当无线集群通信系统收到从信号 ATS 发送过来的列车由车辆段进入正线的信息时，无线集群通信系统的服务器将处理和记录该信息，实现列车车载电台从车厂调度台转换到行车调度台。这时在行车调度台的列车短消息信息列表中会显示“添加列车”，而在车厂调度台的列车短消息信息列表中会显示“删除列车”。与此同时在行车调度台上的列车列表中显示该列车的车身号码，而在车厂调度台上的列车列表中则找不到该列车车身号码。

当无线集群通信系统收到从信号 ATS 发送过来的列车由正线进入车辆段的信息时，无线集群通信系统的服务器将处理和记录该信息，实现列车车载电台从行车调度台转换到车厂调度台。这时车厂调度台的列车短消息信息列表中会显示“添加列车”，而在行车调度台的列车短消息信息列表中会显示“删除列车”。与此同时在行车调度台上的列车列表中找不到该列车的车身号码，而在车厂调度台上的列车列表中则显示该列车车身号码。

（二）调度人工转组

为了保证列车的调度指挥权的正确移交，防止信号 ATS 系统向无线集群通信系统发送信息不正常或发送错误信息，必须在设计系统功能中增加调度人工转组的功能。调度人工转组与自动转组无优先级别的限定，可相互修改。调度人工转组分为调度主动转组和司机请求转组两种情况。

1. 调度主动转组

当调度发现列车当前运行位置与列车车身号码在调度台列车列表中的显示不对应时，通过在调度台上操作，把已离开自身管辖范围的列车的车载电台进行转组，即车厂调度台把离开车辆段进入正线的列车的车载电台转组到行车调度台，行车调度台把离开正线进入车辆段的列车的车载电台转组到车厂调度台。

2. 司机请求转组

当司机发现车载电台上的组别显示错误时，即列车在正线管辖范围而车载电台显示在车辆段，或列车在车辆段管辖范围而车载电台显示在正线，可以通过操作车载电台向调度台发出请求转组的信息，这样当前显示该列车车载电台的调度台将收到该请求转组信息，由使用该调度台的调度进行人工转组。例如列车在正线运营时，如果信号 ATS 系统发送一个列车由正线进入车辆段的错误信息，该列车的车载电台将由行车调度台转组到车厂调度台，该车载电台显示在车辆段，而司机可以明显地判断列车在正线，此时司机就必须发出请求转组的信息，由车厂调度将该车载电台人工转组到该列车正确位置的行车调度台，司机也可以发现车载电台显示从车辆段改变为正线。

第八节　无线集群调度系统的运行方式

根据城市轨道交通运营需要，无线集群调度系统可采取如下的运行方式。

各调度欲呼叫下属某一用户，只需在调度台人机界面上选中该移动台的名称，系统通过 CAD 服务器可以将它转变为系统的无线标识号，经中央控制设备处理后传输到用户注册的基站，经漏缆和天线发射出去，移动台接收到控制信号后进行比较，如证实是呼叫自己，则接通振铃，用户按压通话键即可建立通话，此即个别呼叫，也叫私密呼叫。调度发出组呼亦如此。

移动台欲与调度通话，一种方式是向调度发出呼叫请求的短信息，调度收到此短信息再回叫该用户，操作跟前面所述一致；另一种方式是移动台私密呼叫调度台。

手持电台之间组呼可有三种方式。第一种是本组内的组呼，只需把移动台的组选择旋钮保持在本组组号旋钮位，按 PTT 键即可通话；第二种是呼叫另一组用户，则需把组选择旋钮调到对方组号旋钮位，按 PTT 键即可通话，实现此种通话的前提是本机应先设置对方组号；第三种是保持在本组号旋钮，可监视到对方在扫描功能的呼叫，前提是应先设置扫描功能。

移动台单呼另一移动台，如果两移动台拥有私密通信的权限，则拨出对方ID号或预编好的对方名称发出呼叫都可呼叫对方。

车载电台呼叫车站（车站台或车站内手持电台）可采取三种方式。第一种是把车载电台的组选择旋钮调到要呼叫的车站组按PTT通话即可；第二种是车载电台私密呼叫车站台；第三种是把所有车站台设于同一组中，所有车载电台设置此组号，不需呼叫车站时车载电台调到自身组中，需呼叫车站时调到这一组中。最后这种方式会造成车载电台把所有车站台都呼叫到，从而影响到无关系的车站工作。

车站(车站台或车站手持电台）呼叫车载电台采用两种方式。第一种是把所有车载电台设于同一组中，所有车站台和手持电台设置此组号，不需呼叫车载时调到本站组中，需呼叫车站时调到这一组中，这种方式会造成把所有车载电台都呼叫到，影响无关系的车运行。第二种是车载电台设优先监视功能，所有车载电台都统一设一个扫描功能，而且在车站台或手持电台设此组号，当车站需呼叫列车时先选择此组旋钮，按PTT呼叫，车载电台监视到呼叫后退出当前的呼叫转向扫描功能接受呼叫，此种方式因扫描功能只在该站点的所有业务信道上发送，所以只影响到本基站内的列车，是城市轨道交通中应用的好方式。

第九节　设备维护与故障处理

一、无线集群调度系统的维修组织

（一）人员安排

为了保证系统的正常运行，及时发现故障隐患和及时排除故障，须在中央控制中心（OCC）机房及车辆段均设有无线维护人员值班岗位。在OCC通信设备房的值班人员主要负责监控中央控制单元系统设备的运行状态，维护终端显示各站设备的工作状态，进行基站及OCC无线设备的日检、月检，以及处理OCC无线调度台的故障等。OCC通信设备房无线值班人员负责的是系统的关键重点设备，要求值班人员具有较为全面的系统知识，有较为熟练的故障处理能力，一般要求在中级工水平以上人员。

由于受列车运行过程中振动的影响，可能会因此造成无线机车台连线的松动而影响到通话的质量，因此车辆段的值班人员在每个晚上所有列车回库后，将对当天上正线运行车辆的无线机车台的性能及各连接线的连接情况进行检查及紧固。

除日常值班人员之外，还必须有做日常检修的人员，加上工班长等，一条20km左右的线路总共大约需要11名维护人员。

（二）故障处理程序

通信无线设备发生故障，有关值班及维修人员应及时准确地作出判断（判明故障位置、故障原因等），按照“先通后复”的原则，积极组织修复，缩短故障时间，把故障影响控制在最小范围内。如果通信故障影响到调度的必保设备，电路必须采取倒换、代替、迂回等应急措施，以减少影响程度。

当无线值班人员接到设备的故障后，应作出是否影响行车或将会影响行车的判断，并向上级报告，如果故障不影响行车，直接由值班人员负责处理，处理完后将处理情况向上一级指挥人员（车间轮值工程师）报告。如果影响或将会影响行车，值班人员要先初步判断赶到现场10min之内能否处理，是否需要支援，并报车间轮值工程师。如判断不清，则立即赶赴现场判断10min之内能否处理，是否需要支援，并报车间轮值工程师。如果10min之内处理不了，需要支援，则要当即向车间轮值工程师提出。如果值班人员认为自己可以很快处理，但到现场后10min之内处理不了，要立即向车间轮值工程师报告，并请求相关的工班长或更高级别的人员来处理。

（三）工器具、备件

要及时高效处理无线系统的故障，备品备件充足，工器具准备齐全是重要保障。无线系统的关键重点、易发故障设备需准备充足备件，且最好存放在离设备房不远，存放条件较好的地方。对于无线机车台、车站台、手持电台等容易损坏的用户设备必须有较多的备用机，数量最好在使用机总数的10%以上。

二、无线集群调度设备的检修周期与工作内容

无线集群调度设备的修程分为“日常保养”（一级维修）、“二级保养”（二级维修）、“小修”（三级维修）、“中修”（四级维修）、“大修”（五级维修）和“预防性试验与测试”（试验）、“故障维修”（故障处理）。

主要设备检修周期与工作内容（以NOKIA ACTION系统为例）见表4-2。

主要设备检修周期与工作内容（NOKIA ACTION系统）　　**表4-2**

序号	设　备	修　程	检修工作内容	周　　期
1	机车电台	日常保养	电台各项功能是否正常	每天
		二级保养	1. 同日常保养内容； 2. 机车电台、控制头、话筒、扬声器的清洁； 3. 检查车顶天线以及各连接线是否安装稳固	每月
		小　修	1. 同二级保养内容； 2. 检查电台各部件外壳是否可靠稳固、无损坏，电缆连接正确牢固； 3. 机车电台各部件功能完整； 4. 技术参数测试［20A对地电阻、发射功率、接收灵敏度、天线电压驻波比（VSWR）］； 5. 更换故障模块	每半年 必要时
		中　修	1. 同小修内容； 2. 对小修测试参数不合格的电台进行替换维修； 3. 对所有电台进行一次全面测试和检修	每五年
2	车站台	二级保养	1. 所有电源线的安全连接检查； 2. 按开机程序检查车站台开机状态的一系列显示； 3. 清洁车站台	每　月
		小　修	1. 同二级保养内容； 2. 电源输出电压测试； 3. 车站台技术参数测试； 4. 更换故障模块	每　年 必要时
		中　修	1. 同小修内容； 2. 对小修测试参数不合格的电台进行替换维修	每四年

续表

序号	设 备	修 程	检修工作内容	周 期
3	手 机	小 修	手机技术参数测试	每 年
4	基 站	日常保养	检查各模块状态指示灯是否正常	每 天
		二级保养	1. 同日常保养内容； 2. 风扇检查； 3. 检查基站接口单元（BSIU）中主备用激光器的切换； 4. 清洁部件	每 月
		小 修	1. 同二级保养内容； 2. 检查设备机架所有连接和接口； 3. 清洁保养风扇； 4. 测试每一个基站收发器（BSR）的接收灵敏度和信纳比； 5. 测试 BSR 的静噪门限； 6. 测试 BSR 的输出功率； 7. 测试电源模块的输出电压； 8. 测试备用 BSR 的性能及终端；	每 年
			9. 更换故障模块	必要时
		中 修	1. 同小修内容； 2. 拆卸各模块进行彻底清洁； 3. 拆开接头检查内部连接情况并更换不良部件； 4. 地线检查及测试	每5年
5	主交换机及录音机	日常保养	1. 检查主交换机状态指示灯是否正常； 2. 检查录音机状态是否正常	每 天
		二级保养	1. 同日常保养内容； 2. 检查录音机上的当前录音磁带，如有需要则更换磁带； 3. 清洁录音机磁头； 4. 将 OMT 打印机上的记录与 NMS 告警信息进行核对并打印； 5. 检查 MX 上的告警指示灯状态； 6. 清洁机架及各部件外表； 7. 清洁各个终端及调度台； 8. 对系统软件进行备份	每 月
		小 修	1. 同二级保养内容； 2. 检查各调度台及维护终端，集群控制计算机（OPC）的所有连接头及电缆；	每 年
			3. 更换故障模块	必要时
		中 修	1. 同小修内容； 2. 拆开接头检查内部连接情况并更换不良部件； 3. 拆卸各模块进行彻底清洁； 4. 地线检查及测试	每5年

续表

序号	设　备	修　程	检修工作内容	周　期
6	无线电信号分配设备（FOU、RRU、LFI、天线）	二级保养	1. 检查光纤接口单元（FOU）、无线中继单元（RRU）的状态指示灯，判断设备是否正常工作； 2. 检查、清洁电缆及连接头； 3. 清洁光纤接口单元、无线中继单元、漏缆接口单元（LFI）外壳及部件外表； 4. 目测站厅天线有无损坏，并在站厅试呼叫，测试站厅天线； 5. 目测车站台天线有无损坏，并用车站台试呼叫，测试车站台天线； 6. 在楼顶天线等有无损坏，并用手机试呼叫，测试天线功能是否正常	每　月
		小　修	1. 同二级保养内容； 2. 详细检查各天线有无损坏； 3. 详细检查 FOU、RRU、LFI 中的各部件工作状态； 4. 更换故障模块	每半年 必要时
		中　修	1. 同小修内容； 2. 对 FOU、RRU、LFI 内部进行彻底清洁及各连接线整修； 3. 地线检查及测试； 4. 测试基站、FOU、RRU 上、下行线路的功率，根据测试值重新调整 FOU、RRU 的衰减设置值或更换 FOU（或 RRU）有关部件； 5. 测试从 LFI 输出端的功率，根据测试值决定是否需要更换 LFI 部件； 6. 测试各天线覆盖区域的场强，根据测试值决定是否需要更换或维修天线及其部件	每 5 年
7	无线漏缆	小　修	1. 漏缆及漏缆吊夹无松脱； 2. 漏缆及漏缆终端无损伤； 3. 漏缆测试； 4. 重新安装吊夹及紧固漏缆	每半年 必要时
		中　修	1. 同小修内容； 2. 测试隧道内场强及漏缆终端参数； 3. 对漏缆吊夹进行全面整修	每 3 年

三、无线集群调度系统维护及常见故障处理（以 NOKIA ACTIONET 系统为例）

（一）中央设备维护与故障处理

1. 修改用户号码

维护/检修项目	修改用户号码
维护/检修程序	（1）通过移动台编程软件，在移动台上写入新号码。 （2）操作 OMT，屏蔽旧用户号码。 （3）操作 OMT，放置用户新号码。 （4）操作 OPC，修改对应用户的号码

2. 中央控制设备日常巡检

维护/检修项目	中央控制设备日常巡检
维护/检修程序	（1）检查各模块工作状态。 （2）检查 OMT 输出故障打印结果，并记录。 （3）检查 OPC 显示故障，并记录。 （4）检查录音机工作状态，判断是否需更换磁带，如需要则更换

3. 中央控制设备年度检修

维护/检修项目	中央控制设备年度检修
达到标准	系统工作正常、清洁，各接口连接牢固
维护/检修程序	（1）同日常检修全部项目。 （2）清洁 OMT、OPC、OPT 各显示器的灰尘。 （3）清洁 OMT 打印机的灰尘并检查色带状态，如有必要，更换色带。 （4）全面检查各电缆及连接头情况。 （5）交换机数据库备份。 （6）清洁录音机磁头

4. 调度台故障处理

故障名称	调度台故障
故障描述	调度台不能实现与移动台或其他调度台的通话
故障原因	（1）调度台故障；（2）移动台故障；（3）信号分配单元故障
故障处理分析	（1）呼叫该移动台使用区域的其他移动台确定是否该移动台故障。 （2）呼叫其他区域的移动台确定是否是由于该区域信号分配单元故障的原因。 （3）用调度台呼叫其他移动台确定是否是调度台的故障。 （4）分析出故障设备后，参照有关手册作进一步处理

5. 调度台接收呼叫时无提示音

故障名称	调度台接收呼叫时无提示音
故障描述	移动用户呼叫调度台，调度台可收到并显示呼叫信号，但无提示音
故障原因	（1）调度台主机声卡或音频卡接口松；（2）声卡或音频卡坏
故障处理分析	（1）检查调度台声卡及音频卡各接口（包括连接情况及接头内部）有无松动。 （2）进入 WIN NT 播放声音波形文件若干，如果失败则说明声卡坏。 （3）更换声卡或音频卡

6. 调度台以太网故障

故障名称	调度台以太网故障
故障描述	调度台包括所有角色，不能放弃，“ATS 故障”键变红色
故障处理程序	（1）首先查看传输系统通道有无故障，如有，处理传输通道故障。 （2）若属硬件故障，检查以太网各接头及信号收发器状态。如故障在一定区域范围内，可利用排除法查找故障点，即将各 OPT 逐一与 OPC 连接组成单一的以太网，以简化连接方式的办法查找故障点。 （3）若属软件故障，重启 OPC，之后逐一重启各调度台（重启过程中，最好不要使用调度台，以免增加以太网数据传输负担，延迟恢复时间）

7. 更换 CPIU 板槽位操作步骤

故障名称	更换 CPIU 板槽位操作步骤
故障描述	某一 CPIU 板指示灯无显示或显示不正确，某一调度台离线不能联机
故障原因	CPIU 板故障
故障处理程序	(1) 先记下板子原槽位、连接的用户及要更换到的槽位，并对各连线做好标签。更换插槽，连好各连线。 (2) 设置 CPIU 板离线。 (3) 删除当前板子给定的用户号。 (4) 增加 CPIU 板设置，修改有关参数。 (5) 试验双向呼叫，通话，确认设置正确、所有功能正常。 (6) 如录音机是根据槽位来进行连接的，则需对录音机连接线进行重新焊接。 (7) 测试确认系统能正常录音

(二) 无线基站设备维护与故障处理

1. 无线射频收发器 BSR 接收灵敏度测试

维护/检修项目	无线射频收发器 BSR 接收灵敏度测试
达到标准	接收灵敏度 < -107 dBm (20dB 信纳比条件下)
维护/检修程序	(1) 将 LIC 设置成‘LOCAL’状态。 (2) 设置无线测试仪 RTS 参数。 载波频率设为 BSR 的接收频率 (450M 频段) 调制频率 1kHz 频偏 3kHz 电平 -100dBm CCITT 滤波器 不用 (3) 连接 RTS 的‘RF’插孔与 BSR 上的‘RF’插孔。 (4) 消除 LIC 的静噪功能 (将‘SQ OFF’插孔短接)。 (5) 连接 LIC 上的‘MX ’插孔到 RTS 的 AF 输入端。 (6) 从 - 100dBm 起逐步降低 BSR 的信号电平值，直到在 RTS 上得到‘20dB SINAD ±1dB’的读数。 (7) 记录 RTS 的电平值读数，此即为 BSR 的接收灵敏度，正常读数范围应 < -107dBm (即 20dB SINAD)。 (8) 若所得数据有误，则用备用 BSR 替换有问题的 BSR，并将换下的送回厂家处理上述连接情况

2. BSR 静噪门限值测试及调整

维护/检修项目	BSR 输出功率测试及调整
达到标准	把输出功率调整 5W±0.5W
维护/检修程序	(1) 将 LIC 置成‘LOCAL’模式。 (2) 连接 RTS 的‘RF’插孔和 BSR 的‘TX’输出插孔。 (3) 将 LIC 置成‘TX ON’状态。 (4) 通过 BSR 前面板上的‘HIGH ADJ’调节旋钮，将输出电平调至 5W±0.5W。 (5) 将 LIC 置回‘TX OFF’状态，再将 LIC 置成‘Remote’模式。 (6) 检修后确认：利用此信道通话正常

3. 基站电源模块输出电压测试及调整

维护/检修项目	基站电源模块输出电压测试及调整
达到标准	输出电压调整为 +13.5V
维护/检修程序	(1) 将与所测试 PSU 相关的 LIC 置成‘LOCAL’模式。 (2) 用数字万用表测量 PSU 前面板上的测试端子，读数应与额定值相符。 (3) 有一个端子的标准输入应为 +13.5V，若测量结果有偏差，可通过 PSU 前面板上的一个调节旋钮校正。 (4) 将相关的 LIC 置成‘TX ON’状态。再重复上述操作。 (5) 拆线还原，将 LIC 复原。 (6) 检修后确认：基站工作正常

4. 基站某一信道故障

故障名称	基站某一信道故障
故障原因	原因 1：BSR 故障。 原因 2：LIC 故障。 原因 3：从 MX 来的线路故障
故障处理程序	(1) 程序 1 (对应 BRS 故障) 拆下故障 BSR，装上备用 BSR，连接好所有连接线，测试及调整其输出功率及静噪门限值，使其达到标准值（具体操作参照基站日常维护检修项目）； (2) 程序 2 (对应 LIC 故障) 1) 手上带上防静电手环； 2) 拆下故障 LIC 模块； 3) 对照故障 LIC 和系统图纸，通过设置 DIP 开关 S2 设置 MBUS 地址，通过设置 DIP 开关 S1 和 S3 设置本地模式下的信道编号； 4) 设置来自 MX 的信号电平； 5) 设置到 BSR 的输出信号电平 (3) 程序 3 (对应线路故障) 1) 检查传输系统，用于无线系统的 4 线语音卡有无报警，如果有故障，则要求其及时维修； 2) 如果 4 线语音卡无告警，检查 MX 到 OCC 的 OTN 的配线架及基站所在车站 OTN 配线架到基站的线路是否有中断，发现损坏线路并更换

5. 光接收模块故障

故障名称	光接收模块故障
故障描述	在某站两边的隧道内及某站内，调度不能听到移动用户的声音，而移动用户可听到调度的声音，基站接口单元的光接收模块（对应该站的）故障报警，OMT 打印光设备故障
故障原因	BSIU 中对应该站的光接收模块故障
故障处理程序	(1) 关掉该站 FOU 电源； (2) 更换基站接口单元中的故障光接收模块； (3) 打开该站 FOU 电源； (4) 测试该站与基站之间信号上行通道的功率衰减，通过该站 FOU 上行通道衰减器的设置，使其达到设计标准值； (5) 试呼叫确认通话正常

(三) 无线信号分配设备故障处理

1. 隧道或站厅无信号故障分析

故障名称	隧道或站厅无信号故障
故障描述	在 FOU 的车站隧道或站厅里接收不到无线信号
故障原因	（1）天线馈线电缆损坏造成的。 （2）LFI 出来的射频功率水平太低。 （3）到 LFI 的功率水平太低。 （4）FOU 或电缆故障
故障处理程序	（1）检查天线或馈线电缆有无损坏，有则维修或更换。 （2）如果天线和馈线电缆正常，测试从 LFI 输出的射频功率水平，将测试结果与系统设计结果记录作比较，是否有输出不正常。 （3）如果有一个输出不正常，更换 LFI 中与其有关的部件后，重新测试该 LFI 所能影响的区域。 （4）如果是所有 LFI 输出不正常，测试输出到 LFI 的射频功率水平。 （5）如果功率水平正常，则说明 LFI 部件坏了，更换后重新测试 LFI 所能影响的区域；如果功率水平不正常，则说明 FOU 或电缆有问题

2. 站厅中间无信号分布

故障名称	站厅中间无信号分布
故障描述	在无 FOU 的车站站厅中间接收不到无线信号
故障原因	（1）站厅天线或其馈线损坏。 （2）从 RRU 出来的功率水平太低。 （3）RRU 故障。 （4）LFI 故障
故障处理程序	（1）检查站厅天线及馈线电缆有无损坏。 （2）如果是天线或馈线的问题，则更换天线或馈线。如果天线和馈线都正常，测试从 RRU 出来的射频功率值，并将其与系统设计结果记录作比较，看其功率水平是否正常。 （3）如果 RRU 输出功率水平不正常，再测试输入到 RRU 的射频功率水平是否正常。 （4）如果输入 RRU 的功率水平正常则说明 RRU 有故障，更换 RRU 后重新测试其所影响的区域，功率水平不正常则说明上级 LFI 或电缆有问题，按 LFI 或电缆故障处理方法处理

3. 隧道区间内无信号分布

故障名称	隧道区间内无信号分布
故障描述	在隧道区间内接收不到无线信号，各移动台用户无法实现通信
故障原因	FOU 有故障或信号分配单元连接有故障
故障处理程序	（1）测试 FOU 出来的射频功率值，并将其与设计值作比较，参考系统设计结果记录，看其功率水平是否正常。 （2）如果功率水平正常，则说明 LFI 或电缆连接有故障，参考有关手册处理；如果功率水平不正常，测试到 FOU 的光功率水平是否正常。 （3）如果输入到 FOU 的光功率水平正常，说明 FOU 有故障，更换 FOU 后，重新测试其所影响的区域；如果输入到 FOU 的光功率水平不正常，说明 BSIU 或连接电缆有故障，参考有关手册处理

4. 车站台通信故障

故障名称	车站台通信故障
故障描述	在站厅内不能实现车站台与调度台之间的正常通信
故障原因	（1）原因 1：因 LFI 故障造成。 （2）原因 2：因 RRU 故障造成。 （3）原因 3：因车站台故障造成
故障处理程序	程序 1（对应 LFI 故障） （1）用手机在站厅内进行呼叫通话测试，如通话正常，说明 LFI 没有故障；如不正常，在没有呼叫的情况下，测试 LFI 到站厅天线的下行功率水平，参照设计记录确定其功率水平是否正常。 （2）如功率水平正常，重新测试站厅天线的功率水平；如功率水平不正常，参照有关手册处理。 程序 2（对应 RRU 故障） （1）检查 OMT 打印及网管系统有关 RRU 故障的报警。 （2）用手机在站厅进行呼叫通话测试。如果通话正常，则可能是误报，重新核实 RRU 的报警。如果通话失败，RRU 到天线输出口的下行功率水平，参照设计结果记录，看其功率水平是否正常。 （3）如果功率水平正常，检查输入到天线的射频功率水平是否正常，判断是天线还是馈线电缆的问题，维修或更换有故障的部件。 （4）如果 RRU 输出的功率水平不正常，使用无线综合测试仪测试 RRU 的功率水平来确定是 RRU 的漏缆有故障，还是 RRU 本身有故障。 程序 3（对应车站台故障） （1）使用手机在站厅发个呼叫，确定是否是由于车站台的原因。 （2）使用射频功率计测试车站台的射频输出水平。如正常，检查天线及馈线电缆是否有损坏，维修或更换损坏部件；如不正常，参照有关手册进行处理

（四）无线系统移动台故障处理

1. 车载台控制头故障

故障名称	车载台控制头故障
故障描述	车载台控制头无显示或功能按键无效
故障原因	（1）原因 1：输入到电台的电源有故障。 （2）原因 2：从机箱到控制头的电缆连接有故障。 （3）原因 3：控制头本身故障
故障处理程序	（1）检查到电台的 110V 电源是否正常。 （2）如电源正常，检查机箱到控制头的连接是否紧固，紧固接头。 （3）如故障仍未消除，更换控制头并确保到控制头的连接牢固。 （4）检查机箱到控制头的电缆是否完好？更换有故障的电缆。 （5）如故障仍然存在，则更换电台

2. 车载台话筒故障

故障名称	车载台话筒故障
故障描述	调度与司机有一方或双方不能听到对方的声音
故障原因	电台到话筒的连线故障或话筒坏
故障处理程序	（1）检查从电台到话筒的连线接头是否紧固，紧固接头。 （2）如果故障仍不能清除则更换话筒。 （3）如更换话筒后故障仍然存在，检查电台到话筒的连线是否正常，更换损坏的电缆

3. 车站台故障

故障名称	车站台故障
故障描述	车站台部分或全部功能不正常
故障原因	(1) 原因1：车站台电源不正常。 (2) 原因2：呼叫没有响应。 (3) 原因3：接收点场强太低，无“SERV”显示。 (4) 原因4：呼叫过早地清除。 (5) 原因5：呼叫接通时，音频水平太低。 (6) 原因6：通话音质太差
故障处理程序	程序1（对应原因1） (1) 检查220V AC主电源供应是否正常。 (2) 检查主电源到车站台的连接是否牢固。 (3) 检查话筒到车站台的连接是否牢固。 (4) 检查电源输出电压是否满足要求，如不合要求，更换电源。 (5) 如故障仍然存在，更换车站台。 程序2（对应原因2） (1) 确认话筒后的显示屏显示呼叫请求已发送。 (2) 如显示已发送，表明设备没有故障，只是调度没有应答。 如显示未发送，测试车站台的发射功率是否正常。 (3) 如发射功率正常，检查天线或馈线电缆是否有损坏，修复或更换。 如发射功率不正常，则说明电台故障，更换电台。 程序3（对应原因3） (1) 测试电台接收灵敏度是否正常。 (2) 如不正常，说明电台有故障，更换电台。 如接收灵敏度正常，检查天线及馈线电缆是否有故障，修复或更换。 程序4（对应原因4） (1) 测试电台接收灵敏度是否正常。 (2) 如不正常，说明电台有故障，更换电台。 如接收灵敏度正常，检查天线及馈线电缆是否有故障，修复或更换。 程序5（对应原因5） (1) 更换话筒后，发一个呼叫给调度，音频水平是否正常。 (2) 如不正常，说明电台收发机有故障，更换它。 如正常，说明原先话筒或连线有问题。 程序6（对应原因6） (1) 更换话筒，发一个呼叫给调度进行通话测试，音质是否正常。 (2) 如正常，说明原先话筒有故障。 如不正常，更换车站台电源，重新进行通话测试，音质是否正常。 (3) 如正常，说明原先车站台电源有故障。 如不正常，说明是车站台收发机有故障，予以更换

4. 手持电台的日常维护及注意事项

(1) 手持电台的日常使用及维护注意事项

a. 防止振动与撞击

用户携带手持电台时，要妥善保管，防止受到强烈振动或与其他坚硬的物体碰撞。因振动与碰撞会损坏电池与机体之间的接触轨道，使机体与电池电极之间接触不良。轻者常会引起通话中断，重则造成手持机电子元器件的损坏。

b. 防止潮湿和浸水

携带手持电台外出时，一定要防止雨淋。一旦手持机被雨水淋湿或跌落水中，请不要打开电源，而应及时送交专业人员进行除湿等处理。夏天使用手持机时，要防止汗水渗入机体中。当用户进出于温差较大的场所时，应尽量少将手持机裸露在外，以免由于温差变化较大而造成有水气凝聚于机身内部。

c. 防止灰尘

灰尘中除含有泥沙外，还有各种各样的无机化合物。这些灰尘落在手持机上，不仅会腐蚀机体，而且会造成机器内部电子电路的损坏。

d. 在防爆场所不要使用手持机

在一定的条件下，手持机发射的天线电波能够引起易爆物的爆炸。

(2) 键盘的日常维护

手持电台上的按键，是由导电橡胶和其他电子元件组成的，是人和机器之间的接口。手持机的任何功能，都是通过顺序按某一系列的键实现的，键的好坏直接影响到手持电台的使用效果。因此，用户要特别爱护键盘。

平时，用户要防止键帽之间积满灰尘。键盘经常裸露在外面，很容易积满灰尘，影响手机的正常操作及损坏手机按键。用户需定期用干毛刷清扫按键的灰尘，切勿用湿布或酒精擦。同时，用户按压键时，力量要适中。对于使用频度较高的按键，更应该小心。

(3) 电池的使用与维护

现在手持电台普遍使用的电池为镍铬电池，若经常不充分地放电与充电，就会产生记忆效应，这使得手持电台电池的储电量下降，影响手持电台的待机时间和通话时间。引起手持电台记忆效应主要有以下两个原因：

a. 如果手持电台很少使用，连续很长时间才充电一次，就可能产生记忆效应。

b. 很短时间重复充电，是引起存储效应的重要因素。如果电池的电量只用到一半就开始充电，未使用完的电量就可能变成无效（惰性）。当需要增加电池电流时，由于存在惰性电量，就会导致电池电压急剧下降。

为了消除电池的记忆效应，在电池完全放电之前，应该让手持电台工作到电量完全耗尽，再开始充电，且充电时间必须达到规定的时间。如果电池出现了记忆效应，消除它的方法是在电池完全放电之前，用户要让手持电台一直开机，直至它自动关机，放完电以后，连续充电达到需要的充电时间，然后再开机，再放电。重复 3~4 次这样的过程后，一般可以消除电池的记忆效应。

当电池电量不足时，手持电台会有提示音警告，此时，应该对电池进行充电或更换上已充满电的电池。在给电池充电时，应注意以下事项：

(a) 不可随便使用未经许可的充电器对电池进行充电。

(b) 充电之前应检查充电器与电池的连接端子是否可能短路或开路。

(c) 如果电池意外破裂，就会有某些物质泄出，请勿用手触摸它。如有某些物质粘到皮肤上，应立即用清水清洗干净。

(d) 充电器应放在通风、干燥、平稳的台面上，四周不得有纸屑、棉纱等其他易燃物品。

四、日常维护/检修表格

(一) 中央无线交换机日检表（见表4-3）

中央无线交换机日检表 **表4-3**

模　块	指　示　灯	正　　常	故　　障	检查结果	备　　注
MSU	AUTO（绿色）	亮	灭		
	CCCA（绿色）	其中一个亮	两个都灭		
	CCC B（绿色）				
	OMCF（红色）	灭	亮		
	F1（红色）	灭	亮		
	F2（红色）	灭	亮		
	F3（红色）	灭	亮		
	F4（红色）	灭	亮		
CCU	SYNC（红色）	灭	亮		
	CLGB（绿色）	亮	灭		
	GHB（绿色）	亮	灭		
MBIF	时钟（红色）	灭	亮		
	TST（黄色）	灭	亮		
	MAN（黄色）	亮	灭		
	OMC（绿色）	灭	亮		
IBC	RUN（绿色）	亮			
	A-LINE（绿色）	亮	灭		
	B-LINE（绿色）	灭			
	ZT（绿色）	亮	灭		
MBIF	时钟（红色）	灭	亮		
	TST（黄色）	灭	亮		
	MAN（黄色）	亮	灭		
	OMC（绿色）	灭	亮		
IBC	RUN（绿色）	亮			
	A-LINE（绿色）	灭			
	B-LINE（绿色）	亮	灭		
	ZT（绿色）	亮	灭		
MBIF	时钟（红色）	灭	亮		
	TST（黄色）	灭	亮		
	MAN（黄色）	亮	灭		
	OMC（绿色）	灭	亮		
PWR（绿色）		亮	灭		
其他（红色）		灭	亮		

检查日期：　　　　　　　　　　　　检查人：　　　　　　　　　　　　工班长：

（二）无线基站月检表（见表 4-4）

无线基站月检表　　表 4-4

机柜	模块	编号	项目	状态		
				正常	故障	检查结果
BS 机柜	风扇单元（按下 FAN TEST 键）	1	LED 显示灯（1，5）	亮	灭	
			风扇运作	转	不转	
		2	LED 显示灯（2，6）	亮	灭	
			风扇运作	转	不转	
		3	LED 显示灯（3）	亮	灭	
			风扇运作	转	不转	
		4	LED 显示灯（4）	亮	灭	
			风扇运作	转	不转	
	LIC	LIC 1	PWR（绿色）	亮	灭	
			TX（黄色）			
			BS（红色）	灭	亮	
			LINE（红色）	灭	亮	
		LIC 2	PWR（绿色）	亮	灭	
			TX（黄色）			
			BS（红色）	灭	亮	
			LINE（红色）	灭	亮	
		LIC 3	PWR（绿色）	亮	灭	
			TX（黄色）			
			BS（红色）	灭	亮	
			LINE（红色）	灭	亮	
		LIC 4	PWR（绿色）	亮	灭	
			TX（黄色）			
			BS（红色）	灭	亮	
			LINE（红色）	灭	亮	
		LIC 5	PWR（绿色）	亮	灭	
			TX（黄色）			
			BS（红色）	灭	亮	
			LINE（红色）	灭	亮	
		LIC 6	PWR（绿色）	亮	灭	
			TX（黄色）			
			BS（红色）	灭	亮	
			LINE（红色）	灭	亮	

续表

机柜	模块	编号	项目	状态		
				正常	故障	检查结果
BS 机柜	BSR	BSR 1	PWR（绿色）	亮	灭	
		BSR 2	PWR（绿色）	亮	灭	
		BSR 3	PWR（绿色）	亮	灭	
		BSR 4	PWR（绿色）	亮	灭	
		BSR 5	PWR（绿色）	亮	灭	
		BSR 6	PWR（绿色）	亮	灭	
		备用 BSR	PWR（绿色）	灭		
	BS 电源	1	PWR（绿色）	亮	灭	
			V in（红色）	灭	亮	
			V out（红色）	灭	亮	
		2	PWR（绿色）	亮	灭	
			V in（红色）	灭	亮	
			V out（红色）	灭	亮	
		3	PWR（绿色）	亮	灭	
			V in（红色）	灭	亮	
			V out（红色）	灭	亮	
BSIU 机柜	光发射模块	正面显示灯	“DC ON”显示灯(绿色)	亮	灭	
			激光器 A alarm（红灯）	灭	亮	
			激光器 B alarm（红灯）	灭	亮	
			激光器 A(绿灯)	其中一个亮	两个都灭	
			激光器 B(绿灯)			
	光接收模块	1	“DC ON”显示灯(绿色)	亮	灭	
			“ALARM”显示灯(红色)	灭	亮	
			FCD PWR（绿色）	亮	灭	
			KEK PWR（绿色）	亮	灭	
			GZD PWR（绿色）	亮	灭	
			TYX PWR（绿色）	亮	灭	
		2	“DC ON”显示灯(绿色)	亮	灭	
			“ALARM”显示灯(红色)	灭	亮	
			FCU PWR（绿色）	亮	灭	
			CSH PWR（绿色）	亮	灭	
			DSK PWR（绿色）	亮	灭	
			NJS PWR（绿色）	亮	灭	
		3	“DC ON”显示灯(绿色)	亮	灭	
			“ALARM”显示灯(红色)	灭	亮	
			XMK PWR(绿色)	亮	灭	

续表

机　柜	模　　块	编　号	项　　目	状　　态		
				正　常	故　障	检查结果
BSIU 机柜	电源模块	1	ALARM PSU 显示灯（红色）	灭	亮	
			“ALARM SUMMARY ”显示灯(绿色)	亮	灭	
			“DC ON” 5V（A）显示灯	亮	灭	
			“DC ON” 5V（B）显示灯	亮	灭	
			“DC ON ”15V（A）显示灯	亮	灭	
			“DC ON ”15V（B）显示灯	亮	灭	
	光发射模块切换检查			切换前	切换后	恢复后
			激光器 A			
			激光器 B			

检查日期：　　　　　　　　　　　　　　检查人：　　　　　　　　　　　　　　工班长：

（三）无线检修作业任务书（样本，供参考）

见表 4-5。

无线检修作业任务书样本　　　　**表 4-5**

任务书编号		作业名称	主交换机、录音机、调度台月检			
作业地点	OCC	作业班组	无 线 工 班			
修　程	月　检	作业时间	200　年＿＿月＿＿日			
			起	＿：＿：＿	止	＿：＿：＿

作业安全措施：1. 先登记请点，要点后再作业；
2. 作业人员须按安全操作规定进行作业，严禁乱动、乱拆设备；
3. 作业完成后，消点、消令，返回作业任务书

作业材料	材料名称	型　　号	实耗数	材料名称	型　号	实耗数
	抹　布					
	磁头清洁带					
	接线子					

作业工时消耗情况

人员等级	初　级　工	中　级　工	高级工
作业人数			
完成工时			

作业工器具	1	斜嘴钳	6		11		16	
	2	一字螺丝刀	7		12		17	
	3	十字螺丝刀	8		13		18	
	4		9		14		19	
	5		10		15		20	

续表

作业项目	程　　序	检修标准
主交换机及录音机月检	检查主交换机状态指示灯是否正常	正常
	检查录音机状态是否正常	正常
	检查录音机上的当前录音磁带是否需要更换。如有需要则更换磁带	如有需要则更换
	清洁录音机磁头	磁头清洁，录音良好
	将OMT打印机上的记录与NMS告警信息进行比较	
	清洁机架及各部件外表	清洁无灰尘
	清洁各个终端及调度台，并检查各电缆接头	清洁无灰尘，接头无松动
	检查各模块之间连接电缆及接头	电缆无破损、接头无松动
	检查OPC工作状态及故障记录	正常
	检查OPC接收ATS传输过来的信息是否正确	正确

备注：

填表：　　审核：　　批准：　　作业责任人：　　作业检查人：

第五章　时　钟　系　统

为保证轨道交通运营准时服务乘客、统一全线设备标准时间，设置了时钟系统。该系统一般采用 GPS（Globe Position System，全球卫星定位系统，简称 GPS）标准时间信息。本章将简要介绍该系统的设备运行、维护及故障处理。

第一节　概　　述

时钟系统由 GPS 标准时钟信号接收单元、一级母钟、监控设备、二级母钟及子钟组成。

GPS 标准时钟信号接收单元一般设于控制中心，接收卫星时间，分别向一级母钟的主、备母钟提供同步时钟源信号。

一级母钟一般设于控制中心，由时钟系统主机、转换单元等组成。时钟系统主机包括显示单元、主用母钟、备用母钟，输出接口等。转换单元检测主母钟的工作状态，实现母钟主、备的自动转换。

监控设备亦设在控制中心，与一级母钟相连，能够实时监控时钟系统主要设备的运行状态。

二级母钟系统设于各车站、车辆段（综合基地）的通信设备机房内。二级母钟由时钟系统主机、转换单元等组成。它是一个独立的系统，可以接收一级母钟发来的标准时间信息和命令信息并控制子钟的运行，也可以独立于中心母钟单独运行。

子钟安装于各车站站厅、站台、车站（场）值班室、车辆段值班室、控制中心调度室等需要显示时间信息的场所。子钟有数字式和指针式两种类型。

第二节　时钟系统网络的组成

一、时钟系统的设备分类

时钟系统的设备可分为中央级设备（归属于一级母钟系统）和车站级设备（归属于二级母钟系统）。

二、一级母钟系统的组成

一级母钟系统由机柜设备和外围设备组成。机柜设备包括电源模块、GPS 接收模块、中继/告警模块、时间信息输出模块及子钟驱动模块，有关这些模块具体功能将在后面的章节中介绍。外围设备包括 GPS 信号接收天线，防雷保护器、子钟及信号电缆。

如一级母钟系统的机柜设备安装于控制中心通信设备室，GPS 信号接收天线则应就近安装于控制中心楼顶便于接收 GPS 卫星信号的位置。防雷保护器应位于两者之间并靠近 GPS 天线处。子钟分布于控制中心楼层（包括 OCC 大厅等）内。

三、二级母钟系统的组成

二级母钟系统与一级母钟系统类似，同样由机柜设备和外围设备组成。机柜设备包括了电源模块、时间信息同步模块、子钟驱动模块及时间信息输出模块。外围设备主要是子钟，尺寸可根据需要选择，如某城市轨道交通系统中分别配备300mm、600mm及800mm子钟若干。

在各车站及车辆段各设置一套二级母钟系统，通常办公区安装较小尺寸的子钟，站厅及站台等公共区安装较大尺寸的子钟，以方便乘客观看。

第三节　时钟系统的运行原理

一、一级母钟系统的运行原理

（一）一级母钟系统简介

一级母钟系统能够自动接收GPS的标准时间信号，将自身的时间精度校准，并分配精确时间信号给各个站点的二级母钟系统和其他需要标准时间的设备。

一级母钟系统一般应包含用于满足GPS标准时间信号的接收及同步其他系统的需要的GPS信号接收模块及信号输出模块，有的系统除以上基本模块外，还增加了中继模块、子钟驱动模块及GPS信号模拟输出模块，以满足系统的应用需求。

GPS标准信号接收模块设计上应具有4~8个并行的信道，即可于同一时间最多接收4~8个GPS卫星的信号。

（二）一级母钟系统的运行原理

一级母钟系统的主要功能是接收GPS的标准时间信息，再通过机柜内各模块的一系列处理，将时间信息传送给各站的二级母钟系统及有需要的其他系统，为各系统提供一个统一的标准时间。一级母钟系统还可根据具体的需求加装子钟驱动模块，用于驱动控制中心的子钟运作。下面简要介绍某工程实例中应用的各种模块，以供参考。

1.GPS信号接收模块

GPS信号接收模块主要用于接收GPS信号，将其转换为系统可辨认的时间信息，再将此信息通过系统总线传送给其他模块。当该模块无法正常接收GPS信号时，可通过内置高稳定晶振的运作提供时间信号给其他模块。

2.中继模块

中继模块主要用于传送报警信息给通信综合网络管理系统，当一级母钟系统超过设定的时间没有接收到GPS时间信号时，将会产生报警信息。中继模块设计有独立的微处理器，保证该模块与系统的同步，一般通过跳线来进行功能设置。

3.信号输出模块

系统应能提供各种接口的信号输出模块以满足用户需求，例如RS232（V.24）、RS422（V.11）或TTY接口。各信号输出模块的传输模式和数据输出格式一般通过板上的跳线开关来进行设置。

4.GPS信号模拟输出模块

GPS信号模拟输出模块用于模拟GPS天线输出信号，一个模块可设计多个GPS信号输出端，直接输出GPS时间信息给特殊要求的系统。

5. 一级母钟系统显示屏及控制键盘

一级母钟系统应能提供显示屏，并能按时、分、秒格式提供时间显示及全时标的日期显示（格式为年、月、日、星期、时、分、秒）。

一级母钟系统应能通过控制键盘或维护终端实现各种运行参数的设置。控制键盘或维护终端应具有友好的人机界面，易于操作，方便维护人员进行各种功能设置和进行设备维护工作。

二、二级母钟系统的运行原理

二级母钟系统一般应包含一级母钟信号同步模块及子钟驱动模块，用于满足与一级母钟系统保持同步及子钟驱动的需要。

二级母钟系统应能自主产生时间信息，驱动子钟运作。与一级母钟系统的关系应为“校对”而不是绝对的服从。在无法接收一级母钟系统发送过来的 GPS 时间信息时，仍能正常驱动子钟运作，为其他的系统提供标准时间信息。下面简要介绍某实例中二级母钟系统应用的各种模块，以供参考。

（一）一级母钟信号同步模块

一级母钟信号同步模块主要用于接收一级母钟系统发送的标准时间信号。该模块应内建高稳定晶振，能自主运作产生时间信息。定期与一级母钟系统“校对”，以保持与 GPS 标准时间信息的同步。

（二）子钟驱动模块

子钟驱动模块主要用于驱动子钟运作。指针式子钟应提供时针和分针的驱动，数显子钟应提供时、分、秒的驱动。在某实例中，子钟驱动模块可以同时驱动两条同步的时钟信号线，每条信号线最大可连接 50 个子钟。

（三）信号输出模块

信号输出模块主要为有需要的系统提供标准时间信号。根据具体的系统应用，信号输出模块应能提供相匹配的接口类型及数据通信协议。具体的模块数量结合实际的用户需求决定。

三、外围设备简介

时钟系统的外围设备包括 GPS 天线、雷电保护器和子钟三大类，其中子钟可选指针式子钟或数显子钟。

（一）GPS 天线

GPS 天线一般采用全向天线，并采用全天候的保护措施。天线架设的位置应确保其能同时接收到 4 颗卫星的信号。

由于城市地形及周边环境限制，GPS 天线不可能实现真正意义上的“全向”，天线机械型状的改变并不能改善它的接收性能，例如采用抛物面天线。输入天线的信号强度约为 1 * 10E－16W，低于常规的噪声信号电平。为了保证有用信号的正常传输，在天线的后部设置了一个低噪声前置放大器。天线电缆的长度受到高接收频率以及低信号强度的限制，利用普通电缆（在 1.5GHz 下，信号衰减为 52dB/100m），天线电缆最大距离为 25m，利用特殊电缆（在 1.5GHz 下，信号衰减为 28dB/100m），天线电缆最大距离为 50m。

（二）雷电保护器

为了保证良好的信号接收，GPS 天线通常安装在露天环境中，为保护设备，在线路上加装雷电保护器是必要的。

（三）子钟

子钟一般安装在车站站台、站厅及办公区域内。在站台及站厅一般采用直径为 800mm 或 600mm，双面显示带背光照明的子钟，为站台、站厅候车的乘客以及工作人员提供标准时间信息；在站厅办公设备区安装直径 300mm 的单面无照明子钟，为站内工作人员提供标准的时间信息。

四、接口类型

在某实例中，时钟系统可提供的的接口有 TTY、RS232、RS422 三种接口。表 5-1 列出了各接口的技术参数，以供参考。

各接口技术参数表 **表 5-1**

规　　定	RS-232	RS-422	TTY
工作方式	单端	差分	
节点数	1 收、1 发	1 发、10 收	
最大传输电缆长度	50ft	400ft	
最大传输速率	20kb/S	10Mb/s	
最大驱动输出电压	±25V	-0.25～+6V	
驱动器输出信号电平（负载最小值）	±5～±15V	±2.0V	
驱动器输出信号电平（空载最大值）	±25V	±6V	
驱动器负载阻抗	3～7kΩ	100	
摆率（最大值）	30V/μs	N/A	
接收器输入电压范围	±15V	-10～+10V	
接收器输入门限	±3V	±200mV	
接收器输入电阻	3～7kΩ	4K（最小）	
驱动器共模电压		-3～+3V	
接收器共模电压		-7～+7V	

五、系统的运作模式

（一）中央控制运作模式

系统正常工作状态下，使用中央控制运作模式，此时一级母钟可正常接收 GPS 信号，并将此信号转换成标准时间信号传送给二级母钟及其他需要接收时间信号的系统，从而使各终端用户的时间与 GPS 时间保持同步。

当一级母钟不能正常接收 GPS 信号时，一级母钟将会通过自身的高稳晶振的运作提供时间信号，此时各终端用户仍然接收来自一级母钟的时间信号，不过这个时间信号并不是来自于 GPS 系统，而是由一级母钟自身产生的。一般一级母钟系统自身的晶振精度可达到 10^{-6}，所提供的时间仍能满足运营的要求。

（二）车站降级控制运作模式

当一级母钟不能正常接收 GPS 信号，同时一级母钟因故障不能向二级母钟传送时间信号时，系统进入车站降级控制运作模式。此时二级母钟依靠其自身高稳定晶振为分布于各站点的子钟提供时间信号，但不能给其他系统提供时间信号。

当二级母钟因故障无法向子钟提供时间信号时，子钟应能自行运作，继续向乘客提供时间信息显示，提高时钟系统的可用性。

第四节　设备维护检修与故障处理

一、时钟系统设备的维护管理

时钟系统设备维护管理的要求是合理地分配人力资源、明确责任、确保设备的维护检修工作。

维护管理可采取专业工程师+工班的管理模式。专业工程师负责各类技术手册、维护手册的编写及完善，生产员工的培训与考核，系统重大故障的处理等工作；工班则负责安排日常的维护检修工作，合理分配人力资源，将设备的日常维护检修工作明确到每一位生产员工。

二、人员的组织

由于通信综合网络管理系统可实时监测时钟系统运行状况，大大减少了维护人员的工作量。但在控制中心需7×24h安排人员值守，以便及时发现问题、解决问题。日常值班人员加上工班长、专业工程师，整个一条20km左右轨道交通线路的时钟系统维护，约需配备7名员工，且值班人员要求具备一定的技术水平及故障处理能力，一般要求中级工及以上。

三、应配备的维护资料

维护人员应备的主要技术资料有《时钟通信系统技术手册》、《时钟系统维护手册》、《时钟系统故障记录表格》、《时钟系统日常维护表格》、《时钟系统月检表》、《时钟系统年检表》及《时钟系统中修表》等。

下面以《时钟系统月检表》为例列出（见表5-2），以供参考。

时钟系统月检表　　　　**表5-2**

时钟系统月检表

检查地点：____________检查时间：____________作业令号：____________

检查人员：____________________________

设备房温度：____________设备房湿度：____________

一、一级母钟和二级母钟检修记录：

1. 检查一级母钟是否正常接收GPS信息。（接收状态显示）
   正常（　　）不正常（　　）
2. 检查二级母钟是否与一级母钟同步。（接收状态显示）
   正常（　　）不正常（　　）
3. GPS接收天线外观检查。（接头无松动，天线安装牢固）
   正常（　　）不正常（　　）
4. 机柜内部配线检查。（无松动、氧化、破损和锈蚀）
   正常（　　）不正常（　　）

二、子钟检修记录：

1. 检查是否与二级母钟同步。
   同步（　　）不同步（　　）
2. 检查时钟灯管是否正常。（检查灯管有无发黑和闪烁现象）
   正常（　　）不正常（　　）

三、清洁母钟和子钟表面。

1. 母钟和子钟表面是否有积尘及污迹：是（　　）否（　　）；
2. 是否进行清洁：是（　　）否（　　）。

备注：____________________________________

____

____

____

作业负责人：________________　工班长：________________

日期：　　　年　　月　　日　　　　日期　　　年　　月　　日

四、时钟设备维护管理分界规定

通信专业负责一级、二级母钟系统的故障处理、日常维护。对于与其他系统连接的接口，通信人员只负责提供正确的时间信息，维护范围包括时钟机柜的接头和传输至其他系统的电缆及接头。

五、时钟系统的检修周期与工作内容

我们通过几年的实际工作，累积了一定的经验，至目前为止已制定了从设备的日常保养、二级保养、小修到中修等一系列的维护规程。时钟系统的检修应严格依照设备的检修周期与工作内容实施，以确保设备检修工作的周期与有序性。下面将《时钟系统设备检修周期与工作内容》列出以供参考，见表 5-3。

时钟系统设备检修周期与工作内容 **表 5-3**

序号	设　备	修　程	检修工作内容	周　期
1	一级母钟 二级母钟	日常保养	1. 检查一级母钟是否正常接收 GPS 信息。 2. 清洁一级母钟和二级母钟。 3. 检查二级母钟是否与一级母钟同步	每　周
		二级保养	1. 同日常保养内容。 2.GPS 接收天线外观检查。 3. 机柜内部配线检查。 4. 二级母钟重启动试验	每　月
		小　修	1. 同二级保养内容。 2. 母钟模块输入或输出信号测试	每　年
		中　修	1. 同小修内容。 2. 清洁机柜内部模块、总线板。 3. 检查机柜连线及接头。 4. 更换电气特性不良的部件。 5. 机柜的地线功能测试及整治。 6. 对所有地线紧固件进行打磨、更新、重新上油	每 3 年
2	XX 尺寸子钟 XX 尺寸子钟	日常保养	1. 检查是否与二级母钟同步。 2. 检查时钟灯管是否正常	每　周
		二级保养	1. 同日常保养内容。 2. 清洁子钟	每　月
		小　修	1. 同二级保养的内容。 2. 检查子钟内部配线有无松动。	每　年
			3. 灯管或启辉器的更换	需要时
		中　修	1. 同小修内容。 2. 清洁子钟内部部件。 3. 检查子钟内部线路及接头。 4. 更换电气特性不良的线路及接头	每 3 年

六、时钟设备检修工艺标准

（一）机械强度质量标准

1. 各机柜安装牢固、接地良好。

2. 各设备的连接线缆连接牢固，完整无损伤、无破皮、虚接、断脱、长度适宜，界限叉（环）压接良好、线缆标记清晰准确。

3. 印刷电路板完好无损、绝缘良好、板身平直无变形、印刷线路完整、铜箔无浮起，电路板插接部位与插座接触可靠、有足够的插入深度、接触部分无明显错位；

4. 指示灯安装坚固、表示正确，灯泡电压要与标称值相符，对地绝缘良好；

5. 保险装置性能可靠、保险管安装紧固、保险管压接良好、保险容量符合图纸规定；

6. 各设备清洁无灰尘。

（二）设备工艺标准规定

1. 线条排列整齐、平直、不得有弯曲、背扣、中间接头、擦伤、烫皮、老化龟裂等，线径应符合图纸及设计要求；

2. 线径挺直美观、表面配线线条不交叉、线把分支或弯成直角；

3. 同一去向的配线，余留长短均匀一致，焊接处接头裸芯应不超过 2mm。

（三）检修要求

1. 日常保养

检查机柜、机柱、基础是否稳固，安装是否完好，有无破损；检查箱体、盒、盘、柜有无破损，密封是否良好，有无破损、漏水；检查各种指示灯、仪表指示是否正常；检查设备运行是否正常；检查各种紧固件、螺丝是否紧固；设备外部清洁。

2. 二级保养

在日常保养的基础上，增加开箱、开盒检查，测试工作电压、电流等是否正常；检查杆件、紧固件、螺丝是否松动；检查配线、连线是否良好，有无松脱；调整动作部件动作是否良好；检查表示、显示是否正常；各部件检查、清洁、紧固；进行设备功能测试、动作、运行正常；更换不良部件；涂油、防锈、整修；清洁、注油等工作内容。

3. 小修

在二级保养的基础上，增加修复、更换不良部件；系统测试、试验等工作内容。

4. 中修

在小修的基础上，增加对现场可拆卸、替换的设备采用运回车间维修的方法进行维修，对不易拆卸、替换的设备采用现场集中维修的方法进行维修；对设备进行全面分解、整修、补强、调整；对关键、主要部件进行修复、更换；对淘汰的设备、器材进行更换等工作内容。

七、时钟系统的故障处理

（一）故障处理程序

有关维护人员应及时准确地判断故障位置、故障原因，按照“先通后复”的原则，积极组织修复，缩短故障时间，把故障影响控制在最小范围内。如果影响有关行车的关键设备，必须采取倒换，代替，迂回等应急措施尽快处理，以减少影响程度。

当值班人员在控制中心发现设备故障或接到故障报告后，应做出故障影响范围的判断，并向车间轮值工程师报告。如果故障不影响行车，直接由值班人员负责处理，处理完后将处理情况向车间轮值工程师报告。如果影响或可能会影响行车，值班人员要先初步判断赶到现场10min之内能否处理，是否需要支援，并报车间轮值工程师。如判断不清，则立即赶赴现场判断10min之内能否处理，是否需要支援，并报车间轮值工程师。如果10min之内处理不了，需要支援，则要当即向车间轮值工程师提出。如果值班人员认为自己可以很快处理，但到现场后10min之内处理不了，要立即向车间轮值工程师报告，并请求相关专业技术人员赶赴现场处理。

（二）注意事项

鉴于一级母钟系统的重要性，应加强日常巡检和维护，确保该系统的正常运作。

由于子钟连续24h运行，因此子钟机芯属于易耗件。应及时清除机芯内的灰尘，定时注油，紧固机芯与指针的连接。实际的维护工作证明，时钟系统的故障多发生在子钟，且90%以上的故障来自机芯。

（三）几个常见故障及处理方法

1.故障现象：子钟不走。

可能的故障原因：母钟故障；软件设置错误；线路故障；子钟机芯故障。

处理方法：检查母钟工作状态；检查母钟运行参数；检查线路（母钟与子钟的连线及子钟内部线路）；检查子钟机芯工作状态。

2.故障现象：子钟的单面不定时地快跳，快跳后时间不准或者是指针停止不动。

可能的故障原因：指针与机芯的机械连接故障；子钟机芯故障。

故障处理方法：检查指针与机芯的机械连接；检查子钟机芯工作状态。

3.故障现象：在二级母钟系统没有接收到上一级系统传送过来的信号，只能依靠本机晶振来驱动子钟运作。

可能的故障原因：二级母钟信息接收模块故障；一级母钟系统驱动模块故障。

故障处理方法：更换故障模块。

4.故障现象：依靠时钟系统提供标准时间的其他系统出现错码，无法确认时间。

可能的故障原因：驱动模块故障。

故障处理方法：测试驱动模块的相应输出端口，确认信号是否正常；如果出现误码，则更换该模块；如果输出端信号正常，则应联系相关系统维护人员共同处理。

第六章　闭路电视系统

第一节　闭路电视系统组成和功能

一、系统概述

闭路电视系统是城市轨道交通运营管理现代化的配套设备，供控制中心调度管理人员、车站值班员、站台工作人员以及司机实时监控车站客流、列车出入站及旅客上下车等情况，借以提高运行组织管理效率，保证列车安全、正点地运送乘客。

闭路电视系统可为车站值班员提供对车站站厅的售票亭、售票机和闸机出入口以及站台边缘等重点区域的监视；为列车司机或站台工作人员提供对相应站台旅客上、下车等情况的监视；为中心调度员提供对各车站的监视。三方监视员是相互独立的，其中车站值班员、中心调度员具有人工和自动选择的功能，出于安全及事故取证等方面的考虑，车站和中心还应具有录像功能。

二、闭路电视系统的组成

闭路电视系统采用模块化分布式体系结构，按照使用的范围和控制级别的不同，系统主要由车站级设备（车站本地监视系统）、中心级设备（控制中心远程监视系统）、远程多路信号传输系统以及多媒体网络管理终端组成。其中的多媒体网络管理终端（以下简称中心网络管理终端）也可以属于中心级设备。

（一）车站级系统组成

安装在车站的本地监视系统（以下简称车站级设备）应能满足车站工作人员的使用要求，保证车站工作人员可以实时监视本车站的图像。车站级设备主要由摄像机、车站控制盘、监视器、视频交换矩阵和数字传输设备组成。其中数字传输设备还应包括视频编码设备，可根据通信系统使用的传输网络设备的不同而选择不同的传输设备，例如以太网交换机。另外根据使用传输方式的不同还可采用 FM 调制和光传输设备。根据需要也可以包括视频插入分割器、视频均衡放大器和数字硬盘录像机等设备。

（二）中心级设备的组成

安装在控制中心的远程监视系统设备（以下简称中心级设备）应能满足中心级功能要求，保证控制中心的调度人员能够实时的监控所管辖车站的图像。中心级设备主要由视频解码设备、数字硬盘录像机、中心网络管理终端、中心控制盘、监视器等设备组成。当系统采用数字传输方式传输视频图像时，需要使用视频解码设备，如果系统采用模拟光纤传输方式传输视频图像，则要使用光接收解调设备和大容量视频交换矩阵来取代视频解码设备。中心级设备的设置应保证每个使用人员单独具有一套控制盘和监视器设备，使每个使用人员的操作互不干扰，不影响车站使用人员的操作控制。

（三）远程多路信号传输系统组成

实际上，当闭路电视系统采用数字传输方式传输视频图像时，车站与控制中心的视频和控制信号的传输采用传输网络提供的共享以太网传输通道，同一时刻同时上传至控制中心的数字视频信号路数仅与控制中心需同时显示路数有关，或者说与控制中心监视器数量有关，而与前端摄像机数量无关。所以在控制中心不需设置大容量的视频交换矩阵和大量的传输设备，系统结构简单。

如果采用模拟光纤传输方式，利用光端机传输非压缩数字视频信号，每个车站需要占用1~2根光纤，视频传输设备与传输网络分离，在控制中心需要设置大容量的视频交换矩阵以及光端机等设备，系统结构较复杂，使用光纤较多，但显示图像效果更清晰。

三、闭路电视系统功能

闭路电视系统从使用上应满足车站级和中心级的两级监视需求，监视范围包括车站的站厅和站台的主要区域，含售票机、闸机出入口和电动扶梯上下口等地方客流情况，站台要求能观看到每一个车门乘客出入的情况。

车站级与中心级的视频监视系统应该是相互独立的，中心级的使用在不影响车站级设备使用的前提下进行，并要求中心级能够随意观看所有车站的图像。对于设置了主控系统的轨道交通系统，闭路电视系统的车站级和中心级的使用功能可考虑由主控系统的车站级和中心级控制台实现，原系统的控制台可作为备用设备。

城市轨道交通闭路电视系统的功能可分为中心级功能和车站级功能，如下所述。

（一）车站级功能

车站级设备可以够满足车站工作人员和列车司机的使用要求，包括以下功能：

1. 图像显示功能

车站工作人员应可以对本车站的所有图像进行选择显示，包括：可以采用自动循环方式显示已设置的固定分组的图像；可以人工单选任一副本车站的图像显示在任一监视器上。

2. 录像功能

车站工作人员通过数字硬盘录像机，可录取车站的所有图像，并可通过车站工作人员的控制将录制的图像回放到监视器上或通过网络接口远程调取图像观看。所录制图像可以保存一段时间并可以转存到外部存储设备中。

3. 图像汉字叠加功能

车站级设备应可以在各幅图像上叠加显示一些必要的信息，包括车站名称，摄像机位置及编号，日期和时间等信息，维护人员应可以更改以上信息。中心级设备如有需要也可具备字符叠加功能，增加控制中心调度人员专用的信息。

4. 对三可变摄像机的遥控功能

为了最大限度的监视车站区域，设置了可变光圈、焦距和角度的三可变摄像机。通过控制台的操作，车站值班人员应可遥控设置这些摄像机的光圈、焦距和角度，满足使用要求。

5. 与中心网管终端的接口

车站级设备应有与中心网管终端的接口，通过传输网络，将本车站的故障信息等内容传送到中心网管终端，同时接收中心网管终端传送来的标准时间信息。

6. 司机的监视功能

为了保证乘客上下车的安全，必须为司机提供当前站台的监视图像，以便司机查看车门及屏蔽门的开关情况，防止夹伤乘客。

(二) 中心级功能

中心级的设备应满足控制中心的行车管理人员的使用要求，包括行调、环调和维调等使用人员，可实现以下功能：

1. 监视功能

(1) 控制中心的使用人员可以对全线所有车站的所有监视图像进行选择显示；

(2) 可以采用自动循环方式显示已设置的固定分组的图像；

(3) 可以人工单选任一车站的任一图像显示在任一监视器上。

2. 录像功能

在控制中心设置数字硬盘录像机，可录取调度切换到监视器上的图像，并可通过调度人员的控制将录制的图像回放到监视器上或通过网络远程调看，所录制图像可以保存一段时间并可以转存到外部存储设备中。

3. 中心网管功能

在控制中心设置中心网络管理终端，完成视频管理及维护功能。中心网管终端能够监测全线各站设备的运行状态，出现故障时能够自动报警，进行故障定位。

中心网管终端还具有以下功能：

(1) 设置编、解码设备，切换功能的设置；

(2) 设置控制中心各使用人员的优先级别；

(3) 将系统故障信息传送到通信综合网管终端；

(4) 设置在调度监视器上显示图像插入的汉字字符；

(5) 设置通信和控制盘的接口；

(6) 接收时钟分配系统传送来的时间同步码，使整个视频监控系统统一时间；

(7) 设置监视器数量。

4. 与时钟系统的同步

中心级设备可以接收时钟系统传送来的标准时间信息，使闭路电视系统的时间与标准时间同步。

第二节　车站级控制和视频设备

一、车站级设备的组成及功能

为了实现上面章节所提到的车站级功能，车站级设备大致包括有摄像部分、传输部分、控制部分及显示部分，其中的每一部分又包括具体的设备或部件，如图 6-1 所示。

结合到上面所述，摄像部分包括了摄像机；显示部分包括了监视器；传输部分包括了视频编码设备或者光发送和接收设备以及光纤；其他设备属于控制部分。

(一) 摄像部分的组成及功能

根据车站的使用要求，车站的监视区域可以划分为站厅和站台区。根据站厅大小及监视要求可设置多个一体化三可变摄像机，用于监视售票亭、售票机、闸机出入口和自动扶

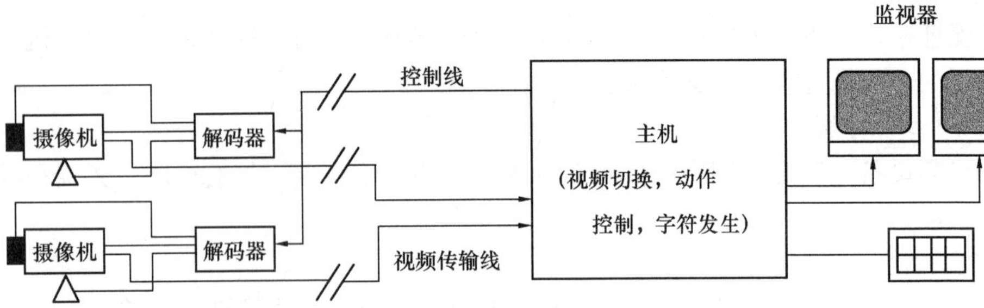

图 6-1　闭路电视系统车站级设备的典型组成

梯的出入口附近的客流情况。在每个站台按照站台的长度设置 2 ~ 4 个固定焦距摄像机，实现对全站台区域的监视。只有通过合理的布置，才能使摄像机所监视的范围覆盖整个被监视的场所。在站台安装两个摄像机的安装示意图如图 6-2 所示。

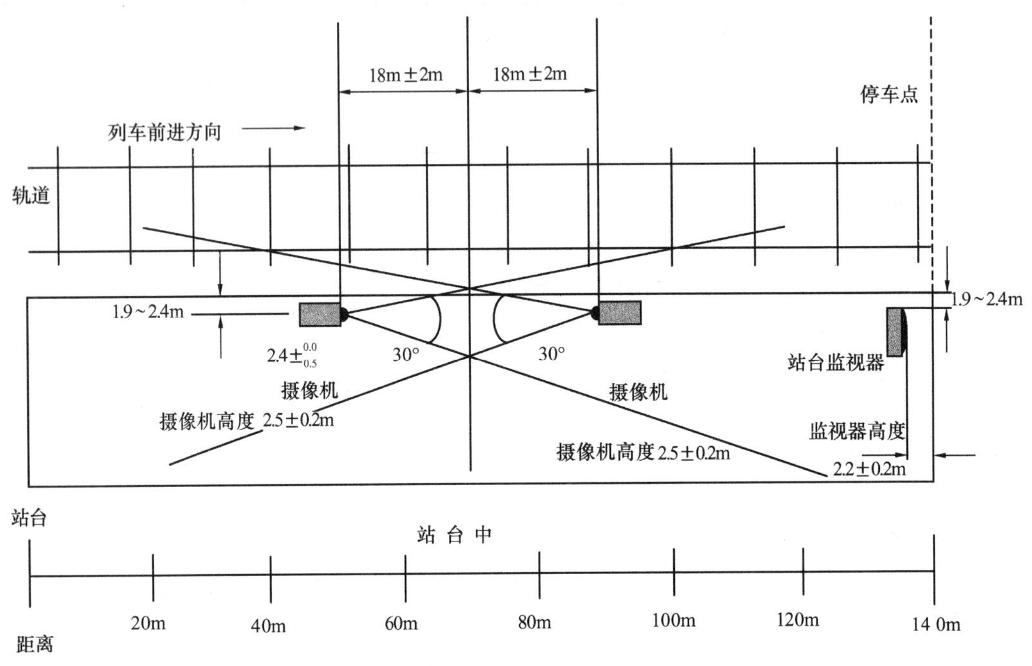

图 6-2　站台摄像机的安装示意图

（二）传输部分的组成及功能

闭路电视系统的图像信号通过传输部分来传输，同时还包括控制信号的传输。传输部分设备应保证图像信号无失真、无噪声地传输。要求传输系统在衰减方面、引入噪声方面、幅频特性和相频特性方面都具有良好的性能。在摄像机距离控制部分较近的情况下，宜采用视频基带传输方式；在摄像机距离控制部分较远的情况下，可采用射频传输方式或光纤传输方式。传输部分的性能好坏将直接影响着整个闭路电视系统的质量。

从车站到控制中心的视频信号传输可考虑采用数字传输方式或者模拟光纤传输方

式。采用模拟光纤传输方式，视频传输设备与传输网络分离，不利于网络的扩展、系统结构复杂，需要耗费大量光纤资源，并且不利于网络的互联及容量的扩充。采用数字传输方式，车站与控制中心的视频和控制信号的传输采用传输网络提供的共享以太网传输通道，系统结构简单。目前数字图像压缩技术日趋成熟，实现数字传输有利于集中网络管理和日后系统的扩充和各线系统之间的互联；虽然投资较高，但随着城市轨道交通的发展，此方案的优越性会逐渐体现出来，所以倾向于使用数字传输方式传输视频图像。

（三）控制部分的组成及功能

控制部分是整个系统的核心。摄像机传送来的图像信号，通过控制部分的放大、补偿、切换等作用后，输出到显示部分。通过摄像机传送来的图像信号，其幅频特性、相频特性无法保证符合系统的指标要求，所以要求对传送来的图像信号进行补偿，然后通过视频交换矩阵的控制切换，再送到不同的监视器。有的控制部分还包含有画面分割器，使得在同一个监视器上可以同时显示两个、四个、九个或十六个摄像机送来的图像。控制部分还可包括录像设备，可设置一台或几台长延时录像机或数字硬盘录像机。以上的设备可按实际的使用需求决定是否使用，但是，图像信号的补偿、放大及切换部分是必不可少的。为了控制图像的切换，控制部分还应包括控制键盘，使用人员可以通过操作控制键盘实现将所需的图像切换到相应的监视器上的功能。

（四）显示部分的组成及功能

显示部分由一台或多台监视器组成，功能就是将传送来的图像显示出来。一般的系统中，采用摄像机与监视器的数量 4:1、8:1 或者 16:1 的比例配置监视器。监视器的选择应满足系统总的功能和总的技术指标的要求。

二、车站级设备的控制方式

车站工作人员通过控制盘来控制视频交换矩阵选择图像，从摄像头传来的监视图像通过机柜中的视频交换矩阵被切换到车控室的监视器上。通过控制键盘操作，使用人员可在监视器上看到全站范围内的图像，包括每个摄像头传来的单幅图像及分屏单元输出的站台分屏图像。

图像的显示包括单幅切换显示和分组扫描显示，其中切换单幅的图像到监视器上显示，是一个基本的功能，必须具备。还有一种扫描方式，使用人员一经启用后，矩阵将会按照固定的顺序将固定的一组中的图像在监视器上循环显示出来，这种方式称为循环分组扫描方式，也叫循环扫描方式。通过这种扫描方式，并不需要每次不停的操作控制键盘就可实现对全站或者所需区域的图像的顺序查看。

可以将全站的图像进行分组，按不同的使用者的要求实现不同的循环扫描方式。举例如下：

第一组：站台、站厅的所有单幅图像，站台的分屏图像。

第二组：站厅的所有单幅图像，站台的分屏图像。

第三组：站厅的所有单幅图像。

可以看出来，第一组的图像囊括了本车站内所有可能看到的图像，而以后的两组逐级递减，满足了不同使用人员的需要。当然，如果使用人员有更改需要的话，可以通过维护终端改变分组的设定，以满足使用人员实际使用要求为准。

第三节　中央控制系统和视频设备

一、中央级设备组成及功能

在城市轨道交通系统中，一般都设置有控制中心。通过安装在控制中心的闭路电视系统中心级设备，可以接收由各个车站传送来的车站图像并显示出来，为控制中心的人员提供全线范围的图像监视功能。必要时，还可以利用录像设备，对监视图像进行录像。

中心级设备主要由视频解码设备、数字硬盘录像机、中心网络管理终端、中心控制盘、监视器等设备组成。

（一）中心控制功能的实现

如果采用数字传输技术，则中心监视器上的视频信号一般通过中心视频解码器的输出接口来获得。各控制台的控制指令通过路由器向中心网管终端传送，实现对图像的切换显示。如果采用光纤模拟传输技术，则需在控制中心设置视频交换矩阵，所有车站的图像经解码后均输入到此矩阵中，使用人员通过使用控制盘控制矩阵切换输出图像到监视器上，中心监视器的图像来自于中心视频交换矩阵的输出端。

（二）视频管理及维护功能的实现

视频管理及维护功能由中心网管终端实现，可以实时监测全线设备的运行状态；实现对全线编、解码设备和以太网交换机的设置和控制；实现对图像的顺序切换、群切等功能。

（三）录像功能的实现

通过中心数字硬盘录像机，可以实现监视图像的录制，在车站级设备已设有数字硬盘录像机的基础上，这个录像机只是一个补充功能，用于调度使用人员控制使用。

二、中央级设备的控制方式

中央级设备可以有以下几种控制方式：

（一）在不同的监视器上显示不同站的图像。

（二）车站分组显示功能的操作。

车站分组是指将所有站图像分组，每一组包括本车站的所有图像。通过操作，可以同时显示一个车站的所有图像。

（三）站台分组显示的选择操作

站台分组显示与前面提到的分组显示类似，所不同的是每一组所包含的内容不同。站台分组显示中每一组的图像均为各站站台图像。图像可分 P1 组显示及 P2 组显示，通过 P1 组显示可查看各站上行方向站台的图像，通过 P2 组显示可以查看各站下行方向站台的图像。

（四）组的循环显示（扫描显示）的扫描操作

这种操作也可称为扫描功能。可以将以上提到的分组按顺序自动显示，也就是分组显示的自动实现。

（五）控制录像机的操作

通过中心控制盘控制录像机的开始和停止及录像模式的选取，分 LONG PLAY（24h）

和 NORMAL（3h）两种。NORMAL 工作模式下，连续录取图像，而在 LONG PLAY 工作模式下，所录图像并不是连续的，而是跳跃的，适用于 24h 不间断录像。正常时使用 LONG PLAY 工作模式，当有突发情况或需要实时录像时，则转到 NORMAL 工作模式，连续录取图像。

第四节　闭路电视系统的运行管理

闭路电视系统属于运营行车组织的有效辅助手段，因此要求该系统设备 24h 不停地运作。在运营时，闭路电视系统提供客流和列车的情况；在非运营期间，出于安全方面的考虑，也需不间断运行。所以，对闭路电视系统的运行管理主要的目的是保证系统的不间断正常运行，提供给正常使用功能；在有需要时，能够实时和不间断地提供现场图像给使用人员，并按照使用人员的需要进行实时录制。

一、运行管理的任务和内容

（一）运行管理的任务

闭路电视系统运行管理的任务是通过对设备的操作和定期的巡视与维护，确保系统的正常运行，并在此基础上及时处理系统故障，确保其正常运行使用。

（二）运行管理的内容

闭路电视系统的运行管理应包括两方面的内容，一方面是使用人员的日常使用及必要的维护；另一方面是系统维护人员的预防性维护和故障的处理。

1. 车站及控制中心人员的日常使用

使用人员按照实际情况和要求，选择不同的图像进行显示监视，并定时（如每周）对监视器和控制盘等外部设备进行必要的清洁工作。

2. 系统维护人员的预防性维护和故障处理

（1）运营时的日常巡视检查。为确保闭路电视系统全天候不停地正常运行，维护人员按照使用设备的重要程度不同，应进行每周一次或每日一次的设备巡视检查。通过观察设备运行状态，与标准状态进行比较，及早发现设备故障。

（2）计划性检修。作为预防性的维护，维护人员根据制定的检修计划和工作内容，对设备进行周期性检查维护工作，使设备达到良好的运行状态。

（3）故障处理工作。当设备发生故障时，使用人员报告维调故障情况，由维调通知检修人员及时处理故障，及时恢复设备的正常使用。

（4）设备运行管理。及时记录设备维修和故障的处理，建立设备运行履历簿，记录设备运行历史记录。对设备故障情况进行分析，找出设备缺陷并加以克服。

（5）备品备件和工器具管理。根据设备使用实际情况，及时申购备品备件，保证足够备件数量，对维修用工器具进行科学管理，仪器仪表及时送检，建立管理台账。

二、运行管理的组织

（一）使用人员的组织及职责

闭路电视系统的中心级设备提供给控制中心的调度人员使用，车站级设备提供给车站值班员和列车司机使用。所以，中心级设备和车站级设备的日常使用和必要的日常维护由以上相应使用人员负责，设备的使用必须遵循设备操作规程。日常维护包括对外部设备的必要的清洁、除尘工作。

（二）维护人员的组织及职责

闭路电视系统的维护工作可采取专业工程师+工班的管理模式。专业工程师负责各类技术手册、维护手册的编写及完善，生产员工的培训与考核，系统重大故障的处理等工作；工班则负责安排日常的维护检修工作，合理分配人力资源，将设备的日常维护检修工作明确到每一位生产员工并由其负责实施操作。

三、运用维护管理的有关规程和制度

（一）闭路电视系统维护操作规程

1. 闭路电视系统机柜维护操作规程

（1）在以下条件满足的情况下才可进行维护：

a. 闭路电视系统工作正常；

b. 通信 UPS 系统供电稳定。

（2）维护注意事项：

a. 闭路电视系统的日常检修和二级保养的维护工作可由初级工以上人员操作；

b. 小修和中修的维护工作可由高级工以上人员操作。初级工和中级工需在技术人员或工班长指导下进行操作；

c. 维护过程中尽量避免影响站务人员的使用；

d. 闭路电视系统的模块（除交换矩阵）更换可带电操作，注意必须佩带防静电手环；

e. 更换交换矩阵的模块器件时需关断闭路电视系统机柜电源；

f. 更换交换矩阵控制板后，需通过维护软件重新设置系统参数。

2. 闭路电视系统机柜启动操作规程

（1）闭路电视系统机柜因供电中断或人为切断电源后，恢复供电时使用本操作规程；

（2）操作人员等级应为中级工以上人员。初级工在高级工以上人员指导下也可进行操作；

（3）当 UPS 供电中断时，闭路电视系统机柜停止工作，UPS 供电恢复时，闭路电视系统机柜自动恢复工作。此时，应检查以下内容：

a. 检查交换矩阵状态指示灯，正常情况下 +5V 和 -5V 绿灯亮；

b. 检查同轴电缆均衡器状态指示灯，正常情况下绿灯亮；

c. 检查调制解调器状态指示灯，正常情况下绿灯亮；

d. 在车控室通过控制键盘的操作检查交换矩阵的工作是否正常，正常时可切换单幅图像，并可分组切换图像；

e. 检查在控制中心能否观看本站图像，以判断图像是否正常传送到控制中心；

f. 在站台监视器观看分屏图像是否正常，是否显示本站台的分屏图像；

g. 如果是控制中心的闭路电视机柜启动，还需要在控制中心检查行调和环调用键盘、监视器和录像机工作是否正常；

h. 以上步骤检查正常后，可以判断闭路电视系统机柜为正常启动。

（4）当因为检修的要求需要停止闭路电视系统机柜工作时，应首先断开总开关 F1 和机柜内部得监视器电源开关 F2、F3，再断开 DB 柜内对应的空气开关。检修完毕，需要重新启动闭路电视系统机柜时，按以下步骤进行：

a. 启动前检查：

总开关 F1 断开，监视器电源开关断开；

UPS 输送来的电压正常（交流 220V，±10%）。

b. 启动步骤：

闭合 DB 柜中对应的空气开关；

闭合总开关 F1；

闭合监视器电源开关；

检查交换矩阵状态指示灯。正常情况下 +5V 和 -5V 绿灯亮；

检查同轴电缆均衡器状态指示灯。正常情况下绿灯亮；

检查调制解调器状态指示灯。正常情况下绿灯亮；

在车控室通过控制键盘的操作检查交换矩阵的工作是否正常。正常时可切换单幅图像，可分组切换图像；

检查在控制中心能否观看本站图像，以判断图像是否正常传送到控制中心；

在站台监视器观看分屏图像是否正常。是否显示本站台的分屏图像；

如果是控制中心的闭路电视系统机柜启动，还需要在控制中心检查行调和环调用键盘、监视器和录像机工作是否正常。

以上步骤检查正常后，可以判断闭路电视系统机柜正常启动。

（二）闭路电视系统设备使用操作规程

为避免因使用不当而造成闭路电视系统设备的故障，应根据闭路电视系统实际情况具体制定其设备使用操作说明及对使用人员操作设备的规范说明（即使用操作规程）。制定该规程时必须注意以下几点：

1. 使用人员应保证使用设备的清洁卫生，必须每周（大）及每日（小）清洁一次设备；

2. 使用人员不应在设备使用范围内吃饭或饮水等，避免设备进水受潮而损坏；

3. 使用人员应严格按照安全部门的规定使用录像设备，不可随意更改设置；

4. 使用人员发现设备故障后，应及时上报维调，通知维护人员前来维修，在修复之前应加强对不能监视区域的监控，避免安全事故的发生；

5. 使用人员使用设备应严格按照设备使用操作说明操作设备。

四、闭路电视系统应备的记录、技术资料

（一）根据检修计划，应制定相应的记录表格，包括闭路电视系统日检表、周检表、月检表、年检表和中修表等。各种表格对应制定相应的检修周期与工作内容，应确保所有的检修内容能在表中反映出来，下面以闭路电视系统月检表举例说明。

（二）应具备的技术资料与图表，包括闭路电视系统合同文本、维护手册、操作手册、安装竣工资料和图纸、调试验交手册、设备平面布置图、系统原理图、培训手册等。

闭路电视系统月检表

检查地点：________________检查时间：________________作业令号：________________

检查人员：____

设备房温度：________________设备房湿度：______________

一、闭路电视机柜检修记录：

1. 检查各模块的状态指示灯（各模块工作电压绿灯亮，故障红灯灭）。正常（　　）不正常（　　）

2. 检查机柜风扇转动有无噪声。正常（　　）不正常（　　）

3. 通过键盘操作检查交换矩阵的工作状态。（能实现单幅图像和分组图像的切换功能）

   正常（　　）不正常（　　）

4. 通过观察图像判断有无干扰和噪声（图像无波动、失真、花纹和雪花），检查图像插入文本有无错误。

   正常（　　）不正常（　　）

5. 通过检查 OCC 图像判断光纤传输质量（图像应无失真变形）。正常（　　）不正常（　　）

6. 检查机柜内的视频 BNC 接头有无松动，同轴电缆有无破损，电源线有无接触不良。

   正常（　　）不正常（　　）

7. 利用维护键盘和维护用监视器观看 OCC 的软件参数有无错误。正常（　　）不正常（　　）

二、控制键盘、录像机检修记录：

1. 检查键盘的按键功能。正常（　　）不正常（　　）

2. 通过操作键盘检查录像机能否正常工作。正常（　　）不正常（　　）

3. 检查键盘、录像机的连线及接头。正常（　　）不正常（　　）

三、监视器检修记录：

1. 通过观察图像判断监视器的工作状态。正常（　　）不正常（　　）

2. 观察监视器保护外壳有无破损，检查监视器的吊架及连接接头有无松动。正常（　　）不正常（　　）

   是否松动：是（　　）否（　　）；有无紧固：有（　　）无（　　）

四、摄像机检修记录：

1. 通过观察图像判断摄像机的工作状态、摄像机位置有无变动。正常（　　）不正常（　　）

2. 检查摄像机的连接插头有无松动、支架有无松动。正常（　　）不正常（　　）

五、清洁机柜内外表面、摄像机、监视器、控制键盘和录像机。

机柜内外表面、摄像机、监视器、控制键盘和录像机是否有积尘及污迹：是（　　）否（　　）；

是否进行清洁：是（　　）否（　　）。

备注：____

____

作业负责人：____________________　　工班长：____________________

日期：　　　年　　月　　日　　日期：　　　年　　月　　日

五、维护用工器具和备件

（一）常用的维护工器具，见表 6-1。

闭路电视系统维护工器具清单　　表 6-1

序号	名　称	规 格 型 号	单位
1	手提工具箱	DAIKEN. DTB – 005	个
2	加长球形内六角扳手	公制 1.5 – 10mm，9 件，SATA09101	套
3	吸锡器	ST773	个
4	电烙铁	75W，外热式	把
5	钢卷尺	5m，SATA91303	个
6	钢卷尺	15m	个
7	皮尺	50m	个
8	活动扳手	250mm，SATA47204	把
9	同轴电缆剥除器	RS217 – 3605	把
10	强力压著电脑钳	SATA91104	把
11	万用剥线钳	0.5 – 6.0mm，SATA91108	把
12	省力型电工钢丝钳	SATA，72201	把
13	省力型电工斜口钳	SATA，72301	把
14	微型螺丝批组	花形，6 件，SATA09313	套
15	29 件多用螺丝批	J3200	盒
16	木柄安装锤	SATA92504	把
17	木柄羊角锤	0.68kg，SATA92325	把
18	12.5 系列套筒工具	公制 20 件，SATA09005	套
19	14 件套公制全抛光两用扳手	世达，09026	套
20	充电式起子	GSR 9.6 – 1，BOSCH	套
21	冲击钻	GBH 2 – 24 DSE，BOSCH	把
22	手电钻	GBM 400/GBM 400 RE，BOSCH	把
23	直柄防静电刷子	SATA 03371	个
24	U 型防静电刷子	SATA 03372	个
25	防静电酒精瓶	SATA 03311	个
26	应急闪灯	海洋王	个
27	吸尘器	三洋	只
28	强光电筒	海洋王	只
29	电吹风	1000W	个
30	电缆割刀	SATA97302	把
31	PVC 管子割刀	SATA97304	把
32	热熔胶枪	PKP18E 博世牌	把
33	绝缘螺钉旋具	7 件，SATA09301	套
34	交流毫伏表	DA – 16	块
35	兆欧表	ZC25B – 3，500V	块
36	直流稳压电源	0 ~ 110V 可调	台
37	数字示波器	TDS380	台
38	频谱分析仪		台
39	照度计		台
40	视频信号发生器		台

（二）系统维护用的备件数量

备件数量可考虑按照实际使用设备数量的5%～10%考虑，如果是系统重要设备，还应考虑1备1的方式。对于一些故障多发的外围设备，如摄像机，应考虑多备一些备件。可考虑确定一个备件最低库存数量，实际备件数量应不小于最低库存数量。

第五节　闭路电视系统的巡视和维修

一、闭路电视系统维修内容定义

闭路电视系统的维护工作包括了日常的巡视和计划性检修工作，按照内容可分为日常保养（一级维修）、二级保养（二级维修）、小修（三级维修）、中修（四级维修）和大修（五级维修）。分别说明如下：

（一）日常保养（一级维修）

1. 日常保养（一级维修）基本要求

（1）检查设备外观是否良好，基础是否稳固，螺丝是否紧固，箱体、加锁装置是否完好。

（2）检查设备外部连接杆、件、管线是否完好，动作是否灵活，设备运行是否正常、平稳，有无噪声，温升是否正常等。

（3）对设备运行状态、指示、表示进行监测、记录；检查指示是否超标，发现异常及时调校、排除。

（4）对设备表面进行清洁，按要求加注润滑油，并保证设备周围环境良好。

2. 维修工班实行24h值班制，每个班1～2人值班，负责各车站及控制中心通信设备的日常保养与当值期间的故障处理。

3. 值班人员应对所管设备进行巡视、检查、认真填写值班日志和巡视、检查记录表，监控设备运行状态，并在不影响设备运行情况下或在运营停止后进行设备日常保养，参加计划性检修。

4. 值班人员在当值期间接报设备故障时，应立即按相应设备故障处理程序进行故障抢修，尽可能减少故障延续时间。当故障不能马上修复时，应上报维调，在维调的允许下采取降级模式或停运设备，以免故障扩大影响运营。

5. 当与行车相关设备发生故障时，在处理故障前，应首先与车站值班人员联系，在取得车站值班人员同意后方可进行故障抢修。故障处理完毕后应通知车站值班人员确认，并在行车设备故障登记簿上登记，写明设备故障原因，修复、停用时间等。

6. 工班组实行岗位责任制，值班人员在当值期间对所管辖设备运行质量与运行安全负责。

（二）二级保养（二级维修）

1. 二级保养（二级维修）基本要求

（1）对设备定期开盖、开箱检查，设备内、外部清洁，检查理顺引出（引入）线、接线端子。

（2）测试送、受电端电压、电流，绝缘检查或测试。

（3）对设备关键、主要部件进行测试、调整。

(4) 紧固动作部分杆件、塞钉、螺丝，清洗磁头、传感器等，定期更换保险，内部加注润滑油。

2. 设备的月检与季检都属二级保养。应将设备的二级保养纳入年度检修计划中。

3. 设备月检与季检重叠时一并进行，检修内容应包括月检、季检的全部内容。

4. 二级保养计划应严格按照年度及月度检修计划进行，因故不能按照计划日期进行，需要延期变更时不得超过一周，超过一周时需报有关部门批准。

5. 在进行二级保养的同时，应定期测试设备的电气特性，及时填写测试记录，掌握设备的电气特性变化。

6. 对关键、重要设备的二级保养，专业工程师应参加，进行技术支援，确保设备检修质量。

7. 每半年应对所管设备质量与运用质量检查一次，并对检查结果作出评语和记录，分析总结上报，以保证设备质量符合检修标准。

8. 应定期召开设备维修技术讨论会，分析安全生产情况与设备故障原因，解决设备疑难问题，进行技术讨论和交流，总结维修经验，找出设备的薄弱环节，制定技术和安全措施。

(三) 小修（三级维修）

1. 小修（三级维修）基本要求

(1) 对设备的机械特性与电气特性进行全面测试，及引入线对地绝缘的测量。

(2) 对设备主要、关键部位、部件进行分解、检查、调整，更换易损部件与小零配件。

(3) 对曾发生故障的设备进行重点诊断、分析，消除故障隐患。

(4) 对设备基础、箱体进行平整、调整、稳固，清理设备表面油蚀。

2. 设备的小修指设备的年检，属三级维修，应将设备的小修纳入年度检修计划中。

3. 三级维修计划应严格按照年度及月度检修计划进行，因故不能按照计划日期进行，需要延期变更时不得超过二周，超过二周时需报有关部门批准。

4. 年检与月检、季检重叠时应一并进行。年检的内容应包括月检、季检的全部内容。

5. 在进行三级维修的同时，测试系统设备的电气特性，及时填写测试记录，掌握设备的电气特性变化。

6. 对系统设备的小修应严格按照设备检修标准全面认真进行，确保检修质量，使经过小修后的设备完全符合检修标准，达到原设计的技术标准和要求。

7. 结合设备的小修，每年应对所管设备进行一次设备质量大检查，按设备质量“良好、合格、不合格”对设备质量进行评估、统计、分析，并将结果上报上级管理部门。设备质量检查表见例表 6-2。

8. 应对系统主要设备按套建立“设备技术履历簿”，每年结合设备小修与设备质量大检查对设备技术履历簿进行更新，认真填写小修记录、重大设备故障检修记录、年度质量评估。

________系统设备质量检查标准表　　表 6-2

<table>
<tr><td>设备名称</td><td colspan="2"></td><td>型号与规格</td><td></td></tr>
<tr><td>制造单位</td><td colspan="2"></td><td>同类设备数量</td><td></td></tr>
<tr><td>管理单位</td><td colspan="2"></td><td>被检设备编号</td><td></td></tr>
<tr><td>序号</td><td>质量指标项目</td><td colspan="2">合格参数指标及检测方法</td><td>检测结果及检测值</td></tr>
<tr><td>1</td><td></td><td colspan="2"></td><td></td></tr>
<tr><td>2</td><td></td><td colspan="2"></td><td></td></tr>
<tr><td>3</td><td></td><td colspan="2"></td><td></td></tr>
<tr><td>4</td><td></td><td colspan="2"></td><td></td></tr>
<tr><td>5</td><td></td><td colspan="2"></td><td></td></tr>
<tr><td>班组长检查意见</td><td colspan="4">签名：　　日期：　年　月　日</td></tr>
<tr><td>技术组抽检意见</td><td colspan="4">签名：　　日期：　年　月　日</td></tr>
<tr><td>部门专检意见</td><td colspan="4">签名：　　日期：　年　月　日</td></tr>
</table>

（四）中修（四级维修）要求

1. 中修（四级维修）基本要求

（1）对现场可拆卸、替换的设备采用运回车间维修的方法进行维修；对不易拆卸、替换的设备采用现场集中维修的方法进行维修。

（2）对设备进行全面分解、整修、补强、调整。

（3）对关键、主要部件进行修复、更换；对淘汰的设备、器材进行更换。

（4）对系统进行全面测试、调整，以保证设备的机械特性与电气特性符合原设计的技术要求。

2. 系统设备的中修是按照设备的使用周期对通信设备进行整修、补强和恢复工作，以保证电气特性和机械强度符合规定标准，安全可靠地使用到下一次中修或大修。

3. 系统设备的中修周期可根据设备运用情况、设备质量及供货商提供的检修周期，也可参考国铁及电信等同类设备的中修周期而定，一般 3 至 5 年进行一次。

4. 系统设备的中修计划应提前一年做出，经批准后方可在下一年安排，并应提前申报费用、采购设备备件与材料，以保证中修任务的顺利完成。

5. 为了保证中修的质量，应加强对中修人员的专业技能培训，同时应配备有专用仪器仪表与检修测试设施。

6. 中修所用的设备、器材与材料应是标准设备、器材、材料，并经过测试、检验完全符合要求方可使用。

7. 经中修后的设备，应经过全面系统的测试与试验，各项功能与技术指标完全达到检修标准和原设计的技术要求后方可正式投入使用。

8. 系统设备的中修一定要保证检修质量与设备质量，以保证中修后的设备工作状态良好，安全运行到下一次中修。

（五）大修（五级维修）

1. 在设备机械磨耗超限、强度不足，电气特性不合标准，电缆、配线老化，设备质量下降而不合格，系统设备不合格达一定比例时，应对系统设备进行大修。

2. 设备大修应与改变设备制式、技术改造相结合进行。

3. 大修设备应采用标准设计、标准定型器材，经大修的系统设备应在竣工验收完成后方可投入使用。

4. 除有能力自行承担的项目外，一般请制造厂商或专业大修单位承担。在设备大修工作进行时，应按照公司的有关规定积极参与、配合大修工作的开展。

二、闭路电视系统的检修周期与工作内容

根据维修周期的不同，闭路电视系统的维修分为日检、周检、月检、年检和中修。对应不同的检修周期，有不同的工作内容，如表 6-3 所示。

闭路电视系统设备检修周期与工作内容 **表 6-3**

序号	设备	修程	检修工作内容	周期
1	机柜	日常保养	1. 检查各模块的状态指示灯。 2. 检查机柜风扇。 3. 检查矩阵切换主机的工作状态。 4. 通过观察图像判断有无干扰和噪声	每周
		二级保养	1. 同日常保养内容。 2. 检查图像插入文本。 3. 检查光纤传输质量。 4. 清洁机柜内外。 5. 检查机柜内的各种配线。 6. 清洁各模块表面	每周
		小修	1. 同二级保养内容。 2. 测量光接收/发送功率。 3. 测量图像信号的参数指标。 4. 检查机柜内连线，更换电气特性不良的线路及接头。 5. 机柜的地线整治。 6. 对所有紧固件进行打磨、更新、重新上油	每年
		中修	1. 同小修内容。 2. 拆下机柜内各模块，清洁并检测拆下的模块	每 3 年
2	网管终端	日常保养	1. 检查分析系统故障信息。 2. 清洁网管终端及打印机外部	每天
		二级保养	1. 检查维护终端各类连线及打印机色带。 2. 紧固连线和更换色带。 3. 更换性能不良的外设	每月
		小修	1. 同二级保养。 2. 清洁可拆卸的部件	每年
		中修	1. 同小修内容。 2. 对网管终端进行技术改造或更换	每五年

续表

序号	设备	修程	检修工作内容	周期
3	控制中心控制盘录像机	日常保养	1. 检查键盘的按键功能。 2. 通过操作键盘检查录像机能否正常工作。 3. 清洁键盘、录像机。 4. 检查键盘、录像机的连线及接头	每周
		二级保养	1. 同日常保养内容。 2. 更换老化的按键。 3. 更换录像带	每月 需要时
		中修	1. 同二级保养内容。 2. 替换键盘，清洁并检测替换下的键盘。 3. 更换电气特性不良的键盘按键、连线及接头。 4. 更换录像机的易损部件	每3年
4	车站键盘	日常保养	1. 检查键盘的按键功能。 2. 检查键盘的连线及接头有无松动	每周
		二级保养	1. 同日常保养内容。 2. 清洁键盘	每月
		小修	1. 同二级保养内容。 2. 更换老化的按键。 3. 更换线路	需要时
		中修	1. 同二级保养内容。 2. 替换键盘，清洁并检测替换下的键盘。 3. 更换电气特性不良的键盘按键、连线及接头	每3年
5	监视器	日常保养	1. 通过观察图像判断监视器的工作状态。 2. 观察监视器保护外壳有无破损。 3. 检查监视器的吊架有无松动	每周
		二级保养	1. 同日常保养内容。 2. 清洁监视器及保护外壳。 3. 检查监视器的连接接头和线缆。 4. 通过调节旋钮调节监视器，使其显示清晰图像	每月
		小修	1. 同二级保养内容。 2. 使用视频信号发生器检测监视器	每年
		中修	1. 同小修内容。 2. 检查线路，更换电气特性不良的部分	每3年
6	摄像机、云台及解码器	日常保养	1. 通过观察图像判断摄像机的工作状态。 2. 通过观察图像检查摄像机位置有无变动。 3. 通过操作键盘检查云台及解码器的工作状态	每周
		二级保养	1. 同日常保养内容。 2. 清洁摄像机、云台及解码器。 3. 检查摄像机云台及解码器的连接插头和线缆。 4. 检查摄像机的支架有无松动。 5. 检查云台及解码器有无松动	每月
		小修	1. 同二级保养的内容。 2. 重新调节镜头、光电转换器。 3. 重新调整摄像机和云台的位置	需要时
		中修	1. 同小修内容。 2. 清洁、润滑摄像机、云台和解码器内部部件。 3. 检查所有线路及接头，更换电气特性不良的部件	每4年

三、闭路电视系统检修工艺

在制定检修周期与工作内容的基础上，还应规定设备检修工艺，作为日常检修及质量评定的依据，如表 6-4 所示：

闭路电视系统检修工艺 表 6-4

修程	周期	人员等级	工时	记录表格	材料
日常保养	每天（控制中心） 每周（车站）	初级工	2 人 × 21h	闭路电视系统周（日）检表	抹布、清洁剂、绝缘胶布、焊锡丝、膨胀胶粒
二级保养	每月	初级工	84h	闭路电视系统月检表	抹布、清洁剂、绝缘胶布、焊锡丝、膨胀胶粒
小修	每年	中级工	126h	闭路电视系统年检表	抹布、清洁剂、绝缘胶布、焊锡丝、膨胀胶粒
中修	每五年	高级工	252h	闭路电视系统中修记录表	抹布、清洁剂、绝缘胶布、焊锡丝、膨胀胶粒
修程	周期	工具			
日常保养	每周（天）	螺丝刀、万用表、活动扳手、内六角扳手、电烙铁			
二级保养	每月	螺丝刀、万用表、活动扳手、内六角扳手、电烙铁			
小修	每年	螺丝刀、万用表、活动扳手、内六角扳手、电烙铁			
中修	每五年	螺丝刀、万用表、活动扳手、内六角扳手、电烙铁			

安全注意事项：

1. 做好请点、消点、消令工作（需要时）。
2. 作业人员必须按安全规程进行作业，严禁乱动、乱拆设备。

序号	检修工作内容	周期	检修步骤	检修标准
1	检查控制中心网管终端	日常保养	通过检查控制中心网管终端，查看控制中心、各站闭路电视系统系统的工作状态	网管终端上应无故障显示
2	检查各模块的状态	日常保养	1. 检查视频均衡放大器模块的状态指示灯。 2. 检查视频分配放大器的状态指示灯。 3. 检查视频插入分割器状态指示灯。 4. 检查矩阵主机状态指示灯	1. 视频均衡放大器状态灯显示正常。 2. 视频分配放大器的状态指示灯显示正常。 3. 视频插入分割器的 power 灯亮。 4. 交换矩阵的状态指示灯显示正常
3	检查机柜风扇转动有无噪声	日常保养	打开闭路电视系统机柜，检查位于最上方的风扇单元	风扇转动无较大噪声，转动稳定
4	通过键盘操作检查交换矩阵的工作状态	日常保养	1. 在站控室的操作键盘上进行分组扫描的操作。 2. 在键盘上进行单幅图像切换的操作	分组扫描切换及单幅切换功能均能顺利实现

续表

序号	检修工作内容	周期	检修步骤	检修标准
5	通过观察图像判断有无干扰和噪声	日常保养	在站控室的监视器上分别显示全站的各幅图像	在监视器是显示的各幅图像清晰，没有杂波干扰和噪声
6	检查图像插入文本	二级保养	检查各幅图像的插入文本位置及内容是否正常	各幅图像的插入文本位置及内容显示正常
7	检查光纤传输质量	二级保养	通过控制中心的闭路电视系统机柜内的维护监视器检测各站上传的各幅图像是否清晰、无干扰	各幅图像显示清晰、无干扰
8	清洁机柜内外	二级保养	1. 用干净抹布擦拭机柜表面和内部 2. 用清洁剂擦去机柜表面污垢	1. 机柜内外清洁无尘
9	检查机柜内的连线	二级保养	1. 检查机柜内的视频 BNC 接头有无松动，同轴电缆有无破损。 2. 检查机柜电源线有无接触不良。 3. 用万用表测量电源输入端电压是否正常。 4. 目测电源线有无松脱现象。 5. 用手试验电源线与接头接触是否牢固。 6. 检查机柜内地线有无破损，地线紧固件是否牢固，线缆标识是否清晰。	1. 机柜内的视频 BNC 接头紧固无松动，同轴电缆无破损。 2. 检查机柜电源线无接触不良。 3. 电源输入端电压应为 220V AC。 4. 电源线无松脱现象。 5. 电源线与接头接触是牢固。 6. 机柜内地线无破损，地线紧固件牢固，线缆标识是否清晰
		小修	1. 检查机柜内连线，查看有无破损、老化和氧化线路。 2. 更换氧化、老化的线路。 3. 查看机柜到地线箱之间的地线，更换性能不良的地线。 4. 对所有地线紧固件并进行打磨、更新、重新上油	
10	清洁各模块	二级保养	1. 用干净抹布擦拭各模块表面。	1. 各模块表面清洁无积尘。
		中修	2. 关闭机柜电源。 3. 依次拔下各模块，进行彻底清洁。 4. 按原来的位置装好各模块，打开机柜电源。 5. 通过操作键盘观察车控室的监视器图像判断机柜是否恢复正常	2. 各模块工作正常，表面无积尘。
11	检查控制中心的软件参数	二级保养	用手提电脑检查矩阵的软件参数设置是否正常	软件参数设置正常
12	测量图像调频信号的参数指标	小修	在输入端输入一个标准信号，用测试仪器在输出端测试输出信号，是否满足要求	1. 信噪比大于等于 46db。 2. 微分相位小于等于 2 度。 3. 微分增益小于等于 2%

续表

序号	检修工作内容	周期	检修步骤	检修标准
13	对维护终端进行技术改造或更换	中修	1. 对测试终端进行技术改造。 2. 必要时对测试终端进行更换	测试终端工作正常
14	检查键盘的按键功能	日常保养	逐个试验键盘上的按键，在显示屏和监视器上观测各按键功能是否正常	键盘各按键功能正常
15	检查录像机的工作状态	日常保养	通过操作键盘对录像机试录、试播	录像机能正常录、放图像
16	清洁键盘、录像机	日常保养	用干净抹布擦拭键盘和录像机	键盘和录像机清洁无积尘
	全面清洁键盘	中修	1. 替换键盘。 2. 清洁并检测替换下的键盘。 3. 如工作正常则换回原来的键盘	键盘工作正常
17	检查控制中心键盘、录像机的连线及接头	日常保养	检查键盘、录像机的连线及接头是否牢固、无破损。	键盘、录像机的连线及接头牢固、无破损
	控制中心键盘按键、连线及接头的整治	小修	1. 检查键盘按键、连线及接头的电气特性 2. 更换电气特性不良的键盘按键、连线及接头	键盘按键、连线及接头的电气性能良好
18	更换录像机的易损部件	中修	检查并更换录像机的易损部件	更换后的录像机易损部件工作良好
19	检查车站键盘的按键功能	二级保养	逐个试验键盘上的按键，在显示屏和监视器上观测各按键功能是否正常	键盘各按键功能正常
20	清洁车站键盘	二级保养	用干净抹布擦拭键盘	键盘无积尘
		中修	1. 替换键盘。 2. 清洁并检测替换下的键盘。 3. 如工作正常则换回原来的键盘	键盘工作正常
21	检查并整治车站键盘的连线及接头	二级保养	检查键盘的连线及接头是否牢固、无破损	键盘、录像机的连线及接头牢固、无破损
		小修	1. 检查键盘按键、连线及接头的电气特性。 2. 更换电气特性不良的键盘按键、连线及接头	键盘按键、连线及接头的电气性能良好
22	检查监视器的工作状态	日常保养	观察监视器能否清晰显示图像	监视器清晰显示图像
23	检查监视器及固定吊架	日常保养	1. 检查监视器保护外壳是否老化、破损。 2. 检查固定吊架是否牢固	1. 监视器保护外壳无破损。 2. 固定吊架应牢固，无晃动
		二级保养	1. 用干净抹布擦拭监视器及保护外壳 2. 用清洁剂擦去监视器及保护外壳表面污垢 3. 用手轻触监视器的吊架有无松动 4. 检查监视器的连线及接头是否牢固、无破损，线缆标识是否清晰 5. 通过调节旋钮调节监视器，使其显示清晰图像	监视器及保护外壳清洁无积尘 监视器的吊架牢固无松动 监视器的连线及接头牢固、无破损，标识清晰 监视器显示清晰图像

续表

序号	检修工作内容	周期	检修步骤	检修标准
24	使用视频信号发生器检测监视器	小修	用视频信号发生器提供一个标准的视频信号检测监视器	监视器能正常显示标准的图像信号
25	检查线路	中修	1. 检查监视器的线路。 2. 更换电气特性不良的部分	线路完好无损，电气特性良好
26	检查摄像机的工作状态	日常保养	通过监视器观测各幅图像，判断摄像机的工作状态是否正常	监视器上能清晰显示各幅图像
27	检查摄像机位置有无变动	日常保养	通过监视器观测各幅图像，判断摄像机的位置是否正常	摄像机的位置正常
28	检查云台及解码器的工作状态	日常保养	通过操作键盘，控制摄像机的变焦及云台的横摇、俯仰，以检测云台及解码器的工作是否正常。	云台及解码器的动作及反应速度正常
29	清洁摄像机、云台及解码器	二级保养	1. 用干净抹布擦拭摄像机、云台及解码器。 2. 用清洁剂擦去摄像机、云台及解码器表面污垢	摄像机、云台及解码器清洁无积尘
		中修	1. 拆开摄像机，清洁、润滑摄像机内部。 2. 拆开云台和解码器并清洁润滑云台和解码器内部部件	摄像机、云台和解码器内部器件无积尘
30	检查摄像机云台及解码器的连接插头有无松动	二级保养	检查摄像机云台及解码器的连接插头有无松动	摄像机云台及解码器的连接插头牢固无松动。
31	检查摄像机的支架有无松动	二级保养	用手轻触摄像机的支架有无松动	摄像机的支架牢固无松动。
32	检查云台及解码器有无松动	二级保养	用手轻触云台及解码器有无松动	云台及解码器牢固无松动
33	摄像机、云台及解码器的连线检查	二级保养	检查摄像机、云台和解码器的外部连线有无破损、松脱，线缆标识是否清晰	摄像机、云台和解码器的外部连线无破损、松脱，线缆标识清晰
		小修	1. 检查所有线路和接头。 2. 更换性能不良的部件	1. 线路和接头完好无损。 2. 各部件电气性能良好
34	重新调节镜头、光电转换器	小修	通过监视器观测各幅图像是否清晰，如有需要，重新调节镜头、光电转换器	监视器显示的各幅图像清晰
35	重新调整摄像机和云台的位置	小修	通过监视器观测各幅图像的位置是否符合要求，如有需要，重新调整摄像机和云台的位置	监视器显示的各幅图像的位置符合要求

第六节 闭路电视系统的故障分析和处理

一、闭路电视系统故障处理的规定

（一）对发生故障的系统设备，应尽快组织对故障设备进行测试、诊断、分析，找出故障原因修复故障，恢复设备使用。

（二）在故障修复时应详细记录故障现象及处理修复过程，以备分析故障及在其他修程开展时做出进一步的处理与修复。

（三）在故障处理后，应能保证设备恢复使用功能，正常投入运行；如无法达到时，应采用降级模式使用，不能使设备带病运行，以防故障扩大。

二、闭路电视系统故障分析与处理

（一）系统的常见故障现象

1. 监视器无图像。

（1）站台监视器无图像，包括车站内所有的站台监视器无图像或单个站台的站台监视器无图像。

（2）车控室的监视器无图像，包括单个监视器无图像或所有监视器无图像。

（3）全站的监视器无图像。其实情况可归属于所有站台监视器无图像或者所有车控室监视器无图像的情况。

（4）控制中心的监视器无图像，包括单个监视器或者全部监视器无图像。

2. 控制键盘操作失效。

（1）车控室的键盘操作失效，包括单个键盘或者所有键盘操作失效。

（2）控制中心的键盘操作失效，同样包括单个键盘或者所有键盘操作失效。

3. 录像机故障，不能录制图像或不能播放录制的图像。

4. 监视器显示图像不正常。

上述的一些故障现象只是列举了一些通常会发生的故障现象，在具体的维护工作中，需要视系统具体情况，由维护人员不断的总结和补充。

（二）常见故障的处理方法

对故障进行处理，首先必须准确判断故障发生的部位。要做到这点，必须了解清楚系统的结构图，清楚系统线路的走向，采用逐段查找的方法，逐段排除完好或正常的部分，直到找到故障的具体位置。还可通过替换好的部件或转换线路的方法来判断当前的部件是否有故障。具体的方法将会在下面举例介绍。

1. 监视器无图像显示故障的处理方法

（1）站台监视器无图像

当站台监视器无图像时，首先要确定是所有站台的监视器无图像还是其中的一个或几个监视器无图像。

a. 所有的站台监视器均无图像

当所有站台的监视器均无图像时（发生此种故障的几率很小），通过分析系统结构图可知站台监视器的图像信号来自于视频交换矩阵的输出端，所以故障来源可能是视频交换矩阵的输出端，或可能是视频交换矩阵的内部处理单元，也可能是视频交换矩阵的输入端。可以通过查看系统其他部件的状态来进一步确定故障源，具体如下：

当车控室的监视器也全无图像时，可能是交换矩阵内部的故障，或者是交换矩阵的输入端的故障。当矩阵的电源及状态指示灯正常时，就要检查交换矩阵的输入端是否有图像。这样通过逐级检查的方法判断出故障点。显然，处理故障的前提必须是清楚了解系统的结构原理。

b. 一个或其中几个监视器无图像

当一个或几个监视器无图像时，可以使用便携式监视器检查监视器的输入端有无图像输入，如果没有图像信号，则逐段检查之前的部分，采用逐段检查的方法确定具体的故障点。如果是有图像信号输入，则应是监视器发生故障，应由有监视器维修资格的维修人员对监视器进行检修。

(2) 车控室监视器无图像

在车控室内有多台监视器。相应的故障现象也包括全部或其中一台监视器无图像。

a. 所有的监视器无图像

当发生车控室的所有监视器无图像的情况时，分析的方法与所有的站台监视器无图像的情况类似。所有车控室的监视器同时发生故障的几率很小，应查看之前的部件的工作状态。也是先检查站台的监视器是否也无图像，交换矩阵的工作状态是否正常，交换矩阵的输入端是否有图像信号输入。采用逐级检查的方法来判断故障点。

其实，通过经验总结。当发生站台或者车控室的监视器全无图像的故障现象时，基本上可以判断是由于交换矩阵的故障，包括电源故障或者是交换矩阵内部处理部件的故障。

b. 单个监视器无图像

与站台监视器的情况一样，也是先检查监视器的输入端有无图像输入，如果无图像输入，则逐级检查之前的部件，采用分段判断的方法确定故障点。如果有图像信号输入，则需要检查监视器，由有监视器维修资格的维修人员对监视器进行检修。

(3) 控制中心的监视器无图像

当控制中心的监视器无图像时，首先要区分是个别的监视器无图像还是所有的监视器无图像。具体处理方法如下（处理方法以采用模拟光纤传输方式为例）：

a. 所有的监视器无图像

当发生故障时，应快速判断是一个站的全部图像无还是所有的图像无。因为通常情况下控制中心的六台监视器同时显示一个站的图像。当切换到其他站的图像可以观看，而相应车站的站内监视器显示正常时，基本上可以判断是由于相应车站到控制中心的图像传输部分出现故障。如果相应车站的站内监视器均不能显示图像时，则可判断故障出在车站范围内，可采用分段检查的方法判断故障点。

当其他车站的图像均不能显示时，则故障点可能在控制中心视频交换矩阵的输出端或视频交换矩阵内部的处理单元。一般所有站到控制中心的图像传输部分不会同时出现故障，所以故障点基本上不会发生在视频交换矩阵的输入端之前的部分。

b. 个别监视器无图像

当出现个别监视器无图像时，同样的应切换其他的图像在故障监视器上显示，如果其他图像可以显示，则应判断故障点不是在监视器，而应向前逐级检查判断故障点。如果其他的图像同样不能在此监视器上显示，则故障点应在此监视器上，应对监视器进行检修，由有监视器维修资格的维护人员对相应的监视器进行检修。

(4) 站台分屏图像的一半无显示

还有一种特殊情况，可能出现在所有的监视器上，包括车站和控制中心的监视器。就是显示站台的分屏图像时，有一半的图像无显示。则通过分析系统原理可以知道，故障点可能出现在分屏单元的输入端之前，同样的可以采用分级查找的方法查找故障点，有分屏单元的输入端一直查找到相应的摄像机的输出端。所以可见，要达到快速准确地判断故障点，应掌握系统的工作原理，对系统的线路走向应了解清楚，这样才能准确地查找出故障部位。

2. 控制键盘操作失效的故障处理方法

一般当控制键盘出现无法操作的故障现象时，出现故障的部位无非包括键盘本身的故障、机柜或机柜到键盘接线部分的故障、机柜交换矩阵内部键盘控制部分的故障几方面。可以按以下方法进行处理（仅作参考）：

(1) 车控室或控制中心的控制键盘出现个别故障时的处理

当在车控室或控制中心有一个并不是全部键盘出现无法操作故障时，可以判断多数情况下是这个键盘出现了故障。快速的方法是更换上一个好的键盘，如果故障现象消除，则可断定是该键盘的故障。如果故障现象依然存在，则要检查由键盘到机柜模块输出端的线路是否正常，通过逐级排除的方法找出故障点。

(2) 车控室或者控制中心的控制键盘全部按键操作失效的处理

这种情况下，基本上可以排除键盘出现故障的可能性，应对照系统原理图检查由所有键盘的公共接点到视频矩阵内的键盘控制部分之间的线路与部件，包括检查提供给键盘的电源是否正常。

3. 录像机故障的处理方法

当录像机出现故障时，要区分故障点是在录像机本身、还是在从控制部分到录像机的控制部件或线路中。最快的判断方法是通过键盘操作控制录像机时，观看键盘有无相应的显示，如果没有控制录像机的信息，则可判断是控制键盘的故障，也就是控制源的故障。如果键盘上有相应的信息显示而录像机没有动作的话，则故障点可能是在由键盘到录像机的线路上或者是录像机本身的故障。通过更换一个好的录像机就可以判断是否录像机的故障。如果更换上好的录像机而故障仍然存在的话，故障点应在键盘到录像机的线路上，如果没有好的录像机在身边，而没有办法及时判断是否录像机故障时，也只有通过逐段查找的方法，检测上面提到的线路工作是否正常。

4. 监视器显示图像不正常的处理方法

遇到监视器的图像显示不正常的情况，应首先判断是否监视器的故障。如果是监视器的问题，则检修监视器。如果不是监视器的问题，则可以通过逐段排除法检查线路和部件，一直检查到摄像机。

第七章　广　播　系　统

第一节　广播系统组成与功能

一、系统概述

广播系统作为城市轨道交通运营行车组织的必要手段，具有快速响应的能力，它的主要作用有两方面，一方面对乘客进行广播，通知列车到站、离站、线路换乘、时间表的变更、列车的误点、安全状况等信息，或播放音乐改善候车环境；一方面是出于安全考虑，在突发或紧急情况时，作为事故抢险，组织指挥的防灾广播，对乘客进行及时有效的疏导和指引，提高应急响应能力；此外，广播系统还可以对运营人员进行广播，发布有关通知信息，便于协同配合工作，提高服务质量。

目前的广播系统可实现多音源选区的广播方式，即在不同区域可同时选择不同音源广播的平行广播功能，音源可选择人工、线路、预存语音等。对乘客的广播区域主要在全线各站的站厅、站台、列车车厢内；对运营人员的广播区域主要在办公区，站台、站厅、车辆段检修主厂房、运用库、段内道岔群附近，广播区域不覆盖站厅和站台以外的部分（如人行道和走廊连接处，地下街道，十字路口，入口等）。

控制中心和车站广播采用两级控制的工作方式，中心的广播信息通过传输网络提供的语音和数据通道传送到各站，实现中央调度员遥控选择或分组联系各车站的功能，车站只实现本地信息的广播。车辆段和列车的广播则相互独立。此外，广播系统具有优先级，即控制中心调度人员的优先级高于车站值班员，根据运营防灾抢险的需要，控制中心的环控调度员具有最高优先级。

二、系统组成

广播系统采用模块化设计、总线式结构，根据应用范围和控制级别的不同，广播系统可分为车站级广播设备（含车辆段）、中心级广播设备及列车广播设备组成，其中列车广播设备不在本章描述。

（一）车站级广播设备的组成

车站级广播设备主要由站长广播台（车站）、站台广播台（车站）、桌面广播台（车辆段）、轨旁广播台（车辆段）、噪声传感器、扬声器、中央处理器、电子矩阵、监听设备、功放设备、数字传输设备等组成。数字传输设备包括网络存储器和接口模块，传输的信息包括语音信息和控制信息。

（二）中心级广播设备的组成

中心级广播设备主要由智能广播台、扬声器、中央处理器、电子矩阵、监听设备、功放设备、数字传输设备等组成。数字传输设备包括网络存储器和接口模块，传输的信息包括语音信息和控制信息。

三、系统功能

广播系统的功能可分为中心广播功能、车站广播功能、站台广播功能，车辆段广播功能。预存广播信息功能，网管功能，自动音量调节功能，音频检测功能，远程控制功能，监听功能等。

（一）中心广播功能

控制中心值班人员可通过中心智能广播台对任意车站的任何区域进行单选、组选、全站或全线的远程广播，对控制中心的办公区进行本地广播。从中心发出的广播优先于任何车站的广播。

（二）车站广播功能

控制中心无广播时，车站值班员可通过站长广播台对本站站台、站厅、办公区进行单选、组选、全站广播。

（三）站台广播功能

控制中心和车站值班员都未对站台进行广播时，站台值班员对所在的站台进行定向广播。

（四）车辆段广播功能

轨旁广播台、桌面广播台均分布在车辆段范围内，但独立于车站和中心广播，供车厂值班员和线路上的维修人员进行定向广播。

（五）预存广播信息功能

根据不同的广播需求，通过数字语音存储器可分别录制不同时长不同数量的预存信息，满足现场的使用。

（六）网管功能

中心级设备与集中网管监控终端相连，通过网管系统，可实时检测各车站设备的运行状态，故障时会自动报警，便于设备维护及故障快速定位。

（七）自动音量调节功能

装在车站站台和站厅的噪感探头，可对所在站台、站厅的噪声电平进行检测，并通过自动音量调节器，控制信噪比，调整放大器的增益，实现广播音量自动调节。

（八）自动音频测试功能

中央处理器具有音频控制功能，可对系统各类放大器、信号发生器的音频电平进行调节，在线音频测试时（导频音为1kHz，0dB），可对预定的放大器音量失真度进行校准与调节，且不影响设备正常使用。

（九）远程控制功能

远程控制功能适用于广播系统中的任何一个站点，通过此站点可对其他站点进行远程控制，实现远控站点的所有功能，此功能与本地控制功能无法同时实现。

第二节　系统设备与运行控制方式

一、系统设备

广播系统设备主要分为控制设备、输入设备、输出设备几部分。典型的系统设备组成与工作原理框图如图7-1所示。

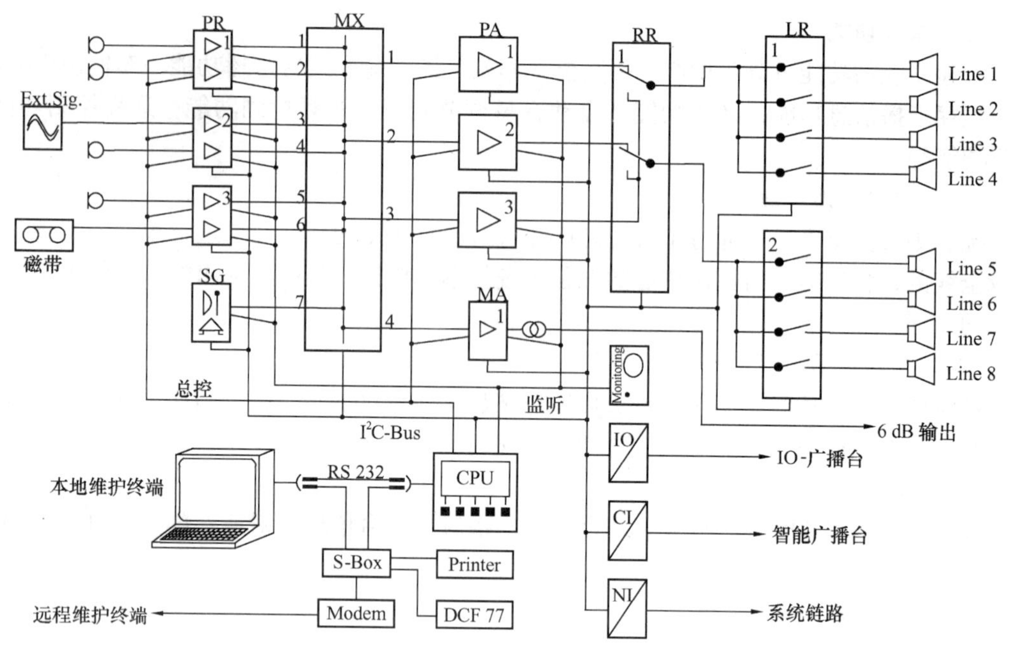

图 7-1 系统设备组成与工作原理框图

（图注：Ext.Sig—外部信号输入；PR—前置放大器；MX—电子矩阵；PA 功率放大器；SG—“咚”音信号发生器；MA—混合放大器；RR—替换终端分配器；LR—线路终端分配器；LOCAL HOST—本地维护终端；CPU—中央处理器；Monitoring—音频监听设备；IO—输入/输出模块）

（一）控制设备组成与功能

控制设备包括中央处理器、电子矩阵、输入/输出模块、数字传输模块等。

1. 中央控制处理器（CPU）

中央控制处理器是系统的核心设备，通过 I^2C 总线，可以控制系统所有设备，实现系统的监听、自检、音频控制、功放替换、远程控制、故障诊断等功能。

2. 电子矩阵（MX）

电子矩阵模块是一种 8 输入/8 输出的路由模块，可对设定的路由及优先级进行控制处理，具有扩展功能，经级联后最大可扩展为 128 输入/128 输出。

3. 输入/输出模块（I/O）

输入/输出模块是 48 条双向输入/输出询问控制设备（如中继、灯等）。

4. 数字传输模块

数字传输模块包括网络存储器和接口模块，通过 RS422 与传输系统的高品质语音卡提供 RS422 通道相连，形成广播系统环型网络，实现系统语音和控制信息的传递。

（二）输入设备

输入设备包括广播台、前置放大器、混合放大器、信号发生器等。

1. 广播台

广播台根据使用地点的不同，对应的种类与数量也不同，通常分为智能（中心）广播台、站长广播台、站台（轨旁）广播台、桌面广播台，后面章节会详细描述。

2. 前置放大器

前置放大器通过系统处理器控制高低音电平的均衡，实现话筒仿真功率输入。

3. 混合放大器

混合放大器是供前置放大器、信号发生器和接收机群组信号放大用的混频放大器。可控制高低音电平的均衡。

（三）输出设备

输出设备包括功率放大器、功放控制模块、线路分配器、音频监听模块、扬声器等。

1. 功率放大器

功率放大器具有过载和短路保护，开路保护，过热保护功能，可调节输入电平和监测输出电平，控制功放电源开关。故障情况下，备用功放和主用功放可在线进行替换，主用放大器恢复正常后，可自动返回主用状态，切换方式分自动和手动切换两种。

2. 功放控制模块

功放控制模块是连接功率放大器用的接口模块，提供故障报告的功能。

3. 线路分配器

线路分配器可按优先级别进行输出线路的切换。

4. 音频监听模块

音频监听模块通过对系统各类放大器、信号发生器的监听，实现在线监听各广播区的广播内容。

5. 扬声器

扬声器根据使用场地和环境的不同，通常在站台、站厅、办公区采用吸顶式扬声器，露天环境（如车辆段）则采用带匹配变压器的全天候号角扬声器。

二、运行控制方式

广播系统的中心广播和车站广播采用两级控制的工作方式（以西门子的广播系统为例）。

（一）实现方法

控制中心的智能广播台输出的音频信号和控制信号，通过系统 RS422 接口与通信传输

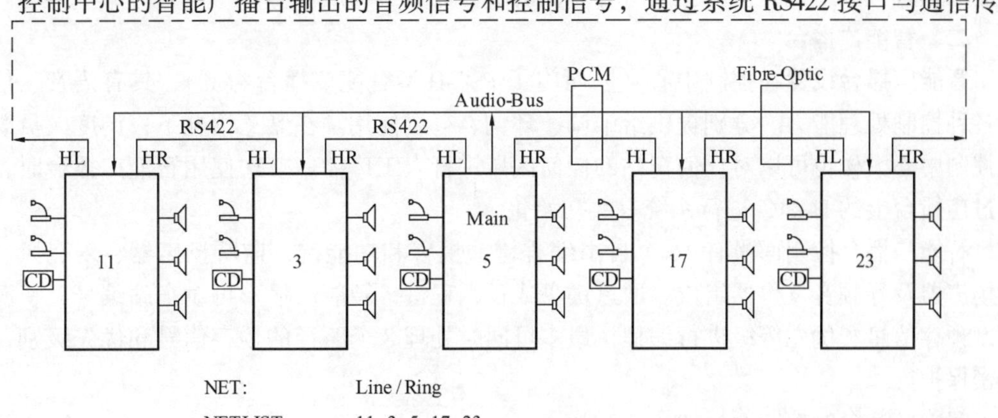

图 7-2　组网构成方式

系统的高品质语音卡提供RS422通道相连，经光缆传输到各站传输系统的高品质语音卡，再连接到车站广播设备，控制相应广播信道状态，并将语音信号送达被选择的广播区域，实现控制中心的远程广播组织和指挥。

（二）组网连接方式

系统以中央主站组成环形或线型网络，通过RS422接口进行互联传输，当其中一个子站故障，系统可通过子站设备中的网络接口单元进行旁路控制，直接连通到下一个子站，从而保证网络畅通。组网构成如图7-2所示。

系统内站与站之间的连接，可采用RS422及音频总线通过电缆直接连接的方式，但传输距离最长不超过600m（总线最大传送距离），也可采用PCM光纤传输方式，通过通信传输系统的数据和音频接口，连接组网。

第三节　中央智能广播台与车站控制广播台

一、广播的优先级

广播系统的控制中心和车站采用两级控制的工作方式，通常情况下以车站广播为主，若出现在事故抢险，组织指挥，疏导乘客安全撤离时，则以控制中心防灾广播为主。因而广播系统应具有优先级，不仅广播台与广播台之间要有优先级，同一广播台的不同音源之间也应该具备，根据实际应用情况，优先等级的高低可进行修改设置。

根据运营防灾抢险的需要，控制中心的环控调度员具有最高优先级，通常情况下，按优先级由高到低顺序依次排列为环调、行调、维调。控制中心调度人员的优先级高于车站值班员，站长广播台的优先级高于站台广播台。

就同一广播台而言，预存语音信息的优先级高于人工广播，预存语音信息的数量多少根据实际使用的要求而定，依据信息内容的不同，通常预存信息中的防灾广播优先级最高。

当多个等级的信息相继被触发时，正在播放的低优先级广播被中断，自动进入按序等待状态。以西门子的智能广播台为例，预存信息A1通常设为灾情广播，具有最高优先级，不需选区直接按下，即可对全线所有车站的所有区域进行广播。

二、智能广播台

智能广播台设置在控制中心（以西门子PSC-D型智能广播台为例），具有语音、信号及各种控制处理能力。分别提供给维调、环调、行调使用。在紧急情况下，调度人员既可对控制中心大楼也可以对任何车站的任何区域进行人工广播。首次使用智能广播台时，可通过广播台上的H键，进行系统参数初始化。

智能广播台控制面板有16个自由编程键，报警和功能键，监听扬声器、麦克风、集成扬声器及导频音发生器组成。通过键盘或预编程键，智能广播台可对车站编号，音源安排，预存信息和优先等级进行编程，最多可同时处理8个路径的预存信号和优先级别，可加密保护。

智能广播台的控制面板如图7-3所示。

智能广播台按键的功能设置如表7-1所示。

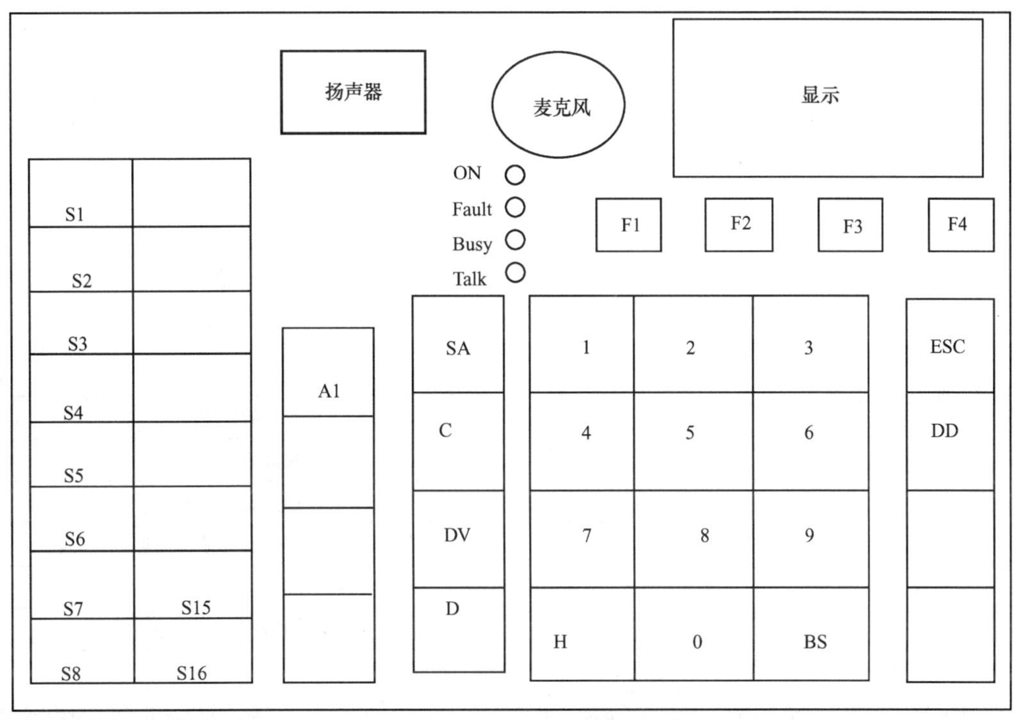

图 7-3 智能广播台的控制面板

按 键 的 功 能 表 **表 7-1**

键盘位置	键盘符号或显示灯、显示屏	功 能 说 明
左边一组按键	S1	录音信息 1
	S2	录音信息 2
	S3	录音信息 3
	S4	录音信息 4
	S5	录音信息 5
	S6	录音信息 6
	S7	目的地预选：所有站的所有站台区
	S8	目的地预选：所有站的所有站厅区
	S15	目的地预选：所有站的所有办公区
	S16	目的地预选：所有站的所有区域
中间靠左一组按键	A1（带保护罩）	具最高优先级的广播，可对所有车站的所有区域进行广播，不需按其他按键。(紧急呼叫)
中间一组按键	SA	控制中心大楼群呼键
	C	清除已选的区域（显示屏）
	DV	优先级比站长广播台高的广播（能中断）
	D	优先级比站长广播台低的广播（不能中断）

续表

键盘位置	键盘符号或显示灯、显示屏	功　能　说　明
中间靠右一组按键	1～9，0	数字按键
	H	广播台启动时的参数设置键
	BS	退格键（删除错误的输入）
右边一组按键	ESC	回到更高一级的菜单
	DD	目的地选择（选择呼叫区域）
显示屏下的一组按键	F1	菜单
	F2	
	F3	显示所有储存的故障信息
	F4	预选目的地选择
显示灯	ON	智能广播台正常工作
	Fault	故障显示（控制中心本地的设备）
	Busy	要求广播的区域忙
	Talk	广播台传输语音或录音信息
	注：当传输信道部分选通时，Busy 和 Talk 灯会同时亮	
显示屏	显示 4 行字符，提示故障，识别车站、车辆段、控制中心广播系统的备用放大器的切换	

三、站长广播台

站长广播台设置在车站控制室，具有语音、信号及各种控制处理功能。可进行人工广播、线路广播和预存语音广播，车站值班员可通过站长广播台对本站站台、站厅、办公区进行分别广播或同时广播。

四、站台（轨旁）广播台

站台广播台和轨旁广播台是一种全天候、有防护门的对讲台，外壳符合 IP65 的防水标准，可以在恶劣的环境中使用。站台广播台设置在站台中部的墙上，每个站台设有一个，可对所在站台进行定向广播，轨旁广播台设在车辆段内及地面站的轨道沿线，对所在检修区域进行定向广播。

五、桌面广播台

桌面广播台分布在车辆段范围内的通号楼、检修楼、运用库处，分别对车辆段道岔群、检修主厂房、运用库进行定向广播。

第四节　广播系统的运行管理

广播系统作为城市轨道交通运营行车组织的必要手段，运营期间，系统对车站乘客、维修和运行人员进行广播，提供有关时间表的变更、列车的误点、安全状况、偶发事故等信息；非运营期间，系统除了提供维护用途外，还需作为保证事故抢险，组织指挥等防灾广播，也需不间断运行。因此，对广播系统的运行管理主要的目的是保证系统的不间断运行，提供正常的使用功能。

一、广播系统运行管理的任务

广播系统运行管理的任务是通过对设备的操作和定期的巡视与维护，快速准确地处理系统故障，从而满足系统正常运行的需求。

二、运行管理的内容

广播系统外部设备多，分布面广，使用频繁。因此系统的运行管理一方面要包括使用人员的日常使用及必要的维护，另一方面维修人员应该采取计划性维修与故障修相结合的维护模式，保证设备良好状态。

（一）设备使用人员的日常保养

使用人员按照实际情况，除按要求正确使用设备外，还需定期对广播台按键和麦克风进行必要的清洁工作。

（二）系统维护人员的预防性维护和故障处理

设备维护与故障处理过程中要严格遵守安全生产制度和技术安全规定。

1. 运营时的日常巡视检查。为确保广播系统正常运行，根据设备使用的频率和重要程度，维护人员应该每周或每日一次对设备进行检查。并将设备运行状态与标准状态进行比较，积累基础数据，通过数据之间变化和差异，及早发现设备存在问题，减少故障的发生。

2. 计划性维修，维护人员根据设备检修周期与工作内容，制定系统年度检修计划，包含日常保养、二级保养、小修等，对设备进行周期性检查维护工作，目的是通过对设备参数、性能的测试和机械特性的检查，分析设备存在问题，查找设备隐患，及时采取有效措施，减少设备常见的故障发生。

3. 故障处理

故障处理须坚持“先开通，后修复”的原则。当设备发生故障时，应尽快采取相应的处理措施，排除故障，恢复设备使用。故障处理完成后，应检查确保设备状态完全恢复正常，故障部件的修复工作不应影响设备的正常使用。

4. 设备运行管理。及时记录设备维修和故障的处理，建立设备运行履历簿，记录设备运行历史记录。对设备故障情况进行分析，找出设备缺陷并加以克服。

5. 备品备件和工器具管理。根据设备使用实际情况，及时申购备品备件，保证足够备件数量，对维修用工器具进行科学管理，仪器仪表及时送检，建立管理台账。

三、应备的记录、技术资料

（一）根据制定的检修计划，应制定相应的记录表格，包括广播系统日检表、周检表、月检表、年检表和中修表。各种表格应与相应的检修周期和工作内容相对应，并应确保所有的检修内容能在表中反映出来。

（二）广播系统应备的技术资料与图纸有采购合同文本、维护手册、操作手册、竣工资料和图纸、安装调试验交手册、系统设备平面布置图、系统原理图和培训手册等。

四、维护用工器具和备件

（一）维护用的工器具，如表7-2所示。

（二）用于维修的备件数量

备件数量可考虑按照实际使用设备数量的5%～10%考虑，如果是系统重要设备，还应考虑1备1的方式。对于一些故障多发的外围设备，如麦克风，应考虑多备一些备件。

考虑备件数量应设定一个最低库存数量，实际备件数量不应小于最低库存数量。

广播系统维护工器具清单 **表 7-2**

序号	名　　称	规　格　型　号	单位
1	手提工具箱	DAIKEN. DTB－005	个
2	吸锡器	ST773	个
3	电烙铁	75W，外热式	把
4	钢卷尺	5m，SATA91303	个
5	钢卷尺	15m	个
6	皮尺	50m	个
7	活动扳手	250mm，SATA47204	把
8	强力压著电脑钳	SATA91104	把
9	万用剥线钳	0.5～6.0mm，SATA91108	把
10	省力型电工钢丝钳	SATA，72201	把
11	省力型电工斜口钳	SATA，72301	把
12	微型螺丝批组	花形，6 件，SATA09313	套
13	29 件多用螺丝批	J3200	盒
14	木柄安装锤	SATA92504	把
15	木柄羊角锤	0.68kg，SATA92325	把
16	12.5mm 系列套筒工具	公制 20 件，SATA09005	套
17	14 件套公制全抛光两用扳手	世达，09026	套
18	充电式起子	GSR 9.6－1，BOSCH	套
19	冲击钻	GBH 2－24 DSE，BOSCH	把
20	手电钻	GBM 400/GBM 400 RE，BOSCH	把
21	直柄防静电刷子	SATA 03371	个
22	U 型防静电刷子	SATA 03372	个
23	防静电酒精瓶	SATA 03311	个
24	应急闪灯	海洋王	个
25	吸尘器	三洋	只
26	强光电筒	海洋王	只
27	电吹风	1000W	个
28	电缆割刀	SATA97302	把
29	热熔胶枪	PKP18E 博世牌	把
30	绝缘螺钉旋具	7 件，SATA09301	套
31	交流毫伏表	DA－16	块
32	兆欧表	ZC25B－3，500V	块

续表

序号	名　　称	规 格 型 号	单位
33	直流稳压电源	0~110V 可调	台
34	数字示波器	TDS380	台
35	阻抗仪	LCR-814	台
36	声级计	HS6288 型	台
37	音频分析仪	GAG810/ZN4116	台

第五节　设备维护与故障处理

一、广播系统的操作维护规程

(一) 广播系统机柜操作维护规程的基本条件

1. 广播系统系统工作正常。

2. 通信 UPS 系统供电稳定。

(二) 维护注意事项

1. 广播系统的日常检修和二级保养的维护工作由初级工以上人员操作;

2. 小修和中修的维护工作由高级工以上人员操作。初级工和中级工需在技术人员或工班长指导下进行操作;

3. 维护过程中尽量避免影响站务人员的使用;

4. 广播系统的模块，除中央处理器、功率放大器，更换可带电操作，但须佩带防静电手环;

5. 更换中央处理器时需关断广播系统机柜电源;

6. 更换功率放大器时关断放大器电源;

7. 更换中央处理器后，需通过维护软件重新进行系统参数的设置。

(三) 广播系统机柜启动操作规程

1. 适用情况

广播系统机柜因供电中断或人为切断电源后，重新恢复供电时使用。

2. 操作人员等级

中级工以上人员。初级工在高级工以上人员指导下进行操作。

3. 当电源系统供电中断时，广播系统机柜停止工作，电源系统供电恢复时，广播系统机柜自动恢复工作。此时，应检查以下内容:

(1) 检查中央处理器状态指示灯，正常红灯灭;

(2) 检查机柜电源开关的灯，正常灯亮;

(3) 检查自动音量调节器模块电平灯，正常在 -10~-18dB 之间;

(4) 功放绿灯，正常灯亮;

(5) 功放红灯，正常灭;

(6) 自动音频测试功能正常;

(7) 在车控室通过广播台的操作检查广播机柜工作是否正常。正常时可对不同区域进行预存语音广播、人工广播；

(8) 如果是控制中心的广播机柜启动，则还需在控制中心检查行调和环调、维调用智能广播台工作是否正常；

以上步骤检查正常后，可以判断广播系统机柜正常启动。

4. 当因为检修的要求需要停止广播系统机柜工作时，应首先断开机柜内开关，再断开电源分配柜内对应的空气开关。检修完毕，需要重新启动广播系统机柜时，按以下步骤进行。

(1) 启动前检查

系统电源开关断开。

电源系统输送来的电压正常（交流220V，±10%）。

(2) 启动步骤

闭合电源分配柜中对应的空气开关；

依次闭合系统开关，之后进行下述检查确认，即

a. 检查中央处理器状态指示灯，正常红灯灭。

b. 检查电源开关灯，正常灯亮。

c. 检查自动音量调节器模块电平灯，正常在－10～－18dB之间。

d. 功放绿灯，正常灯亮

e. 功放红灯，正常灭

f. 自动音频测试功能正常

g. 在车控室通过广播台的操作，检查广播机柜工作是否正常。正常时可对不同区域进行预存语音广播、人工（线路）广播。

以上步骤检查正常后，可以判断广播系统机柜正常启动。

如果是控制中心的广播机柜启动，则需在控制中心检查行调和环调、维调用的智能广播台工作是否正常。

(四) 广播系统设备使用操作规程

使用操作规程用于规范使用人员的使用，保证不因使用人员使用不当造成设备故障或影响正常使用。规程应包括设备的使用操作说明及对使用人员操作设备的规范说明，并应根据系统设备实际情况具体制定，但须遵循以下原则：

1. 使用人员应保证使用设备的清洁卫生，每周（每日）清洁一次设备。

2. 使用人员不应在设备使用范围内进行吃饭或喝水等与工作无关的事情，避免设备进水烧毁设备。

3. 使用人员应严格按照安全部门的规定使用智能广播台设备，不可随意更改参数设置。

4. 使用人员发现设备故障后，应及时报告维调，通知维护人员前来维修，在修复之前应加强对不能广播区域的监控，避免安全事故的发生。

5. 使用人员使用设备时应严格按照设备操作指南使用设备。

二、广播系统的检修周期与工作内容

广播系统的检修周期分为日常保养、二级保养、小修和中修。对应不同的检修周期，有不同的工作内容，如表7-3所示。

广播系统设备检修周期与工作内容 表 7-3

<table>
<tr><th>序号</th><th>设备</th><th>修程</th><th>检修工作内容</th><th>周期</th></tr>
<tr><td rowspan="4">1</td><td rowspan="4">机柜设备</td><td>日常保养</td><td>1. 查看各模块的状态指示灯。
2. 通过中央处理器查看上次检查至今的故障记录。
3. 清洁机柜表面</td><td>每周</td></tr>
<tr><td>二级保养</td><td>1. 同日常保养内容。
2. 通过中央处理器查看系统状态参数。
3. 检查录音信息。
4. 清洁机柜内部。
5. 检查机柜内部的配线。
6. 进行主备用功放切换的试验。
7. 通过中央处理器进行自动音频测试</td><td>每月</td></tr>
<tr><td rowspan="2">中修</td><td>1. 同二级保养内容。
2. 替换机柜内各模块，清洁并检测替换下的模块。
3. 检查机柜内连线，更换氧化、老化的线路。
4. 机柜的地线功能测试及整治。
5. 测试机柜内各模块的输入、输出电平值，整改线路。
6. 对所有地线紧固件进行打磨、更新、重新上油。</td><td>每 3 年</td></tr>
<tr><td>7. 系统软件的测试、更新与升级。
8. 对测试终端进行技术改造或更换</td><td>每 5 年</td></tr>
<tr><td rowspan="3">2</td><td rowspan="3">智能广播台</td><td>日常保养</td><td>1. 检查广播台的按键功能。
2. 检查广播台麦克风有无松动</td><td>每天</td></tr>
<tr><td>二级保养</td><td>1. 同日常保养内容。
2. 清洁广播台。
3. 广播功能测试</td><td>每月</td></tr>
<tr><td>中修</td><td>1. 同二级保养内容。
2. 替换智能广播台。
3. 更换老化的按键、连线及接头。
4. 清洁键盘内部的按键、连线及接头</td><td>每 3 年</td></tr>
<tr><td rowspan="4">3</td><td rowspan="4">站长广播台
站台广播台
轨旁广播台
桌面广播台</td><td>日常保养</td><td>1. 检查广播台各按键的功能。
2. 检查广播台麦克风有无松动。
3. 广播台播音功能测试</td><td>每周</td></tr>
<tr><td>二级保养</td><td>1. 同日常保养内容。
2. 检查广播台的连线。
3. 清洁广播台。
4. 更换坏的按键指示灯。
5. 检查广播台是否固定</td><td>每月</td></tr>
<tr><td>小修</td><td>1. 同二级保养内容。
2. 更换老化、破损的线路，按键</td><td>每年</td></tr>
<tr><td>中修</td><td>1. 同小修内容。
2. 清洁键盘内部的按键、连线及接头。
3. 替换电气特性不良的广播台部件</td><td>每两年</td></tr>
</table>

续表

序号	设备	修程	检修工作内容	周期
4	DEL－180F 喇叭 DEL－220F 喇叭 Lamprodyn 喇叭 15W 号角喇叭 噪感	二级保养	1. 通过自动音量调节器判断噪感是否正常。 2. 按区域检查喇叭工作是否正常。 3. 更换坏的喇叭	每季 需要时
		小修	1. 同二级保养内容。 2. 维修质量标准的检查调整。 3. 广播网阻抗测试检修	每年
		中修	1. 同小修内容。 2. 逐个检查每个喇叭，更换性能不良者。 3. 检查线路，更换电气特性不良的线路及接头	每五年

三、广播系统检修工艺

在制定检修周期与工作内容的基础上，还应规定设备检修技术标准的基本规章，即系统检修工艺，作为日常检修及质量评定的依据，如表 7-4 所示。

广播系统检修工艺 **表 7-4**

广播系统检修工艺					
修程	周期	人员等级	工时	记录表格	材　　料
日常保养	每天（OCC） 每周（车站）	初级工	2 人×21h	广播系统周（日）检表	抹布、清洁剂、 绝缘胶布、焊锡丝
二级保养	每月	初级工	84h	广播系统月检表	抹布、清洁剂、 绝缘胶布、焊锡丝
小修	每年	中级工	126h	广播系统年检表	抹布、清洁剂、 绝缘胶布、焊锡丝
中修	每 5 年	高级工	252h	广播系统中修记录表	抹布、清洁剂、 绝缘胶布、焊锡丝、按键
修程	周期	工 具			
日常保养	每周（天）	螺丝刀、万用表、活动扳手、电烙铁			
二级保养	每月	螺丝刀、万用表、活动扳手、电烙铁			
小修	每年	螺丝刀、万用表、活动扳手、电烙铁、音频分析仪、声级计、信号发生器、阻抗测试仪			
中修	每 5 年	螺丝刀、万用表、活动扳手、电烙铁、音频分析仪、声级计、信号发生器、阻抗测试仪			
安全注意事项： 1. 做好请点、消点、消令工作（需要时）； 2. 作业人员必须按安全规程进行作业，严禁乱动、乱拆设备					

序号	检修工作内容	周期	检修步骤	检修标准
1	检查广播台的按键功能	日常保养	1. 在广播台上进行人工广播操作。 2. 在广播台上进行语音广播操作。 3. 选择不同区域进行广播	人工广播与语音广播均正常 可对不同区域进行广播

续表

序号	检修工作内容	周期	检修步骤	检修标准
2	检查广播台的连线	日常保养	1. 用手转动麦克风头，判断是否松动。 2. 打开广播台外壳，检查连线	麦克风头紧固，不松动 广播台内部连线无缠绕现象
		小修	更换老化、破损的线路，按键	连线、按键无老化，接触良好
		中修	清洁广播台内部线路，接头和按键	广播台内连线、按键无积尘，无老化，接触良好
3	广播台播音功能测试	日常保养	选择区域，进行人工广播 检查麦克风底座是否牢固	所播出的声音清晰正常，无杂音，麦克风牢固无松动
4	清洁广播台	二级保养	1. 用干净抹布擦拭广播台表面。 2. 用清洁剂擦去广播台表面污垢。 3. 检查广播台是否固定	广播台表面清洁无尘 广播台应牢固
5	更换坏的广播台按键灯	二级保养	1. 逐个试验广播台上的按键。 2. 检查广播台按键灯是否正常	广播台按键灯均可正常显示
6	查看各模块的状态指示灯	日常保养	查看各模块的状态指示灯	各模块的状态指示灯显示正常
7	清洁机柜及机柜内模块	日常保养	1. 用干净抹布擦拭机柜表面。 2. 用清洁剂擦去机柜表面污垢	机柜表面清洁无尘
		二级保养	用干净抹布擦拭各模块表面	各模块清洁无积尘
		中修	1. 替换机柜内各模块。 2. 清洁并检测替换下的模块	各模块工作正常，表面无积尘
8	检查机柜内部的配线	二级保养	检查机柜内配线（包括地线）有无松动、破损，线缆标识是否清晰	机柜内配线无松动、破损，线缆标识清晰，各紧固件牢固
		小修	1. 检查机柜内连线，查看有无破损、老化和氧化线路。 2. 更换氧化、老化的线路。 3. 查看机柜接地点到接地箱的地线有无破损，老化更换性能不良的地线。 4. 对所有紧固件进行打磨、更新、重新上油	线路完好，无老化、氧化和破损 机柜的地线功能正常 紧固件完好，油润
9	检测功放主备用切换试验和通过中央处理器进行自动音频测试，	二级保养	1. 检查各功放能否正常切换。 2. 检查自动音频测试是否正常	各功放工作正常，且能主备用切换 自动音频测试各项参数正常
10	测试机柜内各模块的输入输出电平值	中修	1. 用信号发生器在模块的输入端输入 1kHz 0dB 信号。 2. 用电压表在模块的输出端测试输出信号的电平	输出电平值满足标准值

续表

序号	检修工作内容	周期	检修步骤	检修标准
11	对维护终端进行技术改造或更换	中修	1. 对维护终端进行技术改造。 2. 必要时对维护终端进行更换	维护终端工作正常
12	通过机柜的自动音量调节器判断噪感是否正常。	二级保养	查看的自动音量调节器电平指示灯	当外部噪声增大时，电平指示灯有变化
13	按区域检查扬声器工作是否正常	二级保养	1. 对各区域进行播音。 2. 监听各扬声器工作是否正常	各扬声器输出正常，播音清晰 更换坏的扬声器
14	广播网阻抗测试	小修	将广播网从功放输出端断开，接入阻抗测试仪进行测试	符合技术标准
15	逐个检查每个扬声器，更换性能不良者	中修	1. 逐个检查每个扬声器。 2. 更换性能不良者	扬声器工作正常
16	检查线路，更换电气特性不良的线路及接头	中修	1. 检查线路。 2. 更换电气特性不良的线路及接头	线路完好，接头的电气性能良好

四、设备检修记录表格（例）

（一）广播系统设备周检表，见表 7-5。

广播系统设备周检表 **表 7-5**

检查地点			车站	车站	车站	车站	车站
系统	项目		检查结果				
广播系统	智能广播台	对控制中心和各站的广播功能正常	是□ 否□	是□ 否□	是□ 否□	是□ 否□	是□ 否□
	站长广播台	是否可对各区域进行人工广播	是□ 否□	是□ 否□	是□ 否□	是□ 否□	是□ 否□
		是否可对各区域进行录音广播	是□ 否□	是□ 否□	是□ 否□	是□ 否□	是□ 否□
		麦克风是否松动	是□ 否□	是□ 否□	是□ 否□	是□ 否□	是□ 否□
		按键灯是否正常	是□ 否□	是□ 否□	是□ 否□	是□ 否□	是□ 否□
	站台广播台	是否可对本站台进行人工广播	是□ 否□	是□ 否□	是□ 否□	是□ 否□	是□ 否□
		广播台是否松动	是□ 否□	是□ 否□	是□ 否□	是□ 否□	是□ 否□
	机柜	电源开关 F1 至 F3 灯：正常亮	亮□ 灭□	亮□ 灭□	亮□ 灭□	亮□ 灭□	亮□ 灭□
		W4 模块电平灯（-10～-18dB）	亮□ 灭□	亮□ 灭□	亮□ 灭□	亮□ 灭□	亮□ 灭□
		CPU 模块红灯：正常灭	亮□ 灭□	亮□ 灭□	亮□ 灭□	亮□ 灭□	亮□ 灭□
		功放绿灯 Ub：正常亮	亮□ 灭□	亮□ 灭□	亮□ 灭□	亮□ 灭□	亮□ 灭□
		功放红灯：正常灭	亮□ 灭□	亮□ 灭□	亮□ 灭□	亮□ 灭□	亮□ 灭□
		有无进行自动音频测试	有□ 无□	有□ 无□	有□ 无□	有□ 无□	有□ 无□
有无清洁各系统机柜			有□ 无□	有□ 无□	有□ 无□	有□ 无□	有□ 无□

续表

检　查　地　点	车站	车站	车站	车站	车站
检查日期					
检查人签名					
工班长检查签名					
备注					

（二）广播系统设备月检表，见表 7-6。

广播系统设备月检表 **表 7-6**

检查地点：________________检查时间：________________作业令号：________________

检查人员：____

设备房温度：______________设备房湿度：______________

一、PA 机柜的检修记录

1. 查看各模块的状态指示灯（中央处理器模块）红灯灭，自动音量控制器灯在 – 10dB 至 – 18dB 间跳动）。

正常（　　）不正常（　　）

2. 通过中央处理器模块查看上次检查至今的故障记录。(如果有新的故障记录则记录下来)

记录：____

3. 通过中央处理器模块查看系统状态（各模块的状态显示 OK)。正常（　　）不正常（　　）

4. 检查录音信息（录音信息完整，播放正常）。正常（　　）不正常（　　）

5. 检查机柜内部的配线（主要检查配线接口有无松脱和氧化）。正常（　　）不正常（　　）

6. 进行主备用功放切换的试验。(人工关闭主用攻放，切换到备用攻放使用测试。)

正常（　　）不正常（　　）

7. 通过中央处理器模块进行自动音频测试。正常（　　）不正常（　　）

二、广播台检修记录

1. 检查广播台的按键功能。正常（　　）不正常（　　）

2. 检查广播台麦克风有无松动。是否松动：是（　　）否（　　）；有无紧固：有（　　）无（　　）

3. 智能广播台广播功能测试（能对全线各站和 OCC 大楼进行广播）。正常（　　）不正常（　　）

4. 车站及车辆段广播台播音功能测试（能够对本站区域进行广播）。正常（　　）不正常（　　）

5. 检查广播台的连线。(无松动、氧化、破损和锈蚀）正常（　　）不正常（　　）

6. 更换坏的按键指示灯。有（　　）无（　　）

7. 检查广播台是否固定。是否松动：是（　　）否（　　）；有无紧固：有（　　）无（　　）

三、清洁机柜表面和内部，清洁广播台。

机柜里外及广播台是否有积尘及污迹：是（　　）否（　　）；

是否进行清洁：是（　　）否（　　）。

备注：____

作业负责人：________________　　工班长：________________

日期：　　年　　月　　日　　日期　　年　　月　　日

（三）广播系统设备季检表，见表 7-7。

广播系统设备季检表 **表 7-7**

设备位置	设备数量	设备状态		备注
		音量	外观情况	
站厅设备区				
车站控制室				
站长室				
AFC 检修室				
AFC 分检室				
站务室				
会议室				
安全局办公室				
照明配电室				
环控电控室（1）				
环控电控室（2）				
公安室				
售票亭（B）				
售票亭（A）				
银行				
民用通信室				
照明配电室				
照明配电维修室（A）				
信号设备房				
通信设备房				
站台设备区				
低压配电室				
高压配电室				
照明配电室				
监控亭（B）				
监控亭（A）				
乘务员休息室				
SIG 检修室				
站台公共区				
站厅公共区				

（四）广播系统设备年检表，见表7-8。

广播系统设备年检表 **表7-8**

检查地点：__________检查时间：__________作业令号：__________
检查人员：__________
设备房温度：__________设备房湿度：__________
一、广播系统月检内容所规定的检修：
是否完成月检的内容：是（ ）否（ ）
是否填写月检表：是（ ）否（ ）
二、广播机柜的年检：
1. 机柜的地线功能测试（接地电阻 $<0.5\Omega$）及整治。
接地电阻＝__________Ω。
2. 是否对所有地线紧固件进行打磨、更新、重新上油。
是（ ）否（ ）
3. 是否清洁各模块表面。
是（ ）否（ ）
三、广播台年检：
是否更换老化、破损的线路，按键。
是（ ）否（ ）
四、喇叭年检：
广播网阻抗测试检修。（测量每个广播区域的阻抗值）
正常（ ）不正常（ ）
备注：__________

作业负责人：__________工班长：__________
日期：　年　月　日　日期　年　月　日

（五）广播系统设备中修表，见表7-9。

广播系统设备中修表 **表7-9**

检查地点：__________检查时间：__________作业令号：__________
检查人员：__________
设备房温度：__________设备房湿度：__________
一、广播系统年检内容所规定的检修：
1. 是否完成年检的内容：是（ ）否（ ）
2. 是否填写广播系统年检表：是（ ）否（ ）
二、广播机柜的中修：
1. 替换机柜内各模块，清洁并检测替换下的模块。
清洁及替换记录：__________
2. 检查机柜内连线（无破损、松动、氧化和锈蚀），更换氧化、老化的线路。
检查及更换记录：__________
3. 机柜的地线功能测试（接地电阻 $<0.5\Omega$）及整治。接地电阻测量值：__________整治记录：__________
4. 测试机柜内各模块的输入、输出电平值（0dB），整改线路。测试值：__________dB
整改记录：__________
5. 是否对所有地线紧固件进行打磨、更新、重新上油：是（ ）否（ ）
三、广播台中修：
1. 是否清洁键盘内部的按键、连线及接头。是（ ）否（ ）
2. 替换电气特性不良的广播台部件。

续表

替换记录：____

四、喇叭中修：

1. 逐个检查每个喇叭，更换性能不良者。

检查结果及更换记录：____

2. 检查线路，更换电气特性不良的线路及接头。

检查结果及更换记录：____

备注：____

作业负责人：__________ 工班长：__________

日期： 年 月 日 日期 年 月 日

五、常见故障处理与分析

（一）站长广播台故障

故障名称	站长广播台故障
故障描述	广播台的录音广播和人工广播均无法使用
故障原因	接线盒或机柜内接线松落、接线盒到广播台的接口有损、广播台有损坏
工器具	组合螺丝刀、备用广播台、跳线
故障处理程序	接好松落的线、重做接口、更换广播台

（二）站长广播台人工广播故障

故障名称	站长广播台人工广播故障
故障描述	车控室的人工广播无法进行，录音广播正常
故障原因	咪头有损坏、咪头到广播台功放的线松落、接线盒到前置放大器前的线松落
工器具	组合螺丝刀、跳线
故障处理程序	更换咪头、重新接好松落的连接线

（三）站长广播台录音广播故障

故障名称	站长广播台录音广播故障
故障描述	车控室的人工广播正常，但录音广播无法使用
故障原因	接线盒到前置放大器前的线松落、数字语音存储器损坏
工器具	组合螺丝刀
故障处理程序	重新接好松落的连接线，更换数字语音存储器损坏送检

（四）部分区域或全区不能广播

故障名称	部分区域或全区不能广播
故障描述	车控室广播时，部分区域或全区不能广播
故障原因	1. 智能广播台占用线路。 2. 机柜内分配线板上对应的接线松落。 3. 相应区域的功放被关上或故障
工器具	组合螺丝刀
故障处理程序	1. 等待中心级用完，高优先级广播。 2. 接好松落的线。 3. 合上被关上的功放或维修功放

（五）广播台音量控制旋钮无控制功能

故障名称	广播台音量控制旋钮无控制功能
故障描述	广播台音量控制旋钮无控制功能
故障原因	旋钮有损坏
工器具	组合螺丝刀
故障处理程序	更换旋钮

（六）广播台上的喇叭无声响

故障名称	广播台上的喇叭无声响
故障描述	广播台上的喇叭无声响
故障原因	广播台内接线松落；机柜内的 MA 模块有故障
工器具	组合螺丝刀
故障处理程序	接好松落的线；维修 MA 模块

（七）广播台上的按键无选控功能

故障名称	广播台上的按键无选控功能
故障描述	广播台上的按键无选控功能
故障原因	按键有损坏
工器具	组合螺丝刀
故障处理程序	把线换到另一个按键上

（八）功放在自检过程中，测出输出电平过高（VOL HIGH）

故障名称	功放在自检过程中，测出输出电平过高（VOL HIGH）
故障描述	中央处理器显示功放输出电平过高，无法通过自检恢复正常
故障原因	系统参数偏移，超出正常范围
工器具	组合螺丝刀
故障处理程序	进行自动音频测试设置，调节功放的输出电平： 1. 按相应的功能键，进入相应的参数设置（Parameter Setting）主菜单； 2. 选择所需的音频测试设置点子菜单； 3. 选择故障模块 PA001 OUTPUT； 4. 进入编辑状态； 5. 进行自动测试并调整功放的输出电平（OK）ODB 左右； 6. 返回主菜单； 7. 检查故障信息，显示共、功放 1 正常 K； 如无效，广播的电平仍无法调节，则需要更换故障模块（接口板）
更换程序	1. 将故障功放切换到备用功放工作状态，并确认备用功放工作正常； 2. 关闭故障功放的电源开关，机柜报警； 3. 卸下机柜的螺丝，打开机柜； 4. 松开功放接口板与功放之间的连接；（画出相应的连接示意图或参照有关图纸）； 5. 取出接口板，设置好新板的跳线，将新功放插入槽道中； 6. 将接口板按照原有的接线与功放连接，并检查所有连接，经确认后，紧固，打开功放前面板的电源开关，系统将进行自检，主用功放会自动代替原来使用的备用功放； 关好机柜，将故障模块带回作进一步检修

第八章 电 源 系 统

第一节 电源系统组成与原理

一、系统概述

电源系统在城市轨道交通通信系统中作用极为关键，它是通信系统各设备正常工作的重要保障，除了要消除电网对通信设备的损害，还要保证对设备的供电要求和质量。

电源系统的主要作用有以下几点：

1. 隔离作用：将电压波动、频率波动及电压噪声等因素阻挡在设备之前，使负载对电网不产生干扰，又使电网中的干扰不影响到负载。

2. 双路电源之间不间断相互切换。

3. 实现电压变换。

4. 实现频率变换。

5. 为通信系统提供一定的后备时间。

二、系统组成与工作原理

（一）系统组成

不间断电源系统（也称 UPS 系统）是主电源与负载之间的连接部分、一般分为 UPS 机柜和蓄电池两部分，主要有以下部件组成：

1. 整流器，交流电压转直流电压。

2. 逆变器，直流电压转为交流电压。

3. 直流充电回路，提供 UPS 系统与蓄电池之间的连接。

4. 静态旁路开关，在负载与市电之间提供直接连接功能。

5. 手动旁路开关，在不中断负载供电的情况下，提供 UPS 设备手动操作功能的服务旁路装置。

6. 各种保护（过流和限流、过压、空载、电池电压过低保护）电路及相关的指示灯和蜂鸣器。

（二）系统工作原理

UPS 系统按其输出波形，可分为方波输出和正弦波输出两大类；按其操作方式又可分为离线式和在线式的 UPS 电源。

1. 离线式 UPS 系统

离线式 UPS 系统，平时由市电直接向负载提供电源，市电故障时瞬间切换到由逆变器供电，有切换时间，易受电网波动影响。

2. 在线式的 UPS 系统

在线式的 UPS 系统，通常由市电经整流器-逆变器后向负载供电，市电中断时，改由蓄电池—逆变器方式向负载供电。期间，一旦市电恢复正常供电，UPS又重新切换到由逆变器对负载供电，无转换时间，有稳压、稳频、隔离作用。在线式UPS系统工作原理图如图8-1所示。

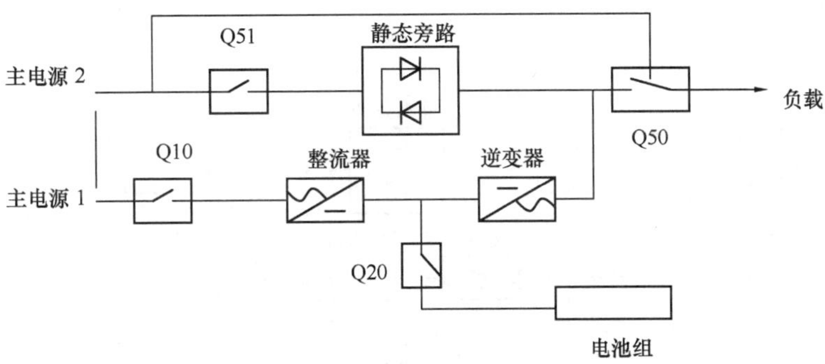

图8-1 在线式UPS系统工作原理图

图中主电源1与主电源2通过终端配线板连接。系统具有以下几种工作模式：

(三) UPS系统的几种工作模式

1. 正常工作模式，如图8-2所示。

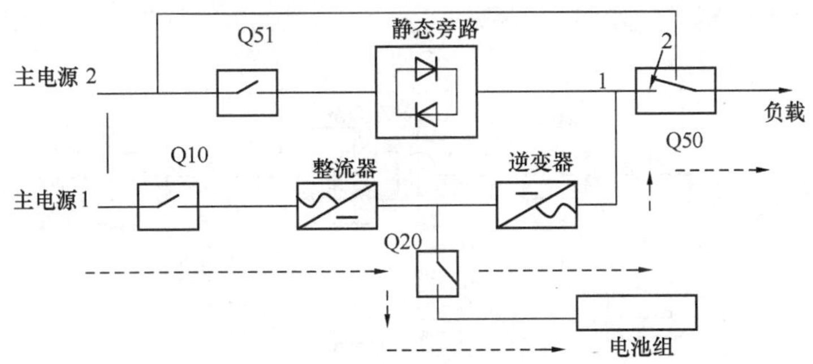

图8-2 正常工作模式

正常工作模式：整流器将三相交流电压转换为直流电压，经逆变器后转为交流供给负载，这样就稳定了负载的电流和频率，电池处于浮充状态，此时浮充电流很小。

2. 蓄电池工作模式，如图8-3所示。

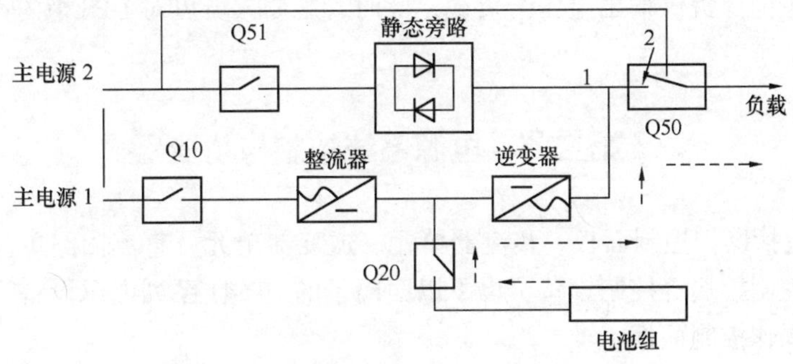

图8-3 蓄电池工作模式

蓄电池工作模式：主电源供电中断，蓄电池由充电状态转为放电状态，由电池给逆变器供电，输出给负载。由于蓄电池放电有时间限制，若主电源恢复前，电池放电停止，则逆变器将会停止运行；若主电源恢复供电，则蓄电池有放电状态转为充电状态，同时整流器输出供给逆变器。

3. 静态旁路模式，如图 8-4 所示。

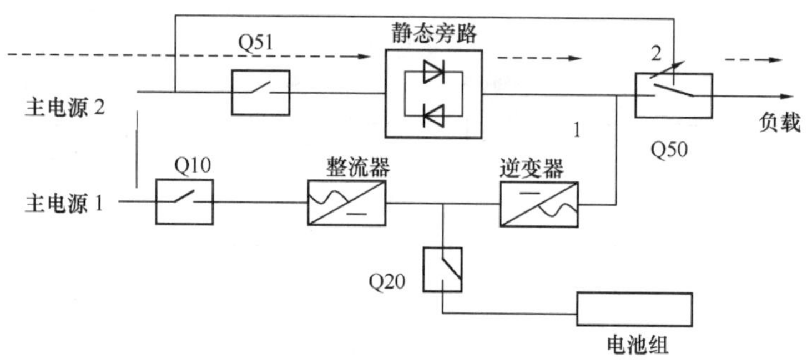

图 8-4　静态旁路模式

静态旁路工作模式：逆变器输出过载，负载短路，逆变器过热、过压、欠压或故障情况下，系统会自动切断逆变器，转为静态旁路直接输出给负载。

4. 手动旁路工作模式，如图 8-5 所示。

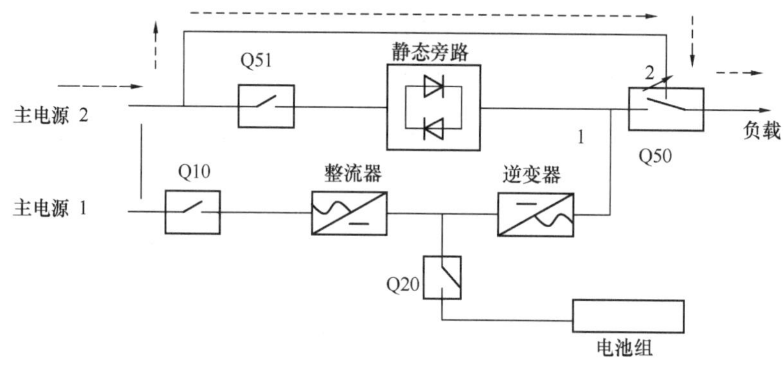

图 8-5　手动旁路工作模式

手动旁路工作模式：首先电源从正常工作模式切换到静态旁路，合上手动旁路开关后，即直接有主电源提供输出电压给负载，此时，维修人员可对 UPS 柜内设备进行检修和维护。

第二节　电源系统控制与功能

UPS 系统包括操作控制面板、整流器单元、逆变器单元、直流回路单元、静态旁路控制单元、远端控制模块等控制设备，以下以西门子的 UPS41 系列电源设备为例。

一、系统操作控制面板

通过系统操作控制面板能较容易的实现对 UPS 操作和监视，结合 UPS 系统的手动开关，可实现电源工作模式的切换，同时它可以 UPS 显示当前的运行状态，当系统发生故障或告警信号时，会伴有声光告警。

系统操作控制面板如图 8-6 所示。具体可实现的功能如下：

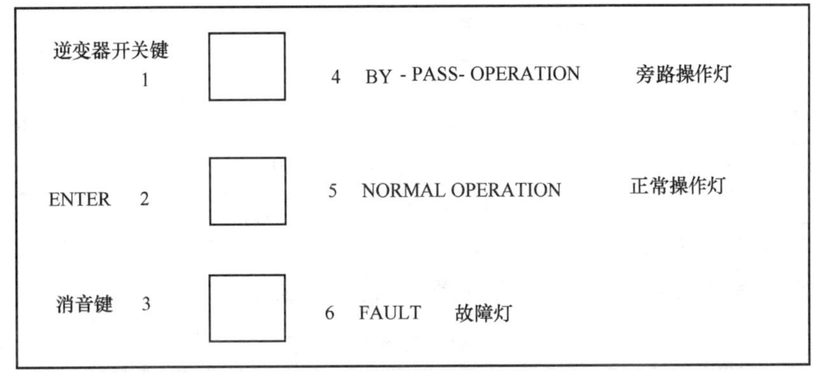

图 8-6 操作控制面板

（一）控制功能

1. 逆变器开/关键——先按此键，再按 ENTER 键，共同完成逆变器的开和关。

2. ENTER 键——必须按下此键以结束逆变器的开/关操作。

3. 告警音关闭（消音）键——通过此键显示告警信息，在某一故障情况下可听见告警音，如 DC（直流）电源低于 335V；整流器或逆变器故障；主电源故障等。

（二）指示部分

4. 旁路操作灯——在静态旁路开关闭合后，黄灯亮。

5. 正常工作灯——负载获得从 UPS 逆变器输出的电源后，绿灯亮。

6. 故障灯——在出现电压或频率错误；过热；逆变器故障；风扇故障；DC（直流）过压；过载几种情况下，故障红灯亮

二、整流器单元

UPS 系统通常采用的是带主转换扼流圈的可控硅三相全控式整流器，它把主电压转换成直流电压，同时可提供精度为 ±1% 的稳定电压，具有电流限制，可防整流器过载，电压电流升高慢，无电涌（起伏）等功能。整流器的额定电压在 380V－10% 至 415V＋15% 之间。

通过整流器单元，系统可进行直流参数调节和设置，如表 8-1 所示。

直流参数调节设置对照表 **表 8-1**

DC（直流）调节	位置	信号指示	参考值
整流器电流限制	R1	V3（黄灯）	2.8A/kVA
浮充电压	R2	—	UF 436V
整流器电压低	R3	V5（红灯）	UF－8V 428V
整流器电压高	R4	V6（红灯）	UF＋5V 441V

三、逆变器单元

UPS 系统采用脉宽调制型逆变器，可提供 < 3ms 的高动态电压调节、电流调节与控制，

实现过载、短路保护，及防主电源断开时的电流回输功能。通过脉冲发生器，能实时监测状态的变换。它包括逆变器控制单元（A101）、逆变器监控单元（A102）。

通过逆变器监控单元，可进行直流参数的调节，如表 8-2 所示。

逆变器监控单元直流参数调节对照表 **表 8-2**

DC（直流）调节	位　置	信号指示	参 考 值
逆变器停止	R3	V11（红灯）	316V
蓄电池放电电压告警	R2	V9（黄灯）	355V
重启逆变器	—	V10（黄灯）	377V

此外逆变器单元还可进行交流参数调节，如表 8-3 所示。

逆变器单元交流参数调节 **表 8-3**

AC 调节	单　元	位　置	信号指示	参 考 值
基础频率	A101	R1	—	fN 50Hz
逆变器频率低	A102	—	V6（红灯）	fN－1.6% 49.2Hz
逆变器频率高	A102	—	V5（红灯）	fN＋1.6% 50.8Hz
逆变器输出电压	A101	R2	—	UN 220
逆变器电压低	A102	R1	V2（红灯）	UN－5% 209
逆变器电压高	A102	—	V1（红灯）	UN＋5% 231
逆变器电流限制	A101	R3	V3（黄灯）	66A 2.0IN
逆变器电流限制持续 20s	A101	R5	—	49.5A ＞1.5IN

四、静态旁路控制单元（A103）

为保证给负载提供稳定且无间断的电压，静态旁路开关采用了控制与锁相同步技术。静态旁路开关由一对反向并联的快速可控硅连接，相当于一个无触点的电子开关。当逆变器过载或故障时，负载就切换到静态旁路状态工作。因此逆变器正常工作时，除了保证向负载提供稳定的输出电压外，在频率上要跟踪静态开关的输入电压。

通过静态旁路控制单元，可进行静态旁路开关和旁路输出调节，如表 8-4 所示。

旁路输出调节 **表 8-4**

安全总线和旁路调节	位　置	信号指示	参 考 值
旁路频率低	—	V4（黄灯）	Fn－1% 49.5Hz
旁路频率高	—	V3（黄灯）	FN＋1% 50.5Hz
安全总线电压输出低	R5	V7（红灯）	UN－10% 198V
安全总线电压输出高	R4	V6（红灯）	UN＋10% 242V
旁路（主电源）电压低	R2	V2（黄灯）	UN－10% 198V
旁路（主电源）电压高	R1	V1（黄灯）	UN＋10% 242V
安全总线过载信号	R3	V5（黄灯）	34.6A IN INX1.05%

五、远端控制设备

远端控制设备主要用于系统故障信息的采集和传送，它不仅可以通过远控模块的灯光指示，显示系统在本地的故障信息，同时通过接口模块，将 UPS 系统的控制、故障信息传送到本地网管控制模块，并经光纤传输系统传送到控制中心的集中网管监控终端上，实现远程信息的集中控制。

远程信息对应表如表 8-5 所示。

远程信息对应表 **表 8-5**

信息输出	整流器故障
	电池低压（告警）
	逆变器故障
	过载
	静态旁路（SBS）禁止
	服务旁路动作
控制输入	逆变器开
	逆变器关

六、蓄电池

UPS 系统比较普遍采用的蓄电池是铅酸密封蓄电池。通信系统蓄电池通常给负载的提供一定的后备时间，后备时间长短根据设备使用的具体要求而定，可通过增加蓄电池来获得较大的后备供电的时间。

蓄电池放电后，整流设备自动向蓄电池进行充电，当充电电流小于 50mA 时或充入电量是放电电量的 1.2 倍时，系统均充自动转为浮充。其浮充、均充电压的设定应根据蓄电池的特性、每组电池的数量及系统电压来确定。

第三节　电源系统的运行管理

通信电源系统主要为控制指挥中心、车站和车辆段通信设备提供高质量、高可靠的电源供应，保证在主电源中断或发生超限波动的情况下，通信设备在规定的时间内仍能正常工作，等待主电源恢复正常。

一、运行管理的任务和内容

电源系统运行管理的任务是通过对设备的操作和定期的巡视与维护，快速准确地处理系统故障，从而满足系统正常运行的需求。

二、运行管理的内容

根据 UPS 系统运行特点，一般采用计划性维修与故障处理相结合的维护模式，以保证设备良好状态。设备维护与故障处理过程中要严格遵守安全生产制度和技术安全规定。

（一）日常巡视检查

为确保电源系统正常运行，根据设备的重要性，维护人员应该每周或每日一次对设备进行检查。并将设备运行状态与标准状态进行比较，积累基础数据，通过数据之间变化和差异，及早发现设备存在问题，减少故障的发生。

（二）计划性维修

维护人员根据设备检修周期与工作内容，制定系统年度检修计划，包含日常保养、二级保养、小修等，对设备进行周期性检查维护工作，目的是通过对设备参数、性能的测试和机械特性的检查，分析设备存在问题，查找设备隐患，及时采取有效措施，减少设备常见的故障发生。

（三）故障处理

故障处理须坚持“先开通，后修复”的原则。当设备发生故障时，应尽快采取相应的处理措施，排除故障，恢复设备使用。故障处理完成后，应检查确保设备状态完全恢复正常，故障部件的修复工作不应影响设备的正常使用。

（四）运行数据管理

及时记录设备维修和故障的处理，建立设备运行履历簿，记录设备运行历史记录。对设备故障情况进行分析，找出设备缺陷并加以克服。

（五）备品备件和工器具管理

根据设备使用实际情况，及时申购备品备件，保证足够备件数量，对维修用工器具进行科学管理，仪器仪表及时送检，建立管理台账。

三、应备的记录、技术资料

1. 根据检修计划，应制定相应的记录表格，包括电源系统日检表、周检表、月检表、年检表和中修表。各种表格应对应检修周期与工作内容制定，并确保所有的检修内容能在表格中体现。

2. 电源系统应具备的技术资料与图表，包括合同文本，维护手册，操作手册，培训手册，系统设备平面布置图，系统原理图，竣工资料和图纸，安装调试验交手册等。

四、维护用工器具和备件

（一）维护用的工器具如表 8-6 所示。

电源系统维护工器具清单 表 8-6

序号	名称	规格型号	单位
1	手提工具箱	DAIKEN. DTB-005	个
3	吸锡器	ST773	个
4	电烙铁	75W，外热式	个
5	钢卷尺	5m，SATA91303	个
6	钢卷尺	15m	个
7	皮尺	50m	个
8	活动扳手	250mm，SATA47204	把
9	强力压著电脑钳	SATA91104	把
10	万用剥线钳	0.5～6.0mm，SATA91108	把
11	省力型电工钢丝钳	SATA，72201	把
12	省力型电工斜口钳	SATA，72301	把
13	微型螺丝批组	花形，6 件，SATA09313	套
14	29 件多用螺丝批	J3200	盒
15	木柄安装锤	SATA92504	把
16	木柄羊角锤	0.68kg，SATA92325	把

续表

序　号	名　　称	规　格　型　号	单　位
17	12.5mm 系列套筒工具	公制 20 件，SATA09005	套
18	14 件套公制全抛光两用扳手	世达，09026	套
19	充电式起子	GSR 9.6-1，BOSCH	套
20	冲击钻	GBH 2-24 DSE，BOSCH	个
21	手电钻	GBM 400/GBM 400 RE，BOSCH	个
22	直柄防静电刷子	SATA 03371	个
23	U 型防静电刷子	SATA 03372	个
24	防静电酒精瓶	SATA 03311	个
25	应急闪灯	海洋王	个
26	吸尘器	三洋	个
27	强光电筒	海洋王	个
28	电吹风	1000W	个
29	电缆割刀	SATA97302	把
30	PVC 管子割刀	SATA97304	把
31	热熔胶枪	PKP18E 博世牌	把
32	绝缘螺钉旋具	7 件，SATA09301	套
33	交流毫伏表	DA-16	块
34	兆欧表	ZC25B-3，500V	块
35	直流稳压电源	0V-110V 可调	台
36	数字示波器	TDS380	台
37	交直流钳型表	FLUKE 318	块
38	38 件套 6.3mm 系列公制组套工具		套
39	蓄电池测试仪	Hioki 3551 Battery Hi-Tester	台

（二）系统的备件数量

备件数量可考虑按照实际使用设备数量的 5%～10% 考虑，如果是系统重要设备，还应考虑 1 备 1 的方式。对于一些故障多发部件，如保险，应考虑多备一些备件。实际备件数量应考虑定一个最低库存量，实际备件数量应不小于最低库存量。

单个蓄电池不宜存放过久（三个月），否则电池特性指标下降，不能满足正常使用要求，实际应用中，若蓄电池组的个别电池损坏，一般不会影响到系统的正常运行，故建议根据蓄电池老化损坏的情况，需要时再购买备件。

第四节　设备维护与故障处理

一、电源系统的操作维护规程

（一）电源系统机柜维护操作规程

1. 在以下条件满足的情况下才可进行维护

（1）电源系统工作正常；

（2）系统外部供电稳定。

2. 维护注意事项：

（1）电源系统的日常检修和二级保养的维护工作可由初级工以上人员操作；

（2）小修和中修的维护工作可由高级工以上人员操作。初级工和中级工需在技术人员或工班长指导下进行操作；

（3）电源的放电测试、手动旁路维修模式需两人以上方可作业，一人作业，一人防护。

（二）电源机柜启动规程

（注：以西门子 UPS41 系列电源为例，其中 Q10 为整流器输入开关，Q20 为蓄电池开关，Q51 为静态旁路输入开关，Q50 为手动旁路开关，U1、V1、W1 为三线主电源输入，U3 为负载电压）

UPS 系统的开机启动的前提条件是 Q10、Q51 和电池断路器断开（未合上），Q50 处于位置 1（正常功能）。启动程序如下：

1. 检查电缆终端和插座的连接；

2. 接通交流主电源，测量 U1、V1 和 W1 的电压；

3. 接通 Q10，整流器开始工作；

4. 测量电池断路器两侧的电压（从整流器端为 436V，从电池端约 400V）；

5. 接通电池断路器（闭合），如果极性正确，电池/整流器之间的电压差小于 40V；

6. 接通 Q51，几秒钟后，旁路自动接通，在 U3 端可测到电压（确认有电）；

7. 接通逆变器（键盘），检查输出电压。

（三）UPS 系统关机程序

前提条件：UPS 处于正常工作状态，负载未连接。

1. 关闭逆变器（键盘），旁路工作状态；

2. 关闭 Q51，测量 U3 端（无电）；

2. 关闭 Q10（整流器）；内部告警铃响；

4. 关闭电池断路器（打开），等待几秒钟后，所有指示灯熄灭；

5. 关闭馈电端的主电源（如必要），UPS 关闭（无电）。

（四）UPS 电池供电测试

1.UPS 处于正常工作状态，负载已连接；

2. 测量电池断路器两侧的电压（从整流器端为 436V，从电池端约 400V）；

3. 检查 DB 柜（电源分配柜）内定时器的指针处于正常状态；

4. 手动关闭整流器（Q10），切断外部电源，整流器停止工作；

5. 检查电池供电状况，记录有关数据（除交换、传输为 4h 供电，其余为 1h 供电）；

6. 接通整流器（Q10），恢复正常供电状态，（放电时间不可超过 1h，否则影响其他系统正常运行）；

7. 检查相关系统设备处于正常状态。

（五）UPS 停机检修程序

1. 切换到手动旁路状态的操作步骤

前提条件：UPS 在正常工作状态，Q50 在位置 1（正常功能）处。

(1) 打开顶盖，检查逆变器监控单元的 V15 指示灯（绿灯亮），表示旁路准备和同步，接通已准备进行；

(2) 关闭逆变器（键盘），旁路工作；

(3) 将手动旁路开关打到位置 2（手动状态），负载现连接到手动旁路状态上；

(4) 关闭 Q51；

(5) 关闭 Q10；

(6) 关闭电池断路器（打开），UPS 几秒钟后关闭（无电）；

(7) 进行停机检修工作。

2. 由手动旁路恢复到正常工作状态操作步骤

(1) 接通 Q10，整流器开始工作；

(2) 测量电池断路器两端的电压，如果电压差值小于 40V，接通电池断路器 Q20（闭合）；

(3) 接通 Q51，电子旁路工作（风扇工作），若未工作，按静态旁路控制单元的复位键 S1；

(4) 接通手动旁路开关 Q50 到位置 1（正常功能），通过电子旁路馈电给负载；

(5) 接通逆变器（键盘），使之正常工作。

(六) UPS 系统紧急掉电恢复程序 1

主电源（动力配电）断电超过 4h，又重新恢复供电时，由于 UPS 系统电池供电最长时间为 4h，此时 UPS 电池供电亦已中断，UPS 系统已停止工作，需重新开启 UPS 机柜。在重新开机之前，必须按下述程序进行检查：

前提条件：Q10、Q51 和电池断路器断开（未合上），Q50 处于位置 1（正常功能）；DB 柜（电源分配柜）所有控制开关、负载开关断开。

1. 接通交流主电源，测量 U1、V1 和 W1 的电压；

2. 接通 Q10，整流器开始工作；

3. 测量电池断路器两侧的电压（从整流器端为 436V，从电池端约 400V）；

4. 接通电池断路器（闭合），电池/整流器之间的电压差应小于 40V；

5. 接通 Q51（电子旁路、NRE、SBS），等待几秒钟后，旁路自动接通，在 U3 端可测到电压（有电）；

6. 接通逆变器（键盘），检查输出电压；

7. 确认各子系统处于正常关机状态下，合上各子系统开关（参照表格），以保证合闸瞬间无过载现象发生。

(七) UPS 系统紧急掉电恢复程序 2

在出现主电源断电 1h 以上，4h 以下的情况时，此时 UPS 系统处于电池供电状态，仅为传输和电话子系统供电，其他各子系统已停止工作。主电源恢复对 UPS 系统供电时，需进行下列检测。

1. 确认 DB 柜（电源分配柜）中相关子系统控制开关断开；

2. 确认 UPS 系统正常工作状态；

3. 检测 UPS 系统旁路工作状态是否正常（键盘）；

4. 确认各子系统处于正常关机状态下，再合上各子系统开关，保证合闸瞬间无过载。

二、电源系统的检修周期与工作内容

电源系统的检修周期分为日常保养、二级保养、小修和中修。对应不同的检修周期，有不同的工作内容，如表8-7所示。

电源系统检修周期与工作内容　　表8-7

序号	设备	修程	检修工作内容	周期
1	电池柜	日常保养	1. 测量电池浮充电压、电流。 2. 测量每组电池电压。 3. 检查电池表面颜色是否正常、电池有无过热。 4. 检查电池极耳保护罩有无松动并进行固定	每周
		二级保养	1. 同日常保养内容。 2. 清洁电池柜。 3. 逐个清洁电池表面。 4. 检查电池间的连线有无松动。 5. 检查电池柜的接地线有无松动	每月
		小修	1. 同二级保养内容。 2. 进行电池放电测试。 3. 坏电池的更换	必要时
		中修	1. 同小修内容。 2. 清洁机柜内部及电池。 3. 检修电池极耳，涂抹黄油。 4. 检查机柜内部连线，需要时进行整改。 5. 机柜的地线功能测试及整治。 6. 对所有地线紧固件进行打磨、更新、重新上油。 7. 单体电池的测试及部分更换	每5年
2	动力配电箱 UPS机柜	日常保养	1. 检查配电箱的显示灯的状态。 2. 检查UPS机柜面板的显示灯的状态。 3. 检查UPS机柜内部模块的状态指示灯。 4. 测量输入的三相电的相间电压。 5. 清洁配电箱和机柜的表面	每周
		二级保养	1. 同日常保养内容。 2. 机柜内部的清扫检查（包括转换开关和指示灯）	每月
		小修	1. 同二级保养内容。 2. 结合电池放电测试检查机柜内的转换开关及报警功能。 3. 结合电池放电测试检查配电箱的两路供电是否正常，两路供电的转换开关功能是否正常。 4. 机柜内的地线的检查	每年
		中修	1. 同小修内容。 2. 清洁机柜内部部件。 3. 检查机柜内部连线，需要时进行整改。 4. 替换模块，进行清洁和检测。 5. 机柜的地线功能测试及整治。 6. 对所有地线紧固件进行打磨、更新、重新上油	每3年

续表

序号	设备	修程	检修工作内容	周期
3	DB 柜（电源分配柜）	日常保养	1. 检查各个开关状态。 2. 测量 UPS 的输出电压。 3. 清洁 DB 柜（电源分配柜）的表面	每周
		二级保养	1. 同日常保养内容。 2. 清洁 DB 柜内部。 3. 检查机柜内部配线。 4. 检查地线	每月
		小修	1. 同二级保养内容。 2. 结合放电测试检查定时器功能。 3. 结合放电测试检查报警功能	每年
		中修	1. 同小修内容。 2. 清洁机柜内部部件。 3. 检查机柜内部连线，需要时进行整改。 4. 更换电气特性不良部件。 5. 机柜的地线功能测试及整治。 6. 对所有地线紧固件进行打磨、更新、重新上油	每三年

三、电源系统检修工艺

在制定检修周期与工作内容的基础上，还应规定设备检修技术标准的基本规章，即系统检修工艺，作为日常检修及质量评定的依据，如表 8-8 所示。

电源系统检修工艺 **表 8-8**

UPS 系统电池柜检修工艺					
修程	周期	人员等级	工时	记录表格	材料
日常保养	每天（控制中心） 每周（车站）	初级工	2 人×22h	UPS 系统周（日）检表	白布、清洁剂、黄油
二级保养	每月	初级工	66h	UPS 系统月检表	白布、清洁剂、黄油
小修	每年	中级工	440h	UPS 系统年检表	白布、清洁剂、黄油
中修	每五年	高级工	704h	UPS 系统中修记录表	白布、清洁剂、黄油
修程	周期	工具			
日常保养	每周（天）	万用表、钳流表、绝缘手套、螺丝刀、吸尘器			
二级保养	每月	万用表、钳流表、绝缘手套、螺丝刀、吸尘器			
小修	每年	万用表、钳流表、绝缘手套、螺丝刀、吸尘器、电池内阻测试仪			
中修	每五年	万用表、钳流表、绝缘手套、螺丝刀、吸尘器、电池内阻测试仪			
安全注意事项： 1. 做好请点、消点、消令工作（需要时）； 2. 作业人员必须按安全规程进行作业，严禁乱动、乱拆设备					

序号	检修工作内容	周期	检修步骤	检修标准
1	检查电池组的浮充电压和电流	日常保养	1. 使用万用表，测量电压时应用直流档，选择相应的测试量程，直流 500V 或以上	电池浮充电压为（243±5V）直流，电流很小（0~0.1A）

续表

序号	检修工作内容	周期	检修步骤	检修标准
1	检查电池组的浮充电压和电流	日常保养	2. 测试端子按极性插入测试孔，进行测试并记录测试数据 3. 使用具有直流电流测试功能的钳流表，测试电池的充电电流，并记录测试数据	电池浮充电压为（243±5V）直流，电流很小（0～0.1A）
2	测量单个电池电压	日常保养	1. 使用万用表，测量电压时应用直流档，选择相应的测试量程 2. 将万用表测试端子插入电池极耳保护罩测试孔中，注意电池极性，测量并记录测试数据	单个电池电压为（13±1V）直流
3	检查电池外观、电池有无过热	日常保养	1. 用手触摸电池外壳，注意不要触摸电池极耳	电池表面无过热，表面颜色正常，无缺损
			2. 目测电池外壳的颜色是否变色、电池外壳的完整性	电池表面无过热，表面颜色正常，无缺损
4	检查电池极耳保护罩	日常保养	1. 检查极耳保护罩是否松动、脱落、丢失，特别注意不要触及极耳（带绝缘手套）	电池极耳保护罩完整，无松动、脱落、丢失
5	清洁电池	二级保养	1. 用白布加清洁剂清洁机柜外表面	机柜表面无积尘、无污点、无水迹、无杂物
			2. 带绝缘手套，检查电池极耳保护罩是否罩好	电池表面无积尘、无污点、无水迹、无杂物
			3. 用吸尘器清洁表面灰尘，用棉布和纯酒精擦去电池表面的污垢，（电池极耳处，切勿接触）	
6	进行单体电池内阻测试	小修	用电池内阻测试仪测试单个电池内阻	各电池内阻均在标准范围
7	坏电池的更换	小修	对内阻超出标准范围的电池进行更换	各电池内阻均在标准范围
8	进行电池放电维护	小修	关闭整流器输入开关，进行放电测试	后备时间满足要求
9	检修电池极耳，涂抹黄油	中修	带绝缘手套，打开电池极耳保护罩，给电池极耳涂抹黄油，盖好保护罩（逐个进行）	极耳黄油涂抹均匀，极耳润滑，无锈迹
10	检查电池柜的各类连线	二级保养	1. 带绝缘手套，检查电池之间的连线有否松动	电池间连线无松动
			2. 带绝缘手套，检查电池柜接地线有无松动	接地线紧固、无松动、无锈蚀
		中修	1. 带绝缘手套，检查机柜内部连线	机柜内部连线紧固、无松动、无锈蚀
			2. 必要时进行整改	
			3. 用接地电阻表测试地线电阻	接地电阻小于等于4Ω
			4. 对不合格的地线进行整治	

续表

序号	检修工作内容	周期	检 修 步 骤	检修标准
11	对所有紧固件进行打磨、更新、重新上油	中修	对地线紧固件进行打磨、更新、重新上油	地线紧固件牢固，油润
12	检查配电箱和 UPS 机柜面板显示灯的状态	日常保养	1. 检查配电箱上各显示灯的状态	两路受电灯亮、一路供电指示灯亮
			2. 检查 UPS 机柜面板上显示灯的状态	负载受保护指示灯（绿色）亮
13	清洁配电箱和机柜表面	日常保养	用白布、清洁剂清洁配电箱和机柜表面	配电箱和机柜表面无积尘、无污迹
14	测量输入的三相交流电压	二级保养	正确使用万用表，测量电压时应用交流档，选择相应的测试量程，	输入的线间电压为 AC380 + 10V
				输入的相电压为 AC220 + 5V
15	机柜内部的清扫检查	小修	1. 确认外部动力供电正常	
			2. 关闭逆变器，将手动维修旁路开关由正常位置切换到手动旁路位置	
			3. 关闭整流器输入开关和静态旁路输入开关	
			4. 用吸尘器对机柜内部进行清扫检查（严禁接触主电源输入部分的部件，带电危险）	
			5. 按开机程序进行检查，合上整流器输入开关和静态旁路输入开关	各模块清洁无积尘
			6. 将手动维修旁路开关由手动旁路位置切换到正常位置，启动逆变器	
		中修	1. 用抹布和毛刷清洁机柜内部部件	机柜内部部件清洁，无积尘
			2. 拆下机柜内的模块	各模块清洁，无积尘且工作正常
			3. 对拆下的模块进行清洁和检测	
16	结合电池放电维护检查配电箱的两路供电是否正常，两路供电的转换开关功能是否正常	小修	切换两路供电的转换开关	任一路均可正常供电
17	机柜内连线检查	小修	检查机柜内部地线	地线稳固，无松动，无锈蚀，无缺损
		中修	1. 用接地电阻表测试地线电阻	接地电阻小于等于 4Ω
			2. 对不合格的地线进行整治	

续表

序号	检修工作内容	周期	检 修 步 骤	检修标准
18	对所有紧固件进行打磨、更新、重新上油	小修	对所有紧固件进行打磨、更新、重新上油	地线紧固件牢固，油润
19	检查各个开关状态	日常保养	对照柜内的开关状态一览表，检查开关与表内的开关开合状态一致	开关完好，工作状态正常
20	检查定时器的设置	日常保养	检查定时器的时间（60min）	以分钟为单位，定时器设定在60min
21	测量UPS的输出电压	日常保养	正确使用万用表，测量电压时应用交流档，选择相应的测试量程，测量服务输出电压值	UPS的输出电压为交流220V+2V
22	清洁DB柜	日常保养	用白布加清洁剂清洁柜外表面	设备表面无积尘、无污点、无水迹、无杂物
		二级保养	1. 用白布清洁DB柜的开关面板表面（注意不要触及开关和服务电压的输出部分）	DB柜内的开关面板表面无积尘、无污点
			2. 用螺丝刀打开面板，检查内部配线（注意不要触及开关和服务电压的输出部分）	配线整齐、标签清楚，无松动、无脱落
		中修	1. 用抹布和毛刷清洁机柜内部部件	DB柜内部部件清洁，无积尘
			2. 拆下定时器和继电器	
			3. 对拆下的定时器和继电器进行清洁和检测	定时器和继电器清洁，无积尘且工作正常
23	检查地线	二级保养	用螺丝刀打开面板，检查地线（注意不要触及开关和服务电压的输出部分）	地线连接稳固、无松动、无脱落
24	结合放电测试检查定时器功能	小修		定时器功能正常
25	结合放电测试检查报警功能	小修		报警功能正常
26	检查DB柜内部连线	中修	1. 对机柜内部连线进行检查	DB柜内部连线连接牢固，无破损，线缆标识清晰
			2. 需要时进行整改	
27	机柜的地线功能整治	中修	1. 用接地电阻表测试地线电阻	接地电阻小于等于4Ω
			2. 对不合格的地线进行整治	
28	对所有紧固件进行打磨、更新、重新上油	中修	对紧固件进行打磨、更新、重新上油	各地线紧固件牢固，油润

四、设备检修记录表格

（一）电源系统设备周检表如表8-9所示。

电源设备周检表 **表 8-9**

<table>
<tr><td colspan="3">检查地点</td><td>车　站</td><td>车　站</td><td>车　站</td><td>车　站</td></tr>
<tr><td colspan="3">项　　目</td><td colspan="4">检　查　结　果</td></tr>
<tr><td rowspan="4">主配电箱</td><td rowspan="2">1 路电源</td><td>红灯</td><td>亮□ 灭□</td><td>亮□ 灭□</td><td>亮□ 灭□</td><td>亮□ 灭□</td></tr>
<tr><td>绿（黄）灯</td><td>亮□ 灭□</td><td>亮□ 灭□</td><td>亮□ 灭□</td><td>亮□ 灭□</td></tr>
<tr><td rowspan="2">2 路电源</td><td>红灯</td><td>亮□ 灭□</td><td>亮□ 灭□</td><td>亮□ 灭□</td><td>亮□ 灭□</td></tr>
<tr><td>绿（黄）灯</td><td>亮□ 灭□</td><td>亮□ 灭□</td><td>亮□ 灭□</td><td>亮□ 灭□</td></tr>
<tr><td rowspan="3">机柜状态灯</td><td colspan="2">Bypass operation（黄）</td><td>亮□ 灭□</td><td>亮□ 灭□</td><td>亮□ 灭□</td><td>亮□ 灭□</td></tr>
<tr><td colspan="2">Normal operation（绿）</td><td>亮□ 灭□</td><td>亮□ 灭□</td><td>亮□ 灭□</td><td>亮□ 灭□</td></tr>
<tr><td colspan="2">Fault（红）</td><td>亮□ 灭□</td><td>亮□ 灭□</td><td>亮□ 灭□</td><td>亮□ 灭□</td></tr>
<tr><td rowspan="5">电池柜</td><td colspan="2">浮充电压：436V</td><td></td><td></td><td></td><td></td></tr>
<tr><td rowspan="4">电　池　电　压：108V ± 1%</td><td>1 ~ 8</td><td></td><td></td><td></td><td></td></tr>
<tr><td>9 ~ 16</td><td></td><td></td><td></td><td></td></tr>
<tr><td>17 ~ 24</td><td></td><td></td><td></td><td></td></tr>
<tr><td>25 ~ 32</td><td></td><td></td><td></td><td></td></tr>
<tr><td rowspan="3">DB 柜（电源分配柜）</td><td>开关 F1 至开关 F17</td><td>开关 F1 至开关 F17 都打开</td><td></td><td></td><td></td><td></td></tr>
<tr><td>总开关 Q</td><td>开</td><td></td><td></td><td></td><td></td></tr>
<tr><td>定时器 K2 状态</td><td>定时器设置为每分钟跳一次共跳 60 次</td><td></td><td></td><td></td><td></td></tr>
<tr><td colspan="3">DB 柜所有开关是否闭合</td><td>是□ 否□</td><td>是□ 否□</td><td>是□ 否□</td><td>是□ 否□</td></tr>
<tr><td colspan="3">是否清洁 UPS 机柜、电池柜和 DB 柜的表面</td><td>是□ 否□</td><td>是□ 否□</td><td>是□ 否□</td><td>是□ 否□</td></tr>
<tr><td colspan="3">检查日期</td><td></td><td></td><td></td><td></td></tr>
<tr><td colspan="3">检查人签名</td><td></td><td></td><td></td><td></td></tr>
<tr><td colspan="7">工班长检查签名</td></tr>
<tr><td colspan="7">备注</td></tr>
</table>

（二）UPS 不间断电源系统设备月检表如表 8-10 所示。

UPS 不间断电源设备月检表 **表 8-10**

检查地点：＿＿＿＿＿＿＿＿检查时间：＿＿＿＿＿＿＿＿作业令号：＿＿＿＿＿＿＿＿

检查人员：＿＿＿＿＿＿＿＿＿＿＿＿

设备房温度：＿＿＿＿＿＿＿＿ 设备房湿度：＿＿＿＿＿＿＿＿

一、UPS 机柜的检修记录

1. 检查配电箱的显示灯的状态（正常时 1 路和 2 路电源应为其中一路的红绿灯都亮，另一路红灯亮）。正常（　　）不正常（　　）

2. 检查 UPS 机柜面板的显示灯的状态（Normal 绿灯亮）。正常（　　）不正常（　　）

3. 检查 UPS 机柜内部模块的状态指示灯（A101，A102，A103 模块）。正常（　　）不正常（　　）

4. 测量输入的三相电的相间电压（380 ± 10V 交流），输出的电压（220 ± 5V 交流）和电流。

U_{L1L2} = ＿＿＿＿ V，U_{L1L3} = ＿＿＿＿ V，U_{L2L3} = ＿＿＿＿ V；$U_{输出}$ = ＿＿＿＿ V，$I_{输出}$ = ＿＿＿＿ A。

5. 检查机柜风扇转动有无异常。正常（　　）不正常（　　）

二、DB 柜的检修记录

1. 检查各个开关状态。是否都在闭合状态：是（　　）否（　　）

2. 测量 UPS 的输出电压（220±5V 交流）。$U_{输出}$ = ________ V

3. 检查机柜内部配线及地线。正常（　　）不正常（　　）

4. 测量输出至各系统负载电压（220±5V 交流）。正常（　　）不正常（　　）

三、电池柜（23 套）

1、测量电池浮充电压（432±5VDC）、电流（0～0.1A）。$U_{浮充}$ = ________ V，$I_{浮充}$ = ________ A。

2. 测量每组电池电压。

$U_{1\sim8}$ = ________ V，$U_{9\sim16}$ = ________ V，$U_{17\sim24}$ = ________ V，$U_{25\sim32}$ = ________ V。

3. 检查电池表面颜色是否正常、有无过热、外壳有无变形和渗液。正常（　　）不正常（　　）

4. 检查电池极耳保护罩有无松动并进行固定。正常（　　）不正常（　　）

5. 检查电池间的连线及接地线有无松动。正常（　　）不正常（　　）

四、清洁 UPS 机柜、DB 柜和电池柜以及逐个清洁电池表面。

机柜里外及电池表面是否有积尘及污迹：是（　　）否（　　）；

是否进行清洁：是（　　）否（　　）。

备注：____

____

____

作业负责人：________________　　工班长：________________

日期：　　年　　月　　日　　　日期　　年　　月　　日

（三）UPS 蓄电池组放电维护表如表 8-11 所示。

UPS 蓄电池组放电维护表　　　　**表 8-11**

电池型号：________________浮充电压（V）：__________浮充电流（A）：__________

负载量（W）：________________________日期：________________________

检修人员：____________________地点：____________________

单体电池 \ 电压值 \ 时间						电池容量正常与否
1						
2						
3						
4						
5						
6						
7						
8						
9						
10						
11						
12						
13						
14						

续表

单体电池 \ 电压值 \ 时间						电池容量正常与否
15						
16						
17						
18						
19						
20						
21						
22						
23						
24						
25						
26						
27						
28						
29						
30						
31						
32						
放电电压（V）						
放电电流（A）						
备注						

（四）UPS不间断电源系统设备年检表如表8-12所示。

UPS不间断电源设备年检表 **表8-12**

检查地点：________________检查时间：________________作业令号：________________

检查人员：________________________________

设备房温度：________________设备房湿度：________________

一、通信UPS系统月检内容所规定的检修：

是否完成月检的内容：是（　　）否（　　）

是否填写月检表：是（　　）否（　　）

二、电池柜年检记录：

进行电池放电测试。（以实际负荷做核对性放电，放出额定容量的30%～40%，10小时率）

是否填写电池放电记录表：是（　　）否（　　）

三、UPS机柜年检记录：

1. 结合电池放电测试检查机柜内的转换开关及报警功能。正常（　　）不正常（　　）

2. 结合电池放电测试检查配电箱的两路供电是否正常，两路供电的转换开关功能是否正常。

正常（　　）不正常（　　）

3. 机柜内的地线的检查。(连接无松动，线路无破损) 正常（　　）不正常（　　）

4. 是否切换到手动旁路，清洁机柜内部灰尘。是（　　）否（　　）

四、DB柜年检记录：

1. 结合放电测试检查定时器功能。(放电至1h定时器动作，关断1h供电线路)

正常（　　）不正常（　　）

2. 结合放电测试检查报警功能。

正常（　　）不正常（　　）

备注：____

____

____

____

____

作业负责人：______________________ 工班长：______________

日期：　　年　　月　　日　　　　　　日期　　年　　月　　日

（五）UPS不间断电源系统设备中修表如表8-13所示：

UPS不间断电源设备中修表　　　　表8-13

检查地点：______________ 检查时间：____________ 作业令号：____________

检查人员：____

设备房温度：____________ 设备房湿度：______________________

一、UPS系统年检内容所规定的检修：

1. 是否完成年检的内容：是（　　）否（　　）

2. 是否填写UPS系统年检表：是（　　）否（　　）

二、电池柜中修记录：

1. 是否清洁机柜内部及电池：是（　　）否（　　）

2. 是否检修电池极耳，涂抹黄油：是（　　）否（　　）

3. 检查机柜内部连线（无松脱、破损、氧化和锈蚀），需要时进行整改。

检查及整改记录：____

4. 机柜的地线功能测试（接地电阻 $<0.5\Omega$）及整治。接地电阻测量值：______________

整治记录：____

5. 是否对所有地线紧固件进行打磨、更新、重新上油。是（　　）否（　　）

6. 单体电池的测试及部分更换。

测试及更换记录：____

三、UPS机柜中修记录：

1. 是否清洁机柜内部部件。是（　　）否（　　）

2. 检查机柜内部连线（无松脱、破损、氧化和锈蚀），需要时进行整改。

检查及整改记录：____

3. 机柜的地线功能测试（接地电阻 $<0.5\Omega$）及整治。接地电阻测量值：______________

整治记录：____

4. 是否对所有地线紧固件进行打磨、更新、重新上油。是（　　）否（　　）

5. 替换模块，进行清洁和检测。

替换记录：____

四、DB柜中修记录：

1. 是否清洁机柜内部部件。是（　　）否（　　）

2. 检查机柜内部连线（无松脱、破损、氧化和锈蚀），需要时进行整改。

检查及整改记录：______________________________

3. 更换电气特性不良部件。

更换记录：______________________________

4. 机柜的地线功能测试（接地电阻 < 0.5Ω）及整治。接地电阻测量值：______________

整治记录：______________________________

5. 是否对所有地线紧固件进行打磨、更新、重新上油。是（　　）否（　　）

备注：______________________________

作业负责人：______________　　工班长：______________

日期：　年　月　日　　日期　年　月　日

五、常见故障分析与处理

UPS电源的故障，多数情况为其中某些元件的性能在逐渐恶化过程中，遇到某种突发性的干扰冲击从而诱发产生的。因此，根据维护过程中的定期检查与记录，从系统的有关运行参数，可较容易分析与了解UPS电源系统的性能如何随时间变化及这种变化与故障发生的相互关系。UPS系统经常因所连接的某一负载发生故障而受到影响，用户所加负载的变动情况，特别是用户在突然关闭某些特殊负载时发生的情况，对分析故障所产生的原因非常有用。

正确理解和有效利用系统机柜与模块的控制面板上提供的信息（本章第二节内容），能帮助维修人员准确鉴别故障的性质与原因。

常见故障与处理方法如表8-14所示。

常见故障与处理方法　　**表8-14**

故障现象	原因分析	处理方法
整流器在测试期间无法启动	无主电源1输入，操作面板背面的开关没有闭合	检查主电源保安器。合上操作面板背面的开关
整流器工作电源中断	主电源1故障，整流器输入开关断开	检查主电源保安器（因主电源故障应及时通知相关专业尽快恢复供电），合上整流器开关
UPS单元自动关闭	电池桥接时间已期满，整流器电源中断，过热监视设备已被触发	检查主电源保安器是否完整，合上整流器开关，给电池充电 检查负载是否过载，必要时，减少负载，检查室温
在主电源工作的情况下，电池也工作（DB柜内定时器工作灯亮）	主电源输入，保安器丢失或已触发。 供主电源1和2切换用继电器，故障主电源电压无效或不足。 整流器开关未合上	安装一个主电源保安器，检查主电源输入保安器是否完整。用另一继电器，合上整流器保险开关
电池消耗	整流器工作电源已中断，由于内部功率消耗（风扇等）电池已放电	合上整流器保险开关Q10，给电池充电
电池输出电压过低（系统充电正常）	逐个电池进行测量，个别电池电池电压明显低于参考值，表明电池损坏	系统须切换到服务旁路工作状态，断开电池保险开关，更换损坏电池后，恢复正常供电
电池无法进行充放电	保险丝老化，或保险损坏（烧断）	系统须切换到服务旁路工作状态，断开电池保险开关，更换保险后，恢复正常供电

第九章 通信综合网络管理系统

城市轨道交通通信系统都由多个子系统组成，由于各子系统功能各异，系统种类多，目前尚没有现成的设备和系统可用于城市轨道交通通信各子系统的集中管理和维护以及故障监视。为实现通信各子系统的集中管理、维护和故障监视，在城市轨道交通建设中，必须针对特定的线路和采用的各子系统设备专门设计通信系统的综合网络管理系统。通信综合网络管理系统的主要功能是对通信各子系统主要设备故障进行监测、告警和管理，并对部分设备进行远程控制，以实现故障的快速定位，为尽快修复故障提供了可能。本章以目前国内城市轨道交通建设中普遍采用的一种通信综合网络管理系统设计为例介绍该系统的组成和功能以及运行维护。

第一节 系统的组成

一、硬件

(一) 硬件组成

通信综合网络管理系统主要由用于收集、处理信息的远程终端和位于控制中心的监控终端组成。远程终端可选用可编程序逻辑控制器，具体配置如下所述。

1. 远端站点组成

主要由供电电源模块，可编程序逻辑控制器组成，必要时可加装数字输入模块用于扩展监控点。

2. 控制中心配置

主要由供电电源模块，可编程序逻辑控制器，维护监控终端组成。

(二) 硬件简介

1. 供电电源模块

供电电源模块主要功能是将外界提供的 AC 110/220V 电压转换成 DC 24V 电压，驱动可编程序逻辑控制器工作，自身不提供电池供电功能。在某实例中，供电电源模块接收由不间断电源系统提供的 AC 220V 电压，并将之转换成为 DC 24V 工作电压后驱动可编程序逻辑控制器工作。供电电源模块的输入电压正常值为 AC 115/230V，允许工作在 AC 86～150V/187～253V 的范围内；电压的频率正常值为 50/60Hz，允许的频率范围是 47～63Hz；输出电压正常值为 DC 24V，允许输出电压在 DC 22.8～25.2V 的范围内；输入电流的正常值为 0.15/0.3A，最大 0.6/0.9A；输出电流的正常值为 2A，允许的电流范围为 0～2A，具有电子短路保护功能，保护的等级为 IEC 536 标准的Ⅰ类。

2. 可编程序逻辑控制器模块

可编程序逻辑控制器，简称 PLC，常见应用于工业自动化控制领域，如矿山、发电站等处。通信综合网络管理系统可由分布于各远端站点及控制中心的可编程序逻辑控制器构成主干，实现数据的采集、分析和处理等功能。

3. 通信处理器模块

通信处理器模块是一种附加的数字通信产品，用于在一定范围内扩展可编程序逻辑控制器的功能。通信处理器是一个功能强大的输入/输出模块，可由可编程序逻辑控制器调用，从而扩展了可编程序逻辑控制器的功能，使之能应用于更广泛的领域。

4. 总线单元模块

与通信处理器模块一样，总线单元模块也是可编程序逻辑控制器的一种扩展附件。与可编程序逻辑控制器配套使用，可在一定程度上扩展输入/输出端口。与通信处理器模块所不同的是，该模块没有通信处理器模块那么强大的数据处理能力，仅仅是一个数据传输通道。总线单元模块使用自身附带有数据总线与可编程序逻辑控制器连接。

5. 数字输入模块

数字输入模块用于扩展可编程序逻辑控制器模块的输入端口。仅当可编程序逻辑控制器模块的数字输入端口不能满足用户需求时使用。在某些远端站点，由于设备较多，所需的数字输入量超出了可编程序逻辑控制器模块的数字输入端口，因此在这些站点附加了一定数量的数字输入模块。由于数字输入模块是通过总线单元模块与可编程序逻辑控制器模块相连接的，因此，又称为外部扩展模块。

6. 连接器模块

该模块服务于可编程序逻辑控制器模块，用于将信号线连接到数字输入/输出端口上。使用该模块连接信号线的优点有：

（1）提高了信号线的耦合性能

由于连接器模块使用了专用的接口与可编程序逻辑控制器模块相连接，尽可能地排除了由于人为的操作不当而影响连线质量，从而提高了电气耦合性能。

（2）降低了维护成本

连接器与信号线连接部分容易因信号线的拆装而损坏，如这部分集成在可编程序逻辑控制器模块上，会使维护成本成倍增加。但现在使用一分离模块，将维护成本尽可能地降低了。

（3）降低了维护的难度

假如要更换可编程序逻辑控制器模块，如信号线是直接连接在模块上，必然会使模块的更换工作变的复杂且乏味。而现在，只需松动一颗螺丝钉，就可断开与模块连接的所有信号线，使工作变得非常简单。

7. RS 485 总线终端

可编程序逻辑控制器模块间的连接是通过 RS 485 总线终端的协议转换实现的。

8. EPROM 模块

EPROM 模块用于存放用户程序。在系统启动时，由可编程序逻辑控制器模块将 EPROM 模块中的用户程序读入 RAM 中，进行相应的处理后执行。使用 EPROM 模块存放用户程序的优势在于该程序不会因系统电源故障而丢失。如要修改用户程序，必须先使用专用的紫外光擦写器将 EPROM 模块中原有的用户程序清除，然后使用专用的编程工具，将改编好的用户程序重新灌录到 EPROM 模块中。根据具体应用的用户程序，需要配备不同容量的 EPROM 模块。

9. 告警电源模块

各可编程序逻辑控制器模块采集的数据信息主要为电压量。假设高电平代表1，则低电平（或0电平）代表0。由通信综合网络管理系统送一电压量到各系统，经各系统的一个继电器后返回通信综合网络管理系统。继电器由各系统控制，仅当各系统发生故障时动作。由此而导致可编程序逻辑控制器模块采集的电压量发生变化，从而触发一系列的动作。通信综合网络管理系统送出的电压量就由告警电源模块产生。可选用一 DC 24V（4A）的电压量。

10. 配线端子排

由于各可编程序逻辑控制器模块连接的设备众多，相关电源线、数据线也相应的增加。使用配线端子排，分门别类地连接各电源、数据线，可使配线简洁明了，且易于维护。

11. 维护监控终端

维护监控终端是一加装了专用网卡及相关软件的 PC 机。在维护监控终端上可显示具体的信息，包括故障地点，故障系统，告警时间，故障恢复时间，甚至具体的故障单元（只限个别系统），并且可在需要时将故障信息打印出来。

（三）组网方式

通信综合网络管理系统采用的是工业以太网的组网方式。各可编程序逻辑控制器模块的远程连接可经由传输网络实现，只需配备相应的协议转换设备。

二、软件

通信综合网络管理系统使用的软件可分为如下的两大部分。

（一）应用于可编程序逻辑控制器模块的软件

应用于可编程序逻辑控制器模块的软件是使用专用编程语言编写的用户程序。用户程序一般使用结构化的编程，通常有5种结构化的程序块供编程使用。

1. 组织块

顾名思义，该模块用于组织其他模块的运作。组织块是惟一能由 PLC 根据不同情况自动启动的程序块，是可编程序逻辑控制器模块的操作系统和用户程序间的接口程序，由它根据程序调用其他模块运作，从而使可编程序逻辑控制器模块能够执行一系列的任务。系统的重新启动、执行周期性的程序、执行定时程序、执行中断程序等操作，都需先调用相应的组织块，由组织块调用相关的程序块执行相应的操作。设定专用组织块为在系统重启时由系统自动调用，以执行相关操作。

2. 程序块

用户程序的编写就使用程序块。程序块不能自启动，需由其他程序调用。

3. 序列块

序列块在功能上相当于程序块。序列块是一特殊的程序块，用于执行定序的控制。同程序块一样，序列块不能自启动，需由其他程序调用。

4. 函数块

频繁执行的或是复杂的程序被编写成标准的函数块。当系统需执行相关操作时只需调用相应的函数块即可。这样大大地降低了软件工程师的劳动强度，节约了大量的人力物力。函数块不能自启动，需由其他程序调用。

5. 数据块

数据块就是用于存放各类数据。数据块不能自启动，需由其他程序调用。

以上是可编程序逻辑控制器模块所使用软件的基本情况，具体的配置由用户的实际需求来决定。

(二) 应用于维护监控终端的软件

监控界面使用基于自动化系统的个人计算机上的可视化图形界面的高性能的应用软件，需根据实际的用户需求开发。

界面要求直观、清晰、简单明了。应可记录各系统具体的告警时间、恢复时间，甚至具体的设备（只有个别系统可实现），并另设一界面显示，方便用户查找。所有的告警信息，在需要时可通过打印机打印出来。

三、系统各部件间的通信方式

位于控制中心的可编程序逻辑控制器模块一般设置为主站点，分布于其他站点的可编程序逻辑控制器模块被设置为从站点。各可编程序逻辑控制器之间通信方式一般可选以下方式。

(一) 主从通信方式

主从通信方式是主站点可编程序逻辑控制器模块和从站点可编程序逻辑控制器模块之间的通信所采用的方式，该通信方式又称为循环输入/输出通信方式。

主从通信方式适用于小数据量的频繁传输。在主从通信方式中，对其他站点进行轮询的可编程序逻辑控制器模块作为主站点。被主站点轮询的可编程序逻辑控制器模块相应地称为从站点。一个可编程序逻辑控制器模块在主从通信方式中是作为主站点还是从站点，是由数据块 1 中的系统配置数据决定的。在主站点可编程序逻辑控制器模块的一指定数据块中，设置有网络中所有的从站点的访问列表，主站点可编程序逻辑控制器模块根据访问列表轮询从站点。

主从通信方式中主站点和从站点之间通信的数据存放在各自的可编程序逻辑控制器模块的指定数据块中，容量由具体设备决定。主站点和从站点间的数据发送/接收无需系统预先发送“数据发送请求”命令，整个过程自动完成。

(二) PLC 与 PLC 间的通信

主站点可编程序逻辑控制器和通信综合网络管理系统维护监控终端间采用这种通信方式。这种通信方式需要调用专用的函数块来实现，其优点在于不占用用户程序的存储空间；运行速度快；不需要任何计数/计时器；程序不可中断；函数块可共享。

使用 PLC 与 PLC 间的通信方式时，要预先进行参数设置。参数包括任务号（目的站点地址）、源数据类型、目的数据类型、数据块号、源数据区数据块开始地址、目的数据区数据块开始地址、目的数据长度。

参数的设置有直接设置和间接设置两种，一般推荐采用间接设置方式。间接设置方式的好处在于所使用的函数块在为本连接服务时，还可为其他用户程序调用，实现资源共享。

第二节 系统监控的设备和等级

通信综合网络管理系统监控的设备一般包括有传输网络、集群无线系统、交换系统、闭路电视系统、广播系统、不间断电源系统以及通信综合网络管理系统自身。各系统监控的状态信息可根据实际的用户需求决定。通信综合网络管理系统监控的等级可分为控制中心级和站级。

一、控制中心级

通信综合网络管理系统一般需配置可编程序逻辑控制器模块、维护监控终端，必要时可设置与其他系统连接的协议转换器及加装数字输入模块。为方便提醒维护人员，还可加装用于声音提示的告警号角。控制中心级的监控功能主要由主站点可编程序逻辑控制器模块和维护监控终端完成。

（一）主站点可编程序逻辑控制器模块

主站点可编程序逻辑控制器模块监控的设备有：

1. 运营控制中心

主站点可编程序逻辑控制器模块负责监控运营控制中心内的设备，包括传输网络、集群无线系统、交换系统、闭路电视系统、广播系统、不间断电源系统以及通信综合网络管理系统自身。

（1）传输网络

传输网络的告警信息由主站点可编程序逻辑控制器模块在接收到告警信息后，触发控制中心内的通信号角鸣笛，并将故障信息发送给通信综合网络管理系统的维护监控终端。

（2）集群无线系统

集群无线系统的任一主要设备发生故障，都会使主站点可编程序逻辑控制器模块触发控制中心内的通信号角鸣笛，并将相应故障信息发送给通信综合网络管理系统的维护监控终端。

（3）交换系统

交换系统在运营控制中心内设有交换机。当交换机及其外设故障，会使可编程序逻辑控制器模块触发运营控制中心内的通信号角鸣笛，并将相应故障信息发送给通信综合网络管理系统的维护监控终端。

（4）闭路电视系统

闭路电视系统任一主要设备发生故障，会使可编程序逻辑控制器模块触发运营控制中心内的通信号角鸣笛，并将相应故障信息发送给通信综合网络管理系统的维护监控终端。

（5）广播系统

广播系统任一主要设备发生故障，会使可编程序逻辑控制器模块触发运营控制中心内的通信号角鸣笛，并将相应故障信息发送给通信综合网络管理系统的维护监控终端。

（6）不间断电源系统

不间断电源系统任一主要设备发生故障，会使可编程序逻辑控制器模块触发运营控制中心内的通信号角鸣笛，并将相应故障信息发送给通信综合网络管理系统的维护监控终端。

（7）通信综合网络管理系统

对于通信综合网络管理系统自身，主要监控主站点可编程序逻辑控制器模块与各部件的通信状况及自身运行状态。当设备故障时主站点可编程序逻辑控制器和维护监控终端会以相应的状态显示。

2. 全线各从站点

在全线各从站点，如有故障发生，本站点的可编程序逻辑控制器模块会根据故障情况触发本站点的通信号角鸣笛，并将本站点的故障信息发送给主站点的可编程序逻辑控制器模块。主站点可编程序逻辑控制器模块根据接收到的故障信息，触发运营控制中心内的通信号角鸣笛，并将相应故障信息发送给通信综合网络管理系统的维护监控终端。

（二）维护监控终端

维护监控终端负责收集由主站点可编程序逻辑控制器模块发送来的各种故障信息，收集到的故障信息可以图形或表格的形式显示并记录，方便维护人员迅速地查找故障。对于已经发生的故障，会在维护监控终端上保留一段时间，一般采用 Ring Buffer 来记录已经发生的故障信息，容量由用户自定义。必要时可将故障信息备份或打印，这样为维护人员日后分析故障提供了方便。

二、站级

站级设备只负责本站点的设备监控，可编程序逻辑控制器模块收集本站点各通信设备的状态信息，通过与主站点的信息交换实现远程监控。必要时，可在本地增加数字输入模块以增加监控的信息点。主站点对远端站的远程控制功能可在需要时通过编程，由远端站实现。

第三节　设备维护与故障处理

一、设备的维护管理

设备维护管理的目的是合理地分配人力资源、明确责任、确保设备的维护检修工作。

一般可采取专业工程师 + 工班的管理模式。专业工程师负责各类技术手册、维护手册的编写及完善，生产员工的培训与考核，系统重大故障的处理等工作；工班负责安排日常的维护检修工作，合理分配人力资源，将设备的日常维护检修工作明确到每一位生产员工。

二、人员的组织

通信综合网络管理系统担负着通信各子系统实时状态监控的重任，必需保证 7 × 24h 工作。由于维护监控终端设置在控制中心，因此在该处安排人员 24h 值守，以便及时发现问题、解决问题，其他站点为无人值守。日常值班人员加上维护人员、工班长及专业工程师，整个系统的维护约需配备 7 名员工，且值班人员要求具备一定的专业知识及故障处理能力，对各系统要有所了解，一般要求中级工以上。

三、应备的维护资料

维护人员应备有以下主要技术资料：

《系统技术手册》、《系统维护手册》、《系统故障记录表》、《系统备品备件更换表》、《系统日检表》、《系统月检表》、《系统年检表》、《系统中修记录表》及《系统维护监控终端中修记录表》。

表 9-1 为系统月检表，供参考。

系统月检表 **表 9-1**

机柜号码：		日期：	检修人员：		
检查名称	项　目	程序及方法	标　　准	检查结果	备　注
运行状态	可编程控制器	逐个检查模块面板的状态灯显示，并记录	RUN 绿灯亮，STOP 灯和 COPY 灯（红）灭	是□　否□	
			Battery 黄灯亮	是□　否□	
			通信设备状态告警灯亮或灭（据系统状态而定）	正常　□ 不正常　□	
	告警电压电源模块		DC24V 绿灯亮	是□　否□	
外观维护检查	机　柜	用干抹布擦去积尘	内、外无积尘	是□　否□	
		检查支架是否牢固	各支架无松动、脱落	是□　否□	
		检查连接线是否牢固	各连接线无松动、脱落	是□　否□	
		检查标签有无松脱	电缆标签无松动、脱落	是□　否□	
			设备标签无松动、脱落	是□　否□	
	报警号角	用干抹布擦去积尘	外罩无积尘	是□　否□	
		报警铃外壳有无损坏、松动	外观检查无缺损	是□　否□	
功能检测	报警号角	模拟故障，测试报警号角功能	出现故障时报警号角能鸣叫报警	是□　否□	
		报警时 10s 内按下 RESET 键	报警号角停止鸣叫	是□　否□	
	机　柜	站内模拟故障报警，测试系统接收状况及信息传递功能	在维护监控终端上有模拟故障的相应信息	是□　否□	
		测量电源模块电压，并记录	直流 24V ± 5%，交流 230V ± 5%	直流　V 交流　V	
		测量告警电压电源模块电压，并记录	直流 24V ± 5%，交流 230V ± 5%	直流　V 交流　V	
		测量输出端子电压，并记录	DC16-24V	输入正常	
		测量输入端子电压，并记录	DC16-24V	输入正常	

四、应配备的工器具、备件

维护用工器具主要有绝缘螺钉旋具（套装），洗耳球、防静电毛刷、万用表等。各种仪器仪表的配置仅作参考。

控制中心与车辆段应各准备一套备件。在备件紧张的情况下应首先保证在控制中心备齐一套。包括供电电源模块、可编程序逻辑控制器模块、通信处理器模块、总线单元模块、数字输入模块、连接器模块、RS 485 总线终端、EPROM 模块、告警电源模块各一。

五、设备的日常维护

表 9-2 是网管系统设备检修周期与工作内容，供参考。

网管系统设备检修周期与工作内容 **表 9-2**

序号	设　备	修　程	检　修　工　作　内　容	周　期
1	机柜	日常保养	1. 清洁机柜卫生。 2. 检查机柜内各接线架及接线是否松动、脱落。 3. 检查机柜内模块、电缆标签是否有松脱。 4. 检查机柜内模块面板显示灯是否正常	每周
		二级保养	1. 同日常保养内容。 2. 检查电源模块是否正常供电（直流 24V，交流 230V）。 3. 检查告警电压电源模块是否正常供电（直流 24V，交流 230V）。 4. 检查输入、输出端子电压是否正常（直流 16～24V）。 5. 检查在故障出现时设备能否驱动站控室的通信号角鸣叫报警。 6. 检查报警 10s 内按下 RESET 键，能否中止号角鸣叫。 7. 检查该站的故障告警信息能否被网管终端正常接收	每月
		小修	1. 同二级保养内容。 2. 模拟各连接系统的设备的实时故障，测试系统接收状况。 3. 模拟各连接系统的设备的实时故障，测试数据的传输状况。 4. 测试地线接地电阻（$\leqslant 0.5\Omega$）。	每年
			5. 检查并更换老化的模块	需要时
		中修	1. 同二级保养内容。 2. 检查机柜内部配线功能及状态。 3. 清洁设备模块内部。 4. 联合其他工班检查各系统报警线状态并更换有问题的连线。 5. 测试各系统告警功能。 6. 检查及整治机柜和 MDF 配线架的地线功能	每 5 年
2	通信号角	二级保养	1. 检查车控室通信号角是否松动、损坏。 2. 检查通信号角在出现故障时能否正常鸣叫	每月
		中修	1. 同二级保养内容。 2. 检查及整治通信号角连线	每 5 年
3	维护终端	日常保养	1. 清洁设备外部。 2. 检查设备紧固件是否牢固、破损。 3. 检查主机、打印机工作是否正常。 4. 正确记录故障报警信息	每天
		二级保养	1. 同日常保养内容。 2. 检查终端是否正常接收及显示故障信息。 3. 检查打印机的硒鼓状况，必要时给予更换。 4. 记录系统用户登录文件	每月
		中修	1. 同二级保养内容。 2. 清洁主备用终端内部模块。 3. 检查主备用终端软件及硬件功能。	每 5 年
			4. 升级软件	必要时

六、检修要求

（一）日常保养

检查机柜、机柱、基础是否稳固，安装是否完好，有无破损；检查箱体、盒、盘、柜有无破损，密封是否良好，有无破损、漏水；检查各种指示灯、仪表指示是否正常；检查设备运行是否正常；检查各种紧固件、螺丝是否紧固；设备外部是否清洁。

（二）二级保养

在日常保养基础上增加开箱、开盒检查，测试工作电压、电流等是否正常；检查杆件、紧固件、螺丝是否松动；检查配线、连线是否良好，有无松脱；调整动作部件动作是否良好；检查表示、显示部件是否正常；检查各部件，并且清洁、紧固；进行设备功能的测试、动作，看运行是否正常；更换不良部件；进行涂油、防锈、整修、清洁、注油等内容。

（三）小修

在二级保养的基础上增加修复，更换不良部件；进行系统测试、试验等内容。

（四）中修

在小修的基础上增加对现场可拆卸、替换的设备，采用运回车间进行维修；对不易拆卸、替换的设备采用现场集中维修的方法进行维修；对设备进行全面分解、整修、补强、调整；对关键、主要部件进行修复、更换；对淘汰的设备、器材进行更换等内容。

七、设备的故障维修

（一）系统设备的故障处理程序

通信综合网络管理系统设备发生故障，有关值班及维护人员应及时准确地判断故障位置、故障原因，按照“先通后复”的原则，积极组织修复，缩短故障时间，把故障影响控制在最小范围内。

当值班人员在控制中心发现或接到设备的故障报告后，应及时做出故障影响范围的判断，并向车间轮值工程师报告，同时通知相关专业人员。处理完后将处理情况向车间轮值工程师报告。如需要支援，要立即向车间轮值工程师报告，并请求相关的专业技术人员赶赴现场处理。

（二）注意事项

作为一个综合的监控系统的维护人员，对所涉及的各个子系统都应有所了解并熟悉，方能有助于提高对故障处理及反应的速度。

（三）常见的故障处理

1. 维护监控终端故障无法与主站点可编程序逻辑控制器通信

故障原因：电源故障；通信线路故障；可编程序逻辑控制器故障。

处理：检查并更换故障电源；检查并更换故障通信线路；检查并更换故障可编程序逻辑控制器。

2. 可编程序逻辑控制器模块无法与其他站点通信

故障原因：电源故障；通信线路故障；可编程序逻辑控制器故障；网络故障；软件故障。

处理：检查并更换故障电源；检查并更换故障通信线路；检查并更换故障可编程序逻辑控制器；检查并排除网络故障；检查并排除软件故障。

第十章　光缆和电缆

通信系统的传输介质如光缆、电缆均会随着使用时间的延长产生自然老化现象，光缆可能会出现损耗增加，若光纤内部有缺陷，如有气泡、裂纹等，损耗可能会进一步加剧，严重时会导致通信中断；电缆会出现绝缘性能下降，产生混线、断线等故障。另外，光、电缆的敷设过程、工作环境等因素也会影响其工作状态和使用寿命。因此，我们要对光、电缆进行必要的维护，并采取必要的检测手段和方法对其性能进行测试，判断其是否处于良好的工作状态，以便在短时间内采取相应的措施，对故障进行有效地控制。下面就对光、电缆的日常维护、检测方法等内容进行阐述。

第一节　光缆的日常维护和检测

一、光缆的日常维护

光缆的日常维护范围可分为室内和室外两部分，室内部分包括设备房机柜内光纤配线架尾纤、光缆终端盒以及部分引入光缆；室外部分包括隧道、管道或直埋光缆以及室外接头盒部分。光缆的日常维护工作，建议从以下几方面进行。

（一）建立原始数据资料档案

光缆维护人员的首要任务是整理光纤、光缆原始资料，建立光缆线路原始资料档案，以备工作中进行查阅和参考，这些资料应包含光缆施工、竣工图纸；原始接头、中继等测试记录、光缆施工过程中和投入使用初期的故障处理等，它便于维护人员详细了解光缆线路情况，并对光缆的故障作出准确的判断和处理。因此，我们要做好如下工作：

1. 收集光纤、光缆的施工资料，如单盘光缆的出厂技术参数、配盘资料等。

光缆按传输模式可分为单模和多模两种。例如，9/125 型单模光缆，因衰减低，适合于长距离通信，在地铁通信中常作为站间光缆使用，其光纤及跳线常采用 G.652 型光纤。又如，50/125 和 62.5/125 梯度型多模光纤，衰减较低，抗弯曲性能较好；100/140 和 980/1000 阶跃型多模光纤，具有大的纤芯和数值孔径，可采用非相干光源发光二极管（LED）耦合而降低网络费用，同时 980/1000 型多模光纤又是采用可见光进行短距离通信的塑料光纤，这些光纤常用于设备间的光纤跳线。由此可知，我们需在正确了解光纤、光缆的类型及相关参数的前提下，才能正确选用相应的测试工具进行维护工作。表 10-1 中列出了常见单、多模光纤参数表。

常见单、多模光纤参数表　　　　**表 10-1**

光纤类型	芯/包层直径（μm）	工作波长	截止波长	模场直径/数值孔径（μm）	衰减系数（dB/km）	带　宽（MHz）
单模光纤	9～10/125	1310nm	1100～1280nm	9.3±0.5	<0.4dB/km	
多模光纤	50/125	850、1300		0.20～0.24	0.8～1.5	200～1500

续表

光纤类型	芯/包层直径（μm）	工作波长	截止波长	模场直径/数值孔径（μm）	衰减系数（dB/km）	带　宽（MHz）
多模光纤	62.5/125	850、1300		0.26～0.29	0.8～2.0	300～1000
多模光纤	100/140	850		0.230.26	≤10	≥10
多模光纤	980/1000	660		0.50	≤410dB/0.1km	≥10

2. 整理光缆竣工资料，应包含以下几项内容：

（1）光缆敷设径路情况。

光缆敷设径路情况包括光缆敷设方式、光缆接头位置，每段光缆的长度，人孔位置（如管道敷设时）及距离等。例如，某条地铁线光缆敷设径路情况如下：全线敷设2条光缆，从A站到B站共N个车站1个车辆段1个控制中心，在该车辆段和地面站范围内，光缆采用管道敷设方式；各地下站站间光缆均敷设于地铁隧道内，在隧道侧壁距地面1.2～1.5m的位置上采用托臂支撑，沿隧道纵向敷设，并统一敷设于同一排托臂上；在车站内，光缆由站台端墙处隧道壁引入车站设备房的预留管道内，再经管道到达某设备房的设备机柜；某地下站到控制中心之间另外敷设2条光缆，并通过电缆井引至中央级设备房。

一般来说，在每个车站、车辆段和控制中心的相关设备机柜内都装有光缆终端盒，光纤配线架上的尾纤与光缆熔接后就收容在光缆终端盒内。

光缆的配盘一般为2km或3km。当车站站间距离不超过2km时，站间光缆一般不允许有接头。当距离过长时，为减少接头数可专门定做4km或更长的光缆。对于已有接头的位置应做相关的记录，对于日后维护中新增的接头，同样需认真记录其具体位置。

对于各个接头间的实际距离，最好根据施工时配盘情况以及使用光时域反射仪（以下简称OTDR）测量的光缆长度来确定。

（2）光缆中光纤的运用图。

例如，某轨道交通通信系统采用的是9/125型单模铠装松套结构光缆，该光缆共有18芯光纤，分布于蓝、橙、绿3个套管中。其中蓝套管中为01～06号纤；橙套管中为07～12号纤；绿套管中为13～18号纤。每个套管中的光纤均按“蓝橙绿棕灰白”顺序依次编号，各套管对应的光纤编号及光纤色谱明细表如表10-2所示。

各套管对应的光纤编号及光纤色谱明细表　　表10-2

套管＼光纤颜色	蓝	橙	绿	棕	灰	白
蓝管	01	02	03	04	05	06
橙管	07	08	09	10	11	12
绿管	13	14	15	16	17	18

该18芯光纤分别用于开放式传输网络系统（以下简称OTN系统）、闭路电视系统（以下简称CCTV系统）、无线通信系统（以下简称RADIO系统）、火灾报警系统等。维护人员根据套管、光纤的色谱及光纤运用图可迅速查找到每个系统使用的光纤及位置。下面举例

介绍 OTN、CCTV、RADIO 系统的光纤运用图。

1）OTN 系统光纤运用原理图。

OTN 系统采用双环结构，在上、下行光缆中各形成一个环，分别称为主环和次环，每个环均使用两根光纤，假设占用上、下行光缆中绿色套管 17、18 号纤。根据 OTN 系统的组网特点，光纤采用站内节点用短光纤依次连接、站与站之间节点通过尾纤与光缆中的光纤熔接后隔站连接并折返形成一个环，光纤运用原理图见图 10-1 所示。

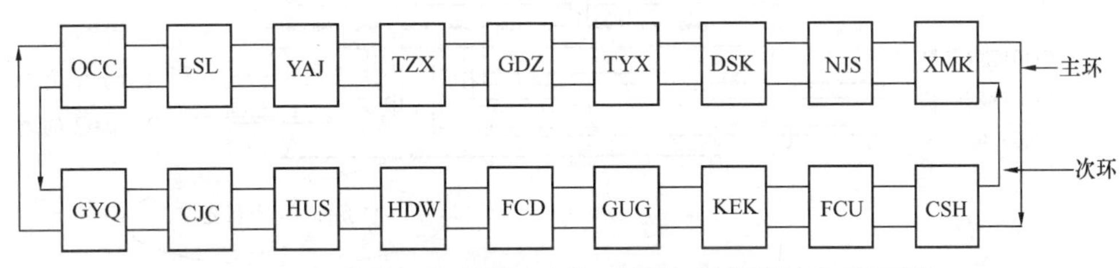

图 10-1　OTN 系统光纤运用原理图

2）CCTV 系统光纤运用图。

CCTV 系统利用光纤将每个车站所有站厅、站台的图像送至运营控制中心，每个车站使用 1 根光纤，均连到运营控制中心。在施工中将各车站 CCTV 设备发射端的光纤，按照设计规定直接与光缆中相应色谱光纤逐站熔接，汇集至中间某个车站，连同该站的 CCTV 系统设备发射端光纤，分别与该站至运营控制中心的上、下行光缆熔接，最后送至运营控制中心的 CCTV 系统中央设备输入端。其光纤运用见图 10-2。

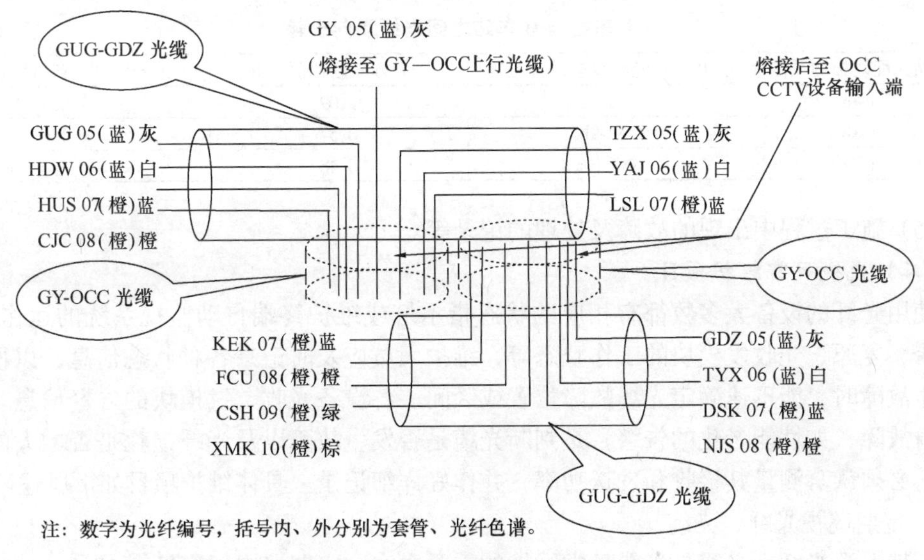

图 10-2　CCTV 系统光纤运用图

3）RADIO 系统光纤运用图。

RADIO 系统所用的光纤假设均在兰色套管中，其中上行光缆接入 4 个站，下行光缆接入 5 个站，每站使用 2 根光纤（分别用于接收和发射），共使用 18 根光纤，所用光纤均从相应车站直接熔接（直通）至基站，并与无线基站光收发设备相连，其光纤运用见图10-3。

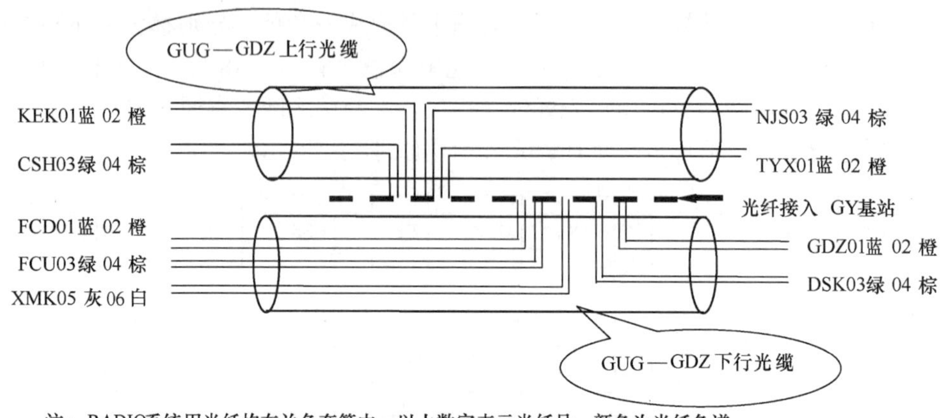

图 10-3　RADIO 系统光纤运用图

（3）验交时的测试数据。

这些数据包括各个通道的光纤损耗、接头损耗和总损耗等。例如 A 车站与 B 车站之间光纤双向衰耗（含测试连接器的衰耗）的部分测试数据，见表 10-3。

（4）各个光纤通道的全程或分段 OTDR 曲线。

包括 A→B 和 B→A 两个方向的原始记录（施工单位不提供此资料时应及时与之协商，争取得到这些原始资料，以便日后进行曲线对比）。

A 车站与 B 车站之间光纤双向衰耗　　表 10-3

A 车站光配线板测试位置	B 车站光配线板测试位置	A→B 方向衰耗值（dB）	A→B 方向衰耗值（dB）
1-8a	1-9a	1.09	1.08
1-8b	1-9b	0.57	0.14
1-7a	1-10a	0.48	0.51

（5）施工过程中出现的故障及处理的记录等。

（二）光缆日常维护项目

使用光纤的设备大多数都有相应的状态指示灯或维护终端自动监视系统的运作情况，如告警、复原、光收发模块的工作状态等，维护人员应及时记录各种状态信息，以便在系统发生故障时，能迅速确定光缆故障位置或区间。各设备光收、发模块的告警信息（除模块本身故障，如性能老化的告警）是判断光缆是否发生故障以及光纤损耗是否增大的重要依据，必须认真测量其接收和发送功率，并作好详细记录。具体维护项目如下所述。

1. 定期巡视光纤、光缆

定期巡视光纤、光缆是光缆日常维护的重要内容，定期巡视内容见表 10-4。

光纤光缆定期巡视内容　　表 10-4

序号	光纤光缆定期巡视内容
1	设备机柜内尾纤表面有无挤压、变形、鼠咬的痕迹
2	机柜光配架及光收、发设备上的尾纤接头是否松动

续表

序号	光纤光缆定期巡视内容
3	机柜光配架上保护预留光纤的防尘帽是否盖好，有无脱落
4	光缆托架有无脱落、光缆安放位置有无改变
5	光缆表面有无外力损伤、鼠咬、挤压、变形、污染
6	光缆绑扎、固定是否良好
7	光缆有无受潮、水浸（尤其在人孔中）
8	光缆接头盒（室外）固定是否良好，有无破损、腐蚀
9	接头盒处预留光缆的盘绕直径及外形有无变化、固定是否良好
10	光缆引入处保护管安装情况有无异常

2. 定期测量光缆

光缆接头的衰减值，可采用稳定光源和光功率计进行测量，经计算获得，或采用光时域反射仪（OTDR）直接测出衰减值。每次测得的数据应与竣工记录（无竣工记录的应在投入使用近期测量 1 次作为原始数据）或以往的测量数据进行比较，总结出光纤衰减变化规律。另外还可用 OTDR 测试光缆中继段的全程、分段衰减分布特性，得到光缆全程或分段的衰减曲线，作为今后维护的参考，在投入使用后的前 2 年最好每隔半年测量 1 次。然后，根据既往的测量记录可每年或更长时间测试 1 次。根据光纤的温度特性，最好选在衰减变化最灵敏的季节进行测试，便于发现光纤衰减的异常点。一般可选在 7、8 月份（最热的时间段）和 1、12 月份（最冷的时间段）各选 1 天。每年测试 1 次的，可以选在最冷时间段中的 1 天。每次测试时都应将年、月、日、时间、地点以及当时的天气（晴、阴、雨、雪）、气温等情况作详细的记录。

光缆的测试数据、表格等应及时整理、汇总并对测量结果进行总结、分析，以作为光缆维护的依据。

（三）光缆日常维护选用的仪表、工器具和材料

日常维护的仪表、工具主要有：

1. 稳定光源

根据被测光纤的模式，可选用相应波长的激光光源（LD）或 LED 光源作为测试用光源。一般测量单模光纤采用稳定激光光源，例如，Tektronix 公司的 TOP140 为激光光源，其中心波长为 1310nm（1280~1340nm），用于测量单模光纤。测量多模光纤多采用 LED 光源。如果光中继段较长，应尽量选用光输出功率较大的稳定光源。

2. 光功率计

光功率计要与稳定光源配合使用，在测量时要注意光功率计选择的波长应与测试光源的波长一致。例如，LP5000C 型光功率计，其测量范围在 +20 ~ -45dBm，分辨率为 0.1dB，测量准确性为 ±0.3dBm，有 780nm、850nm、1300nm 和 1500nm 四个波长可供选择。测量时应根据系统设计要求选择适合的波长，以提高测量精度。

3. 光时域反射仪（OTDR）

例如，MW9070B 型便携式光时域反射仪，采用激光光源，其波长为 1300 ± 30 nm，脉冲宽度有 20、50、100、500、1000、2000、4000、10000、20000ns 档，距离范围有 5、10、

25、50、100、200km 档。当光纤线路距离短时用窄脉冲测量，分辨率较高；距离长时用宽脉冲测量，虽分辨率较差，但动态范围大。脉冲宽度越宽，动态范围越大，例如在10000ns 时动态范围可达到 36dB。OTDR 动态范围越大，测试距离越长，因此最好选用动态范围较大的 OTDR。当选用不同的“距离范围”选项时，有不同的抽样分辨率，例如在“5km”时分辨率为 1m。每次使用 OTDR 前应对其参数值进行检查，并根据具体情况作相应改变。在测试过程中应对同一中继段光纤的两个方向进行测试，每次测试时应设置相同的参数值，MW9070B 型 OTDR 其他使用注意事项详见表 10-5。

4. 光纤放大镜

光纤放大镜是一种用来观察光纤跳线插头或尾纤（带光纤插头端）端面质量的仪器。光纤放大镜可将光纤端面图像放大 200 倍，通过选配不同的适配器可观察不同类型的光纤插头，如 FC 型、ST 型、SMA 型等。当怀疑某个光纤插头有问题时，应首先断开光纤跳线与设备的连接，用光纤放大镜观察其端面情况。如果端面表面很脏，可用光纤独立纤维卷进行清洁，一般进行几次清洁后可继续使用，如果多次清洁后仍无法正常使用，则需更换光纤跳线。

5. 压缩空气

用于对光纤插头、插座及适配器进行除尘的工具。

6. 光纤插头转换跳线和适配器

光纤插头转换跳线有 FC-SC 型、FC-ST 型等类型，当被测光纤与测试光源或光功率计的插头或插座类型不一致时，可组合使用适配器及插头转换跳线完成测试。

MW9070B 型 OTDR 使用注意事项 **表 10-5**

序　号	MW9070B 型 OTDR 使用注意事项
1	对于同一光缆的每次测试要使用相同的机型，最好用同一台 OTDR 测试
2	OTDR 光源的波长应与光纤使用波长一致
3	脉冲宽度应根据中继段的长度设定，长度设定一般为实际距离的 1.5 倍。地铁光缆每个中继段一般不超过 2km，“距离范围”可设为最低档“5km”。分段测试时“脉冲宽度”可设为 20ns 或设为自动测量模式而自动设定；对于分段或全程测试均可设为自动测量模式。选择脉冲宽度和测量范围时，在满足测试距离情况下，应尽量选用窄脉冲和较小的测量范围，使测试分辨率较高
4	光标位置的设定。测光中继段衰减分布曲线时，光标应放在末端菲涅耳反射点处，即菲涅耳反射曲线前沿刚要突起处，不能放在反射点的峰值或后沿处。第一次测试时应精细选取位置，屏幕上将显示光纤距离，假设为 Lkm。以后若线路长度未变（$\Delta L=0$），再测试时都要在此位置进行

二、光缆的日常测试方法和测试项目

（一）光缆的测试方法

常用的测试方法有剪断法、插入法和背向散射法等。剪断法测量准确性较高，但对于既有已运行的光缆来说长度已经是固定的，而剪断法要求每测量一次就要剪断一段光纤，具有破坏性，显然不适用于日常的维护测试，因此运营维护中常用的测试方法主要采用后两种方法。下面分别加以介绍。

1. 插入法

插入法是采用稳定光源和光功率计测量光纤衰减，要求所用仪表使用的波长应与被测光纤工作波长一致，原理见图 10-4（*a*）、（*b*）。测量时，首先对仪表进行校准，即将光源和光功率计用一条短光纤连接（短光纤损耗近似为零可忽略不计），校准输入参考光功率电平为 P1，然后将光源发端、光功率计收端与被测光纤线路两端用活动连接器耦合，调整活动连接器，使之达到最佳耦合状态，即输出功率最大点，作为输出功率电平 P2，

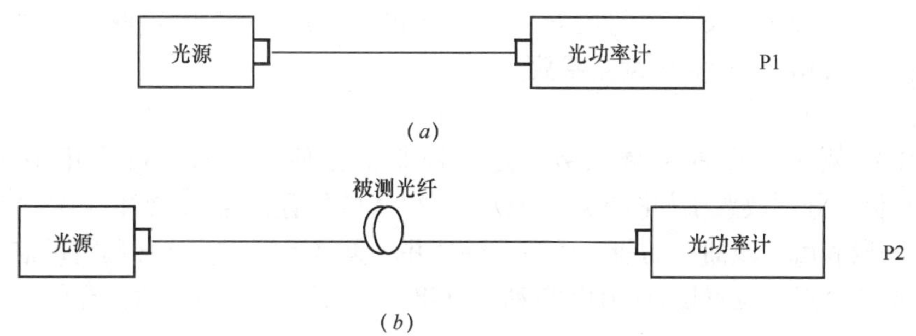

图 10-4　插入法测试光纤衰减

设衰减值为 A，则测得光纤的衰减为：

$$A = (\text{P1} - \text{P2})(\text{dB}) \tag{10-1}$$

设此光纤均匀且长度为 L（km），则可得光纤的衰减系数 α 为：

$$\alpha = A/L(\text{dB/km}) \tag{10-2}$$

在测试过程中，光源的输出功率应保持稳定不变。

2. 背向散射法

背向散射法是采用瑞利散射机理，将大功率的窄脉冲光注入被测光纤，在同一端检测沿光纤返回后的散射光功率。因返回光的波长与入射光波长一致，返回的光功率与入射光功率成正比，可通过测量沿光纤返回的后向瑞利散射光功率测出光沿光纤传输的衰减等信息，是一种非破坏性测试方法。

这种测量方法使用的仪器是光时域反射仪（OTDR）。OTDR 不但可以测光纤衰减和衰减系数，还能测试光纤各段长度及其衰减分布曲线、测试接头的衰耗和具体位置以及光纤的物理缺陷（如内部断裂等），因此 OTDR 是光缆维护测试工作中不可缺少的仪表。因其机型不同操作菜单也不同，

测量具体操作应严格按照说明书进行。测量前，根据具体情况设置 OTDR 的参数，它包括使用波长、距离范围、脉冲宽度、折射率、平均化次数或时间、接头损耗和反射损耗的阈值等。测量模式可采用全自动、自动、手动模式中的一种。测量时，将 OTDR 与被测光纤相连，然后进行相应的菜单操作，即可测出光纤长度、接头损耗、衰减分布曲线等项目。OTDR 测量原理见图 10-5。

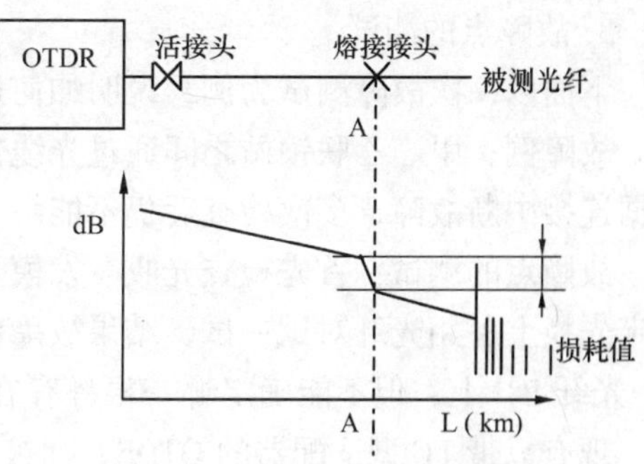

图 10-5　OTDR 测试原理图

（二）光缆维护中的主要测试项目

在光缆维护工作中，主要是对衰减、衰减系数进行测试，以及光缆长度、故障点等的测试。

1．衰减及衰减系数的测试

（1）用光源、光功率计测试

在事先知道此段光纤长度的前提下，可用图 10-4(*a*)、(*b*) 的方法测出此段光纤的衰减，并根据公式（10-2）计算出衰减系数。

（2）用 OTDR 测试

采用 OTDR 测量光缆的衰减系数，是一种非常方便的手段。可采用最小二乘法（LSA），将光标×分别放置于如图 10-6 中 1、2、3、4 的位置，点 1、2 和点 3、4 应分别置于“*”前一段和后一段曲线的前、后端平滑处并尽量靠近两端，这样测得的衰减比较准确，当确定好 4 个点的位置后，OTDR 自动计算出“1－2”、“3－4”两段光缆的衰减值及衰减系数。

2．光纤长度的测试

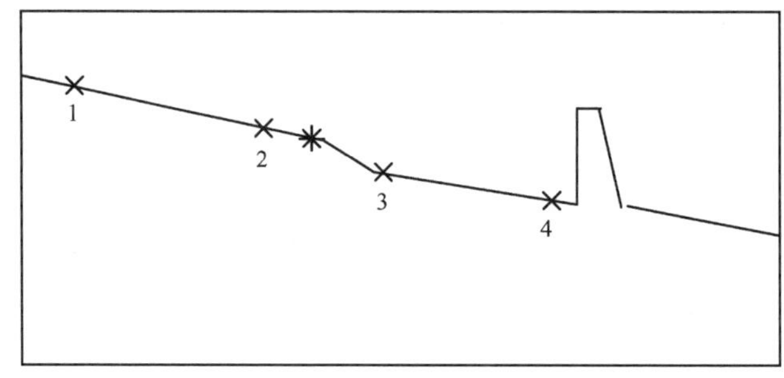

图 10-6　OTDR 测试光缆衰减值及衰减系数

采用 OTDR 测试单盘光缆或中继段的光缆非常简便，首先根据光缆的大致长度选择合适的 OTDR 距离范围，一般取待测长度的 1.5～2 倍即可。为了避开 OTDR 的盲区效应，通常在被测光纤之前加一段辅助光纤，如 1km 的裸纤。将裸纤的始端熔接一个活接头，末端与被测光纤的始端熔接，即熔接点“×”的位置，将光标“*”移置菲涅尔反射峰上升沿的位置，则屏幕下方即显示出“×”与“*”之间的精确距离，即被测光纤的长度。测试原理图见图 10-7。

3．故障点的测试

下面以一次故障测试为例，说明如何进行故障点的测试。

故障例：甲、乙联锁站之间通过光缆传送信号，近日一段时间内，两站之间多次发生数据连接中断故障，多次检查后仍不能解决问题，于是考虑到问题可能出在传输线路上。

故障点的测试：首先检查光收、发模块，状态均正常。因两站的光缆有备用纤，于是决定先换上备用光纤对试一试，结果故障消除了。看来故障点在这 1 对收、发光纤（光纤 A、光纤 B）上，但不能确定哪一根纤存在问题，可能存在断纤、或尾纤和熔接点处有问题。现有只带 FC 型适配器的 OTDR，而被测光纤为 ST 型插头，无法直接测量。于是我们利用 1 条 FC-ST 型跳线和 2 个 ST-ST 型适配器对光纤 A、B 进行测试。图 10-8 示出了用

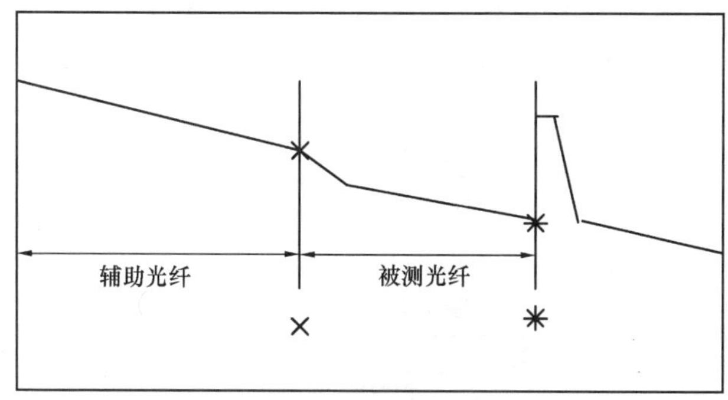

图 10-7　OTDR 光纤长度测试原理

OTDR 测试甲、乙两站光纤 A、B 的原理框图。两站之间的光缆线路上有 1 个光纤接头，设光纤 A、B 的接头分别为 a 和 b，测量时用 ST-ST 型适配器将光纤 A、B 在乙站连接（此点设为活接头 c），在甲站将 OTDR 分别与光纤 A、B 连接，可测得甲站到乙站方向的接头 a、b、c 的损耗和线路总衰耗 d。同理用 ST-ST 型适配器将光纤 A、B 在甲站连接，在乙站将 OTDR 分别与光纤 A、B 连接，可测出乙站到甲站方向的接头损耗及线路总衰耗，用 OTDR 按图 10-8 测得甲站、乙站光纤 A、B 双向接头损耗及线路总衰耗见表 10-6。

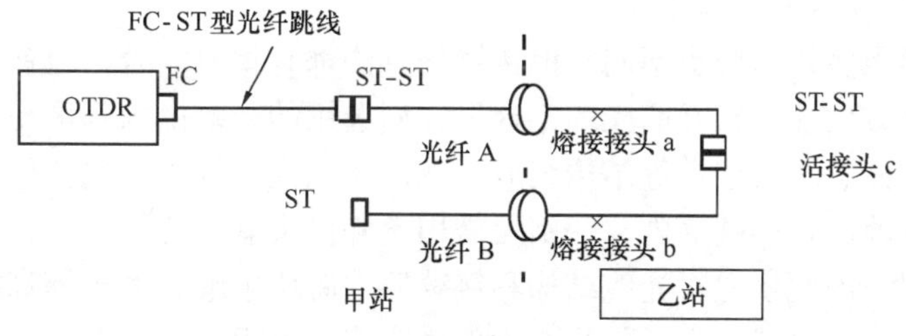

图 10-8　光纤故障点测试示意图

用 OTDR 按图 10-8 测得甲站、乙站光纤 A、B 双向接头损耗及线路总衰耗　　表 10-6

测试方向	OTDR 连接位置	接头 a 损耗（dB）	接头 a 平均损耗（dB）	接头 b 损耗（dB）	接头 b 平均损耗（dB）	活接头 c 损耗（dB）	线路总衰耗 d（dB）
甲站→乙站	光纤 A	0.07	0.115	0.09	0.075	0.54	3.06
乙站→甲站	光纤 A	0.16		0.06		1.37	3.95
甲站→乙站	光纤 B	0.16	0.125	0.06	0.075	0.49	4.09
乙站→甲站	光纤 B	0.09		0.09		2.24	4.75

从测试曲线上看到曲线较平滑，线路不存在断点，可能是线路两端的尾纤有问题。从表 10-6 中可看出，接头 a、b 的平均损耗值正常，当测试方向为乙站→甲站时，活接头 c 的损耗偏大，可确定甲站的尾纤存在问题。决定对乙站→甲站方向的光纤用 OTDR 多测试几次，在测试前先用纤维清洁卷对甲站光纤 A、B 端尾纤插头分别进行清洁，发现对光纤 B 每作 1 次清洁，测得的结果都在 1.37～1.83 之间变化，有 1 次数值 1dB 以下（为 0.94dB），怀疑光纤 B 尾纤存在问题，决定更换甲站一侧光纤 B 的尾纤。更换时发现这根尾纤在终端盒内受到挤压，再次测试时好时坏，于是对其进行更换。更换后重新测试结果表明故障已修复。由于车站设备房环境较差，送风口进来的空气较脏，对光纤的影响很

大，另外在接续后光纤未放置好，光纤长期受压影响了性能，因此要减少这类故障的发生，一要保证接续质量，二要保证光纤工作环境的清洁。

三、光缆的接续

光缆的接续是维护工作的重要组成部分，在处理线路故障中显得尤其重要，同时也是提高维修质量的有效手段。

（一）光缆接续常用工具、材料。见表 10-7。

光缆接续常用工具、材料 **表 10-7**

工具名称		材料名称
光纤熔接机	钢卷尺	绑扎带
光缆外护套切割刀	活口扳手	接头盒
光纤松套切割刀	电工刀	棉纱
光纤涂覆层切割刀	剪刀	脱脂棉
光纤端面切割刀	酒精泵	脱脂纱布
光时域反射仪（OTDR）	钢锯	热缩套管（或 V 型保护夹）
十字螺丝刀	镊子	汽油
一字螺丝刀	工作灯	酒精
克丝钳	工作台	砂纸
斜口钳	喷枪	PVC 自粘带

（二）光缆接续步骤和注意事项

尽管光缆种类很多，结构也不同，但接续的方法都有相似之处。地铁隧道内常选用在防水、防潮和强度方面性能较好的光缆，这里我们选用的光缆由内部填充缓冲物、无卤外护层、非金属加强件、皱纹钢带等结构组成。在设计上光缆接头终端盒位置一般尽可能地放在室内，如果故障出在终端盒内，一则无需用室外接头盒，使接续工艺变得简单；二则工作环境也很理想。因此事先对光缆结构和接续要求有所了解有助于提高接续的速度，缩短修复故障用时。下面以某一类通信光缆为例说明接续过程和注意事项。

1. 接续步骤

（1）准备工作

将接续现场杂物清除干净，准备好接续用工具和材料并已清洁干净。接续的光缆放于接续作业人员左右两侧并用棉纱清除距端头约 2m 长光缆外护套上的污物，用钢锯将两侧端头各去除约 10cm，并检查光缆外护套是否完好，有不良情况的应去除。条件允许的可将光缆交叉放置于工作台左右两侧并固定，两端长度应基本一致约为 1.5m。

（2）开剥外护层

在两侧光缆上各套入一只档圈待用。用光缆外护套切割刀在距光缆端头 1.3m 处环切一周，如果护套太紧不易抽出，可分段环切，逐一抽出。用剪刀从缆身环切处剪去缠绕的丝带和塑料条带，用棉纱沾少量汽油（也可不用）擦去附着在束管上的油膏。左右光缆做同样的处理。

（3）加强芯的处理

根据选用的终端接头盒的类型，用钢卷尺量取所需加强芯的长度，用克丝钳剪去多余的部分。将加强芯固定在相应的位置上。

（4）开剥束管

从左侧光缆缆身环切处量取一定长度的蓝色束管（具体长度根据接头盒而定），其余的部分用光纤松套切割刀去除。用绑扎带将束管固定在盘留盒长度方向一侧，对右侧光缆的蓝色束管做同样处理。为便于盘纤，左、右光缆的束管应固定在同一侧。

（5）光纤预盘留

首先用脱脂纱布沾酒精擦拭已剥去蓝色束管的光纤若干次，以去除表面的油膏，然后将左右束管中的光纤束分别以顺、逆时针方向沿着盘留盒内边缘盘留，并折断一定长度以使两束光纤束的端头恰好都在盘留盒的中间位置（有的盘留盒固定接头的位置是在两端）。

（6）光纤端面制作

将作完预盘留的光纤取出来，准备接续。从左、右侧光缆中选取蓝色束管中的蓝色光纤，用脱脂棉沾酒精擦拭光纤约 10cm，用光纤涂覆层切割刀从距端头 5cm 去除涂覆层，并用沾有酒精的脱脂棉擦拭几次，擦去涂覆层的碎屑。用光纤端面切割刀分别制作端面，切割后应保留约 1cm 的去涂覆部分。

（7）光纤熔接

蓝色纤端面制作完成后，分别将其放入准备就绪的光纤熔接机左、右侧 V 形槽内，按照熔接机焊接工艺进行操作。采用热缩套管作加强保护的，应事先套入热缩套管，再进行端面制作、熔接。采用金属 V 形夹保护的，可在熔接之后，再套上 V 形夹做压接即可。熔接完这根光纤后，用 OTDR 进行测试，接头损耗符合要求的（小于 0.1dB）就对光纤进行盘留，盘留时应将热缩套管或 V 形夹放在盘留盒中间的固定槽内，接头损耗不合要求的，则需重新熔接直到合格为止。根据盘留盒中固定槽位的数目，可将不同颜色束管中的光纤放置于不同的盘留盒内，各盘留盒依次叠放。按上述熔接步骤依次对蓝、橙、绿束管中的蓝、橙、绿、棕、灰、白色光纤进行熔接、盘留。

（8）接头盒安装

所有光纤熔接、盘留完毕后，将盘留板盖在盘留盒上依次叠放整齐（可用胶带在中部捆扎），再按照使用的接头盒的安装方法将挡圈、密封圈、螺丝等部件依次序装配完毕。

（9）接头盒固定

接头盒安装完毕后，将接头盒两侧的光缆余留一定长度（弯曲半径应为光缆直径的 15 倍）用膨胀螺丝等部件固定在隧道壁的适当位置（一般高度在 1.2m 左右）。

（10）清理现场

完成所有接续工作后应对施工现场进行清理，将使用过的工具清洁后放回工具箱，使用完的仪器仪表擦拭干净放好，施工后的所有废料应清理干净，将现场恢复原状。

2. 注意事项

（1）切割光纤束管时，一般用松套管切割刀夹住束管转 3 圈后，在切痕附近用双手上下稍稍拗动，即可抽出束管，切割、拗动时切不可用力过大，否则极易损伤光纤。

（2）使用不同的光纤端面切割刀，操作方法也不同，以德国 A8 型切割刀为例，制作光纤端面时，要求已去涂覆并作好清洁的光纤放入相应的 V 形槽内，一只手按住光纤，另一只手轻轻按下切割刀且“听声即止”，才能切得又快又好，如果用力过大，端面则会出现破损的情况。

（3）光纤熔接前，要对预熔光纤确定熔接顺序，如根据束管和光纤涂覆层颜色或根据绞合方向、束管及涂覆层颜色辅助进行编号，确定熔接顺序。

（4）光纤制作完端面放入熔接机时，在熔接机的监视屏上应能够看到光纤，否则熔接结果可能不够理想或因推进单元设定的推进值不够而无法进行熔接。

(5) 如果用光时域反射仪(OTDR)测试接头熔接损耗，光纤正进行熔接时OTDR不应设成“扫描”状态，应在熔接完成后再进行“扫描”，以免OTDR发出的激光对熔接机的本地注入和检测系统(LID)产生干扰，影响光纤的对准效果。

(6) 如果端面制作良好但熔接结果并不理想时，应对熔接机的(预)熔接时间、(预)熔接电流等熔接参数进行适当调整。

(7) 若使用X77型熔接机的压接装置进行压接，光缆的熔接接头保护应采用金属合金V形专用夹，操作时应将熔接后无涂覆部分完全放入夹内，最好两边对称，如无涂覆部分过长而不能全部放入夹内应重新熔接，否则当V型夹边缘受力时极易断裂。

四、关于光缆维护的几点建议

光缆使用初期，其特性相对稳定，为了延长光缆使用寿命，减少光缆故障率，必须对光缆进行有效的维护。它除了要求维护人员有高度责任感外，还应加强有关光缆维护的理论学习、提高光缆维护的实践技能。

1. 学习光缆结构、光纤导光原理、传输模式及光纤损耗特性等理论知识，了解光纤在传输中产生损耗的原因，以便在工作中更好地进行光缆维护。

2. 定期进行技术考核以提高维护人员在仪表使用、测试方法、光缆接续等方面的实践操作技能。

3. 维护人员应进一步熟悉轨道交通光缆的分布和光纤使用情况，并根据维护历史记录总结出光缆的衰减变化趋势。

4. 日常维护用的仪表、工器具(如光源、光功率计、OTDR、光纤熔接机等)应由专人进行充电、清洁等维护，建立仪表维护保养记录，使之处于良好的工作状态。

第二节　通信电缆的日常维护和检测

电缆线路的日常维护包括定期测试和巡视两部分。定期测试工作包括芯线电阻、不平衡电阻、绝缘电阻等的测试，长途电缆还应包括串音衰耗和串音防卫度的测试，同轴电缆也还应包括线路衰耗、波阻抗不均匀性等的测试。这里我们只侧重芯线电阻、不平衡电阻、绝缘电阻的测试。巡视工作包括检查线路设备是否正常、芯线排潮、人井管道维修、标石修补加固以及检查防腐、防洪、防雷设施等。

一、通信电缆的日常维护

(一) 建立通信电缆线路的资料档案

通信电缆线路的资料档案分为电缆敷设完工后的原始资料和线路维护过程中变动的资料两部分。原始资料作为维护工作的依据应妥善保管，对于资料的变更修改要及时，并注明变更的原因及变更细节，电缆线路资料详尽准确可为今后的维护工作提高效率。

1. 收集、整理原始的电缆资料，主要包括：

(1) 电缆的敷设方式(指直埋、管道、隧道、架空等)、电缆敷设路由图；

(2) 敷设的电缆规格型号及数量；

(3) 管道电缆在管道中详细的布置图，隧道电缆在隧道中的布放图；

(4) 电缆人井、标桩的位置及数量；

(5) 电缆的各级配线图、电缆接头位置图及接头配线图。

2. 建立通信电缆线路的巡视记录

根据巡视的要求，检查线路的状态并及时进行登记，作为对原始资料的补充，巡视记录内容见表10-8。

通信电缆线路巡视记录表 **表10-8**

日期	线路位置	巡视内容	巡视人	发现的主要问题	处理结果	消耗器材数量

3. 建立电缆线路电气性能测试记录

电气性能主要进行的是直流测试，必要时也可作交流测试，直流测试主要进行电缆环路电阻、不平衡电阻和绝缘电阻的测试；交流测试主要进行串音衰耗和串音防卫度的测试。根据测试的结果，可以分析出电缆特性的变化趋势，从而及时有效地防止因电缆电气性能劣化造成的通信故障。

4. 建立通信电缆线路的故障记录，见表10-9。

通信电缆线路故障记录 **表10-9**

日期	线路名称	故障时间		故障情况			修复情况	维修人员	备　注
		开始时间	恢复时间	故障地点	故障程度	故障原因			

(二) 电缆的日常维护项目

1. 定期巡视

(1) 直埋电缆的巡视

a. 沿地下电缆线路的路由，巡视地面上有无挖掘的新痕迹，凹陷或其他异常。如发现疑点，必要时可掘开地面检查。着重检查特殊地段的电缆及装置，如公路、铁轨等处的电缆防护装置。

b. 发现电缆线路附近有施工进行，应及时与施工单位联系，协商配合保护电缆设备，并加强巡视、监督工作。

c. 检查、核对电缆标桩、标石有无移动、歪倒、损坏或丢失，必要时对标石进行扶正、培固、补充和油漆。

d. 检查电缆井时，应看电缆井井盖是否丢失，破损或断裂，井盖上标志是否清晰、完整，正确；井内是否有水或渗水现象；井内电缆是否泡水，井内是否有垃圾需要清理；井内电缆是否固定在托臂上，电缆是否有破损现象；井内电缆接头是否生锈；电缆管孔封堵是否完好，井内托臂是否损坏、丢失或生锈。

e. 巡视检查分线箱、盒是否牢固、布线整齐、干燥清洁。

(2) 管道电缆的巡视

a. 管道部分的上方有无突出、下沉现象，人孔盖是否放置良好，有无丢失；人孔有无裂缝、穿洞，人孔盖上方或周围有无堆放物品或泥土等。

b. 人孔内部电缆出入管孔及电缆弯曲部分电缆状态是否良好，电缆支架状态等。

(3) 隧道电缆的巡视

a. 检查电缆有无破损、变形、挤压，电缆位置是否正确。

b. 电缆是否绑扎固定，托臂有无脱落。

c. 检查隧道电话分线箱是否牢固、布线是否整齐、是否清洁。

d. 检查隧道电话通话质量是否良好，电话机及线路是否清洁。

(4) 架空电缆的巡视

a. 检查线杆是否有倾斜、裂痕、拉线是否牢固可靠，钢吊线垂度是否合适，吊线夹板是否松动，挂钩有否脱落，木质线杆有否腐烂等。

b. 电缆经电力线、房屋、树木的地方的保护措施是否合适，电缆接头的挂带是否固定牢固。分线设备盒盖是否严密，内部有无尘土或昆虫。

c. 另外巡视中若发现有在线杆附近生火，晾晒衣物等情况应制止，同时宣传有关政策。

2. 定期测量电缆的电气特性

主要是测试通信电缆的直流特性，一般定为每季度测试一次。测试项目见表 10-10。

通信电缆直流特性测试项目 **表 10-10**

<table>
<tr><td colspan="2">线对位置</td><td colspan="2">单根电阻（Ω）</td><td colspan="3">环路电阻（Ω）</td><td colspan="3">不平衡电阻（Ω）</td><td colspan="5">绝缘电阻（MΩ）</td><td rowspan="2">测试人</td></tr>
<tr><td>排</td><td>对</td><td>L1</td><td>L2</td><td>标准值</td><td>实测值</td><td>质量</td><td>标准值</td><td>实测值</td><td>质量</td><td>L1～L2</td><td>L1～地</td><td>L2～地</td><td>不平衡%</td><td>质量</td></tr>
<tr><td></td><td></td><td></td><td></td><td></td><td></td><td></td><td></td><td></td><td></td><td></td><td></td><td></td><td></td><td></td><td></td></tr>
<tr><td></td><td></td><td></td><td></td><td></td><td></td><td></td><td></td><td></td><td></td><td></td><td></td><td></td><td></td><td></td><td></td></tr>
<tr><td></td><td></td><td></td><td></td><td></td><td></td><td></td><td></td><td></td><td></td><td></td><td></td><td></td><td></td><td></td><td></td></tr>
<tr><td></td><td></td><td></td><td></td><td></td><td></td><td></td><td></td><td></td><td></td><td></td><td></td><td></td><td></td><td></td><td></td></tr>
<tr><td colspan="3">被测线路位置</td><td colspan="6">至</td><td colspan="2">线路长度</td><td colspan="5">（m/km）</td></tr>
<tr><td colspan="3">测试日期</td><td colspan="6">年　　月　　日</td><td colspan="2">温度天气情况</td><td colspan="5">℃，</td></tr>
</table>

（三）电缆日常维护选用的仪表及其使用注意事项

1. 日常维护的仪表和工具主要有：

(1) 兆欧表

根据被测对象选用合适的输出电压和测量范围的兆欧表。当额定电压 500V 及 500V 以下者，应采用输出电压 500V 或 1000V 兆欧表；当额定电压在 500V 以上时，应采用输出电压 1000V 或 2500V 的兆欧表；10kV 及 10kV 以上者，应采用 2500V 兆欧表。兆欧表测量范围的选用，应注意一般不要使其测量范围过多的超出所需测定绝缘的电阻值，以免读数产生误差。在常温时，测定低压电器设备绝缘一般可选用 0～200MΩ 的兆欧表。

a. 兆欧表使用注意事项见表 10-11。

兆欧表使用注意事项 **表 10-11**

序号	兆欧表使用注意事项
1	使用前应先检查兆欧表外观及测量连接线是否完好
2	使用前应做短路、开路试验检验兆欧表。开路试验是将兆欧表端子开路，以大约 120r/min 的速率转动手柄，兆欧表指针应指向“∞”位置；短路试验是将兆欧表的的 L 端子和 E 端子短接，轻轻转动兆欧表的手柄兆欧表的指针应迅速回到“0”位。如果不能满足上面的要求，最好不要使用
3	被测设备必须停电。对于有大电容的设备，停电后还应彻底放电
4	取放兆欧表应轻拿轻放。因为它的构造相当精细，取放不当，会使内部机件受震动而损伤
5	兆欧表表面应保持清洁，干燥，尤其在测量接线柱间不应有任何尘垢或脏物。因为“L”端未装保护环，脏物及表面潮湿会引起“E”、“L”两接线柱间产生漏电回路，以致引起额外的泄漏电流流入电流线圈而造成误差
6	应注意静电电位对兆欧表读数的影响。当我们擦拭仪表表面玻璃时，玻璃上积聚起静电电荷，由于静电电荷的作用而产生吸引指针的力，使指针作一定的偏转。尤其在“∞”附近，这样的作用能使指针示数值与实际数值相差很多。在这种静电影响下，兆欧表空摇时，指针将不指向“∞”处。因此使用前，最好不要用干布擦拭，若擦拭后发现这种现象时应先消去静电后再测量绝缘电阻
7	应正确接线。兆欧表有 E、L、G 三个接线柱。测量时，E 端一般接电气设备的金属外壳，L 端接被测导体，G 端一般不用。测量电缆的绝缘电阻时，为了消除流经表面电阻的面电流给测量带来的误差，应将 G 端接于被测导体绝缘层上的屏蔽环
8	转动兆欧表的手柄时应保持一定的速度，切忌忽快忽慢，这样会使表针摆动，读不出正确的数据来。转速一般应保持在 120r/min，但最低不应低于 90r/min，最高不应超过 150r/min。在 120r/min 左右的转速下持续 1min，待指针稳定后读数并记录
9	对于有大电容的被测量对象，应先转动手柄至 120r/min 左右，再搭上 L 端，继续转手柄待指针稳定后读数、记录；然后，先撤下 L 端搭接，再停止转动手柄；经对被测对象再次放电后，再拆除测量接线
10	测量时如指针迅速跑向零位，表明被测绝缘已经击穿，应立即停止转动兆欧表的手柄

b. 校验兆欧表

最简单校验兆欧表的方法是用标准电阻直接来校验。只要我们将标准电阻直接接到兆欧表的两个接线柱上去，然后转动兆欧表记下指示值即可。计算一下指示值的误差，只要不超出兆欧表的规定要求，就可以认为其合格。当临时没有标准电阻时，我们可采用一些质量好的炭质电阻来替代标准电阻。使用中应注意电阻的消耗功率不应超出电阻的允许瓦特数。标准电阻值小，所用电阻的瓦特数应大些，电阻值大时，瓦特数可用小一些的。例如，当我们需要 1 只校验 1000V 兆欧表的 1 兆欧标准电阻时，电阻上消耗的功率是 1W，为了避免电阻发热影响数值变化，我们可采用 0.5W250kΩ 的电阻 4 只串联起来；也可用 0.5W100kΩ 电阻 10 只串联起来。

(2) 接地电阻测量仪

接地电阻测量仪简称地阻仪，它可以测量各种设备的接地电阻，也可以测量土壤的电阻率。它由手摇交流发电机、电流互感器、滑线电阻及检流计等组成。此外还有接地探针或联接导线等。仪表有 E、P、C 或 C2、P2、C1、P1 四个接线柱，E 端或 P2、C2 短接后作为被测接地电阻接线柱，P 端或 P1 端为电压辅助探针接线柱，C 端或 C1 端为电流辅助接线柱。下面我们以 ZC-8 型接地电阻测量仪为例，说明一下仪表的部件、性能和使用方法。

1）ZC-8 型接地电阻测量仪面板的接线柱及其作用：

ZC-8 型接地电阻测量仪采用四个接线柱的结构，测量前调整旋钮校正检流计，使之指向零位；倍率盘用来显示倍率的数字，共分为 1、10、100 三档，用倍率盘旋钮来调整；测量盘用均匀刻度表示，转动测量盘旋钮，可改变测量盘数值；摇把为手摇交流发电机的摇柄。

2）使用方法

将仪表接线柱的 P2、C2 端短接后与被测接地极 E 相连，P1 端与电压探针 P 相连，C1 端与电流探针 C 相连，并且使 E、P、C 三点在同一直线上，彼此之间距离大于 20m。P 处于 E 端和 C 端的中间位置，如图 10-9。

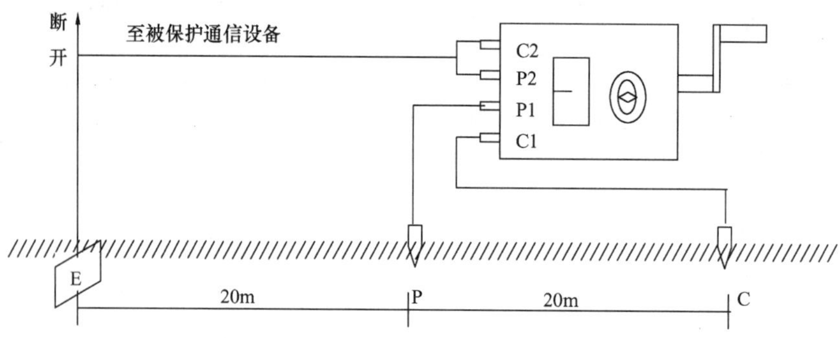

图 10-9 接地电阻测量原理图

断开设备与接地装置的联系，然后将仪表放于水平位置，使用检流计指针指到零位。将倍率旋钮旋至最大倍率上，缓缓摇动交流发电机的摇柄，及时调节“测量盘旋钮”使检流计指到零位，表示电路处于平衡状态。若测量盘读数小于 1，应将倍率开关置于较小的一档重新测量。当检流计接近平衡时，应加快交流发电机的转速（120r/min），使指针停留在零位处。

$$接地电阻值 = 倍率 \times 测量盘读数 \tag{10-3}$$

当使用 0～1/10/100 规格的仪表测量小于 1Ω 的接地电阻值时，应将 P2、C2 之间的连接片打开，并分别用导线接到被测接地体上，以消除测量时由于连接导线的电阻所引起的附加误差。

（3）直流电桥

1）直流电桥的用途及工作原理

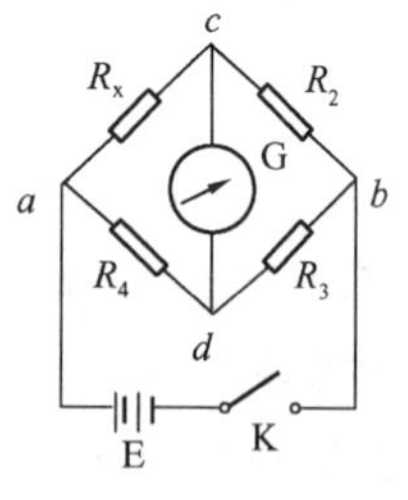

图 10-10 直流单电桥工作原理

直流电桥主要用于精密测量直流电阻。根据结构不同，直流电桥又分为单臂电桥和双臂电桥。前者适用于测量 $10 \sim 10^6\Omega$ 的中值电阻；后者适用于测量 10Ω 以下的低值电阻，常用的是直流单臂电桥。

直流单臂电桥又称惠斯登电桥，其工作原理如图 10-10 所示。图中 ac、cb、bd 和 da 为电桥的四个桥臂，其中一个桥臂为待测电阻 R_x，其余三个桥臂为可调标准电阻。在电桥的一个对角线 cd 上接入一个检流计；另一个对角线 ab 接入直流电源。一般将 R_2/R_3（称作比率臂比率）做成一定的比例关系，测量时调节可调标准电阻 R_4 使检流计指针指在零位，即电桥达到平衡。这时，被测电阻为：

$$R_x = (R_2/R_3)R_4 \tag{10-4}$$

式中 R_2/R_3——电桥的比率臂；

R_4——电桥的比较臂。

由于 R_2/R_3 通常为 10 的 n 倍，这样，当电桥平衡时，即可很容易地得到待测电阻值。

2）直流电桥使用中的注意事项，见表 10-12。

直流电桥使用中的注意事项 **表 10-12**

序号	直流电桥使用中的注意事项
1	测量前应初步估计待测电阻的大小，选用合适的比率臂，以充分利用可调电阻各档，提高读数的精度
2	使用电桥时，先将检流计锁口打开，检查检流计指针是否指在零位，否则用调零电位器调零。电池电压不足应及时更换，否则会影响电桥的灵敏度
3	使用外接电源时，要注意极性。电压的大小应根据电桥的要求来选择。对应不同的待测电阻可调电源电压提高其灵敏度
4	在测量端钮与待测电阻之间应尽可能使用截面积较大的短导线连接，连接要牢固，氧化层应去除干净，以提高测量精度和避免锡接线脱落而烧坏检流计
5	测量时，先按下“电源按钮”并锁住，再按下“检流计按钮”，若指针向正方向偏转，表示比较臂数值不够，应加大；反之则应减小。这样反复调节直至指针停留在零位
6	测量完毕，先松开“检流计按钮”，再松开“电源按钮”，并将检流计锁扣锁住，以免锡搬动时由于振动而扯断吊丝

3）常用的直流电桥的技术参数，见表 10-13。

常用直流电桥的技术参数 **表 10-13**

名　　称	型号	精度	测量范围	用　　途
单、双两用电桥	QJ19	0.05	单桥 $100 \sim 10^6\Omega$ 双桥 $10^{-6} \sim 100\Omega$	测量电阻
直流单桥	QJ24	0.1	$10^{-3} \sim 9999000\Omega$ 保证精度范围 $20 \sim 99990\Omega$	测量电阻
单、双两用电桥	QJ17	0.02	单桥 $100 \sim 10^6\Omega$ 双桥 $10^{-6} \sim 100\Omega$	测量电阻
单、双两用电桥	QJ16	0.02	单桥 $100 \sim 10^6\Omega$ 双桥 $10^{-6} \sim 100\Omega$	测量电阻；作为 0.02 级精密电阻箱
直流单双桥	QJ32	0.05	单桥 $50 \sim 10^6\Omega$ 双桥 $10^{-5} \sim 100\Omega$	精密测量电阻

（4）万用表

万用表可用于测量交、直流电压或电流等的多用途测试仪表。万用表采用磁电系的测量机构，具有很高的灵敏度，用作电压表时，内阻可达 2000Ω/V 以上。万用表的结构形式、表面上的旋钮布局多种多样，使用时应根据仪表具体情况而定。要正确的使用万用表应注意以下几点：

1）正确选择表笔插孔

测量之前，首先检查表笔的位置，红色表笔应接在红色接线柱或标有“+”的插孔内，黑色表笔应插在黑色接线柱或标有“-”的插孔内。测量电压时，应将仪表并联接入被测电路，测量电流时，则应串联接入电路。测量直流时，应使红色表笔接被测电路的正极，黑色表笔接被测电路的负极。

2）转换旋钮位置的确定

万用表的表盘上有一个或两个转换旋钮，用于选择测量对象和量程。要注意避免在测量电压时误将旋钮旋转到电流档或电阻档，否则会损坏表头。测量电流或电压时，如果不能确定被测量的大小，则应将转换旋钮旋至电压或电流的最高档，读电流或电压值时，调整档位，使指针在满刻度的的1/2~2/3的范围内，这样测量结果比较准确。测量电阻时，应选择适当的倍率，并使指针指在刻度较稀疏的位置，以获得准确的读数。

3）安全操作方法

使用万用表时一般手持仪表及表笔进行测量，注意手不要接触表笔的金属部分，以保障人身安全及测量的准确性。测量高电压或大电流时，不能带电转动旋钮，避免在开关触点产生电弧，烧坏旋钮部分。对测量电路应考虑仪表转换旋钮的最高耐压值，防止旋钮触点及接线片之间的绝缘被击穿。万用表使用之后，应将旋钮旋至交流电压最高档，这样可以防止转换旋钮在欧姆档时表笔短路而损耗电池，或再次测量时因疏忽而烧坏仪表。

二、电缆的测试项目

通信电缆线路的电气测试主要包括对使用中的电缆线路的电气性能进行定期抽测；对抢修后的电缆线路的电气性能测试和备用电缆线路的电气性能测试。在实际电缆线路维护中，对电缆线路的绝缘性能的测试是最简单、最基本的方法。

电缆的测试包括直流测试和交流测试。其中直流测试包括芯线绝缘电阻（芯线间及芯线对地间）；线对环路电阻、不平衡电阻等；交流测试包括：回路间近端串音衰耗和远端串音防卫度等测试。

1. 芯线绝缘电阻的测试

（1）测试前的准备工作

首先按照兆欧表使用注意事项有关项目进行，确认其状态良好。然后将待测试电缆的A端剥除10~25cm的内、外护套、绕包带和屏蔽层，将所有的芯线的末端去除5~10cm的绝缘层，用金属导线将线头分组混在一起并与金属屏蔽层接在一起。然后用一根带夹子的绝缘测试引线将兆欧表的“L”端与从芯线束中抽出的某一根被测试芯线 a 相连接，随后将兆欧表的“E”端与金属屏蔽层相连，“G”端与绕包带相连。另外，电缆B端所有芯线应处于开路绝缘状态，不得互碰接地。这样就可测出芯线对地绝缘电阻，同理按上述步骤将兆欧表“E”端连到从电缆A端抽出的另一根芯线 b，并确认两根芯线间及与金属屏蔽层之间绝缘良好，即可测出芯线间的绝缘电阻。

（2）测量过程

测量时，兆欧表保持水平放置，因为摇表每倾斜10°，就会产生±1%的误差。测量遵循兆欧表的使用注意事项正确操作，等到摇速均匀并且指针稳定后才能读出正确的读数，并将测量结果记录在表10-14中。测量值应满足线间绝缘电阻、芯线对地间绝缘电阻均应大于 30MΩ。

电缆线对绝缘电阻测试记录表 **表 10-14**

测试日期：　　年　　月　　日　环境温、湿度：　　℃，　　%　测试人员：				
电缆编号：　　　　电缆类型：　　　　电缆长度：　　米				
电缆线对编号		绝缘电阻（MΩ·km）		
序号	线序	$a-b$（a/b 线间）	a－地（a 线对地）	b－地（b 对地）

2. 芯线环路电阻测试

所谓芯线环路电阻，就是指一对芯线的 a 线与 b 线的电阻之和。芯线环路电阻受芯线的长度、截面积、电阻率及环境温度的影响，通常以 20℃的环境温度为基准，当环境温度变化时，可根据计算公式（10-5）对测试结果进行修正。

$$R_{20℃} = R_t/[1 + \alpha(t - 20)] \tag{10-5}$$

式中　α——电阻温度系数，铜芯线的 α 值为 0.004～0.0043；

t——测试时的环境温度（℃）。

一般可用万用表测量芯线的电阻，但误差较大。为了测得精确的结果，必须使用直流电桥。具体可按图 10-11 所示来进行。

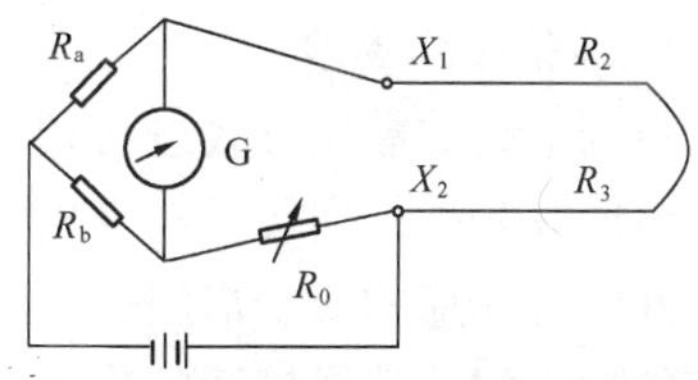

图 10-11　芯线环路电阻测试原理图

将被测线路接至电桥的 X_1、X_2 端子上，在线路的引入处将两线短接。

（1）正确设置电桥各开关，并按线路环路电阻的估算值，选择适当的比率臂倍率。按电桥使用方法使检流计达到平衡状态。

（2）根据公式

$$R_x = \frac{R_a}{R_b}R_0 \tag{10-6}$$

此时环路电阻 $R_x = R_2 + R_3$，

比率臂的倍率 $K = R_a/R_b$，若使 $K = 1$，则环路电阻阻值为 $R_x = R_0$

3. 不平衡电阻测试

不平衡电阻的含义即两根芯线电阻的差值，测试方法同测芯线环路电阻基本相同，不同之处在于测量不平衡电阻时利用地线构成一条导通的回路，具体测试方法见图 10-12。

假定我们设定比率臂 $K = R_a/R_b = 1$

则可按如下步骤进行：

（1）让对方先断开局内终端设备，在线路的引入端将两根芯线短接后接地。

（2）将被测线路分别与电桥的 X_1、X_2 端子相连。

（3）将电桥的“E”端子或接地端子接地。

（4）正确设置电桥的各开关，并把比率臂调至 1 的位置上，按电桥的使用方法使之达到平衡。

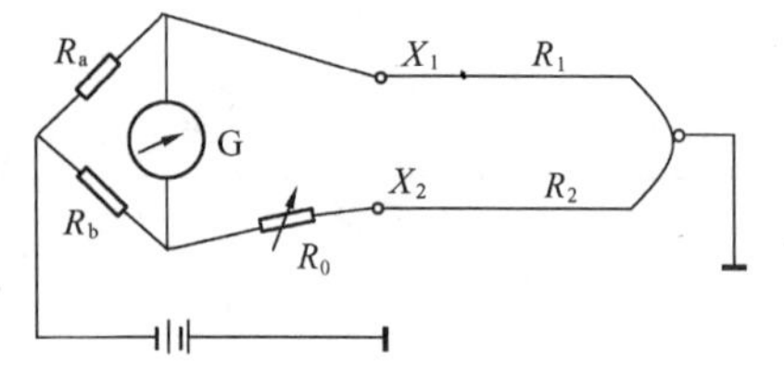

图 10-12 不平衡电阻测试原理图

则有：

$$\frac{R_a}{R_b} = \frac{R_1}{R_0 + R_2} \tag{10-7}$$

而 $R_a/R_b = 1$，则：

$$R_1 = R_0 + R_2$$

即：

$$R_0 = R_1 - R_2$$

结果，可变电阻旋钮 R_0 的读数即为 $R_1 - R_2$ 之差，也即两线间的不平衡电阻值。当 $R_2 > R_1$ 时，应将接在 X_1、X_2 端子上的两线互换后再调整可变电阻 R_0，当电桥平衡后，不平衡电阻为：

$$R_0 = R_2 - R_1$$

以上是用比率臂 1∶1 的方法测量不平衡电阻的，它的优点是不需要计算，是线路定期测量和工程测量中常用的方法。此方法的缺点是当不平衡电阻小于 1Ω 时，测量的误差较大。

三、通信电缆芯线的接续

电缆芯线接续前应做好接续场地、各种接续工具和材料、电气检查和线号编对检查等准备工作。充分做好各项准备工作会使接续工作的质量、速度和安全有可靠的保证。

（一）接续前的准备工作

1. 准备接续场地

根据电缆的敷设方式进行相应的准备工作，当开挖直埋电缆接头坑时，要对接续人员及电缆做好防护；当接续架空电缆时，应准备好需要登上高处的平台、架子、梯子等工具，并做好相应的安全措施；在人井内接续时要注意井上的安全措施、井下的清洁和其他电缆的检查以及选择接续的位置等。

2. 准备工器具和材料

电缆接续常用工器具见表 10-15；电缆接续常用材料见表 10-16。

电缆接续常用工器具 **表 10-15**

序号	名　称	用　　途	序号	名　称	用　　途
1	兆欧表	检查芯线绝缘	7	钢卷尺	量长度
2	尖嘴钳		8	压接钳	压接钮扣式接线子
3	克丝钳	剪断铁线	9	钢锯	割断电缆
4	钳工剪刀	剪铠装	10	电工刀	纵剖电缆
5	喷灯	烘烤热缩套管	11	斜口钳	剪断接续余线，去绝缘皮层
6	电缆横向开剥刀	横向开剥电缆			

电缆接续常用材料 **表 10-16**

序　号	名　　称	序　号	名　　称
1	钮扣接线子	6	焊　锡
2	B 型接线子	7	焊锡丝
3	砂　纸	8	电　池
4	汽　油	9	热缩套管
5	绝缘胶带	10	棉　纱

3. 开剥电缆护套

护套分为外护套和内护套两部分。根据电缆的型号不同，外护套包括防腐塑料、绕包带，钢带等。剥除塑料外护套时在应剥除的长度处，进行纵、横向开剥去除塑料外护套。然后将绕包带和钢带依次序松开至护套切口处保留，用于接续后按原绕包方向缠绕在接续部分。内护套包括铝、油纸带等。剥除内护套的长度是根据电缆芯线对数的多少决定的，一般为 40cm。有的电缆内充有油膏，在剥除内护套后，用汽油和棉纱擦去线对表面的油膏，以备测试和接续。

4. 电气测试检查

通信电缆接续前，对接头两端的电缆必须进行绝缘测量。一种测试方法为联合测试，即将所有芯线剥去 5cm 左右的绝缘层，用铜丝扎起来接地，然后用兆欧表的一根夹子接地或接绑扎的芯线，另一根夹子接抽出的单根芯线，然后分别测试。另一种测试方法为只作少数线对与大地间的绝缘测试，此只适合已经做过绝缘测试的电缆。

接续前必须对每一段电缆、每一个接头都进行绝缘测量，根据绝缘电阻的标准表进行核对，发现异常及时进行处理或更换。

5. 线对编对和对号

在进行电缆芯线接续前，为便于查找线对，我们要对芯线进行编线工作。对于普通电缆编线按线的序号，一般规定为面向用户顺时针方向（面向局方逆时针方向），由外层到内层，由小号到大号顺序进行编号。对全色谱电缆编线序号，另按电缆单位扎带和线对绝缘的色谱而定。编线分为临时新号编线、临时旧号编线和正式编线 3 种。前两种在接续完成后就拆除，后一种则封存在电缆接头套管内，作为以后长期对线号使用。

（1）临时新号编线:在接续新电缆前,用废芯线进行临时编线。根据芯线接头的对数,在距将要接续芯线端部 4～10cm 的地方进行编线,每一束编线的对数,从 5～101 对不等。小电缆可以连层编,大电缆则分层编,每编一对线,就把编扎线扭 1 个扭花的小编线结(单对间隔结)。每编完 10 对,就扭扎一个约有 3～5 个扭花的大编线结(10 对间隔结)。靠近编线圆头起始的一对线为第一对线,其余芯线则按编排顺序依次为第二对、第三对……。

（2）临时旧号编线

在旧电缆接头内对出旧号线后，采用临时篦子编线。一般以 5 根绝缘颜色相同（红色或白色）的废芯线（约 20～30cm）为一组，代表 5 个相邻号，然后把若干绝缘颜色不同的组相间排列，用废芯线扎在一起。旧电缆的芯线号对出以后，与同号的篦子临时拴绕在一起，以表示该线对的线号、查找某号线对时，可根据篦子编线的编号来识别。

（3）正式编线

正式编线作为一种永久查对线号用的编线。一般在局前人孔的进局电缆接头内、主干电缆中间分歧接头的分歧电缆上、引上电缆的两端接头内、配线电缆接头内的分线设备尾巴上或递减点的小对数电缆上。正式编线的位置一般是在电缆接头内接续芯线的根部，距离电缆护套切口越近越好。使用浸过蜡的麻线按临编线的方法进行。每编一对线作一个单对间隔结，每编完 10 对作一个 10 对间隔结。线号排序同临时编线。

电缆一端的芯线有了编号和编线后，另一端的编号和编线必须以这一端的编号和编线为准。可利用电缆芯线对号器核对芯线线号，使两端芯线线号完全一致，以便于芯线接续、修理和改线等工作，避免发生差错和造成返式浪费时间。

（二）通信电缆芯线接续类型及方法

1. 电缆芯线接续类型

（1）一字形接续

一字形接续又称直接接续，是把两条电缆方向相反芯线按相同线序号对接的一种接法，是芯线接续最常见最基本的方式。它同时要求 a 线接 a 线，b 线接 b 线，适合直通电缆的接续。

（2）Y（或 T）字形接续

Y（或 T）字形接续又称复接接续，把芯线接头的来线分歧成两条及以上去线的一种接续方式，适用于电缆分歧和复接配线掏接分线设备，为提高电缆芯线利用率，常采用此法接续。

（3）V 字形接续

V 字形接续又叫回头线接续，是两条同一方向电缆的芯线接续方式，常用于辅助配线的辅助线与分线设备尾巴电缆相接。

2. 芯线接续的方法

（1）扭接法

扭接法接续前必须捋去芯线的绝缘层，露出导线，然后把导线互相扭接，使导线表面直接接触连通。这种接续接头的接触，完全靠导线自身的缠绕扭力维持，接续不牢固，接触电阻有变化，常于绝缘铜芯线接续，不宜于铝芯线接续，扭接接头另需加绝缘套管套封。通常扭接接续方法仅用于一般市话通信传输（模拟通信传输），不适用于低电平的信号传输或数据通信，使用范围有限。

（2）焊接法

焊接法接续芯线捋一定长度绝缘层后按照扭接法扭接后，焊接芯线扭接末端约 0.5～1cm，使互相扭接的导线形成良好的接触。这种接续方法接触良好、机械强度高、接触电阻不变，适用于电话、电报、局间中继或一般数据通信传输，使用范围较广。适用于铜芯线接续，不适用于铝芯线接续。

（3）熔接法

熔接法多用于铝芯线接续，在铝芯线扭接接头末端加熔接，使接头末端的导线在高温下熔融，冷却后而形成一个整体。这种方法较复杂，工具较多，使用不方便。

（4）压接法

压接法不用剥除芯线绝缘层，而是靠接线子进行压接的接续。这种方法手工接续方便，质量可靠，接续稳定，接触电阻低，不损伤导线。

3. 芯线接续注意事项

（1）去芯线绝缘层时，剪刀或斜口钳不宜夹得过紧，过紧会损伤芯线，太松会使绝缘皮切口不齐。

（2）接续工作应选择晴天进行，以免芯线受潮。

（3）接续线对绝缘套管排列要整齐，各层套管无交叉重叠。接头末端要处理得平滑，以免刺破套管，产生故障隐患。

（4）正处于使用中的线路在改接时，为避免影响通话，应剪一根接一根，重要线路更要速接速通，不得延误。

(5) 接续时手要保持清洁干燥，以防芯线氧化或降低绝缘。

(三) 通信电缆接续步骤和注意事项

1. 一字形接续步骤

根据接续芯线对数的多少，可按接续顺序将接续线对的位置分成1~3组或更多组。

(1) 将两条电缆中准备接续的线对依同样的次序剪出，准备接续。

(2) 搭线及去除塑料绝缘层。将两对芯线左压右放在一起，并留出适当的松度，以免先后接续的芯线松紧不匀。扭绞半转后，左手大拇指和食指捏住芯线互扭点，右手用斜口钳在距互扭点约0.8cm处去除芯线绝缘层。

(3) 芯线扭接。左手大拇指和中指捏住芯线的扭接点，食指托住芯线的交接点，同时用右手的大拇指和食指捏住芯线线头，形成曲柄摇把。然后右手顺时针方向转动摇把，为了达到前松后紧的要求，应在扭转开始时左手捏紧转7~8转，而后左手稍松再扭2~3转。使达到小扭花5个，大扭花3个。

(4) 套上绝缘套管。芯线扭接完成后，将扭接部分留出3~4cm，剪去线头余长，套上塑料绝缘套管后，再把扭接的芯线顺芯线方向倒向一侧。当其余的芯线接续后，将这组的线对套管尽量排列整齐，整个电缆的套管都倒向同一侧。各组套管间应有一定的间隔。

2.Y字形电缆接续步骤

根据主干电缆与支电缆复接方式，接续情况分三种：

(1) 一条主干电缆与两条支电缆同时复接。接续方法同一字形接续法。

(2) 支电缆在主干电缆原有接头上复接。具体作法是先把主电缆芯线接头上的套管取下，露出芯线扭接部分，然后剥去支电缆芯线绝缘皮约15cm，把支电缆的芯线缠在主电缆的扭接接头上，再将三根芯线合并扭紧，剪去余长，最后套回原套管并使接头末端位于套管中央。

(3) 支电缆在主干电缆中间时的复接。做时首先将主干电缆芯线切断，然后把主干电缆的一端用相同线径的电缆接长，再采用Y字形接法扭接。

3.V字形接续步骤

(1) 将两条电缆中要接续的线对依同样的次序剪出，准备接续。

(2) 作芯线扭接准备。先将要接续的一条电缆的一对芯线穿过左手食指，将另一根电缆的一对芯线捏在左手心里，然后用右手的大拇指和食指捏住要被扭接的两根芯线线头。

(3) 芯线扭接。操作方法同一字形接续中的摇转曲柄法，同理对第二根芯线进行接续，接头留长度同一字形接续。

(4) 加塑料套管。两根芯线均扭接好之后,即可套上一对塑料套管,并把它们扭三转。

在电缆的位置及长度等条件许可的情况下，可将其中一根电缆弯曲成与另一根成相对方向的电缆，此时可按一字形方法进行接续。

第三节　漏泄电缆的结构、原理及日常维护和检测

一、漏泄同轴电缆的结构分类及工作原理

(一) 漏泄同轴电缆的结构及原理

漏泄同轴电缆（英文“Leaky Coaxial Cable”，简写为LCX）是一种传输线，外导体用皱

纹铝管，内导体可用铝管或软铜轴线单线，并且在同轴电缆的外导体上，沿纵向周期性地设置具有电波漏泄作用的一定形式的槽孔，最常见的槽孔形状为八字形，使得在电缆内部传输的电磁能的一部分作为电波均匀地向外部辐射，从而成为一种传播媒体。当漏泄同轴电缆沿隧道壁敷设时，其漏泄形成的电磁场很容易与机车台垂直振子天线相耦合，机车台可以接收到漏泄的电磁波，反之机车天线辐射的电磁波也容易被漏泄同轴电缆耦合接收，这样就可以在隧道内构成场强连续覆盖的通信系统。

（二）漏泄同轴电缆的分类

按结构的不同，漏泄同轴电缆可以分为以下几种类型：

1. 分段漏泄型：即电缆每隔一定距离在外导体预先开口，分段的距离使电缆在某一频带内的线路损耗最小，并可随着电缆线路损耗的增加而增加开口数量，即不断增加漏泄量，从而增加传输距离。

2. 放射型：电缆外导体预先等间隔开口，开口的间隔约等于1/2个工作频率波长，而且信号辐射的方向与电缆轴心垂直，使得耦合损耗在某一频段内保持稳定，适用于800～2200MHz频段。

3. 耦合型：在低损耗电缆的介质与外导体上进行连串相同的开口或开槽，在GSM和DCS频段性能良好，专门用于室内覆盖系统。

（三）漏泄同轴电缆的漏泄工作原理

当在漏泄同轴电缆内、外导体之间加上信号电压，则在内、外导体上将有电流流动。然而在外导体上由于开有槽孔，电流的分布将发生变化，伴随着这种变化，电磁场将从槽孔漏泄出来。

在未开槽孔的时候，电流在外导体的内表面沿电缆轴向流动，电缆内部的磁场与轴向垂直。在开有槽孔的时候，图10-13（a）的电流分解为槽孔的长度方向和与其垂直的方向两部分，磁场也同样分解为两部分，如图10-13（b）、（c）所示。在图10-13（b）中，由于槽孔的宽度很窄，电流不因槽孔而发生变化，并且在外导体下的磁场几乎不漏泄出来，也就是说，这种电流分布几乎不产生漏泄。在图10-13（c）中，电流分布大乱，并且磁场由于是沿槽孔的长度方向而大量漏泄到导体外面。当电流是交流的时候，漏泄到外面的磁场将产生与槽长度方向垂直的电场，如图10-13（d）所示。这样，与槽孔垂直的电流成分在槽面上产生磁场和电场，成为向电缆附近空间辐射电磁场的波源。图10-13（e）定性地表示了电缆断面上电力线 E_{Φ} 的分布。

二、漏泄电缆的日常维护

（一）原始资料的收集

首先应建立漏泄电缆线路原始资料记录，它包括施工各区段漏泄电缆长度、漏泄电缆接头位置，漏泄电缆的耦合损耗等，便于与以后测试记录进行对比，分析漏泄电缆传输性能的变化情况。

（二）漏泄电缆的巡视

1. 漏泄电缆的巡视

漏泄电缆一般用漏缆吊夹固定于隧道的顶部或侧壁位置，一般情况下每隔1m就要安装一个吊夹。在地铁运营过程中列车的振动、列车运行过程中的活塞风以及漏泄电缆的自重等原因导致漏缆吊夹松脱或破裂而使电缆下垂，或因隧道内施工、鼠噬、腐蚀等原因造

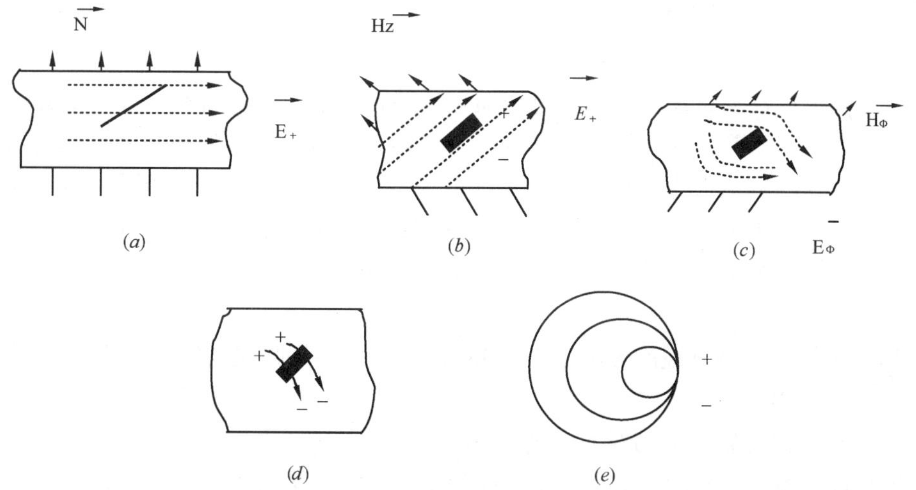

图 10-13　漏泄同轴电缆的漏泄工作原理

成电缆外皮破损等，将会对行车安全或设备使用造成隐患，因此对漏泄电缆进行巡视是非常必要的。漏泄电缆的巡视周期一般定为每季度或半年 1 次，主要是对隧道内漏缆吊夹的紧固情况进行检查，如果发现吊夹松脱或破损，则必须及时重新紧固或更换。由于漏缆安装位置较高，必须使用接触网工程车或类似具有高架作业平台的工程车配合作业。

2. 漏泄电缆巡视中的注意事项

进入隧道作业人员，必须遵守各项安全管理规程，做好安全防护，特别是注意乘坐工程车、操作升降台及在升降台上作业过程中的安全。必须确认该区间接触网已经停电并挂好地线后才能进行作业。

隧道顶部经常会有漏水情况，在检查漏缆时，也要注意是否会有水滴到漏缆上，因为隧道内的水具有强碱性，会腐蚀漏缆，特别应注意漏缆接头及漏缆与终端连接处是否存在这种情况，如果发现有类似情况，应立即上报，并通知有关部门进行妥善处理。

（三）漏泄电缆的主要指标

耦合损耗 L_C 是漏泄电缆的一个重要特性指标，表示电缆的漏泄能力。耦合损耗 L_C 小，漏泄能力强，电缆周围场强高，通信可靠性高，但由于漏泄能力强，使传输损耗大，造成传输距离近。相反耦合损耗 L_C 大，漏泄能力弱，电缆周围场强低，通信可靠性差，但传输损耗小，传输距离远。

为补偿由于传输衰减引起的场强不均匀分布，需采用多种耦合损耗的漏泄同轴电缆。根据槽孔倾斜度不同漏泄同轴电缆可分为三种类型，其对应的耦合损耗和传输损耗见表 10-17。

漏泄同轴电缆槽孔倾斜度与耦合损耗和传输损耗的关系　　**表 10-17**

电缆槽孔倾斜度	耦合损耗 L_C（dB）	传输损耗（dB/km）
5°	85 ± 5	≤25
15°	75 ± 5	≤27
25°	65 ± 5	≤36

（四）漏泄电缆电技术参数测试

1. 耦合损耗测试

测试采用振荡器通过馈线给漏泄电缆馈电，并且通过接入超高频毫伏表使其输出保持不变。被测电缆直线敷设在空地上，终端接 50Ω 匹配负载。电缆的漏泄电平用场强仪测试并记录。场强仪的测试天线是标准的对称偶极天线，天线装在小车上可以沿着电缆移动，天线和电缆之间的距离保持为 1.5m。天线应对准电缆的槽孔方向，并和电缆的轴线方向相垂直，原理图见图 10-14。耦合损耗可以按以下公式计算：

$$L_C = U_1 - U_2 \tag{10-8}$$

式中　U_1——漏泄同轴电缆的传输电平（dBμV），可以将场强仪与馈线电缆直接相连近似测出；

U_2——漏泄同轴电缆的漏泄电平（dBμV）。

以场强仪天线接收到的漏泄电平记录曲线中值（50%累积值）表示。从测得的值可以看出，一般情况下，测试时的频率越高，耦合损耗就越大。

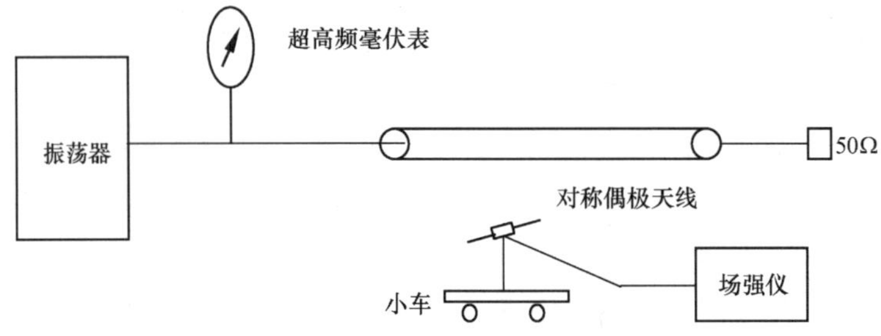

图 10-14　耦合损耗测试原理图

2. 电压驻波比（VSWR）测试

测试采用扫频法。测试仪表与电缆连接原理图如图 10-15 所示。在测试时，被测电缆的始端与频率特性测试仪相连接。当漏泄电缆终端开路时，电缆处于全反射状态，在仪器示波屏上会出现谐振的波形，将波形高度调节为一定值 X；然后将电缆终端接 50Ω 匹配负载，测出其波形高度 Y，则可用以下公式求出电缆的电压驻波比：

$$S = \frac{X + Y}{X - Y} \tag{10-9}$$

测得的结果应为 $S \leqslant 1.5$。

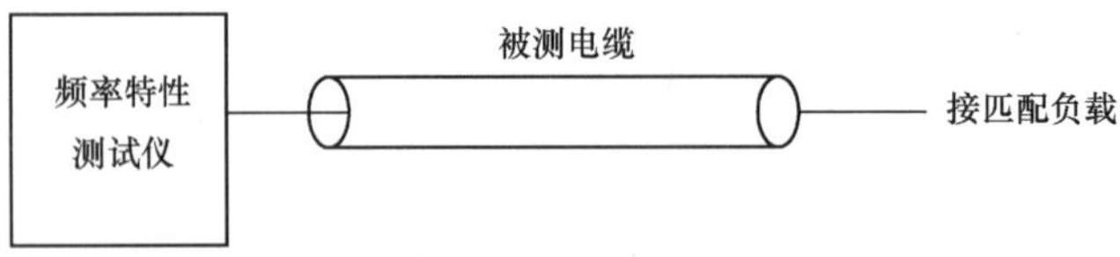

图 10-15　电压驻波比测试原理图

第十一章　通信系统维护检修的通用规定

前面各章分别介绍了通信系统中各子系统的原理、运行与维修的基本知识和具体作法，本章主要阐述通信专业的安全和维护检修的通用规定，供读者参考。这些可能不一定全面，也可能不尽完善，但相信会对读者有所裨益。

一、通信系统安全规程

1. 通则

通信专业工作人员须做到以下“五注意”、“六必须”、“七不准”、“八严禁”的要求，确保人身安全。

(1) 五注意

1) 注意警示标志，谨防意外；

2) 注意扶梯运作，谨防夹伤；

3) 注意地面积水、积油，谨防滑倒；

4) 注意高空坠物，谨防砸伤；

5) 注意设备异常现象，及时发现，及时排除，谨防酿成事故。

(2) 六必须

1) 必须坚守岗位，遵章守纪；

2) 必须按规定正确使用劳保用品；

3) 跨越线路必须一站、二看、三通过；

4) 施工前做好防护，施工后必须清理现场，出清线路；

5) 堆放物品必须整齐、稳固；

6) 发现违章操作，必须坚决加以制止。

(3) 七不准

1) 不准在线路附近舞动绿色、黄色、红色物品；

2) 不准在站台边缘与安全线之间坐卧、行走、堆放物品；

3) 不准发出违章指令；

4) 不准在行车场所嬉戏、追逐打闹、打架斗殴；

5) 不准使用有安全隐患的工具、设备；

6) 不准臆测行事；

7) 当班时不准饮酒、看报刊杂志、聊天和打盹等。

(4) 八严禁

1) 严禁擅自跳下站台和进入区间、隧道；

2) 严禁携带易燃、易爆、剧毒等危险物品进站、乘车；

3) 严禁上下行驶中的车辆；

4) 严禁擅自进入行车部位和重要设备场所；

5）严禁擅自触动任何设备、设施；

6）严禁攀登到机车、车辆和车载货物顶部；

7）严禁擅自移动、改换防护装置、警示标志；

8）严禁顺着线路行走，严禁走道心、枕木头、脚踏轨面和道岔尖轨。

2. 基本安全作业制度和作业要求

通信专业工作人员在生产作业过程中，必须认真执行“三不动”、“三不离”、“四不放过”、“了解故障三清”、“三懂三会”等安全作业制度和作业要求。

（1）三不动

1）未联系登记好不动；

2）对设备性能、状态不清楚不动；

3）正在使用中的设备不动。

（2）三不离

1）设备检修完未复查试验好不离；

2）发现故障不排除不离；

3）发现异状、异味、异声不查明原因不离。

（3）四不放过

1）事故原因分析不清不放过；

2）没有防范措施不放过；

3）事故责任者没有受到严肃处理不放过；

4）广大员工没有受到教育不放过。

（4）了解故障要三清：时间清；地点清；原因清。

（5）三懂三会

1）懂设备结构、会使用；

2）懂设备性能、会维修；

3）懂设备原理、会排除故障。

（6）凡进行危险性较大、影响行车和人身安全的工作时，必须事先拟订技术安全措施，由专人负责进行。

（7）对通信线路维护工具及安全防护用品，在出工前必须进行检查；在维修工作中，禁止使用不良工具和安全防护用品。

（8）日常维修工作中，要遵守通信保密制度及公司的有关安全规章制度。

（9）新员工或改职人员在上岗前，必须进行安全生产教育，经考试合格和公司批准后，方可上岗工作。

3. 通信设备维护作业程序

通信设备的维护作业可分为计划性检修和临时性检修两种。其中计划性检修是指为了防止设备性能及精度劣化或降低，根据设备运转的周期和季节性等特点，按预先制定的设备检修周期与工作内容、技术要求和计划所进行的维修作业。对于计划性，必须制定相应的年度检修计划及月度检修计划，并据此进行日计划的安排和落实。临时性检修是指为了处理系统发生的故障或者临时对系统设备进行拆卸、更换、移位和测试等工作而申请的临时作业。对于临时性检修，如果涉及行车安全的检修作业，必须向调度按照相关规定申请临时施工进场作业令，申请批准后才能进行检修施工。

(1) 进行通信维修作业须按下列规定执行：

1) 凡有计划对设备进行拆卸、更换、移位、测试等工作，需中断设备使用时，应申请施工进场作业令，并凭批准的施工进场作业令进场作业。

2) 计划性检修施工前应取得施工进场作业令，凭作业令向行车调度（车厂调度）请点，并在行车设备检查登记簿中登记，经车站行车值班员同意并签认后，方可作业。

3) 临时性检修施工前，必须经车站行车值班员同意并签认后，方可作业，如果申请了临时施工进场作业令的，还需向行车调度请点并经车站行车值班员同意后才能施工。

(2) 检修作业的联系、要点和登记的要求：

1) 联系、要点前，作业负责人必须核对准确检修作业地点、需要检修的设备、检修内容及对其他设备的影响范围；

2) 联系、要点和登记工作，由作业负责人到各作业地点（车站、车厂调度、控制中心）办理；

3) 作业登记的工作时分、地点、作业性质、设备编号和影响范围等内容，一经车站行车值班员或车厂调度同意签认后，任何人不得随意涂改；

4) 登记要点的检修作业，一般应在给点的时间内完成，遇有特殊情况需要延长时间时，必须重新办理登记手续。

二、通信系统维修规程

1. 总则

(1) 通信系统设备是城市轨道交通运营的必备条件。为保证行车安全、提升运营水平、为乘客提供“安全、准点、舒适、快捷”的乘车环境，系统维修人员应坚持为一线服务的宗旨，坚持“安全第一、预防为主”的方针，贯彻国家的技术政策，维护好系统设备，做好本职工作，保证通信系统设备状态良好、正常运行。

(2) 要加强对员工的政治思想教育与专业技能培训，不断提高员工的思想素质与业务素质，建立一支思想素质高、遵章守纪、专业技能过硬的维修队伍。

(3) 通信系统各设备维修工作应结合本专业的特点，必须严格执行有关规章制度，加强基层班组管理与建设，推行标准化管理，保证行车、设备和人身安全。

(4) 通信系统设备的维修工作必须贯彻预防与维修相结合，以预防为主的原则，按期进行计划性维修，在维修中采取多种手段进行检测，根据设备状态参数进行早期设备故障诊断，并逐步向状态维修的方向发展，为早日实现从计划维修过渡到状态维修创造条件。

(5) 通信系统设备的维修管理包括维修安全管理、维修计划管理、维修技术管理、维修质量管理和设备管理。

(6) 通信系统设备的修程分为“日常保养”(一级维修)、“二级保养”(二级维修)、“小修”(三级维修)、“中修”（四级维修）、“大修”（五级维修）、“故障维修”（故障处理）。技术人员应根据原设计及使用实际情况，明确所辖系统设备维修工作必须具备的修程。

(7) 在加强对系统设备定期维修的同时，应加强对系统设备的管理。维修人员应执行“三定”（定设备、定人、定维修周期）、“四化”（维修工作制度化、维修作业标准化、维修手段现代化、维修记录图表化）和“记名修”的设备维修制度。

(8) 在进行系统设备维修的过程中应尽量降低维修成本，在确保维修质量的前提下减少不必要的浪费，合理安排人力和物料消耗。

2. 维修安全管理

除了前述的安全管理通则、规定之外，以下几点亦需做到。

（1）在安排(进行)维修作业时,应有安全防范措施,并严格遵守有关技术作业安全规定。

（2）通信工必须持证上岗，并进行必要的岗前培训，上岗证应按规定进行审验。

（3）应有专职安全员负责安全工作及监控。各班组应设兼职安全员,形成安全管理网络。

（4）技术人员每月按时上报安全生产月报表。安全生产月报表参考格式见表 11-1。

安全生产月报表 **表 11-1**

______年______月

安全检查时间	安全检查情况	故障处理情况	存在日期	备　注

3. 维修计划管理

（1）根据轨道交通运营管理部门的相关规定，制定相应的年度维修计划、月度维修计划、日计划。

（2）设备年度检修计划应由专业技术人员在上一年度的规定时间内完成编制和报批工作。计划应均衡安排，年底要留有一定的余地。该计划申请表格式见表 11-2。

______年度设备检修计划申报表 **表 11-2**

填报部门（分部、室或车间）：　　　部　　　分部（室或车间）

制表时间：　　　年　　　月　　　日

序号	设备名称	设备数量	单位	上次检修时间	检修周期	计　划　时　间（月）												工作地点	备注
						1	2	3	4	5	6	7	8	9	10	11	12		
1					月														
					季														
2					日														
					月														
					季														
3					月														
					年														
4					日														
					月														
					月														

编制：　　　　部门领导：　　　　技术部门审核：

运营公司（或总部）分管领导审批：

运营公司（或总部）主管领导批准：　　　　批准时间：

填表说明：

1. ①指一级修程（日检，周检）；②指二级修程（月检，双月检，季检）；③指三级修程（半年检，年检）；④指四级修程（中修）；⑤指五级修程。
2. 每条线路计划分别编制。

（3）设备月度检修计划应由专业技术人员根据运营公司（或总部）批准的年度检修计划，以及其他有关规定按时完成编制工作，经批准并报施工作业管理部门备案后执行。月度检修计划申请表格式见表11-3。

（　　）年度______月设备检修计划申报表　　　　表11-3

分部（室或车间）　　年　　月检修计划

制表日期：

日期	作业类别	作业部门	时间	作业项目	作业区域	供电安排	申报人	防护措施	备注	专业	作业等级	作业人数	上次作业时间
1													
2													
3													

制表：　　　　审核：　　　　部领导审核：　　　　年　　月　　日

（4）设备日检修计划由车间或工班作出，其申请表格式见表11-4。

日设备检修计划申报表　　　　表11-4

提报单位　　　车间

填报人______　　　　年　　月　　日

作业代码	作业部门	作业时间	作业内容	作业区域	供电安排	申报人	防护措施	备注	审批意见

备注：

（5）年度、月度设备检修计划应严格认真执行，未经批准不得擅自更改，因客观情况变化影响计划执行时，应按审批程序申报修改。

（6）在执行维修计划的过程中，应严格按施工作业管理部门的作业任务书相关管理规定做好各项工作。

（7）通信专业每月按时上报作业完成情况分析表。作业完成情况分析月报表格式见表11-5。

4. 维修技术管理

（1）加强对技术文件、资料及相关标准的管理，确保维修工作所需；

（2）积极配合技术部门做好对所辖设备技术状态的检查工作；

（3）及时解决维修工作过程中出现的技术问题，并积极配合技术部门解决部门间的技术接口；

________车间（室）检修作业完成情况分析月报表　　　　表 11-5

<table>
<tr><td rowspan="2">专业</td><td rowspan="2">年度计划（项）</td><td colspan="3">月　度</td><td colspan="5">说　明</td></tr>
<tr><td>计划（项）</td><td>完成（项）</td><td>统计（%）</td><td colspan="5" rowspan="5"></td></tr>
<tr><td></td><td></td><td colspan="3"></td></tr>
<tr><td></td><td></td><td colspan="3"></td></tr>
<tr><td></td><td></td><td colspan="3"></td></tr>
<tr><td>合计</td><td></td><td colspan="3"></td></tr>
<tr><td colspan="5">申报日计划</td><td colspan="5">申报临时计划</td></tr>
<tr><td>专业</td><td>日期</td><td>内容及地点</td><td>申报原因</td><td>完成情况</td><td>专业</td><td>日期</td><td>内容及地点</td><td>申报原因</td><td>完成情况</td></tr>
<tr><td></td><td></td><td></td><td></td><td></td><td></td><td></td><td></td><td></td><td></td></tr>
<tr><td></td><td></td><td></td><td></td><td></td><td></td><td></td><td></td><td></td><td></td></tr>
<tr><td></td><td></td><td></td><td></td><td></td><td></td><td></td><td></td><td></td><td></td></tr>
<tr><td colspan="5">取消作业</td><td colspan="5">检修作业中发现的问题及处理情况</td></tr>
<tr><td>专业</td><td>日期</td><td>作业令号</td><td>内容及地点</td><td>取消原因</td><td colspan="5" rowspan="4"></td></tr>
<tr><td></td><td></td><td></td><td></td><td></td></tr>
<tr><td></td><td></td><td></td><td></td><td></td></tr>
<tr><td></td><td></td><td></td><td></td><td></td></tr>
</table>

（4）应建立通信系统设备技术档案。档案中除有系统设备的各项原始记录、参数等数据、内容外，还应包括历次的维修记录、故障记录等运行中的有关数据、内容，直至该系统设备永久性退出使用为止。通信专业技术人员应定期对各子系统设备的档案进行检查、整理、更新；

（5）未经上级批准，不得移动设备的安装位置，不得修改系统（设备）软件，不得在设备上添加其他设备；

（6）所选用的维修材料、备品、备件均应是国家标准器材或技术部门统一要求的器材；

（7）通信各工班应按通信系统设备的技术要求定期对系统设备进行全面测试，应使设备所有技术性能与机械性能符合原设计或技术部门的要求。各类试验、测试的实施者必须按规定程序进行操作；

（8）通信各工班应做到系统设备的技术资料、图表等与实际情况相符，并予以妥善保管。

5. 维修质量管理

（1）各项维修工作在进行过程中及完成后，工班应根据通信设备检修标准的规定，立即对维修工作质量进行检查，并做好记录。

（2）专业工程师应组织对维修工作质量进行检查，并做好记录；各检查记录由工程师负责保存。

（3）质量管理或技术管理部门应组织对通信车间的维修工作进行必要的检查、鉴定和验收。

（4）车间（或室）根据运营分公司（或总部）要求，每月按时上报故障情况分析月报表，每年上报年度事故统计表。故障情况分析月报表参见表 11-6。

________部________车间（室）故障情况分析月报表 **表 11-6**

____年____月

<table>
<tr><td rowspan="2">故障及事故统计</td><td rowspan="2">故障统计</td><td>故障件数</td><td>修复件数</td><td>修复率</td><td rowspan="2" colspan="2">事故统计</td><td>事故件数</td><td>修复件数</td><td>修复率</td></tr>
<tr><td></td><td></td><td></td><td></td><td></td><td></td></tr>
<tr><td rowspan="3">故障（事故）分类专业种类</td><td>种类
专业</td><td></td><td></td><td></td><td></td><td></td><td></td><td colspan="2">总 计</td></tr>
<tr><td></td><td></td><td></td><td></td><td></td><td></td><td></td><td colspan="2"></td></tr>
<tr><td></td><td></td><td></td><td></td><td></td><td></td><td></td><td colspan="2"></td></tr>
<tr><td>故障（事故）原因分析</td><td colspan="9"></td></tr>
<tr><td>采取对策措施</td><td colspan="9"></td></tr>
<tr><td>备 注</td><td colspan="9"></td></tr>
</table>

制表：________审核：________部门领导：________填表日期：____年____月____日

6. 设备管理

（1）应建立所辖系统主要设备完整的台账，并保证固定资产的完好。主要设备台账表格见表 11-7；

________系统主要设备台账 **表 11-7**

序 号	设备名称	数 量	单 位	备 注
1				
2				

（2）应根据运营公司（或总部）的设备管理规定对系统设备进行管理，按时填报各类报表；

（3）应建立定期核查设备台账的制度及相关要求；

（4）对设备故障进行统计分析，并建立相应的设备故障统计报表，纳入设备台账；

（5）应明确通信各子系统设备修程及维修工作中的人力、材料、备品备件、工器具、仪表等的消耗及使用定额，并要求维修工作实施者按规定进行作业。

第十二章　城市轨道交通通信系统的发展

随着国内各大城市地铁及轻轨项目的建设以及通信技术的的发展，各种可应用于城市轨道交通运营的通信技术和应用方式也在不断的发展，出现了很多适合及满足各种不同应用需求的新技术、新模式。本章简要介绍城市轨道交通通信传输系统、无线系统、电话系统（包括公务电话、调度电话、站内及轨旁电话）、闭路电视等主要系统的技术发展方向。

一、传输系统

在通信系统的各个子系统中，传输系统是最为重要的子系统。它是指挥列车运行、进行运营管理、公务联络和传递各种信息的独立、完整的内部通信网，也是构成快速轨道交通各部门之间有机联系、实现运输统一指挥、行车调度自动化、列车运行自动化，提高运输效率的必备工具和手段。

从实现快速轨道交通综合自动化的角度出发，传输系统应以数字化、综合化和智能化为目标，具有可靠性高、功能齐全、扩展方便、组网灵活以及集中监测监控和维护管理等特点。它不仅为通信系统的其他子系统提供语音、音频、数据、图像传输通道，还为信号ATS、电力SCADA、车站设备监控EMCS、FAS和AFC等系统提供可靠、灵活的组网方式和通信通道，是快速轨道交通系统运营所必须的信息传输骨干网。

根据当前通信技术的发展，比较适合城市轨道交通的通信传输技术有SDH、ATM及OTN三种制式，并在轨道交通的建设中均已有应用的先例，三种制式比较如下：

（一）OTN传输网方案

开放式传输网络（OTN）是SIMENS公司开发生产的面向专网应用的开放式传输设备，它基于TDM传输体制（但结构是非标准的），具有丰富的接口，适用于城市轨道交通专网。可以把话音、数据、视频、宽带数据和音频等集中综合传输，目前在国内城市轨道交通应用较多。OTN主要有以下特点：

1. 在国内外城市轨道交通工程中有较为成功的应用；
2. 各种语音、2.4～19.2Kb/s低速数据传输；
3. OTN在连网、技术支持、运营维护等方面有局限性；
4. 产品选择范围单一，应用环境相对固定，适用于城市轨道交通或企业小专网系统；适合新建线，对既有线改造或多条线联网时有一定难度。

（二）SDH综合业务传输网方案

SDH传输技术是20世纪90年代初走向商用的同步数字传输体制标准，它基于TDM原理，有非常成熟的ITU—T标准和产品，其可用性、可靠性、通用性都很强，是现代电信传输网的基础，广泛应用于公用电信网和铁路、电力、高速公路、石油等专用网络，该方案具有以下优点：

1. 符合现行国际标准，可提供统一的光接口，实现不同传输设备间互通连接。信息结构等级 STM-1、STM-4、STM-16 间具有平滑升级能力；

2. 网络结构简单，传输与接入一体化使得设备简单，配置灵活，电路调度方便；

3. 具有丰富的开销，提供强大的网络管理功能；

4. 克服了 PDH 网络可靠性低、设备冗余和故障点较多等缺点，具有简单的复用过程，能对既有的 PDH 网络实现兼容，降低联网成本；

5. 大量采用软件进行网络配置和管理。

SDH 网方案的局限性在于其基于电话的点对点固定速率传输，不利于计算机数据、图像等随时变化的业务数据的传输。当前专网领域技术和设备发展已解决了在 SDH 中传输计算机网络数据和图像压缩编码数据的共通道传输问题。

目前，符合 SDH 标准的成熟产品的厂家较多，国际、国内均有著名的厂商进行开发生产。SDH 产品在国内外已得到广泛应用，技术发展已经十分成熟，设备可扩展性较强，设备选型时亦有较大的选择余地，可通过竞争选用性能价格比更优的产品，从而降低工程投资。

（三）ATM 传输网方案

ATM（异步传输模式）是 ITU-T 提出的实现宽带综合业务数字网的核心技术，它是在总结、分析传统电话网的电路交换和数据网的分组交换的基础上发展起来的兼具面向连结和数据包交换特点的一种比较成熟的技术，ATM 异步传递方式作为宽带综合业务数字网（B-ISDN）的标准传送方式，具有以下特点：

1. 信元长度固定；

2. 采用异步时分复用方式；

3. 动态分配带宽，网络资源利用率高；

4. 支持多业务、多媒体应用，提供端到端的接入解决方案；

5. 窄带和宽带业务基于同一网络平台上，具有宽带音频接口和窄、宽带视频接口，尤其适用于图像的传送；

6. 系统具有较强的网络管理能力，可靠性高。

目前，国内 ATM 设备的开发生产尚处于起步阶段，技术复杂，网络升级扩容能力有限（目前使用速率最高为 622Mb/s），话音、数据业务综合应用的经验比较少，高端 ATM 产品的价格也比较高。

随着通信技术的发展，对数据业务需求的增长，由 RPR、IP 方式构成轨道交通的传输网络方案也将会在轨道交通通信传输网中得到应用。

二、无线系统

在目前国内的城市轨道交通领域，专用无线调度通信系统主要经历了常规无线通信、模拟集群、数字集群和 GSM-R 等阶段，而按工作频道的使用方式可分为专用频道方式和共用频道方式两大类。

专用频道方式是根据用途来配置频率；共用频道方式是根据需要和使用情况临时分配频道。专用频道方式在铁路上有着广泛的应用。采用常规的专用信道方式可组成城市轨道交通专用无线通信系统，其通话功能、呼叫功能、录音功能、显示功能、检测功能等方面可以满足使用要求。各个系统占用各自的专用信道，设备简单，初期投资比较低。两种方式的主要技术比较如下：

1. 在呼叫方式上，专用频道方式采用通话频道兼作呼叫用，呼叫信号采用亚音频或语音，因此呼叫建立时间长，实现也比较困难，而共用频道方式呼叫建立时间小于 500ms，可以提供极为快速、稳定的呼叫发起连接。

2. 在数传应用上，专用信道方式在数传上实现较为困难，而共用频道方式可提供多种业务服务，可以传输用户数字、图像信息等，并与综合数字业务网 ISDN、LAN 等互连。

3. 在频道利用率上，专用频道方式频道利用率不好。而共用频道方式可实现频率复用，从而提高频谱利用率。

4. 在网络管理上，专用频道方式采用通话频道兼作检测用，检测功能较弱，而共用频道方式管理与控制依靠网内所传输的各种信令来实现，能够实现高质量的网络管理与控制。

5. 在冗余方式上，专用频道方式每个频道固定其用途，不互为备用，而共用频道方式可以在链路失效后具有故障弱化及直通工作模式。

共用频道方式包括模拟集群、数字集群和 GSM-R，是一种高级专用的移动指挥调度系统，能克服常规移动通信所存在的缺点，具有明显的优势。

虽然模拟集群通信系统技术上已相当成熟，但根据通信技术及目前集群设备生产厂家的发展趋势，模拟集群在国外一些重要的生产厂家已逐步停产，模拟集群系统应用前景不大。

数字集群和 GMS-R 同属于数字系统，数字集群是专门开发应用的专用移动通信系统，而 GMS-R 是国际铁路联盟（UIC）和欧洲电信标准协会 ETSI 专门为欧洲新一代铁路无线移动通信开发的数字制铁路指挥调度通信系统，它以一个单一平台代替目前所有与铁路有关的通信与控制系统。首先，它是一种用于列车调度员与列车司机通信的通用列车无线电系统。其次，所有其他独立和并行的无线电系统（如平面调车通信系统、隧道无线电系统以及供维护与修理工使用的无线电系统）都可集成于 GSM-R 中，从而形成一个功能完备的单一系统。GSM-R 由无线网络、交换网络、及与其他通信网络的接口组成。GSM-R 系统已经在欧洲铁路上应用，其工作频段为 GSM-R 的 UIC 频段，即 876 ~ 880MHz（上行）和 921 ~ 925MHz（下行），但在国内城市轨道交通领域尚未应用，也未分配专用的频段。

数字集群系统是在模拟系统中发展起来的数字集群系统。它具有模拟系统的各种功能、用途，并且采用数字技术，具有更好的性能。模拟集群移动通信网的主要问题是频率利用率比数字集群低；所能提供的业务种类受限，不能提供高速率的数据服务；保密性差，容易被窃听；移动设备成本高，体积大，网络管理控制存在一定问题等。而数字集群具有以下特点：

1. 抗干扰能力强；

2. 进一步提高频谱的利用率；

3. 改善的话音质量；

4. 信令的控制能力得到进一步的增强；

5. 适于集成化等。

TETRA 数字集群系统是国际上先进的专用数字调度通信系统，也是我国推荐采用的数字集群通信制式之一。符合未来专用调度系统的发展方向。目前 TETRA 系统已经在广州地铁 2、3、4 号线、深圳地铁、上海明珠线等项目中得到应用。

TETRA 数字集群系统优点：

1. 具有极强的调度功能；

2. 采用了时分多址的技术，可以极大地节省频率资源；

3. TETRA 还可以提供话音通信以外的许多非话业务（数据传输业务）；

4. TETRA 采用了公开的空中信令和通信协议，可提供高质量的设备，给用户提供广阔的选择空间。

根据调查情况，目前国外数字集群系统已应用于城市交通包括城市轨道交通、公安警察等部门的专用调度通信，并制定了相应的标准，国内厂家也在积极准备开发和引进先进的数字集群系统。有鉴于此，基于 TETRA 标准的数字集群通信制式在城市轨道交通领域将会有更加广阔的应用前景。

三、电话系统

根据目前国内城市轨道交通的运营模式，公务电话系统是为城市轨道交通的管理部门、运营部门、维修部门提供公务联络的一种基本工具，主要是电话业务，其次是非话业务，如传真等。通过该系统，城市轨道交通各部门之间、城市轨道交通各部门与城市轨道交通之外的其他单位之间进行相互联络。

电话交换技术先后经历了人工交换、机电制交换、步进控制交换及程控制交换几个阶段，这些交换技术都属于电路交换。进入 20 世纪 90 年代后，全球数据业务的年增长率大大高于传统电话业务的年增长率，电信网正在从以电话业务为主的话音网络迅速向集语音、数据及图像为一体的综合业务数据网（ISDN）络发展。

数据业务具有突发性，其峰值比特率和平均比特率的差异可能很大，对实时性要求相对话音业务较低，且数据流的速率相差很大。传统的电路交换网只能提供有限种类的标准带宽的电路，对数据业务而言，很难做到带宽的合理利用，因此，基于数据业务的以上特点，产生了分组交换技术。分组交换采用长度受限、结构统一的分组作为传输及交换的基本单元，每个分组都包含了地址、序号、校验码等信息，信息的终点由分组中的地址码确定，每个分组采用了存储转发机制进行传送。

IP 技术是以 TCP/IP 作为核心协议的网络技术，它具有高度的统一性和开放性，接入简单。由于 IP 网络对所有业务透明，信息的加工处理全部由终端完成，因而所有业务，包括语音、数据及图像等，都能在 IP 网络上传输和交换。基于 IP 的语音传输技术（VoIP）在 IP 网上的成功应用，使得 IP 技术不但成为数据业务的主导技术，也成为了实时语音通信的挑战性技术。

基于 IP 技术的软交换机是一种功能实体，为下一代网络提供具有实时性要求的业务的呼叫控制和连接功能，是下一代网络呼叫与控制的控制核心。它具有开放的业务生成接口和综合接入能力，并采用了基于策略的实现方式来支持系统的功能。虽然软交换具有很多优点，也代表了通信技术的发展方向，但就城市轨道交通的实际业务应用及目前软交换技术的发展水平来说，采用成熟、可靠的数字程控交换机进行组网仍是目前的首选方案。

四、闭路电视系统

城市轨道交通闭路电视系统为两级控制，即中心级和车站级。整个系统由控制中心远程监视系统、车站本地监视系统、远程多路信号传输系统以及多媒体网络管理终端等部分组成。各车站摄像机与车站控制室的距离均能满足视频电缆衰耗要求，其视频信号采用基带视频电缆传送。车站与 OCC 距离较远，超出了基带视频电缆传送极限，可以采用模拟和数字两种方式传送。

（一）模拟方式

模拟视频信号传输方式是直接对视频信号的光强度进行调制，采用频分复用视频光端机，一根光纤可传输 16、32 路视频信号或更多。模拟视频信号传输为点对点传输，控制中心光端机与每个车站光端机一对一的方式，将一个车站的所有摄像机的视频信号通过光模拟调制后经一根光纤点对点传送至 OCC。每个车站与 OCC 之间需一根光纤，传送设备由视频调制设备、光端机等组成，视频信号的调制采用射频模拟方式，类似于电视信号的邻频调制。这种方式经济实用，构成简单，图像质量也能得到保证，而且有成熟的国产产品支持。

模拟视频传输特点为：

1. 单路设备成本较低，复用度越高成本越高；

2. 技术上相当成熟，光纤接辅助设备复杂，使用环境相对固定。

模拟视频传输不足之处在于：

1. 传输的距离、质量和路数都受到光强度随触发电流变化的线形范围的限制；

2. 需要单独设置光端机，对光纤的需求量大；

3. 其传输通道和其他信号的传输是相对独立的，可靠性较低。

（二）数字方式

视频数字信号传输方式是最近几年发展起来的，这种方式是先将模拟视频信号转换成数字信号，由于比特率太高，无法直接传输，需进行压缩后进行传输。

数字视频传输优点：

1. 不需要单独的光纤，减少了光缆的芯数，系统扩容灵活；

2. 不需单独设置光端机，简化了系统结构，降低了设备的维护量；

3. 采用数字通道共线传输方式，节省带宽，利用光纤自愈环进行通道保护，提高了通道的可靠性。

将车站摄像机的视频信号进行 A/D 变换，编码、打包调整成适合通信系统传输的数字码流通过传输系统传输；在 OCC 端采用 D/A 变换，也可保留数字模式直接显示和记录。

数字式图像传输的优点是统一利用传输系统进行传输，省去了专用于视频传输的设备和光纤，减少了设备种类，提高了图像传输环节的可靠性，有利于统一的网络管理。当前视频信号的数字化传输和系统控制正蓬勃发展。电视广播的长距离传输已经基本上实现了数字化，会议电视系统和专用闭路电视监视系统的数字化传输和系统控制产品也已经成熟。采用数字化形式传输视频信号，将会在城市轨道交通闭路电视系统中得到广泛应用。同时，随着无线宽带传输技术的发展及安全监控的实际需要，列车车厢视频监控及实时下传控制中心也已成为闭路电视系统的一部分，为调度及地铁公安人员实时掌握列车车厢状况提供直接、有效的手段。这样，与既有闭路电视系统一起，形成了对城市轨道交通各车站、各列车全方位的视频监控。

为适应近几年国内城市轨道交通迅速发展的需要，各种以往主要应用于公众电信网的传输、交换和网络技术都逐渐应用于城市轨道交通建设工程中，包括弹性分组网（IEEE 802.17 RPR），无线局域网技术，如 IEEE 802.11 a/b/g、MESH 技术等都在城市轨道交通工程中得到成功应用。这些新技术的应用，不仅提高了城市轨道交通的运营服务水平，而且也极大地促进了城市轨道交通通信技术的发展。

参 考 文 献

1 叶敏主编．程控数字交换与交换网．北京：中国邮电大学出版社，1993

2 周万梁、孔祥华、姚明编著．集群移动通信工程．北京：人民邮电出版社，1996

3 钟章队编著．集群移动电话原理、使用与维护．北京：人民邮电出版社，1995

4 钱国峰、徐华林编著．地下铁道移动通信设计．北京：中国铁道出版社，1994

下　篇

信号系统运行与维修

第十三章　城市轨道交通信号系统概述

一、系统概述

在城市轨道交通系统中，信号系统是一个集行车指挥和列车运行控制的非常重要的机电系统，它直接关系到城市轨道交通系统的运营安全、运营效率以及服务质量。它完成保证列车和乘客的安全，实现列车快速、高密度、有序运行的功能。其核心是列车自动控制（ATC）系统。它由计算机联锁、列车自动防护（ATP）子系统、列车自动驾驶（ATO）子系统和列车自动监控（ATS）子系统组成。各子系统之间相互渗透，实现地面控制与车上控制相结合、现地控制与中央控制相结合，构成一个以安全设备为基础，集行车指挥、运行调整以及列车驾驶自动化等功能为一体的自动控制系统。它是现代城市轨道交通核心控制技术之一。

目前在城市轨道交通中使用的信号系统一般称之谓 ATC 系统，其 ATP/ATO 制式主要有 3 种：

第一种为基于多信息移频轨道电路的固定闭塞。采用台阶式速度控制模式，属 20 世纪 80 年代技术水平。

第二种为基于轨道电路的“距离/速度曲线控制模式的 ATP/ATO”系统。它是基于轨道电路的速度-距离曲线控制模式 ATP/ATO 系统，采用“跳跃式”连续速度-距离曲线控制模式，追踪列车的安全停车点按前行列车尾部依次出清各电气绝缘节时“跳跃”跟随。同时采用在传统轨道电路上叠加信息报文方法，即把列车占用/空闲检测和 ATP 信息传输合二为一，它们的追踪间隔和列车控制精度除取决于线路特性、停站时分、车辆参数外还与 ATP/ATO 系统及轨道电路的特性密切相关，如轨道电路的最大和最小长度、传输信息量的内容及大小、轨道电路分界点的位置等。基于轨道电路的列车控制系统的最小追踪间隔一般可达到 120s。属 20 世纪 90 年代技术水平。

第三种为基于通信的移动闭塞 ATP/ATO 系统。前两种闭塞制式均属于基于轨道电路的 ATP 系统，而基于通信的移动闭塞 ATP 系统不依靠轨道电路，它是采用交叉感应电缆环线、漏缆、裂缝波导管以及无线电台等方式实现车地、地车间双向数据传输，监测列车位置使地面信号设备可以得到每一列车连续的位置信息和列车运行其他信息，并据此计算出每一列车的运行权限，并动态更新，发送给列车。列车根据接收到的运行权限和自身的运行状态计算出列车运行的速度曲线，车载设备保证列车在该速度曲线下运行。ATO 子系统在 ATP 保护下，控制列车的牵引、巡航及惰行、制动。追踪列车之间应保持一个“安全的距离”。这个最小安全距离是指后续列车的指令停车点和前车尾部的确认位置之间的动态距离。这个安全距离允许在一系列最不利情况存在时，仍能保证安全间隔。列车安全间隔距离信息是根据最大允许车速、当前停车点位置、线路等信息计算出的。信息被循环更新，以保证列车不断收到实时信息，因此在保证安全的前提下，能最大程度地提高区间通过能力。采用通信技术的移动闭塞系统已处于实用的阶段，其中利用交叉感应电缆方式的移动闭塞系统已有较成熟的使用经验。

本文着重介绍第二种制式，即基于轨道电路的 ATC 系统。它由 ATP/ATO、联锁以及 ATS 三个子系统构成。

ATP 子系统的主要功能是监督及控制列车在安全状态下运行，应满足故障—安全原则。

ATO 子系统是自动控制列车运行的设备。在 ATP 的保护下，根据 ATS 的指令实现列车的自动驾驶，能够自动完成对列车的启动、牵引、巡航、惰行和制动的控制，确保列车运行达到设计间隔及旅行速度。轨道交通系统升级为列车自动运行 ATO 子系统，能使整个列车自动控制系统的优越性充分发挥出来，使轨道交通的管理水平上一个档次。特别是在高密度、高速度运行的轨道交通系统中，对满足高水平的列车运行自动调整，节约能源，规范对列车运行的操作控制，减轻司机的劳动强度，提高列车正点率，保证运营指标的实现，实现无人驾驶折返、车站站台精确停车控制，提高旅客乘座的舒适度都起着非常重要的作用。

ATS 子系统即中央列车监控系统，它在 ATP 子系统的支持下完成对全线列车运行的自动管理和监控。

联锁子系统是在有道岔的车站和车辆段里，实现道岔、信号机、轨道电路间的正确联锁关系及进路控制的安全设备，也是确保行车安全的基础设备，亦必须符合故障—安全原则并应有必要的设备冗余。

二、信号系统运行与维修

信号系统设备是城市轨道交通线路运营的必备条件。为保证行车安全、提升运营水平、为乘客提供“安全、准点、舒适、快捷”的乘车环境，信号系统设备运营维护部门应维护好系统设备，保证设备状态良好、正常运行。运营维护的部门应根据采用的系统和设备制定相应的技术标准、设备维修规程、设备操作和日常维护保养规程、安全规则和配套的有关规章制度。一般信号系统的运行和维护应包括下列标准、规则、规程和制度。

（一）《信号设备检修标准》

《信号设备检修标准》规定了城市轨道交通信号系统设备的检修技术标准、工艺要求、验收标准、材料要求等，作为信号设备维护及质量评定的依据，以保证信号设备的正常运行。其主要内容包括对信号轨旁设备的限界要求，主要设备包括信号机、道岔转换及锁闭装置、轨道电路、联锁、ATP 轨旁设备、ATP/ATO 车载设备、ATS 设备、继电器、电源设备、信号设备雷电防护、信号电缆线路与配线等检修应符合的技术标准与检验测试方法，同时还规定了信号设备符号、编号及书写格式。

（二）《信号系统维修规则》

《信号系统维修规则》规定了信号系统设备维修总则，维修的组织和管理（包括维修组织架构、岗位设置及岗位职责和工作标准）、设备管理、维修的等级划分、检修计划、设备检修作业程序和故障处理程序以及各种作业记录和统计表格。

（三）《信号设备检修周期与工作内容》

《信号设备检修周期与工作内容》规定了信号系统设备检修周期、项目、工作内容和检修要求。《信号设备检修周期与工作内容》可以单独制定，也可以作为《信号系统维修规则》一个组成部分。

（四）《设备操作规程及维护保养规程》

《设备操作规程及维护保养规程》规定了信号系统设备，主要是终端用户设备的操作程序和注意事项以及日常维护保养的要求，以便操作人员和维修人员在日常使用中或检修中能正确操作设备，并对设备进行必要的清洁维护和简单的测试。

（五）《信号安全规则》

《信号安全规则》规定了信号专业的安全生产规则，包括信号设备的检修、维护、施工作业、信号故障管理等必须遵循的安全生产制度和作业纪律。其主要内容包括“安全第一，预防为主”的总则、基本安全生产制度和作业纪律、作业联系、要点和登记、消点和登记、信号故障分类、事故故障处理、信号故障管理及考核以及技术作业安全。

（六）运行维修应具备的技术资料与图表

为保证信号系统设备正常运行，信号系统运营维修部门还应配备相应的技术资料，包括信号合同技术附件、系统的维护手册、系统的操作手册、系统的竣工资料、系统安装调试验交手册、信号系统设备平面布置图、信号系统原理图以及培训手册等。

第十四章 ATP 子系统

ATP 子系统是故障-安全的系统，它负责列车运行过程中的安全保障作用。目前，针对不同的 ATC 系统制式，如固定闭塞、准移动闭塞和移动闭塞，ATP 系统的组成、工作原理和功能等有所差异，但其运行模式、维修组织与流程、故障处理和设备的维修等方面都有共同的地方。因此，我们虽仅以 SIEMENS 的准移动闭塞制式的系统为例作一介绍，相信会对大家是有所帮助的。

第一节 ATP 设备组成

ATP 子系统一般由轨旁设备和车载设备两部分组成。

一、ATP 轨旁设备

ATP 轨旁设备主要由 ATP 轨旁单元和发送（接收）设备组成。发送（接收）设备有信标、无线轨道电路等模式。ATP 子系统一般是分区域进行控制，各区域的 ATP 轨旁单元通过总线进行连接。

ATP 轨旁单元安装在室内，主要由 ATP 计算机组成。为了保证 ATP 系统的安全性，轨旁单元中的计算机设计成至少包括两个独立、具有相同结构、使用相同程序的计算机通道，数据被同时输入两个（多个）计算机通道，并被平行地处理。计算机比较各通道处理的结果，如果比较结果不同，将关断输出。对于二取二制式，当出现结果不一致的情况，计算机会整个关闭，使系统在故障的情况下导向安全。对于三取二系统，只有当三个计算机通道中有两个处理结果一致时，输出命令才有效。如果有一个计算机通道的结果和其他两个的不一样，则这个计算机通道被关闭，系统自动就转入二取二计算机的运行模式。ATP 子系统对运营的安全和效率至关重要，它一旦出现故障将会给运营造成很大的影响。因此，一般 ATP 轨旁单元中的控制单元采用有冗余的安全计算机系统，从而提高系统的可用性。

二、ATP 车载设备

ATP 车载设备由 ATP 车载单元、测速装置和接收（发送）装置组成。设备配置方式有单套和双套两种，双套又可分为双套冗余和双套独立两种。

ATP 车载单元有二取二计算机系统和三取二计算机系统两种。测速装置包括速度脉冲发生器、测速电机、多普勒雷达等种类。如果测速装置采用的是速度脉冲发生器或测速电机，为了准确测速，减少列车在加、减速时对测速的影响，一般把速度脉冲发生器或测速电机安装在没有动力的拖车上。不同 ATP 系统根据其具体情况设置接收（发送）装置，有的只有接收装置，有的接收、发送装置都有。

第二节 ATP 功 能

一、停车点和保护区段

停车点分为安全停车点和非安全停车点。安全停车点是基于危险点定义的，危险点是不能被超越的点，如果危险点被超越，将出现危险情况，因此要提供保护区段给危险点。保护区段的长度是由运行条件决定的，安全停车点是保护区段的起始点，ATP 监督安全停车点，计算出到安全停车点的紧急制动曲线，列车应在安全停车点处停下。加减速和其他原因造成距离测量误差，列车有可能会越过安全停车点，但必须保证列车在触发紧急制动时，能够在保护区段的末端（危险点之前）停下。

非安全停车点是指在每个车站按照运行方向设置的一个运营停车点。但是，在出站端如果设有信号机，且显示红灯时，安全停车点叠加在该运营停车点上。

二、距离测量

为完成 ATP 车载单元的安全功能，ATP 车载单元任何时候都必须知道车辆的当前位置。ATP 车载单元通过距离测量系统以及列车运行方向确定列车的当前位置。在采用轨道电路的系统，ATP 轨旁单元传送给 ATP 车载单元的运行命令中，所有的距离测量信息是以轨道电路分界点为基准的，当列车通过一个轨道电路的分界点时，距离测量进行一次同步。

三、实际速度的测量

列车的实际速度是借助于距离测量计算的，速度是走行距离除以时间，这个过程以一定的时间间隔被连续重复计算。此外，车辆是否静止的判断取决于一个设定的零速度限，一旦车辆当前实际速度小于或等于这零速度限时，ATP 车载单元认为列车已经处于静止状态。

四、速度监督

ATP 子系统根据动态数据，包括前行列车、道岔、进路等，以及静态数据，如恒定限速区段、停车点、最高列车速度等确定列车的速度限制。列车在 ATO 模式和 SM 模式（ATP 监督人工驾驶模式）下驾驶时，ATP 将连续地对列车进行速度监督，实时监督列车是否超出所允许的速度限。

五、列车追踪间隔

此功能保证列车不发生碰撞。它取决于保护区段、危险点和安全停车点的确定。一旦一个轨道区段被占用，在后续轨道区段就会建立一个保护区段，每个保护区段的长度是针对每个轨道区段单独设计，作为用户数据存储在 ATP 轨旁单元。只有在 SM 模式和 ATO 模式中，才有追踪间隔功能。在 RM 模式中，由司机负责追踪间隔。

六、紧急停车

在站台和车控室设置有紧急停车按钮，一旦按压该按钮，紧急停车的报文信息就由 ATP 轨旁单元通过轨道电路发送到列车，ATP 车载单元收到紧急停车报文后，启动紧急制动，直到列车停稳。

七、运行方向监督

在正线和试车线上，接收到轨旁设备发送的报文后，车载 ATP 单元对列车的运行方向监督，不允许列车倒行，当列车倒行超过预设的距离时，ATP 产生紧急制动。在车库范围内，列车倒行 ATP 不会产生紧急制动。有效的轨道电路变化和当前轨道电路运行方向上的信息储存在 ATP 车载单元，对当前轨道电路确定的进路来说，运行方向上的信息是固定的。列车折返运行过程中，两套 ATP 车载单元进行通信，ATP 主动单元传输给 ATP 从动单元的报文包含运行方向信息。列车折返运行情况下，列车已经到达最后轨道电路的停车点时，ATP 车载单元之间进行通信，新的 ATP 主动车载单元等待包含运行方向反向信息的轨道报文，如果接收的报文不含运行方向上的预定信息，报文无效。

八、车门监控

ATP 车载单元防止在站外开门和站内开错门。列车在车门未全部关闭时运行，ATP 会产生紧急制动。ATP 车载单元从轨道接收 ATP 轨旁单元发来的报文，根据报文信息确定开哪侧门，开门方式包括有开左侧门、开右侧门、先开左侧门再开右侧门、先开右侧门再开左侧门等。列车进站，停在停车窗内，ATP 车载单元给出开门允许信号，ATO 根据 ATP 给出的允许信号开对应侧门。

九、列车自动折返监控

自动折返运行模式使列车在终点站能够自动折返（包括无人折返）。在这种模式下，ATP 车载单元通过速度曲线连续对列车的运行进行监督，速度曲线是由 ATP 轨旁单元传送的。当列车实际运行速度高于由速度曲线所确定的紧急制动速度曲线时，ATP 车载单元产生紧急制动。

十、列车故障信息和紧急制动的记录

ATP 车载单元有存储模块和诊断接口。当车载设备发生故障或列车发生紧急制动时，故障信息或紧急制动信息会被储存，另外车载单元的一些状态也会被记录。如果需要，可通过诊断手提电脑读取、处理和显示存储的数据。

十一、服务数据的输入

列车服务数据包括轮径值、车辆允许最高速度等。服务数据可通过诊断手提电脑或车辆训练器输入，也可在驾驶室的显示屏上输入。

准确的距离和速度测量需要提供准确的轮径，由于两个速度脉冲发生器安装在不同的轮轴，所以要设定两个对应的轮径值。当磨损使轮径改变超过一定值时，要修改轮径值。轮径值若不准确将对距离和速度测量造成不能允许的偏差，其最终结果显然是不安全的。

第三节　ATP　接　口

ATP 在列车上与 ATO、车辆有接口；在轨旁则与联锁、轨道电路有接口。

一、ATP 与 ATO 接口

车载 ATP 通过分线端子把测速仪信息和精确停车信息传给 ATO。车载 ATP 和 ATO 还通过总线进行数据通信。

二、ATP 与车辆的接口

（一）电源

ATP 电源由车辆提供，在一定的电压范围之内设备可正常工作，短时间的低于或高于此电压范围不会影响设备的工作。车辆提供的电源通过自动保险开关接到车载设备的分线端子上，经过转换，分别提供给车载各个设备工作。

（二）静态输入

1. 主控钥匙开关

激活和切断 ATP 车载单元时，要求输入该信息。主控钥匙开关的接点采用双通道，如两通道之间动作的时间差大于某一值时，车载 ATP 会认为主控钥匙开关不正常，不采用其信息。

如图 14-1 所示，ATP 车载单元向列车驾驶室的主控钥匙开关接点送 DC110V 电压，当主控钥匙开关打开，接点闭合，送回 110V 电压给 ATP 车载单元，如果主控钥匙开关没打开，接点没闭合，就没有 110V 电压送回。ATP 车载单元通过检测该电压，来判断主控钥匙开关是否打开。

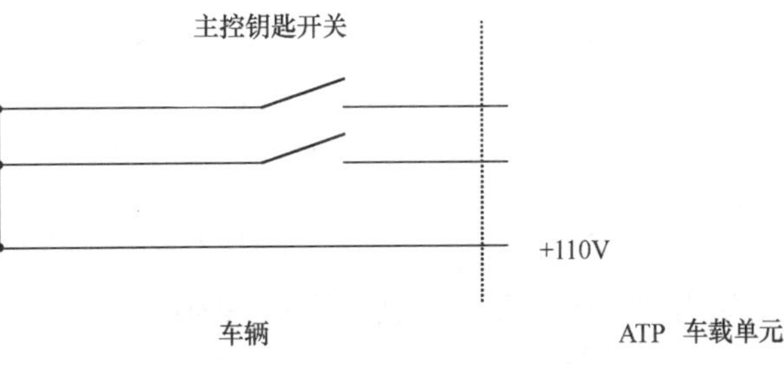

图 14-1 主控钥匙开关接点输入

2. 门控接点

如图 14-2 所示，ATP 车载单元向车辆左右门锁闭继电器的接点送 DC24V 电压，当左右两边车门全部都关闭，两锁闭继电器的接点闭合，送回 24V 电压给 ATP 车载单元，当其中有一个门没关，对应的左门或右门锁闭继电器的接点就不闭合，没有 24V 电压送回。ATP 车载单元通过检测该电压，来判断车门是否关闭。

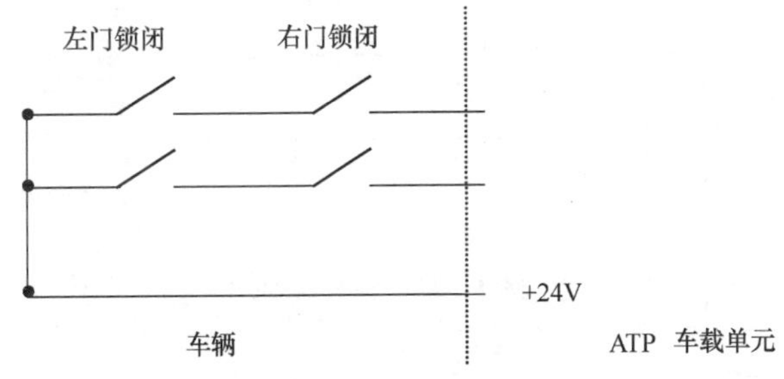

图 14-2 门控接点接口

3.ATO 启动按钮

通过按压列车驾驶台上的 ATO 启动按钮，可以启动 ATO 模式，该按钮是双通道的，而且驾驶室装有两个 ATO 启动按钮。如果按钮只是单通道动作，ATP 认为该按钮故障，输入为“没按压”。故障情况若连续多次出现，ATP 会切除对 ATO 启动按钮的检测，这时两个 ATO 启动按钮都会出现按压无效。这时使 ATP 关闭后再启动，就可恢复。ATP 车载单元周期地读入该信息。输入是故障安全的，当出现错误，认为该输入为“没按压”。

如图 14-3 所示，ATP 车载单元向列车驾驶台上的 ATO 启动按钮接点送 DC24V 电压，当按压 ATO 启动按钮，接点闭合，24V 电压接地。当没有按压按钮，接点不闭合，24V 电压不接地。ATP 车载单元通过检测该电压，来判断有无按压 ATO 启动按钮。

4.ATO 释放

“ATO 释放”信息是方向杆在“向前”和牵引/制动杆在“零位”的串联。在该输入为“释放”状态的基础上，按压 ATO 启动按钮才能进入 ATO 模式。该输入是双通道，ATP 车

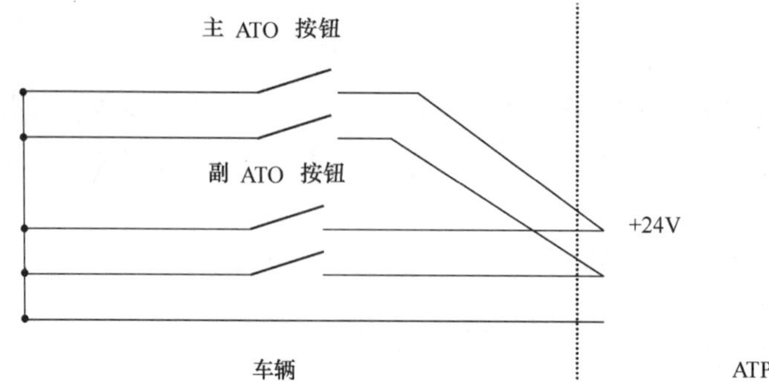

图 14-3　ATO 启动按钮接口

载单元周期性地读入该信息。该状态的读入是故障安全的，当出现错误，认为该输入为“没释放”。

如图 14-4 所示，ATP 车载单元向列车驾驶台上的方向杆和牵引/制动杆的串联接点送 DC110V 电压，当方向杆在“向前”和牵引/制动杆在“零位”时，110V 电压送回给 ATP 车载单元，当方向杆不在“向前”或牵引/制动杆不在“零位”，没有 110V 电压送回。ATP 车载单元通过检测该电压，来判断是否有“ATO 释放”。

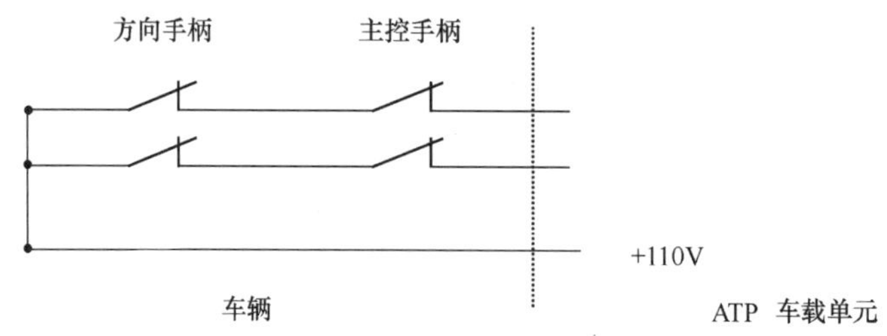

图 14-4　ATO 释放接口

5.RM 按钮

通过车辆驾驶台上的 RM 按钮可启动“RM”模式或取消紧急制动，该按钮是双通道的，如果按钮只是单通道动作，ATP 认为该按钮故障，输入为“没按压”，情况若连续多次出现，ATP 会切除对按钮的检测。此时使 ATP 关闭后再启动，就可恢复。ATP 车载单元周期性地读入该按钮的状态。输入是故障安全的，当出现错误，认为该输入为“没按压”。

如图 14-5 所示，ATP 车载单元向列车驾驶台上的 RM 按钮接点送 DC24V 电压，当按压 RM 按钮，接点闭合，24V 电压接地，当没有按压按钮，接点不闭合，24V 电压不接地。

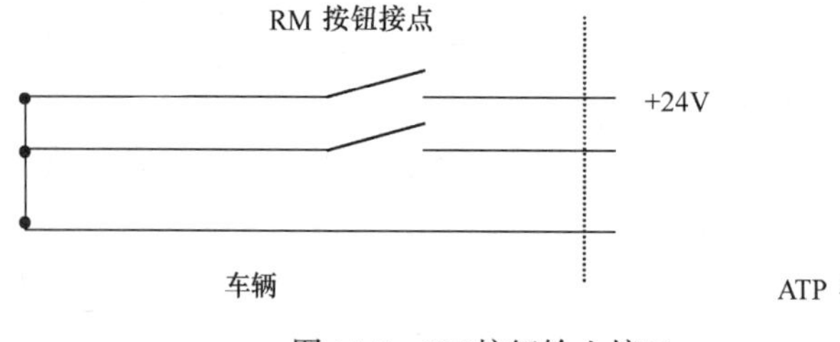

图 14-5　RM 按钮输入接口

ATP 车载单元通过检测该电压，来判断有无按压 RM 按钮。

6. 强行开门按钮

当门不能释放时，可以按压车辆驾驶台上强行按钮使 ATP 给出门释放。当车门出现故障，显示门未关好，为了继续运行，按压强行开门按钮能够取消 ATP 对门的监控。ATP 车载单元周期性地读入按钮的状态。输入是故障安全的，当出现错误，认为该输入为“没按压”。

如图 14-6 所示，ATP 车载单元向列车驾驶台上的强行开门按钮接点送 DC24V 电压，当按压强行开门按钮，接点闭合，24V 电压接地，当没有按压按钮，接点不闭合，24V 电压不接地。ATP 车载单元通过检测该电压，来判断有无按压强行开门按钮。

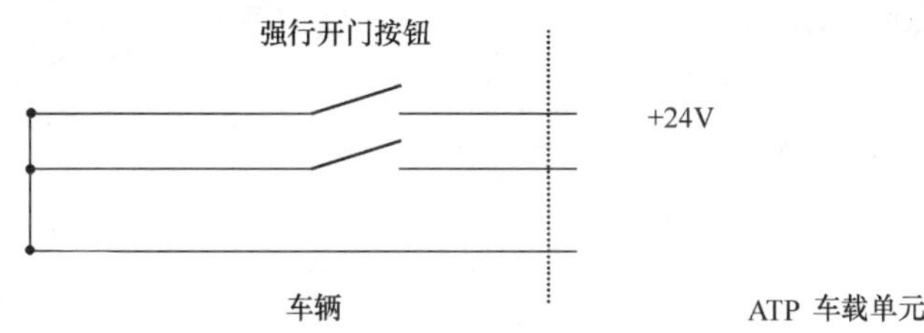

图 14-6 强行开门按钮接口

7. 车辆的紧急制动状态

由于除了 ATP 车载单元外，车辆也可以启动紧急制动，故 ATP 车载单元要读入紧急制动的当前状态。ATP 车载单元周期性地读入紧急制动的状态。输入是故障安全的，故障和失真输入不会导致非安全状态，当输入受干扰 ATP 车载单元切换到“RM”模式。

如图 14-7 所示，输入由车辆到 ATP 车载单元，当电压是 DC110V 时，呈非紧急制动状态；当电压为 0V 时，为紧急制动状态。ATP 车载单元通过检测该电压，来判断是否产生紧急制动。

8. 自动折返按钮

通过车辆驾驶台上自动折返按钮，可以启动列车进行折返允许。ATP 车载单元周期性地读入按钮状态。输入干扰不会产生非安全状态，输入是非故障安全的。

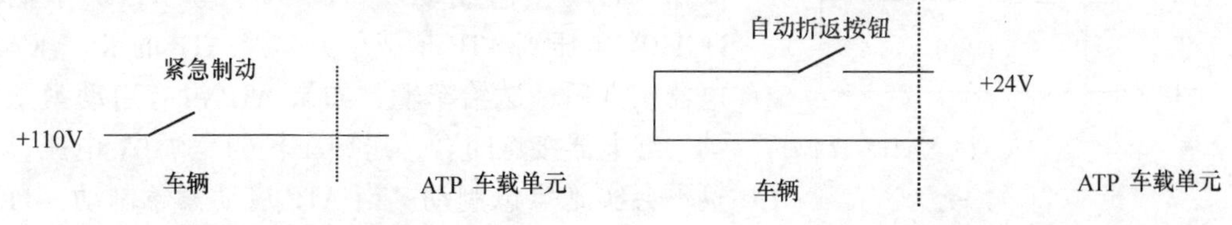

图 14-7 紧急制动状态接口

图 14-8 自动折返按钮接口

如图 14-8 所示，ATP 车载单元向列车驾驶台上的自动折返按钮接点送 DC24V 电压，当按压自动折返按钮，接点闭合，24V 电压接地，当没有按压按钮，接点不闭合，24V 电压不接地。ATP 车载单元通过检测该电压，来判断有无按压自动折返按钮。

表 14-1 是车载 ATP 外部静态输入列表。

除了上面所描述的外，还有一个 ATP 切除开关，在 ATP 故障无法通过复位恢复时，通过操作此开关，切除 ATP 的控制，这时完全由司机负责驾驶列车。ATP 切除开关是双通道的，通过操作此开关，可切除 ATP 的电源和使 ATP 不对紧急制动和门释放进行控制。

车载 ATP 外部静态输入 **表 14-1**

序号	车载 ATP 外部静态输入	电压（DC）	表示含义
1	钥匙开关	110V	驾驶台被激活
		0V	驾驶台没被激活
2	门控接点	24V	车门被打开
		0V	车门没被打开
3	ATO 启动按钮	0V	ATO 启动按钮被按压
		24V	ATO 启动按钮没被按压
4	ATO 释放	110V	ATO 释放
		0V	ATO 没释放
5	RM 按钮	0V	RM 按钮被按压
		24V	RM 按钮没被按压
6	强行开门按钮	0V	强行开门按钮被按压
		24V	强行开门按钮没被按压
7	紧急制动状态	110V	非紧急制动状态
		0V	紧急制动状态
8	自动折返按钮	0V	自动折返按钮被按压
		24V	自动折返按钮没被按压

（三）ATP 静态输出

1. 紧急制动

紧急制动的触发是 ATP 的一个组成功能。当出现一个运行错误时，启动一个紧急制动给车辆的控制系统。紧急制动是 ATP 的一个基本安全行为，是故障安全的输出，当检测到任何输出干扰，ATP 车载单元会安全切断，如果出现故障，启动紧急制动。如图 14-9 所示，从车辆给 DC110V 电压到 ATP 车载单元，经 ATP 的 K6、K7 继电器接点后，送给车辆，如果 ATP 没有启动紧急制动，继电器接点闭合，送回车辆的是 110V 电压，车辆不会实施紧急制动。当 ATP 启动紧急制动，110V 电压不能送回给车辆，车辆实施紧急制动。

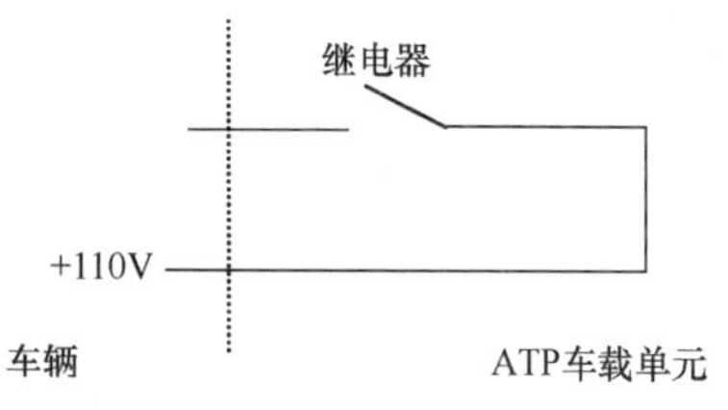

图 14-9 紧急制动输出接口

2. 允许开门（允许开左门和允许开右门）

列车停在停车窗内，ATP 车载单元根据由轨旁设备发来的报文，确定允许开哪侧旅客门。只在停车窗或通过按压车辆驾驶台上强行开门按钮 ATP 车载单元才给出允许开门信号。该接口是故障安全的，由于在停车窗外和运行期间开门会危及旅客安全，故禁止状态为安全状态。当检测到任何输出干扰，ATP 车载单元会安全切断，万一故障，启动紧急制动。

如图 14-10 所示 ATP 车载单元送电压给车辆的相关继电器，当送的是 DC110V 电压，车辆相关继电器接点吸起，车门允许打开；当电压为 0V，车辆相关继电器接点落下，车门不允许打开。

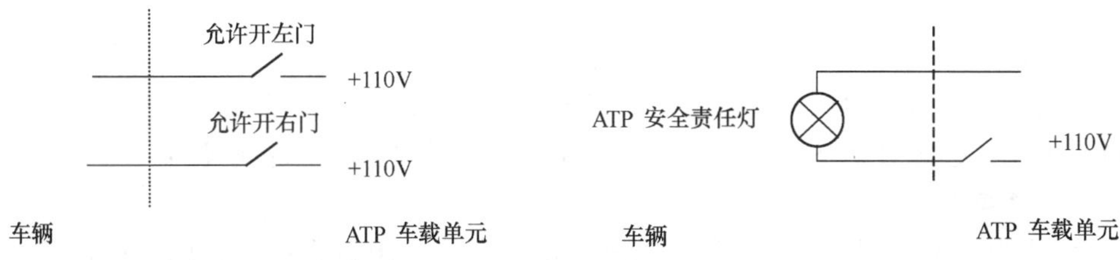

图 14-10　允许开门接口　　　图 14-11　ATP 安全责任输出接口

3.ATP 安全责任

当 ATP 车载单元已完全承担了列车的安全责任，ATP 会点亮车辆驾驶台上 RM 按钮上的 ATP 安全责任灯（红色）。

如图 14-11 所示，当 ATP 车载单元已承担列车的安全责任，从 ATP 送 DC110V 电压，点亮车辆驾驶台 RM 按钮上的 ATP 安全责任灯。

表 14-2 是车载 ATP 静态输出列表。

ATP 到外部的静态输出　　　**表 14-2**

序　号	车载 ATP 到外部的静态输出		电压（DC）	表　示　含　义
1	紧急制动		110V	没产生紧急制动
			0V	产生紧急制动
2	门释放	左门释放	110V	左车门释放
			0V	左车门没释放
		右门释放	110V	右车门释放
			0V	右车门没释放
3	ATP 安全责任		110V	ATP 完全承担了安全责任，ATP 安全责任灯亮
			0V	ATP 没完全承担安全责任，ATP 安全责任灯不亮

三、ATP 与联锁的接口

轨旁 ATP 通过总线管理板与联锁相连接，传递信息。具体描述见联锁章节。

四、ATP 与 FTGS 的接口

轨旁 ATP 中有 FTGS 接口单元，通过它可从轨道电路接收信息和通过轨道电路发送报文。具体描述见轨道电路章节。

第四节　ATP 设备运行

一、运行模式

不同的系统，驾驶运行的模式有所区别，一般来说有 ATO 模式、SM 模式、RM 模式、AR 模式、URM 模式等。

（一）ATO 模式

ATO 模式也就是自动驾驶模式，该模式只能用于正线（或试车线），且在车辆、ATP、ATO、联锁 SICAS 各子系统正常的情况下使用。列车 ATO 运行中，司机只起监视作用。

（二）AR 模式

AR 模式为列车自动折返模式，该模式用于已设计了可进行列车自动折返的车站。AR 模式按折返时列车有无司机驾驶标准分，可分为有人折返和无人驾驶列车自动折返；按列车运行时采用的模式分，又可分为 DTRO、ATO、SM 三种折返运行模式。

（三）SM 模式

SM 模式为 ATP 监督下的人工驾驶模式，即列车在 ATP 的保护下，由司机按照 ATP 提供的速度曲线人工驾驶列车，如列车的实际运行速度超过 ATP 推荐速度，ATP 将发出报警信号，继而施行紧急制动，直至列车停车。SM 模式属于列车的降级运行模式，在 ATO 设备故障时可以采用此模式。

（四）RM 模式

RM 模式是限制式的人工驾驶模式，该模式下，ATP 只提供对一定的设定速度（如 25km/h）的超速防护，列车由司机负责驾驶，运行安全由司机负责。当列车运行速度超过设定速度时，ATP 将施行紧急制动。

（五）URM 模式

URM 模式是非限制式人工驾驶模式，此模式下列车的运行没有 ATP 防护，运行安全完全由司机负责。

二、运行模式的转换

在实际运用中，列车的运行模式不是固定不变的，根据实际情况，司机可以采取如表 14-3 所示的模式。

模式转换表 **表 14-3**

从→至	ATO	AR	SM	RM	URM
ATO	×	进入可进行自动折返的车站，列车停站后，可由 SM 模式转为 AR 模式（见 SM→AR）	1. 主控手柄离开零位。 2. 列车在站台停车	1. 列车紧急制动以后自动转为 RM。 2. 停车（SM 模式），按压 RM 按钮	停车后切除车载 ATP
AR	只在折返站的发车轨使用：司机进入驾驶室，用主控钥匙打开操作台，按压 ATO 启动按钮	×	只在折返站的发车轨使用：司机进入驾驶室，用主控钥匙打开操作台，列车进入 SM 模式	1. 列车紧急制动以后，自动转为 RM 模式。 2. 列车停车后，司机进入驾驶室，用主控钥匙打开操作台，按压 RM 按钮	停车后切除车载 ATP

续表

从→至	ATO	AR	SM	RM	URM
SM	1. 主控手柄移至零位； 2. 按压 ATO 启动按钮	1. 按压 AR 按钮。 2. 关闭操作台。 3. 司机下车按压 DTRO 启动按钮	×	1. 列车紧急制动以后，自动转为 RM。 2. 停车后，按压 RM 按钮	停车后切除车载 ATP
RM	1. 如果列车接收到有效的 ATP 报文和经过了两个正常的轨道电路，则自动地转为 SM 模式。 2. 将主控手柄移至“0”位。 3. 按压 ATO 启动按钮	不可能	如果列车接收到有效的 ATP 报文和经过了两个正常的轨道电路，自动转为 SM 模式	×	停车后切除车载 ATP
URM	URM 不能直接转至 ATO 模式	不可能	URM 不能直接转为 SM	停车，合上车载 ATP，打开操作台后自动转为 RM 模式	×

三、运行的具体操作

（一）正常运行

所有信号设备正常的情况下，列车可按照设计的模式运行。如果车辆段没有安装轨旁 ATP 设备，列车在车辆段范围内只能用 RM 模式运行，车载 ATP 提供对设定速度的超速防护。对于列车在正线的运行，根据列车运行的性质则可分为折返运行和非折返运行。

1. 非折返运行

非折返运行是指列车在正线线路上的正常运行，列车在区间按 ATO 模式运行，进站后，列车自动转为 SM 模式，当运营停车点取消，ATO 启动按钮灯点亮，司机按压 ATO 启动按钮，列车以 ATO 模式运行。如在有出站信号机的车站，或在区间的信号机前方停车的列车，只有在进路排出、信号开放以后，ATO 启动按钮灯才能点亮。

2. 折返运行

列车的折返运行分为自动折返和非自动折返，这里仅对自动折返进行描述。自动折返包括无折返轨的折返（换向）和有折返轨的折返。

（1）无折返轨的自动折返（换向）

如图 14-12 所示，列车以 SM 或 ATO 模式进入无折返轨的终端站站台，显示屏出现折返图标和 AR 符号，列车停稳

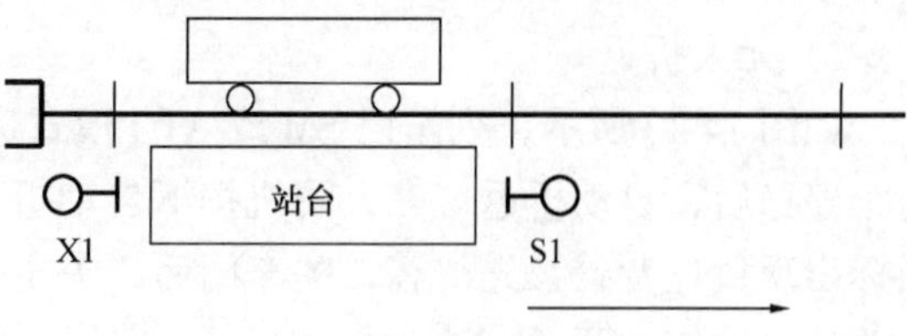

图 14-12　无折返轨的自动折返

后，自动折返灯亮，司机按下自动折返按钮，使自动折返灯灭，显示屏上的折返图标出现黄色背景，此时司机可关主控钥匙，到另一端驾驶室。在另一端驾驶室，司机看到自动折返灯闪亮，SM 灯亮，可开主控钥匙，自动折返灯灭，显示屏显示 SM 模式，换向完成。

在一些轨道交通的线路中，上、下行线均可排反向进路（即上行线跑下行车或下行线跑上行车），在部分轨道区段设有“换上至下”或“换下至上”命令。当列车进入上述区段停下，地面操作员操作“换上至下”或“换下至上”命令，列车显示屏会出现 AR 符号或折返图标，自动折返灯亮，司机按下自动折返按钮，使自动折返灯灭，显示屏上的折返图标出现黄色背景，此时司机可关主控钥匙，到另一驾驶室。另一驾驶室的自动折返灯闪亮，SM 灯亮，这时司机才可开主控钥匙，显示屏显示 SM 模式，换向完成。

(2) 有折返轨的自动折返

有折返轨的自动折返在具体运作中也可以分为有人折返和无人折返。

1) 有人折返

如图 14-13 所示，列车以 SM 或 ATO 模式进入站台，显示屏出现折返图标和 AR 符号，列车停稳后，自动折返灯亮，司机按下自动折返按钮，使自动折返灯灭，显示屏上的折返图标出现黄色背景，当折返进路 S4→S2 排好，信号机 S4 开放，关车门后，停车点取消，司机可用 ATO 或 SM 模式驾驶列车进入折返轨至停车点停车，关主控钥匙，到另一驾驶室。另一驾驶室的自动折返灯闪亮，SM 灯亮，司机开主控钥匙，自动折返灯灭，显示屏显示 SM 模式，当进路 X2→X4 排好，信号机 X2 开放，停车点取消，司机可用 ATO 或 SM 驾驶列车到站台，有人自动折返完成。

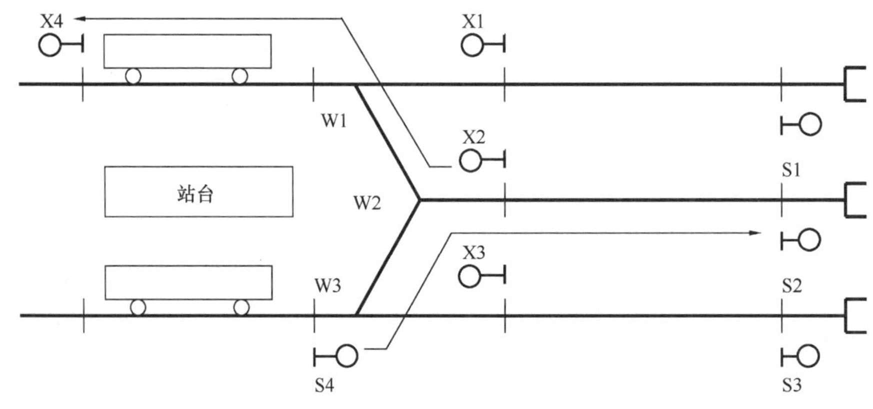

图 14-13　有折返轨的自动折返

2) 无人折返

如图 14-13 所示，列车以 SM 或 ATO 模式进入站台，显示屏出现折返图标和 AR 符号，列车停稳后，自动折返灯亮，司机按下自动折返按钮，使自动折返灯灭，显示屏上的折返图标出现黄色背景，先清客，关车门后，关主控钥匙，离开驾驶室到站台的无人折返钥匙开关处，操作此开关，当进路 S4→S2 排好，停车点取消，列车自动驶入、驶出折返轨，到达站台停下，司机进入下行端驾驶室（运行方向），此时自动折返灯闪亮，SM 灯亮，司机开主控钥匙，自动折返灯灭，显示屏显示 SM 模式，无人折返完成。

（二）信号设备故障时的列车运行

信号设备故障时，将影响列车的运行，但在所有信号设备的故障中，影响到列车改变运行模式的只有以下四种，即联锁设备（包括道岔、信号机）、轨旁 ATP、轨道电路、车载信号设备。其中，联锁设备和轨旁 ATP 设备故障时，列车只能以 RM 模式运行；车载信号设备的故障，可根据故障设备的情况，采用相应的运行模式。如 ATO 设备故障时，轨旁设备（联锁、ATP、轨道电路）和车载 ATP 正常，列车用 SM 模式运行，否则只能用 RM 或 URM 模式运行。对于轨道电路的故障则要根据列车的位置和轨道电路的性质，才能确定列车的运行模式。下面仅就轨道电路发生故障而其他设备正常时对列车运行模式的影响进行详细的分析。

1. 故障区段在联锁监控区内

如图 14-14 所示，这种情况下信号机 S1 只能开放引导信号，然后司机按压 RM 按钮，以 RM 模式运行通过故障的轨道电路，再经过两个正常的轨道区段以后，RM 转为 SM 模式，列车以 SM 模式运行；按压 ATO 按钮后，列车以 ATO 模式运行。

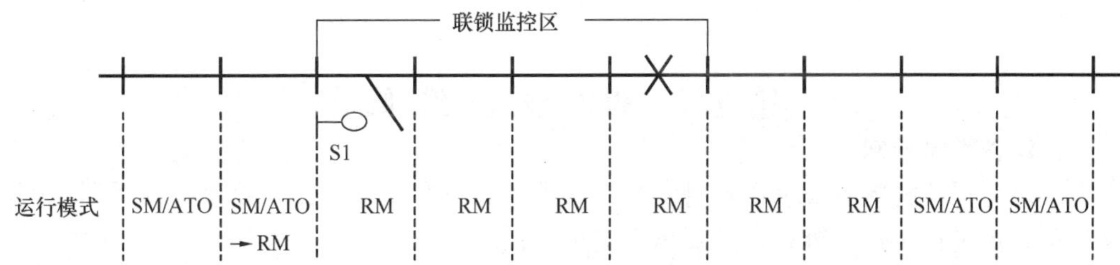

图 14-14　故障区段在联锁监控区内的运行

2. 故障区段不在联锁监控区内

如图 14-15 所示，列车正常运行到故障区段前一个轨道区段的停车点（轨旁 ATP 自动设置）处自动停车，司机按压 RM 按钮以后，以 RM 模式运行通过故障的轨道电路，再经过两个正常的轨道区段以后，RM 转为 SM 模式，列车以 SM 模式运行；按压 ATO 按钮，列车以 ATO 模式运行。

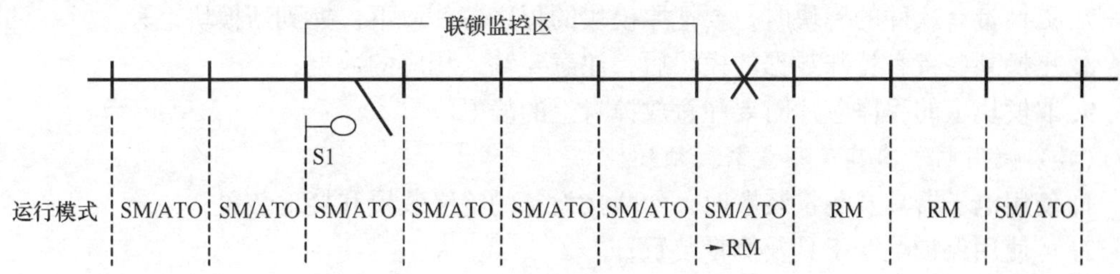

图 14-15　故障区段不在联锁监控区内的运行

四、驾驶室信号显示屏的显示内容

（一）驾驶模式

有 ATO 模式，SM 模式，RM 模式，自动折返模式。

（二）双指针速度表

用于显示 ATP 推荐速度和实际速度，推荐速度的显示是红色三角，实际速度的显示是黄色指针，司机可按照显示驾驶列车。

（三）目标速度

以数字形式表示到达目标距离时的速度。

（四）目标距离

以不同颜色的条形图显示到下一个速度限制区或停车点的距离。

（五）允许开门与车门切除

当 ATP 给出允许开门信号时，显示屏显示相应的允许开门符号。当切除门监督时，出现车门切除符号。

（六）驾驶状态

有牵引，制动，惰行。

（七）折返图标

当列车进入折返站台，车载 ATP 收到折返报文后，另一驾驶室的 ATP 被激活，两端车头的 ATP 通信完成后，会出现折返图标，司机按压按钮确认后，图标背景变为黄色。

第五节　ATP 设备维修

一、设备维修须知

为了避免损坏材料以及为了自身安全，必须遵守所有安全守则并熟读维修手册以便能安全且正确地进行工作，维护人员要承担安全责任。

（一）ATP 设备维护安全须知

1. 禁止擅自变更或改动 ATP 设备；
2. 只有受过培训并经授权的人员才允许对 ATP 设备进行维修工作；
3. 要使用合适的工具、设备、检查装置和材料来进行维维修工作；
4. 只有设备处于正常状态时，才能投入运营；
5. 如果出现错误或故障，立即向上级报告；
6. 车载设备更换模块时必须先关闭计算机，切断供电；
7. 更换带有软件的模块时，要把原模块的程序芯片取下，换到新模块上；
8. 更换某些带有特殊数据的模块后，注意要输入相应的数据；
9. 取模块上的程序芯片时要注意放掉身上的静电。

（二）使用电子器具及测量装置须知

1. 使用电子器具及测量装置时，勿联接设备的绝缘装置和接地装置；
2. 可使用保护绝缘工具及测量装置；
3. 为防止静电对设备的干扰，在拔出或插入模块时，必须使用接地腕带并与机柜的 0V 插座相联。

（三）更换模块操作

1. 模块拿取须知

在接触模块前，必须一直保持电荷平衡。为此须遵守以下规定：

(1) 从包装中或设备中取出的模块只允许放置在导体上。

（2）在拿起或放下模块前，必须接触模块放置处，以保持电荷平衡。

（3）在将模块从设备框、柜或架中抽出或插入前，必须先接触框架以保持电荷平衡。

（4）只可接触模块的边缘或前嵌板。

（5）只可使用模块本身的把手将其抽出。如果无此可能，则须使用配套的抽取工具。

（6）不安装于设备中的模块必须装入其包装袋中运走。

（7）如果必须将无包装袋的模块交给其他人，在两人的手相互接触之前必须保证电荷的平衡。

2. 模块的标记

（1）每个模块都以一个简称以及一个编号进行标记。

（2）没有前嵌板的模块，其标签位于前插头上。

（3）模块中如有应用程序，程序版本将标出。

（4）属于单元框架内插入处的模块可由单元架上部的锁定杆的由简称和编号组成的标签确定。

（5）装在前嵌板上部和下部的编码片避免了标有错误名称的整个模块插入单元架。

3. 拔出模块的操作

（1）只有不带电的情况下才允许抽取或插入模块，因此在抽取模块前必须将有关模块的供电切除。

（2）由锁定杆固定的模块必须通过松开螺丝而取出。

（3）对于有把手紧紧连接在前嵌板上的模块，可通过拉把手从单元架中拉出，如果模块与单元架连得太紧，必须使用抽取工具，将此工具固定于模块把手之后，以抽出模块。

（4）如果模块带有插头，松开在顶部和底部的螺丝，取下插头，将抽取工具钩进底部或顶部块，以取出模块。

（5）供电模块则先要松开角落的四个螺丝，然后通过底部的拉取把手取出。

4. 插入模块的操作

（1）如果模块是由锁定杆固定的，先松开锁定杆螺丝，拉出锁定杆，按照安装图插入模块。

（2）必须按照安装图插入前插头，并用螺丝固定。

（3）将模块装入单元架之后，锁定杆的螺丝必须从新拧紧。

（4）供电模块插入后必须用螺丝固定。

（5）在插入模块时，注意顺着引导轨插入。

5. 对故障模块的处理

对于诊断和维修工作，记录是一个重要的帮助。由于在维修工作期间模块上的显示可能会改变，因而要尽可能记下故障和非故障模块上的显示。对被确定的故障模块必须装入包装并附上问题报告。

6. 模块内存储部件的更换

在一些模块内有存储部件（EPROM），存储部件插在插座上，在修改软件时就可将其更换。更换模块上的存储部件时应遵守以下原则：

（1）在开始工作前必须接触模块放置位置以保持电荷平衡。

（2）从模块内取出的部件只允许放置在导体上。

（3）只可使用相关工具将部件从底座中取出。

（4）必须不损坏或扭曲部件的针脚。

（5）插入部件时要注意插入方向的正确。方向插错可导致无法修复的故障。

（6）插入时要注意把针脚正确无误地插入底座，。

（7）用手小心地将部件推入底座。

（8）在插入和推入期间要不扭曲针脚。

（9）在对模块进行测试前再次检查插入方向及部件底座是否正确。

（10）交付程序部件前，如果因为程序修改而改变了版本，要贴上新的标签。

二、ATP 设备的定期检修

ATP 设备的检修周期与内容参见表 14-4。

ATP 设备检修周期与工作内容 **表 14-4**

设备（数量）	修　　程	检　修　工　作　内　容	周　　期
ATP 车载单元	日常保养	1. 询问调度，了解设备使用情况并记录。 2. 检查设备运转状态，有无异状。 3. 作好日检测并记录	每　　日
	二级保养	1. 同日常保养内容。 2. 检查车所有的插接件是否牢固。 3. 检查所有的螺丝是否紧固。 4. 进行 ATP 静态测试。 5. 检查地线。 6. 机柜清洁。 7. 检查橡胶密封条。 8. 检查风扇。 9. 检查标示及设备铭牌	每　　季
	小　修	1. 同二级保养内容。 2. 更换有关的部件。 3. 设备卫生清洁（部件）。 4. 动态测试	每　　年
	中　修	1. 线缆整治。 2. 机柜防松、防尘、防虫处理	4　　年
ATP 天线	日常保养	检查外观无机械损伤，固定良好，各接口良好	每　　日
	小　修	1. 电气特性测试。	每　　季
		2. 同日常保养内容。 3. 检查接插件是否牢固。 4. 检查接插件是否牢固	每　　年

续表

设备（数量）	修　程	检修工作内容	周　期
速度脉冲发生器	日常保养	检查外观无机械损伤，固定良好，各接口良好	每　日
	小　修	1. 同日常保养内容。 2. 检查接插件是否牢固。	每　季
	中　修	1. 同季检内容。 2. 拆卸速度脉冲发生器，检查是否破损	每　年
ATP 轨旁单元	日常保养	1. 检查设备运转状态，有无异状	每　日
		2. 设备清洁	每　周
	二级保养	1. 同日常保养内容。 2. 检查所有的插接件是否牢固。 3. 检查所有的螺丝是否紧固。 4. 检查地线。 5. 检查橡胶密封条。 6. 检查风扇。 7. 检查标示及设备铭牌	每　月
	小　修	1. 同二级保养内容。 2. 更换有关的部件。 3. 设备卫生清洁（部件）。 4. 3 取 2 切换试验	每　年
	中　修	1. 机柜内配线修整。 2. 检查全部保险。 3. 清洁机柜内所有部件。 4. 光缆、电缆整修	5　年

（一）ATP 静态测试

静态测试就是利用特殊的设备，在车辆静止的状态下，模拟列车运行时的状态，从而测试车载 ATP 相关的功能。静态测试可在车库内进行，不需要司机配合。

1. 静态测试所用工具、仪器

ATP 静态测试要用到的测试设备、仪器，包括一台车辆训练器，一条 RS232 的诊断电缆，一条用于连接车辆训练器中模拟速度脉冲发生器发送信息的电路板和 ATP 车载单元的电缆，一条用于连接车辆训练器中模拟天线接收信息的电路板和 ATP 车载单元的电缆。

2. ATP 静态测试的仪器连接

ATP 静态测试中车辆训练器与 ATP 车载单元的连接如图 14-16 所示。

3. ATP 静态测试的内容和步骤

不同的 ATP 系统，静态测试的内容会有所不同，但其共同点是主要的测试都会集中在一些输入输出以及接口方面。

（1）“钥匙和接点开关”的测试

1）测试内容

该项测试的目的在于检查车载 ATP 能否正确接收车辆按钮开关的输入，以及相关模块的工作是否正常。

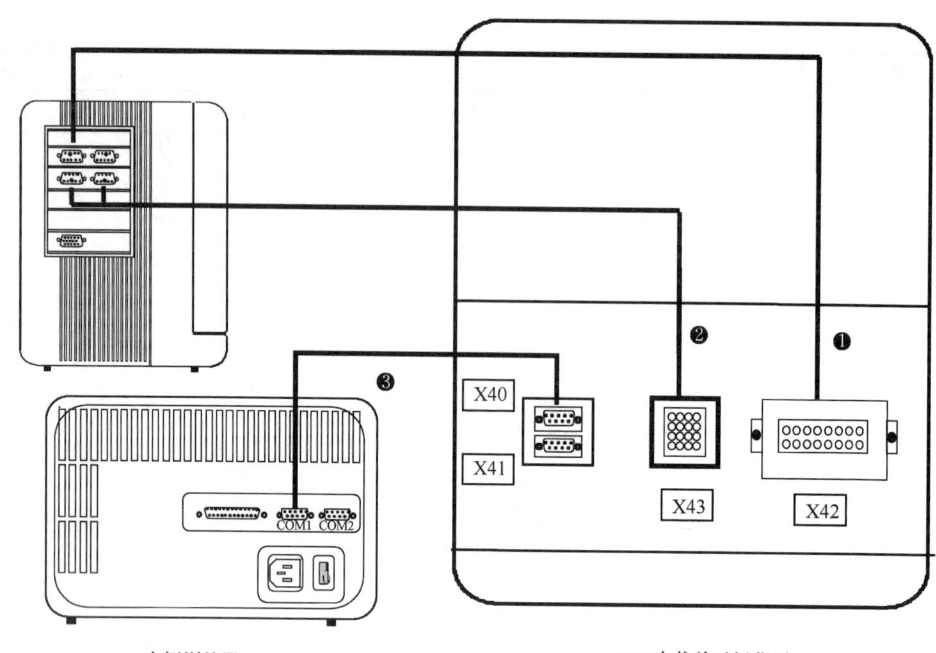

注：❶速度脉冲发生器测试接口x42
❷天线辅助线圈测试接口x43
❸ATP 诊断接接口x40

图 14-16 车辆训练器与 ATP 车载单元的连接

2）测试的步骤

参见表 14-5。

"钥匙和接点开关"的测试步骤 **表 14-5**

测试 1：钥匙和接点开关					
步骤	反应			操作	
	测试窗上的显示	记录窗上的显示	驾驶室显示屏显示	操作员在设备上的操作	操作员在诊断窗的应答
1					同时按下"ALT"和"T"键
2	测试窗口出现				选择测试 I 然后单击'RETURN'
3	输入列车号 OK 或 CANCEL	如果操作者回答 CANCEL 对话窗口显示：这次测试将停止			输入列车号'XXXX'后单击'OK'
4	请降下受电弓 YES END	操作者的回答：END 操作者停止程序，这次测试结束		检查并确认受电弓已降落	用'YES'应答
5	在关闭这个窗口前先关驾驶室钥匙，再等一分钟 OK END	操作者的回答：END 操作者停止程序，这次测试结束		如驾驶台打开，把钥匙关上；如驾驶室已关上，进行下一步	用'OK'应答

续表

测试1：钥匙和接点开关					
步骤	反应			操作	
	测试窗上的显示	记录窗上的显示	驾驶室显示屏显示	操作员在设备上的操作	操作员在诊断窗的应答
6	看柜内的 ATO 和 ATP 设备是否关闭？YES NO	如果操作者的回答：NO 出现“操作者停止程序，ATP 和 ATO 设备仍然未关闭。”如果回答 YES 时设备未关闭，出现“＊＊ERROR＊＊ 车载单元设备不是关闭 NO.9”，测试停止		等待 ATP 和 ATO 设备的切断（在锁上驾驶室后约 1min）	用‘YES’应答
7		车载单元设备关闭 OK			
8	请开钥匙直到显示屏显示 RM 模式 OK END	如果操作者的回答：END. 出现“操作者停止程序。”或当这是个接口问题＊＊ERROR＊＊诊断接口 NO.6 没有回答。测试停止		打开驾驶室钥匙，显示屏显示 RM 模式和在车库区域图标	用‘OK’回答
9		锁匙开关位置开，检查校正服务数据 轮径 1 有效；轮径 2 有效；最大列车速度有效；ATP 水平错误值有效；无 ATP 水平错误存储；所有调整的服务数据是有效的。 服务数据（版本：V03.17） 轮径 1：840mm；轮径 2：840mm 最大车速：2500cm/s（90km/h）			
10	服务数据 OK? YES NO	操作者的回答：NO ＊＊＊ERROR＊＊＊由操作者停止！运行数据确认！NO.5 测试将停止			用‘YES’回答
11		读出 PC 组件初始化的轮径 1 读出 PC 组件初始化的轮径 2 请等候 PC 组件的初始化			
12		如果某些条件未满足出现“＊＊ERROR＊＊基本操作状态未建立 NO.35”测试停止			
13		PC 初始化执行等候基本操作状态。基本操作状态被建立 OK			
14	方向杆推向向前 OK END	如果操作者的回答：END 出现“＊＊＊ERROR＊＊＊”测试停止		把驾驶方向杆推向向前位置	用‘OK’回答
16		测试风扇 读取风扇的接点关闭 OK			
17	请把风扇接口拔开 OK END	操作者回答：END，出现“＊＊＊ERROR＊＊＊程序被操作者停止”。如果风扇的接口没有拔出而操作者回答‘YES’；出现“＊＊＊ERROR＊＊＊读取接点没断开 NO.25”。测试结束		拔出风扇的插头	用‘OK’应答
18		读取风扇接点打开 OK			

续表

测试1：钥匙和接点开关					
步骤	反应			操作	
	测试窗上的显示	记录窗上的显示	驾驶室显示屏显示	操作员在设备上的操作	操作员在诊断窗的应答
19	测量D10和B10两点间的电阻是否高阻 YES NO	操作者的回答：NO“＊＊＊ERROR＊＊＊读取风扇的接口是关闭 NO.26”测试停止		用万用表测D10和B10针之间的电阻，必须小于800mΩ	用‘YES’应答
20		读取风扇的接点是打开的			
21	将风扇插头插上 OK END	操作者回答：END 程序被操作者停止；测试将停止		把风扇的插头插回原位置	用‘OK’应答
22		风扇插头插好；测试在司机台ATO开始按钮；ATO开始按钮未设			
23	操作司机台ATO按钮（在窗口关闭后10s内）OK END	操作者回答：END 程序被操作者停止；测试停止			用‘OK’应答
24		等待按压按钮		按压司机台上的ATO开始按钮并保持2s以上	
25		如果按钮保持延时不足够；出现“＊＊ERROR＊＊ATO开始按钮未设 NO.14”测试停止			
26		ATO开始按钮设好；测试副驾驶台的ATO开始按钮；ATO开始按钮未设好			
27	按压副驾驶台上ATO开始按钮（关闭窗口后10s内）OK END	操作者回答：END 程序被操作者停止；测试停止			用‘OK’应答
28		等待按压按钮		按压副驾驶台上的ATO开始按钮并保持2s以上	
29		如果按钮保持延时不足够；出现“＊＊ERROR＊＊副驾驶台ATO开始按钮未设；NO.15”测试停止			
30		副驾驶台ATO按钮设好；测试司机台上的AR按钮；AR按钮未设好；			
31	操作司机台上的AR按钮（关闭窗口后10s内）OK END	操作者回答：END 程序被操作者停止；测试停止			用‘OK’应答

续表

测试 1：钥匙和接点开关					
步骤	反　　应			操　　作	
	测试窗上的显示	记录窗上的显示	驾驶室显示屏显示	操作员在设备上的操作	操作员在诊断窗的应答
32		等待按压按钮		按压 AR 按钮并保持 2s 以上	
33		如果按钮保持延时不足够；出现"＊＊ERROR＊＊AR 按钮未设 NO.16"测试停止			
34		AR 按钮设好：测试在司机台上的 RM 按钮；RM 按钮未设好			
35	操作司机台上的 RM 按钮（关闭窗口后 10s 内）OK END				用'OK'应答
36		等待按压按钮		按压 RM 按钮并保持 2s 以上	
37		如果按钮保持延时不足够；出现"＊＊ERROR＊＊RM 按钮未设；NO.17"测试将停止			
38		RM 按钮设好：测试在司机台上的强行开门按钮；强行开门按钮未设好			
39	操作司机台上强行开门按钮（关闭窗口后 10s 内）OK END				用'OK'应答
40		等待按压按钮		在驾驶台上按压强行开门按钮并保持 2s 以上	
41		如果按钮保持延时不足够；出现"＊＊ERROR＊＊强行开门按钮未设 NO.18"测试停止			
42		强行门控按钮 OK。测试 ATO 允许			
43	请把运行方向杆推向向后位置 OK END			把运行方向杆推在向后位置	用'OK'应答
44		运行方向不正确，不给出 ATO 允许信号 OK			
45	把主控手柄推向制动位置 OK END			把主控手柄推在制动位置	用'OK'应答
46		驾驶/制动位置不正确，不给出 ATO 允许信号 OK			

续表

测试 1：钥匙和接点开关					
步骤	反应			操作	
	测试窗上的显示	记录窗上的显示	驾驶室显示屏显示	操作员在设备上的操作	操作员在诊断窗的应答
47	把主控手柄推向快制位置 OK END			把主控手柄推在快制位置	用‘OK’应答
48		驾驶/制动位置不正确，不给出 ATO 允许信号 OK			
49	把主控手柄推向零位位置 OK END			把主控手柄推在零位位置	用‘OK’应答
50		驾驶/制动位置不正确，不给 ATO 出允许信号 OK			
51	请把方向杆推向向前位置 OK END			把运行方向杆推在向前位置	用‘OK’应答
52		运行方向不正确，不给出 ATO 允许信号 OK			
53	把主控手柄推向牵引位置 OK END			把主控手柄推在牵引位置	用‘OK’应答
54		驾驶/制动位置不正确，不给出 ATO 允许信号 OK			
55	把主控手柄推向制动位置 OK END			把主控手柄推在制动位置	用‘OK’应答
56		驾驶/制动位置不正确，不给出 ATO 允许信号 OK			
57	把主控手柄推向快制位置 OK END			把主控手柄推在快制位置	用‘OK’应答
58		驾驶/制动位置不正确，不给出 ATO 允许信号 OK			
59	把主控手柄推向零位位置 OK END			把主控手柄推在零位位置	用‘OK’应答
60		给出 ATO 允许信号 OK。测试 1：“钥匙 & 接触开关”成功完成！			

(2)“距离测量”的测试

1）测试内容

该项测试的目的在于检查距离测量功能以及相关模块的工作正常与否。

2）测试的步骤，参见表 14-6。

“距离测量”的测试步骤 **表 14-6**

步骤	测试2：距离测量				
	反应			操作	
	测试窗上的显示	记录窗上的显示	驾驶室显示屏显示	操作员在设备上的操作	操作员在诊断窗的应答
1					同时按下“ALT”和“T”键
2	测试窗口出现				选择测试 I 然后单击‘RETURN’
3	输入列车号 OK 或 CANAL	如果操作者回答 CANEL 对话窗口显示：这次测试将停止			输入列车号‘XXXX’后单击‘OK’
4	请降下受电弓 YES END	操作者的回答：END 操作者停止程序，这次测试结束		检查并确认受电弓已降落	用‘YES’应答
5	在关闭这个窗口前先关驾驶室钥匙，再等一分钟 OK END	操作者的回答：END 操作者停止程序，这次测试结束		如驾驶台打开，把钥匙关上；如驾驶室已关上，进行下一步	用‘OK’应答
6	看柜内的 ATO 和 ATP 设备是否关闭？YES NO	如果操作者的回答：NO 出现“操作者停止程序，ATP 和 ATO 设备仍然未关闭。”如果回答 YES 时设备未关闭，出现“＊＊ERROR＊＊ 车载单元设备不是关闭 NO.9”，测试停止		等待 ATP 和 ATO 设备的切断（在锁上驾驶室后约 1min）	用‘YES’应答
7		车载单元设备关闭 OK			
8	请开钥匙直到显示屏显示 RM 模式 OK END	如果操作者的回答：END. 出现“操作者停止程序。”或当这是个接口问题＊＊ERROR＊＊诊断接口 NO.6 没有回答。测试停止		打开驾驶室钥匙，显示屏显示 RM 模式和在车库区域图标	用‘OK’回答
9		锁匙开关位置—开， 检查校正服务数据 轮径 1 有效：轮径 2 有效： 最大列车速度有效 ATP 水平错误值有效 无 ATP 水平错误存储 所有调整的服务数据是有效的 服务数据（版本：V03.17） 轮径 1：840mm　轮径 2：840mm 最大车速：2500cm/s（90km/h）			
10	服务数据 OK? YES NO	操作者的回答：NO ＊＊＊ERROR＊＊＊由操作者停止！ 运行数据确认！NO.5 测试将停止			用‘YES’回答
11		读出 PC 组件初始化的轮径 1 读出 PC 组件初始化的轮径 2 请等候 PC 组件的初始化			

续表

测试2：距离测量					
步骤	反应			操作	
	测试窗上的显示	记录窗上的显示	驾驶室显示屏显示	操作员在设备上的操作	操作员在诊断窗的应答
12		如果某些条件未满足出现“＊＊ERROR＊＊基本操作状态未建立NO.35”测试停止			
13		PC初始化执行等候基本操作状态。基本操作状态被建立 OK			
14	方向杆推向向前 OK END	操作者的回答：END出现“操作者停止程序”，测试停止		把驾驶方向杆推向向前位置	用‘OK’回答
15		基本操作状态被建立 OK 模拟器加速到 15km/h 模拟驾驶保持在 15km/h； 驾驶方向向前；OK； 实际速度：15 km/h，OK	如果不是所有门都关闭就产生紧急制动并且显示屏出现红色手符号并发出报警声		
16	速度表的黄色指针是否在 15km/h（± 1.5km/h）YES NO	操作者没有回答：“＊＊ERROR＊＊＊在所给的时间内没有操作”或：如果操作者的回答：NO“＊＊ERROR＊＊速度表的指针没有指到15km/h”。测试停止	速度表的黄色的指针停在15km/h的位置	看显示屏速度表的黄色的指针是否停在15km/h的位置	用‘YES’回答
17		模拟减速到 0km/h	速度表的黄色的指针降到0km/h的位置		
18	速度表的黄色指针是否指示 0km/h YES NO	操作者没有回答：“＊＊ERROR＊＊＊在所给的时间内没有操作”或：如果操作者的回答：NO“＊＊ERROR＊＊速度表的指针没有指到0km/h”。测试停止	速度表的黄色的指针降到0km/h的位置	看显示屏速度表的黄色的指针是否停在0km/h的位置	用‘YES’回答
19		行驶3m的距离 如果某些条件未满足 ＊＊＊ERROR＊＊＊距离测量系统失效 NO.57 测试停止	速度表的黄色指针转到3km/h的位置		
20		距离测量 OK，模拟向后行驶，驾驶方向向后 OK，实际速度为 3km/h OK	速度表的黄色指针转到3km/h的位置，然后转到零位位置停下来		
21		测试02：速度测试　成功地完成			

（3）“ATP 接收”的测试

1）测试内容

该测试程序的目的在于检查 ATP 天线接收报文是否正确以及相关模块是否正常。

2）测试的步骤

参见表 14-7。

“ATP 接收”的测试步骤　　表 14-7

测试 3：ATP 接收					
步骤	反应			操作	
	测试窗上的显示	记录窗上的显示	驾驶室显示屏显示	操作员在设备上的操作	操作员在诊断窗的应答
1					同时按下“ALT”和“T”键
2	测试窗口出现				选择测试 I 然后单击‘RETURN’
3	输入列车号 OK 或 CANAL	如果操作者回答 CANEL 对话窗口显示：这次测试将停止			输入列车号‘XXXX’后单击‘OK’
4	请降下受电弓 YES END	操作者的回答：END 操作者停止程序，这次测试结束		检查并确认受电弓已降落	用‘YES’应答
5	在关闭这个窗口前先关驾驶室钥匙，再等 1min OK END	操作者的回答：END 操作者停止程序，这次测试结束		如驾驶台打开，把钥匙关上；如驾驶室已关上，进行下一步	用‘OK’应答
6	看柜内的 ATO 和 ATP 设备是否关闭？YES NO	如果操作者的回答：NO 出现“操作者停止程序，ATP 和 ATO 设备仍然未关闭。”如果回答 YES 时设备未关闭，出现“＊＊ERROR＊＊ 车载单元设备不是关闭 NO.9”，测试停止		等待 ATP 和 ATO 设备的切断（在锁上驾驶室后约 1min）	用‘YES’应答
7		车载单元设备关闭 OK			
8	请开钥匙直到显示屏显示 RM 模式 OK END	如果操作者的回答：END. 出现“操作者停止程序。”或当这是个接口问题＊＊ERROR＊＊诊断接口 NO.6 没有回答。测试停止		打开驾驶室钥匙，显示屏显示 RM 模式和在车库区域图标	用‘OK’回答
9		锁匙开关位置—开， 检查校正服务数据 轮径 1 有效：轮径 2 有效： 最大列车速度有效 ATP 水平错误值有效 无 ATP 水平错误存储 所有调整的服务数据是有效的 服务数据（版本：V03.17） 轮径 1：840mm　轮径 2：840mm 最大车速：2500cm/s（90km/h）			

续表

测试3：ATP 接收					
步骤	反　应			操　作	
	测试窗上的显示	记录窗上的显示	驾驶室显示屏显示	操作员在设备上的操作	操作员在诊断窗的应答
10	服务数据 OK? YES NO	操作者的回答：NO 运行数据确认！NO.5 测试将停止			用 ‘YES’ 回答
11		读出 PC 组件初始化的轮径 1 读出 PC 组件初始化的轮径 2 请等候 PC 组件的初始化			
12		如果某些条件未满足出现“＊＊ERROR＊＊基本操作状态未建立 NO.35”测试停止			
13		PC 初始化执行等候基本操作状态。基本操作状态被建立 OK			
14	方向杆推向向前 OK END	操作者的回答：END“＊＊ERROR＊＊由操作者停止”。测试停止		把驾驶方向杆推向向前位置	用‘OK’回答
15	SM 灯是否熄灭？YES NO	如果操作员回答：NO，“＊＊＊ERROR＊＊＊SM 灯没有关闭 NO.56”测试停止		观察 SM 灯的状态	用 ‘YES’ 回答
16		SM 灯关闭 OK，模拟加速到 20km/h			
17		模拟列车的运行和在轨道电路上的占用情况：频率…KHZ 别 OK，到达轨道电路的末端。模拟轨道电路改变发送频率…KHZ 频率	速度表的黄色指针上升到 20km/h		
18		列车在第二个轨道电路上开始			
19		列车转换到第三个轨道电路区段			
20		列车转换到第四个轨道电路区段	SM 模式和推荐速度指针在 80km/h 位置；在驾驶台“SM”灯是亮的		
21		模拟加速至 70km/h 模拟轨道电路转换	速度表的黄色指针上升到 70km/h		
22		列车转换到第五个轨道电路区段			
23		列车转换到第六个轨道电路区段			
24		列车转换到第七个轨道电路区段			
25		列车转换到第八个轨道电路区段			
26		列车转换到第九个轨道电路区段 模拟减速到 0km/h	速度表的黄色指针下降		

续表

测试3：ATP接收					
步骤	反应			操作	
	测试窗上的显示	记录窗上的显示	驾驶室显示屏显示	操作员在设备上的操作	操作员在诊断窗的应答
27		列车转换到第十个轨道电路区段	速度表的黄色指针停在 0KM/H 出现停在1m窗外符号		
28	SM灯是否亮？YES NO	如果操作员回答：NO，“＊＊ERROR＊＊SM灯没有亮 NO.32”。测试将停止		检查SM灯	用‘YES’回答
29		SM灯亮着OK，测试3：ATP接收测试成功完成			

(4)“紧急制动和错误”的测试

1）测试内容

该项测试的目的在于检查ATP能否正确触发紧急制动以及相关模块和开关工作是否正常。

2）测试的步骤

参见表14-8。

“紧急制动和错误”的测试步骤 **表14-8**

测试4：紧急制动和错误					
步骤	反应			操作	
	测试窗上的显示	记录窗上的显示	驾驶室显示屏显示	操作员在设备上的操作	操作员在诊断窗的应答
1					同时按下“ALT”和“T”键
2	测试窗口出现				选择测试I然后单击‘RETURN’
3	输入列车号 OK 或 CANCEL	如果操作者回答 CANEL 对话窗口显示：这次测试将停止			输入列车号‘XXXX’后单击‘OK’
4	请降下受电弓 YES END	操作者的回答：END 操作者停止程序，这次测试结束		检查并确认受电弓已降落	用‘YES’应答
5	在关闭这个窗口前先关驾驶室钥匙，再等1min OK END	操作者的回答：END 操作者停止程序，这次测试结束		如驾驶台打开，把钥匙关上；如驾驶室已关上，进行下一步	用‘OK’应答

续表

测试4：紧急制动和错误					
步骤	反应			操作	
	测试窗上的显示	记录窗上的显示	驾驶室显示屏显示	操作员在设备上的操作	操作员在诊断窗的应答
6	看柜内的 ATO 和 ATP 设备是否关闭？YES NO	如果操作者的回答：NO 出现“操作者停止程序，ATP 和 ATO 设备仍然未关闭。”如果回答 YES 时设备未关闭，出现“＊＊ERROR＊＊ 车载单元设备不是关闭 NO.9”，测试停止		等待 ATP 和 ATO 设备的切断（在锁上驾驶室后约 1min）	用‘YES’应答
7		车载单元设备关闭 OK			
8	请开钥匙直到显示屏显示 RM 模式 OK END	如果操作者的回答：END. 出现“操作者停止程序。”或当这是个接口问题＊＊ERROR＊＊诊断接口 NO.6 没有回答。测试停止		打开驾驶室钥匙，显示屏显示 RM 模式和在车库区域图标	用‘OK’回答
9		锁匙开关位置—开， 检查校正服务数据 轮径 1 有效：轮径 2 有效： 最大列车速度有效 ATP 水平错误值有效 无 ATP 水平错误存储 所有调整的服务数据是有效的 服务数据（版本：V03.17） 轮径 1：840mm 轮径 2：840mm 最大车速：2500cm/s（90km/h）			
10	服务数据 OK? YES NO	操作者的回答：NO 运行数据确认！NO.5 测试将停止			用‘YES’回答
11		读出 PC 组件初始化的轮径 1 读出 PC 组件初始化的轮径 2 请等候 PC 组件的初始化			
12		如果某些条件未满足出现“＊＊ERROR＊＊基本操作状态未建立 NO.35”测试停止			
13		PC 初始化执行等候基本操作状态。基本操作状态被建立 OK			
14	把方向杆推向向前位置 YES NO	如果操作者的回答：END. 出现“操作者停止程序。”		方向杆推向向前位置	用‘YES’回答
15		没有产生紧急制动 OK，模拟加速到 20km/h，模拟减速到 0km/h	速度表的黄色指针指向 20km/h 位置然后下降到 0km/h 位置		
16	紧急制动是否没有产生？（压力计偏转 < 2.5bar）YES NO	操作者回答：NO“＊＊ERROR＊＊＊紧急制动产生 NO.30”测试将停止		检查驾驶台的压力计	用‘YES’回答

续表

测试4：紧急制动和错误					
步骤	反应			操作	
	测试窗上的显示	记录窗上的显示	驾驶室显示屏显示	操作员在设备上的操作	操作员在诊断窗的应答
17		没有产生紧急制动：OK，模拟倒车，产生紧急制动	速度表黄色指针转向5km/h时，产生紧急制动，出现红手掌图标并发出报警声		
18	紧急制动是否产生？（压力计偏转≥2.5bar）YES NO	操作者回答：NO“＊＊＊RROR＊＊紧急制动没产生或者安全切断NO.31”测试中断	速度表的黄色指针指向0km/h位置		用‘YES’回答
19		紧急制动开始：OK			
20	把“ATP切除”开关打到分 OK END	操作者的回答：END，测试程序中断		把“ATP切除”开关打到分	用‘OK’回答
21	ATP和ATO设备是否都已经关闭？YES NO	操作者回答：NO，“＊＊ERROR＊＊车载设备没有关闭NO.32”测试中断		检查ATP和ATO设备	用‘YES’回答
22		车载设备关闭OK			
23	紧急制动是否没有产生释放？（压力计偏转〈2.5bar）YES NO	操作者回答：NO，“＊＊ERROR＊＊产生紧急制动NO.33”测试中断		检查驾驶台的压力计	用‘YES’回答
24		测试4：紧急制动及错误测试成功完成			

(5)“车门干扰”的测试

1）测试内容

该项测试的目的在于检查ATP对车门的监控以及相关模块的工作是否正常。

2）测试的步骤

参见表14-9。

“车门干扰”的测试步骤 **表14-9**

测试5：车门干扰					
步骤	反应			操作	
	测试窗上的显示	记录窗上的显示	驾驶室显示屏显示	操作员在设备上的操作	操作员在诊断窗的应答
1					同时按下“ALT”和“T”键

续表

测试5：车门干扰					
步骤	反应			操作	
	测试窗上的显示	记录窗上的显示	驾驶室显示屏显示	操作员在设备上的操作	操作员在诊断窗的应答
2	测试窗口出现				选择测试I然后单击'RETURN'
3	输入列车号 OK或 CANAL	如果操作者回答 CANEL 对话窗口显示：这次测试将停止			输入列车号'XXXX'后单击'OK'
4	请降下受电弓 YES END	操作者的回答：END 操作者停止程序，这次测试结束		检查并确认受电弓已降落	用'YES'应答
5	在关闭这个窗口前先关驾驶室钥匙，再等1minOK END	操作者的回答：END 操作者停止程序，这次测试结束		如驾驶台打开，把钥匙关上；如驾驶室已关上，进行下一步	用'OK'应答
6	看柜内的 ATO 和 ATP 设备是否关闭？YES NO	如果操作者的回答：NO 出现“操作者停止程序，ATP 和 ATO 设备仍然未关闭。”如果回答 YES 时设备未关闭，出现“* * ERROR * * 车载单元设备不是关闭 NO.9”，测试停止		等待 ATP 和 ATO 设备的切断（在锁上驾驶室后约1min）	用'YES'应答
7		车载单元设备关闭 OK			
8	请开钥匙直到显示屏显示 SM 模式 OK END	如果操作者的回答：END. 出现“操作者停止程序。”或当这是个接口问题 * * ERROR * * 诊断接口 NO.6 没有回答。测试停止		打开驾驶室钥匙，显示屏显示 SM 模式和在车库区域图标	用'OK'回答
9		锁匙开关位置—开， 检查校正服务数据 轮径1有效：轮径2有效： 最大列车速度有效 ATP 水平错误值有效 无 ATP 水平错误存储 所有调整的服务数据是有效的 服务数据（版本：V03.17） 轮径1：840mm　轮径2：840mm 最大车速：2500cm/s（90km/h）			
10	服务数据 OK? YES NO	操作者的回答：NO 运行数据确认！NO.5 测试将停止			用'YES'回答
11		读出 PC 组件初始化的轮径1 读出 PC 组件初始化的轮径2 请等候 PC 组件的初始化			
12		如果某些条件未满足出现“* * ERROR * * 基本操作状态未建立 NO.35”测试停止			
13		PC 初始化执行等候基本操作状态。基本操作状态被建立 OK			

续表

测试5：车门干扰					
步骤	反应			操作	
	测试窗上的显示	记录窗上的显示	驾驶室显示屏显示	操作员在设备上的操作	操作员在诊断窗的应答
14	方向杆打到向前位置 OK END	操作者的回答：END，出现“操作者停止程序。		把方向杆打到向前位置	用‘OK’回答
15		模拟加速到 10km/h	推荐速度指示 80km/h，黄色指针上升到 10km/h		
16		到达轨道电路区段的终端： 轨道电路 13			
17		模拟加速到 70km/h 轨道电路 14………… 到达轨道电路终端：轨道电路：14 轨道电路 15………… 到达轨道电路终端：轨道电路：15 轨道电路 16………… 到达轨道电路终端：轨道电路：16	黄色指针上升到70km/h然后，推荐速度和黄色指针下降到0km/h；显示列车停在停车窗内并且显示右边的门可以打开		
18	所有门都是关吗？YES NO	操作者的回答：NO“＊＊ERROR＊＊停在停车点后，至少有一个车门已经打开”测试中断。或者，操作者的回答：YES 但有一个车门仍然开着；“＊＊ERROR＊＊停在停车点后，不是所有车门都已关闭”测试中断		检查所有的车门	用‘YES’回答
19		所有车门都关闭：OK			
20	试打开左边车门 OK END	操作者回答：END，“＊＊ERROR＊＊左边车门没有试打开”测试停止		按压“开左门”按钮	用‘OK’回答
21	所有门都是关吗？YES NO	操作者回答：NO“＊＊ERROR＊＊尝试打开左边车门后不是所有车门都已关闭 NO.54”测试中断，或者：操作者回答：YES，但至少有一个车门仍然开着，“＊＊ERROR＊＊尝试打开左边车门后不是所有车门都已关闭 NO.55”测试中断		检查所有的车门	用‘YES’回答
22		所有的车门都关上；			
23	试打开右边车门 OK END	操作者回答：END，“＊＊ERROR＊＊右边车门没有试打开”测试停止		按压“开右门”按钮	用‘OK’回答

续表

测试5：车门干扰					
步骤	反应			操作	
	测试窗上的显示	记录窗上的显示	驾驶室显示屏显示	操作员在设备上的操作	操作员在诊断窗的应答
24	所有右边车门都打开吗？OK END	操作者的回答：END“＊＊ERROR＊＊尝试打开右边车门后不是所有门打开”测试中断，或者：操作者的回答：OK但车门仍然关闭；“＊＊ERROR＊＊打开右边车门后，车门都关闭”。测试中断		检查右边所有车门都已打开	用‘OK’回答
25		右边车门被打开！OK			
26	请再关车门 OK END	操作者回答：END。“＊＊ERROR＊＊车门没有关上。”测试停止		按压“关右门”按钮	用‘OK’回答
27	所有车门都关闭吗？YES NO	操作者回答：NO“＊＊ERROR＊＊尝试打开左边车门后不是所有车门都已关闭 NO.54”测试中断，或者：操作者回答：YES，但至少有一个车门仍然开着，“＊＊ERROR＊＊尝试打开左边车门后不是所有车门都已关闭 NO.55”测试中断		检查所有车门都被关好	用‘YES’回答
28		所有车门关闭！OK			
29		模拟列车加速到70km/h	推荐速度指示80km/h		
30		到达轨道电路的终端。轨道电路16 轨道电路17………… 到达轨道电路终端：轨道电路：17 轨道电路18………… 到达轨道电路终端：轨道电路：18 轨道电路19 ……… 到达轨道电路终端：轨道电路：19 轨道电路20 ………	黄色指针上升到70km/h 然后，推荐速度和黄色指针下降到0km/h； 列车停在停车窗内并且显示左门可以打开		
31	所有门都关闭吗？YES NO	操作者的回答：NO，“＊＊ERROR＊＊停在停车点，至少有一个车门打开”。测试中断。或者：操作者的回答：YES，但至少有一个车门打开；“＊＊ERROR＊＊停在停车点后，不是所有车门关闭”。测试中断		检查所有的车门	用‘YES’回答
32	尝试打开右门 OK END	操作者回答：END，“＊＊ERROR＊＊右边车门没有试打开”测试停止		按压“开右门”按钮	用‘OK’回答

测试5：车门干扰					
步骤	反　　应			操　　作	
	测试窗上的显示	记录窗上的显示	驾驶室显示屏显示	操作员在设备上的操作	操作员在诊断窗的应答
33	所有车门都关好吗？YES NO	操作者的回答：NO，“＊＊ERROR＊＊试开右边车门后，不是所有车门都关闭”。测试中断，或者操作者的回答：YES，但至少有一个车门开着；“＊＊ERROR＊＊试开右边车门后不是所有车门都关闭”。测试中断		检查所有车门都被关闭	用‘YES’回答
34	尝试打开左门 OK END	操作者回答：END。“＊＊ERROR＊＊左门试开不成功”。测试停止		按压“开左门”按钮	用‘OK’回答
35	左门是否打开？OK END	操作者的回答：END“＊＊ERROR＊＊尝试打开左门后不是所有门打开”测试中断，或者：操作者的回答：OK但车门仍然关闭；“＊＊ERROR＊＊打开左边车门后，车门都关闭”。测试中断		检查左边所有车门都被打开	用‘OK’回答
36	关闭车门 OK END	操作者回答：END，“＊＊ERROR＊＊车门未关闭”测试停止		按“关门”按钮	用‘OK’回答
37		车门关闭，测试05：车门控制测试成功完成！			

(6)“ATO释放”的测试

1）测试内容

该项测试的目的在于检查ATP在ATO模式运行下的功能以及相关模块的工作是否正常。

2）测试的步骤

参见表14-10。

“ATO释放”的测试步骤　　表14-10

测试6：ATO释放					
步骤	反　　应			操　　作	
	测试窗上的显示	记录窗上的显示	驾驶室显示屏显示	操作员在设备上的操作	操作员在诊断窗的应答
1					同时按下“ALT”和“T”键
2	测试窗口出现				选择测试I然后单击‘RETURN’

续表

测试 6：ATO 释放					
步骤	反　　应			操　　作	
	测试窗上的显示	记录窗上的显示	驾驶室显示屏显示	操作员在设备上的操作	操作员在诊断窗的应答
3	输入列车号 OK 或 CANAL	如果操作者回答 CANEL 对话窗口显示：这次测试将停止			输入列车号‘XXXX’后单击‘OK’
4	请降下受电弓 YES END	操作者的回答：END 操作者停止程序，这次测试结束		检查并确认受电弓已降落	用‘YES’应答
5	在关闭这个窗口前先关驾驶室钥匙，再等 1minOK END	操作者的回答：END 操作者停止程序，这次测试结束		如驾驶台打开，把钥匙关上；如驾驶室已关上，进行下一步	用‘OK’应答
6	看柜内的 ATO 和 ATP 设备是否关闭？YES NO	如果操作者的回答：NO 出现“操作者停止程序，ATP 和 ATO 设备仍然未关闭。”如果回答 YES 时设备未关闭，出现“＊＊ERROR＊＊ 车载单元设备不是关闭 NO.9”，测试停止		等待 ATP 和 ATO 设备的切断（在锁上驾驶室后约 1min）	用‘YES’应答
7		车载单元设备关闭 OK			
8	请开钥匙直到显示屏显示 SM 模式 OK END	如果操作者的回答：END. 出现“操作者停止程序。”或当这是个接口问题＊＊ERROR＊＊诊断接口 NO.6 没有回答。测试停止		打开驾驶室钥匙，显示屏显示 SM 模式和在车库区域图标	用‘OK’回答
9		锁匙开关位置：开， 检查校正服务数据 轮径 1 有效：轮径 2 有效： 最大列车速度有效 ATP 水平错误值有效 无 ATP 水平错误存储 所有调整的服务数据是有效的；服务数据轮径 1:840mm；轮径2:840mm；最大车速：2500cm/s（90 km/h）			
10	服务数据 OK? YES NO	操作者的回答：NO 运行数据确认！NO.5 测试将停止			用‘YES’回答
11		读出 PC 组件初始化的轮径 1 读出 PC 组件初始化的轮径 2 请等候 PC 组件的初始化			
12		如果某些条件未满足出现“＊＊ERROR＊＊基本操作状态未建立 NO.35”测试停止			

测试6：ATO释放					
步骤	反　应			操　作	
	测试窗上的显示	记录窗上的显示	驾驶室显示屏显示	操作员在设备上的操作	操作员在诊断窗的应答
13		PC初始化执行等候基本操作状态。基本操作状态被建立 OK			
14	把主控手柄推到零位 OK END	如果操作者的回答：END. 出现“操作者停止程序。”操作者的回答：OK，但主控手柄不在零位；“ * * ERROR * * ATO允许没给出 NO.27”测试中断		把主控手柄推到零位	用‘OK’回答
15	测量继电器端子 K2X2/7 和 K2X2/8 之间的阻值是否为高阻？YES NO	操作者回答：NO“ * * ERROR * * ATO释放信号给出 NO.33”测试中断		测量端口 K2X2/7 和 K2X2/8之间的阻值	用“YES”回答
16	关闭所有车门 YES NO			按“关闭车门”按钮	用‘OK’回答
17		所有车门关闭 OK 模拟加速到 20 km/h 轨道电路 3………… 模拟减速到 0 km/h 轨道电路 4………… 等到机车在进路下转换到人工/自动驾驶；操作规定在进路下人工/自动驾驶 OK ATO开始按钮未设置；OK	当由RM模式变到SM模式，司机台上的ATO按钮变亮		
18	按压司机台上的ATO按钮（在关闭窗口后10s内）OK END	如果ATO按钮不在规定时间内按钮，“出现 * * ERROR * * ATO按钮未按压 NO.14”测试中断		按压ATO开始按钮2s以上	用‘YES’回答
19		ATO开始按钮按压 模拟加速到10km/h 到达轨道电路终端：轨道电路 4 轨道电路 5 ………… 轨道电路 6 ………… ATO释放信号给出 OK 模拟减速到 0 km/h	SM模式转换为ATO模式，当黄色指针指示 0 km/h时由ATO模式变成SM模式		
20	测量端子 K2X2/7 和 K2X2/8之间的阻值是否为低阻？YES NO			测量端口 K2X2/7 和 K2X2/8之间的电阻值	用‘YES’回答
21		测试6：ATO释放测试成功完成			

（二）ATP 动态测试

ATP 动态测试一般在试车线进行，主要测试 ATP 所有运行的功能以及一些安全方面的参数。为此，在试车线上需安装有与正线基本相同的设备（或用相应的设备代替），同时要有司机配合。

1. ATP 动态测试的注意事项

(1) 必须遵守相关的动车规章，办理好相应的手续。

(2) 熟悉试车线的轨道设置及进路方向、停车点设置等情况，见图 14-17。

试车线的相关设置应尽可能与正线线路相似。下面举一个试车线设置的实例，试车线有 6 个区段，区段 1 和区段 3 相当于车站，在区段 1 可进行列车自动换向，在区段 3 可进行列车自动折返（包括无人驾驶折返），区段 4、5、6 相当于折返轨。区段 1 到区段 6 的方向为 A 方向，区段 6 到区段 1 的方向为 B 方向。在 A 方向进路上，区段 1 和区段 3 各有一个运营停车点（分别为停车点 A1 和 A2）；B 方向进路上，区段 6 和区段 3 各有一个运营停车点（分别为 B1 和 B2）。区段 1 和区段 6 各有一个安全停车点。运营停车点可通过工作站操作取消，而安全停车点则不可以取消。

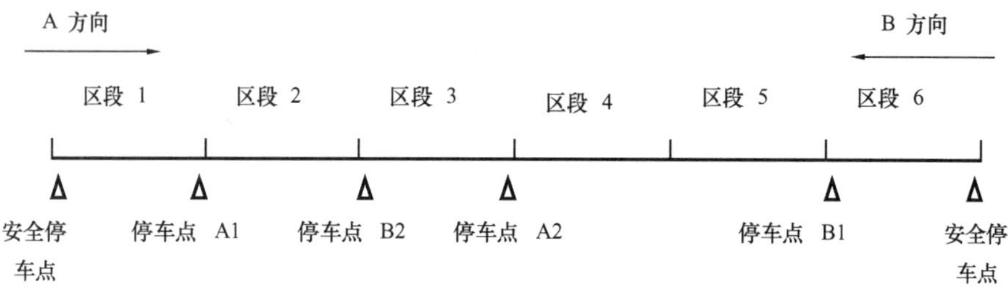

图 14-17　试车线的轨道区段设置及进路方向、停车点设置情况

2. ATP 动态测试的内容和步骤

(1) RM 模式下的超速与报警测试（此测试两个驾驶室都要进行）

测试步骤：

1）在轨旁通过工作站排列相应进路。如果是测试单数驾驶室（如 1A01 驾驶室），排列 B 方向进路，如果是测试双数驾驶室，则排列 A 方向进路。

2）打开驾驶台钥匙，等进路排好后，在 RM 模式下驾驶列车，显示屏应显示当前速度，而不显示推荐速度。

3）将列车速度加到 24km/h 与 29km/h 之间，保持此速度 3 ~ 5s，然后将速度减到 24km/h 以下，当列车速度在 24km/h 和 29km/h 之间时，有报警声响起提醒注意。在做此步骤前，要注意列车所在位置，测试驾驶室应离试车线终端一个区段以上。

4）将主控手柄推到最大，使列车超速，在速度达到 29km/h 时，ATP 启动紧急制动，显示屏显示有红色手掌符号，并伴有报警声，列车停下后报警声消失，显示屏仍显示红色手掌符号，紧急制动仍在。

5）按压 RM 按钮，紧急制动取消，显示屏的红色手掌符号消失，显示 RM 模式。

(2) SM 模式下的超速与报警测试（此测试两个驾驶室都要进行）

测试步骤：

1）如果是测试单数驾驶室（如1A01驾驶室），列车停在区段6，排列B方向进路，取消B1和B2停车点；如果是测试双数驾驶室，则将列车停在区段1，排列A方向进路，取消A1和A2停车点。

2）打开驾驶台，等进路排好，停车点取消后，驾驶列车。如果列车是在SM模式下，驾驶列车，显示屏应显示当前速度和推荐速度；如果列车在RM模式下，驾驶列车应显示当前速度而不显示推荐速度，列车行驶经过两个轨道电路转换后，转为SM模式。

3）在区段3，推荐速度保持在一定数值（45km/h）时，将列车速度加到44～49km/h之间，保持此速度3～5s，然后将速度减到44km/h以下，当列车速度在44～49km/h之间时，有报警声响起提醒注意。

4）将主控手柄推到最大，使列车超速，在速度达到49km/h时，ATP启动紧急制动，显示屏显示有红色手掌符号，并伴有报警声，列车停下后报警声消失，显示屏仍显示红色手掌符号，紧急制动仍在。

5）按压RM按钮，紧急制动取消，显示屏的红色手掌符号消失，显示RM模式。

(3) 车载ATP通道切断的测试（此测试两个驾驶室都要进行）

测试步骤：

1）如果是测试单数驾驶室（如1A01驾驶室），列车停在区段6，排列B方向进路，取消B1和B2停车点；如果是测试双数驾驶室，则将列车停在区段1，排列A方向进路，取消A1和A2停车点。待测试的驾驶室要处于SM模式。

2）打开驾驶台钥匙，等进路排好，停车点取消后，在SM模式下驾驶列车。显示屏上显示推荐速度和实际速度。

3）将列车速度加到20km/h，通过电源模块上的开关切断车载ATP单元的A通道计算机电源（24V电源和5V电源其中一个和两个同时切断都可以）。计算机通道A切断，列车产生紧急制动，整个车载ATP计算机自行切断，显示屏显示ATP通信中断。

4）关驾驶台钥匙后，把A通道计算机的电源打开，再打开驾驶台钥匙，显示屏显示RM模式，无ATP通道中断显示。

5）以RM模式驾驶列车，经过两个轨道电路区段的转换，转为SM模式，将列车速度加到20km/h，通过电源模块上的开关切断车载ATP单元的B通道计算机电源（24V电源和5V电源其中一个和两个同时切断都可以）。计算机通道B切断，列车产生紧急制动，整个车载ATP计算机自行切断，显示屏显示ATP通信中断。

6）关驾驶台钥匙后，把B通道计算机的电源打开，再打开驾驶台钥匙，显示屏显示RM模式，无ATP通道中断显示。

(4) ATO模式条件的测试（此测试两个驾驶室都要进行）

测试步骤：

1）如果是测试单数驾驶室（如1A01驾驶室），列车停在区段6，排列B方向进路，取消B1和B2停车点；如果是测试双数驾驶室，则将列车停在区段1，排列A方向进路，取消A1和A2停车点。待测试的驾驶室要处于SM模式。

2）打开驾驶台钥匙，等进路排好，停车点取消后，显示屏显示SM模式、推荐速度、目标速度、目标距离。

3）将驾驶台的方向手柄推向前，主控手柄在零位，车门处于关闭状态，此时ATO启动按钮灯亮。按压强行开门按钮，使ATP给出开门允许信号，打开车门，ATO启动按钮灯灭，按压ATO启动按钮，列车无任何反应。关上车门，ATO启动按钮灯亮。

4）将驾驶台的方向手柄推向前，主控手柄推到制动位置，ATO启动按钮灯灭，按压ATO启动按钮，列车无任何反应。将主控手柄推回到零位，ATO启动按钮灯亮。

5）将驾驶台的方向手柄打到零位，ATO启动按钮灯灭，按压ATO启动按钮，列车无任何反应。将方向手柄推到向后位置，ATO启动按钮灯灭，按压ATO启动按钮，列车无任何反应。将方向手柄主推到向前位置，ATO启动按钮灯亮。按压ATO启动按钮，ATO启动按钮灯灭，列车开始行驶，显示屏显示ATO模式。

（5）停车不准，使用强行开门按钮开门的测试（此测试两个驾驶室都要进行）

测试步骤：

1）如果是测试单数驾驶室（如1A01驾驶室），列车停在区段6，排列B方向进路，取消B1停车点；如果是测试双数驾驶室，则将列车停在区段1，排列A方向进路，取消A1停车点。待测试的驾驶室要处于SM模式。

2）打开驾驶台，等进路排好，停车点取消后，显示屏显示SM模式、推荐速度、目标速度、目标距离。以ATO模式驾驶列车，显示屏显示ATO模式。

3）以ATO模式或SM模式驾驶列车进入区段3，根据推荐速度停车，因为区段3没有安装同步环线，列车停下后，会停在停车窗外。显示屏显示AR模式或SM模式（由区段1开到区段3时，显示AR模式，由区段6开到区段3，显示SM模式）和红底停车不准符号〈1m?〉，没有开门允许信号给出。

4）按压开左门和开右门按钮，两侧门都不打开。按压强行开门按钮，车载ATP给出开两侧门的允许信号，显示屏显示允许开两侧门，车门仍为关闭状态。按压开左门和开右门按钮，两侧门打开。

5）按压关左门和关右门按钮，两侧门关闭。

（6）在车库RM模式下强行开门按钮的测试（此测试两个驾驶室都要进行）

测试步骤：

1）在轨旁通过工作站排列相应进路。如果是测试单数驾驶室（如1A01驾驶室），排列A方向进路，如果是测试双数驾驶室，则排列B方向进路。通过排列反方向进路，车载设备接收不到报文，可模拟列车在车库的状态。

2）进路排好后，打开驾驶台钥匙，显示屏显示车库图标和当前速度，不显示推荐速度。

3）按压开左门和开右门按钮，两侧门都不打开。按压强行开门按钮，车载ATP给出开两侧门的允许信号，显示屏显示允许开两侧门，车门仍为关闭状态。按压开左门和开右门按钮，两侧门打开。

4）按压关左门和关右门按钮，两侧门关闭。

（7）收到报文后以RM倒行产生紧急制动（此测试两个驾驶室都要进行）

测试步骤：

1）在轨旁通过工作站排列相应进路。如果是测试单数驾驶室（如1A01驾驶室），排列B方向进路，如果是测试双数驾驶室，则排列A方向进路。

2）打开驾驶台钥匙，等进路排好后，将驾驶台的方向手柄推到向后位置，在RM模式下驾驶列车向后行驶，显示屏应显示当前速度，而不显示推荐速度。

3）驾驶列车向后行驶2m后，ATP启动紧急制动将列车停下，显示屏显示有红色手掌符号，并伴有报警声，列车停下后报警声消失，显示屏仍显示红色手掌符号，紧急制动仍在。

4）按压RM按钮，紧急制动取消，显示屏的红色手掌符号消失，显示RM模式。

5）再驾驶列车向后行驶0.5m后，ATP启动紧急制动将列车停下，显示屏显示有红色手掌符号，并伴有报警声，列车停下后报警声消失，显示屏仍显示红色手掌符号，紧急制动仍在。

6）按压RM按钮，紧急制动取消，显示屏的红色手掌符号消失，显示RM模式。

(8) 驾驶模式的转换（此测试两个驾驶室都要进行）

测试步骤：

1）如果是测试单数驾驶室（如1A01驾驶室），列车停在区段6，排列B方向进路，取消B1和B2停车点；如果是测试双数驾驶室，则将列车停在区段1，排列A方向进路，取消A1和A2停车点。

2）等进路排好，停车点取消后，打开驾驶台钥匙，列车显示屏显示RM模式和当前速度，而不显示推荐速度，驾驶台RM按钮上的SM灯不亮。

3）在RM模式下驾驶列车经过两个轨道区段的变化，ATP车载单元自动转为SM模式，显示屏显示SM模式、推荐速度、目标速度、目标距离，驾驶台RM按钮上的SM灯亮。

4）把主控手柄推到零位，ATO启动按钮灯亮，按压ATO启动按钮后，ATO启动按钮灯灭，列车开始自动驾驶，显示屏显示ATO模式。

(9) 自动折返

测试步骤：

1）列车停在区段1，面向区段6的驾驶室的台打开，排列A方向进路，取消A1停车点。显示屏显示SM模式或RM模式。

2）等进路排好，A1停车点取消后，以ATO模式驾驶停在区段3（或者以RM模式驾驶，在区段3转为SM模式，以SM模式停在区段3）。显示屏显示AR模式和折返符号，驾驶台的自动折返按钮灯亮，按压自动折返按钮，按钮灯灭，折返符号由蓝底变为黄底，自动折返激活。

3）取消A2停车点，按压ATO按钮，列车自动驾驶到区段6停下。关驾驶台钥匙，到另一驾驶室。

4）到达另一驾驶室，打开驾驶台钥匙，排列B方向进路，取消B1停车点，以ATO模式驾驶列车到下一停车点。

(10) 驾驶室换向、停车窗停车、检查车地通信和自动开门测试

测试步骤：

1）列车停在区段6，面向区段1的驾驶室的台打开，排列B方向进路，取消B1停车点。显示屏显示SM模式或RM模式。

2）从显示屏输入有关数据（乘务号，车次号，目的地号），可以通过轨旁的一台工作站运行相关程序读出。

3）停车点取消后，以ATO模式驾驶停在区段3（或者以RM模式驾驶，在区段4转为SM模式，以SM模式停在区段3）。

4）取消B2停车点，显示屏显示推荐速度。ATO开始按钮灯亮。按压ATO按钮，列车自动驾驶到区段1停下。列车停在停车窗内，显示屏显示<1m>符号，给出允许左门开门信号。ATO自动打开关左侧门。关驾驶台钥匙，到另一驾驶室。此时从轨旁工作站可读出"stop"状态。

5）到达另一驾驶室，打开驾驶台钥匙，显示SM模式，关闭车门。排列A方向进路，取消A1停车点，以ATO模式驾驶列车到下一停车点。在列车开动后轨旁工作站可读出"start"状态。

(11) 无人驾驶自动折返

测试步骤：

1）列车停在区段1，面向区段6的驾驶室的台打开，排列A方向进路，取消A1停车点。显示屏显示SM模式或RM模式。

2）等进路排好，A1停车点取消后，以ATO模式驾驶停在区段3（或者以RM模式驾驶，在区段3转为SM模式，以SM模式停在区段3）。显示屏显示AR模式和折返符号，驾驶台的自动折返按钮灯亮，按压自动折返按钮，按钮灯灭，折返符号由蓝底变为黄底，自动折返激活。关驾驶台钥匙，显示屏无显示。

3）取消A2停车点，按压轨旁设备房操作台上的无人折返按钮。车载ATP单元收到无人折返报文后，启动无人折返，自动驾驶到区段6停下。另一驾驶室的车载ATP单元接收到转换方向信息。

4）到达另一驾驶室，不开驾驶台钥匙，排列B方向进路，取消B1停车点，列车自动启动，以ATO模式驾驶到区段3的停车点。

5）列车停在区段3，驾驶台的自动折返按钮灯闪，开驾驶台钥匙，自动折返按钮灯灭，显示屏显示SM模式。

(12) SM模式下警惕按钮的检查（此测试两个驾驶室都要进行）

测试步骤：

1）在轨旁通过工作站排列相应进路。如果是测试单数驾驶室（如1A01驾驶室），排列B方向进路，如果是测试双数驾驶室，则排列A方向进路。取消相应的停车点。待测试的驾驶室要处于SM模式。

2）打开驾驶台钥匙，等进路排好，停车点取消后，在SM模式下驾驶列车，显示屏应显示当前速度和推荐速度。

3）驾驶列车到20km/h，停止按压主控手柄的警惕按钮，同时开始用秒表计时，随后紧急制动出现，计时结束。记录从停止按压主控手柄的警惕按钮到紧急制动出现时间（约为5s）。

(13) RM模式下警惕按钮的检查（此测试两个驾驶室都要进行）

测试步骤：

1）在轨旁通过工作站排列相应进路。如果是测试单数驾驶室（如1A01驾驶室），排列B方向进路，如果是测试双数驾驶室，则排列A方向进路。取消相应的停车点。驾驶室要处于RM模式。

2）打开驾驶台钥匙，等进路排好，停车点取消后，在RM模式下驾驶列车，显示屏应显示当前速度和推荐速度。

3）驾驶列车到20km/h，停止按压主控手柄的警惕按钮，同时开始用秒表计时，随后紧急制动出现，计时结束。记录从停止按压主控手柄的警惕按钮到紧急制动出现时间（约为5s）。

（14）ATP动态测试的记录表格

前述各项ATP动态测试的记录表格参见表14-11～表14-23。

RM模式下的超速与报警测试 **表14-11**

驾驶室________

操　作	反　应	结　果
司机在RM模式下驾驶列车	显示屏显示目前速度	
司机将列车加速到（$V\_RM+\Delta V_S$）＞V_{ist}＞（V_RM-1）km/h，保持此速度3～5s，然后减速到V_{ist}〈＝（V_RM-1）km/h，（$V\_RM=25km/h$，$\Delta V_S=4km/h$）	当列车速度在$V_RM+\Delta V_S$和V_RM-1 km/h之间，报警声响起	
司机尽快实行超速	ATP产生紧急制动	
司机尽快实行超速	ATP产生紧急制动	

SM模式下的超速与报警测试 **表14-12**

驾驶室________

操　作	反　应	结　果
司机在SM模式下驾驶列车	显示屏显示目前速度	
列车行驶经过两个轨道电路边界	SM模式出现	
当推荐速度保持一定数值时，司机将列车加速到（$V_{soll}-1$）＞V_{ist}＞（$V_{soll}+\Delta V_S$）km/h，保持此速度3～5s，然后减速到V_{ist}〈＝（$V_{soll}-1$）km/h	当列车速度在$V_{soll}-1$和$V_{soll}+\Delta V_S$km/h之间，报警声响起	
司机尽快实行超速	ATP产生紧急制动	

车载ATP通道切断的测试 **表14-13**

驾驶室________

操　作	反　应	结　果
列车停在TC1，面向TC6的驾驶室的钥匙打开	显示为SM模式	
排进路TC1到TC6（FRA.DAT）	进路排出	
取消BHA1停车点和BHA2停车点（BHA1.DAT和BHA2.DAT）	停车点取消	
牵引/制动手柄在零位	ATO开始按钮灯亮	
SM模式下司机将列车加速到20km/h	显示屏上显示推荐速度	
切断车载ATP单元的A通道电源	通道A切断，列车产生紧急制动，通道B自行切断，显示屏显示ATP通信中断	
切断通道B电源，打开A、B通道电源，司机关钥匙后再打开	显示屏无ATP通道中断显示	

续表

操　　作	反　　应	结　　果
列车以 RM 模式开动	显示屏显示 RM 模式	
在列车进入 SM 模式后，切断车载 ATP 的 B 通道电源	通道 B 切断，列车产生紧急制动，通道 A 自行切断，显示屏显示 ATP 通信中断	
切断通道 B 电源，打开 A、B 通道电源，司机关钥匙后再打开	显示屏无 ATP 通道中断显示	

ATO 模式条件的测试　　**表 14-14**

驾驶室__________

操　　作	反　　应	结　　果
列车停在车站，接收到报文，停车点取消	显示屏显示 SM 模式，推荐速度，目标速度，目标距离	
门关闭，牵引/制动手柄在零位，方向手柄向前	ATO 开始按钮灯亮	
司机打开门	ATO 开始按钮灯灭	
司机按下 ATO 开始按钮	列车无反应	
司机关上门	ATO 开始按钮灯亮	
司机将牵引/制动手柄打到制动位置	ATO 开始按钮灯灭	
司机按下 ATO 开始按钮	列车无反应	
司机将牵引/制动手柄打到零位	ATO 开始按钮灯亮	
司机将方向手柄打到零位	ATO 开始按钮灯灭	
司机将方向手柄打向前	ATO 开始按钮灯亮	
司机按下 ATO 开始按钮	ATO 开始按钮灯灭，列车开始行驶，显示屏显示 ATO 模式	

SM 模式下停车不准，使用强行开门的测试　　**表 14-15**

驾驶室__________

操　　作	反　　应	结　　果
列车停在 TC1，面向 TC6 的驾驶室的钥匙打开	显示为 SM 模式	
排进路 TC1 到 TC6（FRA.DAT）	进路排出	
取消 BHA1 停车点（BHA1.DAT）	停车点取消	
ATO 驾驶列车	显示屏显示 ATO 模式	
司机用 SM 进入车站（TC3），并把列车停在停车窗外	显示屏上显示 AR 模式，列车停下后，门不释放并显示〈1m?〉	
司机按下开门按钮	门不开	
司机按下强行开门按钮	车载 ATP 释放左门和右门，显示屏显示 AR 模式	
司机按下开门按钮	门打开	

RM 模式下强行开门按钮的测试 **表 14-16**

驾驶室__________

操　　作	反　　应	结　　果
列车停在车库区域（可在试车线排反方向进路模拟），门关闭，司机开钥匙	车载 ATP 正常起动，门仍关闭	
司机按下开门按钮	门仍关闭	
司机按下强行开门按钮	门仍关闭	
司机按下开门按钮	门打开	
司机关门	门关闭	

收到报文后以 RM 倒行产生紧急制动的测试 **表 14-17**

驾驶室__________

操　　作	反　　应	结　　果
在 RM 模式下司机驾驶列车向后行驶，行驶速度要大于静止速度限（$V_{ist} > V\_standstill$）	在向后行驶 2m 后，ATP 产生紧急制动将列车停下，显示屏显示紧急制动符号	
司机按下 RM 按钮	紧急制动取消，紧急制动符号消失	
司机再驾驶列车向后行驶，行驶速度要大于静止速度限（$V_{ist} > V\_standstill$）	在向后行驶 0.5m 后，ATP 产生紧急制动将列车停下，显示屏显示紧急制动符号	
司机按下 RM 按钮	紧急制动取消，紧急制动符号消失	

驾驶模式转换的测试 **表 14-18**

驾驶室__________

操　　作	反　　应	结　　果
列车停在轨道电路区域内，ATP 车载单元接收到正确的报文	显示屏显示 RM 模式，SM/ATO 灯（RM 按钮上）不亮	
司机驾驶列车经过两个轨道区段的变化，ATP 车载单元接收到正确的报文	ATP 车载单元自动转为 SM 模式，显示屏显示 SM 模式、推荐速度、目标速度、目标距离。SM/ATO 灯亮	
司机把牵引/制动手柄打到零位	ATO 开始按钮灯亮	
司机按下 ATO 按钮	列车自动驾驶	

自动折返的测试 **表 14-19**

操　　作	反　　应	结　　果
列车停在 TC1，面向 TC6 的驾驶室的钥匙打开	显示为 SM 模式	
排进路 TC1 到 TC6（FRA.DAT）	进路排出	
取消 BHA1 停车点（BHA1.DAT）	停车点取消	

续表

操　作	反　应	结　果
ATO 驾驶列车	显示屏显示 ATO 模式	
列车停在车站（TC3）	显示屏上显示折返符号	
司机按下 AR 按钮	自动折返激活	
取消 BHA2 停车点（BHA2.DAT）	停车点取消	
司机按下 ATO 按钮	列车自动行驶到 TC6 停下	
排 TC6 到 TC1 的进路（FRB.DAT）	进路排出	
取消 TC6 的停车点（BHB1.DAT）	停车点取消	
司机关上面向 TC6 的驾驶室，打开面向 TC1 的驾驶室，按下 ATO 开始按钮	列车自动行驶到下一停车点	

换向、ATO 驾驶、停车窗停车、检查 PTI 和开门的测试　　表 14-20

操　作	反　应	结　果
列车停在 TC6，面向 TC1 的驾驶室的钥匙打开	显示为 RM 模式	
司机从显示屏输入 PTI 有关数据	PTI 数据可从 PTI View PC 上读出	
排进路 TC6 到 TC1（FRB.DAT）	进路排出	
取消 BHB1 停车点（BHB1.DAT）	停车点取消	
司机以 RM 模式驾驶列车经过两个轨道电路的边界	SM 模式出现	
司机使列车以 ATO 模式驾驶	显示屏显示 ATO 模式，列车自动驾驶，停在下一停车点	
取消 TC3 的停车点（BHB2.DAT）	停车点取消，显示屏显示推荐速度。ATO 开始按钮灯亮	
司机按下 ATO 开始按钮	列车自动驾驶到 TC1，停在停车窗内，显示屏显示〈1m〉符号，门释放	
司机进行换向操作，关钥匙	列车换向，PTI 数据中出现“stop”	
司机打开面向 TC6 驾驶室的钥匙	显示为 SM 模式	
排 TC1 到 TC6 的进路（FRA.DAT）	进路排出	
取消 TC1 的停车点（BHA2.DAT）	停车点取消	
司机按下 ATO 开始按钮	列车以 ATO 模式到达下一停车点。在列车开动后 PTI 数据中出现“start”	

无人驾驶自动折返的测试　　表 14-21

操　作	反　应	结　果
列车停在 TC1，面向 TC6 的驾驶室的钥匙打开	显示为 SM 模式	
排进路 TC1 到 TC6（FRA.DAT）	进路排出	
取消 BHA1 停车点（BHA1.DAT）	停车点取消	

续表

操　作	反　应	结　果
ATO 驾驶列车	显示屏显示 ATO 模式	
列车停在车站（TC3）	显示屏上显示折返符号	
司机按下 AR 按钮	AR 灯灭，列车进入 AR 模式	
取消 TC3 的停车点（BHA2.DAT）	停车点取消	
司机关钥匙	ATO 按钮灯灭，显示屏无显示	
按下设备房里的无人折返按钮	无人折返使能灯闪，然后灭	
车载 ATP 单元“A”接收到无人折返报文	ATO 驾驶列车进入折返轨	
列车进入 TC6，ATP 车载单元接收到转换方向信息	ATO 驾驶列车停在停车点，车载 ATP 单元“B”进入 AR 模式	
排 TC6 到 TC1 的进路（FRB.DAT），取消停车点（BHB1.DAT）	ATO 驾驶列车到 TC3	
列车进入 TC3，车载 ATP 接收到折返结束的报文	ATO 驾驶列车停在 TC3，AR 灯闪	
司机进入列车，打开钥匙	AR 灯灭，显示屏显示 SM 模式	

SM 模式下警惕按钮的检查　　**表 14-22**

驾驶室__________

操　作	反　应	结　果
列车停在 TC1，面向 TC6 的驾驶室的钥匙打开	显示为 SM 模式	
排进路 TC1 到 TC6（FRA.DAT）	进路排出	
取消 BHA1 停车点（BHA1.DAT）	停车点取消	
司机加速列车到 20km/h	显示屏显示 20km/h	
司机停止按警惕按钮，计时开始	测量到产生紧急制动的时间	
	测量时间＝________ s	

RM 模式下警惕按钮的检查　　**表 14-23**

驾驶室__________

操　作	反　应	结　果
列车停在 TC1，面向 TC6 的驾驶室的钥匙打开	显示为 RM 模式	
排进路 TC1 到 TC6（FRA.DAT）	进路排出	
取消 BHA1 停车点（BHA1.DAT）	停车点取消	
司机加速列车到 20km/h	显示屏显示 20km/h	
司机停止按警惕按钮，计时开始	测量到产生紧急制动的时间	
	测量时间＝________ s	

三、ATP 的故障检修

(一) ATP 故障状态

ATP 的故障从表现来分主要有以下的一些状态。

1. ATP 计算机通道切断

a. 在 ATP 是 3 取 2 系统时，当 ATP 监督装置或者处理程序得知一个 ATP 计算机通道故障，故障计算机通道将与安全相关的输出切断，运行程序处理停止。其他两个通道的计算机仍然工作。如果切断不能有效，那么将开始进行进一步的安全切断，也就是整个计算机系统切断。

b. 在 ATP 是 2 取 2 系统时，当 ATP 监督装置或者处理程序得知一个 ATP 计算机通道故障，所有的安全相关的输出切断，运行程序处理停止。也就是整个计算机系统切断。

c. 电源的不正常（断电，电压过高和过低）导致 ATP 计算机通道或者整个 ATP 切断。

2. ATP 计算机对某些输入封锁

ATP 计算机处理程序通过通道的元件可得知输入故障，一旦出现这故障，将对相应的输入信息进行逻辑封锁。不再对相关的输入起反应。

3. ATP 计算机的某些输出锁闭

ATP 计算机处理程序得知在某些输出板或其连接的电路的故障。切断受影响的模块，如果单个的切断不成功将切断受影响的通道，如果这样还不成功，整个计算机系统的输出完全切断。

4. 其他

在实际应用中会出现偶发软件故障，这些故障可能与温度或者控制总线的不稳定有关，一般不需要修理硬件，通过重启故障的计算机就可以恢复正常。

（二）ATP 故障处理程序

1. 故障信息的收集

故障现象信息的收集是处理故障的重要环节，准确全面的故障现象信息能帮助我们迅速地判断故障点并进行处理。

获取故障现象信息有一些途径，首先是从使用部门的人员中获得，如司机、控制中心（车站）操作员等；其次是从设备的显示中获取，包括设备终端的显示和模块的显示等，还有可以从设备的记录中获取。

2. 故障排除

故障的排除应遵循“先通后复”和把影响控制在最小范围内的原则。对于 ATP 轨旁单元，影响较大的故障（如轨旁 ATP 单元切断）或者是不作临时处理会将影响扩大的故障，要进行紧急处理。对于 ATP 车载单元一旦出现涉及安全的故障，则会自动触发紧急制动停车，并且 ATP 车载单元会被关断。如果同一类故障重复出现，必须进行维修。一般在列车下线后再处理。造成设备出现故障的原因有很多，归结起来主要有以下几种。

（1）人为操作或输入错误

人为因素引起的故障，只要没有造成软硬件的损坏，一般可通过复位操作恢复。为避免出现人为造成故障，必须制订完善正确的操作规程，并对操作人员和维修人员进行培训。

（2）程序运行出错（软件故障）

这类故障出现比较少，但是影响很大，现象通常是计算机“死机”，一般可通过复位操作恢复。

（3）与 ATP 有接口的外部设备故障

与 ATP 有接口的外部设备出现故障时，可能会使 ATP 出现输入锁闭、通道切断或者

"死机"的现象，这类故障的出现是比较多的，而且故障现象又表现在 ATP 设备上，因此维修人员必须有较高技能，除了要掌握 ATP 的设备和接口外，还要对外部的设备（如车辆设备）有一定的了解。

(4) ATP 的模块故障

这类故障出现得最多，表现出来的现象也最多，如 ATP 通道切断、输入不正常、某些功能（非安全的）不能实现和 ATP"死机"等。对于能从模块的显示或系统的信息中判断出哪个模块出现故障，就直接更换。如果是没有信息显示，就要根据现象，逐块更换相关的模块。某些模块可能会在一次故障后又恢复正常，这需要通过将可疑模块更换到其他正常的设备中，看故障是否转移来进行判断。

(5) 配线端子架、机架和电缆等的故障

这类故障极少出现，一旦出现却很难查找，采取的方法一般是更换所有的模块后，再进行配线端子架、机架，电缆的检查。

(6) 与环境和温度有关的故障

这类故障出现在温度较高，灰尘较大的环境中，故障一般表现为 ATP"死机"，通过重启可暂时恢复。彻底解决的办法就是要改善设备的运行环境。

(三) ATP 设备常见故障及排除方法

1. 车门不能自动打开

(1) 列车停在停车窗外，没有门释放信息，属正常响应；

(2) 列车显示停在停车窗内，没有门释放，如果是偶发属于软件故障；

(3) 列车显示停在停车窗内，有门释放，检查开关是否打到自动开门，检查目的地号是否不对，如果以上都正确，且故障连续出现，测量相关的端子在列车停稳后有否正常的输出，若没有，更换 ATO 的输出模块；若有，属车辆问题。

2. 车载 ATP 无有效信息（显示屏显示 ATP 打叉图标）

(1) 检查 ATP 切除开关位置是否正确；

(2) 检查保险自动开关（4F04～4F07）的位置是否正确；

(3) 复位计算机，如故障再次出现，观察车载设备的显示，按故障显示查找原因。

3. 车载 ATO 无有效信息（显示屏显示 ATO 打叉图标）

(1) 检查保险自动开关的位置是否正确；

(2) 重启计算机，如故障再次出现，观察车载设备的显示，按故障显示查找原因。

4. 列车 ATO 驾驶时冲出停车点

若多列车发生，则检查轨旁设备；若单列车发生多次，则观察列车显示屏在制动时有无制动图标，并测量 ATO 有无发出制动命令，如端子有命令发出而显示屏无制动图标，属于车辆的故障；如端子无命令发出或有命令发出也有图标，需要逐块更换 ATP 的有关实现精确停车和测速的模块；还需检查轮径设置是否正确。

5. ATO 按钮无效

(1) 若为驾驶台上其中一个按钮无效，为按钮故障（车辆问题）；

(2) 若两个按钮无效，重启计算机；

(3) 重启计算机故障仍出现，逐块更换 ATP 的输入模块；

(4) 检查配线。

6. 列车折返后，开钥匙，AR 灯仍闪亮

(1) 检查主控钥匙接点（车辆问题）；

(2) 关钥匙再打开，灯仍闪，出现多次，更换 DES4 模块；

(3) 检查插头与配线。

7. 列车自动关门

(1) 出现多次，检查自动关门时，有无门释放，如有，属车辆故障；

(2) 如无，逐块更换 ATP 的输出模块；

(3) 检查配线。

8. 列车在 ATO 驾驶制动时产生紧急制动

(1) 是否由于下雨引起的；

(2) 紧急停车按钮（车上/站台/车控室）是否按下；

(3) 读取紧急制动数据和故障信息，判断紧急制动是轨旁还是车上设备引起的（包括车门等）。

9. 列车不能关门

(1) 将自动开门开关打到手动开门位置，如车门仍不能关闭，属车辆问题；

(2) 若手动开门车门能关闭，检查配线，更换输出模块。

10. ATP 轨旁单元完全切断

重启 ATP 轨旁单元，如果重新启动整个单元不能正常恢复，尝试二取二系统启动，如果其中有一个二取二系统启动成功，那故障就在此二取二系统之外的通道中。如果都不成功，至少两个计算机通道有故障。

第十五章　ATO 子 系 统

ATO 子系统（以下简称 ATO）是列车自动控制系统的三个子系统之一，属于非安全系统。主要实现列车运行的自动控制功能。下面仍以 SIMENS 的系统为例对 ATO 的设备组成、功能、工作原理和设备维护进行阐述。

第一节　ATO 设 备 组 成

一、ATO 设备的组成

（一）概述

ATO 主要包括车载 ATO 设备、人机界面 MMI。前者主要由车载 ATO 机柜组成，每个驾驶室一个，每列车共有两个车载 ATO 机柜。后者的车载 MMI 人机接口界面，也是每个驾驶室一个，每列车有两个。

（二）ATO 机柜结构

每个机柜配备了一套 ATO 车载单元，它与 ATP 车载单元使用相同的 SIMIS 硬件部件。ATO 车载单元按非安全设备配置，安装在一层（19″）架上，参见图 15-1。

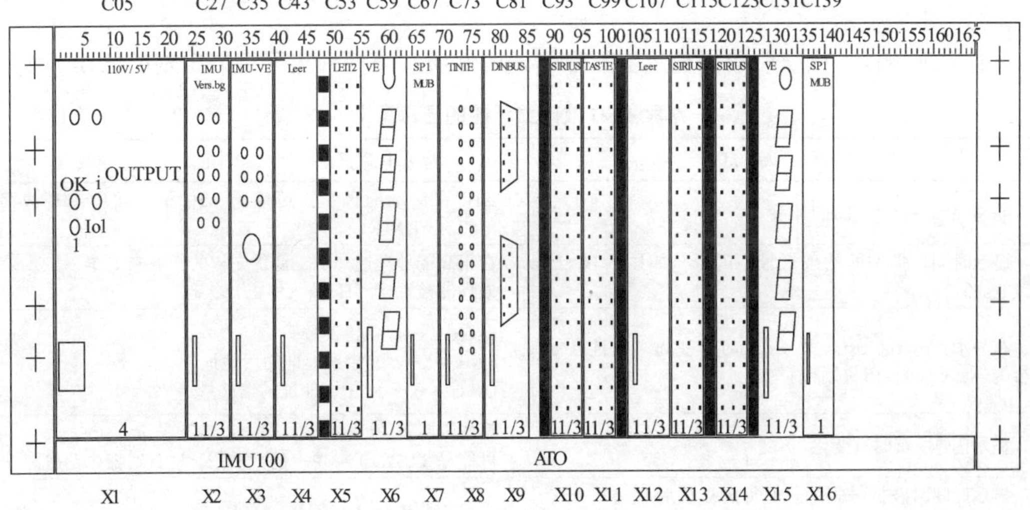

图 15-1　ATO 车载单元机架

（三）硬件构成

车载 ATO 包括 ATO 电源模块（DC110V/5V）、主/从处理模块、存储模块、中断模块、输出模块、通信接口模块和 DIN 总线模块。

1. 电源模块（X1）

电源模块将车辆的110V直流电源转换为两组独立的直流控制电源，DC5V供给ATO计算机单元，DC24V用于输入输出接口，当电源欠压或过压时，电源模块将切断电源输出。转换器能够防护输入端电源的瞬时波动，所有的输出都有开路、短路防护功能，也具有过压保护功能。

面板上的LED显示电源模块转换器的状态，维护时设备维护人员可随时观察监视设备的工作情况。红色LED（IoL）表示输出过载。由输入抑制提供的逻辑信号可允许或不允许进行输出调节。该逻辑信号在ATP车载单元打开ATO后给出。红色的“抑制”LED亮，表示输入电源接通但输入抑制无效。面板上设有二个测试插孔（标有‘+’和‘-’），用于测量电源的工作情况。

2．中央处理模块VE（X6）

VE是ATO车载单元的中央处理模块。它控制ATO的输入和输出，计算速度分布曲线和管理ATP车载单元接收的数据。VE处理板的EPROM使之可以在离线的情况下通过串行诊断口更新软件数据。通过系统接口总线（MES80-Bus）可以和ATO的外围接口组件相连接。

VE中央处理板面板上设有5位7段数码显示器，用以显示VE的工作状态，见表15-1。维护时，维护人员可以通过面板的显示来进行诊断。7段数码显示器具有以下3个功能：

（1）显示设定

在系统启动时，系统正在启动状态显示‘bootx’（x=0..9）。这一过程时间很短，以至于显示的数字很难看到。该显示特别在启动功能停止时，可进行提示。

（2）时间的显示

通常情况下，7段数码显示的是时间，“时”和“分”之间的破折号不断闪烁。

（3）出错显示

若出现错误，则7段数码显示器显示错误的性质。下面列出了可能出现的错误。

7段LED数码显示器的显示意义　　表15-1

显　示　灭　灯	检查电源，检查从ATP来的‘ysak’连线
一直显示boot0..boot9不变	ATO在启动时停机。可能是ATO子模块中出现故障（SP1MUB，TINTE）
显示时间，但中间的破折号不闪烁，如显示08:15或08 15	在很高的处理速率下，低优先权的任务未工作。 处理器被置于“Hold”（停机）状态
在显示：Sxxxx，Oxxxx和Exxxx时有变化，并且点号会闪烁，x..为16进制数	Exxxx：xxxx..错误号码 Sxxxx：xxxx..错误地址的段地址 Oxxxx：xxxx..错误地址的偏移量
显示闪烁，有时有变化	系统不时复位。 可能是TASTE子模块上的“看门狗”计时器电路故障
显示时间时破折号闪烁。但每次复位后时间从0.00开始	无SP1MUB子模块或该子模块 故障
显示时间时破折号闪烁。但每次开机后时间从0.00开始	SP1MUB子模块故障

3．SP1MUB内存模块（X7）

SP1MUB是具有后备电池的容量为1 MB RAM的扩展内存模块，模块上有为MES 80－16系统处理器而设计的时钟组件。其功能是存储错误信息和有关的处理数据，在ATO车载单元关机后存储相关的数据。

该模块包括以下显示：

启动控制（Boot control）：LED 通常灭灯，在系统启动时灯亮。

存取控制（Access control）：在对模块上的存储器进行存取操作时，该灯亮。

存储控制（Bank control）：LED 用二进制表示存储器存取号。

4. 计时器中断模块（TINTE）（X8）

计时器中断模块 TINTE 用以管理硬件和软件的中断，例如一路计时/计数器用于处理里程表的输出脉冲。TINTE 具有以下功能：

（1）2×8 LED 数据总线显示。

（2）利用 5V-15V 逻辑电平输入 2×8 路中断，任意位定向管理高和低电平。

（3）7 路输入的事件计数器以及 5～15V 逻辑电平输入的独立的 3 个计时器。

5. DIN-总线接口模块（DINBUS）（X9）

DINBUS 是 SIMIS3116 计算机的通信模块，通过 LZB700M 车载单元（ATP/ATO 车载单元和显示器）与车辆控制系统相连接，按照德国标准 DIN 66221 控制 DIN 总线的数据流。

该功能通过 DIN 总线传输的数据，存储在双端口 RAM（DP）中。中央处理器 80C188 将数据传入 RAM 中，再传入先进先出（FIFO）存储器，一个特别的控制器将数据加入串行数据流中。通过 DIN 总线接收的数据则与上述过程相反，由串行数据流至 FIFO，再到 DP，最后再到 RAM。LED 显示出 DIN 总线的传输情况。在通常情况下 LED 显示器用很高的频率闪烁。

6. 串行通信模块 1（SIRIUS）（X10，X13，X14）

SIRIUS 是 SIMIS3116 微机的通信模块。它有两个串行双方向接口（数据传输线），每个接口使用 TTY 和 V24 输出（传输速率为 150-19200 波特）. 每个 V24 接口有 2 个控制信号（RTS1，CTS1）。对于 TTY 传输，有 4 个 20 mA 电流源，可进行全双工通信。X10 位的模块与 X13，X14 位的模块不同，与它们不相兼容。SIRIUS 模块 S25395-B171-A3 包含了一些新的电子元件，因而其后部插座有所区别。串行通信模块的功能参见表 15-2。

串行通信模块的功能 **表 15-2**

位置	SSN	通道 1 功能	通道 2 功能
X10	S25395-B171-A21	第一个 VE X6 诊断	至 IMU 计算机单元的串行连接
X13	S25395-B171-A3	主控制器	至第二个 VE X15 的串行连接
X14	S25395-B171-A3	至第一个 VE X6 的串行连接	第二个 VE X15 诊断

串行通信模块 SIRIUS 没有面板，但有一个 48 片的刀口式触点连接器。为了便于维护和诊断安装了 3 个双色 MD LED 显示器。它们的意义参见表 15-3。

串行通信模块（SIRIUS）的 LED 显示器 **表 15-3**

LED	颜 色	意 义
V79	红色	VCC1（5V）电压正常
V13	红/绿	通道 1，显示接收数据。数据接收完毕 LED 灭灯 LED 显示与数据传输器的工作时钟一致
V63	红/绿	通道 2，显示同 V13

7. 模/数输入输出模块 TASTE1（X11）

模/数输入输出模块 TASTE1 有一个 MES 80 接口，包括总线驱动器。模/数输入输出模块允许 12 位数字输出，6 位数字输入和 2 路模拟输出。设有一个“看门狗”计时器监督 CPU 的工作。有故障或障碍时，“看门狗”计时器输出一个自动复位信号，令 CPU 复位。该模块还有一个至车辆的接口。

8. 中央处理模块 VE（X15）

中央处理模块 VE 是 ATO 车载单元中专门用于巡航/惰行功能的中央处理单元。它通过串行数据口与 X6 位上的 VE 进行通信，并根据两站间的运行时间计算列车最小能耗的运行速度曲线。该模块上有可擦除 EPROM，能够通过串行诊断口在离线状态下更新软件数据。

二、ATO 设备接口

（一）车载 ATO 与车辆的接口

1. 牵引与制动命令

当列车处于 ATO 模式下，ATO 负责输出牵引或制动命令，控制列车运行。

2. ATO 模式

通过该输出，使车辆相关继电器接点动作，从而令驾驶台上牵引/制动杆的输出在 ATO 模式和无人折返模式中，不需要人工操作。

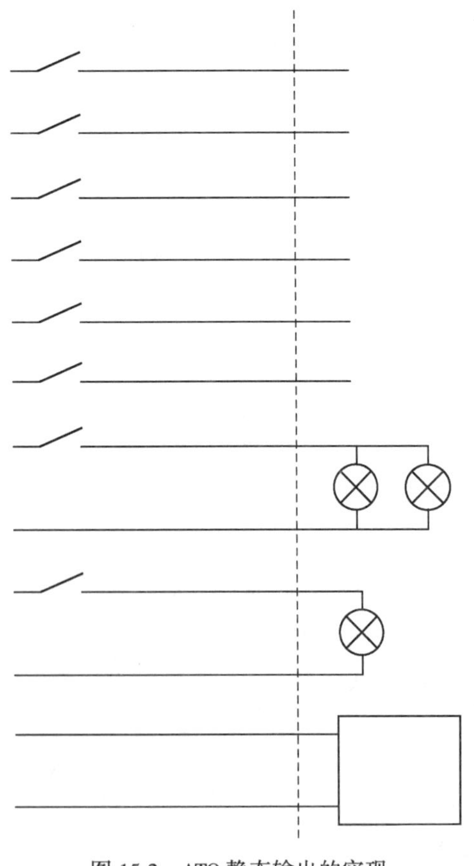

图 15-2　ATO 静态输出的实现

3. ATO 车载单元与门控

输出命令“开左门”和“开右门”，选择列车车门。只有当 ATP 车载单元已释放门信号，向 ATO 车载单元显示，并经一定时间后，才能输出该命令，使车门打开。

4. 折返运行

当列车进入折返模式，ATO 向车辆输出该信号。

5. ATO 启动按钮灯

在车辆驾驶台上的 ATO 启动按钮内有一个灯泡，在 SM 模式下，驾驶台上驾驶杆在“向前”和牵引/制动杆在“0 位”，ATP 给出 ATO 释放，ATO 启动按钮灯点亮。在按压 ATO 启动按钮，进入 ATO 模式后，ATO 启动按钮灯灭。

6. 自动折返按钮灯

驾驶台上的自动折返按钮内有一个灯泡，在 ATO 接收到 ATP 来的自动折返运行请求，ATO 经一个输出继电器选择自动折返按钮的灯泡。司机按压该按钮，进入折返模式后，按钮灯灭。

7. 牵引制动量

ATO送模拟信号给车辆，ATO的静态输出如图15-2和表15-4所示。

车载ATO的静态输出 **表15-4**

序　号	车载ATO的静态输出	电压/电流	表　示　含　义
1	牵　引	110V	牵引命令
		0V	非牵引命令
2	制　动	110V	制动命令
		0V	非制动命令
3	ATO模式	110V	ATO模式
		0V	非 ATO模式
4	开右门	110V	开右门
		0V	不开右门
5	开左门	110V	开左门
		0V	不开左门
6	折返运行	110V	折返运行
		0V	非折返运行
7	ATO启动按钮灯	110V	点亮 ATO启动按钮灯
		0V	不点亮 ATO启动按钮灯
8	自动折返按钮灯	110V	点亮自动折返按钮灯
		0V	不点亮自动折返按钮灯
9	牵引，制动力	0~20mA	当牵引命令起作用时，此输出为牵引力的大小；当制动命令起作用时，此输出为制动力的大小

8. 总线连接

ATO、MMI和CFSU还通过DINBUS总线连接，传递和接收相关的信息。

（二）车载ATO输入-输出接口描述

1. 数字输出

所有数字输出均由模拟/数字输入输出模块TASTE1（X11）产生，如表15-5所示。

车载ATO与至列车接口的数字输出 **表15-5**

输　出	电气和逻辑格式
运行	运行命令：二进制 运行：+110V；/运行：0V，悬浮
制动	制动命令：二进制 制动：+110V；/制动：0V，悬浮
ATO模式	ATO模式：二进制 ATO模式：+110V；/ATO模式：0V，悬浮
右边门打开	右边门打开：二进制 右边门打开：+110V；/右边门打开：0V，悬浮
左边门打开	左边门打开：二进制 左边门打开：+110V；/左边门打开：0V，悬浮

续表

输　出	电气和逻辑格式
折返运行	折返运行：二进制 折返运行：+110V；/折返运行：0V，悬浮
AR按钮灯	AR按钮灯：二进制 AR按钮灯亮：+110V；AR按钮灯灭：0V，悬浮
ATO启动按钮灯	ATO启动按钮灯：二进制 ATO启动按钮灯亮：+110V，ATO启动按钮灯灭：0V，悬浮

2. 模拟输出

由 TASTE1（X11）提供模拟输出（见表 15-6）。

模拟量输出　　**表 15-6**

输　出	电气和逻辑格式
牵引力和制动力需要值	牵引力，制动力，模拟量 0~20mA

3. ATP-ATO-MMI 的 DIN 总线接口

ATP 车载单元和 ATO 车载单元安装在同一个柜子中，为了使这些单元与显示器间能够通信，采用串行总线 RS485 接口传输数据。列车总线的配置和连接如图 15-3 所示。

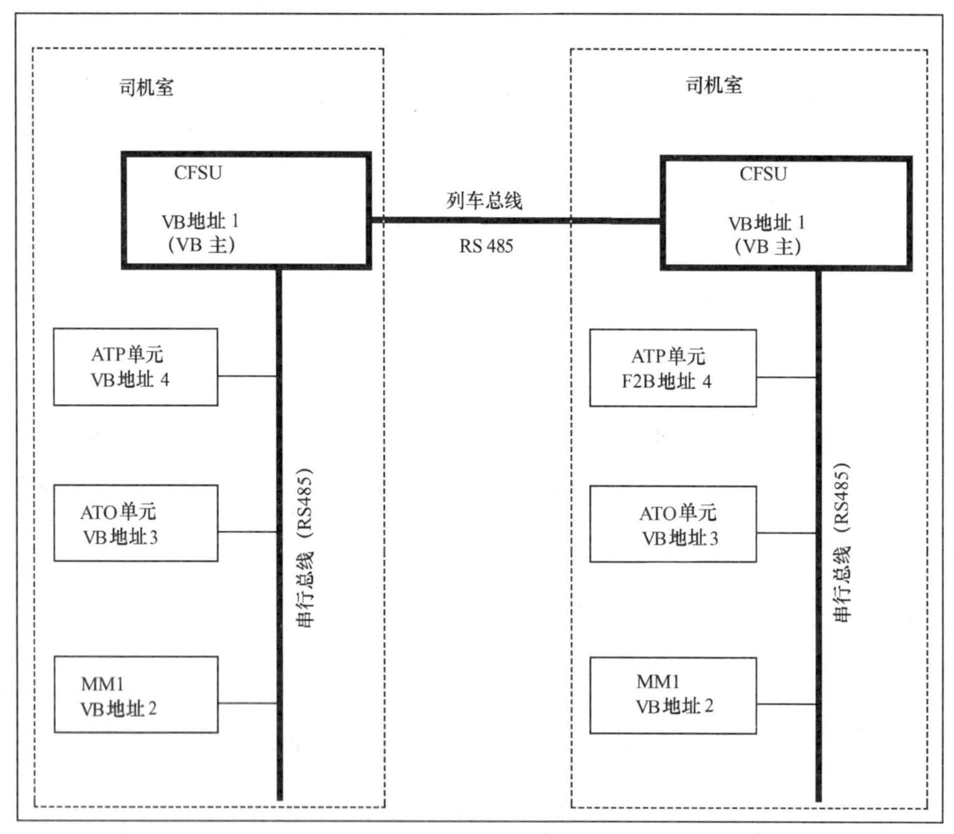

图 15-3　列车 DIN 总线配置框图

第二节 ATO 设备功能

ATO设备主要功能是控制列车的运行，实施牵引/制动命令，并给出控制量大小。ATO子系统被设计成当列车停在期待的停车窗内时，在ATO模式下自动打开车门。列车离开车站时，它将在车上为旅客提供有效信息。

以下仅进行选择性的相关任务叙述。

（一）系统和服务软件

1. ATO车载单元提供必要的系统服务

包括恒定扫描时间保证；任务管理，包括时间管理和任务协议；数据和时间管理。

2. 输入/输出管理

管理外设模块的驱动器（如通过车辆接口的控制变量输出）；DIN总线驱动器；RS232/TTY接口驱动器（SIRIUS）；TINTE模块驱动器；串联IBIS接口驱动器。

3. 具有诊断任务的诊断功能。

（二）通信

ATO车载单元通过RS485DIN总线与ATP车载单元、MMI显示器和车辆CFSU联系，通过TTY接口建立与诊断PC的联系，ATO车载单元与CFSU不进行数据交换。

1. ATP/ATO数据

ATO车载单元从ATP车载单元中接收为完成其任务需要的信息内容，它们是来自轨道的报文信息与ATP车载单元产生的信息。包括以下的内容。

(1) DAT_ATP：含有报文类型；运行模式；系统信息（紧急制动、报文故障、车门解锁）；V最大值；实际速度和运行方向；实际位置（定位、时间标记）；列车长度；运行图（共有4个有位置、长度和速度的运行图点）；制动减速度［制动曲线数、制动偏差、轨道信息（IA）标志］。

此外还有具有下列条件的附加信息，即要精密同步的下一段；停车位置；在车站停车；传输类型（FTGS）；速度脉冲发生器（WG1、WG2）；轮径；运行的制动/自动模式。

(2) DAT_ATO：车门控制（右边门先、左边门先）；关闭速度（Vab）；同步点（至停车距离）；车站号；车次号；目的地号。

2. ATP/显示器

ATP传输给MMI显示器的数据包括控制器状态（运行、制动、倒行）、错误信息和在显示器显示的附加ATO显示数据，这些报文用循环的方式传输。这些数据包括实际速度；故障原因、故障号；控制器状态（运行、制动、倒行）。

3. 显示器/ATO数据

从显示单元中，ATO车载单元接收的数据有乘务组号；车组号；车次号和目的地号。

4. 诊断PC/ATO车载单元数据

一般报文结构为：

诊断报文头；报文识别码；参数；长度；数据。

5. ATO/PTI数据

在车站区内通过 ATO 子系统从车辆至轨道传输下列列车数据。

(1) 静态 PTI 数据：乘务组号；车组号；车次号；目的地号。

(2) 当前 PTI 数据：在车站停车（在停车窗内、停车窗外）；列车状态（停车确认、出发）；里程（合计的公里）。

(三) 车门控制

原则上，检查相关条件以后，ATP 将释放车门打开命令，车门控制由 ATO 启动。ATO 车载单元根据运行方向和 ATP 传输的信息打开车门。打开车门有开左边门、右边门和两侧门。

(四) 无人驾驶折返运行下接通钥匙开关

无人驾驶折返运行是无司机的列车自动运行。这种运行列车将自动地从停车站台，通过折返轨进入反方向站台，这时虽然主控开关的钥匙被取出，但必须启动运行前方的驾驶室。这种情况下，ATO 车载单元的任务包括通过 ATO 车载单元接通钥匙开关。列车已运行进入折返轨并已在那里停稳后，必须转换驾驶室，准备好第二驾驶室后，原来工作的驾驶室关闭。

第三节　ATO 设备工作原理

ATO 车载单元与 ATP 车载单元相连接，ATO 直接从 ATP 车载单元获取数据，在 ATO 车载单元的接口中，有 ATP 车载单元-ATO 车载单元-显示器之间的 DIN 总线接口（串行总线），以及接收里程表脉冲和附加位置同步的两个硬件接口。

一、ATO 启动过程

通过 ATP 请求线接通 ATO 电源，这条线在 20s 内保持激活。在这个时间内，ATO 车载单元启动并激活其自保电路。

二、速度控制

速度控制是 ATO 的主要功能，有三个值对速度控制很重要，它们是列车当前位置、所需速度和当前速度。

(一) 当前速度确定

列车实际速度从一个扫描周期内所覆盖的部分距离和相关的扫描时间中确定。为了过滤速度信号的测量值，形成超过三个实际速度值的浮动平均值。由于里程表二个脉冲间的部分距离取决于轮径，计算时也将考虑。

(二) 运行曲线

ATP 车载单元通过当前实际的位置和速度值来确定运行分布，并将它周期地传输给 ATO 车载单元。在每个 ATP 至 ATO 报文中，ATP 车载单元按 4 个重启点的记录传输 ATP 速度分布。

(三) 当前位置

ATO 和 ATP 车载单元使用相同的当前列车位置，这个列车位置由 ATP 测量并与时间标记一起传给 ATO 车载单元。

三、巡航/惰行

巡航/惰行是为列车运行节能所设计的一种经济运行模式，列车牵引驾驶已经停止，即车辆电能消耗为零。仅使用列车的动能或势能继续前进。通常发生在根据预定的运行曲线列车有必要刹车，区段内运行阻力级数可导致车辆减速；或者当前速度低于相应的极限速度，区段内运行阻力级数可导致车辆加速。

四、接收 ATO 报文

ATP 轨旁设备与 ATO 间有一个透明的数据传输通道，被传输的数据信息包括：从一个车站至另一个车站的巡航/惰行运行时间；车站区传输的车次号；在车站前方二个轨道电路中传输的车站号；目的地号；巡航/惰行功能使用的轨道电路编号；车门控制命令。

第四节　ATO 设备维护

ATO 系统设备的维护工作涉及的问题是比较多的。有关软件部分维护不在此叙述。本节着重介绍 ATO 设备的维护模式、内容及维护方法，以及维护工具的使用。

一、维护模式和内容

一般来说，维护工作是周期进行的，维护周期根据实际情况分为日检查、月检修、季检修和年检修。维护内容主要是系统的功能测试和设备的硬件维护检查，如模块、元器件的清洁、紧固等工作。

（一）检修周期和工作内容

表 15-7 列出了 ATO 设备的检修周期和工作内容，供参考。

车载设备检修周期与工作内容　　表 15-7

序号	设　备	修　程	检修工作内容	周　期
1	车载 ATO 机柜	日常保养	1. 询问调度，了解设备使用情况并记录。 2. 检查设备运转状态，有无异状。 车载 ATO 柜 第六节：变压器模块 110V/5V：LED“i”（红）亮，LED“ok”（绿）亮，LED“IOL”灭。 第七节：VE（Master 和 Slave）：系统启动时短时间显示“boot”，然后显示带闪光亮条的时间。 第八节：DIN-BUS：LED（黄）闪光。 IMU100 第九节：电源：LED5V（绿）亮，LED24V（绿）亮。 第十节：VE：LED“A”（绿）亮，LED“R”（红）灭，LED“E”和“S”闪，LED“L”和“M”亮。 3. 作好日检测并记录	每日

续表

序号	设 备	修 程	检修工作内容	周 期
1	车载 ATO 机柜	二级保养	1. 同日常保养内容。 2. 检查列车所有的插接件是否牢固。 3. 检查所有的螺丝是否紧固。 4. 进行 ATO 测试。 第六节：开钥匙，车载 ATP 启动正常。 第七节：检测 ATO 输出“ATO-mode”。测试通过。TASTE 板对应的灯为 A1。 第八节：ATO 输出“Doors right”。测试通过。TASTE 板对应的灯为 A2。 第九节：检测 ATO 输出“Doors left”。测试通过。TASTE 板对应的灯为 A12。 第十节：检测 ATO 输出“train reversal operation”。测试通过。TASTE 板对应的灯为 A3。 第十一节：检测 ATO 输出“Lamp ATO Start Button”。测试通过。TASTE 板对应的灯为 A4。 第十二节：检测 ATO 输出“Lamp AR Button”。测试通过。TASTE 板对应的灯为 A5。 第十三节：检测 ATO 输出“driving”。测试通过。TASTE 板对应的灯为 A9。 第十四节：通过车辆训练器检测 ATO 输出“braking”测试通过。TASTE 板对应的灯为 A10。 第十五节：通过车辆训练器检测 ATO。输出“analog output”测试通过。 5. 进行 ATP 六项测试。 第六节：进行测试 1“Key and Contact Switch”。ATP 车载单元通过该测试，没有故障出现。 第七节：进行测试 2“Determination of speed”。ATP 车载单元通过该测试，没有故障出现。 第八节：进行测试 3“ATP-receive”。ATP 车载单元通过该测试，没有故障出现。 第九节：进行测试 4“Emergency brake and error”。ATP 车载单元通过该测试，没有故障出现。 第十节：进行测试 5“Door disturbance”。ATP 车载单元通过该测试，没有故障出现。 第十一节：进行测试 6“ATO-release”。ATP 车载单元通过该测试，没有故障出现。 6. 检查地线。 7. 机柜清洁。 8. 检查橡胶密封条。 9. 检查风扇。 10. 检查标示及设备铭牌	每季

续表

序号	设　备	修　程	检修工作内容	周　期
1	车载 ATO 机柜	小修	1. 同二级保养内容。 2. 更换有关的部件。 3. 设备卫生清洁（部件）。 4. 动态测试。 第六节：RM 模式下的超速与报警测试。 第七节：SM 模式下的超速与报警测试。 第八节：车载 ATP 通道切断的测试。 第九节：ATO 模式条件的测试。 第十节：SM 模式下停车不准，使用强行开门的测试。 第十一节：RM 模式下强行开门按钮的测试。 第十二节：收到报文后以 RM 模式倒行产生紧急制动。 第十三七：驾驶模式的转换。 第十四节：自动折返。 第十五节：换向、ATO 驾驶、停车窗停车、检查 PTI 和开门测试。 第十六节：无人折返。 第十七节：SM 模式下警惕按钮的检查。 第十八节：RM 模式下警惕按钮的检查	每年
		中修	1. 线缆整治。 2. 机柜防松、防尘、防虫处理	4 年
2	ATP 天线	日常保养	检查外观无机械损伤，固定良好，各接口良好	每日
		小修	第六节　电气特性测试。 a）接口 X43 的 A1 和 A2 端子之间电阻为低阻（0 ~ 1Ω）。 b）接口 X43 的 A3 和 A4 端子之间电阻为低阻（0 ~ 1Ω）	每季
			1. 同日常保养内容。 2. 检查接插件是否牢固	每年
3	车地通信天线	日常保养	检查外观无机械损伤，固定良好，各接口良好	每日
		小　修	第六节　电气特性测试。 a）端子 X1/70 和 X1/71 之间的电阻为低阻（0 ~ 1Ω）。 b）端子 X1/74 和 X1/75 之间的电阻为低阻（0 ~ 1Ω）	每季
			同日常保养内容	每年
			检查接插件是否牢固	
4	速度脉冲发生器	日常保养	检查外观无机械损伤，固定良好，各接口良好	每日
		小　修	1. 同日常保养内容。 2. 检查接插件是否牢固	每季
			1. 同季检内容。 2. 拆卸速度脉冲发生器，检查是否破损	每年
5	车地通信多路接收器	日常保养	1. 检查设备运转状态，有无异状。 2. 设备清洁	每日 每周
		二级保养	1. 同日常保养内容。 2. 检查所有的插接件是否牢固。 3. 检查所有的螺丝是否紧固。 4. 检查标示及设备铭牌	每月
		小修	1. 同二级保养内容。 2. 更换有关的部件。 3. 设备卫生清洁（部件）	每年
		中修	线缆整修	5 年

续表

序号	设　备	修　程	检修工作内容	周　期
6	车地通信环线及其轨旁连接盒	二级保养	1.PTI 环线外观及形状检查	每月
			2. 导线、引接线、防护管、接地线及检查。 3. 箱盒外观及内部防潮、防湿检查。 4. 检查各种紧固件（轨枕夹、夹钉、绑带）。 5. 盒内、盒外各种螺丝紧固。 6. 调整箱盒的橡胶密封条并检查铭牌。 7. 安装装置的检查	半年
		小修	同二级保养内容	每年
			箱盒及各部件除锈、防锈处理	
		中　修	1. 线缆整治。 2. 箱盒除锈、防锈、防水、油饰和编号。 3. 参数测量、调整。 4. 调整箱盒的橡胶密封条并检查铭牌。 5. 电气测试分析。 6. 安装装置的检查	4 年
		小　修	1. 同二级保养内容。 2. 箱盒及各部件除锈、防锈处理	每年
		中修	1. 线缆整治。 2. 箱盒除锈、防锈、防水、油饰和编号。 3. 参数测量、调整	4 年

（二）ATO 静态显示检查

1. 变压器模块 110V/5V

静态测试电压模块显示，参见表 15-8。

静态测试电压模块显示表　　　　**表 15-8**

LED	显示	要　求　状　态	检　测　结　果	
			1A ________	1A ________
LED “i”	红	输入电压 110V 提供，没有输出		
LED “ok”	绿	5V 电压提供		
LED “IOL”	灭	5V 通路负载电流在有效范围		

2. VE 板和 DIN-BUS 板

静态测试 VE 及 DINBUS 板显示，参见表 15-9。

静态测试 VE 及 DINBUS 板显示表　　　　**表 15-9**

模　　块	要求显示状态	检　测　结　果	
		1A ________	1A ________
VE（包括 Master 和 Slave）	系统启动时短时间显示“boot”，然后显示带闪光亮条的时间		
DIN-BUS	LED（黄）闪光		

3. IMU

静态测试 IMU 电源及 IMU-VE 板显示，参见表 15-10。

静态测试 IMU 电源及 IMU-VE 板显示表 **表 15-10**

模　　块	要求显示状态	检　测　结　果	
		1A ________	1A ________
电　　源	LED5V（绿）亮		
	LED24V（绿）亮		
VE	LED“A“（绿）亮		
	LED“R”（红）灭		
	LED“E”和“S”闪		
	LED“L”和“M”亮		

（三）车载 ATO 静态测试

在车库或试车线使用专用车辆测试器对车载 ATO 功能进行检查。静态测试模块的显示，参见表 15-11。

静态测试模块显示表 **表 15-11**

驾驶室________

内　　容	需要出现的反应	结　　果
开钥匙	车载 ATP 启动正常	
检测 ATO 输出“ATO-mode”	测试通过。TASTE 板对应的灯为 A1	
ATO 输出“Doors right”	测试通过。TASTE 板对应的灯为 A2	
检测 ATO 输出“Doors left”	测试通过。TASTE 板对应的灯为 A12	
检测 ATO 输出“train reversal operati 亮”	测试通过。TASTE 板对应的灯为 A3	
检测 ATO 输出“Lamp ATO Start Butt 亮”	测试通过。TASTE 板对应的灯为 A4	
检测 ATO 输出“Lamp AR Butt 亮”	测试通过。TASTE 板对应的灯为 A5	
检测 ATO 输出“driving”	测试通过。TASTE 板对应的灯为 A9	
通过车辆训练器检测 ATO 输出“braking”	测试通过。TASTE 板对应的灯为 A10	
通过车辆训练器检测 ATO 输出“analog output”	测试通过	

二、维护方法和测试工具

（一）车辆测试器

1. 车辆测试器配置

ATO 和 ATP 的车辆测试器使用一个标准化硬件、相同的操作员平台和相同的基本操作原理。测试器与车辆之间使用一个车辆适配器进行连接，如图 15-4 所示。

2. 适配器的安装/接口/显示

适配器插至 LEIT2，在连接 ATO-车辆测试器之前必须关闭 ATO 和车辆测试器。

（1）LEIT2-适配器（X3）的安装：

将 LPT1-适配器（X1）和车辆测试器的 LPT1-接口相连；

插头/电缆 W405 从 LEIT2-单元上拔下并插至电缆适配器（X2）；

LEIT2-适配器（X3）插至 LEIT2-单元；

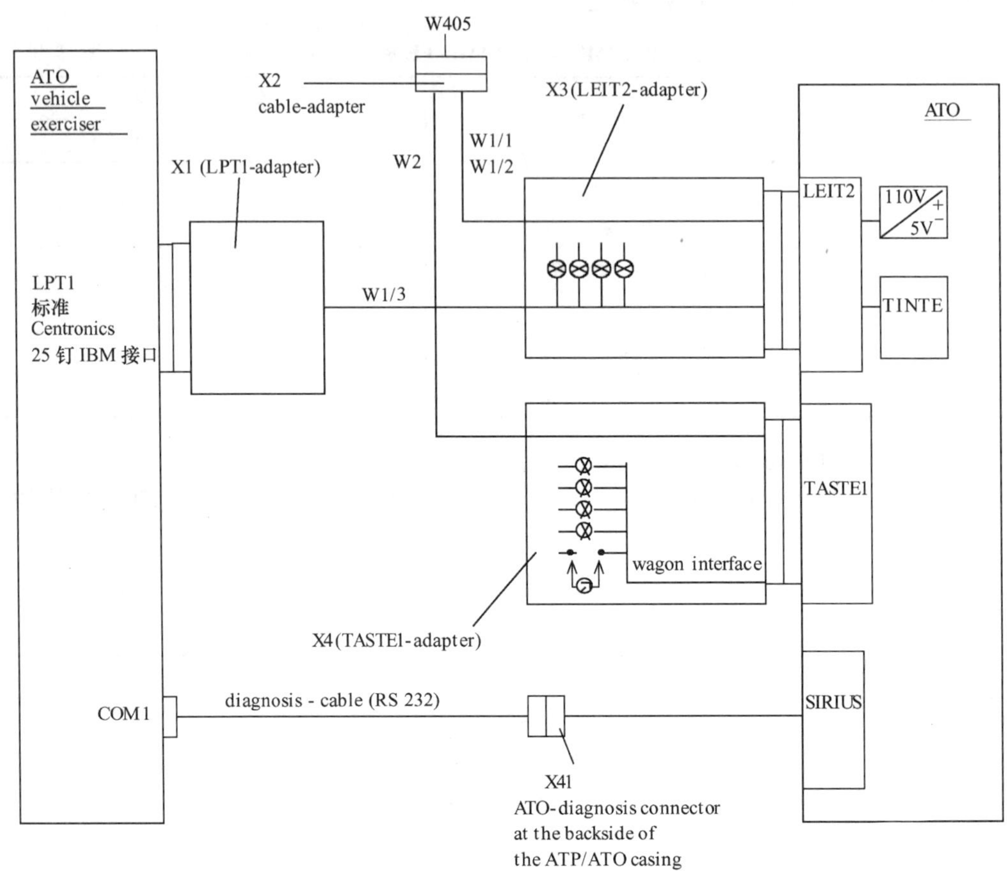

ATO Vehicle exerciser	ATO 车辆测试器
cable-adapter	电缆适配器
LPT1-adapter	LPT1-适配器
LPT2-adapter	LPT2-适配器
Wagon interface	车辆接口
diagnosis-cable	诊断-电缆
ATO-diagnosis connector at the backside of the ATP/ATO casing	ATP/ATO 架后面的 ATO-诊断连接器

图 15-4 ATO 测试的配置

TASTE1-适配器不用于里程表脉冲。

(2) TASTE1-适配器（X4）安装：

插头/电缆 W405 从 LEIT2-单元上拔下并插至电缆适配器（X2）；

LEIT2-适配器（X3）插至 LEIT2-单元；

插头/电缆 W402 从 TASTE1-单元拔下；

TASTE1-适配器（X4）插至 TASTE1-单元；

用封闭的桥式插头连接插孔“+24V”和“FSWG”；

TASTE1-适配器前板的显示如图 15-5 所示。

图 13-5 中 TASTE1-适配器（X4）面板上的 LED（A1..A12），指示 TASTE1-数字-输出

（车辆接口）的情况。通过开关（SYSAK），ATO 系统激活可以接通和关闭。插孔 SWG（+）和 GND（-）用以测量 ATO 的模拟输出电压。TASTE1-适配器（X4）面板指示说明参见表 15-12。

TASTE 面板显示含义　　　　表 15-12

名　称	含　　义
A1	ATO-模式
A2	右边门
A3	折返行程
A4	ATO-启动按钮灯
A5	AK-键灯
A6	预留
A7	预留
A9	运行
A10	制动
A12	左边门
SYSAK	用于系统激活的开关（触摸位置亮）
-灭	系统激活，开关位置灭
-亮	系统激活，开关位置亮
+24V	输出插孔 +24V
GND	地-插孔
FSWG	插孔释放参考值，输入 为了输出（SWG）参考值的释放/激活，需要连至插孔 +24V
SWG	插孔参考值，对地输出（0～10V）

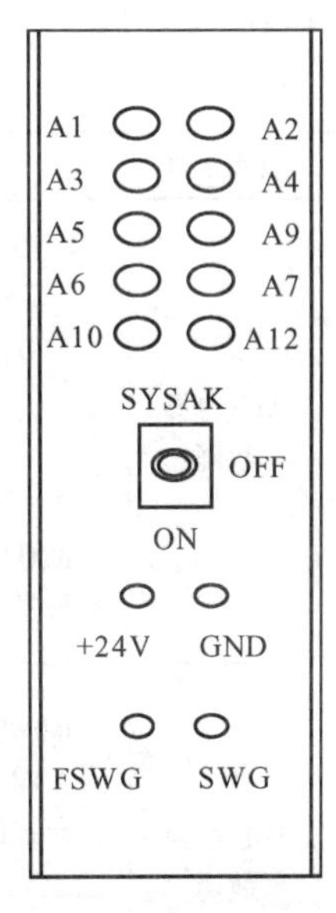

图 15-5　TASTE1-适配器（X4）面板

3. 接通 ATO

通过系统激活信号 SYSAK 接通 ATO。通常运行模式下，通过 ATP 激活 ATO。如果安装了测试适配器，必须通过 TASTE1-适配器（X4）上的 SYSAK-开关激活 ATO。

（二）PTI 视图

PTI 视图的作用是监视 IMU 100 系统的多路接收器报文，即 PTI 至多路接收器的报文。显示的内容可以通过编辑文件 PTI.DEF 来修改。PTI.DEF 文件是报文的组成部分。

1. PTI 视图的硬件和软件

运行 PTI 视图监示程序所需的硬件有 IBM-PC AT（80386 处理器或更高）或兼容 PC 一台；空串行口（COM1 或 COM2）一个；VGA 显示-适配器一个；彩色或黑白的监示器一个。

运行 PTI 视图监示程序所需的操作系统是 DOS 5.0 或更高。

PTI 视图监示程序可以从硬盘启动，也可以从软盘启动。

2. 安装和执行

启动 PTI 视图程序没有一个特殊的启动方法，只需要从数据载体中拷贝四个文件到硬盘上自选的目录即可。该四个文件有 PTI.EXE（主程序）；PTI.RES（资源文件）；PTI.DEF（带有 报文格式化和解释指令的 ASCII-文件）；PTI.HLP（帮助文件）。

当在 DOS 下执行 PTI 视图程序时，不用任何参数而只要在 DOS 的命令提示符下打入 PTI，并按回车 <ENTER> 即可；在 WINDOWS 下，用鼠标双击“文件管理器”（或“资源管理器”）中的 PTI.EXE 便可运行。

由于程序执行时会产生临时文件，建议从硬盘启动程序而不要从软盘启动。存取资源和帮助文件比较快，需确认所有列出的文件在同一个目录中。

三、故障处理

（一）车载 ATO 计算机故障

车载 ATO 计算机故障现象及处理程序参见表 15-13。

车载 ATO 计算机故障处理 **表 15-13**

序号	故障部件	故 障 现 象	处 理 程 序	备 注
1	ATO 电源故障	ATO 电源模块所有 LED 灭	1. 检查自动保险开关； 2. 检查到 LEIT2 的电压； 3. 更换 LEIT2； 4. 更换 ATO 电源模块； 5. 更换 ATO 整层	—
		ATO 电源仅 LED“i”红亮，短路保护触发，ATO 无功能，电源关闭	1. 重启计算机； 2. 逐个更换 ATO 所有模块； 3.ATO 更换整层	—
2	IMU 电源故障	IMU-VERS 的 LED“5”和 LED“24”灭，IMU-VE 上的 LED 灭，从列车不能发送数据到轨道	1. 检查 ATP24V 的电压供应； 2. 更换 IMU-VERS； 3. 更换 LEIT2； 4. 更换整层	—
		IMU-VERS 的 LED“5”和 LED“24”灭，从列车不能发送数据到轨道	1. 更换 IMU-VERS； 2. 更换 LEIT2； 3. 更换整层	—
3	IMU-VE 故障	IMU-VE 的 LED“A”灭，从列车不能发送数据到轨道	1. 用诊断 PC 与 ATO 诊断接口连接，读取故障信息及提示； 2. 按压 IMU-VE 模块上的复位键复位； 3. 更换 IMU-VE	—
		IMU-VE 的 LED“R”长灭或长亮，按下复位键也一样，从列车不能发送数据到轨道	更换 IMU-VE	—
		IMU-VE 的 LED“S”不闪亮，从列车不能发送数据到轨道，ATO 与 IMU 无通信	1. 用诊断 PC 与 ATO 诊断接口连接，读取故障信息及提示； 2. 按压 IMU-VE 模块上的复位键复位； 3. 更换 IMU-VE； 4. 见 SIRIUS 故障处理程序	—
		IMU-VE 的 LED“L”灭，无循环 FSK 报文重复，从列车不能发送数据到轨道	1. 按压 IMU-VE 模块上的复位键复位； 2. 更换 IMU-VE	—
		IMU-VE 的 LED“M”灭，调解器不工作，从列车不能发送数据到轨道	1. 按压 IMU-VE 模块上的复位键复位； 2. 更换 IMU-VE	—

续表

序号	故障部件	故障现象	处理程序	备注
4	LEIT2 模块故障	ATO 电源的 LED“i”（红色）不亮，ATO 无功能	1. 检查保险自动开关 4F05； 2. 更换 LEIT2； 3. 检查电压：前插头 zbd2/4 = 110V，对应 GND = zbd6/8；终端架 X1/46/47/48 = 110V，对应 GND = X1/49/50/51；必要时更换电缆； 4. 更换整层	—
		IMU 无功能，IMU 所有的 LED 不亮，PTI/IMU 无作用	1. 检查保险自动开关 4F05； 2. 更换 LEIT2； 3. 检查电压：前插头 zbd2/4 = 110V，对应 GND = zbd6/8；信号分配器插头 z6/8 = 24V，对应 GND = bd6；终端架 X1/46/47/48 = 110V，对应 GND = X1/49/50/51；必要时更换电缆； 4. 更换整层	—
		对列车正常的行驶造成影响，可能导致紧急制动	1. 使用 ATO 静态测试的适配器和车辆训练器来读取故障信息，必要时更换 LEIT2 和 TINTE； 2. 检查 ATP 对应 LEIT2 的前电缆	—
5	VE 模块故障	VE 的七段显示中的垂直条不闪亮，有故障信息显示，计算机不启动，未达到操作状态	1. 连接诊断 PC，读取故障信息； 2. 更换 VE； 3. 更换 SP1MUB； 4. 逐个更换所有 ATO 模块； 5. 更换 ATO 整层	—
		对列车正常的行驶造成影响，可能出现非正常 ATO 行驶或导致紧急制动	1. 连接诊断 PC，读取故障信息； 2. 更换 VE	—
6	SP1MUB 模块故障	SP1MUB 模块上的读取 LED（红色）静止，正常时应为在读取数据时闪亮，计算机不启动，未达到运行状态	1. 连接诊断 PC，读取故障信息； 2. 更换 SP1MUB； 3. 更换 VE； 4. 更换 ATO 整层	—
		SP1MUB 模块上的 LED“0” – “4”静止（存储单元应转换时不转换），对列车正常的行驶造成影响，可能出现非正常 ATO 行驶或导致紧急制动	1. 连接诊断 PC，读取故障信息； 2. 更换 SP1MUB； 3. 更换 VE； 4. 更换 ATO 整层	—
		无法读取、调整、纠正时钟	1. 连接诊断 PC，读取故障信息； 2. 更换 SP1MUB； 3. 更换 VE； 4. 更换 ATO 整层，注意检查 SRAM 部件和时钟部件的电池寿命	—

续表

<table>
<tr><th>序号</th><th>故障部件</th><th>故障现象</th><th>处理程序</th><th>备注</th></tr>
<tr><td rowspan="2">7</td><td rowspan="2">TINTE 模块故障</td><td>使用 ATO 静态测试的适配器和车辆训练器读不到速度脉冲，对列车正常的行驶造成影响，可能导致紧急制动</td><td>1. 使用 ATO 静态测试的适配器和车辆训练器检查数据；
2. 更换 LEIT2；
3. 更换 TINTE</td><td>—</td></tr>
<tr><td>使用 ATO 静态测试的适配器和车辆训练器读不到交叉点脉冲，对列车正常的行驶造成影响，可能导致紧急制动</td><td>1. 使用 ATO 静态测试的适配器和车辆训练器检查数据；
2. 更换 LEIT2；
3. 更换 TINTE</td><td>—</td></tr>
<tr><td rowspan="2">8</td><td rowspan="2">DINBUS 模块故障</td><td>与 ATP 中断联系大约 7s 后 ATO 关断，DINBUS 的 LED 灭</td><td>1. 使用 ATO 静态测试的适配器和车辆训练器读取故障信息；
2. 更换 ATO 的 DINBUS；
3. 检查 DINBUS 模块的前插头及电缆；
4. 更换 ATP 的 DINBUS</td><td>—</td></tr>
<tr><td>MES80-BUS 数据传输故障，SW/HW-故障复位出错或无地址输入，ATO 故障</td><td>1. 使用 ATO 静态测试的适配器和车辆训练器读取故障信息；
2. 更换 DINBUS</td><td>—</td></tr>
<tr><td rowspan="4">9</td><td rowspan="4">SIRIUS 模块故障</td><td>模块内部的 LEDV79 灭（正常红色），不能用诊断 PC 诊断，无数据到 IMU</td><td>1. 检查/测量内部 5V VCC1 电压；
2. 更换 SIRIUS 模块</td><td>—</td></tr>
<tr><td>通道 1 的数据“RECEIVE”和“SENDING”故障，无数据到 IMU</td><td>1. 更换 SIRIUS 模块；
2. 检查配线</td><td>—</td></tr>
<tr><td>通道 2 的数据“RECEIVE”和“SENDING”故障，不能用诊断 PC 进行主诊断</td><td>1. 更换 SIRIUS 模块；
2. 检查配线</td><td>—</td></tr>
<tr><td>VE-SIRIUS 数据传输故障，不能用诊断 PC 进行主诊断，无数据到 IMU</td><td>1. 更换 SIRIUS 模块；
2. 检查配线；
3. 更换整层</td><td>—</td></tr>
<tr><td rowspan="2">10</td><td rowspan="2">TASTE 模块故障</td><td>ATO 电源仅 LED“i”红亮，ATO 无显示/功能</td><td>1. 使用 ATO 静态测试的适配器和车辆训练器检查；
2. 更换 TASTE 模块；
3. 更换 SYSAK 模块（ATP）；
4. 检查/测量前电缆</td><td>—</td></tr>
<tr><td>显示错误，对列车正常的行驶造成影响</td><td>1. 使用 ATO 静态测试的适配器和车辆训练器检查；
2. 更换 TASTE 模块；
3. 检查/测量前电缆</td><td>—</td></tr>
<tr><td>11</td><td>SIRIUS2-1 模块故障</td><td>主-从无数据交换</td><td>1. 使用 ATO 静态测试的适配器和车辆训练器检查；
2. 更换 SIRIUS2-1；
3. 检查配线；
4. 更换整层</td><td>—</td></tr>
<tr><td>12</td><td>SIRIUS2-2 模块故障</td><td>主-从无数据交换，不能用诊断 PC 进行从诊断</td><td>1. 使用 ATO 静态测试的适配器和车辆训练器检查；
2. 更换 SIRIUS2-2；
3. 检查配线；
4. 更换整层</td><td>—</td></tr>
</table>

（二）ATP/ATO 设备常见故障排除方法

列车在运行过程中，驾驶员能观察到的车载 ATP/ATO 故障现象及处理程序参见表 15-14。

ATP/ATO 设备常见故障排除方法 **表 15-14**

序号	故障现象	处理程序	备注
1	车门不能自动打开	1. 列车停在停车窗外，没有门释放，属正常； 2. 列车显示停在停车窗内，没有门释放，通知供货商； 3. 列车显示停在停车窗内，有门释放，检查开关是否打到自动开门，检查目的地号是否不对，如果以上都正确，且故障连续出现，测量右门端子或左门端子在列车停稳后有否短时间 110V 输出，若没有，更换 ATO 的 TASTE 模块；若有，属车辆问题	—
2	车载 ATP 无有效信息（显示屏显示 ATP 打叉图标）	1. 检查 ATP 切除开关位置是否正确； 2. 检查保险自动开关 4F04～4F07 的位置是否正确； 3. 复位计算机，如故障再次出现，观察车载设备的显示，按故障显示查找原因	—
3	车载 ATO 无有效信息（显示屏显示 ATO 打叉图标）	1. 检查保险自动开关的位置是否正确； 2. 重启计算机，如故障再次出现，观察车载设备的显示，按故障显示查找原因	—
4	列车 ATO 驾驶时冲出停车点	1. 若多列车发生检查轨旁设备（SYN、FTGS）； 2. 若一列车发生多次，按下述进行检查： （1）检查有无车辆 DCU 故障； （2）观察列车显示屏在应制动时有无制动图标，并测量 ATO 有无发出制动命令： a. 如端子有命令发出而显示屏无制动图标，车辆的故障； b. 如端子无命令发出或有命令发出也有图标，逐块更换 ATO 的 TASTE，TINTE，VE（master and slave），逐块更换 ATP 的 KIPV，WISIR，ALF701，DAISI； （3）检查轮径设置是否正确	—
5	列车在 ATO 模式下无牵引	1. 检查 ATO 有无牵引命令和模拟量输出，若有则为车辆问题； 2. 若无，则逐块更换 ATO 的 TASTE，TINTE，VE； 3. 检查配线	—
6	列车在 RM 模式下超过 15km/h 时产生紧急制动	此故障是由于无服务数据引起，应： 1. 重新输入服务数据； 2. 若重新输入数据后又再丢失，更换 DIMAS	—
7	ATO 按钮无效	1. 若为驾驶台上其中一个按钮无效，为按钮故障（车辆问题）； 2. 若两个按钮无效，重启计算机； 3. 重启计算机故障仍出现，逐块更换 ATP 的 DES4 模块； 4. 检查配线	—

续表

序号	故障现象	处理程序	备注
8	列车折返后，开钥匙，AR灯仍闪亮	1. 检查主控钥匙接点（车辆问题）； 2. 关钥匙再打开，灯仍闪，出现多次，逐块更换 DES4； 3. 检查插头与配线	—
9	列车自动关门	1. 出现多次，检查自动关门时，有无门释放（从显示屏观察或测量端子，如有，属车辆故障； 2. 如无，逐块更换 DAS2 和 SECOP2； 3. 检查配线	—
10	列车在 ATO 驾驶制动时产生紧急制动	1. 是否由于下雨引起的； 2. 紧急停车按钮（车上/站台/车控室）是否按下； 3. 读取紧急制动数据和故障信息，判断紧急制动是轨旁还是车上设备引起的（包括车门等）	—
11	列车不能关门	1. 将自动开门开关打到手动开门位置，如车门仍不能关闭，属车辆问题，若车门能关闭； 2. 更换 TASTE 模块； 3. 检查配线	—

第十六章 ATS 子系统

ATS子系统（以下简称ATS）亦是列车自动控制系统的三个子系统之一，属于非安全系统。它与ATP、ATO子系统相结合，完成运行图编辑、列车运行自动调整、列车运行显示、进路自动排列、运行历史数据归档记录等功能。下面仍以SIMENS的系统为例对该子系统的构成、设备运行、控制方式及冗余设置和设备维护等方面进行阐述。

第一节 ATS子系统构成

一、系统构成要求和基本功能

系统要求ATS设备的组成及功能应满足线路的运营需求；系统网络应具有通用性、可扩展性，网络通信协议应采用国际标准协议；须具有网络安全措施，对病毒及恶意攻击具有完备的防范功能；系统应与轨道交通系统中的时钟同步（由通信时钟系统提供标准的GPS时钟信号）；系统无论是在中央级还是车站级进行控制，其人工控制权限均应高于系统自动控制的权限；中央自动监控模式应为正常监控模式，在各种控制模式转换过程中，在新的控制模式转换成功并实现控制前，原控制模式应保持不变。

ATS子系统由中央、车站和车厂ATS设备组成。中央ATS设备一般设于控制中心，车站ATS设备的设置地点与ATP/ATO室内设备相同。在车站控制室，设置车站值班员现地操作工作站，用于在特殊情况下人工调整在线列车的运行。ATS中央与车站间的信息交换采用通信系统的专用数据传输通道，所有接口符合国际标准。

（一）ATS中央设备的构成要求

ATS中央设备中的各工作站均应具有相同的硬件和软件配置，满足系统安全、稳定、高效运行的要求。

对以上设备的供电要求是除保证设备稳定、可靠工作之外，在停电30min内，UPS设备必须保证ATS设备连续正常工作。

（二）车站ATS设备的构成要求

车站ATS设备除接收和发送各种运行命令、数据和设备状态信息，使ATC系统正常工作以外，还必须完成对旅客向导设备显示信息的实时控制。

（三）ATS实现的基本功能

ATS子系统在ATP、ATO子系统的支持下完成如下的对列车运行的自动监控。

1．根据联锁表、计划运行图及列车位置自动生成进路控制命令，传送到联锁设备，设置列车进路。

2．自动实现正线区段内列车识别号（服务号，目的地号）的跟踪，列车识别号由中央ATS系统根据计划运行图自动分配给列车或由调度员人工设定、修改，也可由司机在驾驶室的人机界面输入后经车地通信向ATS发送标识号等信息获得。

3. 具有计划与实际运行图的比较功能和计算机辅助调度的功能，能够根据列车实际偏离计划的情况，自动对列车的运行进行调整或生成调整计划供调度员参考。

4. 调度员人工介入设置进路的功能，对列车运行进行人工调整。

5. 在计算机辅助下完成对列车基本运行图的编制及管理，具有较强的自动生成运行图功能、时刻表冲突检查功能和人工调整功能。

6. 在车站控制模式下与联锁系统结合，将部分或所有信号机置于自动模式状态，实现车站级控制模式下的进路自动控制功能。

7. 具有列车运行状态实时监视及异常事件自动报警功能。

8. 通过投影式显示系统及调度显示界面，对车站及区间轨道区段、道岔、信号机等远程周边信号设备进行实时监控；设备故障情况下显示报警及故障源提示。

9. 通过设在车厂的终端，向车厂管理及行车人员提供必要的信息，用于编制车辆运用计划和行车计划。

10. 在中央 ATS 专用的独立设备上提供模拟和演示功能，用于培训及参观演示。

（四）其他要求

1. 当各子系统为不同的供货商时，ATS 必须满足与 ATP、ATO 以及计算机联锁子系统的接口要求，其设备组成及功能应满足线路运营组织的功能需求。

2. 在中央控制室为行调及主任调度一般配置多台行车调度工作站，行车调度工作站在硬件和软件上应具有相同的结构，控制功能能够互为备用。工作站的人机界面对话窗口应包括列车监控、联锁控制、时刻表编辑、时刻表管理、列车调度管理、系统监测、车辆管理、线路管理、职责和授权、报警及报表等，在相应的对话窗中可对全部的控制对象进行实时监控。

3. 背投式高分辨率组合显示屏，可方便地自定义显示区的大小，自由移动窗口，打开多个画面，ATS 系统应可靠地与其接口。

4. 为提高 ATS 的可靠性和可用性，ATS 局域网采用 100M 双网冗余结构；对通信骨干网要求提供冗余双传输通道；关键网络设备如管理、通信、数据等服务器采用热备冗余结构；调度工作站采用双屏显示（一屏用于显示计划、实际运行图比较显示，另一屏用于列车运行监控的操作），双显示器输出控制相对独立，一个显示器故障，可由另一台显示器完成全部的显示及控制功能。其他工作站采用单屏显示。中央至车站的通信通道采用双通道冗余热备方式。主机故障时，主备切换应确保显示及控制功能的连续性。

5. ATS 的中央设备的服务器、网络设备、终端工作站及其他计算机外围设备均应采用国际上工业级高端产品。主要设备应有冗余配置，硬件达到工业级使用标准。

6. 网络打印设备，宜配置彩色激光打印机用于运行图打印和数据报表打印，宽行针式打印机用于故障报警信息打印，根据用户需要可对打印机配置和型号进行选择（在系统采购时确定）。

二、系统设备组成

（一）控制中心设备

中央 ATS 的主要设备包括通信处理机（通信管理机）、调度工作站、模拟显示屏、运行图编辑工作站、网络设备、系统管理工作站、维护工作站、与其他系统接口的通信服务器、培训/模拟工作站等，以及报告输出和系统运行状态信息输出的打印设备。中央 ATS

将根据控制中心工艺要求进行设计，设备分设于中央控制室、信号设备室、电源室、运行图编辑室、模拟演示室中。

1. 在中央控制室设置三个行车调度工作站、一个 OCC 运行模拟显示屏、一个在线运行图编辑工作站，以及一台彩色激光打印机、两台宽行针式打印机。其中，一个行车调度工作站（19 寸液晶显示器）用于主任调度台，两个行车调度工作台用于行车调度。以上工作站在硬件和软件上具有相同的结构，控制功能互为备用。

2. 中央控制室内的运行模拟显示屏采用背投式高分辨率组合显示屏，主要基于以下原因：

（1）智能化终端，具有灵活的文字、图表、图像的彩色显示功能，满足线路、站场、车次号实时显示要求。

（2）串行、以太网接口等通信功能，可方便地直接与中央 ATS 网络接口，而无需另外增加接口设备；可直接显示列车识别号，无需另外增加车次窗设备。

（3）显示内容容易修改，在线路变更、延伸扩展时具有较高的灵活性。

3.ATS 信号设备室将设置有关的 ATS 系统管理服务、通信服务、数据服务、系统接口、维修/管理工作站等设备。

4.ATS 电源室设置智能电源系统，包括 UPS、免维护电池、电源屏。

5. 在运行图编辑室设置一台编辑工作站。

6. 模拟/演示室设置模拟/演示工作站及打印机。

（二）线路上的设备

在正线设备集中站信号设备室设置 ATS 分机设备。

（三）车辆段的设备

在车辆段（车厂）信号运转楼控制室设置一台 ATS 行调工作站。

（四）网络组建要求

控制中心至设备集中站 ATS 分机设备及车厂的传输通道采用点对点主备双通道星型网络或冗余双环形网络，通道由通信专业提供或由信号系统单独构建网络。

第二节　ATS 设备的运行

一、ATS 设备运行概述

完整的 ATS 子系统功能基于 ATP、ATO 以及微机联锁子系统，实现对全线列车运行的自动管理和监控过程，其设备组成及具备的各项功能完全满足运营组织需求。例如能够可靠地监督列车运行；完成运行图编辑、列车识别、运行列车的自动调整、自动排列进路；实现人工控制列车进路；实现与轨道交通其他系统的信息交换接口功能；进行运行记录的统计、自动保存/归档、系统维护/备份，以及调度员岗前培训等功能。通过操作界面，调度员可以随时根据需要，局部或全部下放或收回对车站的控制权，能够实时地向行车岗位操作员和其他有关人员提供全线车站、道岔、信号机、UPS 电源设备、ATP 轨旁设备等信号系统的设备状态、列车运行情况的表示信息。人机界面设备在功能上实现互为备用，多台人机对话工作站可以实现相同的操作控制功能。

二、ATS 运行特征

（一）ATS 运行环境特征，见表 16-1。

ATS 运行环境特征 **表 16-1**

ATS 子系统 OCC 设备在下列环境中应能可靠工作：		
空气温度：	室内	0～50℃
相对湿度：	室内	10%～75%
大气压力：	70～106kPa（相当于海拔高度 3000m）。	
ATS 子系统车站设备在下列环境中应能可靠工作：		
空气温度：	室内	0～40℃
	室外	−40～+55℃
相对湿度：	室内	10%～85%
	室外	10%～100%
大气压力：	70～106kPa（相当于海拔高度 3000m）。	

（二）ATS 工作站运行特征

1. ATS 设备应保证行车调度员能随时监督、控制全线车站的接、发车进路，并可根据需要，局部或全部下放或收回对车站的控制权。

2. ATS 设备应能实时地向行车调度员和其他有关人员提供全线车站、道岔、信号机、UPS 电源设备、ATP 轨旁设备等信号系统的设备状态、列车运行情况的表示信息。

3. 计算机显示屏 MMI 或表示盘 MDP 所显示的图形符号应与车站联锁设备所表示的含义相符。

4. ATS 中央设备故障导致与车站连接中断时，系统应自动激活降级模式。

5. ATS 故障时，不导致车站联锁设备错误动作。

6. 关键设备（如：ATS 通信管理机）需主备机热备，主机故障时，实现无延时自动切换。

7. 人机界面设备实现功能备用，多台 MMI 可以实现相同的控制操作功能。

（三）ATS 核心工作站的冗余能力

1. 通信管理机实现无延时自动切换

Hot-Standby 用于确保系统中带有无滞延转换开关的中央功能，例如 COM-服务器。Hot-Standby-运行具有下列特征：

(1) 两台在硬件上一致的服务器获得相同的软件，它们并联工作并获得同样的信息。两台并联工作的服务器中的一台执行程序运行工作（PC），另一台执行 Hot-Standby-功能（SB）。Hot-Standby-服务器不输出或发指令。这两台由盈余功能连在一起的服务器相互监控对方的状态。

(2) 在 SB-起动时，PC 向未来的 SB 输送数据库中的不能由 GA 获取的那部分。SB 在起动阶段，PC 将 SB 分成几步，它们直至起动阶段结束都是同步的，这样两台微机在经过起动阶段后还是拥有相同的程序轮廓。

(3) 在盈余运行中，向各打印机的输出都是同步的，由手动进行的输入将被重新发送。

(4) SB 工作是随机发生的，无周期，这样就保证能够发现最新的故障，Standby-服务器可在短时间内担负起程序运行的工作，因为它拥有最新的程序数据。

(5) 当构件发生故障时，不需工作人员就能进行自动转换，在维修情况下也可由操作人员手工操作。

(6) Hot-Standby-运行中的不同状态周期列在图 16-1 中。

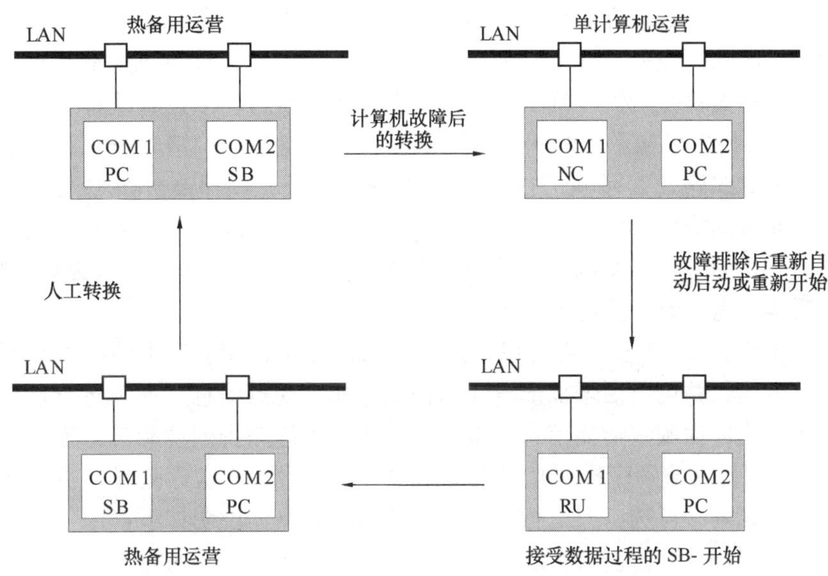

图 16-1 Hot-Standby 转换过程原理

2. 管理工作站的主备切换

ADM 管理工作站和 ADM 管理工作站备用机也可进行转换，但有别于 COM 的转换。ADM 管理工作站备用机一般在 MMI 的状态时我们称它为 ADMSP，而 ADM 管理工作站备用机在 Pr 状态（准备状态）时我们称它为 ADMSO。只有 ADM 管理工作站备用机在 Pr 状态时，同时 ADM 管理工作站故障时才能实现 ADM 主备转换，让 ADM 管理工作站备用机在 Pr 状态转换为 PC 状态。

3. MMI 人机界面设备功能备用

行调操作人机接口有 3 台 MMI，每台 MMI 的功能是相同的，对各个联锁区域的控制权限可以互相交接，便于多个行调间的职责划分。其特点为：

(1) 所有的工作站可以独立履行全部联锁区域的职责。

(2) 只有当工作站被指定分配了某个联锁区域的职责时，操作员的相关操作命令就被激活。

(3) 当工作站没有负责某些联锁区域的职责时，在人机对话中就不会出现相应的操作界面。

(4) 某些职责通常与工作站相关（MMI）。每个联锁区域可以专门分配给一个工作站，多个联锁区域也能够同时分配给同一个工作站。

(四) ATS 功能的实现

1. 列车识别号跟踪、传递和显示

(1) 系统能够自动完成对正线控制区域内的列车进行识别和跟踪。当列车从车厂出发占用转换轨时，系统开始对列车进行跟踪，直到列车返回车厂离开转换轨，列车的跟踪过程才结束。列车识别号可由中央 ATS 系统根据计划时刻表自动生成并分配给列车，或由司机人工在列车上设置后，通过列车车载设备经车-地通信系统发送给中央 ATS，在完整的系统功能下，两个途径的信息以中央 ATS 系统分配的为优先，当信息不同时调度员在收到报警提示信息后做出最终的选择。识别号随着列车的走行而自动跟踪，并可由调度员人工修改，包括设定、删除、位移、变更。列车识别号因故丢失时，计算机应能根据运行图、列车位置及时间自动推算并经人工确认后自动设置列车识别号，或设置缺省列车识别号。

(2) 控制中心投影屏显示的图像应保证调度员在视觉范围内清晰分辨图文信息，采用图形符号和颜色对线路及表示状态的图形元素进行区分，以提高分辨率及视觉效果；同时，提供可控元素的操作菜单，如画面调整、切换、选择、缩放等；列车识别号显示一般包含运行方向、目的地号或交路号、服务号等主要信息。图文信息显示必须清晰、明确，易于调度员观察，满足设计规范的要求。

(3) 调度员工作站上的识别号可以通过画面切换显示，能够在不同的人机对话画面中突出显示重点内容，并可灵活增加部分显示信息，如早晚点信息、人工运行调整时间修改信息、本车次关闭自动调整功能信息、本车次关闭自动进路排列功能信息等。

(4) 列车识别号（非顺序排列）可由车组号、服务号、车次序列号、目的地号或交路号、乘务组号、线号（可选）及运行方向符号等组成，具体说明如下：

1) 车组号：即车辆编组号，在动车组固定编组情况下，可视为车组号不变，一般采用 2~3 位数 01~99 或 001~999；

2) 服务号：列车出段投入服务时的顺序编号（一般由时刻表在编译过程中根据列车计划运行线自动生成），在正常运行中一般不变动，通常采用 2 位数 01~99；

3) 序列号：按列车运行顺序及方向顺序编制，一般上行为偶数，下行为奇数，采用 2 位数 01-99；

4) 乘务组号：与乘务员人数有关，一般采用 3 位数 001~999；

5) 目的地或交路号：与列车运行目的地及目的地作业方式有关，一般采用 2~3 位数 01~99 或 001~999；

6) 运行方向符号：一般使用箭头符，箭头指向列车运行目的地的方向；

7) 线号：根据地铁线路规划及线网规模，一般采用 1~2 位数 1~9 或 01~99。例如地铁四号线的线号编号为 4 或 04。

2. 运行图编辑及管理

(1) 运行图的编制应根据地铁线路的特点，在计算机辅助下完成对列车基本运行图的编制。运行图编辑器是一种离线应用，目的是辅助运营计划编制人员和调度员为 ATC 系统内的服务列车有计划性地投入运营创建可用的基本运行图。

(2) 运行图编辑器的基本功能包括：

1) 运行图的自动创建；

2) 自动生成表格形式的列车时刻表报表；

3) 运行图及时刻表数据的自动、人工保存；

4) 重新编辑已保存的运行图；

5) 用已有的运行图创建或编辑一个新的运行图；

6) 运行图编辑功能支持不同的列车编组；

7) 提供列车出/入车厂及存车线的自定义功能；

8）编辑器能识别列车计划线的冲突，并向运行图编辑人员提示；提供操作工具和智能化建议，通过调整运行数据或调整计划图形的方式、解决冲突；

9）仿真运行，并进行运行冲突检查；

10）将基本时刻表数据传送到服务器以备调度员随时调用；

11）各类归档运行图的调阅、打印、另存功能；

12）运行图的图形和时刻报表的打印功能。

(3) 由调度员输入基本数据，包括各区间或各交路运行时间、车站停站时间、运行间隔、起始和终到站、运行间隔的时段、可用列车数及位置信息、列车折返要求等信息，在计算机辅助下，自动地编制、生成基本列车时刻表和运行图。调度员在编制列车时刻表和运行图时，能随时有效地进行人工修改；编图人员在线参考主控系统提供的以往的实际客流信息和客流统计报告，作为编制列车时刻表和运行图的有力依据。运行图在编制过程中及编制完成后应能在显示终端上显示。若运行上有要求，结合线路布置可以先编制局部区域的基本运行图，计算机能自动合成为全线的基本运行图。运行图编制完成后，能通过倍速运行仿真设备对运行图的冲突进行检查，并能提供运行图修改建议。

(4) 运行计划的节能要求：作为一种节能功能，编译生成的运行曲线图信息中包括了预测系统内的全部列车在运行计划下的能量消耗计算值。操作员可以通过这一信息，利用调整速度曲线（列车运行参数）和避免列车同步发车等手段来减低能耗。

(5) 基本运行图编制完成后，按不同的运行图种类（包括平日、节假日、特殊情况等）存入数据库内，以备调度员随时调用。基本运行图的数据不得擅自修改，当必须修改时，由专门维护人员按照有关程序进行。计算机内的基本运行图储存空间应足够大，一般同时容纳运行图的数量应不少于256个。基本运行图数据必须确保安全存储，并可以通过拷贝长期保存。

(6) 每天运营前由调度员从计算机中调用一个基本运行图，经调度员确认或在线修改后，即成为当日列车的实施运行图，各列车按此图进行运行，并在显示终端上实时显示计划及实际列车运行曲线。运营期间也可对当日实施的运行图进行在线修改。

(7) 在调度员工作站上，能够将当时的实施计划运行图、实际运行图用不同颜色在一个画面上同时显示和打印。每日运行结束后的计划及实际运行图应存入实时数据库内并至少保存72h以上，以便随时查阅，同时在定义的时段内自动存入磁带、磁盘或刻录光盘长期保存。

3. 运行图的调整

(1) 列车自动调整

由调度员人工设置运行时间偏差标准值，在列车运行发生偏差超过定义值时自动发出偏差报警。根据列车实际的偏离情况，系统能自动生成调整计划，供调度员参考。当偏离时间在一定范围内时，系统能够对单列车或多列车进行自动或人工调整。根据计划运行线，实现自动调整列车的区间运行时分和列车停站时分；而当偏离时间超过规定范围后，以起始或终到站为基点对所有列车自动按等间隔运行原则生成调整计划，经调度员确认后实施，来对全线列车进行调整。

(2) 调度员人工调整

突发事件导致列车产生较大的延误时或调度员根据行车组织的需要，增加或减少运用列车的数量等情况下，可以进行运行图人工调整。调度员人工调整手段主要有以下几点：

1）“跳停”功能。调度员允许 ATP 保护下的驾驶模式的列车以最大允许速度通过所选择的跳停车站而不停车，可以指定某一特定运行线上的所有列车或所有运行线上的全部列车在某一特定站台跳停；

2）对有关列车实施“扣车/终止扣车”。调度员可扣停或放行站台上某一特定列车或扣停所有列车并逐一放行；

3）调度员可以改变列车在选定区间的运行、选定车站的停站和折返站的折返时分；

4）调度员可以对计划运行图进行在线修改，包括对单个或所有列车进行“时间平移”、增加或取消运行计划线、改变列车的始发站、终到站及始发时间、调整列车的出、入段时间等。

(3) 在线修改列车运行图

根据运营需要，调度员能够在调度工作站上对已在实施的列车运行计划进行在线修改，包括增加运营线、修改列车出发时间等操作。对新增的非计划列车，运行线可以选择/指定已经保存在系统中的基本数据（区间、停站和折返时分等），必要时也可以人工修改计划或非计划运行线的停站或区间运行时分。

4. 操作与数据记录

(1) 系统能够自动进行运行数据统计，包括列车报告、车站报告、车次号报告以及各种运行指标等。系统具有自行生成报表功能，工作人员能对运行资料库进行访问，根据需求自行生成报表。所有报告、报表均能根据要求进行显示和打印，并具有灵活保存文件和输出文件功能。

(2) 维护人员、车厂调度人员、行车调度人员在所有人机接口工作站上均可以使用该对话功能。

5. 进路控制及取消

(1) 正常情况下，ATS 系统的自动控制进路功能与列车自动调整功能相结合，根据联锁表、计划运行图及列车位置，自动判断、生成、输出进路控制命令、停车点取消命令等，传送到联锁设备、ATP 设备，实现设置列车进路、允许列车发车。

(2) 除了中央 ATS 系统自动控制进路功能以外，一般还有下列进路控制模式及操作方式：

1）控制中心调度员发出人工控制命令，由中央半自动和手动遥控办理正线控制区域内（表示区域除外）所有车站的列车进路，开放或关闭信号。

2）车站值班员在车站控制人机界面上人工设置进路、道岔及信号机的控制。

3）当中央 ATS（含通道）故障时，可由 ATS 车站级设备根据列车识别号自动地进行进路设置和运行控制。

4）与计算机联锁系统结合，能够在车站控制状态下将部分或所有信号机置于自动进路模式状态，对于非图定车次的列车，按照 ATS 中央自动方式排列进路或 ATS 车站设备根据列车识别号自动排列进路。

6. 其他基本操作命令

行车调度员可通过人机界面用鼠标直接向车站设备发送控制信息码。需要时，控制信息码还应包含下列内容：

(1) 人工列车发车；

(2) 列车变更进路排列命令；

(3) 列车进入/退出运营服务；

(4) 封锁站台；

(5) 输入、更改、删除、查询车次号；

(6) 办理联锁区就地控制权的交接，交出或收回联锁区控制权等。

7. 时钟同步

ATS 与整个轨道交通系统的时钟同步，由时钟系统提供标准 GPS 时钟信号。

8. 监视和报警功能

(1) 通过 ATS 车站设备，能够采集轨旁及车载 ATP/ATO 提供的轨道区域、道岔、信号机、列车识别号、在线列车运行状态、命令执行情况及系统设备状态以及信号设备故障等控制和监督列车运行的基础信息，并通过模拟显示屏及调度台显示器来进行显示。当列车运行或信号设备发生异常时，中央 ATS 系统计算机自动地将有关信息在行调工作站上给出报警及故障源提示。ATS 对全线的信息采集、控制周期一般不大于 2s。

(2) 报警的优先级。默认情况下，ATC 系统报警按照重要程度分类有 3 种优先级别，即：

1) A 类为直接对列车运行及设备发生危害的情况、影响系统运行性能和/或要求中央调度员干预的报警；

2) B 类为将对列车运行发生影响的情况，报警不影响系统的性能；

3) C 类为一般报警情况，该报警信息也称为“事件”，用作信息提示。

(3) 报警发生时有明确的信息显示，并需对故障和事件发生的地点、时间、内容进行记录。调度员需确认报警信息的状态以及故障恢复情况等。在标题区显示最高优先级的报警，需要及时处理或要求确认的报警信息附有音响信号并不断闪烁。报警应根据其严重性及确认和处理的状态显示为不同的颜色，并给出提示信息。所有的报警信息，都可以设置保存，可以通过查询功能访问查询，并生成报表输出打印。

9. 旅客向导信息

(1) 旅客向导信息盘接收 ATS 子系统提供的有关列车的编组信息、预计到站时间、终到车站、停止载客及有关运营的信息，并快速准确、稳定清晰地显示。旅客向导显示器在各车站左线站台和右线站台上各安装 2 台，大约安装在距有效站台两端的端部各 1/4 处，分别向站台前后方向显示（双面显示）。

(2) 旅客向导盘显示与旅客乘车相关的信息，基本信息包括以下内容：

1) 下一次列车的终到站；

2) 距下一次列车到达本站的时间；

3) 列车接近及进站指示；

4) 旅客是否可上车的提示信息；

5) 针对列车编组的有效候车区域信息等。

10. 司机发车指示

(1) 发车指示器接收 ATS 子系统提供的停站时间信号，为列车司机提供到站停车时间、发车时间、晚点时间。在列车停稳后按 ATS 指定的停站时间开始进行倒计数，显示 2-3 位数字，到“00”点为正点发车时间，之后列车如果仍未出发，则显示器以正计数显示晚点时间。

(2) 发车指示器安装于车站运行方向站台端部，每个车站左右线正常载客运行方向的站台端部各安装一台，提供以下显示状态：

1) 前列车发出后至下列车到站停稳前处于熄灭（无显示）状态；

2) 列车停稳后，从 ATS 给定的时间开始，以秒为单位倒计时显示；

3) 在倒计时过程中，可控制时间停止（如执行“扣车”命令）。在停止后到达最大显示值时，停止点时间或最大值闪光显示；

4) 倒计时超出预定值后，以秒为单位递增显示超出的停站时间，最大值为 999。

11. 车厂列车自动监控

中央 ATS 系统通过局域网（或通信传输网）与车厂调度室和信号控制室的 ATS 人机工作站终端连接，向车厂行车人员提供必要的行车信息，车厂调度员根据当天采用的列车计划运行图编制车辆运营计划和行车计划，并通过输入 ATS 终端后传送到中央 ATS 系统，车厂信号值班员根据车辆运营计划及采用的列车计划运行图设置相应进路，以满足列车出入段及库内停车作业的需求。

12. 操作人员管理

通过对各类工作人员的责权范围、工作站控制范围进行设定或变更来实现工作人员身份及工作权限的鉴别，并对登录进入和退出系统的操作进行登记及注销等。

13. 事件记录

(1) 系统应提供事件记录功能，能对包括调度员的操作命令、列车运行状态在内的运营数据进行实时记录。记录事件一般有以下内容：

1) 所有列车的到达和出发时间；

2) 每列受控列车的方向、位置、驾驶模式、移动授权、超速、紧急制动信息；

3) 信号机状态、道岔状态；

4) 所有报警信息；

5) 所有系统用户操作，包括进入和退出系统；

6) 系统用户输入的文本信息；

7) 系统产生的信息。

(2) 系统用户应能够显示和打印事件记录。每个事件记录应包括事件的日期、时间、事件的文字描述、与事件相关的用户身份和工作站信息。

(3) 事件记录文件应能实时的连续显示和/或打印，也可根据用户的需要选择显示和/或打印。

(4) 为了准确地按顺序提供事件记录，每个事件的时间记录的参考时间应是通信系统提供的主时钟日期和时间信号。

(5) 能对 72h 内的历史运行图像信息和操作情况在调度员工作站或背投显示屏上进行回放（回放时可进行快进和慢放），以便进行分析。

(6) 所有的事件记录文件应最少保存 30 天，且所有的事件记录不可修改。

(7) 系统以一定的格式备份事件记录文件，对存储的数据库进行安全管理，使运营数据易于阅读，并能进行拷贝。

(8) 中央 ATS 管理服务器及维护工作站，为维护人员提供完善的 DBA 功能及用户管理功能。

14．ATS模拟及培训设施

(1) ATS模拟培训系统是一套具有在线和离线工作状态的模拟培训设施。模拟培训设施以线路、车站配线及在线运营列车等状况为对象；控制及显示信息应与实际使用的系统一致。离线工作状态时可作为培训列车调度员及维修人员之用，在线工作状态时可作为试验及用来调试ATS系统设备。

(2) 仿真及培训设备最小配置的构成，包括有系统服务器；运营仿真器；学员工作站；外围设备（如：打印机等）。

(3) 离线工作状态时的功能特点：

1）与ATS完全相同的人机界面，包括图形显示、人机对话方式、全线线路、车站及信号设备布置等；

2）按移动闭塞原则进行列车的调度；

3）基本时刻表的导入及调用，模拟过程中的计划/实际运行图的实时显示功能；

4）按联锁原则进行进路设置、取消、解锁，实现对道岔及信号机的控制等；

5）按照输入的时刻表或操作员意图模拟最小至90s间隔的列车追踪运行及最小至105s间隔的列车折返运行；

6）模拟列车在区间的运行时分及停站时分与输入的时刻表一致，并能按比例进行快进和慢放；

7）列车识别号的自动生成及人工输入、变更、替换、取消；

8）采用跳停、扣车、放行，改变列车运行速度等方法人工改变模拟列车运行状况；

9）自动及人工调整模拟列车运行；

10）ATS的管理操作包含操作员登记进入、退出，权力和职责范围的设定及转换等；

11）各种列车运行数据的生成及报表打印。

(4) 在线工作状态时的功能及特点：

1）接受ATS发出的指令；

2）对ATS发出指令响应并将此响应信息传送回至ATS；

3）按输入运行图自动生成或人工生成模拟列车，并自动或按操作员意图控制模拟列车运行；

4）与ATS交换控制权，在接收控制权时可设定信号机的自动或人工控制方式；

5）在ATS培训设备取得控制权及设定人工控制下可实行离线工作状态；

6）将模拟系统状态及模拟列车运行状态传送ATS。

第三节　ATS 的控制方式

ATS的控制方式有中央级控制、车站级现地控制、控制中心ATS故障下的后备控制等，兹分述之。

一、中央级控制

(一) 正常情况下的控制方式

正常情况下列车的运行处于中央集中自动监控状态。系统的进路控制和列车控制方式是：

1. 根据联锁表、计划运行图及列车位置，自动生成、判断、输出进路控制命令，传送到联锁设备，设置列车进路。

2. 根据计划运行图自动控制列车的运行时分和停站时分，在停站时间终止后，自动发送停车点取消命令到 ATP 设备，允许列车发车。列车在 ATP 的安全保护下，按照 ATS 指令由 ATO 实现列车的自动驾驶。列车运行状况通过车站联锁设备反馈至中央，构成一个闭环的列车运行控制系统。当列车的运行与实施计划运行图发生一定程度内的偏差时，由中央 ATS 自动调整列车的停站时分和区间运行时分，控制列车的运行时间轨迹，以符合实施的计划运行图。

3. 该闭环的列车控制方式示意图见图 16-2；中央系统设备及冗余方式参见表 16-2。

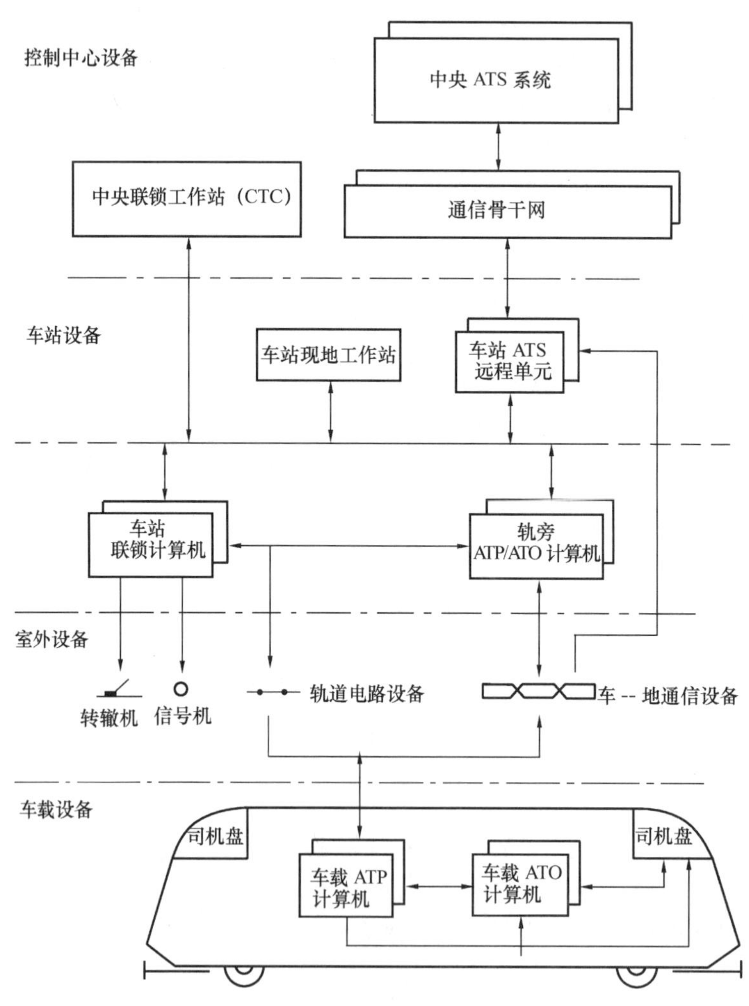

图 16-2　列车控制方式

ATS中央系统设备及冗余方式 表16-2

设备名称		冗余方式	冗余目的
中央系统	ATS主机设备	双套设备热备	提高可用性
	调度工作站	每个工作站为单套设备，但三个调度工作站之间互为备用	
	模拟显示屏	单套设备，与调度工作站间互为显示冗余	
	中央局域网	双套设备热备	
	通信骨干网	双套设备热备	
	中央联锁工作站（CTC）	单套设备，与车站现地控制工作站间互为冗余	

（二）控制中心ATS人工控制方式

1. 采用中央ATS人工控制方式时，调度员在中央调度工作站上将信号机（可以是单个，部分或全部信号机）设置为人工控制状态，被设置的信号机就进入中央ATS人工控制方式；或者调度员将列车（可以是单列、部分或全部在线列车）设置为非自动调整状态，被设置的列车按图定的走行时分和停站时分运行，对列车的早晚点不进行自动调整。未被设置的信号机、列车仍保持自动进路控制及列车自动运行调整，其控制流程见图16-3。

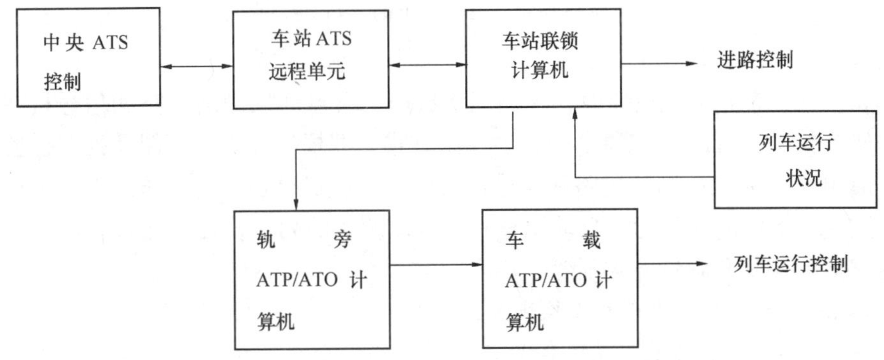

图16-3 ATS人工控制控制流程

2. ATS人工控制方式由调度员在调度工作站上人工发出相关命令，对进路及在线运行的列车进行人工干预。其控制内容包括：

(1) 在ATS行车调度工作站上对计算机联锁设备发出进路控制命令，由联锁设备排列列车进路；

(2) 当列车的实际运行与实施的计划运行图之间发生严重偏差时，调度员采取“扣车”、“跳停”、改变区间走行时分、在线修改计划运行图等手段人工调整列车的运行（包括对处于运行自动调整状态的列车进行此项操作）；

(3) 人工设定列车识别号。当列车发送上来的识别号与中央ATS计算机显示的识别号不一致时，调度员在工作站上对该列车的识别号进行重新设定、修正及删除等操作。

二、车站级现地控制

根据控制操作的需要，车站联锁设备与中央ATS系统通过通信对话可实现车站和中央两级控制之间的转换。在中央ATS系统故障下或经车站值班员申请，中央调度员同意后，系统可改由车站级现地控制方式进行操作控制。在特殊情况下，车站值班员可强行取得联锁设备控制权。车站现地控制方式下，系统最大限度地保持进路自动控制和列车运行自动调整功能。

(一) ATS系统正常情况下的车站级控制方式

1. 在中央ATS系统（包括信息传输通道）正常时，根据运营需要，中央可以将控制权下放到联锁设备集中站进行车站级控制，其控制流程见图16-4：

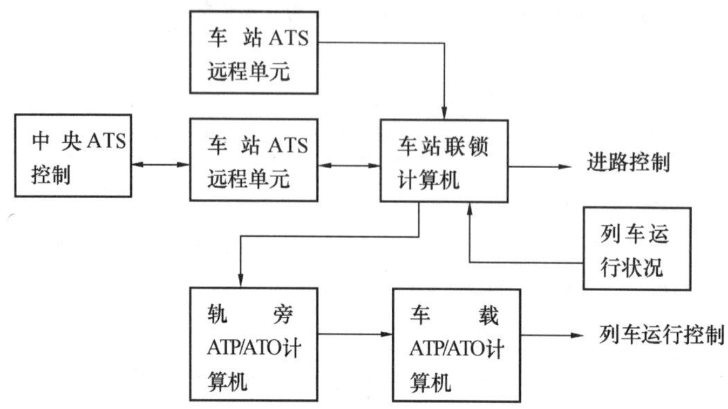

图16-4 ATS系统正常情况下的车站级控制方式

2. 控制权下放后，车站的进路控制和列车运行控制方式为：

(1) 如果未经车站值班员修改，控制权下放前所有自动控制的进路和信号机在控制权下放后仍然维持中央ATS系统原来的自动控制方式，即根据计划运行图及列车位置自动设置进路；原由ATS人工控制的进路和信号机改由车站值班员在现地工作站上人工控制；

(2) 控制权下放前处于运行自动调整和非自动调整的列车，在控制权下放后仍然维持原来的列车运行控制和调整方式不变。

(二) ATS故障情况下的车站级控制方式

1. 在中央ATS或中央至车站的信息传输网故障情况下，可采用不同的方法来继续保持进路的自动控制功能。例如：采用将运行图（时刻表）下载到车站ATS分机的方式来保持类似中央自动进路控制功能，或采用从现场获取列车目的地号的方式来自动排列进路。控制流程图16-5表示了各个联锁设备集中站的ATS远程单元（RTU）根据列车发出的目的地号实现其控制区域内车站级控制的原理。

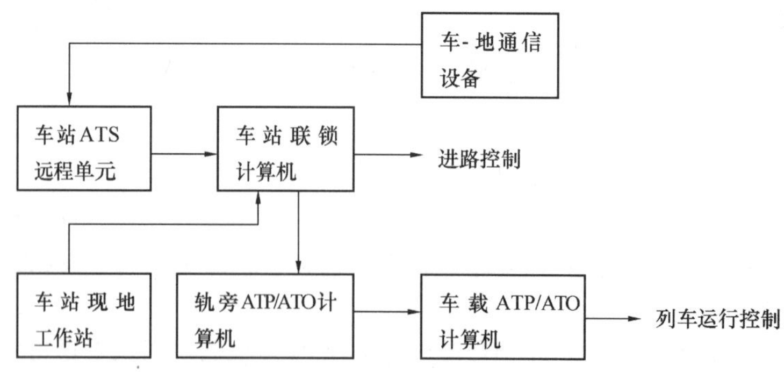

图16-5 ATS故障情况下的车站级控制方式

2. 中央ATS故障后，车站级的进路控制和列车运行控制方式为：

(1) 如果未经车站值班员人工修改，中央 ATS 故障后各进路和信号机的原控制模式不变。即原来处于 ATS 自动控制的进路和信号机变为在车站级下的自动控制状态，由车站联锁设备根据下载的列车时刻表和列车运行位置，或经车—地通信设备将列车目的地号发送到联锁设备集中站的 ATS 远程单元，联锁设备根据获取的列车目的地号信息及列车位置继续保持这些进路和信号机的自动控制功能，而原来 ATS 人工控制的进路和信号机则变为由车站值班员在现地工作站上进行人工控制；

(2) 中央 ATS 故障后，列车运行控制也会因为不同的信号系统制式有所不同。除了采用运行图下载方式的信号系统制式外，一般不能维持列车的自动调整运行功能，此时系统根据区间运行和站台停站时分缺省值来控制列车的运行。需要时，车站值班员可在现地控制盘上进行“扣车/终止扣车”的操作以及在车站现地工作站上人工进行“取消停车点”的操作，来控制列车的停站时间。

(三) 车站 ATS 分机/远程单元故障下的车站联锁设备控制方式

1. 车站值班员在车站的现地工作站上通过鼠标、键盘等设备人工排列进路，并可对联锁控制范围内的信号机、道岔和轨道区域进行设置操作。

2. 在联锁设备人工控制方式下，联锁设备集中站的值班员可在现地工作站上将信号机（进路）设定为联锁自动进路状态。信号机被设置为联锁自动进路状态后，当列车运行至接近信号机的适当位置时，自动触发进路排列命令，由联锁设备为列车排列固定的列车进路（每个信号机只能设置一条固定进路）。

3. 该控制方式下列车运行不能实现自动调整。列车运行控制方式与“ATS 系统故障情况下的车站级控制方式”相类似，其控制流程见图 16-6。

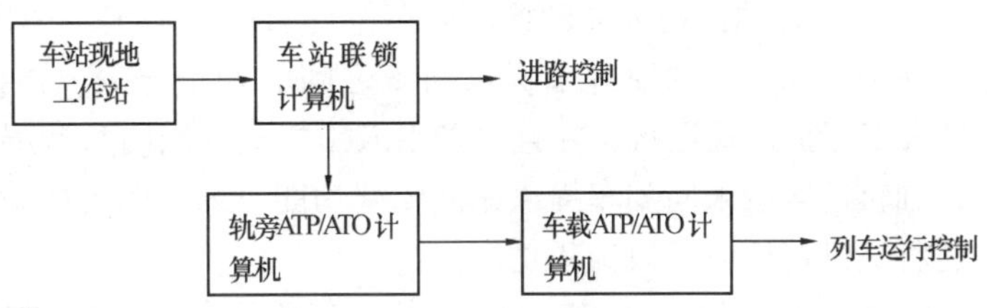

图 16-6　ATS 分机/远程单元故障下的控制方式

(四) 中央集中联锁控制方式

有些信号系统具有中央集中联锁控制功能，可以实现在控制中心中央集中联锁工作站上直接进行中央集中联锁控制的操作。该控制方式可以归入车站级的控制方式，因为中央集中联锁控制是车站级控制的集中化，通过光缆连接直接将车站现地工作站延伸并集中至中央，从而实现所有联锁设备集中区的中央集中控制。

三、控制中心 ATS 故障下的后备控制模式

根据信号系统不同的配置结构，控制中心 ATS 系统故障下的后备控制模式有所不同。一般可以分为“ATS 故障情况下的车站级现地控制”和“中央或车站人工控制的 ATC 后退模式”两种：

(一) ATS 故障情况下的车站级现地控制方式

1. 如果中央 ATS 或中央至车站的信息传输通道完全故障，系统自动降级为 ATS 故障下的车站级现地控制方式。

2. 如果未经车站值班员修改，故障前后各进路的原控制模式不变。原来由 ATS 自动控制的进路和信号机改为由车站 ATS 分机远程单元及联锁设备根据下载的时刻表或列车识别号及列车位置继续进行自动控制，原来 ATS 人工控制的进路和信号机改由车站值班员进行人工控制。需要时车站值班员也可将某些信号机设置为联锁自动控制方式。

3. 在这种情况下，采用时刻表下载的信号系统制式仍能实现除调度员人工介入功能外的大部分中央 ATS 系统的控制功能，包括列车运行自动调整和车站旅客向导信息的显示控制。

4. 对于此时已丧失列车运行自动调整功能的信号系统制式，列车在区间的运行时分和停站时分将采用预先储存的缺省值，列车仍可以在 ATP 的防护下以 ATO 的驾驶模式自动运行。中央 ATS 故障会造成各车站的旅客向导信息无显示，站务人员应及时对旅客广播，组织引导旅客有序乘车。在中央 ATS 系统故障时的现地控制模式下，OCC 行调应通过无线通信系统与列车驾驶员保持联系，并通过调度电话与联锁车站值班员通信，来了解列车运行情况。通常情况下，当 ATS 故障时：

（1）行调确认中央 ATS 系统故障后，立即通知维修人员；

（2）行调以电话及无线调度电台设备通知全线车站值班员和列车司机；

（3）列车进路控制将由各个联锁设备集中站的 ATS 远程单元通过联锁设备来实现自动控制，并由车站值班员进行过程监视，必要时在现地工作站上进行人工控制，随时向行调汇报列车运行正点情况。

（二）中央或车站人工控制的 ATC 后退模式

在移动闭塞信号系统制式中，移动闭塞的主要设备（如 ALCATEL 公司的 SELTRAC-40 等系统）经常采用中央集中设置的方式，在设备故障导致移动闭塞系统功能丧失下应具有 ATC 后退模式来维持运营。

1. 基于计轴设备为辅助检测列车位置的信号系统，在列车精确定位设备发生故障时，需要基于站间闭塞的原理来提供列车之间的安全分隔。该模式下列车不能以自动模式和 ATP 人工保护模式运行，并且只能以人工方式来控制站台屏蔽门的开关，通过轨旁信号机和计轴轨道区段来向列车提供站间闭塞功能。列车的占用检测基于计轴设备，计轴轨道区段还将提供接近或区段锁闭功能。

2. ATC 后退模式下，轨旁信号机一般为列车运行提供 3 种显示。当道岔开通直股，且进路空闲，显示绿灯；当道岔开通弯股，且进路空闲，显示黄灯；信号机内方的计轴区段占用时，或道岔开通未预先定义的进路时显示红灯。对某车站控制器的进路改变命令将由中央或本地工作站通过本站发出。

3. ATC 后退模式下，系统按“轨旁设备布置及后退模式进路图”中定义的列车进路，当司机在车载控制屏上输入目的地后，由轨旁联锁设备获取列车位置，自动地排列基本进路和列车折返进路。系统自动进路的排列基于计轴设备站间闭塞的原则，一旦前方进路空闲，道岔转到进路所需位置并且锁闭，防护进路的信号机即自动开放。

4. 在正常情况下，由轨旁联锁设备对系统所有进路（包括已定义自动进路和人工设定进路）的联锁安全保护。

第四节 ATS 的 维 修

一、信号系统维修、维护设备的配置

1. 系统具备有完整的故障检测、报警、记录、回放功能。

2. 系统具有远程实时监控功能，能监控信号系统所有设备（含中央、车站、轨旁、车

载、车厂信号设备）工作情况。

3. 在 OCC、信号值班点等地设有监控设备。

4. 每个子系统都具有各自的故障诊断接口。（可以通过微机监测信息、设备面板故障指示灯指示、与行车监控设备同屏显示等方式实现）

5. 列车设备能通过 PC 软件记录列车行驶过程中的运行数据以及与地面设备的通信内容，记录出现故障或产生紧急制动时的系统参数和数据，并能够进行分析。

6. 车厂联锁配置微机监测系统，并提供维修工作站和远程终端。车厂微机监测系统对车厂联锁系统设备、信号机灯丝断丝、转辙机电流、继电器动作、熔断器、电源设备等进行检测和故障报警。

7. 智能电源系统（包括 UPS）具有微机监测诊断功能，能检测各输入输出电流电压，并向 ATC 系统传输检测诊断信息。

8. 配备装有设备检测软件的手提电脑，用于检测和记录车站和列车上设备运营状态和故障情况，为维修人员提供故障诊断手段和信息。

9. 配备设备维修维护需要的专用工具和测试工具。

二、ATS 维修方式和可维护性设计

（一）预防性维修和故障维修

1. ATS 保养、维修一般采取预防性维修和故障维修两种方式，对部分性能稳定、故障对行车影响不大的设备可以实现故障修、状态修。

2. 对于故障件的维修，可以实行委外维修；对技术要求不高，内部维修成本比委外维修低的，一般由检修基地负责维修。

（二）ATS 的可维护性设计

1. 设备具有自诊断功能。即通过指示灯、计算机标准接口等方式为维修人员提供具体详细的正确的故障信息和故障点位置。

2. 模块化设计。便于故障点判断和故障件更换，拆卸安装方便。同时要求模块上要具有必要的指示灯或测试孔，各模块上标识清楚。

3. 设备具有自我保护功能。在外界或内部不利的条件下，自我保护功能可最大限度地减少设备的损坏。

4. 配线整齐、成束，预留线要盘起；两点连线间接点尽可能少；标识清楚，容易分辨和查找，不易损坏；配线与设备相连不能使用焊接方式。

5. 设备图纸有目录，分类明确，图纸图形化，易于查找和故障跟踪；提供详尽的资料和技术参数，便于维修人员对设备维护；所有图纸资料应有电子版。

三、ATS 的维修安全

（一）保养、维修安全要求

对带电压的仪器进行测量和测试工作时，必须遵守事故防止措施中的有关操作行为规定。必须使用合适的电子工具。

（二）受静电威胁的组件保养、维修原则（EGB）

1. 几乎所有的设备组件和工作站组件都是以 MOS-技术用高度容合的组件接插而成。这些电子组件对过电压及静电卸载非常敏感，此类组件的缩写是 EGB，世界通用的名称是 ESD（Electrostatic Sensitive Device）。

2. 在柜子、组件柜、组件或包装上标有防静电标记时，表明设备内存在敏感组件，而人体感受不到的电压和能量就可能损坏这类组件。当一名未经卸载静电的人去触摸此类组件时，就会造成静电电压损害。当组件受到静电电压后，可能它不会立即发生故障，但是在长时间运行后故障就会表现出来。

3. 受损的、或变弱的组件会改变典型的功率数据，它在运行中可能会出现故障，例如当组件发生以下情况时会导致受损：

(1) 环境温度改变；

(2) 大力撞击；

(3) 设备长期抖动；

(4) 负载发生改变超出范围；

(5) 与带有静电的材料和工具接触等。

(三) 防止静电的重要保护措施

1. 大多数的人造材料极易带有静电，所以应绝对避免同组件相接触！

(1) 在与敏感组件接触时，应注意人、工作位置、工具和包装的接地！

(2) 原则上不要去触摸电子组件。电路板上的针脚或连线绝对不能触摸！

2. 在接触敏感组件时，接触人员的手臂上应一直带着 EGB-臂带以达到接地的目的，或者应穿 EGB-鞋或 EGB-鞋 – 接地保护带行走在 EGB-地面上。

3. 在接触电子组件之前，应对自身进行静电放电。在接触组件之前，触摸某接地设备的光滑位置（例如：开关箱、暖气管等），就能达到释放自身静电的目的。

4. 不要使敏感组件与容易承载静电的、高绝缘的材料如：塑料薄膜、绝缘桌面、人造纤维服装等接触。放置时，将组件放置在可导电的底座上（例如：带 EGB-表层的桌子、可导电的 EGB-泡沫塑料、EGB-包装袋、EGB-运输箱等）。

5. 保持敏感组件远离数据显示仪器、屏幕或电视机（最短距离为 10cm）。

(四) 保存或运送组件、部件措施

1. 保存或运送组件和部件时，必须使用可导电的包装（例如：涂有金属表层的塑料箱、金属）。

2. 如果包装是不能导电的，那么在这之前必须用可导电的材料将组件和部件先包裹起来。可使用可导电的泡沫塑料、EGB-袋、家用铝膜或纸张（绝对不能使用塑料袋或塑料薄膜）。

3. 如组件装有内部电池，那么必须注意不要使可导电的包装同电池的接头相接触。

四、ATS 的维修

(一) 预防性维修

1. 维修分类

ATS 设备的维修分为日常保养，二级保养，小修，大修。各种设备的维修周期要根据不同设备具体情况来制定。

(1) 对电子类设备维护工作：对设备运行状态巡视与监视，询问使用部门设备的使用情况，对电气参数进行测试，对故障信息进行读取，并实施卫生清洁，配线和电气端子检查等工作。

(2) 对机械类设备日常工作：需要检查和调整机械性能、安装紧固情况，对各种螺丝紧固，确保摩擦面的润滑，及时修复和更换磨损严重的零部件，实施卫生清洁等工作。以下用某地铁 ATS 设备维修实例来进行说明。

2．ATS 设备的维修周期（参见表 16-3）

ATS 设备的维修周期 **表 16-3**

1	LOW	日常保养	用户访问	每日
			登录检查	每日
			设备表面清洁	每周
		二级保养	紧固部件螺丝	每月
			检查键盘功能	每月
			检查显示器	每月
			检查打印功能	每月
			检查音响功能	每月
		小　修	设备内部电路板级清洁	每半年
			设备内部部件紧固	每半年
			功能测试	每半年
2	SIC	二级保养	外观检查	每月
			清洁除尘，清洁防尘网	每月
			光纤外部清洁	每月
			设备运行状态检查	每月
		二级保养	风扇检查	每季
			安装装置的检查，螺丝紧固	每季
			地线检查	每季
			连接件的紧固	每季
			UPS 的维修	每季
			非联锁站的电源检查	每季
		小　修	扣车功能测试	每年
			电池放电时的电压、电流测试	每年
			外电源供电时的电流测试（额定：24V DC）	每年
			切换到电池供电电压（出厂设置：22.5V±0.1V DC；设置范围：18～26V DC）	每年
			蓄电池最大充电电压（出厂设置：27V DC；设置范围：26.3～29.2V DC）	每年
3	PIIS	二级保养	设备运行状态检查	每月
			外观检查	每月
		小　修	安装装置检查，螺丝紧固（包括顶棚部分）	每年
			机箱内、外部清洁	每年
			调整密封条	每年
			地线检查	每年

续表

3	PIIS	小　修	检查接口板工作状态	每年
			检查显示模块板工作状态	每年
			模块外观检查	每年
			与 PIIS 相连的电缆检查	每年
			测试显示功能	每年
4	DTI	二级保养	设备运行状态检查	每月
			设备运行状态检查	每月
			外观及周边环境检查及清洁	每月
		小　修	安装装置检查，螺丝紧固（包括顶棚部分）	每年
			机箱内、外部清洁	每年
			调整密封条	每年
			地线检查	每年
			检查接口板工作状态	每年
			检查显示模块板工作状态	每年
			模块外观检查	每年
			与 DTI 相连的电缆检查	每年
			测试显示功能	每年
5	PCU/RTU	日常保养	1. 备运行状态检查	日检
			2. 柜外部清洁	每周
		二级保养	风扇清洁	月检
			防尘网清洁	月检
			光纤外部清洁	月检
			机柜外观检查	月检
			接插件检查	月检
			检查接口	月检
			紧固接口的螺丝	月检
			接地检查	月检
			变压器电源输出测定	月检
			用 lamptest 灯检查灯丝	月检
		小　修	主、备组件的切换操作	年检
			机柜内部电路板件清洁	年检
			功能测试	年检
6	ATS 工作站	日常保养	用户访问	每日
			登录检查	每日
			设备表面清洁	每周

续表

6	ATS 工作站	二级保养	紧固部件螺丝	每月
			检查键盘功能	每月
			检查显示器	每月
			检查打印功能	每月
			检查 OCC MMI 音响功能	每月
			整理硬盘	每月
		小　修	设备内部电路板级清洁	每年
			设备内部部件紧固	每年
			设备运行状态检查	每年
			密码（用户）更新	每年
			功能测试	每年
7	打印机	日常保养	外观检查	每周
			清除灰尘	每周
			设备运行状态检查	每周
		二级保养	紧固接插件	每月
			检查打印功能	每月
			打印效果检查	每月
8	背　投	日常保养	用户访问	每日
			设备运行状态检查	每日
		二级保养	设备表面清洁	每月
			检查显示屏是否有坏点	每月
			检查显示屏的显示位置	每月
		小　修	机柜内部清洁除尘	每年
			电源检查	每年
			风扇检查并注油	每年

3. ATS 设备的检修工艺

（1）LOW 检修工艺表参见表 16-4。

LOW 检修工艺表　　表 16-4

LOW 检修工艺表					
修　程	周期	人员等级	工时	记　录　表　格	材　　料
日常保养	每日	初级工	1×60	LOW&C-LOW 检修表（日、周）	屏幕清洁剂、无尘纸、清洁膏、抹布
日常保养	每周	初级工	1×30	LOW&C-LOW 检修表（日、周）	屏幕清洁剂、无尘纸、清洁膏、抹布
二级保养	每月	中级工	1×30	LOW&C-LOW 检修表	屏幕清洁剂、无尘纸、清洁膏、抹布
小修	每半年	高级工	1×180	LOW&C-LOW 检修表	防静电毛刷、屏幕清洁剂、无尘纸、清洁膏、高密度抹布
修程	周期	工　　具			

续表

LOW检修工艺表					
修　程	周期	人员等级	工时	记　录　表　格	材　　料
日常保养	每日	无			
日常保养	每周	无			
二级保养	每月	吸尘器、螺丝刀			
小修	每半年	吸尘器、螺丝刀			

安全注意事项：

1. 维护作业带电，注意接地应良好，保护人身安全。2. 插拔板件前，要做好防静电措施，带上防静电手腕。3. 插拔插接件时要关闭电源

序号	检修工作内容	周期	检　修　步　骤	检　修　标　准
1	用户访问	每日	操作员在日常使用过程中是否有异常现象	了解设备状态，以便及时排除硬件故障或更换软件
		每日	记录异常现象	详细记录异常现象
2	设备表面清洁	每周	用屏幕清洁剂清洁显示屏	设备表面干净、清洁、无灰尘
		每周	清洁键盘、鼠标表面	设备表面干净、清洁、无灰尘
3	设备内部电路板级清洁	每半年	关闭显示器及主机电源	
		每半年	清洁内部风扇、键盘内部卫生	设备内部干净、清洁、无灰尘
		每半年	清洁主板、内存条、处理器等部件	设备内部干净、清洁、无灰尘
4	设备内部部件紧固	每半年	检查插接件是否牢固	插接板插接牢固且密贴性良好。各接口螺丝应紧固，连接线应连接牢固、无断线、无接触不良、表皮无破损
5	紧固部件螺丝	每月	检查插接件是否牢固	插接板插接牢固且密贴性良好。各接口的螺丝应紧固，连接线应连接牢固、无断线、无接角不良、表皮无破损
6	设备运行状态检查	每半年	打开显示器及主机电源	
		每月	检查电源指示灯	电源指示灯处于稳定亮状态
		每月	检查显示器显示	显示器显示正常
		每月	检查键盘及鼠标	鼠标的移动及键盘各键的使用正常
		每月	检查风扇转动是否正常	风扇转动时没有噪声，保持一定风量以起到散热作用
7	登录检查	每日	用维护人员的口令密码在LOW上登录	可以成功登录，并有记录打印出来
		每日	查阅报警信息、轨道图	轨道图显示内容正确，记录故障代码及信息
8	检查键盘鼠标	每月	检查键盘的指示灯和按键	键盘上的LED指示灯显示正常、所有按键的功能正常
		每月	清洁机械鼠标内的滚动球，检查鼠标按键	鼠标的移动平顺及按键的功能正常

续表

序号	检修工作内容	周期	检 修 步 骤	检 修 标 准
9	检查显示器	每月	观察显示器的图像显示效果	显示图像清晰、色彩鲜艳、明暗度对比度适中
		每月	调整功能	调整功能正常
10	检查打印功能	每月	检查打印机的指示灯及电源开关	打印机的指示灯及开关正常
		每月	在某一类报警清单中执行打印命令	打印机与 LOW 的连接良好，打印命令有效
		每月	检查打印效果	打印效果清晰，无卡纸现象
11	检查音响功能	每月	检查音箱发音	音箱发音清晰、无噪声、音量适中
		每月	调整功能	调整功能正常
12	功能测试	每半年	在 LOW 上，上下行各排列一条进路	均可成功排列

（2）SIC 检修工艺表参见表 16-5。

SIC 检修工艺表 **表 16-5**

<table>
<tr><td colspan="6">SIC 检修工艺表</td></tr>
<tr><td>修 程</td><td>周期</td><td>人员等级</td><td>工时</td><td>记 录 表 格</td><td>材 料</td></tr>
<tr><td>二级保养</td><td>每月</td><td>初级工</td><td>1×30</td><td>SIC 检修表</td><td>毛刷、方形抹布、清洁剂</td></tr>
<tr><td>二级保养</td><td>每季</td><td>初级工</td><td>1×60</td><td>SIC 检修表</td><td>毛刷、方形抹布、清洁剂、洗洁精</td></tr>
<tr><td>小修</td><td>每年</td><td>初级工</td><td>1×120</td><td>SIC 检修表</td><td>毛刷、方形抹布、清洁剂、洗洁精</td></tr>
<tr><td>修程</td><td>周期</td><td colspan="4">工 具</td></tr>
<tr><td>二级保养</td><td>每月</td><td colspan="4">机柜钥匙、吸耳球</td></tr>
<tr><td>二级保养</td><td>每季</td><td colspan="4">万用表、十字螺丝刀 60205、机柜钥匙</td></tr>
<tr><td>小修</td><td>每年</td><td colspan="4">万用表、十字螺丝刀 60205、机柜钥匙</td></tr>
<tr><td colspan="6">安全注意事项：
维修作业时带电，注意人身安全</td></tr>
</table>

序号	检修工作内容	周期	检 修 步 骤	检 修 标 准
1	外观检查	每月	检查设备外表	检查设备外表是否有裂纹、刮花或破损等现象，如果有，应根据损坏程度作出适当的处理
2	清洁除尘	每月	用方形抹布和清洁剂清扫设备外表，用毛刷扫去设备内部的灰尘	设备表面及内部干净、清洁、无灰尘
3	光纤外部清洁	每月	用压缩空气清洁光纤外部	光纤外部干净、清洁、无灰尘
4	设备运行状态检查	每月	检查显示灯，功能是否正常	各部件模块的指示灯，应和《培训手册》所描述的各模块指示灯的正常显示一致
5	风扇检查	每季	清洁风扇，紧固风扇	检查风扇转动稳定，没有噪声

续表

序号	检修工作内容	周期	检修步骤	检修标准
6	安装装置的检查，螺丝紧固	每季	用螺丝刀紧固螺丝	各部件的螺丝应坚固，无松动。各连接件应连接牢固且密贴性好，连接线无断线，无接触不良，表皮无破损
7	地线检查	每季	用螺丝刀紧固螺丝，接地正常	保险紧固并接触良好，限流值与设备要求相符根据不同类型的保险的使用年限，更换已到使用寿命的保险
8	连接件的紧固	每季	用螺丝刀紧固螺丝	各部件的螺丝应坚固，无松动。各连接件应连接牢固且密贴性好，连接线无断线，无接触不良，表皮无破损
9	UPS的维修	每季	清洁UPS，检查保险接线	供电稳定
10	电池维护	每年	电池放电测试，电压、电流测量	
11	非联锁站的电源检查	每季	检查保险，检查两路供电是否正常	保险正常，供电稳定
12	扣车功能测试	每年	在LCP盘上进行扣车、放行的操作	LCP上指示灯显示正常、MMI、LOW上相应的显示正常
		每年	在MMI上进行扣车、放行的操作	LCP上指示灯显示正常、MMI、LOW上相应的显示正常

（3）PIIS检修工艺表参见表16-6。

PIIS检修工艺表 **表16-6**

PIIS检修工艺表					
修程	周期	人员等级	工时	记录表格	材料
二级保养	每月	初级工	1×10	PIIS、DTI检修表	毛扫、方形抹布
小修	每年	初级工	2×120	PIIS、DTI检修表	毛扫、方形抹布、蓝月亮清洁剂
修程	周期	工具			
二级保养	每月	无			
小修	每年	机柜钥匙、各类螺丝刀、小型扳手			

安全注意事项：

1. 年检项目必须有两人以上才能作业。2. 更换板件时，必须戴安全帽。3. 开盖作业时，小心箱盖自动闭合被夹伤。4. 进行检修前，先断开电源

序号	检修工作内容	周期	检修步骤	检修标准
1	设备运行状态检查	每月	观察显示屏显示内容是否正确	PIIS显示屏应使用中英文交替正确显示下次列车到达本站时间和运行终到站，在列车启动/离开车站后，PIIS显示屏立即关闭显示。点阵显示正常，没有出现灭灯或长亮现象
		每月	观察显示屏点阵显示是否正常	

续表

序号	检修工作内容	周期	检 修 步 骤	检 修 标 准
2	外观检查	每月	检查设备外表	检查设备外表是否有裂纹、刮花或破损等现象，如果有，应根据损坏程度作出适当的处理
3	安装装置检查，螺丝紧固（包括顶棚部分）	每年	用螺丝刀紧固各螺丝（包括顶棚部分）	各部件保持完整性，并且螺丝应坚固，箱盒与顶棚的连接应牢固
4	机箱外部清洁	每年	用方形抹布和清洁剂清扫设备外表，用毛刷扫去设备内部的灰尘	设备表面及内部干净、清洁、无灰尘
5	调整密封条 调整密封条	每年	用 PIIS 专用钥匙打开机箱盖	
		每年	调整箱盒的橡胶密封条	调整箱合的橡胶密封条，以保证箱合的密封性
6	地线检查	每年	检查地线连接是否牢固，可靠	地线连接牢固，并且接触良好
7	检查接口板工作状态	每年	检查接口板显示灯	接口板 L1 灯稳定亮，L2 灯以 2Hz 的频率闪烁，L3 灯有数据交换时灯亮
8	检查显示模块板工作状态	每年	检查显示模块监控指示灯	显示模块的指示灯以 0.5s 亮、0.5s 灭的频率指示
9	模块结构检查	每年	模块结构检查	模块完整，无破损
10	与 PIIS 相连的电缆检查	每年	检查电缆连接是否牢固	电缆连接正常，接口紧固
11	测试显示功能	每年	把 PIIS 箱合内的接口模块的第一位自诊开关打到 ON 位置进行功能测试	显示窗能正常显示各种自测信息
			用 PIIS 专用钥匙锁闭机箱盖	
12	锁闭机箱盖	每年	用专用钥匙锁闭机箱盖	

（4）DTI 检修工艺表参见表 16-7。

DTI 检修工艺表 **表 16-7**

DTI 检修工艺表					
修 程	周期	人员等级	工时	记 录 表 格	材 料
二级保养	每月	初级工	1×10	PIIS、DTI 检修表	无
小修	每年	初级工	2×120	PIIS、DTI 检修表	毛扫、方形抹布、清洁剂
修程	周期	工 具			
二级保养	每月	无			
小修	每年	机柜钥匙、各类螺丝刀、小型扳手			
安全注意事项： 1. 年检项目必须有两人以上才能作业。2. 要穿荧光衣。3. 开盖作业时，小心箱盖自动闭合被夹伤					

续表

序号	检修工作内容	周期	检修步骤	检修标准
1	设备运行状态检查	每月	观察显示屏显示内容是否正确	车到站停稳后，按设定的时间开始倒数。倒数到零，列车开动，就自动关闭。若显示到00后列车仍未出发，则按正计数方式继续显示。如果正计数数字大于“99”，显示三位数字。如果正计数数字不小与“999”时，DTI就固定显示“999”。点阵显示正常，没有出现灭灯或长亮现象
		每月	观察显示屏点阵显示是否正常	
2	外观检查	每月	检查设备外表	检查设备外表是否有裂纹、刮花或破损等现象，如果有，应根据损坏程度作出适当的处理
3	安装装置检查，螺丝紧固（包括顶棚部分）	每年	用螺丝刀紧固各螺丝（包括顶棚部分）	各部件保持完整性，并且螺丝应坚固，箱盒与顶棚的连接应牢固
4	机箱外部清洁	每年	用方形抹布和清洁剂清扫设备外表，用毛刷扫去设备内部的灰尘	设备表面及内部干净、清洁、无灰尘
5	调整密封条	每年	用PIIS专用钥匙打开机箱盖	
6	调整密封条	每年	调整箱盒的橡胶密封条	调整箱合的橡胶密封条，以保证箱合的密封性
7	地线检查	每年	检查地线连接是否牢固，可靠	地线连接牢固，并且接触良好
8	检查接口板工作状态	每年	检查接口板显示灯	接口板L1灯稳定亮，L2灯以2Hz的频率闪烁，L3灯有数据交换时灯亮
9	检查显示模块板工作状态	每年	检查显示模块监控指示灯	显示模块的指示灯以0.5秒亮、0.5秒灭的频率指示
10	模块外观检查	每年	模块外观检查	模块完整，无破损
11	与DTI相连的电缆检查	每年	检查电缆连接是否牢固	电缆连接正常，接口紧固
12	测试显示功能	每年	把PIIS箱合内的接口模块的第一位自诊开关打到ON位置进行功能测试	显示窗能正常显示各种自测信息
13	锁闭机箱盖	每年	用专用钥匙锁闭机箱盖	

（5）PCU、RTU 检修工艺表参见表 16-8。

PCU、RTU 检修工艺表 **表 16-8**

PCU、RTU 检修工艺表					
修　程	周期	人员等级	工时	记　录　表　格	材　　料
日常保养	每日	初级工	1×240	SIMATIC 检修表（日、周）	无
日常保养	每周	初级工	1×120	SIMATIC 检修表（日、周）	毛扫、洗洁精剂、方形抹布
二级保养	每月	中级工	1×120	SIMATIC 检修表	毛扫、洗洁精剂、压缩空气、方形抹布
小修	每年	高级工	1×180	SIMATIC 检修表	防静电毛扫、洗洁精剂、方形抹布、压缩空气、精密仪器清洁剂
修程	周期	工　　具			
日常保养	每日	无			
日常保养	每周	吸尘器、螺丝刀			
二级保养	每月	吸尘器、螺丝刀、万用表			
小修	每年	吸尘器、螺丝刀、万用表			

安全注意事项：

1. 维护作业带电，注意接地应良好，保护人身安全。
2. 插拔板件前，要做好防静电措施，带上防静电手腕。
3. 插拔插接件时，要先关闭电源。
4. 小心损伤或碰掉 OLM 的连接电缆

序号	检修工作内容	周期	检　修　步　骤	检　修　标　准
1	机柜内部电路板件清洁	年检	关闭 CC1、CC2、EU 电源	
		年检	断开各模块上的接口	
		年检	拔出各模块，彻底清除内部积尘	对设备进行彻底的清洁，吸尘
		年检	重新插接上各模块，检查各插接件模块是否安装牢固	内部模块插接牢固且密贴性良好
2	风扇清洁	月检	用螺丝刀卸下风扇进行清洁	干净、清洁、无灰尘
		月检	重新装上各风扇	安装牢固可靠
3	测量蓄电池电压	年检	测量蓄电池电压	蓄电池标准电压：DC3.5V
4	防尘网清洁	月检	检查防尘、过滤组件	防尘过滤组件应无积尘，通气良好
		月检	更换或清洁防尘、过滤组件	
5	光纤外部清洁	月检	用压缩空气清洁光纤外部	干净、清洁、无灰尘
6	机柜外部清洁	每周	用方形抹布和清洁剂清扫设备外表，用毛刷扫去设备外部的灰尘	设备外表干净、清洁、无灰尘
7	机柜外观检查	月检	检查设备外表	检查设备外表是否有裂纹、刮花或破损等现象，如果有，应根据损坏程度作出适当的处理

续表

序号	检修工作内容	周期	检 修 步 骤	检 修 标 准
8	接插件检查	月检	检查各插接件模块是否安装牢固	安装牢固可靠
9	检查接口	月检	检查各接口是否松动	各接口连接牢固且密贴性良好
10	紧固接口的螺丝	月检	紧固接口的螺丝	各接口的螺丝应紧固，连接线应连接牢固、无断线、无接角不良、表皮无破损
11	接地检查	月检	检查地线连接是否牢固，可靠	地线连接牢固，并且接触良好
12	设备运行状态检查	日检	检查主用、备用通道、扩展单元显示灯的显示状态	各显示灯正常显示。主用通道的运行绿色显示灯稳定亮，备用通道的运行绿色显示灯闪亮
		日检	风扇运行状态检查	风扇转动时没有噪声，保持一定风量以起到散热作用
13	变压器电源输出测定	月检	用万用表测量变压器电源输出电压	电源电压输出应稳定并在允许范围内
14	用 lamptest 灯检查灯丝	月检	按下 LAMP TEST 按钮	局部盘上另外 4 盏灯应发亮，放开 LAMP TEST 按钮时，则全部熄灭
15	主、备组件的切换操作	月检	切换主备组件	按下 Master-Reserve Switch over 按钮，PC 及 SB 正常切换，并且切换过程中不影响功能的正常使用
16	功能测试	年检	在 LOW 上检查时间	LOW 上时间与中央时间相一致
		年检	在 MMI 上排列一条跨联锁区的进路	成功排列进路
		年检	检查 MMI 上系统图显示该设备状态	PCU/RTU 连接正常以及与中央通信正常

(6) ATS 工作站检修工艺表参见表 16-9。

ATS 工作站检修工艺表 **表 16-9**

ATS 工作站检修工艺表					
修 程	周期	人员等级	工时	记 录 表 格	材 料
日常保养	每日	初级工	1×60	ATS 工作站检修表（日、周）	无
日常保养	每周	初级工	1×30	ATS 工作站检修表（日、周）	屏幕清洁剂、高密度抹布、无尘纸、清洁膏
二级保养	每月	中级工	1×30	ATS 工作站检修表	屏幕清洁剂、高密度抹布、无尘纸、清洁膏
小修	每年	高级工	1×180	ATS 工作站检修表	防静电毛刷、屏幕清洁剂、高密度抹布、无尘纸、清洁膏
修程	周期	工 具			
日常保养	每日	无			
日常保养	每周	无			
二级保养	每月	吸尘器、螺丝刀			
小修	每年	吸尘器、螺丝刀			
安全注意事项： 1. 维护作业带电，注意接地应良好，保护人身安全。 2. 插拔板件前，要做好防静电措施，带上防静电手腕。 3. 插拔插接件时要关闭电源					

续表

序号	检修工作内容	周期	检 修 步 骤	检 修 标 准
1	用户访问	每日	操作员在日常使用过程中是否有异常现象	了解设备状态，以便及时排除硬件故障或更换软件
		每日	记录异常现象	详细记录异常现象
2	设备表面清洁	每周	用屏幕清洁剂清洁显示屏	设备表面干净、清洁、无灰尘
		每周	清洁键盘、鼠标表面	设备表面干净、清洁、无灰尘
3	设备内部电路板级清洁	每年	关闭显示器及主机电源	
		每月	清洁键盘内部卫生	设备内部干净、清洁、无灰尘
		每年	清洁内部风扇	设备内部干净、清洁、无灰尘（车厂MMI每半年一次）
		每年	清洁主板、内存条、处理器等部件	设备内部干净、清洁、无灰尘（车厂MMI每半年一次）
4	设备内部部件紧固	每年	检查插接件是否牢固	插接板插接牢固且密贴性良好。各接口的螺丝应紧固，连接线应连接牢固、无断线、无接角不良、表皮无破损
5	紧固部件螺丝	每月	检查插接件是否牢固	插接板插接牢固且密贴性良好。各接口的螺丝应紧固，连接线应连接牢固、无断线、无接角不良、表皮无破损
6	设备运行状态检查	每年	打开显示器及主机电源	
		每日	检查电源指示灯	电源指示灯处于稳定亮状态
		每日	检查显示器显示	显示器显示正常
		每日	检查键盘及鼠标	鼠标的移动及键盘各键的使用正常
		每月	检查风扇转动是否正常	风扇转动时没有噪声，保持一定风量以起到散热作用
7	登录检查	每日	在ADM工作站远程登录或登录本机	可以成功登录，并在操作日记中有登录记录
		每日	检查文件系统及系统资源、检查各分区使用情况	检查工作站的程序运行状态、分区情况及硬盘剩余空间。各工作站的运行参数的标准可参考《工作站参数》资料
		每日	查阅报警信息、轨道图、系统图显示	轨道图显示内容正确，记录故障代码及信息
		每日	注销登录、关闭远程登录窗口	可以成功注销登录，并在操作日记中有登录记录
8	检查键盘功能	每月	检查键盘的指示灯和按键	键盘上的LED指示灯显示正常、所有按键的功能正常
		每月	检查鼠标按键	鼠标的移动及按键的功能正常

续表

序号	检修工作内容	周期	检 修 步 骤	检 修 标 准
9	检查显示器	每月	观察显示器的图象显示效果	显示图像清晰、色彩鲜艳、明暗度对比度适中
		每月	调整功能	调整功能正常
10	检查打印功能	每月	检查打印机的指示灯及电源开关	打印机的指示灯及开关正常
		每月	在某一类报警清单中执行打印命令	打印命令有效
		每月	在 TGI 中执行打印命令	打印命令有效
11	检查音响功能	每月	检查音箱发音	音箱发音清晰、无噪声、音量适中
		每月	调整功能	调整功能正常
12	整理硬盘	每月	删除无用的文件和图片	保证硬盘有足够空间运行程序
13	密码（用户）更新	每年	每年更新密码一次	保证密码的保密性及控制密码用户的分配
14	功能测试	每年	在 MMI 上，上下行跨联锁区各排列一条进路	均可成功排列

（7）打印机检修工艺表参见表 16-10。

打印机检修工艺表 **表 16-10**

打印机检修工艺表					
修 程	周期	人员等级	工时	记录表格	材 料
周巡视	每周	初级工	1×15	打印机检修表	方形抹布、毛扫、清洁剂、棉签
二级保养	每月	初级工	1×30	打印机检修表	方形抹布、毛扫、清洁剂、棉签、压缩空气、精密仪器清洁剂
修程	周期	工 具			
周巡视	每周	无			
二级保养	每月	吸尘器			

安全注意事项：

1. 维修作业时带电，注意人身安全。
2. 在对打印机进行清洁之前，要拔下打印机的插头，只能用湿布进行清洁。
3. 不要将液体洒到打印机上。
4. 打印机刚用过之后不要去触摸打印头，让打印头冷却几分钟后再去触摸

序号	检修工作内容	周期	检 修 步 骤	检 修 标 准
1	外观检查	每周	检查设备外表	检查设备外表是否有裂纹、刮花或破损等现象，如果有，应根据损坏程度作出适当的处理
2	清除灰尘	每周	用方形抹布和清洁剂清扫设备外表，用毛刷扫去设备内部的灰尘	设备表面及内部干净、清洁、无灰尘、无纸屑

续表

序号	检修工作内容	周期	检 修 步 骤	检 修 标 准
3	设备运行状态检查	每周	检查各指示灯是否正常	各指示灯显示正常（可参考打印机说明书）
4	紧固接插件	每月	用螺丝刀紧固螺丝	各连接件应连接牢固且密贴性好，连接线无断线，无接触不良，表皮无破损
5	检查打印功能	每月	检查各功能是否正常	打印测试页，看是否正常，要注意打印过程中打印声音有无异常
6	打印效果检查	每月	检查打印效果	检查有无断针，在色带墨合正常情况下，打印效果要清晰

（8）背投检修工艺表参见表16-11。

背投检修工艺表 **表16-11**

背投检修工艺					
修 程	周期	人员等级	工时	记 录 表 格	材 料
日巡检	每日	七级信号工	15min	背投检修表（日）	无
月检	每月	七级信号工	45min	背投检修表	屏幕清洁剂、抹布、无尘纸
年检	每年	五级信号工	20h	背投检修表	灯泡、屏幕清洁剂、抹布、无尘纸
修程	周期	工 具			
日巡检	每日	无			
月检	每月	毛刷、吸尘器			
年检	每年	毛刷、吸尘器、螺丝刀、手套、万用表			

安全注意事项：

检修时要关电源。

检修时要主要高压。

检修时要注意工具，避免工具将背投损坏

序号	检修工作内容	周期	检 修 步 骤	检 修 标 准
1	用户访问	每日	操作员在日常使用过程中是否有异常现象。记录异常现象	了解设备状态，以便及时排除硬件故障或更换软件。详细记录异常现象
2	设备运行状态检查	每日	检查各指示灯显示的状态	各指示灯显示的状态与使用说明上的一致
3	设备表面清洁	每月	用屏幕清洁剂清洁显示屏，用抹布清洁机柜背部	设备表面干净、清洁、无灰尘
4	检查显示屏是否有坏点	每月	将显示屏设置为显示蓝色、绿色、红色，检查是否有白点显示；将显示屏设置为显示白色，检查是否有黑点显示	当显示屏显示蓝色、绿色、红色时，没有白点显示；当显示屏显示白色时，没有黑点显示

续表

序号	检修工作内容	周期	检 修 步 骤	检 修 标 准
5	检查显示屏的显示位置	每月	将显示屏调整为显示格子	格子显示的竖线与屏幕的竖边框平行，格子显示的横线与屏幕的横边框平行
6	机柜内部清洁除尘	每年	用无尘纸清洁镜头以及屏幕	设备内部干净、清洁、无灰尘
7	电源检查	每年	测量镇流器输入电压，CPU 板输入电压	镇流器输入电压：DC380V，CPU 板输入电压：DC12V
8	风扇检查	每年	检查风扇转动是否正常	风扇转动时没有噪声，保持一定风量以起到散热作用

4. ATS 工作站的维修

由于工作站故障（如通信管理机）可能会导致系统瘫痪、影响列车晚点、对全线列车都造成较大的影响，这种故障我们称之为紧急故障。为了减低 ATS 系统瘫痪造成大范围的影响，因而在系统设计上设置了双机热备，能实现无延时自动切换。但是仍然不能完全防止此类故障的发生，因此 ATS 工作站维护维修工作十分重要。由于 ATS 设备的重要性不一样，从而确定了对不同设备的故障处理的原则不同。对行车重要的设备故障要尽快处理、尽快恢复运营，对行车影响不大的设备故障可以在运营结束后进行处理。工作站的经常维修工作见表 16-12。表中列出的对于工作站各部件的维修工作可确保长时间运行无故障，它不是规定要做的工作，但它能避免出现将来可能发生的故障和中断，通过定期维护来及时发现故障苗头并采取措施防止故障的发生。

工作站的经常维修工作表 **表 16-12**

构 件	维 护 工 作	周 期
工作站	看并听声音（例如：通风机声音、硬盘声音或屏幕的颜色变化）	3 个月
工作站	长时间存档	每天
工作站	数据保护	定期
工作站	检查故障登记信息 Logfiles	每天
服务器放置室	遵守环境条件	每天
无线电时钟	监控接收和时间同步	3 个月

(1) 检查 Logfiles 文件

耗时最长的维修工作是检查故障记录中的 Logfiles 文件。这是一项必要的工作，因为它可及时发现故障。在 COM 和 ADM 上检查每台服务器中的故障信息应周期性地找寻报告，这些报告可回答下列问题：

a. 有无足够的储存空间？

b. 是否有未经许可的人非法登录进入系统？

c. 运行系统有无异常消息传出?

d. 报告中是否有故障信息存在?

(2) 数据保护

系统维护管理者负责数据保护。以下列出的操作建议可作为系统主管人自己开展数据保护计划工作的基础。系统主管人应随时能重新设置故障停用的硬盘以及列车运行计划数据库/设备数据库。

a. 数据保护的目的

(a) 在分布式的计算机系统中，数据通常是重复存在的。例如：系统管理工作站是所有设备数据库的主机，时刻表编图工作站是运营计划数据的主机，通信管理机是联网运行所需的关系和应用程序的主机，另外还有其他备用-服务器，备用 MMI-服务器等。

(b) 进行数据保护的原因是因为在紧急情况下需要保存数据（如地震、火灾等）；防止错误数据导致系统出错，错误数据可能长时间存在于系统中并被带入所有可能的拷贝中而不会被发现，在出现病毒或人为故意破坏（蓄意篡改数据）时，数据备份可作为预防和应对措施，当硬盘中断时可将其复原。

(c) 数据保护也能保护数据和保护信息，对此我们在这里不作详细说明。

b. 数据保护的方法

每一次拷贝都是一次数据保护（如备份，存档等）。数据保护一般分为两种保护方式：一种是完全数据保护；另一种是增量式的数据保护（部分数据保护）。完全数据保护一般在特定的时间才进行（如进行较大的改动或更换新版本的软件后）。部分数据保护可根据需要或以较短的时间间隔周期性地进行（如每天、每周等）。当系统需要重新恢复时，将完全数据保护和部分数据保护的内容重新复制回系统中即可。数据保护拷贝必须贴有明确的标签（注明日期，简短说明和格式等信息）。

在保存拷贝数据时必须注意环境条件（温度，湿度，磁场，电子动态或静态区，对磁盘、光盘和其他 UV-敏感数据载体的遮光保护等）。

c. 对象的数据保护

除了可以通过查询的数据以及系统自动归档数据以外，所有的数据文件、应用程序软件都必须进行数据保护。

在西门子公司的 OC501 系统中，为了进行数据保护和数据恢复，我们按照数据保护对象在系统中的作用，把工作站的数据保护对象总结成如表 16-13 的几组。

工作站的数据保护对象 **表 16-13**

数据保护对象	对象组：OC501 服务器	对象组：OC501Release	对象组：OC501 数据库	对象组：OC501 存档
程序和数库（来源编码和运动编码）	X	X		
参数和工作文件，Scripts，Utilities	X	X		
来源编码中的设备数据（不变数据）	X	X		
行驶计划（TimeTableModels）	X		X	
行驶计划（RealTimeDaten）	X			X
ZWL 档案（短时/长时档案）	X			X

续表

数据保护对象	对象组：OC501 服务器	对象组：OC501Release	对象组：OC501 数据库	对象组：OC501 存档
Record&Play 档案	X			X
标准软件（运行系统）	X			
暂时数据库（包括手工输入和‘ApplicationData’）	X	X	X	

（二）故障性维修

1. 故障维修的原则

（1）在确保安全的前提下，以最快速度恢复设备的正常使用。

（2）当设备发生故障时，要求尽快使故障设备得到恢复，在设备故障和故障恢复期间内，要合理组织行车，使故障对行车影响减少到最小。

（3）当发生严重影响行车安全和效率的故障时，维修人员要立即赶到故障地点进行维修。

（4）当发生对行车影响不大或没有影响的故障时，在运营结束后由维修人员进行维修。

（5）对于发生在列车上的信号严重故障，应立即组织下线，由维修人员登车维修。

（6）对故障更换下的故障件，返回检修基地或生产厂家诊断和修理，经试验合格方可再次使用。

2. 关键设备的应急预案

在 ATS 系统内影响较大的故障有 ATS 中央电源故障及关键的通信管理机故障。现举例说明电源故障时的处理方案。

（1）生产调度在接到维调故障的通知后：

1）立即通知值班人员赶赴现场；

2）通知组织抢修队赶赴现场；

3）询问电调是否有停电及电源转换故障发生；

4）通过信号值班人员了解现场情况，并做好配合工作。

（2）信号值班人员接到故障通报后：

1）立即向车站值班人员了解故障过程并记录，初步判断故障原因；

2）检查设备状态和报警并记录；

3）将具体情况向生产调度汇报；

4）根据故障情况进行抢修；

5）如当时无法恢复时，有直接供电的立即转为由市电直接供电。

（3）信号人员应急处理方案：

1）首先确定电源系统输入是否正常。

2）在 UPS 输入正常的情况下，将 UPS 系统人工转到电子或手动旁路工作状态。

3）如果 UPS 输入不正常，检查电源系统输出是否正常，如不正常，检查电源系统的输入侧是否正常；如输入正常，则处理电源系统的故障；如供电输入不正常，则立即通知机电人员或供电人员进行检查，待供电恢复正常后，再将 UPS 系统人工转到电子或手动旁路工作状态。

4）如果机电人员无法恢复供电正常工作，在判断 UPS 系统逆变器工作正常情况下，UPS 系统自动转到电池供电状态，在此情况下，UPS 系统可维持供电约 0.5～1h。

5）如果 UPS 系统逆变器无法正常工作并且外部供电无法恢复的情况下，必须等待机电人员恢复供电后，再将 UPS 系统人工转到电子或手动旁路工作状态。

6）在 UPS 进入旁路工作状态正常后，工作人员启动信号系统进入正常工作状态。

7）在恢复供电过程中，应首先断开所有负载的电源开关，待 UPS 可转到旁路工作状态并且输出电压正常后，再逐个闭合各子系统电源开关。避免负载的影响再次造成 UPS 故障。

8）在紧急恢复系统供电情况下，UPS 系统处于旁路状态时，期间信号人员应不间断地监控 UPS 系统的运行情况。在列车停运期间，经调度许可，在不影响运营情况下，再由相关技术人员处理故障判断故障点，恢复 UPS 系统的正常工作。

9）如果不能恢复 UPS 系统的正常工作状态，应继续保持 UPS 系统的旁路状态，并且通知电调在此期间保持市电供电的稳定性，避免对信号系统负载造成冲击。信号值班人员要驻站对现场进行监督，直到运营结束后再进行处理。

（4）车站的站务人员及 OCC 调度人员应急处理方案：

OCC 调度与车站之间通过调度电话进行联络来掌握列车的位置和运行状态，信号系统采用 ATS 故障下的降级模式运行。在接到信号人员故障修复的通知后，操作人员方可恢复使用信号系统设备指挥行车。

（5）应急工具、材料表：

参见表 16-14。

应急工具、材料表　　表 16-14

名称		规格	单位	数量	存放地点	检查人	备注
工具	万用表	MF-14 或数字表	块	1	各联锁站信号设备房	信号工长	每月检查一次，保持良好状态
	十字螺丝刀	75/150	把	1	以下同上	下同	下同
	一字螺丝刀	75/150	把	1			
	剪线钳		把	1			
	压线钳		把	1			
	星型螺丝刀	75/150	把	1			
	电工刀		把	1			
	绝缘手套		副	2			
	防静电手环		只	1			
材料	各种型号的熔断器		只	2			空气开关
	各种电源模块备件		套	2			
	各种电源线		米	100			多股、独股线等
	绝缘胶带		卷	2			

(6) 信号电源停电应急流程如图 16-7。

3. 其他故障应急处理方案：

当 ATS 设备故障时，各方人员都必须迅速参与故障处理，确保把故障对运营的影响减到最低。表 16-15 列出了 ATS 故障下部分应急处理程序，供参考。

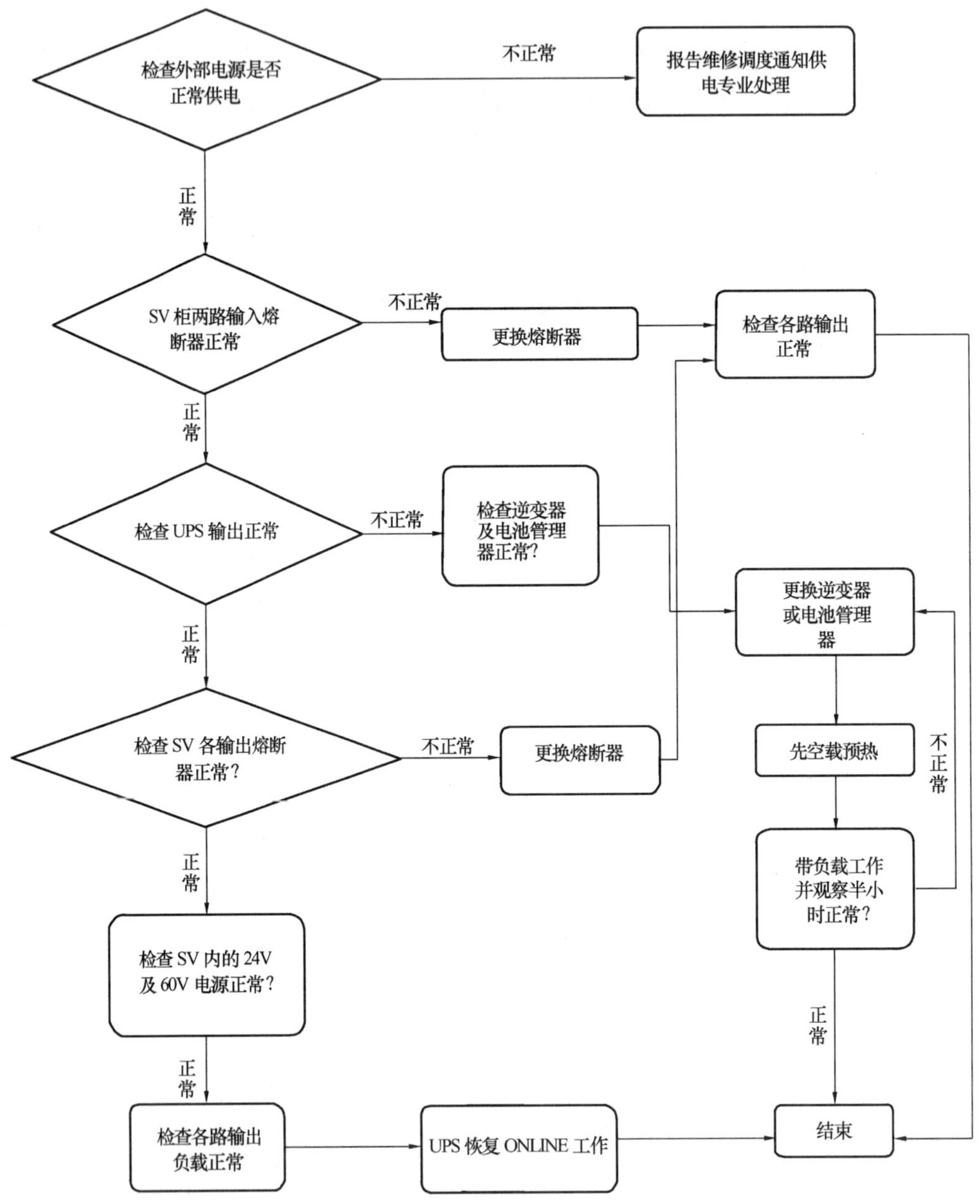

图 16-7　信号电源停电应急处理流程图

ATS故障下的部分应急处理程序 **表16-15**

序号	故障现象	OCC	车 站	司 机	备 注
1	所有MMI上均不能操作命令，或反应缓慢，画面不能更新	1. 采用全呼方式通知所有联锁站强行站控，并通知司机人工启动到站广播； 2. 接报ATS系统正常后，立即装载所需的时刻表，并给所有列车分配车次号； 3. 列车以分配好的车次号运行后，列车进路可以自动排列，运营停车点自动取消，此时车站不需要再人工操作；行调可以向车站收回联锁区控制权	1. 按照行调指令负责联锁区内所有列车进路的排列和运营停车点的取消工作。（注意：列车进路需要提前排列好，运营停车点须在列车停稳后才能取消）； 2. 两终端站在LOW上操作列车换向命令	注意人工启动到站广播	影响时间不得超过3min
2	某台MMI不能操作某些命令	在其他MMI上确认各联锁区控制权分布情况，并按需要进行调整			不影响行车
3	车次号发生上下行跳跃或出现F开头的错误车次号	1. 立即在MMI上对发生车次错误的列车进行临时处理，如果列车因进路未排不能进站或运营停车点未取消不能开车，行调应立即在MMI上人工先排好进路或人工取消运营停车点，尽量不耽搁列车运行，然后在MMI上改正错误的车次号； 2. 如果列车车次错误还没有导致上述结果时，行调应立即在MMI上改正错误的车次号			参照行规有关规定
4	全部MMI上显示某一联锁区全灰	1. 通知该联锁站强行站控； 2. 通知司机人工启动到站广播； 3. 行调对出本故障联锁区所有列车的车次号进行人工更正，确保本故障联锁区以外的区域，所有列车按照相应的车次号正常运行； 4. 本故障联锁区恢复正常后，行调需修改该联锁区内列车的车次号，确保车次号正确，此时本故障联锁区内所有列车进路可以自动排列，运营停车点自动取消，车站不需要再人工操作；行调可以向车站收回该联锁区控制权； 5. 若为联锁（SICAS）故障，请按第7项执行	该联锁站强行站控，负责联锁区内所有列车进路的排列和运营停车点的取消工作；两终端站需在LOW上操作列车换向命令	注意在本联锁区人工启动到站广播；SM模式进站	注意：列车进路需要提前排列好，运营停车点须在列车停稳后才能取消； 若SICAS系统正常，延误时间不得超过3min

第十七章 联锁子系统

信号系统的联锁子系统（以下简称联锁系统）的联锁逻辑与传统的铁路6502继电联锁系统在原理上相似，即在信号机、道岔和进路之间建立一定的相互制约关系，用来保证列车在进路上的运行安全。整个系统的主要工作可分为进路建立（包括侧面防护元素的选择、保护区段的确定）和进路解锁。本章节将以SIEMENS的SICAS微机联锁系统为例介绍系统的构成、功能、维护及故障处理。至于其他形式的联锁子系统原理以及设备运行、维护及故障处理，可参照本章所述的原则、方法自行制定。

第一节 计算机联锁设备的构成

如图17-1，从设备构成角度，联锁系统一般分为表示操作层、逻辑层、执行表示层、设备驱动层以及现场设备层等五层，个别设备商可能将执行表示层和设备驱动层结合在一起，统称为执行表示层。SIEMENS的联锁设备对应分为：现场操作工作站（以下简称LOW）、联锁计算机（以下简称SICAS）、现场接口计算机（以下简称STEKOP）、接口控制模块（以下简称DSTT）以及现场的道岔、信号机和轨道电路。

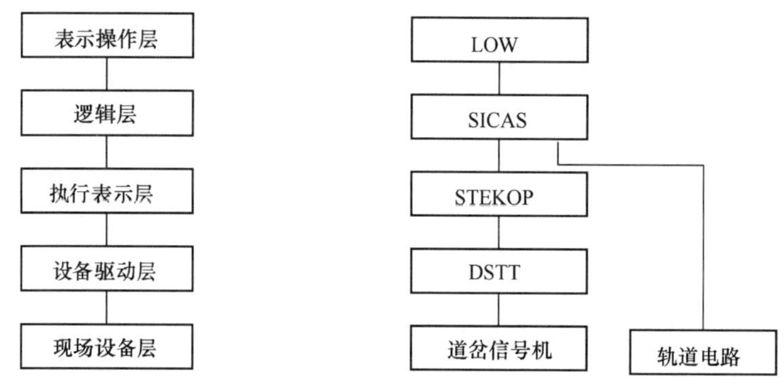

图17-1 联锁系统结构

各层的主要功能如下：

表示操作层是人机操作界面，将设备和列车的运行情况以图形化显示，接受操作员的操作指令并传给逻辑层进行处理。

逻辑层是系统的核心层，主要进行联锁逻辑的处理。

执行表示层是逻辑层与设备驱动层之间的接口，根据联锁层给出的命令和设备驱动层的结构，分解联锁层的命令输出，控制设备驱动层驱动现场设备，并采集设备驱动层的表示信号并传给逻辑层。

设备驱动层是现场设备的驱动设备，与6502继电联锁中的定位表示继电器、反位表示继电器、定位操作继电器、反位操作继电器、一驱动继电器、二驱动继电器如出一辙。

现场设备层主要指道岔转辙机、信号机和轨道电路等。

其中逻辑层和执行表示层应用了2取2安全技术（以下简称2取2）、2取2热备技术（以下简称2取2热备）、3取2安全冗余技术（以下简称3取2），下文简要介绍2取2和3取2的工作原理。

（一）2取2系统

如图17-2，系统由两个各自独立的，相同的，对命令同步工作的计算机通道1和通道2组成。过程数据由两个通道输入，比较和同时进行处理。只有当两个通道的处理结果相同时，结果才能输出。独立于数据流的在线计算机检测功能可确保及时检查出偶然故障。这一检测在一定的周期内完成一次，一旦检出了第一个故障，此系统将停止工作，这样避免了连续出现的故障所引起的危害。主要由通道同步、两个通道的程序和工作现场数据的连续比较、输入和输出数据的比较、计算机硬件的周期检测功能组成。

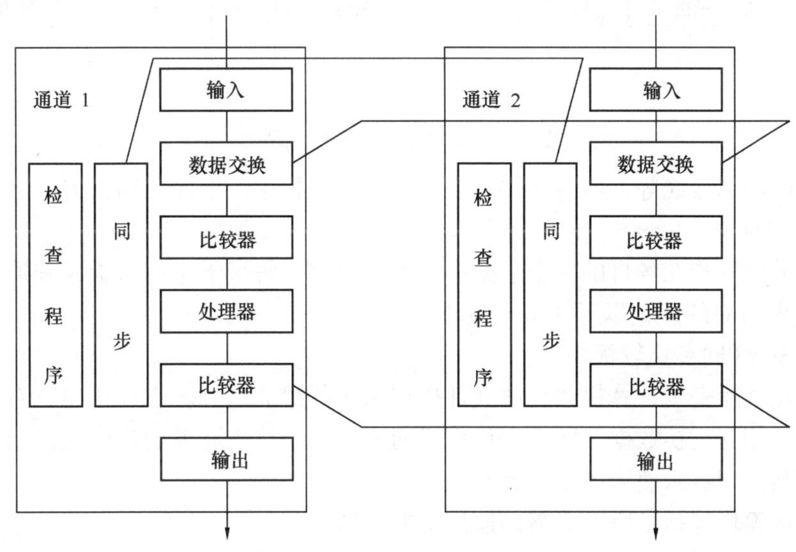

图17-2　2取2系统工作原理图

（二）3取2系统

如图17-3，系统由三个各自独立的，相同的，对命令同步工作的计算机组成。过程数据由三个通道输入，比较并同时进行处理。只有当两个或三个通道的处理结果相同时，结果才能输出。独立于数据流的在线计算机检测功能可确保及时检查出偶然故障。这一检测在一定的周期内完成一次，一旦检出了第一个故障，相关的通道会被切除。系统将按2取2系统方式继续工作。主要由通道同步、通道的程序和工作现场数据进行两两之间的连续比较、输入和输出数据的比较、计算机硬件的周期检测功能组成。

（三）SICAS构成、一般维护要求和步骤

维护SICAS时，维修人员必须穿戴防静电手环并将手环的另一段固定在机柜上，使得人体接地，避免静电对设备的影响，保护计算机柜内的各个单元、板件。

SICAS采用3取2技术，包含有3台SMC86计算机单元组成的计算机通道，每台对应一个通道；通风装置（本机柜有两个风扇）；电源设备；滤波器；联锁机柜输入端接线；

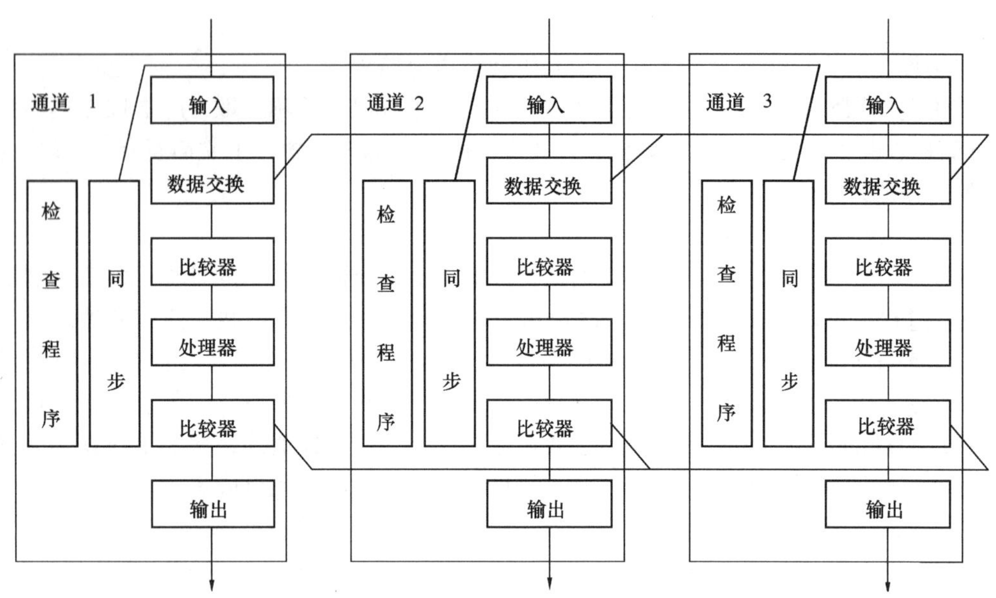

图 17-3　3 取 2 系统工作原理图

电缆夹；全部内部接线等，所有部件均安装在一个机柜中。下面分别介绍各组成部分。

1. 通道部件

每个通道均安装在各自的一个子架中，上下叠放，每个子架有母板，并通过母板上的 MES80-16 的并行总线连接以下插板或板块。

（1）VESUV3 同步比较板

该模板是故障安全计算机系统的硬件操作系统的组成部分。它连接左、右两个通道的同步比较板，相互交换数据，同步双计算机通道或三计算机通道的程序流。同时通过输入分配器和中断分配器来使输入请求相互配合。

另外，该模块包括了所有必需的监控功能，如：

包括硬件比较器，它可自动比较所有的各自计算机通道的输出数据和邻近通道的输出数据；

过压/欠压继电器，它按照允许的范围监督 5V 电源模块的输出电压；

定时器监督单元，它检查计算机的同步。

发现故障后，该模块通过切断与安全有关的外部设备的电源来安全地关闭相应的计算机通道。该插板采用 5V 电源。

（2）VENUS2 处理器板

该模块包括了集中联锁计算机的中心功能部分。由 CPU，EPROM 和 RAM 组成，通过输入外围设备读入输入，在系统中进行数据处理，通过外围设备把控制命令输出，此外在模块上还有支持过程功能的单元，如中断控制器和定时器。

（3）VESIN 中断请求板

该板可以对连接在母/背板上的最多 32 个中断请求产生一个集中中断（PUS），这些中断通过 VESUV3 模块在计算机 SIMIS3216 中被同步。另外该板可以进行各板块的地址检查，发现各模块寻址错误。在正常工作状态下，面板上的 LED ADR 闪。该板采用

5V 电源。

（4）BUMA Profibus 传输板：

该模块有一个与光缆连接的传输速度为 0.5Mbaud 的 Profibus 接口。具有独立的微处理器和 PROFIBUS 专用集成电路以控制整个总线上联锁计算机与其他总线用户之间的应用数据传输。通过这种总线系统，联锁计算机从安全信号和维护负担中解脱出来。

同时为了实现安全任务，每 2 个（2 取 2 计算机中）或 3 个（3 取 2 计算机中）BUMA 模块构成一个故障安全微机系统，也就是说在微机联锁中的 BUMA 系统本身构成一个独立的故障安全计算机，可以是 2 取 2 计算机或 3 取 2 计算机，通过 BUMA 板前面板的两个电接口与相邻的 BUMA 板连接。

利用光缆作为传输的媒介，集中联锁计算机和电子单元接口模块之间的电气隔离得以保证。

每个通道有 5 块板（根据控制数量可以增加），从左到右为 BUMA0、BUMA1、BUMA2、BUMA3 和 BUMA4，分别连接到 ATP 轨旁计算机、诊断计算机、操作设备（ATS 的车站设备和 LOW）、用于控制道岔的 STEKOP 板和用于控制信号机的 STEKOP 板。该板采用 5V 电源。

（5）MELDE2 数字输入板

该模块通过两个前向插头一共能连接 64 个数字量输入。模块上的输入通过光耦隔离并由 2KVeff 的绝缘线和计算机分开。外部信号源通过光耦采用直流方式输入。采集的电源电压为 24V。通过联锁计算机的读入，可将 64 个输入状态存储于该模块中，面板上的 LED 显示读入数据的过程。

每个通道有 4 块板，采集轨道电路的状态，其中 2 块用于采集轨道继电器的上接点、另外 2 块用于采集下接点。只有当上接点闭和且下接点断开时系统才认为轨道区段是空闲的，否则将认为是占用的。

在正常运行状态下，面板上的 LED LD 在闪烁，表示正在读取信息。

该板采用 5V 和 24V 电源，其中 24V 电源用于数据采集。

（6）KOMDA2 命令输出板

该模块可以驱动 32 位数字输出，是通过 2 个前向接头上向外引出。插板采用采用光电耦合器输出，隔离联锁计算机与外设的连接。同时又通过另一个光电耦合器将光电耦合器输出信息回读，由联锁计算机的软件来检查输出的正确性。输出光电耦合器的三级管由外部 24V 供电。同时通过该板实现计算机通道内的地址检查。

面板上的 LED 显示写和回读过程，在正常运行状态下，面板上的 LED LD 在闪烁，表示正在读取信息。

该插板采用 5V 和 24V 电源，其中 24V 电源用于命令输出。

通道内的所有插板、元件均不能带电插拔，必须要将相应通道的 5V 电源模块关闭，切断电源后方可进行操作。

2. 通风装置

在三个计算机通道的上下方各有一风扇插件，风扇插件内各含有三个轴流式风扇。

该风扇插件具有自诊断功能，当转速在 10s 内下降 30%时，转速监控电路使继电器励磁吸起，接通报警电路，点亮面板上的红色 LED Alarm 灯，同时给出声响报警，如果恢复额定转速时报警信息将自动消除，声响报警停止，但红色 LED Alarm 还亮着，通过面板上的 RESET 键可使报警红灯熄灭，在正常运行情况下按该复位键则检查报警 LED 是否正确显示。

3. 电源设备

在机柜中有两排电源设备，上面一排有 3 个 SVK2101 电源模块，输出 5V 电压分别给对应的计算机通道，从左到右分别对应通道 A（最上面的计算机通道）、通道 B（中间计算机通道）、通道 C（最下面的计算机通道）。下面一排由 4 个 SVK2102-电源模块，输出 24V 电源。

这两种电源模块面板上均有一个开关、一个保险、两个 LED 灯，一个为 LED Ue，表示输入电压正常；另一个为 LED Ua，表示输出电压正常。在正常工作状态下，两 LED 是亮的。

SVK2101 的输入电压为 60V，输出电压为 5V，为通道工作电源。

SVK2102 的输入电压为 60V，输出电压为 24V，用于采集状态输入。

更换电源模块时，必须将新、旧模块的面板上的开关均设在断开状态时，只有这样才能拔出、插入电源模块，避免接点产生火花。更换后只要接通面板上的开关，电源模块就可以正常运行了。

当 LED Ua 灯灭而且 LED Ue 亮时，应检查该保险。如果保险断，则更换保险，在更换保险时，要确保插入合适的型号保险（G fuse 0.2A，N60127-E200-N1—fast，interrupting capacity H），这样才能保证在故障时能够正常断丝。

更换电源模块的程序如下：

（1）将要拆卸的和要安装的电源模块的开关断开；

（2）松开四颗安装螺丝；

（3）拉着柄，拔出电源模块；

（4）把新电源模块放入导轨，用力推入；

（5）拧紧安装螺丝；

（6）接通电源模块的开关。

4. 滤波器层

滤波器层主要有滤波器、电源输入端子排和电源保险。特别是有一些自动保险（Heinemanenn FUSE），万一计算机柜电源故障，必须先检查这些保险。其中有：

保险 F1：60V 通道 A；

保险 F2：60V 通道 B；

保险 F3：60V 通道 C；

保险 F4：230V 风扇。

在更换滤波器前，必须将相应的电源模块的开关断开，并将电源柜内的相应的开关断开，以确保安全。

（四）STEKOP 构成、一般维护要求和步骤

维护 STEKOP 时，维修人员必须穿戴防静电手环并将手环的另一段固定在机柜上，使得人体接地，避免静电对设备的影响，保护计算机柜内的各个单元、板件。STEKOP 板可以带电插拔。

STEKOP 机柜由 STEKOP 机架、电源以及滤波器组成，在机柜的最上方为 4 个电源模块，中间为 5 个 STEKOP 机架，在机柜最下方为滤波器。下面分别介绍之。

1. STEKOP 板

在 STEKOP 机架中，第一排、第三排和第五排机架中插有 STEKOP 板，分别用于信号机控制、道岔控制和接口控制，这些接口包括与车辆段联锁的接口、与洗车机的接口、与防淹门的接口和电源信息采集。

STEKOP 板是一个 2 取 2 的故障安全计算机，有两个通道，每个通道有 12 位数字输入和输出，可以控制两个同类现场设备（即两个道岔转辙机或信号机）。

SETKOP 板由 SETKOP 基板和用于计算机连接的 FEMES 附板组成，FEMES 具有处理并执行串行总线数据传输和控制并监督与之相连的接口模块两个功能。。

当 FEMES 计算机检测到一个故障时，将自动关闭 STEKOP 的外设，即切断与 SICAS 和 DSTT 的连接。这一切断由板内的安全关断继电器 ASS1 和 ASS2 来完成。

由于程序不能自动检查并释放 SETKOP 板上的安全关断继电器，因此故障修复后需要维护人员按压面板上的 FEMES 复位键释放关断继电器，以启动 SETKOP。

在 FEMES 计算机启动期间，接口模块控制器将执行检查程序，进行 STEKOP 板本身自检以及 SETKOP 输入、输出故障检查，保证设备的安全。

更换 SETKOP 板的程序如下：

（1）松开上下两颗安装螺丝；

（2）抓住解锁层向外拉，就可以取出接口模块；

（3）取出接口模块并将之放在合适的地方（原包装盒）；

（4）检查新 SETKOP 板的软件版本是否相同（标在 FASH-PROMS）；

（5）顺着导向槽适当用力插入新模块；

（6）复位 RESET 键；

（7）在接口模块正确启动（约 3 分钟）后，旋紧安装螺丝。

2. 电源模块

在机柜最上方有四个 SV2602 电源模块，把 60V 电压变为 8V 电压，输出给 STEKOP 计算机通道，每两个电源模块的输出并联为 STEKOP 的一个通道供电（每个 STEKOP 板有两个通道），保证了电源的冗余，提高了系统的可靠性。

这两种电源模块面板上均有 1 个开关、1 个保险、3 个 LED 灯，其中 1 个为 LED Ue，表示输入电压正常；1 个为 LED Ua，表示输出电压正常；1 个为 LED INA，表示外部开关命令显示。在正常工作状态下，前两个 LED 是亮的。

更换电源模块时，必须将新、旧模块的面板上的开关均设在断开状态时，只有这样才能拔出、插入电源模块，避免接点产生火花。更换后只要接通面板上的开关，电源模块就可以正常运行了。

当更换保险时，要确保插入合适的型号保险（G fuse 0.2A，N60127-E200-N1-fast，switch off capacity H），这样才能保证在故障时能够正常断丝。

更换电源模块的程序与 SICAS 的电源模块相同，切记断开新旧模块的开关。

3. 滤波器层

滤波器层主要有滤波器、电源输入端子排和电源保险。

在更换滤波器前，必须将电源模块的开关断开，拧出端子排上的保险或者断开电源柜内的相应的开关，以确保安全。

（五）DSTT 构成、一般维护要求和步骤

1.DESIMO-ACE 交流信号机接口模块（以下简称 DESIMO）

每个 DESIMO 包括了 2 个灯位电路的控制继电器电路和检测灯光电流的监控电路，在不同的项目中具体使用可能不同。

模块上下各有 1 个 WAGO-插座，连接室外的信号机，每个 WAGO-插座对应室外信号机的 1 个灯位。面板上有两个 9 针插头，连接到 STEKOP 板。

DESIMO 的工作电压为 DC 24V，由 STEKOP 板通过面板上的两个 9 针插头提供的。信号机的点灯电压为 AC220V。

STEKOP 在启动时或者自检时将对 DESIMO 进行检查，检查模块内是否有继电器接点粘连、室外线路混线等故障，一旦发现将导向安全侧，立即切断 STEKOP 的输出，DSTT 的 DESIMO 将只点亮室外信号机的红灯。

DESIMO 的面板上有以下 3 个 LED 显示：

（1）S0：通道 0 控制输出有效；

（2）S1：通道 1 控制输出有效；

（3）IO：室外点灯。

更换 DESIMO 的程序如下：

（1）拔出模块上部和下部的 WAGO-插座；

（2）拔出面板上插头；

（3）用螺丝刀顺着凹形槽，插入一个黑色的橡胶弹簧内，顶着模块稍用力往上扳（不可大力，以免损坏），使得弹簧往下；

（4）另一手将模块往前抬，取出模块；

（5）将新模块挂在导向轨上，在模块下方用力往里一推，即可将新模块装好；

（6）接上前面插头；

（7）插上 WAGO 插头。

2.DEWEMO-G 道岔模块（以下简称 DEWEMO）

DEWEMO 实现转辙机的驱动和道岔位置状态的采集，根据 STEKOP 板的输出，转换道岔位置，当道岔转换到位后，监控道岔的位置，并将位置信息传给 STEKOP 板。

DEWEMO 上有 5 个插头连接，分别为：

X1　24V 电源供应；

X2　连接直流 220V 的动作电源；

X3　连接室外道岔；

X4　连接交流 110V 的表示电源；

X100　与 STEKOP 板的连接。

模块面板上的 10 个表示灯显示当前状态，其中控制命令用绿灯，信息显示用黄灯。具体有当前道岔位置表示灯；位置控制继电器 R 和 L 的指示灯；磁性控制器 HS1 和 HS2 的指示灯；道岔动作指示灯。

道岔位置表示灯（LED）的显示如表 17-1 所示：

道岔位置表示灯的显示 表 17-1

右位表示 1	左位表示 1	右位表示 2	左位表示 2	说　明
亮	—	—	亮	正确状态，道岔右位
—	亮	亮	—	正确状态，道岔左位
亮	—	—	—	故障：——线接地； ——与其他道岔混线； ——断线
—	—	—	亮	故障：——线接地； ——与其他道岔混线； ——断线
—	—	—	—	道岔转动时的正常状态；或 故障：——多条线接地故障； ——线路与道岔连接； ——多处断线； ——停电

更换 DEWEMO 的程序与 DESIMO 相同，不再赘述。

(六) 室外主要设备及其驱动设备

1. 信号机

一般采用三灯位四显示信号机，其结构不详细描述。信号灯的显示意义为：

红　　灯——禁止通过；

绿　　灯——进路空闲，进路中所有道岔开通直股；

黄　　灯——进路空闲，进路中有道岔开通侧向；

黄灯＋红灯——引导信号，限速 25km/h 通过。

2. 道岔转换设备

道岔转换设备采用国产设备，如 ZD6-D 转辙机、S700K 外锁闭交流转辙机等等，有关机械部分内容的介绍可查阅其他书籍，本文只针对与铁路不同之处作简要描述。

(1) 道岔位置没有采用传统的方式定义——定位和反位，而是定义为左位和右位，其具体分辨方法为：人站立岔尖前方，面对岔尖，道岔开通左边方向则为左位，道岔开通右边方向则为右位。

(2) 在大铁采用的道岔的驱动和表示回路是分离的，即使道岔的驱动回路有问题但不影响道岔的表示回路，道岔仍然可以给出正确的位置表示。在广州地铁正线区域，道岔表示回路检查道岔另一位置的控制（驱动）回路，只有当道岔位置到位并且下一个位置的驱动电路正常时，才给出正确的表示。

(3) 单动道岔控制技术：为了减少道岔转换时间，提高线路的通过能力，全部道岔采用了单动道岔控制技术，有别于大铁采用了双动道岔控制技术。

(4) 道岔交错控制：防止几个道岔同时启动转换，避免道岔转换电源的负载瞬间过大，以 200ms 的间隔逐个启动道岔。

3. 轨道电路

本工程例采用无绝缘音频轨道电路，详细描述见相关章节。

（七）LOW 构成、界面及操作

LOW 由一台主机、一台彩色显示器、一台记录打印机、一个键盘、一只鼠标和一对音箱组成。设备和行车状况（轨道占用道岔位置和信号显示、锁闭等等）在彩色显示器上显示，通过鼠标或键盘，操作命令对话窗口可实现常规和安全相关的联锁命令操作。所有安全相关命令操作、操作员登录/退出操作、设备故障报警将被记录存档。

1.LOW 界面显示

如图 17-4，LOW 的界面显示可以分为基本窗口、主窗口、对话窗口三部分。

基本窗口是最上一层，主要包括注册/退出窗、调用整体视图以及局部视图的一组按键、用于管理功能和调用或确认报警一组按键、时间/日期显示等内容。

主窗口为中间一层，显示整个联锁区轨道布置图及设备状态和列车的运行状态，包括道岔位置、信号机的显示、轨道区段的状态，并能选择这些元件进行操作。

对话窗口属最下一层，包括操作对话和命令提示。由以下三部分组成：

a. 控制命令按键（在左边），显示当前选择元件或对象相应的控制命令；

b. 对话信息显示（在中间），显示在操作过程中有关的信息，主要由三个控制软键、命令行以及响应行组成，其中命令和响应行是动态变化的；

c. 综合信息显示器（在右边），主要显示出一些关键设备状态和进路排列模式，对整个联锁区都有效，其显示内容和格式是不变的，只是根据状态改变相应的显示颜色，正常为绿色，平常为红色。

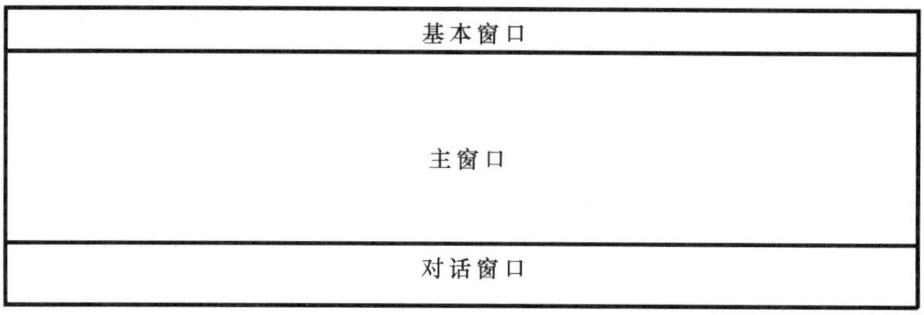

基本窗口
主窗口
对话窗口

图 17-4　LOW 屏幕显示

2. 联锁操作

操作命令根据安全等级可以分为“常规操作命令”，用 R 表示；“安全相关操作命令”用 K 表示。

安全相关操作命令是指在不能执行常规命令或得不到正确结果时，为了提高或重建联锁设备的有效性而设置的命令，其安全责任由主要操作员负责，故必须确认相关的操作前提，并且须输入正确的命令。

这两种命令的操作步骤是不同的，具体见表 17-2 和表 17-3。

常规操作步骤　　表 17-2

序号	步骤	现象
1	用鼠标左键点击要选择的元件	元件的选择背景色变为淡蓝色。 对话窗口的控制软键将自动重新排列。 命令行中显示已选择的元件

续表

序　号	步　　骤	现　　象
2	如果为进路操作，用鼠标右键点击要选择的终端信号机	元件的选择背景色变为淡蓝色。 对话窗口的控制软键将自动重新排列。 命令行中显示已选择的元件
3	点击要执行的控制命令	控制按键的背景色改变。 命令行中显示完整命令
5	确认显示的命令与意图一致，点击“执行”按键； 否则点击“取消”按键	联锁的执行结果在LOW上显示。 联锁的响应在响应行中显示

安全相关操作步骤　　**表 17-3**

序　　号	步　　骤	现　　象
1	用鼠标左键点击要选择的元件	1. 元件的选择背景色变为淡蓝色。 2. 对话窗口的控制软键将自动重新排列。 3. 命令行中显示已选择的元件
2	点击要执行的控制命令	1. 控制软键的背景色改变。 2. 命令行中显示完整的命令解释
3	确认显示的命令与意图一致，点击“执行”按键； 否则点击“取消”按键	1. 选择的元件以橙色背景显示。 2. 联锁反馈回来的命令在主窗口的左下角以红色字符显示。 3. 在对话窗口左下方弹出一个安全相关操作对话画面，在中间上方显示出选择的元件及命令的解释；中间下方有两层红、黄、蓝三色光带，上层固定不变，下层闪烁，上下颜色一致。左边下方有一个中间带转动横杠的椭圆；上方左右两边有“释放1”“释放2”软键。 4. 过几秒后，“释放1”变实体
4	确认命令与意图一致且步骤4显示现象正确后，点击“释放1”按键； 否则点击“取消”按键	1.“释放2”软键变成实体，其他现象同步骤4的1-3。 2. 如不在规定时间内点击“释放”软件，系统就会自动中断命令执行
5	再次确认命令与意图一致且步骤5显示正确后，点击“释放2”按键； 否则点击“取消”按键	1. 命令传给联锁执行，结果在LOW上显示。 2. 命令被打印，如果打印机没有好，系统则提示要求操作员记录该命令

通过以下方法可以中断操作或取消所选的元件：

（1）点击“取消”按键。

（2）点击不同的元件。

（3）重新点击该元件。

（4）点击主窗口的空白区。

3. 联锁命令

联锁命令根据操作的元件或对象的类型分成联锁区类命令、车站类命令、轨道区段类命令、道岔及道岔区段类命令、信号机类命令、进路类命令，这些类别的具体命令见表17-4至表17-9。

表中的M代表维修用命令，ATP/ATO是指用于ATP/ATO的指令，因为ATP/ATO设备也利用LOW作为操作平台。

联锁区命令一揽表 **表 17-4**

按钮缩写	命 令 含 义	命令类型	现 象
自排全开	全部信号机处于自动排列进路状态	R	所有信号机的编号变绿； “自排全开”变绿
自排全关	全部信号机处于人工排列进路状态	R	所有信号机的编号变红； “自排全开”变红
追踪全开	全部信号机处于联锁自动排列进路状态	R	所有有追踪功能的信号机编号变黄； “追踪全开”变绿
追踪全关	全部信号机取消联锁自动排列进路状态	R	所有有追踪功能的信号机编号变红； “追踪全开”变红
关区信号	关闭联锁区全部信号机，并封锁	R	所有信号机室外点红灯； 头部变蓝色
交出控制	向OCC交出控制权	R	车站标记绿闪
接收控制	从OCC接收控制权	R	车站标记变绿
强行站控	车站强行从OCC取得控制权	K	车站标记变绿
重启令解	在系统重启后释放相关的命令，保证操作员可以使用所有命令	M	
全区逻空	将联锁区所有区段设为逻辑空闲	M	LOW上所有的粉红光带消失

轨道区段命令一揽表 **表 17-5**

按钮缩写	命 令 含 义	命令类型	现 象
封锁区段	禁止通过该区段排列进路	R	轨道表示中间段变为蓝色或蓝闪
解封区段	允许通过该区段排列进路	K	兰色或蓝闪消失
强解区段	解锁进路中的该区段	K	绿色/淡绿色闪光经30s后消失或立即消失
轨区逻空	把区段设为逻辑空闲	K	由粉红变为黄色
轨区设限	设置轨道区段的限速	K	出现红色限速值
轨区消限	取消轨道区段的限速	K	限速值消失
自动折返	指示ATP/ATO进行列车的牵出折返作业	ATP/ATO	
换上至下	指示ATP/ATO将列车的驾驶端由上行端转为下行端	ATP/ATO	
换下至上	指示ATP/ATO将列车的驾驶端由下行端转为上行端	ATP/ATO	
终止站停	取消运营停车点	ATP/ATO	停车点由红变绿

道岔命令一揽表 **表 17-6**

按钮缩写	命令含义	命令类型	现象
单独锁定	锁定单个道岔，阻止转换	R	道岔标记变为红色
取消锁定	取消对单个道岔的锁定，道岔可转换	K	道岔标记变为白色
转换道岔	转换道岔	R	岔后一侧由黄色变为深黑； 岔后一侧由深黑变为黄色
强行转岔	轨道区段占用时强行转换道岔	K	岔后一侧由粉红色/红色变为深黑； 岔后一侧由深黑变为粉红色/红色
封锁道岔	禁止通过道岔排列进路	R	出现部分蓝色
解封道岔	允许通过道岔排列进路	K	蓝色消失
强解道岔	解锁进路中的道岔	K	绿色/淡绿色闪光经 30s 后消失或立即消失
岔区逻空	把道岔区段设置为逻辑空闲	K	由粉红色变为黄色
岔区设限	对道岔区段设置限速	K	出现红色限速值
岔区消限	取消对道岔区段的限速	K	限速值消失
挤岔恢复	取消挤岔逻辑标记	K	岔后长闪变为稳定光

信号机命令一揽表 **表 17-7**

按钮缩写	命令含义	命令类型	现象
开放引导	开放引导信号	K	信号机机身变为黄色
关单信号	设置信号机为关闭状态	R	信号机机身变蓝；头部变红色
封锁信号	封锁在关闭状态下的信号机	R	信号机头部闪蓝色
开放信号	设置信号机为开放状态	K	信号机机身和头部亮绿灯
解封信号	取消对关闭状态下的信号机的封锁	K	信号机头部蓝色消失
自排单开	设置单架信号机为自动排列进路状态	R	信号机标记变绿；“自排全开”变绿
自排单关	设置单架信号机为人工排列进路状态	R	信号机标记变红
跟踪单开	单架信号机由联锁自动排列进路	R	信号机标记变黄；“追踪全开”变绿
跟踪单关	单架信号机取消由联锁自动排列进路	R	信号机标记变红

联锁区命令一揽表 **表 17-8**

按钮缩写	命令含义	命令类型	现象
排列进路	排列进路	R	道岔/轨道表示变为绿色。 保护区段变为淡绿。 道岔转换位置。 有关道岔的标号出现方框。 信号机全绿
取消进路	取消进路	R	立即或信号机底座经 30s 闪后有以下显示。 信号机机身变为红色。 道岔/轨道表示变为黄色。 保护区段变为黄色

车站命令一揽表 **表 17-9**

按钮缩写	命　令　含　义	命令类型	现　　象
关站信号	关闭车站所有信号机并封锁	R	1. 头部变蓝色；2. 信号机机柱显示红色

4. 报警处理

根据对行车的影响程度，报警可以分成以下三类：

A类：严重影响行车；

B类：即将影响行车；

C类：一般信息，C类报警无须确认并无声音报警。

三类故障的优先级顺序为A、B、C，即A类最高、B类其次、C类最低。当出现一个报警时，将按以下三种方法显示报警：

(1) 基本窗内的相应按钮“A”、“B”开始红色闪光，按钮“C”显示红色。

(2) 产生一个声音报警，声音报警对应队列中最重要的报警。

(3) 如果涉及到相关的元件，将另外通过主窗口中的元件的相应显示来显示或综合信息显示器相应的信息显示红色，告诉你是哪个元件出现了故障。

当报警发生后，可以通过以下方法确认报警：

(1) 点击最高优先级的报警按钮。

(2) 选择并读短文后，点击“确认”键确认。

如果在处理过程中，来了一个更重要的报警，立即离开该对话并进入最重要的报警的对话中，处理这个最新、最严重的故障。

如果LOW为遥控（即在OCC上进行操作），所有的报警都将排队，并给出声响报警，当下一个操作员进入LOW操作时，必须先确认所有报警。

出现报警时可以按压“音响”键消除声音报警。

最多存储48h的报警。

(八) 数据传输总线—PROFILE　BUS　的构成及一般维护要求

在整个系统中，所有安全通信的通道全部采用了双通道热备冗余的Profibus总线，包括相邻联锁计算机SICAS之间、联锁计算机SICAS与STEKOP之间和联锁计算机SICAS与ATP之间地通信，而且联锁计算机SICAS与LOW、RTU之间的非安全通信也采用了Profibus总线。主要的连接图如下，其中ATP和SICAS计算机内是通过BUMA板实现传输的，STEKOP板本身内含Profibus处理组件，他们之间的联系同时也通过光连接模块OLM（以下简称OLM）和光缆来连接。两站之间的PROFILE BUS的连接见图17-5。

OLM有OLM/P3、OLM/P4、OLM/S3、OLM/S4-1300等四种类型，3、4表示有端口个数，P表示玻璃，S表示二氧化硅，-1300表示波长，实现电气　Profibus接口与光纤Profibus接口之间的相互数据传输。

每个模块工作电源为DC24V，有三或四个独立端口，每个端口又包括发送和接收。端口1为D形9针插座，电通信口，与外设如服务PC连接；端口2使用两个带屏蔽层的接线端子，主要与另外OLM的通道2连接；端口3和4为光通信口，光纤通过BFOC/2.5 socket连接。

OLM有5个红/绿发光二极管显示实际工作状态和可能的故障状态，具体描述见表17-10。

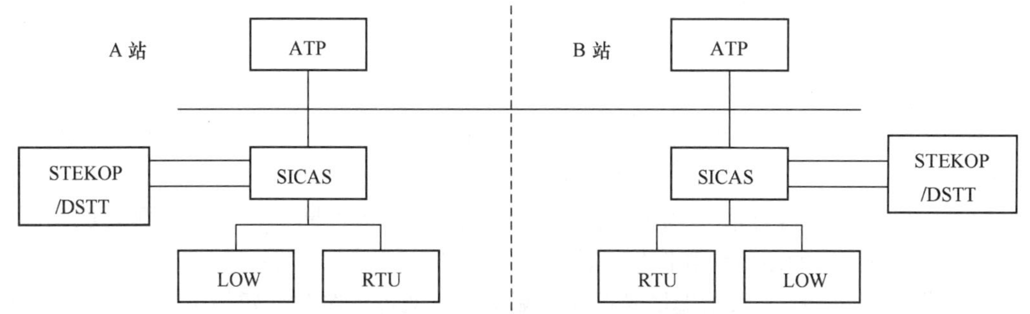

图 17-5 两站之间的 PROFILE BUS 的连接

OLM 的 LED 的显示 **表 17-10**

LED 灯	状态	含　　义
System LED	没亮	没电源，或部件故障
	红闪	传输速度没达到
	绿灯	传输速率达到，电压正常
ch1 和 ch2	没亮	没接收到数据，或者一根或两根 RS485 导线断，或者连接的 Profibus 部件故障（没有发送）
	红灯	发送超时或 RS485 连接故障，或连接末端的 RS485 接口故障，或 OLM 的 RS485 接口故障
	黄灯	数据接收
ch3 和 ch4	没亮	没接收到数据：到模块的接收光纤断了，或者连接部件故障
	红灯	发送超时，或环境导致的持久的光信号（一行超过 12 个低位接收）
	黄灯	数据接收

进行 OLM 维护时应遵守以下安全使用规定：

（1）一定按现有说明书及操作手册使用 OLM。

（2）严禁在运营期间插拔有源光纤，即使是在查找故障时！必须将 OLM 电源切断，才能插拔光纤。

（3）当插拔光纤时，不要触及光纤，只能接触到插头用力。

（4）在插拔光纤前必须保证接头干净清洁，无尘，避免光纤沾上灰尘，可使用压缩空气清洁 BFOC 口和 ST 头。

（5）要注意光纤的曲度，保证大于最小曲度，特别是 ST 接头和 BFOC 接头处。

（6）没有使用的光端口应用保护帽盖住，避免接收到的自然光线干扰传输网络的可能性、特别是环境亮度很高时。

（7）RS485 总线导线必须采用屏蔽双绞线。

第二节　计算机联锁功能

联锁的目的就是防护进路，主要工作为进路建立和进路解锁，下面就进路的建立和解锁（包括侧面防护元素的选择、保护区段的确定）分别予以叙述。

一、进路的组成及相关的选择原则

（一）进路的组合及基本概念

进路根据防护的安全等级可以分成安全进路和非安全进路，安全进路是指路径上有道岔并且要运行旅客列车的进路，非安全进路则指其他一切进路。

进路一般由三部分组成，分别为主进路、保护区段和侧面防护，其中侧面防护又可以分成两种：主进路的侧面防护和保护区段的侧面防护。

1. 主进路是指进路上从始端信号机至终端信号机通过的路径，包括道岔、信号机、区段等要素。在铁路中我们知道信号机开放要检查全部区段的空闲，但在装备有准移动闭塞的城市轨道交通信号系统中联锁设备不检查全部区段，只检查一部分区段，这些被检查的区段叫做监控区段，保证列车通过这些区段后能自动将运行模式转为ATP监督人工驾驶模式（以下简称SM模式）或ATO自动驾驶模式（以下简称ATO模式）。列车之间的追踪保护就由自动列车保护系统（以下简称ATP）来防护，由ATP保证列车前后之间的距离，防止出现列车追尾现象。

2. 保护区段是指终端信号机后方的一至两个区段，这是为了避免列车由于某种原因不能在信号机前方停车而冲出信号机导致危及列车安全的事故的发生，类似于铁路的延续进路。

根据保护区段设置的时机，分为不延时保护区段和延时保护区段。当一条进路中可以运行一列以上的列车时，才具有延时保护区段的概念。排列有延时保护区段的进路时，该保护区段不与进路同时排出，只有当列车接近终端信号机、占用某个特定的区段（称为保护区段的接近区段）时，才排列保护区段，

根据保护区段经常使用的方向可以分成普通保护区段和分支保护区段。如果不考虑列车出入车厂，在正常的地铁行车中，一般是进行双线单向循环运行，信号机总是排列固定方向的进路。如果涉及到列车出入车厂、存车线存车出车作业时，则某些信号机需要排列各种方向的进路。与此相对应，保护区段也可开通正常循环运行的方向或出入车厂、存车出车作业，将开通正常循环运行方向的保护区段称之为普通保护区段，而将开通其他方向的保护区段称之为分支保护区段。设置分支保护区段可以加快运营、提高效率和避免增加道岔操作。

3. 侧面防护是指为了避免其他列车从侧面进入进路，与列车发生侧向冲突，类似铁路上的双动道岔和带动道岔的处理。防护主进路的侧面防护叫主进路的侧面防护，防护保护区段的侧面防护叫保护区段的侧面防护。

侧面防护共有两级。第一级包括侧面防护必须的元素，即每一个防护点的所有防护元素。第一级中的每个道岔元素可以定义多个第二级要素与之对应。如果条件具备，第一级要素将被用于侧面防护。如果不可能，（例如，道岔已由另一条进路的侧面防护锁闭于相反的方向），第二级要素将被用于侧面防护（如果二级要素有的话）。如果第二级侧面防护条件不具备（或者并不存在），进路防护信号机将不开放。而在这种情况下，进路已经设置且被锁闭，防护信号机将达到引导信号的监督层。如果二级侧面防护条件具备，防护信号机将会自动开放。

侧面防护主要由道岔、信号机和超限区段提供。道岔做侧防要素时，则该道岔将被锁

闭在进路侧面防护要求的保护位置上。信号机做侧防要素时，则检查该架信号机的红灯灯丝是否正常，并非锁闭该架信号机。提供侧面防护的信号机同时可以办理同本条进路无敌对关系的进路。

超限区段检查是当防护点没有相应的道岔提供防护，并且存在轨道区段侵限问题。则要根据提供侧面防护的道岔的方向，检查轨道电路的占用。

（二）监控区段的选择原则

1. 对于无岔进路，通常在始端信号机后方选择一定数量的轨道区段，这个数量的轨道区段长度，足够使列车驶入该进路时，其驾驶模式能从 ATP 限速模式（以下简称 RM 模式）转换到 SM 模式或 ATO 模式（通常选择两段轨道电路）。

2. 对于有岔进路，通常在始端信号机后方轨道区段开始一直到最后一个道岔区段再加一个轨道区段，并且如果该轨道区段不能摆下一列车，则需要增加其后的一个轨道区段作为监控区段。

（三）保护区段选择原则及相关概念

通常，用终端信号机后方的第一个轨道区段做为该条进路的保护区段。但也有以下两种情况例外：

1. 如果 ATP 的保护区段定义于终端信号机的前方时，能提高终端信号机后方区段的灵活性且又不阻碍终端信号机前方区段的运营，则此终端信号机只有 ATP 保护区段而无联锁保护区段，即不设置保护区段。

2. 如果终端信号机后方的轨道区段长度短于计算的 ATP 保护区段，则选择多个轨道电路作为保护区段，直至长度得到满足。

（四）侧面防护的选择原则及相关概念

安全进路的第一级侧面防护由道岔提供，保护区段的侧面防护通常由信号机提供，在某些情况下也可以用道岔侧防。

1. 当安全进路、非安全进路同时办理，且两条进路的侧面防护道岔会发生冲突时，非安全进路的侧面防护要放弃用该道岔作侧面防护的要求，同时用信号机和侵限区段来替代。

2. 对应第一级的侧面防护道岔，在第二级侧面防护中有相应的侧面防护信号机作对应，以提供系统的灵活性。

3. 当办理两条要求同一个道岔提供不同防护位置的进路时，则先办的进路将得到道岔作为侧面防护，后办的进路将只得到信号机作为侧面防护。

4. 侵限区段的检查。

（1）如果道岔不在防护进路的位置时，则侧面防护必须检查该侵限区段的空闲状态。

（2）如果道岔在防护进路的位置时，则侧面防护不必检查该侵限区段的空闲状态。

（3）当侵限区段作为一条进路的保护区段时，则该区段不能作为其他进路的侧防条件，或者说其他进路的侧防条件不具备。

二、进路建立的实现原则

进路建立是指进路开始办理、到防护该进路的信号机开放这一阶段，其过程为进路元素的可行性检查；进路元素的征用；进路监督；开放信号。

（一）进路元素的可行性检查

进路元素的可行性检查由联锁计算机完成，首先检查所选进路的始端、终端信号机构成的进路是否为设计的进路，然后检查所选进路中的元素，检查内容包括：

1. 进路中的道岔没有被其他进路或人工锁闭在相反的位置上；

2. 进路中的道岔或轨道区段没有被封锁禁止排列进路；

3. 进路中的信号机没有被反方向进路征用；

4. 道岔或监控区轨道电路没有被进路征用；

5. 进路上的其他区段没有被其他反方向的进路征用。

进路元素的检查顺序为从终端信号机开始，一个元素接一个元素地检查直到始端信号机。

（二）进路元素的征用

进路元素的征用是指该元素被进路选用以后，在解锁之前，其他任何进路将不能被再次使用。

如果进路通过了可行性检查，将对进路元素进行征用，即：

1. 进路中所有处于与进路要求位置相反位置上的道岔必须进行转换，并且把所有道岔锁闭在进路要求的位置上；

2. 进路中的所有轨道区段和信号机被解锁之前，其他进路不能征用；

3. 要求提供侧面防护；

4. 要求提供保护区段或延时保护区段。

（三）进路监督

所有进路元素征用后，系统将开始周期性地对进路元素的条件进行检查，根据检查的结果分为两种监督层次，即主信号层和引导层，主信号层一旦达到，信号机自动开放，引导层则不能自动开放。

1. 主信号层的监督，主要检查以下内容：

（1）进路中的道岔位于正确的位置并已锁闭；

（2）进路全部区段被征用，并且相应的监控区段逻辑空闲；

（3）终端信号机的红灯信号能正确显示（不监测虚拟信号机）；

（4）主进路的侧面防护已提供，即侧面防护道岔已被转到保护位置并被锁闭；侧面防护信号机的红灯灯丝功能正常；侵限区段空闲（也没有发生 KICK-OFF 故障）并且没有被作为其他进路的保护区段；

（5）某些进路需要检查的条件有防淹门开并且没有请求关闭；洗车线给出了洗车允许信号；车场的信号机已经开放。

2. 引导层的监督

引导层是主信号层的后备，当主信号层不能满足，系统自动检查该层，检查内容有：

（1）进路中所有区段被进路征用；

（2）进路中的道岔在进路要求的位置并被锁闭；

（3）某些进路需要检查的条件有防淹门开并且没有请求关闭；洗车线给出了洗车允许信号；车场的信号机已经开放。

（四）开放信号

1. 主信号层的信号开放

当主信号层到达并且以下三个条件均满足时，系统将根据道岔位置，自动开放信号机的绿灯或者黄灯。

(1)“引导”信号未设置；

(2) 始端信号机没有设置封锁；

(3) 始端信号机没有设置重复锁闭。

2. 引导层的信号开放

当引导层到达并且进路的接近区段占用时，可以人工开放引导信号，室外对应开放红灯和黄灯。引导信号开放 60s 后自动关闭。

三、进路解锁

进路解锁是指从列车驶入信号机后方（驶入进路），到出清进路中全部轨道区段这一阶段，或者指操作人员解除已建进路的阶段。进路解锁主要分：取消进路、列车解锁及区段强行解锁。其中，取消进路可分为立即取消和延时取消解锁；列车解锁分为列车通过解锁（正常解锁或者逐段解锁）和折返解锁。下面我们简单描述进路解锁的过程。

(一) 取消进路

取消进路是指进路建立后，因人为需要而取消该进路时的一种解锁方式。

一旦进行取消进路的操作，进路始端信号机立即自动关闭，检查是否需要延时，如果不需要延时，则立即取消进路；否则延时 30s（该时间与列车的运行速度有关）后检查进路的第一个轨道区段是否解锁或被列车占用，如果该轨道区段已解锁或被列车占用，终止执行，否则立即取消进路。

如果进路无车，整条进路将从始端到终端全部解锁，包括终端信号机后方的保护区段；

如果进路有车，将取消至命令实际执行时（不是操作指令的时间）最后一列车所在的区段，其后的轨道区段将随最后一列车运行而逐段解锁。

轨道区段的解锁将同时解锁提供侧面防护的元件。

当接近区段占用并且在列车占用接近区段期间进路信号机开放过信号，进路将延时取消。

始端信号机后的保护区段不能被取消进路解锁，只能由列车通过解锁，或者延时解锁。具体的介绍在下面章节中介绍。

(二) 正常解锁

正常解锁是指列车通过进路中的轨道区段后，该区段自动解锁。进路的解锁是从进路始端（进路第一区段）开始，逐一向后解锁的，一直到进路的终点即最后一个区段。

一般采用三点解锁法。

以图 17-6 的区段Ⅱ为例，当以下条件满足时，区段Ⅱ将自动解锁，同时立即解锁提供侧面防护的元件 *W*1。

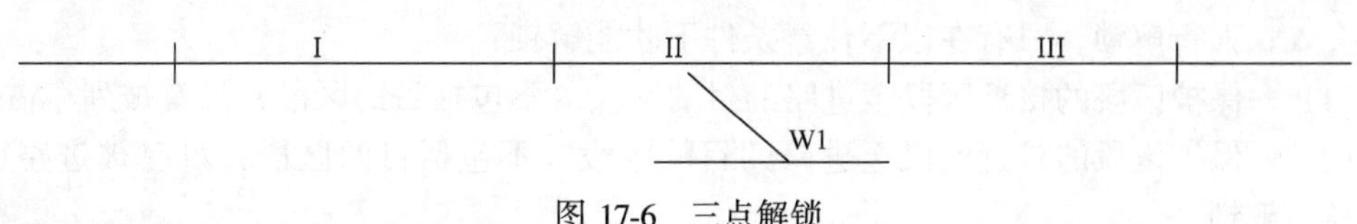

图 17-6　三点解锁

1. 前一轨道区段（Ⅰ）及本轨道区段（Ⅱ）必须被同时占用过（Ⅰ↓Ⅱ↓）。

2. 前一轨道区段（Ⅰ）出清并解锁。

3. 本轨道区段（Ⅱ）及后一轨道区段被同时占用（Ⅱ↓Ⅲ↓）。

4. 本轨道区段（Ⅱ）出清且后一轨道区段占用（Ⅱ↑Ⅲ↓）。

（三）中途返回解锁（折返解锁）

在折返作业时，列车在牵出后又沿折返进路返回运行，根据正常解锁的定义，折返轨将不能解锁，而需采用一种特殊解锁方式自动解锁没有被列车全部正常通过的区段，该种特殊的自动解锁方式称折返解锁。

该种解锁方式的关键条件是系统确认了列车确实进行了牵出、返回运行，而且已出清了折返区段。

（四）故障解锁（强行解锁）

正常情况下，进路应随着列车驶过进路而自动逐段解锁，但由于某种故障，如轨道电路不能正常工作，区段可能不能正常解锁。因此，需要人为强行使该区段解锁，这种人为方式即为故障解锁或强行解锁。

当对一个区段进行强行解锁时，系统立即关闭信号机，检查是否需要延时，如果不需要延时，则立即解锁该区段；否则延时30s（该时间与列车的运行行速度有关）后检查该区段是否被列车占用，如果该区段已被列车占用，则终止执行，否则立即解锁该区段。只有在以下条件全部满足时才进行无延时解锁，否则延时解锁：

1. 进路空闲；

2. 联锁连接正常；

3. 接近区段空闲；或者接近区段占用，但在列车占用接近区段期间，始端信号机没有开放过。

对区段进行强行解锁操作后，进路和保护区段的征用都将被强行解锁，但不能解锁该区段所提供的侧面防护，即将继续提供侧面防护。

（五）保护区段解锁

保护区段的解锁也有以下几种方式。

1. 正常解锁（列车通过解锁）

类似于列车的正常解锁，依次检查以下条件后，保护区段自动解锁。

2. 延时解锁

当列车占用进路的最后一个区段（目的轨）时，系统自动开始计时30s后，自动解锁保护区段，如果在计时期间，列车进入了保护区段，计时停止，不能再进行延时解锁。

3. 折返解锁

类似于进路的折返解锁，详情见进路折返解锁章节。

4. 强行解锁

由于某种原因列车通过后保护区段不能自动解锁，或设备故障后不能自动解锁，需要人工介入，强行解锁，只有在以下任意条件下才能解锁：

（1）—保护区段的接近区段至进路的目的区段（不包括目的区段）没有被列车占用；

（2）—保护区段的接近区段至进路的目的区段（不包括目的区段）没有被进路征用，即进路已解锁。

（六）侧面防护元件的解锁

在前面我们讲到的进路和保护区段的解锁均属于主动解锁，即均在列车正常通过后可以自动解锁；侧面防护元件的解锁则属于被动解锁，即列车通过该防护元件后，元件不能解锁，只有当要求提供防护的元件解锁后，该防护元件才能解锁。

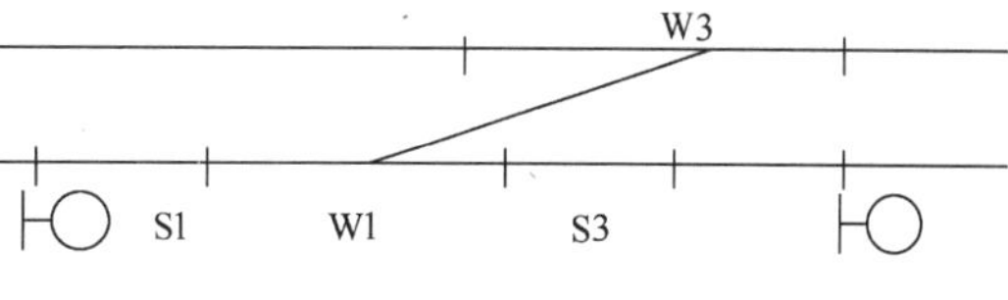

图 17-7　侧防元件

如图 17-7，进路 S1～S3，要求 W3 提供侧面防护，防护位置在右位，当列车通过 W1，W1 解锁后，W3 才解锁，也就是说 W1 解锁后，通知 W3 解锁。

四、其他相关的概念

（一）轨道区段的 kick-off 功能

1. 物理空闲和物理占用概念

轨道区段的物理空闲是指列车检测设备（如轨道电路，计轴设备等）反映的室外区段实际没有被列车占用的状态。轨道电路吸起状态即为物理占用。

轨道区段的物理占用是指列车检测设备（如轨道电路，计轴设备等）反映的室外区段实际被列车占用的状态。轨道电路落下状态即为物理占用。

简单来说，室外区段有车占用，轨道继电器落下，则为物理占用；室外区段空闲，轨道继电器吸起，则为物理空闲。

2. 逻辑空闲和逻辑占用概念

区段物理占用时，系统认为该区段也逻辑占用。

当区段从物理占用状态切换为物理空闲状态时，系统将结合相邻区段的变化状态判断是否符合列车运行轨迹（列车通过和列车折返轨迹），如果符合，则系统认为该区段逻辑空闲，否则认为是逻辑占用。

为了更好地判断逻辑空闲状态，系统引进了一个 kick-off 状态，一般而言对于每一个轨道区段均有两个 kick-off 状态，每端一个，她记录了相邻两区段同时被列车占用的状态，也就是说一个记录本区段与前一区段同时占用的状态，另一个记录了本区段与后一区段同时占用的状态。当区段物理空闲且有两个 kick-off 状态时，系统认为区段逻辑空闲并重置 kick-off，否则仍为逻辑占用。

物理空闲、占用与逻辑空闲、占用之间的相互关系如下：

（1）物理占用一定产生逻辑占用状态；逻辑占用并不一定对应物理占用。

（2）逻辑空闲一定对应物理空闲。但物理空闲并不一定对应逻辑空闲。

（3）本区段和相邻区段的同时占用状态产生一个相应的“kick-off 控制”状态［如图 17-8（*a*）、（*b*）］。

（4）当区段由物理占用变为物理空闲时，如果该区段的两个 kick-off 均记录了同时被列车占用的状态，则该区段为逻辑空闲状态并重置 kick-off 状态，如图 17-8（*c*）。

在无进路状态下，背向道岔（或交叉渡线）在同一个轨道区段时，其逻辑空闲只取决于物理空闲，即无 kick-off 控制如图 17-8（*d*）。

3. 无任何空闲显示区段的限界

如果一个区段的相邻区段无列车检测设备，无法给出是否有车的判断，这时，它与相

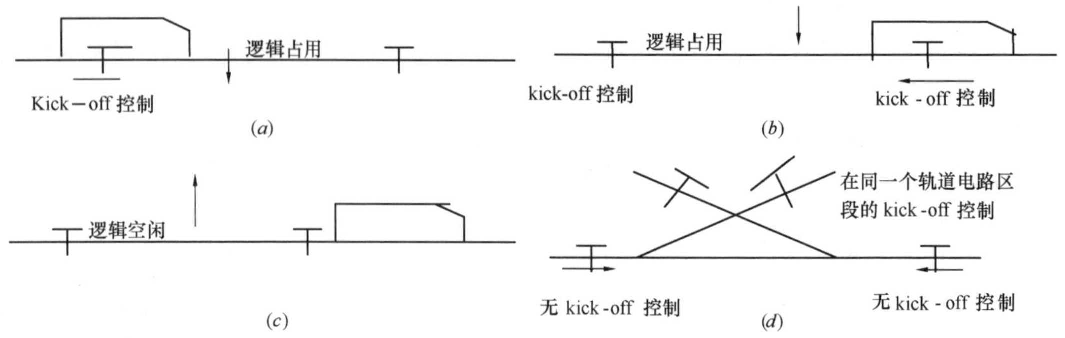

图 17-8 逻辑空闲

邻区段的 kick-off 控制是关闭的，是不起作用的，只检查另一端的 kick-off 状态。

4. 无逻辑空闲显示区段的限界

如果一个区段的相邻区段无逻辑空闲显示且无 kick-off 控制，则不检查该端的 kick-off 状态，只检查另一端的 kick-off。

如果本区段有空闲显示但无 kick-off 控制，则必须检查相邻带有 kick-off 控制区段的 kick-off 控制，并将状态传给相邻区段。

5. 列车折返运行情况下相邻区段的 kick-off 控制

当进行列车折返作业时，目的地轨只有一个方向有 kick-off 控制，必要补充另一方向缺少的 kick-off 控制，使折返轨上的轨道区段能够随列车的运行而得到逻辑空闲，我们以图 17-9 为例做详细说明。

当列车从 A 点运行到 B 点时，区段 TC1 接收到 W1 送来的 kick-off 控制，排列返回进路后列车从 C 点运行到 D 点，当列车占用道岔 W1 时，区段 TC1 将再次接收到 W1 送来的 kick-off 控制。也就是说进行折返作业时，折返轨的区段在一端接收到两次 kick-off 控制，而区段 TC3 与区段 TC1 之间没有产生的 kick-off 控制，如果按照通过时的原则，区段 TC1 将不能得到逻辑空闲。为此，我们利用第二次 kick-off 控制作为另一端的 kick-off 的替代，即 TC1 左方向第二个 kick-off 控制，作为区段 TC1 右方向的 kick-off 控制，这样区段 TC1 便可以逻辑出清。

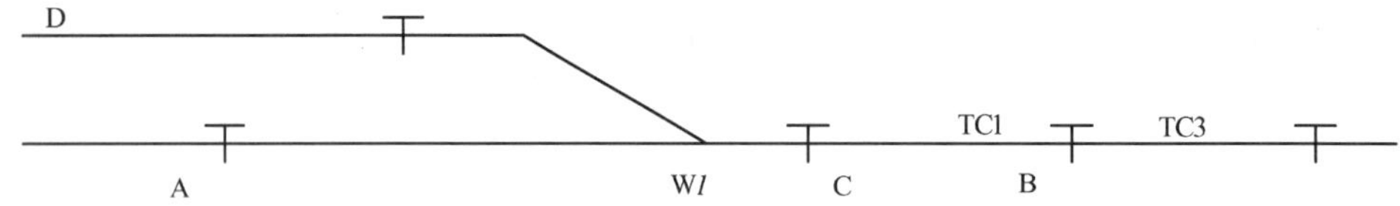

图 17-9 折返运行的 kick-off 控制

以上分析是建立在折返轨只有一个区段（在上图中只由区段 TC1）组成的基础上的。如果折返轨由几个区段组成，则列车必须占用折返轨最后的一个轨道区段即区段 TC3。假设上图中的折返轨由区段 TC1 和区段 TC3 组成时，如果区段 TC1 较长，在返回运行时，列车出清区段 TC3 而未占用 W1，区段 TC3 并不逻辑空闲，只有当列车占用区段 W1 时，区段 TC1 左方的第二个 kick-off 控制才由区段 W1 给出并被 TC3 使用，区段 TC3 才能逻辑空闲。

6. 相关位置的 kick-off 控制错误

虽能收到物理空闲显示，但 kick-off 控制不能产生一个正确的逻辑空闲显示（列车未能占用相邻轨道区段），这时存在一个错误的 kick-off 控制，它保存在道岔或交叉渡线的一条腿中。这个错误的 kick-off 控制一直保存到有列车顺利地通过道岔的那条腿后并产生正确的逻辑空闲显示或者使用“岔区逻辑空”命令重置 kick-off 状态。如图 17-10 所示。

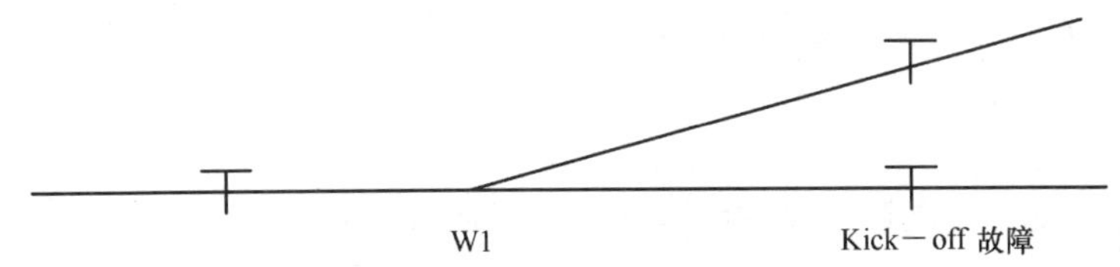

图 17-10　道岔 kick-off 故障

列车通过 W1 的右位后，由于没有收到下一区段的占用信息，道岔区段 W1 右位出现 kick-off 控制故障，W1 仍为逻辑占用，kick-off 错误贮存在 W1 右位。这时强行转换 W1 道岔到左位，排列通过道岔左位的进路后，列车以引导信号方式进入通过 W1，收到下一区段的占用信息，左位没有发生 kick-off 故障，道岔区段逻辑空闲，道岔左位无 kick-off 错误贮存。这以后，可以正常设定 W1 左位置的进路。由于道岔右位一直有 kick-off 控制故障（已贮存），只能以引导信号开放右位设定的进路（该故障向操作员显示）。列车以引导信号方式通过右位进路后，收到下一区段的占用信息，kick-off 控制正常，删掉贮存的 kick-off　控制故障，右位进路信号可以开放。

（二）单独操作

1. 与轨道区段（包括道岔区段）相关的操作

(1) 轨区逻辑空、岔区逻辑空

由于某种原因，区段已经物理空闲，但系统认为该区段没有逻辑空闲。这时可以使用该命令人为将该区段设为逻辑空闲状态。

当区段显示逻辑占用且不能确定相邻轨道区段是否物理空闲，则轨区逻辑空命令不能使用，只能利用下一列车通过使其空闲。属于安全命令，LOW 将记录该项操作。

(2) 封锁区段、解封区段

由于维护或其他原因，不允许列车通过某个区间或区段，可以使用“封锁区段”的命令将区段封锁，禁止进路征用该区段，从而禁止列车继续通过该区段。封锁区段的命令被操作后，不会影响原有进路状态，也就是说原来已经排列好的进路仍然可以被列车通过，一旦列车通过该区段解锁后，系统将禁止再次排列通过该区段的进路。

同时被锁闭的轨道区段能通过“解封区段”的命令，将轨道区段去除封锁。该操作为安全相关操作，操作员在操作前必须明确要求封锁的原因已经取消，否则将有可能造成安全事故，LOW 将记录该项操作。

(3) 区段强解、岔区强解

通过“区段强解”可以对进路任一区段进行强行解锁，具体的内容见进路解锁章节。

该操作为安全相关操作，操作员在操作前必须明确该区段将不再有车通过，否则将有可能造成安全事故，LOW 将记录该项操作。

2. 与道岔相关的操作

(1) 转换道岔

道岔在任何位置均可用该控制命令转换到另一位置。

系统有两种自动转换道岔的可能，一种是排列进路，系统将自动将道岔转换至所需位置。

另一种是根据道岔的优先位的设计，当道岔区段解锁后，经一定时间的延时，道岔将转换到设计的优先位置。如果在这种情况下转换不成功，系统将记录下来。

道岔转换的条件：

1) 道岔区段逻辑出清；

2) 道岔区段没有被进路、保护区段和侧防征用/锁闭。

(2) 强行转岔

如果某一道岔区段被占用或故障，用强行转岔控制命令即可转换该道岔。

使用强行转换道岔命令的条件：

1) 道岔区段逻辑占用；

2) 道岔没有挤岔；

3) 记录了"强行转岔"命令。

该操作为安全相关操作，操作员在操作前必须明确列车没有在故障区域或者不在道岔尖轨上并且人员在安全区域，否则将有可能造成安全事故。LOW 将记录该项操作。

(3) 挤岔恢复

道岔挤岔修复后，通过"挤岔恢复"命令可转换发生挤岔的道岔，并且复位挤岔记录。

使用"挤岔恢复"命令的条件：

1) 道岔区段没有被进路、保护区段和侧防征用/锁闭；

2) 道岔发生了挤岔 (或有挤岔显示)；

3) 道岔没有被单独锁定；

4) 在复位挤岔记录之前，道岔已有表示；

5) 记录了"挤岔恢复"命令。

该操作为安全相关操作，操作员在操作前必须明确要求维修人员在安全位置，否则将有可能造成安全事故。LOW 将记录该项操作。

(4) 单独锁定道岔、取消锁定道岔

通过一个"单独锁定"命令可以单独锁闭道岔，禁止道岔进行转换；同时也可用"取消锁定"命令解封道岔锁定，使得可以重新转换道岔。

"取消锁定"操作为安全相关操作，操作员在操作前必须明确要求锁定的原因已经取消，否则将有可能造成安全事故。LOW 将记录该项操作。

3. 与信号机相关的操作

(1) 开放引导信号

只有当进路的接近区段占用时，才能开放引导信号，列车在引导信号前停车，以 RM 模式运行通过故障区段后的两个区段后，自动向 SM 模式切换。设定引导信号的条件为：

1) 列车占用进路的接近区段；

2) 进路监控达到主信号层或引导层；

3）信号机没有开放；

4）记录了“开放引导”命令的操作。

（2）人工关闭信号

信号机在开放状态或引导信号状态时可用“关闭信号”命令关闭信号；也可以使用“关区信号”和“关站信号”命令分别关闭一个联锁区或一个车站的所有信号机。

（3）人工开放信号

由于人工关闭信号或故障关闭了信号，如果信号机开放条件重新满足，那么用“开放信号”命令可使它重新开放。人工开放信号的条件为：

1）信号机已经在关闭状态；

2）进路监控达到主信号层；

3）信号机没有发生故障；

4）信号机没有被封锁；

5）记录了“开放信号”命令的操作。

（4）单独封锁信号机、解封信号机

通过“封锁信号”命令可以封锁信号机，禁止开放信号；同时也可通过“解封信号”命令解封信号机的封锁，允许开放信号。

只要信号机被封锁，在开放状态下的信号机将自动设置为禁止信号。信号机封锁后不能开放，但可设置引导信号显示。解封后的信号机不会自动开放（即使进路达到相关的控制级也不行）。

如果信号机的封锁是因防淹门关门请求引起的，则系统不允许人为解封，只有当防淹门关门请求取消后，系统自动取消该信号机的封锁。

（5）接通、关闭所有信号机的进路自排功能

进路自排是指 ATS 系统根据时刻表或者目的地号自动排列列车所需要的进路，线路正方向的信号机（上行线的上行信号机和下行线的下行信号机）均有这种自动功能，反方向的信号机不具备这种功能。

通过“自排全开”命令可将所有正方向的信号机接通进路自排功能；也可通过“自排全关”命令可将所有正方向的信号机关闭进路自排功能。在操作“自排全开”时，要保证所有信号机均关闭了进路追踪功能。

（6）接通、关闭所有信号机的进路追踪功能

一般而言，在正常的地铁运营中所有的列车（列车出、入车辆段和故障车进出存车线除外）均沿着一个固定的环路（始发上行站台出发→上行线各站台→折返线→下行线始发站台→下行线各站台→折返线→始发上行站台）循环运行，在这种循环模式中线路上的所有正方向的信号机各自均只排列固定方向的一条进路，也就是说每个正方向的信号机均有惟一一条开通正常运营方向的进路，这些进路可以维持地铁的周而复始的循环运营，我们把这些进路定义为追踪进路。对于追踪进路的排列，系统定义了一种自动排列模式——进路追踪，无需其他系统参与，由联锁系统根据某个区段的列车占用自动排列，该区段称为追踪进路接近区段。在这种模式中，列车的出、入车辆段和故障车进、出存车线的作业需要人工办理。

通过“追踪全开”命令可将所有具有追踪进路的信号机接通进路追踪功能；也可通过

"追踪全关"命令可将所有具有追踪进路的信号机关闭进路追踪功能。在操作"追踪全开"时，要保证所有信号机均关闭了自动列车排路功能。

在城市轨道交通系统中，自动追踪排路通常设定为自动列车排路的降级后备模式。

(7) 接通、关闭单个信号机的进路追踪功能

通过"追踪单开"命令可将一个具有追踪进路的信号机接通进路追踪功能；同时也可通过"追踪单关"命令可将一个具有追踪进路的信号机关闭进路追踪功能。

在操作"追踪单开"时，要保证所有信号机均关闭了自动列车排路功能。

取消进路或强解区段也会将始端信号机的追踪功能关闭。

(8) 接通、关闭单个信号机的进路自排功能

通过"自排单开"命令可将一个具有进路自排的信号机接通该功能；也可通过"自排单关"命令可将一个具有进路自排的信号机该功能。

在操作"自排单开"时，要保证所有信号机均关闭了进路追踪功能。

取消进路或强解区段也会将始端信号机的进路自排功能关闭。

4. 其他操作

(1) 接收控制

在控制中心的自动列车监控系统 ATS 上操作"交出控制"按钮后，在 LOW 上操作"接收控制"按钮可以接通现地操作，即在 LOW 上可以操作联锁命令，操作指令、显示的记录将由现地操作员所在位置的打印机上完成。ATS 的自动运行功能不会因此而受到影响。

当中央 ATS 故障时，车站不需要操作"接收控制"命令即可自动完成控制权的交换。

(2) 强行站控

强行站控命令具有优先权，不需得到 ATS 的同意，直接在现地工作站上操作"强行站控"命令，就可以接通现地操作。其他与接受控制一致。

(3) 交出控制

通过在 LOW 上操作"交出控制"按钮可以将操作权交给中央 ATS，由行调进行控制。只有在中央 ATS 接收到现地工作站传来的释放命令后，ATS 中央操作才能接通，所有联锁允许的操作命令只能在中央 ATS 上操作实现。但与安全相关的操作仍只能在现地操作上完成。

当现地工作站故障时，ATS 不需要操作"接收控制"命令即可自动完成控制权的交换。

第三节　联锁设备的运行模式

一、进路的排列方法

进路的排列可以通过下列五种方式来完成：

1. 在 LOW 上人工排列进路。

2. 在中央 ATS 的 MMI 上人工排列进路。

3. 进路自排：中央 ATS 根据时刻表或者目的地号自动排列进路。

4. 降级模式进路自排：在中央 ATS 故障或者与 OCC 中央设备的传输通道故障时，车

站 ATS 设备远程控制终端（RTU）根据从轨旁 PTI 环线（即车地通信轨旁接受设备）接收到的目的地号自动排列进路。

5. 追踪进路：联锁根据追踪进路的接近区段占用自动排列固定方向的进路。

其中后三者属于自动功能，无需人员操作，但需操作员激活相应的模式（具体见上节描述）。

二、系统开机流程

（一）SICAS 正常开机流程

1. 同时接通三个通道的电源。

2. 如果某通道的 LED RF 灭，则立即按压相应通道的 VESUV3 上的按钮。

3. 观察到以下现象后，则系统的启动完成：

（1）所有 VESUV3 的 LED VL 和 VR 灭；

（2）所有 VESUV3 的 RF（绿）、BT、SP、PF（黄）亮；

（3）所有 VENUS2 LED1 亮；

（4）所有 VESIN 的 LED ADR（黄）闪、PUS（黄）灭；

（5）所有 BUMA 的 LED VL、VR、FS、VS（红）灭；

（6）所有 BUMA 的 LED SP（绿）、BK（绿）、ME（黄、闪光）、KO（黄、闪光）、L1 和 L2 亮。

4. 要求车站值班员登陆 LOW，恢复系统重启前的有关安全操作，如某个道岔的锁定、某个信号机的封锁、某个区段的封锁等。

5. 以维修人员的身份登陆 LOW，执行“全区逻辑空”命令。

6. 执行“重启令解”命令，并退出登陆，系统交付使用。

（二）SICAS 由二取二系统变为三取二系统的启动过程（包括 BUMA 板的启动过程）

1. 切断故障通道的电源。

2. 将故障通道的 VESUV3 单元（最左面的板，即同步板）的 RS 置“off”。

3. 更换故障模块（切记将新旧模块的电源开关设在断开位置）。

4. 更换好后，接通电源（将 SVK2102 的开关打到“1”）。

5. 将故障通道的 VESUV3 单元的 RS 置“ON”。

6. 观察以下现象，表示系统在线检查程序结束：

（1）VENUS2 LED1 过 2min 后先灭后亮；

（2）KOMAD2 单元的 K1 和 K2 同时亮；

（3）VENUS2 单元：LED1 短闪；

（4）正常两通道 VESUV3 和 BUMA 的 VL 或 VR 亮。

7. 按压 3 个通道的 VESUV3 的外围释放键 PF（VL 和 VR 灭）。

8. 按压 3 个通道的 BUMA 的 PV（VL 或 VR 灭）。

9. 观察到以下现象，则表示开机正常：

（1）KOMAD2 的 K1 以 1Hz 的频率闪；

（2）VESUV3 的 RF 亮。

（三）BUMA 由二取二系统变为三取二系统的启动过程

1. 按压故障通道的 BUMA 板上的 RS 键；

2. 观察到以下现象，表示系统在线检查程序结束：

（1）正常通道的 BUMA 的 VL 或 VR 亮；

（2）按压 3 个通道的 BUMA 的 PV 键，通道的 VL 或 VR 灭。

三、设备故障时的运行模式的处理

（一）道岔转辙机动作电源故障时的处理

当转辙机动作电源故障时，道岔原位置将保持不变。如果需要使用该道岔的另一个位置，可以按以下次序执行，可确保系统可以正常使用该道岔：执行“转换道岔”命令→站务员人工断开转辙机遮断器→站务员人工手摇道岔→维修人员恢复遮断器，系统给出位置表示。

当转辙机动作电源在道岔转换过程中故障时，转辙机停止动作。即使在电源恢复后转辙机也不能继续转换，但可通过“转换道岔”命令使道岔转换至另一个位置，并给出表示，如果需要继续使用该道岔，可以按以下次序执行，可确保系统可以正常使用该道岔：站务员人工断开转辙机遮断器→站务员人工手摇道岔→维修人员恢复遮断器，系统给出位置表示。

（二）监控区轨道区段红光带的处理

监控区轨道区段红光带，要求操作员在列车接近区段后开放引导信号，保证列车通过；

列车通过后，人工确认列车已经完整地离开了故障区段后，应该将所有的监控区轨道区段（包括故障区段）强行解锁，保证下次列车使用该区域。

如果故障区段为道岔区段时，在确认安全的前提下，可以使用强行转岔将道岔转至要求的位置。

（三）信号机红灯丝断的处理

以红灯丝断丝的信号机为始端信号机的进路将不能开放信号，也不能开放引导信号，只能采用人工信号行车；但在有维修人员在场的情况下，可以按以下次序处理，使列车尽早切换成 SM 模式，特别是长进路时：操作员排列终端信号机相同的其他进路→维修人员模拟占用监控区后的第一个区段→操作员取消进路→操作员排列需要的进路。

以红灯丝断丝的信号机为终端信号机的进路只能开放引导信号，建议在列车压入始端信号机内方时，再开一次引导信号，可确保列车尽早受到速度码，切换成 SM 模式。

（四）信号机绿灯或黄灯断丝的处理

以这样信号机为始端信号机的进路将不能开放相应的信号显示，但可以开放引导信号替代，让列车通过；

建议在列车轧入始端信号机内方时，再开一次引导信号，可确保列车尽早受到速度码，切换成 SM 模式；或者维修人员人工模拟占用进路的第一个区段，使得列车可以快速转为 SM 模式运行。

（五）通道冗余故障的处理

发生通道冗余故障后，维修人员应立即判断是哪个通道故障，然后将该通道内的在 RTU 柜内的相应的连接到相邻站的 OLM 的电源切除，避免造成系统频繁进行通道切换而造成通道故障，影响列车的运行。

第四节　联锁设备的维修

本节主要描述相关设备的日常维护检修周期和检查内容。

一、信号机检修

信号机检修按检修周期主要分为季度检查和年度检查，具体内容见表 17-11。

信号机检修内容一览表　　　　**表 17-11**

检修工作内容	周期	检修方法或步骤	检修标准
1. 外观检查	每季	检查机构、机柱、梯子	机构、机柱完好无损，无裂纹，机顶封堵良好，基础稳固，无破损，梯子不弯曲，无锈蚀
		扳动机构、机柱、梯子	安装牢固
		检查箱盒	箱盒完好，无破损，加锁良好
2. 检查各部位螺栓及开口销		用锤子轻敲各部螺栓	螺栓紧固无松动
		检查开口销	开口销开口为 60°～90°
3. 清扫透镜外玻璃		用抹布擦外玻璃	透镜外玻璃干净，无影响信号显示的斑痕
4. 机构和箱盒内清扫、检查		用毛刷清扫箱盒内部	清洁，无灰尘，不进水
		用毛刷清扫机构内部	清洁，无灰尘，不进水
5. 检查灯泡		目测	灯泡无断丝、无异状，接触良好
6. 检查灯丝转换继电器		切断主丝点灯电路	主、副灯丝转换试验良好，并报警
		目测	安装完好，无裂纹，接点无偏移
		扳动	安装牢固
7. 电气测量		万用表测量	输入电压为 220V
		万用表测量	灯端电压为 10.2～11.4V
8. 检查信号显示		调整灯座位置	显示有光有芒
9. 各部螺丝紧固、注油		用锤子轻敲各部螺丝	紧固
		注油	油润
10. 防水、防潮和防尘措施检查		检查盘根	密封，不进水
		检查引入线孔	绝缘胶灌注良好，不软化、不裂纹，引线孔堵塞严密
11. 检查配线及引入线情况	每年	目测	配线及引入线不破皮，线环线头无伤痕，断股不超过 1/5
12. 机柱整正		用尺测	机柱正直，倾斜不大于 36mm（在轨面以上 4500mm 处测得）
13. 测量建筑限界		用尺测	建筑限界≥3516mm
14. 机构、梯子和箱盒内清扫，除锈、油饰		用钢丝刷、纱布、刮锈刀除锈	无锈蚀
		涂防锈漆、面漆	油饰均匀光滑
		印标记	标记清楚
15. 地线整治及测试		用接地电阻测试仪测试	接地电阻一般不大于 10Ω，不合格的及时整治
16. 地面硬化		用水泥、沙子修补裂缝	无裂纹、无破损

二、道岔检修

道岔检修按检修周期主要分为周检查、月度检查和年度检查，具体内容见表 17-12。

道岔检修内容表 **表 17-12**

检修工作内容	周期	检修方法或步骤	检修标准
1. 开口检查	双周	尺测	开口为 142 ~ 152mm
2. 密贴检查		用试验锤试验	4mm 不落槽、2mm 落槽
3. 缺口检查		目测	1 ~ 2mm
安装装置检查	每月		安装位置方正，安装牢固； 螺丝紧固，无旷动； 道岔无明显的吊板、反弹现象； 杆件无锈蚀； 开口销完整，劈开 60° ~ 90°
绝缘检查		目测，电压测试	检查道岔连接杆、轨距保持杆、连接垫板、安装装置的绝缘良好，无破损，无变形
检查遮断器		目测	安全接点接触良好，接触深度大于 4mm。 安全接点断开距离大于 2mm，非人工恢复不得接通电源
配线插件检查		目测	配线整齐，不磨卡，不破皮。线头焊接牢固，有放松螺丝，无伤痕
电机检查		目测，手动检查	转子与磁极间不磨卡。 换向器表面光滑干净，片间的绝缘物低于弧面 0.3 ~ 0.5mm。槽内清洁，无炭粉。 炭刷与换向器接触面积不小于炭刷面积的 3/4。工作时无过大的火花，无严重烧痕。炭刷长度不小于 13mm
减速器及摩擦联结器检查		目测	安装螺丝，弹簧垫圈齐全，牢固。 磨擦带与内齿轮伸出端清洁无油污。 磨擦联接弹簧调在规定磨擦电流条件下，相邻圈 > 1.5mm。 夹板轴不松动，螺丝紧固，开口销完整，劈开 60° ~ 90°
自动开闭器检查		检查安装情况	安装螺丝、弹簧的垫片齐全、紧固。自动开闭器座无裂纹，接点罩清洁明亮，无裂纹
		检查动、静接点性能	动、静接点不松动，静接点长短一致，相互对称，接点片不弯曲，不扭斜，辅助接点片不失效。 接点深度 > 4mm，用手摇动动接点其摆动量不大于 3.5mm。 动接点与静接点座间隙不得 < 3mm。 接点压力适当（5 ~ 8N）。 速动爪落下前，动接点在静接点内有变动时，接触深度 > 2mm
		检查联接动机构	速动爪与速动片的间隙在解锁时不小于 0.2mm，锁闭时为 1 ~ 3mm。 速动片的轴向窜动，应保证速动爪滑轮与滑面的接触量不少于 2mm。转辙机在转动中速动片不得提前转动。 速动爪的滚轮在传动中，应在速动片上滚动，落下后不得与速动片缺口底部相碰。 拉簧弹力适当，保证动接点迅速转换，能带动检查柱上升和落下

续表

<table>
<tr><th>检修工作内容</th><th>周期</th><th>检修方法或步骤</th><th>检 修 标 准</th></tr>
<tr><td rowspan="3">主轴及杆件检查</td><td rowspan="12">每月</td><td>主轴检查</td><td>无锈蚀</td></tr>
<tr><td>动作杆检查</td><td>动作杆与齿条块的轴向移动量和圆周方向的转动量均不得大于 0.5mm。
挤切销应固定在齿条块圆孔内的台上，不得顶住或压住动作杆</td></tr>
<tr><td>表示杆检查</td><td>表示杆平、正、直，无锈蚀。
定位、反位（左开、右开）时，检查柱落入检查块缺口内两侧间隙为 1.5～0.5mm</td></tr>
<tr><td>移位接触器检查</td><td>目测</td><td>安装牢固，无裂纹</td></tr>
<tr><td rowspan="3">设备内外清扫、注油</td><td>各部件清扫</td><td>机体、安装装置、杆件、各部螺栓清扫干净</td></tr>
<tr><td>注油</td><td>各部调整螺丝、螺栓、联结销、注油孔、动作杆、表示杆、锁闭齿轮与齿条块注油适当</td></tr>
<tr><td>环境清洁</td><td>道岔安装装置等范围无遗留杂物、杂草，石碴等</td></tr>
<tr><td rowspan="2">电气测试</td><td>电压测试</td><td>动作电压为直流 220V，故障电压为直流 160V</td></tr>
<tr><td>电流测试</td><td>摩擦电流为 2.3～2.6A（车辆段）、2.6～2.9A（正线）</td></tr>
<tr><td rowspan="2">防水、防尘、防潮措施检查</td><td>密封圈检查</td><td>密封</td></tr>
<tr><td>引入孔检查</td><td>封堵完好</td></tr>
<tr><td rowspan="2">挤切销更换</td><td>主副销对调</td><td>主销完好（每半年主副销对调）</td></tr>
<tr><td rowspan="14">每年</td><td>更换主销</td><td>主副销完好</td></tr>
<tr><td rowspan="3">移位接触器检查</td><td>目测</td><td>安装牢固，无裂纹</td></tr>
<tr><td>拔出主销试验，转换道岔</td><td>接点可靠断开，切断道岔表示</td></tr>
<tr><td>1.5mm 片试验</td><td>接点不应断开</td></tr>
<tr><td rowspan="2">防水、防尘、防潮措施检查</td><td>密封圈检查</td><td>密封</td></tr>
<tr><td>引入孔检查</td><td>封堵完好</td></tr>
<tr><td>分解、检查安装装置绝缘</td><td>分解、检查绝缘</td><td>绝缘良好，无破损</td></tr>
<tr><td rowspan="3">室外设备的除锈、油漆处理</td><td>用钢丝刷、纱布、刮锈刀除锈</td><td>无锈蚀</td></tr>
<tr><td>涂防锈漆、面漆</td><td>油饰均匀光滑</td></tr>
<tr><td>印标记</td><td>标记清楚</td></tr>
<tr><td>端子对地绝缘检查</td><td>用兆欧表测试</td><td>各种电缆在环境条件最差情况下，其绝缘电阻 >0.5MΩ</td></tr>
<tr><td>地线检查</td><td>用接地电阻测试仪测试</td><td>接触良好、无断线，接地电阻一般不大于 10Ω</td></tr>
</table>

三、 SICAS 检修

SICAS 检修按检修周期主要分为日、周检查、季度检查和年度检查，具体内容见表 17-13。

SICAS 检修内容表 **表 17-13**

检修工作内容	周期	检 修 步 骤	检 修 标 准
1. 设备运行状态（面板、模块显示灯）检查	每日	观察 3 个通道的显示	计算机显示正常
		检查电源的显示	电源显示正常
		观察柜内的 OLM 的显示	OLM 显示正常
2. 卫生清扫	每周	清洁前后防尘网	清洁无灰尘
3. 设备地线检查	每季	检查地线螺丝松动	地线连接紧固
4. 屏蔽接地检查		检查屏蔽接地卡	屏蔽接地卡不松动
5. 接插件检查		检查接插件	接插件牢固，不松动
6. 检查橡胶密封条		用眼观察橡胶密封条是否无脱落、裂纹、变形	无脱落、裂纹、变形，密封效果好
7. 板件清洁	每年	柜内清洁	板件清洁无灰尘
8. 通道冗余检查		计算机冗余检查	冗余正常
9. 检查风扇		用眼观察报警灯是否亮，用耳听运转声音是否平稳、无杂音，用手摸是否无过热	运转声音平稳、无杂音、无过热、无报警

四、STEKOP 检修

STEKOP 检修按检修周期主要分为日、周检查、季度检查和年度检查，具体内容见表 17-14。

STEKOP 检修内容表 **表 17-14**

检修工作内容	周期	检 修 步 骤	检 修 标 准
1. 设备运行状态（面板、模块显示灯）检查	每日	观察 STEKOP 的显示	计算机显示正常
		检查电源的显示	电源显示正常
		观察柜内的 OLM 的显示	OLM 显示正常
2. 卫生清扫	每周	清洁前后防尘网及设备表面	清洁无灰尘
3. 设备地线检查	每季	检查地线螺丝松动	地线连接紧固
4. 屏蔽接地检查		检查屏蔽接地卡	屏蔽接地卡不松动
5. 接插件检查		检查接插件	接插件牢固，不松动
6. 检查橡胶密封条		用眼观察橡胶密封条是否无脱落、裂纹、变形	无脱落、裂纹、变形，密封效果好
7. 板件清洁	每年	柜内清洁	板件清洁无灰尘、防尘措施得当
8. 电源冗余检查		电源冗余检查	冗余正常

五、DSTT 检修

DSTT 检修按检修周期主要分为日检查、周检查、月度检查和年度检查，具体内容见表 17-15。

DSTT 检修内容表 **表 17-15**

检修工作内容	周期	检　修　步　骤	检　修　标　准
1. 设备运行状态（面板、模块显示灯）检查	每日	用眼观察柜内的信号机主丝报警继电器及相应的显示灯状态	对应信号机的主丝报警继电器落下，LED 显示红灯
		用眼观察柜内的信号机模块的显示灯状态	信号机模块显示灯正常
		用眼观察柜内的道岔模块的显示灯状态	道岔模块显示灯正常
2. 卫生清扫	每周	用吸尘器、白棉布、全能水对机柜外表面四周及顶部清洁	清洁无灰尘
		用吸尘器、毛扫对机柜内表面、风扇面板及防尘屏蔽金属板的清洁	清洁无灰尘
		用吸尘器、毛扫对进行各板件、模块、连接电缆插接件的表面清扫	清洁无灰尘
3. 检查所有的插接件是否牢固	每月	手动检查各插接件是否牢固	连接牢固、无松动
4. 检查所有的螺丝是否紧固		用螺丝刀、内六角扳手检查所有螺丝是否紧固	所有螺丝紧固
5. 检查地线		用眼观察地线是否连接正确，用内六角扳手检查地线是否牢固	连接正确且紧固
6. 检查橡胶密封条		用眼观察橡胶密封条是否无脱落、裂纹、变形	无脱落、裂纹、变形，密封效果好
7. 检查标示及设备铭牌		用眼观察各标示及设备铭牌是否齐全、位置合适、内容正确清晰	各标示及设备铭牌齐全、位置合适、内容正确清晰
8. 室内外接口电气特性测试检查		用数字万用表对端子排 X30 进行测试检查	端子排 X30： A/B = DC24V， U1/2 = U1/3 = U2/3 = AC380V， U1/4 = U2/4 = U3/4 = AC220V， U6/7 = AC220/AC180V， U10/11 = 160V DC， U14/15 = AC220V， U20/21 = DC60V
		用数字万用表对道岔模块进行测试检查	道岔模块： X1：U1/2 = 24V DC X2：U5/10 = 220V DC X4：U1/4 = AC110V
		用数字万用表对信号机模块进行测试检查	信号机模块： U1/2 = DC24V U6/8 = AC180V U5/10 或 U9/7 = AC180 - 220V

续表

检修工作内容	周期	检 修 步 骤	检 修 标 准
9. 更换有关的部件	每年	关电源后更换老化元件	对有接触不良、面板显示不良、连接不紧固、元件老化的部件进行更换。更换部件后设备应能正常工作
10. 设备部件卫生清洁		关电源后对部件进行清洁	各部件的面板、印刷电路板、插槽、插匙、端口（接口）清洁无灰尘
			恢复电源后，设备应能正常工作
11. 导线槽检查		检查电线是否绝缘破损、老化，连接是否正确，布线合理整齐，无杂物	无绝缘破损、老化、连接正确、布线合理整齐，槽内无杂物
12. 联锁功能检查		核对信号机、道岔的位置在现场、LOW、DSTT三者之间的一致性	三者完全一致

第五节　联锁设备的故障处理

本节主要介绍联锁设备的有关故障显示以及常见的故障处理。

一、系统故障信息显示

整个系统的错误信息分为系统错误信息和通信错误信息。系统故障信息是指那些导致系统不能正常工作的故障信息，连接故障指两个相互连接的计算机仍然运行，但相互不能识别对方的存在或通信通道故障不能建立连接。系统错误信息主要由用户/来源号、进程号、故障号以及多个参数等内容构成。下面我们具体到设备描述故障的显示及含义。

（一）系统故障信息

1.VENUS2模块上的系统故障信息

系统故障信息在VENUS2单元上以十六进制显示，通过前面板的五个的七段位LED显示器。其用户/来源号、进程号、故障号均只有一个显示内容。

故障代码以几秒的周期循环闪亮。第零位LED显示的“F”表示故障类型为“系统故障信息”。第零位LED的右下角同时显示“.”表示故障信息的开始。故障信息代码通过第一到四位LED记录。

图17-11显示了VENUS2单元上的一个具体系统故障信息，只有用户号、进程号和故障号，没有故障参数。该故障的代码为“F.0002 F8006 F0004”。

故障信息的第一个字（即用户/来源号）是“F.0000”，则表示硬件故障。联锁计算机的某一模块已故障必须要更换。硬件故障时，进程号和故障号显示可以被忽略，所有硬件故障应立即修复。

非硬件故障一般不会出现，一旦出现，必须记录下完整的故障信息并立即通知供货商。读完故障代码后，复位故障通道，将自动实现与其他通道的同步。

2.STEKOP上的系统故障信息

STEKOP 单元上的系统故障信息以十进制通过通道1的LED L1、L2、L3和L4显示（图17-12显示了STEKOP面板的一部分）。此显示以大约1s的频率循环闪亮。

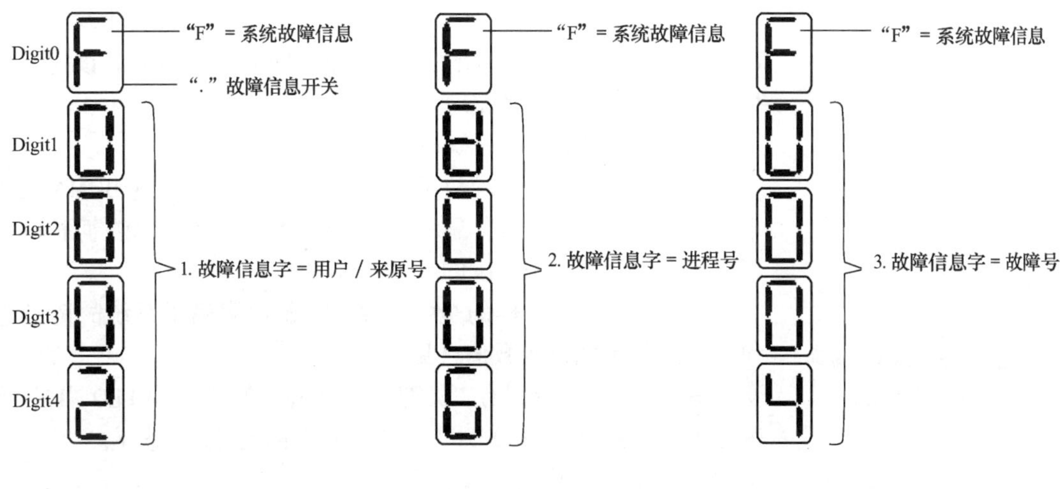

图 17-11　VENUS2 单元显示的系统故障信息

故障信息的开始于所有二极管的同时闪亮。图 17-13 显示了用 LED 显示"0" ~ "9"的故障码。

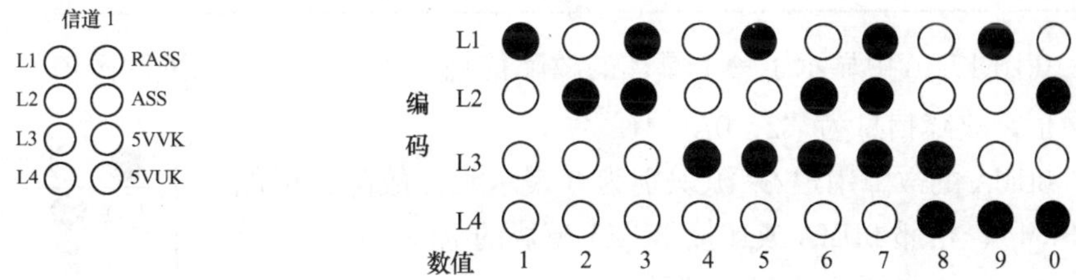

图 17-12　STEKOP 前面板的 LED L1 ~ L4　　　图 17-13　STEKOP 单元面板 LED 编码规则

与 VENUS2 不一样的是，STEKOP 的显示明确了系统故障信息包含固定的十进制数值(见表 17-16)。

STEKOP 故障代码组成表　　　表 17-16

故障信息的组成	十进制数值
用户/来源号	1
进程号	2
错误号	3
参数 1（可选）	3
参数 2（可选）	3
参数 N（可选）	3

图 17-14　STEKOP 板故障信息举例

图 17-14 显示了一个具体故障信息，完整故障信息是"2，65，002"。

用户/来源号 = 0 或者用户/来源号 = 2 且错误号 = 000，表示硬件故障，必须检查硬件并更换。

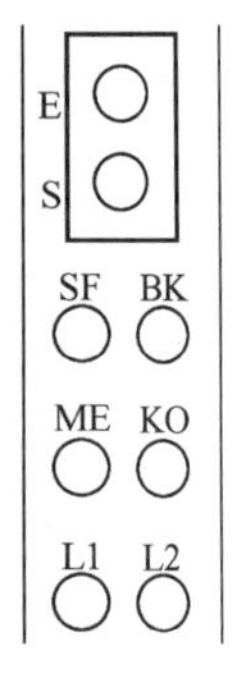

图 17-15　BUMA 板前面板的指示灯

其他系统故障一般不会在正常工作时出现，一旦非硬件故障出现，必须记录下完整的故障信息并立即通知供货商。读完故障代码后，应复位该 STEKOP 板。

3. BUMA 模块上的系统故障信息

BUMA 模块上的系统故障信息以二进制形式通过 BUMA 面板上的 LED“L1”和“L2”显示。(图 17-15 显示了 BUMA 面板的一部分)。此显示以大约 1s 的频率循环闪亮。

与 VENUS2 不一样的是：BUMA 的显示明确了系统故障信息包含固定的十六进制数值（见表 17-17)。

故障信息的开始只有二极管 L1 的闪亮。值“0”由 LED“L2”的闪亮表示。值“1”由 LED“L1”和“L2”的同时闪亮表示。

BUMA 故障代码组成表　　**表 17-17**

故障信息的组成	十六进制数值	故障信息的组成	十六进制数值
用户/来源号	1	参数 1（可选）	4
进程号	2	参数 2（可选）	4
错误号	2	参数 N（可选）	4

在图 17-16 中显示了一个具体的故障信息例子，即 4 个二进制数值组成了一个十六进制数值，故障信息为“2，0A，1C”。

BUMA 的故障用户/来源识别为 0 表示硬件故障，可能是 BUMA、相邻 BUMA 或连接 BUMA 模块的电缆故障。

BUMA 的非硬件故障一般不会出现。一旦非硬件故障发生，必须记录下完整的故障信息并立即通知供货商，读完故障代码后，复位故障 BUMA，自动实现与其他通道的同步。

(二) 连接故障信息

1. VENUS2 模块的连接故障信息

在 VENUS2 模块上，连接故障信息通过前面板上的 5 个 7 段显示管以十六进制显示。故障代码周期循环闪亮。第 0 位 LED 显示的“A”表示故障类型为“系统故障信息”。第 0 位 LED 的右下角同时显示“.”表示故障信息的开始。故障信息代码通过第一到四位 LED 记录。它可以显示与 STEKOP、ATP、LOW、相邻的 SICAS 之间的连接情况。

在图 17-17 所示的例子中，STEKOP 柜的第一、二、三行的 STEKOP 模块存在连接故障。你必须确保联锁计算机与每个 STEKOP 有两路连接（其一与联锁计算机，其二与运行显示接口)。

通常连接故障可由维护人员排除。

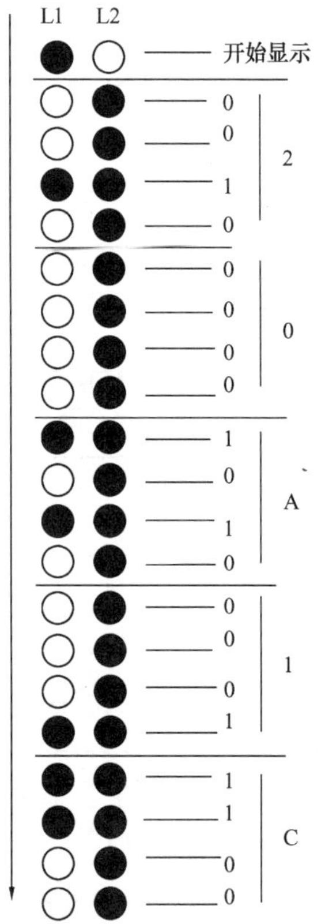

图 17-16　BUMA 的故障举例

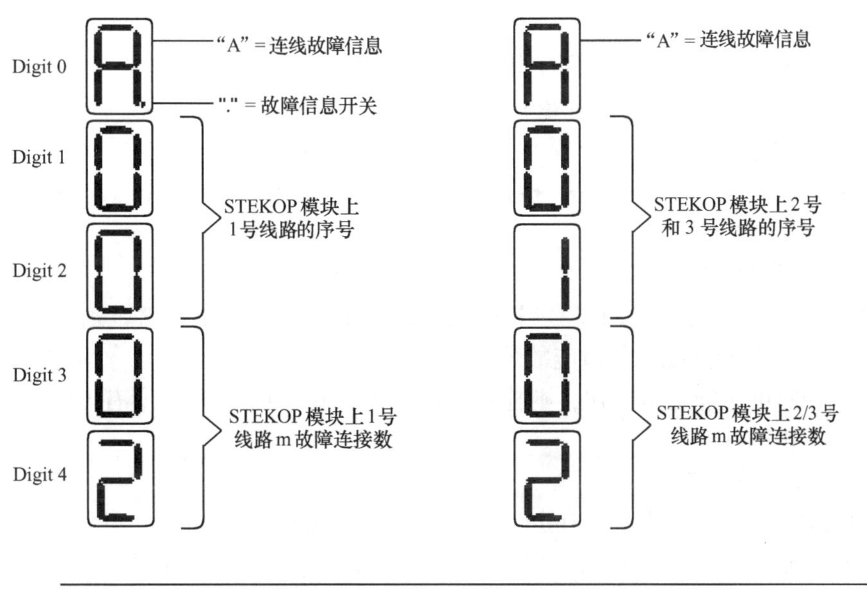

图 17-17 显示的连接故障信息

从 VENUS2 模块上通常看不出与哪一设备的连接中断。但在这种情况下，应检查相关的设备，连接故障信息同样也会在其面板上显示。在排除故障后，连接自动建立，无需重启。

2.STEKOP 模块上的连接故障信息

STEKOP 单元的连接故障通信息是通过通道 1 的 LED L4 的持续闪亮表示。STEKOP 与 SICAS 的物理连接只有一路，但是逻辑上的连接故障有两种，分别为与联锁计算机或与操作显示接口之间的联锁故障，这两种物理上同时工作于联锁计算机中。逻辑连接错误代码通过 LED L1 表示（如图 17-18）。

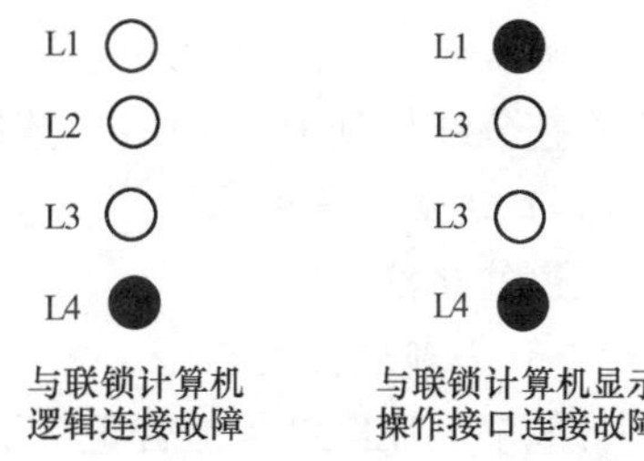

图 17-18 STEKOP 单元连接故障信息

若在 STEKOP 机柜内第一排的所有 STEKOP 和第二、三排的所有 STEKOP 都显示了连接故障，那么原因的查找主要在 STEKOP 柜和 BUMA 的连接上。例如，OLM 的连接电缆需要检查或者有更换的可能。

如果只有一个 STEKOP 单元显示连接中断，则应相应重启该 STEKOP 板或 SICAS 机内某一通道与之相连的 BUMA 板。

二、信号机常见故障检查

（一）信号机断主丝故障的处理程序

1. 确认哪个灯丝断主丝。

2. 如全部灯位断主丝，则：

（1）检查灯丝报警电路中的保险。

（2）如保险断，更换主灯丝报警电路中的保险。

（3）如保险没断，检查主灯丝报警继电器、报警电路及电源。

3. 如果只有一个灯位故障，检查相应的信号灯泡，即：

（1）如主丝断，更换信号灯泡；

（2）如主丝未断，检查报警电路中相应灯位的电路。

（二）信号机灭灯

1. 首先确认哪个灯位灭灯。

2. 检查相应的信号灯的点灯电路，检查项目有点灯电源；保险；灯泡；点灯模块；灯座。

（三）全部信号机灰色

1. 检查 STEKOP 板是否正常工作。

2. 如果正常工作，则检查 STEKOP 机柜内对应的 OLM，如显示正常，则复位 BUMA3；否则检查 OLM、电源和光缆，并对应故障件。

3. 如果 STEKOP 不能正常工作，则检查电源，电源正常则 RESET 所有 STEKOP；若电源不正常则检查供电回路。

（四）两个信号机灰色

记录 STEKOP 的故障信息，如为软件故障，即用户/来源号不等于 0，复位该 STEKOP；如为硬件故障，则检查更换该 STEKOP 板；如仍不正常，检查与 DSTT 的接口电路及 DSTT 电路。

三、常见道岔故障检查

（一）道岔挤岔

检查 DSTT 是否有表示信息，如有正确的表示信息，则检查 DSTT 与 STEKOP 的连接或者更换 DEWEMO，否则：在室外分线架上断开防雷插件，测量室外线路的线间电阻和对地电阻，确认属于室内故障还是室外故障。如室外故障，检查室外部分的连线和机械特性；否则检查分线架到 DEWEMO 的连线；检查 24V 电压；检查表示电源及保险。

（二）道岔转不到位

同道岔挤岔程序。

（三）全部道岔灰色

1. 检查 STEKOP 板是否正常工作。如果正常工作，则：

（1）检查 STEKOP 机柜内对应的 OLM，如显示正常，则复位 BUMA4；

（2）否则，检查 OLM、电源和光缆，并对应故障件。

2. 如果 STEKOP 不能正常工作，则：

（1）检查电源，电源正常则 RESET 所有 STEKOP；

（2）电源不正常则检查供电回路。

（四）两个道岔灰色

记录 STEKOP 的故障信息。如为软件故障，即用户/来源号不等于 0，即复位该 STEKOP；

如为硬件故障，则检查更换该 STEKOP 板；如仍不正常，检查与 DSTT 的接口电路及 DSTT 电路。

四、LOW 常见故障检查

（一）LOW 灰色

检查联锁是否正常，如果不正常，重启 SICAS 计算机。否则检查 SICAS 机内的与 LOW 连接的 OLM，如果不正常，对 OLM 及连接光缆进行维修。否则检查 LOW 内的 profile bus 板的绿灯是否亮，如果没亮则更换该板。否则重新启动 LOW。

（二）LOW 黑色

检查 LOW 是否开机，如果没有开机则开机，否则检查显示器的电源、连接的数据线以及显示器。

（三）profibus 授权的保护/卸载的程序

1. 放入许可的软盘；
2. 双击图标，启动 SINEC SETUP；
3. 选择软件包 DP5412....'；
4. 在菜单 edit 中选择 authorisation；
5. 选择 deinstall 并在文本框中选择从 c：至 a：，并回车；
6. 选择 test，确保硬盘的授权成功，如授权未成功，重新安装；
7. 在菜单 File 中点击 Quit，退出 SINEC SETUP。

（四）Profibus 授权的安装程序

1. 放入许可的软盘；
2. 双击图标，启动 SINEC SETUP；
3. 选择软件包 DP5412....'；
4. 在菜单 edit 中选择 authorisation；
5. 选择 install 并在文本框中选择从 a：至 c：，并回车；
6. 选择 test，确保硬盘的授权成功，如授权未成功，重新安装；
7. 在菜单 File 中点击 Quit，退出 SINEC SETUP。

（五）更换硬盘（新硬盘没有数据）的查找程序

1. 关闭 PC 和监视器；
2. 按照 PC 手册，使用防静电工具，打开 PC；
3. 卸下故障的硬盘；
4. 安装新硬盘，跳线的设置要一致；
5. 按照 PC 手册盖好 PC；
6. 打开 PC 和监视器；
7. 检查 BIOS 性能；
8. 按照 MS-DOS 安装指引安装操作系统 MS-DOS 6.2；
9. 关闭 PC，按照相应的手册安装外置 CD-ROM 驱动器；
10. 拷贝 CD-ROM 上的内容到 PC；
11. 关闭并重新起动 PC；
12. 安装 Profibus 板的授权许可；
13. 用鼠标双击，启动 LOW 运用程序，LOW 运用程序运行并显示正常；
14. 重新起动 WINDOWS 3.11。

（六）格式化硬盘

1. 将硬盘中的 Profibus 的授权卸载保存起来；
2. 按照 MS-DOS 安装指引安装操作系统 MS-DOS 6.2；
3. 关闭 PC，按照相应的手册安装外置 CD-ROM 驱动器；

4. 拷贝 CD-ROM 上的内容到 PC；
5. 重新将 Profibus 的授权装回 PC；
6. 用鼠标双击，启动 LOW 运用程序，LOW 运用程序运行并显示正常；
7. 关闭 PC；
8. 打开 PC，LOW 自动起动。

（七）更换 Profibus 板、声卡或备份硬盘的程序

1. 关闭 PC 和监视器；
2. 按照 PC 手册，使用防静电工具，打开 PC；
3. 卸下故障的 Profibus 板、声卡或硬盘；
4. 装入新的 Profibus 板或声卡，对于 Profibus 板和硬盘，跳线的设置要一致；
5. 按照 PC 手册盖好 PC；
6. 打开 PC 和监视器。

五、故障报警与相关的故障源列表

（一）信号机故障信息（见表 17-18）

信号机故障现象与原因一览表 **表 17-18**

LOW 上显示的信息	出错特征	出错源	出错原因	检测与排除
B 类故障显示： S10：灭灯	信号机模块的 LED 全灭	信号机模块	STEKOP-DESIMO 联系失效	检查连接线和查头
B 类故障显示： S10：灭灯	信号机模块的 LED IO 灭灯	信号机模块	24V 电源丢失	检查信号机模块的查头连线
B 类故障显示： S10：灭灯	全部信息灯灭灯，全部控制命令灯灭灯 STEKOP 上的 ASS 红色	STEKOP	STEKOP 保险烧	更换 STEKOP 的保险
B 类故障显示： “S12：信号灯故障”		硬件故障	硬件故障：没有清除已变换的信息	更换 DESIMO 复位 STEKOP
B 类报警： S11：不能及时亮灯 C 类故障：计算机停机		硬件故障	硬件故障	更换 DEWEMO 复位 STEKOP
轨道显示： 全部信号机红闪 B 类： 全部信号机：S10：灭灯	全部 STEKOP 的上部电源关闭（ASS 与 RASS 灯红色）	STEKOP 机柜上部的 24V 电源	STEKOP 机柜上部的 24V 电源未送电	检查电源保险及电线 STEKOP 的背面端子
B 类： S10：灭灯 S13：主灯丝断丝	DESIMO 上的 LO 灭灯	电源	每架信号机没有信号电压	更换保险及检查信号线路
B 类： 全部信号机出现： S10：灭灯 S13：主灯丝断丝综合信息栏： “信号机电源”红色		电源屏 220V 信号电源	220V 信号电源没有	检查电源装置及线路，检查集中资料及国产电源柜的情况

(二) 计算机通道故障信息（见表17-19）

计算机通道故障现象与原因一览表 **表17-19**

LOW显示信息	出错源	出 错 特 征	出错原因	检测与排除
轨道显示与综合信息栏灰色 A类报警如下： 通道A连接故障 通道B连接故障 通道C连接故障	60V电源	联锁机柜全部单元灭灯，STEKOP单元：ASS（通道1与2）红色；其他灯灭灯	60V电源故障	检查60V电源、保险、过滤器与导线
	24V联锁电源	联锁机柜的所有OLM灭灯 STEKOP电源坏 道岔与信号机的单元板：ASS a.RASS（FEMES单元，通道1与2）红色，KOMDA检测后计算机关闭	24V联锁电源坏	检查24V电源模块、保险及线路
	联锁机柜SV2102电源单元	三个SVK2102电源无电压输出（Ua灭灯）	输入欠电压（UE < 33V）	计算机关机，调整U_e至36～84V 重新启动计算机
	联锁机柜SV2102电源单元	三个SVK2102电源无电压输出（Ua灭灯） 正面的F2保险烧断	输入过压UE > 89V	计算机关机，调整U_e至36～84V， 更换F2保险 重新启动计算机
	60V电源	联锁柜所有单元停止工作。STEKOP单元：通道1和2的ASS亮红灯，其余全灭	60V电源故障	检查60V电源安装、保险、过滤引线和导体引线
	24V电源的联锁装置	联锁柜的所有OLM灭灯。 STEKOP供电电源失效。道岔和信号机的STEKOP：LED ASS和RASS（FEMES-单元．通道1和2）亮红灯。在KOMDA检测后。计算机关闭	24V电源联锁失效	检查24V电源联锁装置、保险和引线
	SVK2102电源单元的联锁柜	三个SVK2102没有外部电压输出（LED UA灭灯）	输入欠电压：$U_e = 33V$	计算机关闭，控制电压$U_e = 36～38V$； 复位计算机
	SVK2102电源单元的联锁柜	三个SVK2102的外部电压不能供电（LOW Au无）正面板保险“F2”烧断	输入过载电压$U_e > 89V$	关闭计算机控制电压$U_e = 36～84V$； 替换“F2”保险； 复位计算机
A类报警： A通道联系错误 B通道联系错误 C通道联系错误	BUMA2的LWL-联系	相应OLM的LED CH3灭灯	BUMA2和OLM的引线断开	检查插头和相应引线

续表

LOW 显示信息	出错源	出　错　特　征	出错原因	检测与排除
A 类报警： A 通道联系错误 B 通道联系错误 C 通道联系错误	LOW 的 LWL-联系	相应 OLM 的 LED CH3 黄闪（外部故障）或灭灯	LOW 与 OLM 的引线断开	检查插头与相应引线
	（BUMA2）OLM 和(LOW) OLM 之间的联系	相应 OLM 的 LED CH2 灭灯	两个 OLM 之间引线断开	检查终端和引线

（三）道岔故障（见表 17-20）

道岔故障现象与原因一览表 **表 17-20**

LOW 上显示的信息	出错源	出　错　特　征	出　错　原　因	检测与排除
B 类故障显示： S21：道岔挤岔	道岔无监视	DEWEMO 仅有 Ri-LED 亮绿色	道岔不在终端位置 DEWEMO-道岔联系中断	检查道岔和连线
B 类故障 S21：道岔挤岔	道岔无监视	DEWEMO 的所有 LED 灭灯	24V 电源丢失	检查在 DEWEMO 的 X1 插头
B 类故障显示： S21：道岔挤岔	道岔无监视	DEWEMO 的道岔位置亮黄灯 Ri-LED 灭灯	STEKOP 命令-LED 黄色；STEKOP 到 DEWEMOL 联系中断	更换连接电缆
C 类报警： S20：道岔中继器触发中断	硬件故障	STEKOP K-LED 亮黄色 DEWEMO Ri-LED 灭灯	DEWEMO 故障	更换 DEWEMO
B 类报警： “S10：命令出错”	硬件故障		STEKOP 检查出错	更换 STEKOP
B 类故障： “道岔电缆混线”	道岔无监视		道岔右位位置 1.3 或 4 端接地电缆故障	排除接地故障
B 类： S14：转左位超时	转辙机	控制转换信息负位静止不动正位永久提示（记录在调档中）	转辙机故障或调整不良	检测驱动设备
B 类故障： “S13：其他故障”	道岔无监视	所有信息-LED 灭灯，在 STEKOP 上所有命令-LED 灭灯，且 ASS（通道 1 和 2）红灯	STEKOP-保险故障	更换保险， 复位 STEKOP

续表

LOW上显示的信息	出错源	出 错 特 征	出 错 原 因	检测与排除
B类故障：“S13：其他故障”	道岔无监视		道岔左位位置1.3和4端接地电缆故障	排除接地故障
B类：S15：转右位超时	转辙机	控制转换信息正位静止不动负位永久提示（记录在调档中）	转辙机故障或调整不良	检测驱动设备
B类：S16：未能转到左位	转辙机	DEWEMO上的道岔表示位置灯灭灯	控制命令发出后转辙机未能转到右位位置	检测道岔与转辙机，测量连接部分
B类：S17：未能转到右位	转辙机	DEWEMO上的道岔位置灯灭灯	控制命令发出后转辙机不能转到左位	检测道岔与转辙机，测量连接部分
B类：S18：转右位	转辙机	DEWEMO上的道岔位置灯与Ri （道岔控制命令灯）不一致	未有控制命令道岔转换到左位	检查转辙机
B类：S19：转左位	转辙机	DEWEMO上的道岔位置灯与Ri（道岔控制命令灯）不一致	没有控制命令道岔转换到右位	检查转辙机
B类：S21：道岔转换完毕	道岔不监控		转辙机转到位 电缆2接地	接地造成转动的故障
B类：S21：道岔转换完毕	道岔不监控	仅DEWEMO上的Ri灯绿色	转辙机未到位，DEWEMO与转辙机之间的接中断	检测道岔及表示电路，测量连接部分
B类：S21：道岔转换完毕	道岔不监控	DEWEMO上全灭灯	没有24V电源	检查DEWEMO上的X1插头
B类：S21：道岔转换完毕	道岔不监控	DEWEMO上道岔位置灯黄色，Ri灯灭灯STEKOP上的控制命令灯黄色	DEWEMO与STEKOP之间的连接中断	更换连接电缆
B类：S21：道岔转换完毕	道岔不监控	DEWEMO上的道岔位置灭灯	没有电压	更换保险、测量连接部分、更换变压器
C类：S20：位置继电器启动故障	硬件出错	STEKOP K灯黄色 DEWEMO上的Ri灯灭	DEWEMO故障	更换DEWEMO
C类：S21：道岔转换未检查	硬件出错		日检查拒绝	更换STEKOP单元

续表

LOW上显示的信息	出错源	出错特征	出错原因	检测与排除
C类： 日检未执行	硬件出错	出错超过24h	拒绝进行日检查	更换STEKOP单元
B类：S13：其他错误 C类：控制电流关断	动作电源DC160V电源	DEWEMO上的Ri灯与道岔位置灯不相同	未有动作电流	更换保险、检查电源
B类： S21：道岔转换	道岔没表示	DEWEMO上的道岔位置灯灭灯	没有表示电压	更换保险与测量连接线及转换变压器
单个道岔报警： B类：S13：其他出错 C类：控制电流关断	160V电源	DEWEMO与Ri灯与道岔位置灯不同	未有位置电流	更换保险、检查电源
多个道岔报警： B类：S13：其他出错 C类：控制电流关断综合信息栏： "道岔供电"红色	道岔动作220V直流电源		220V直流驱动电源无	检查电的安装及电线
所有道岔； B类：S13：其他错误； C类：控制电流关断； 综合信息栏显示：道岔供电红色	220V直流转辙机动作电源		道岔动作220V直流电源没有	检查外部供电线路
轨道显示： 全部道岔闪光； B类：对全部道岔"S13：其他错误"	STEKOP机柜单元架中的24V电源	全部STEKOP中的单元板： 命令与信息灯灭灯	STEKOP机柜单元架中的24V电源未送电	检查线路与单元架中的保险

（四）同时显示信号机和道岔的故障信息（见表 17-21）

多个信号机和道岔故障现象与原因一览表 **表 17-21**

LOW 上显示的信息	出错源	出错特征	出错原因	检测排除
轨道显示：全部道岔灰色； 电源信息栏灰色； C 类：道岔……1 S0：连接中断…… 道岔……n S0：连接中断	BUMA3 的 LWL 连接器	相应 OLM 上的 CH3 灯灭； 道岔与电源的 STEKOP 上的 L1（通道 1）闪光，L4（通道 1）黄色	BUMA4 与 OLM 之间的连线断	检查插头与连线
	OLM 与道岔的 STEKOP 板的连接	相应 OLM 上的 CH1 灯灭； 道岔对应的 STEKOP 上的 L1（通道 1）闪光，L4（通道 1）黄色，信息灯灭灯	OLM 与道岔 STEKOP 的连线断	检查末端与连线
	BUMA3 的 LWL 联系	相应 OLM 的 LED CH3 灭灯； 道岔和电源 STEKOP： LED L1（通道 1）闪 LED L4（通道 1）呈黄色	BUMA4 和 OLM 的引线断开	检查插头和引线
轨道显示：全部道岔呈灰色； 道岔…1，So：联系中断； …… 道岔…n，So：联系中断	OLM 和道岔 STEKOP 的联系	相应 OLM 的 LED CH1 灭灯； 道岔 STEKOP： LED L1（通道 1）闪 LED L4（通道 1）呈黄色； 信息-LEDs 灭灯	OLM 与道岔 STEKOP 之间的引线断开	检查终端和相应引线
轨道显示： 全部道岔灰色； 综合信息显示灰色； 所有道岔出现 C 类报警： 道岔…1 S0：连接中断 …… 道岔…n S0：连接中断	BUMA3 与 LWL 的连接	OLM 对应的 CH3 灭灯； 道岔与电源的 STEKOP 的 L1 闪光（1 通道）L4（1 通道）黄色	BUMA4 与 OLM 之间断线	检查相应线路及插头
轨道显示：全部道岔和信号机灰色； 综合信息栏：24V 供电红色； C 类：24V 电源故障， 全部道岔、信号机， S0：连接中断	电源屏 24V 电源模块	OLM：全灭灯； STEKOP：所有 STEKOP 单元的 L1 灯闪光	24V 电源模块坏	更换 24V 电源模块检查外部供电情况

续表

LOW上显示的信息	出错源	出错特征	出错原因	检测排除
轨道显示：全部道岔、信号机灰色； 电源综合信息灰色； C类：道岔…1 S0：连接中断 …… 道岔…n S0：连接中断； 信号机…1 S0：连接中断 …… 信号机…n S0：连接中断	STEKOP上的8V电源	SV2602：UE与UA灭灯； STEKOP-FEMOS：RASS a.ASS（通道1 a.2）红色； STEKOP单元：ASS（通道1 a.2）红色	STEKOP上的8V电源坏	检查SV2602单元、过滤器、保险及电线
轨道显示：信号机与道岔闪光； B类：信号机…1 S10：灭灯 …… 信号机…n S10：灭灯； 道岔…1S 21：道岔转换 …… 道岔…n S21：道岔转换； 综合信息栏：DSTT机柜红色，后STEKOP坏：信号机道岔灭灯	DSTT机柜24V电源	STEKOP单元：ASS（通道1a.2）灯灭灯，命令与信息灯灭灯； 过2-5 min后全部STEKOP单元关闭	DSTT机柜24V电源坏	检查DSTT机柜的电源、电源开关，过滤器及线路
	给DSTT 24V供电的电源	STEKOP单元：LED ASS（通道1和2）灭灯，LED的命令和信息灯灭灯； 在2-5min后所有STEKOPs关闭	供给DSTT的24V电源出错	检查DSTT柜的SITOP电源开关，滤波器和引线
轨道显示：对应一块STEKOP板的全部信号机或道岔是灰色； C类：信号机… S0：连接中断 或道岔…… S0：连接中断	STEKOP单元	STEKOP：灭灯	STEKOP单元块坏	更换STEKOP单元块
轨道显示：全部信号机呈灰色； 报警C： 信号机…1 So：联系失效 …… 信号机…N So：联系失效	BUMA4的LWL-联系	相应OLM的LED灭灯； 信号机STEKOP： LED L1（通道1）闪； LED L4（通道1）呈黄色； 信息-LED灭灯	BUMA4和OLM的引线断开	检查插头和相应引线
	BUMA4的LWL-联系	相应OLM的LED灭灯； 信号机STEKOP： LED L1（通道1）闪； LED L4（通道1）呈黄色； 信息-LED灭灯	BUMA4和OLM的引线断开	复位BUMA4
	OLM和信号机STEKOP之间的联系	相应OLM的LED CH1灭灯； 信号机STEKOP： LED L1（通道1）闪；LED L4（通道1）呈黄色	OLM与信号机STEKOP之间的引线断开	检查终端和相应引线

续表

LOW 上显示的信息	出错源	出错特征	出错原因	检测排除
轨道显示： 信号机和道岔闪光； B 类故障显示： 信号机.. 1 S0：灭灯 …… 信号机.. N S0：灭灯； 道岔.. 1 S21：挤岔； …… 道岔.. N S21：挤岔； 综合信息显示窗： DSTT 显示红色； 当 STEKOP 中断时：信号机/道岔灭灯	DSTT 的 24V 电源	STEKOP 单元： LED' ASS（通道 1 和 2）灭灯； 命令和信息 LED 灭灯； 2-5min 后所有 STEKOP 关闭	DSTT 的 24V 电源失效	检查 DSTT 柜 SITOP、电源开关、滤波器

（五）与传输通道有关的故障（见表 17-22）

传输通道故障现象与原因一览表 **表 17-22**

LOW 上显示的信息	出 错 源	出 错 特 征	出 错 原 因	检测与排除
相邻联锁进路不能排列	相邻联锁联系（二导线联系中断）	相应 OLM 的 LED CH1 灭灯	RTU 与 OLM 之间连接中断	检查插头和光缆
相邻联锁进路不能排列	OLM 联系	（RTU）OLM 的 LED CH3 灭灯	（BUMA2）OLM 和（RTU）OLM 的连线中断	检查插头和光缆
在综合信息显示窗的电源信息灭	OLM 和 Block-/电源 STEKOP 之间联系	相应 OLM 的 LED CH1 灭灯； Block-/电源-STEKOP： LED L1（通道 1）闪光； LED L4（通道 1）黄色； 信息-LED 灭灯	OLM 和 Block-/电源 STEKOP 之间引线断开	检查通道和相应引线
综合信息栏：电源信息灭灯	OLM 与 STEKOP 背面电源端子之间的连接	对应的 OLM 的 CH1 灭灯； STEKOP 背面电源： 通道 1 L1 闪光；L4 黄色信息灯灭灯	STEKOP 背面到 OLM 上电源线断	检查相应线路末端插线
LOW 无信息	服务-PC 机联系	服务-PC 机传输联系中断； 相应 OLM 的 LED CH3 灭灯	BUMA 和 OLM 之间引线中断	检查通道和引线

续表

LOW上显示的信息	出 错 源	出 错 特 征	出 错 原 因	检测与排除
LOW无信息	VENUS2单元	连接通道： VENUS2：灭灯； VESUV3：LED VL.VR红灯； LEDs RF.BT.PF灭灯； 相邻通道： VESUV3：VL或VR红灯； VENUS2：显示出错代码“F.0002/8006/0004”	VENUS2单元故障	更换VENUS2
LOW无信息	VESIN单元	连接通道： VENUS3：VL.VR红灯；RF灭灯； VESIN：不发光； 相邻通道： VESUV3：VL或VR红灯； VENUS2：显示出错代码“F.0002/8006/0001”	VESIN单元故障	更换VESIN
LOW无信息	KOMDA2单元	联系通道： VESUV3：VL.VR红灯，RF灭灯； 相邻通道： VESUV3：VL或VR红灯； VENUS2：显示器显示：“F.0002/801E/0002”	KOMDA2单元故障	检查KOMDA2单元的正面插头，更换KOMDA2单元

（六）电源故障信息（见表17-23）

电源故障现象与原因一览表 **表17-23**

故障显示	出 错 源	出 错 特 征	出 错 原 因	检测与排除
UPS 故障	UPS	UPS机柜显示故障代码	UPS故障	参阅UPS的相应的故障处理指南
60V电源红色	电源屏60V直流电源模块		60V电源模块坏	更换60V电源模块，检查国产外围设备情况
LOW无信息	联锁柜的SVK2102供电单元	供电单元没有电压输出（LED UA灭灯）	输出端欠电压 U_A <4.5V	输出欠电压的排除方法(f.e过载)； 关闭单元等LED UE熄灭后再打开； 观察：打开单元时的电压UA必须在25ms内≥4.5V

续表

故障显示	出错源	出错特征	出错原因	检测与排除
LOW 无信息	供给联锁柜的 SVK2102 电源单元	这个供电单元没有电压输出（LED U_A 灭灯）； Fuse "F2" 保险烧（面板）	供给控制-IC 的内部电源 $U_s > 21V$	更换 SVK2102
LOW 无信息	5V 计算机通道电源	SVK2102：U_e 与 U_A 灭灯； 相应通道灭灯； 相邻的通道： VESUV3：VL 或 VR 红灯； VENUS2：显示 F.0002/8006/0004； BUMA：VR 或 VL 左边红灯	一个通道的 5V 电源坏	检测 SVK2102 单元、过滤器、保险及电线
LOW 无信息	SICAS 柜 SVK2102 电源单元	供电单元无电压输出，U_A 灭灯； F2（面板）保险烧	输出过电压 $U_A > 6.3V$	找出过电压的原因； 更换 F2 保险； 打开单元电源
LOW 无信息	SICAS 柜 SVK2102 电源单元	供电单元无电压输出，U_A 灭灯； F2（面板）保险烧	电源内部 IC 控制器 $U_S > 21V$	更换 SVK2102 电源
LOW 无信息	STEKOP 柜 SVK2602 电源单元	供电单元无电压输出，UA 灭灯	输入欠电压 $U_e < 42V$	调整 U_e 电压至 42~75V
LOW 无信息	STEKOP 柜 SVK2602 电源单元	没电压输出，U_A 灭灯； 面板上 F2 保险烧	输入过电压 $U_e > 75V$	调整 U_e 电压至 42~75V 更换 F2 保险
LOW 无信息	STEKOP 柜 SVK2602 电源单元	没电压输出，U_A 灭灯	输出欠电压 $U_A < 6.3V$	找出欠电压的原因（F.E 过载）关闭电源； 重新打开电源后 UE 灯熄灭（参阅 4.3 节）观察：打开测量电压，必须在 25ms 内达到 6.3V 值
LOW 无信息	STEKOP 柜 SVK2602 电源单元	没电压输出，灭灯； 面板上 F2 保险烧	输出过电压 $U_A > 10V$	找出过电压的原因； 更换 F2 保险； 打开单元电源
LOW 无信息	STEKOP 柜 SVK2602 电源单元	没电压输出，U_A 灭灯； 面板上 F2 保险接触不良	电源内部控制 IC 的 $U_S > 21V$	更换 SV2602 电源单元

第十八章　信号 ATC 系统运行

城市轨道交通系统运营具有行车间隔小、客流量大、速度高的特点，为了满足运营的需要，运营部门必须坚持安全、准点、舒适、快捷的客运服务方针，贯彻高度集中，统一指挥，逐级负责的原则。通常整个行车工作由控制中心行车调度（以下简称行调）统一指挥，但考虑到信号系统的可靠性及可用性，ATC 信号系统一般采用两级行车控制运行模式，即中央级控制运行模式与车站级控制运行模式。

第一节　中央级信号控制运行

正常情况下列车的运行过程处于中央自动监控状态，联锁子系统根据 ATS 子系统指令自动设置进路，列车在 ATP 子系统的安全保护下，由 ATO 子系统完成列车的自动驾驶功能，以满足规定的行车、折返间隔及列车出入车辆段等作业要求。行调和司机仅监督列车及设备的运行，当列车运行秩序被打乱而不能自动处理或遇其他特殊情况时，可人工介入。

一、自动监控

开始运营前，值班行调根据需要在行调工作站（MMI）调用当日的基本运行图操作，ATS 子系统将自动控制列车运行，主要完成以下工作。

（一）根据运行图及列车位置自动生成进路控制命令，传送到联锁设备，设置列车进路。

（二）自动完成正线区段内列车识别号（服务号、目的地）的跟踪。

（三）列车运行自动调整，即当列车实际运行图与计划运行图发生偏差时，进行区间运行或停站时间的调整。

（四）运行图的编制及管理。

二、非自动方式

行调可在中央控制室人工发出有关非安全控制命令，对全线的列车运行进行人工干预。

（一）行调人工调整列车运行

在 ATP/ATO 设备及联锁设备正常状态下，如果列车的实际运行图与计划运行图之间发生严重偏差时，行调可以在行调工作站上给出有关命令来对列车运行进行人工调整。行调调整方式包括：

1. 实施“扣车/中止站停”或“跳停”。

2. 改变列车在区间的走行时分。

3. 对运行图进行在线修改。

（二）人工进路控制

行调可在行车调度工作站上设置列车进路。

(三) 人工设定列车的识别号

行调可通过行调工作站对列车的识别号进行重新设定、修正、删除。

第二节 车站级信号控制运行

车站级信号控制运行模式，通常是控制中心ATS设备不能正常发挥功能时，信号ATC系统配置的一种降级模式。根据信号系统结构配置不同，车站级控制方式亦有所不同。

一、中央集中式结构

中央集中式结构的信号系统功能集中在中央控制中心实现，车站级控制功能较弱，仅具备有限的对道岔单独操纵、区段锁闭、信号机单独控制及站台监督等功能。

二、非中央集中式结构

在非中央集中式结构下，车站级信号设备功能相对较强，车站值班员可以直接对其控制区域内的联锁设备进行控制。车站值班员在车站级工作站上进行进路设置，并可对联锁控制范围内的信号机、道岔和轨道区段作特殊的操纵。

三、其他控制

(一) 现地控制盘

设于车站控制室的现地控制盘（LCP）是用于车站值班员调整在线列车运行的装置。可通过按压LCP上的有关按钮，对停于本车站股道上的列车实施“扣车”/“中止暂停”、“跳停”操作，同时在该盘上还可进行紧急停车/紧急停车恢复的操作。

(二) 紧急停车按钮

车站的每侧站台设有两个紧急停车按钮，在车站股道上发生突发事件情况下，为保护乘客及设备的安全，可使列车紧急停车。

第三节 试车线控制运行

当需要对列车进行动态调整试验时，经试车线控制室请求，车辆段信号楼在对试车线完成必要的联锁控制后，将其控制权交由试车线控制室。通过试车线控制工作站及操作盘，能对车载信号系统进行各种速度等级的ATP功能、ATO自动驾驶、ATO精确停车、自动折返、车门监控、车-地通信及驾驶模式间转换等功能的测试。试车完毕后，信号楼控制室重新收回对试车线的控制权。

第四节 列车运行控制

一、正线列车运行

(一) 自动运行

在此模式下，车载ATO根据接收到的ATP/ATO报文信息，自动地控制列车启动、加速、巡航、惰行、制动，控制列车在安全停车点前和规定的站台停车位置停车，并自动控制车门和屏蔽门的开启。司机只负责对车载ATP/ATO设备的状态显示进行监督，关闭车门以及对运行轨道的监视。

（二）ATP监督下的人工驾驶运行

当列车置于ATP监督下的人工驾驶模式，列车在ATP监督下由驾驶员控制列车运行，并由人工控制车门、屏蔽门的开启和关闭。ATP/ATO车载设备在司机室的显示器上给出列车的实际速度、ATP限制速度、目标速度以及目标距离等参数。当列车速度接近ATP限制速度时，系统将对司机给出声、光报警信号，提请驾驶员减速。如列车的运行速度超过了ATP限制速度则实施紧急制动。ATP监督下的人工驾驶模式主要用于ATO故障时的降级驾驶。

（三）限制人工驾驶运行

此模式下由司机根据地面信号机的显示驾驶列车以不超过ATP限制速度（如25km/h）运行。若列车运行速度超过ATP限制速度则产生紧急制动。该模式通常在车场区域、地面信号发生故障、列车紧急制动后初始运行情形下使用。

（四）非限制人工驾驶运行

当列车车载信号设备故障时，列车的运行进入该模式。在此模式下ATP/ATO系统失去功能，完全由列车驾驶员负责行车安全。

二、列车折返运行

列车折返运行程序：

（一）列车到达折返站，从驾驶室显示屏可以看到自动折返提示信息，并进行正确操作响应。

（二）在规定的停站时间结束，司机下车并按压设在站台上的“无人自动折返”按钮，列车将以ATO自动驾驶方式启动进入折返线并停车。

（三）在折返线车载信号设备自动进行驾驶室折返换向操作。

（四）折返进路条件具备后，列车自动从折返线运行至发车站台，并自动打开车门、屏蔽门。

三、车辆段内列车运行

列车在车辆段内的运行均按限速人工驾驶模式运行，运行中驾驶员须时刻注意地面信号机的显示以确保行车安全。

四、列车运行模式转换

在正线区域，列车驾驶员可以对驾驶模式进行有条件的转换（参见表18-1）。

驾驶模式转换表 **表18-1**

原驾驶模式	转换后的驾驶模式			
	自动驾驶	ATP监督下的人工驾驶	限制人工驾驶	非限制人工驾驶
自动驾驶		列车处于运行或停车状态，司机都可使列车处于该模式	停车后人工转换	列车停车，驾驶员使用专用钥匙关闭ATP
ATP监督下的人工驾驶	列车处于运行或停车状态，司机均可使列车处于该模式		停车后人工转换	列车停车，司机使用专用的钥匙关闭ATP

续表

原驾驶模式	转换后的驾驶模式			
	自动驾驶	ATP监督下的人工驾驶	限制人工驾驶	非限制人工驾驶
限制人工驾驶	列车接收到有效的ATP报文，并经过位置定位同步后，自动转换到ATP监督下的人工驾驶模式，然后司机可人工转换至该模式	列车接收到有效的ATP报文，并经过位置定位同步后自动转换至该模式		列车停车，司机使用专用的钥匙关闭ATP
非限制人工驾驶	先转换到限制人工模式再至ATP监督下的人工驾驶模式，然后司机可人工操作转换至该模式	列车停车，司机使用专用钥匙开启ATP，如列车接收到有效的ATP报文，并经过位置定位后，则自动转换至该模式	司机使用专用的钥匙开启ATP	

第五节 后备模式运行

根据列车运行指挥的需要，在任何系统故障及特殊情况下，信号系统应能支持必要的后备运行模式，即保证该系统不中断运行，以最大限度地给运营提供最低一级的运行条件。以下只列出一般系统主要设备的后备模式。

一、控制中心ATS

在中央ATS或中央至车站的信息传输网故障情况下，可采用不同的方法来继续保持进路的自动控制功能。通常采用三种方式，其一将运行图下载到车站ATS分机，能保持类似中央自动进路控制功能，包括列车运行自动调整和车站旅客向导信息的显示控制；其二采用从现场获取列车目的地号的方式来自动排列进路；其三将某些信号机设置为联锁自动控制方式。后两种方式下，没有列车运行自动调整功能。这时，列车在区间的运行时分和停站时分将根据预先储存的缺省值进行，列车仍在ATP的防护下自动运行，各车站的旅客向导盘无显示，要求车站站务人员应及时对旅客广播，以组织引导旅客有序地乘车。控制中心行调人员通过无线通信系统与列车驾驶员保持联系，并通过调度电话与联锁车站值班员通信以了解列车运营情况及设备状况。

二、轨旁ATP计算机

轨旁ATP计算机完全故障，则其控制范围内的列车不能接收到地面控制信息，列车不能以ATO模式运行。这时的后续控制程序一般为：

（一）故障区内的所有列车紧急制动停车，司机与行调和车站值班员通信，报告列车停车事件，并检查列车技术状态。

（二）相邻轨旁ATP计算机对故障区边界进行防护。控制中心采用人工方式中止接近故障区的后续列车的运行。

（三）行调确认故障后，通知故障区所有的设备集中站和列车司机，在该故障区采用站间闭塞方式运行。

（四）司机得到中央命令后将驾驶模式转换为限制人工驾驶（RM），启动列车，依照地面信号机的显示及行调和车站值班员的无线通信指挥，将列车驶出故障区。

（五）出清故障区后，列车进行 ATP 的定位信息同步，以及与中央的列车识别号身份验证。完成后列车自动转为 ATP 监督下的人工驾驶模式，司机可手动恢复为 ATO 自动驾驶模式。

（六）故障区内的站台停车精度及开/关车门、屏蔽门由司机控制并确保安全。

（七）在故障恢复前故障区段按站间闭塞及限制人工驾驶（RM）模式维持列车运行。

三、轨旁联锁计算机

联锁计算机通常采用三取二冗余结构，可靠性高，一台计算机单元故障时不影响系统正常工作。如果有两台计算机单元同时故障，则在其控制范围内将丧失联锁功能和 ATP/ATO 功能。此时可采用组织运营程序为：

（一）行调及时向有关车站发布命令，命令包括从 XX 时间起，在 X 站至 X 站间采用站间电话联系法组织行车；由行调或通过车站通知司机口头调度命令的内容。

（二）车站和行调共同确认第一趟发出的列车运行前方的车站和区间空闲。

（三）司机在故障区段范围内的各区间运行，凭行调口头命令用 RM 模式驾驶，注意加强瞭望和行车安全。

（四）有关车站值班站长接到行调命令后，采用就地级组织控制行车；在每个站台监控亭分别派值班员负责接发列车，并通知邻站采用站间电话联系法组织行车。

（五）进路准备。即故障联锁站正线上的道岔均要开通正线，并使用钩锁器锁定；两端站的折返道岔在确认位置正确后，使用钩锁器但只挂不锁。

（六）接发列车。即接车站值班员确认站内线路及区间空闲后，同意接车；发车站值班员接到接车站同意接车的通知后，向司机显示发车指示信号，司机关门并确认发车指示信号显示正确后开车。

（七）每一站间区间及前方站内线路只允许一列车占用。

四、车载 ATO 设备

如果车载 ATO 设备发生故障，则无法实现列车运行的自动控制，不能达到自动驾驶条件下实现的根据 ATS 指令进行自动走行控制、站台精确停车、自动开关车门、列车自动折返以及自动调整运行等功能，不易达到规定的设计间隔和旅行速度。这种故障情况下的控制方式为：

（一）司机将驾驶模式转换为 ATP 监督下的人工驾驶模式。

（二）司机通知行调人员，然后按转换后的驾驶模式继续运行。

（三）故障列车回段检修。

五、车载 ATP 设备

对于车载 ATP 设备故障，信号系统只能给故障列车提供联锁进路防护功能。故障列车应采用非限制人工驾驶模式，依照地面信号机的显示和行调人员的指挥行车，并应尽快退出运营。可以采取下面的运行控制方式：

（一）行调命令司机以非限制人工驾驶模式（可规定限速）驾驶列车至前方站。

（二）列车到达前方站（或在车站发生故障）还不能修复时，由行调命令司机和车站，并由车站值班员或值班站长上驾驶室添乘（员工车除外），沿途协助司机瞭望。行调命令司机以非限制人工驾驶模式继续（按规定限速）驾驶列车至前方终点站退出服务。

（三）非限制人工驾驶模式监控员须协助司机瞭望，监控速度表，列车按规定速度运行，不准超速；在有屏蔽门的车站，须协助司机开关屏蔽门。如遇到超速时，提醒司机控制速度，必要时，立即按压紧急停车按钮。

第六节　接　口　管　理

在城市轨道交通信号 ATC 系统建设和运行中，与其他设备系统的接口及其管理亦是重要的一环，现分述之。

一、与通信系统接口

（一）控制中心 ATS 至正线设备集中站的主、备传输通道（点对点）。

（二）为设备集中站、控制中心、车辆段提供一条共线数据通道。

（三）通信系统对中央 ATS 系统提供标准时钟信号。

（四）向控制中心调度指挥无线通信系统传送实时变化列车识别号、车载无线号、乘务员号等信息；向列车的无线装置传送列车占用车辆段转换区段的信息以及出、入段线的入段信号机的列车信号开放等信息。

（五）向车站广播提供列车接近条件，作为列车到达预报的自动广播触发信号。

以上传输通道的接口分界点均在通信设备室配线架外线端。

二、与车辆的接口

（一）列车两端司机室安装 ATP、ATO 车载设备（包括 ATP/ATO 机柜、操纵台及控制设备）及通信调制解调设备。

（二）在列车首车前端安装接收、发送天线。

（三）在列车首车中部安装应答器接收天线。

（四）在列车每端的两个拖车轮轴上分别安装两台测速传感器。

（五）车辆提供信号车载设备供电电源。

（六）ATO 与车辆的加速和制动系统。

（七）ATP 与车辆的紧急制动系统。

（八）ATP 与车门控制系统。

（九）ATP 与主选择开关。

信号系统与车辆控制系统接口分界点在车辆控制柜外线接线端。

三、与机电设备监控（EMCS）的接口

信号系统提供区间列车超时报警以及列车位置信息，当列车占用隧道轨道电路或停车的时间超过某一限定值，信号系统就向 EMCS 系统发送报警信息，只要列车一直占用该轨道电路或停车，报警信息就不断被更新，若列车重新启动，报警信息的更新就停止。接口在控制中心 ATS 机柜端子盘。

四、与接地系统的接口

在车站、控制中心、车辆段信号设备室、试车线设备室由综合接地系统提供接地排，在区间设置区间信号设备的接地母排，接地电阻不大于0.5Ω。

五、与牵引供电系统的接口

对信号系统采用轨道电路方案，根据其特性要求，在确保轨道电路以及其他信号轨旁设备正常工作的前提下，对牵引回流电缆的联接位置以及均流电缆在钢轨上的联接位置提出具体的要求，对于要设置单向导通装置的位置，需设置轨道绝缘节。对于采用计轴的系统方案，其牵引供电的回流、均流电缆的连接位置将由牵引供电系统自己确定。

六、与中低压供电的接口

信号系统提出设备用电点的供电要求，中低压供电专业在车站电源室、控制中心、车辆段信号设备室、试车线设备室提供一级负荷供电配电箱或转换箱，接口分界点在信号设备室配电箱二次侧出线端。根据设备室及维修管理用房的工艺要求，还应配置相应的照明及电源插座。

七、与线路专业的接口

（一）在满足折返间隔以及最短折返运行时间的前提下，确定折返线的长度。

（二）充分利用车站配线，准确确定道岔和装设绝缘节的位置。

（三）确定列车在各类曲线上最高运行速度。

八、与杂散电流防护的接口

向信号专业提出杂散电流防护绝缘节的位置以及对轨旁信号设备的接地防护要求。

九、与轨道专业的接口

（一）根据列车运行速度—距离曲线以确定曲线外轨超高。

（二）根据道岔类型和结构确定道岔的牵引方式以及相应的安装装置。

（三）提出机坑以及联接杆件沟槽的预留要求。

十、与建筑专业的接口

要提出全部信号设备用房的要求，包括面积、层高、位置、环境、照明、装修、电缆通道等。

十一、与屏蔽门的接口

（一）正常情况下，站台屏蔽门的“开启”和“关闭”均受信号系统ATP/ATO设备控制，只有列车停在站台区，并满足站台屏蔽门对停车精度要求的情况下（停车误差不超过±0.3m），信号系统才允许向列车和站台屏蔽门发送开门命令；车门和屏蔽门均已关闭后，才允许启动列车。开左或右门应符合站台的位置和运行方向。

（二）信号系统应安全、可靠、不间断地从屏蔽门系统接收屏蔽门的状态信息（开/闭）以及由PSC（终端接口盘）对DCU（门控单元）发出的开门信息，以满足ATP对屏蔽门状态连续安全监督的要求。

（三）在屏蔽门状态信息不能有效传输到信号的ATP时，站台有关工作人员将在站台端部的控制盘上给信号ATP送出“允许发车”的信息。信号系统应安全、可靠接收此信息。

十二、与防淹门的接口

（一）某一防淹门失去完全开启状态表示，由两端车站均不能再向相应线路“过江隧道”内设置进路，如已设置进路，则防淹门防护信号机立即关闭。

（二）当防淹门操作员需要关闭防淹门时，如两端车站尚未向相应线路的“过江隧道”内设置进路，防淹门防护信号机实行封锁，禁止向“过江隧道”设置进路；如已设置进路，则防淹门防护信号机立即关闭并实行封锁，如果列车尚未进入其“接近区段”，并且隧道内无车（通过轨道电路检查），进路将立即被解锁，并向防淹门控制设备发回同意关闭防淹门信息；如列车已越过防淹门防护信号机，则信号系统不能发出同意关闭防淹门的信息。

（三）信号联锁操作员不能取消“防淹门关闭请求”，在信号联锁接收到“防淹门关闭请求”以及信号系统向防淹门控制设备发送“允许防淹门关闭”信息期间，“防淹门关闭请求”条件必须被信号联锁计算机连续检查。

（四）对于由于防淹门请求关闭而引起的防淹门防护信号机的“封锁”，必须经过安全操作命令才能解除“封锁”。

十三、与主控制系统的接口

原则上主控制系统与信号系统相对独立，主控制系统仅在控制中心与 ATS 子系统接口。信号系统向主控制系统输出列车运营信息、信号系统设备状态等信息，从主控制系统输入包括 SCADA、EMCS 等信息。

第七节　维　修　模　式

维修工作是整个城市轨道交通系统正常运营的基本保障。为了保证系统安全、可靠的运营，信号系统除了涉及行车安全和影响系统正常运行的重要设备具备高可靠性和可用性而外，系统还应具备完整的故障监测体系和全面、高效的维修制度，以确保故障的及时判断和处理，缩短故障修复时间，提高系统可维护性。

一、信号系统维修设备配置

信号 ATC 系统除在中央 OCC 配有维修工作站外，在维修中心应配置远程终端、智能电源系统（包括 UPS）；车辆段联锁配置微机监测系统，并提供维修工作站和远程终端。它们为运营维护提供了完备的监测诊断系统，并依托通信网络、数据传输和计算机技术，实时监测全线的中央设备、车站设备、轨旁设备及车载设备（移动闭塞方案）、试车线设备、车辆段设备等信号设备的使用情况，进行故障的报警，故障原因的诊断和故障时间的统计记录，创造系统设备“状态修”的条件。设备的检测和故障诊断精度应有助于减少 MTTR 和提高系统的可维护性，一般故障诊断应达至设备板级。

另外，对于移动闭塞方式，大容量的车-地双向通信设备为实时地将车载信号设备的状态信息（甚至车辆状态信息）传送至地面提供了传输手段，故移动闭塞系统能实现实时地监测车载信号系统的状态和故障信息。

设置在中央的维修工作站负责对轨旁 ATP/ATO 设备、计算机联锁设备、车载信号设备（移动闭塞方案）、基础信号设备（信号机灯丝断丝、转辙机电流）、电源设备（电压、电流、断相、缺相、电池）等进行检测和故障报警等信息的采样并传送至中央和远程维修工作站。

车辆段微机监测系统对车辆段联锁设备、信号机灯丝断丝、转辙机电流、继电器动作、熔断器、电缆绝缘、电源设备等进行检测和故障报警。

在各工区配备电子设备维护及维修所需的仪器仪表和专用工具。

二、信号系统的维护及检修方式

信号系统设备维护采用日常维护、定期检修的方式。所有涉及日常运行的信号设备都应实行预防维修，日常维修包括巡视、测试、清扫整理、外表上漆，故障抢修等。检修工作包括对检修期满的设备更换、性能测试，元器件更换及检修后的测试工作。

信号系统的维修方式有两种，即预防性维修和故障纠正性维修。

（一）预防性维修

为了尽早发现潜在的设备问题以避免由其造成系统故障，根据设备的可靠性确定的维修周期（如道岔的动作次数）预先制定一个维修时间表和维修标准来进行周期性的维护工作，同时根据微机监测远程诊断系统提供的设备运用状态数据，提前发现故障隐患，进行不定期的维修工作。

预防性维修是提高系统运作的可靠性和可用性的重要手段。预防性维修的定期检查和维护不能影响列车在正线的运营，对于中央和地面设备的维护应在非运营时段内进行。由于信号系统主要由电子元器件组成，预防性维修工作一般比较简单，主要的维护内容是：

1. 根据微机监测远程诊断系统提供的设备状态参数及维修标准进行信号电平的测试、检查。

2. 检查设备、器件的碰撞、安装或处理不当的痕迹。

3. 检查所有机械安装的牢固性。

4. 检查电源和信号电缆配线和端子的牢固性，连接针或线的松懈痕迹，感应电流损伤痕迹等，以及需要修理和替换的部件。

5. 清扫设备上的尘土等不相干的物质，对机械件进行上油或上漆。

预防性维修有如下的特点：

1. 对有冗余配置的设备进行维修一般不会影响系统正常运作。维修可在冗余单元上进行，需要时可采用切换手段使在线工作单元离线进行维修。

2. 对于没有冗余配置的设备，如转辙机、轨道电路、轨旁车—地通信设备等，预防性维修是很重要的。维修计划的制定应充分考虑无冗余配置的设备工作的可靠性，对于已到检修周期的设备应立即进行检修。

3. 车载信号设备的预防维修性应在列车停止运营服务后，在车辆段维修区内进行。依据微机监测远程诊断系统提供的车载设备状态信息和维修计划进行常规检修，并查询运行中由车载计算机产生的各种数据的查询，以及车轮损耗的补偿设置等。

（二）故障纠正性维修

故障纠正性维修包括所有故障的纠正及系统恢复到正常状态的操作，其最重要的要求是尽快恢复系统的正常运行。ATS 的集中管理功能和微机远程诊断系统能够有效地提高纠正性维修的故障判断准确性，缩短故障修复时间，提高维修效率。故障纠正性维修分为现场修和维修中心（工厂）修两类。

1. 现场修。现场维修分为三级：

A 级，影响系统正常运行的严重故障，维护人员须在故障地点立即进行维修；

B 级，造成系统降级使用的故障，维修人员应及时进行维修；

C级，系统运行没有受到真正影响的和不必立即修理的故障，维修人员将在非运营时段内进行维修。

2. 维修中心（工厂）修。从现场替换下来的设备或器件被送到维修中心进行诊断确认和测试，需要时送至设备、器件的生产厂家进行检修。

三、维修组织

一般维修管理机构设置在车辆段内，完成信号设备的日常维护、检修、测试及大中修任务。维修管理体制按二级管理体制设置，即维修车间和维修工区。表18-2列出的信号系统设备维修组织机构定员表，供做参考。

信号系统设备维护组织机构定员表 **表18-2**

序 号	机构名称	机构所在地	定员（人）	工 作 范 围
1	ATS工区	控制中心	7	ATS设备维修
2	ATP/ATO车载设备维护工区	车辆段	7	车载设备的维护
3	ATP/ATO地面设备维护工区	车辆段	11	正线上信号设备的维修
4	车辆段工区	车辆段	9	车辆段计算机联锁室内外设备维护
5	综合检修工区	车辆段	7	电源设备、机电设备 ATS/ATP/ATO电子设备检修、测试的检修
6	信号车间	车辆段	12	信号设备的维护、维修管理机构

注：定员按20km左右的轨道交通线路计。

第十九章　数字轨道电路

所谓数字轨道电路就是一种数码化的轨道空闲/占用状态的检测系统。数字轨道电路的轨道区段的划分是采用电气绝缘而非机械绝缘，其在轨道区段内传输的信息是被编码化的报文信息，即数字信息。目前世界上技术较为先进，应用范围比较广的数字轨道电路一般都是采用音频调制信号的信号传输方式，以钢轨作为传输媒介，实现地到车之间的信息传送。

第一节　数字轨道电路的基本原理及特点

一、数字轨道电路的基本原理

一般来讲，数字轨道电路区段的分隔是利用相邻或相近区段采用不同的轨道电路频率来实现的。同时，为了避免相邻或相近轨道电路区段不同频率间的互相干扰，以及钢轨牵引回流中谐波电流的干扰而可能导致某一轨道区段被错误响应，它在采用频率分隔的同时附加了一种位模式识别信号（基波信号），并采用移频键控方式对每一种频率进行调制。这样，相邻的轨道区段将采用不同的频率和位模式，而对于某一轨道区段来说，只有收到与本区段相同的频率与位模式的信息才会被响应。

以带有位模式2.2的FTGS-917型数字轨道电路频率为例，频率为9.5kHz ± 64Hz。数字轨道电路发送和调制该频率以15ms一格，带有位模式2.2，即+64Hz、+64Hz、-64Hz、-64Hz、+64Hz、+64Hz、-64Hz、-64Hz……。轨道电路接收器则把+64Hz作为一个位，而-64Hz不作为一个位，如图19-1所示。

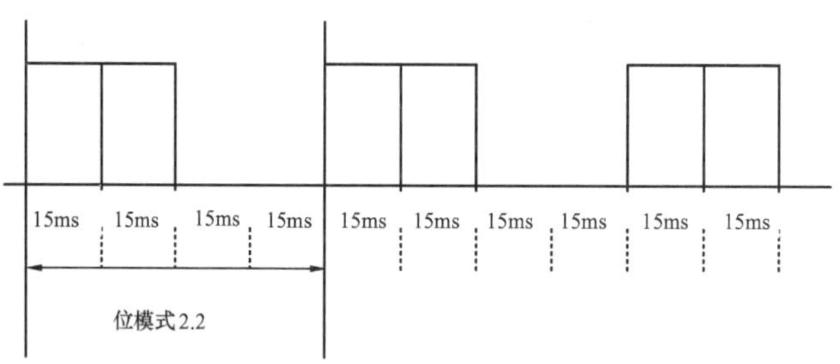

图19-1　数字轨道电路的位模式

数字轨道电路的空闲检测过程一般可分为①幅值计算；②调制检验；③编码检验三步。首先，轨道电路接收器对幅值进行计算，当接收器计算出接收到的轨道电压幅值足够高，并且轨道电路调制器鉴别到发送的编码调制是正确的，接收器就发送一个“轨道空闲”信号，这时轨道继电器吸起表示“轨道区段空闲”。当车辆进入某区段时，由于车辆轮对的分路作用，造成该区段短路，使接收端的接收电压减小，轨道继电器达不到相应的响应值而落下，进而发出一个“轨道占用”信号。常见的数字轨道电路标准结构原理框图如图 19-2。

如图 19-2 所示，在数字轨道电路空闲时，由室内发送器发送带有一定频率（F3）和位模式的交流音频信号至室外轨旁发送端设备，再馈送至轨道电路电气绝缘节，经由钢轨至接收端轨道电路电气绝缘节，再由室外接收端设备馈回室内接收器，形成一个闭合的信息回路。在这个过程中，如何避免干扰，保证信息按照正确的方向传送、接收很重要。数字轨道电路在解决这个问题时，首先利用了轨道电路电气绝缘节和轨旁设备在信息回路中形成了一个谐振电路，使得对回路外方（相邻区段）相当于高阻状态，迫使信号电流按照预定的方向传输；其次，相邻区段采用不同的频率和位模式信号，避免串频干扰。此外，轨道电路电气绝缘节还有平衡钢轨中的牵引回流的作用，能有效避免牵引回流对轨道电路信号的干扰，这一点对电气化牵引区段的轨道电路，特别是对城市轨道交通中地铁的轨道电路是很重要的。

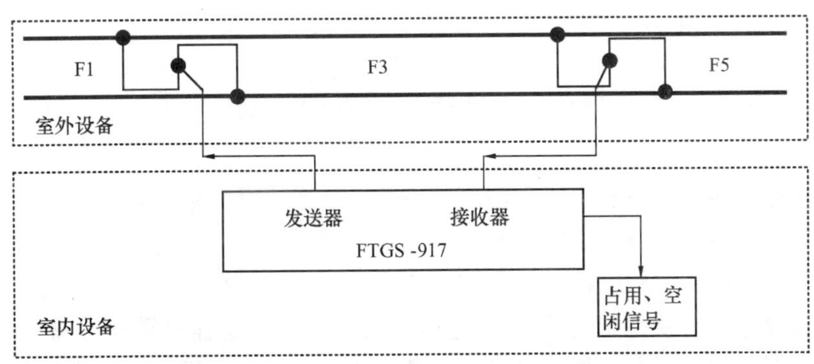

图 19-2　数字轨道电路原理框图

另外，数字轨道电路还可以用来传递 ATP 报文。其基本原理是当轨道电路被占用时，室内发送器通过一个信号（报文）切换开关，关闭轨道电路的频率和位模式信号，接通由轨旁 ATP 设备传来的报文信号，开始发送 ATP 报文信号。

其实，用以传递 ATP 报文是数字轨道电路区别于其他轨道电路的一个最为显著的特征，它为信号系统从固定闭塞制式发展到准移动闭塞制式奠定了基础。

二、数字轨道电路的特点

（一）数字轨道电路本身具有的特点

数字轨道电路本身具有设备房内供电简单；无机械绝缘接头；在站内和区间，牵引回流可从两条钢轨返回牵引变电所，站场线路设计不受限制；能用叠加电气接头和接口，把现有传统的轨道电路迭加到装有短路连接线接头或终端连接线接头的轨道电路上；划分闭塞分区时，可设置完成特殊任务的中间接收器；能把一个闭塞分区的几个轨道电路串联在一起组成级联电路等特点。

（二）数字轨道电路与移频轨道电路相比较，所具有的特点

从采用的硬件设备上看，移频轨道电路的设备基本上都是采用模拟电路分离元件，而数字轨道电路设备则大量采用了数字电路集成元件，因此具有较高的可靠性和可用性。

从传输的信号模式及信息量上看，移频轨道电路传输的信号是模拟信号而数字轨道电

路传输的则是数字信息。数字信号的特点就是在传输过程中不易受干扰、传输速度快且携带的信息量大，因此，数字轨道电路不但能传送轨道电路本身的信息，还能用来传送 ATP 报文信息提供给列车。

从方便设备的施工安装和维护来看，相对于移频轨道电路而言，数字轨道电路由于采用了较高程度的集成化设备，从而大大缩小了设备的体积和占用空间，又由于其设备组件大量采用 PC 板件结构，而且较为集中，使设备的安装更加简单，同时也更易于维护。

第二节　数字轨道电路的组成和功能

一、数字轨道电路的基本组成

（一）数字轨道电路的型式

数字轨道电路的型式按发码方式分，可分为点式和连续式；按信号传输媒介分，可分为用钢轨传输和用专用环线进行传输；按轨道电路受端数量的多少来分，可分为一送一受、一送两受和一送多受等型式。目前，在城市轨道交通信号系统中应用的数字轨道电路系统一般是连续发码式的，采用钢轨作为信息传输媒介，它主要有一送一受和一送两受两种型式。

在数字轨道电路中一般被广泛采用的是一送一受型轨道电路，它同时只有一个发送端和一个接收端，即使根据进路方向改变，送端和受端进行切换，也只需考虑两个送端和两个受端的情况，这样调试和维护起来都较为简单。而一送两受型轨道电路则同时有一个发送端和两个接收端，也就是要考虑三个送端和六个受端，这样在调试和维护时就较为复杂，不容易掌握。因此，在可能的情况下尽量不考虑采用一送两受型轨道电路。

（二）数字轨道电路的划分

数字轨道电路区段的划分主要考虑两个方面的因素，即电气绝缘节的选型、频率和位模式的设置。

频率和位模式设置的一般原则是相邻区段必须采用不同的频率和位模式；相邻或相近区段的频率和位模式的间隔要合理；上、下行线尽量采用不同的频率段（如上行采用 10.5、12.5、14.5、16.5kHz 的频段，下行则采用 9.5、11.5、13.5、15.5kHz）。例如 FTGS-917 型数字轨道电路就总共提供了 8 种频率和 15 种位模式用于轨道区段的划分。

数字轨道电路区段是采用电气节进行分割。电气节即电气绝缘节，它区别于一般的采用物理分割的机械绝缘节，是划分数字轨道区段的重要设备，它一般由电气绝缘节和轨旁盒内的调谐单元共同组成，电气绝缘节绝缘程度的好坏，很大程度取决于调谐单元的设置和调整，是与相邻区段间的频率间隔设置紧密联系在一起的，下面例举的表 19-1 可以较为清楚的反映这个问题。

除道岔本身必须采用机械绝缘节外，其他轨道电路都采用电气绝缘节进行分割。道岔区段的轨道电路除了必须安装机械绝缘外，还必须安装钢轨接续线和道岔跳线，由于考虑牵引回流，钢轨接续线和道岔跳线均采用粗的铜绞线进行焊接。另外，采用电气节进行划分的数字轨道电路，可以采用无缝钢轨线路，适应城市轨道交通系统对平稳舒适、低噪声的要求。

当前区段和相邻区段的选频及调谐单元的配置 **表 19-1**

		相邻区段频率							
	kHz	9.5	10.5	11.5	12.5	13.5	14.5	15.5	16.5
当前区段频率	9.5	—	—	可用	可用	可用	可用	可用	可用
	10.5	—	—	—	可用	可用	可用	可用	可用
	11.5	可用	—	—	—	可用	可用	可用	可用
	12.5	可用	可用	—	—	—	可用	可用	可用
	13.5	可用	可用	可用	—	—	—	可用	可用
	14.5	可用	可用	可用	可用	—	—	—	可用
	15.5	可用	可用	可用	可用	可用	—	—	—
	16.5	可用	可用	可用	可用	可用	可用	—	—

数字轨道电路的长度，一般地对单边馈电式数字轨道电路而言，在道渣路基区段最长可达 250m；在钢筋混凝土路基区段最长可达 200m；对中间馈电式数字轨道电路，则在道渣路基区段最长可达 500m，在钢筋混凝土路基区段最长可达 400m。

采用电气绝缘节进行划分轨道电路的确有它的许多优点，但也存在一些缺陷。比如"模糊区段"和"死区段"的问题。所谓"模糊区段"就是指在轨道电路分界点两旁存在这么一个小的区域，当在该区域进行有效分路时，与该区域有关的两个轨道区段可能只有其中一个显示占用，也可能两个都显示占用。而"死区段"是指在轨道电路分界点两旁存在这么一个小的区域：当在该区域进行有效分路时，与该区域有关的两个轨道区段中的任何一个都不显示占用。这两个问题，对于列车准确、及时地识别轨道电路分界点、接收和处理 ATP 报文是很不利的。

数字轨道电路系统采用的电气绝缘节一般有以下几种类型，用户可根据现场情况的需要和各种类型电气绝缘节的特点选择采用不同的电气绝缘节。

1."S 棒"型电气绝缘节

一般来说，在正线区间的大多数轨道电路区段基本都采用"S 棒"型电气绝缘节（以下简称 S 棒），它是镜像对称的，如图 19-3 所示。以 S 棒的中心线作为轨道区段的物理划分。S 棒长度为 7.8m 左右，模糊区段长度≤3.9m。（这里模糊区段是指当车压 S 棒的 1/4～3/4 处范围内时，该 S 棒左右两边的区段都允许显示"轨道占用"。）由于该棒存在的"模糊区段"问题，对于列车站台停车 ±0.5m 以下的精度要求，在站台区段安装 S 棒显然是不符合要求的，故在站台区段两端都不采用。一个"S 棒"型电气绝缘节一般采用两根 S 棒电缆并接，在负回流区段可能考虑采用四根 S 棒电缆并接。

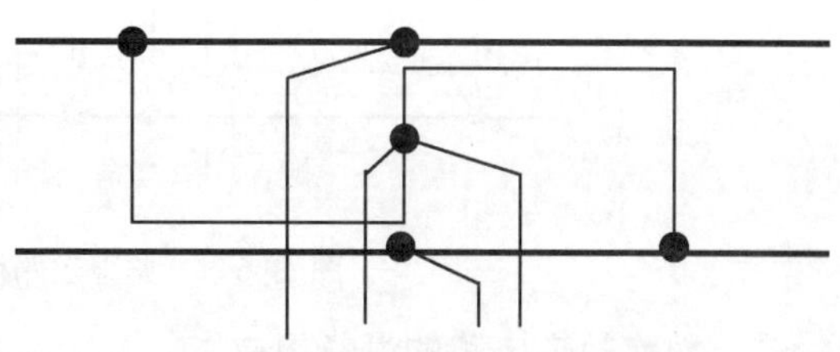

图 19-3 "S 棒"型电气绝缘节

2."短路棒"型电气绝缘节

"短路棒"型电气绝缘节（以下简称短路棒）如图 19-4 所示，一般用于一端为轨道电路信息区段，而另一端为无轨道电路信息区段的情况。该棒长度约为 4.2m，棒的右边为

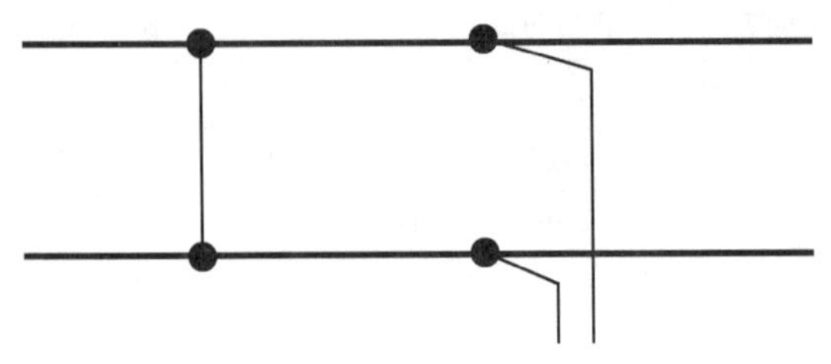

图 19-4 “短路棒”型电气绝缘节

轨道电路信息区段，左边为无轨道电路信息区段。

3.“终端棒”型电气绝缘节

“终端棒”型电气绝缘节（以下简称终端棒）如图 19-5 所示，一般由一根终端短路电缆和一个机械绝缘节共同组成。棒长约 3.5m，距机械绝缘节 0.3～0.6m。由于机械绝缘节只在道岔区段才有应用，而且该棒的长度较短，安装时受位置限制影响较小，再加上它能起到平衡两钢轨间的牵引回流的作用，因此，该棒主要应用在双轨条牵引回流区段和道岔区段。

4.“调整短路棒”型电气绝缘节

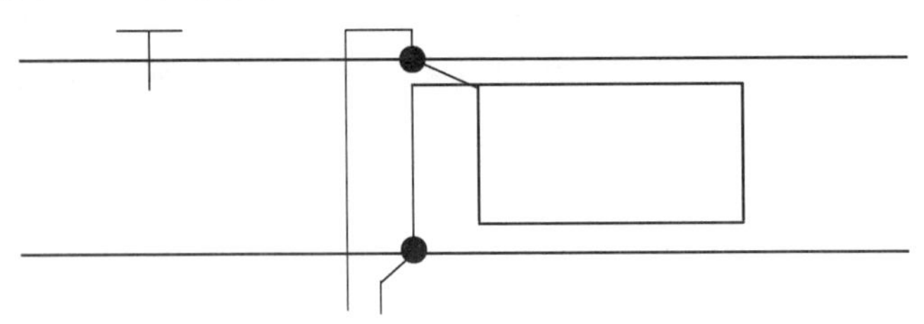

图 19-5 “终端棒”型电气绝缘节

“调整短路棒”型电气绝缘节（以下简称调整短路棒）如图 19-6 所示，是短路棒的改进型，主要应用于车站站台区段两端，它的死区段长度约为 0.16m，有利于实现列车在站台停车 ±0.3～0.5m 的精度要求。由于牵引供电的负回流装置一般都设置在车站站台附近，因此在站台区段也需要采用这种能有效平衡钢轨内牵引负回流的电气绝缘。

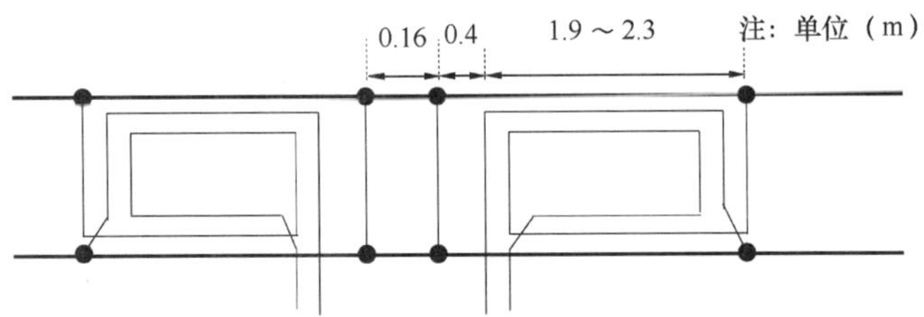

图 19-6 “调整短路棒”型电气绝缘节

二、数字轨道电路的设备组成

（一）数字轨道电路的室内设备

数字轨道电路的室内设备一般由标准的 PC 板组合框架构成，结构简单，占用空间小，安装、维护方便而且容易实现扩容。室内 PC 板组合框架一般又由电源层、信号输入/输出层、方向转换层、轨道区段设备层组成。其中电源层为设备提供工作电源；信号输入/输出层与轨道电路的室外设备或室内其他系统设备（一般会分别与微机联锁系统和轨旁 ATP 系统之间进行通信）相连，从而构成整个数字轨道电路的控制及表示信息回路；方向转换层的作用主要是通过继电器电路来切换发送/接收电缆线对从而达到转换轨道电路方向（通常数字轨道电路会有最多三个方向）的目的；轨道区段设备层对应每一个轨道电路区段都有其相对独立的设备组合单元，一般也分成一送一受和一送两受两种不同的型式。

每个轨道电路区段的设备组合单元由若干个功能模块组成，设备组合单元一般采用后背板与功能模块通过插接键方式连接。采用这种连接方式的好处是，不同的功能模块通过插接键的不同设置来识别，相当于给每种不同功能的模块安装了一种硬性的“识别码”，从而防止由于把板件插错位置而损坏设备。这些功能模块包括放大滤波器板、发送板、接收器板、解调器板四种。

(二) 数字轨道电路的室外设备

数字轨道电路的室外设备一般由轨旁连接盒（以下简称轨旁盒）、连接电缆和电气绝缘节三部分组成。电气绝缘节（S 棒、终端棒、短路棒、调整短路棒）在前面已经介绍过，这里不再重复。连接电缆主要起连接轨旁盒和电气绝缘节以及连接室内外设备的作用。下面着重介绍一下轨旁盒设备。

轨旁盒是连接电气绝缘节与室内设备的中间设备，是轨道电路室外的发送、接收设备。每个轨旁盒通过电缆与室内设备连接，另有电缆与电气绝缘节相连，有一根地线连接至钢轨或接地扁钢。轨旁盒主要有两种不同的结构：一种是 S 棒结构（有调谐单元）；另一种是双轨条牵引回流区段的终端棒结构（无调谐单元）。这里主要讨论 S 棒结构的轨旁盒。轨旁盒内一般可分为两部分，成对称结构布置。每部分都由一个调谐单元和一个转换单元组成，整个采用模块化结构，由于它安装在轨旁，从外部看就是一个密封的盒子，因此把它称为轨旁盒。当轨旁盒的一部分作为发送端时，则另一部分作为接收端。当轨道电路的方向改变时，这两部分的发送端/接收端也将进行互相切换。每一部分的调谐单元通过连接电缆与电气绝缘节连接，转换单元通过连接电缆与室内电缆终端架相连，并经过防雷单元、室内分线架与轨道电路架连接。

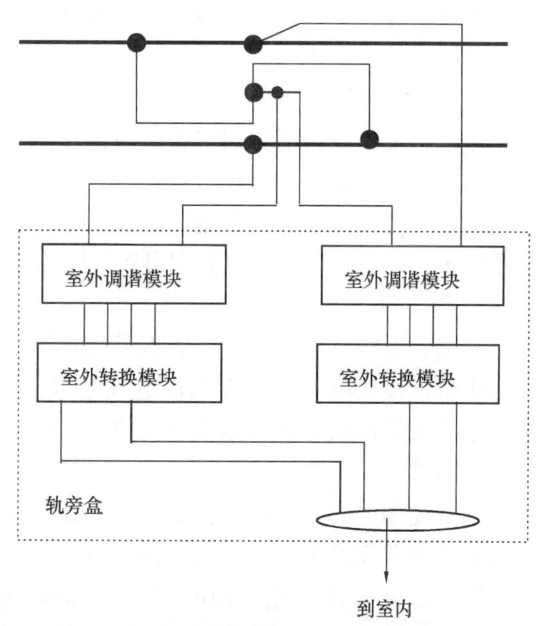

图 19-7　数字轨道电路的室外设备连接关系原理框图

数字轨道电路的室外设备连接关系原理框图如图 19-7。

三、数字轨道电路的基本功能

(一) 数字轨道电路各主要功能模块的基本功能

1. 放大滤波器模块

放大滤波器模块把发送器模块产生的调制音频电压放大到所需功率，并通过带通滤波器发送到轨道馈入点。每种频率都有自己专用的放大滤波器模块。放大滤波器模块设计为带变压器耦合的推挽式放大器，并由发送板驱动。

放大滤波器模块一般可由两个部分组成，即发送放大器和发送滤波器。发送放大器的方波输出电压，馈送到发送滤波器的输入端，滤波器正弦输出电压通过发送电缆输送给调谐单元。

放大滤波器模块具有以下特点：

(1) 仅仅把输入信号中的方波基波（正弦波）馈入发送电缆中，而一切高次谐波均被抑制，以免干扰轨道中及轨道旁的其他系统。

(2) 如果非确定频率信号误入滤波器，则滤波器输出端的电平降低。

此外，考虑到维护的方便，放大滤波器模块外观一般留有测试插孔，可测得发送器的输出电压和滤波器的输出电压。另有 LED 指示灯表示模块工作状态是否正常。

2. 发送器模块

发送器模块一般由一个带调制器的石英晶体振荡器、可预置分频器（分频电路）和位模式编码电路组成，石英振荡器用于产生时钟脉冲（如：16.336MHz），可预置分频器利用分频电路把石英振荡器的时钟脉冲降低到所需要的频率（一般为 4 ~ 16kHz），并利用位模式编码电路将分频信号调制成数字轨道电路适用的移频键控信号（FSK）。

发送器模块上还有一个 1000 倍的分频电路，可将晶振的 16.336MHz 时钟脉冲分频成 16.336kHz 的扫描脉冲，提供用于二号接收器模块的驱动脉冲。

此外，为了提高数字轨道电路的可靠性，一般在发送器模块上装有电压监测电路，假如工作电压低于预定的极限值，位模式编码取“非”，解调器模块不能解调出正确位模式编码，轨道继电器释放发出轨道“占用”信号。若电压恢复正常，只要设备无故障，而此时轨道确实未“占用”，轨道继电器吸合发出轨道“空闲”信号。

3. 一号接收器模块

一号接收器模块用来检测轨道信号的频率及电压幅度。在这块模块上，根据列车运行方向、轨道区段长度和绝缘方式（电气绝缘，绝缘节等），设置了不同的响应值。轨道空闲时一号接收器模块为解调器模块提供脉冲信号，为二号接收器模块提供控制电压。

由于输入电压可能会由于不同的工作环境状态而有所变动，所以必须设置一个响应值。检测幅度用的门限是接收器的一个固定数值。被选定的响应极限范围必须确保。即使在轨道道渣很差以及最低的供电电压条件下，轨道电路也能给出相应的区段“空闲”的信号；即使在最好道渣、最大供电电压以及最高允许车辆分路电阻的条件下，轨道电路也能给出相应的区段“占用”的信号。

由于一号接收器模块具有多级输入滤波器，所以每个频率要有自己专用的一号接收器模块。

4. 解调器模块

解调器模块分析接收到的音频信号的频率及位模式编码，它由一号接收器模块驱动，轨道“占用”时，解调器模块关闭；轨道“空闲”时，解调器模块将接收到的位模式编码与内部参考位模式编码（内部参考位模式编码由编码插塞确定，插塞与 PROM 的输入端相接。在 PROM 的输出端为内部参考位模式编码的并行形式，再用一个多路转换器实现了并行到串行的转换）由一个“异或”门进行比较，两者一样时，解调器输出低电平，此低电平送给二号接收器模块的逻辑比较器。

从安全性考虑，解调器模块为双通道设计。两个通道动作相同，采用非等效设计。如输入信号的处理是相反的；计数器运算相反（一个加计数，一个减计数）；两个 PROM 是反编程的；EPROM 编程相同，但输出引脚是不同的。这些特征将防止出现共模干扰而导致的两个通道出现故障。

由于解调器不记录信号频率，它只判别信号是上边频还是下边频，所以只需一种标准型解调器模块。

5. 二号接收器模块

二号接收器模块是将一号接收器模块的输出信号和解调器模块的输出信号进行动态“AND”运算。如果一号接收器模块输出 24.8V 的电压、解调器模块输出低电平，则发送器模块输出的 26.336kHz 脉冲可以通过二号接收器板上的安全触发电路，并将此脉冲放大输出，输出电压送至继电器模块上。

6. 继电器模块

继电器模块一般由两组继电器接点组成，它们在电路上是串联的，为双通道设计。它用来发送轨道“占用”或“空闲”信号到联锁设备和轨旁 ATP 设备。通过观察继电器模块上继电器接点的吸起或落下，可判断相应轨道电路区段是处于空闲或占用状态。

7. 报文转换模块

报文转换模块通常用于完成数字轨道电路的位模式和 ATP 报文之间的转换。由于轨旁 ATP 系统要利用数字轨道电路发送 ATP 报文给列车，在有列车占用轨道区段时，数字轨道电路的位模式报文无效；同时，ATP 报文被激活。这时，发送器模块执行一个报文转换命令进行发送开关切换，通过光耦电路将报文转换模块上的 ATP 报文传送到发送器模块，并发送出去。报文的发送方向是迎着列车的前进方向。

8. 室内方向转换模块

室内方向转换模块的功能一般是根据进路的方向实现发送端电缆与接收端电缆之间的转换，使轨道电路的发送方向始终迎着列车的运行方向。

室内方向转换模块通常主要由一些方向继电器、电阻值设置开关和方向设置跳线开关组成。它们通过各自的继电电路实现各方向电缆的发送和接收之间的转换，从而改变轨道电路的发送方向。各继电器的动作则由轨旁 ATP 系统的控制电路进行控制。整个控制过程可以简单描述为，当联锁排列好列车进路后，将进路方向及进路征用的轨道区段信息传递给轨旁 ATP，后者接收到该信息后发送一个控制信号给轨道电路的方向转换控制电路，动作相应的方向继电器，使轨道电路改变发送方向，并迎着列车的运行（进路）方向。

9. 室内供电模块

一般每一个轨道区段都有它自己独立的供电模块。这个供电模块一般安装在每一个轨道电路架的背面，并与每一个轨道电路设备组合单元相连，为架内的各组合单元模块提供标准的 DC12V、DC5V 及 AC220V 电源供电。

10. 室外转换模块

室外转换模块的主要功能，就是根据室内送端和受端电缆的切换而相应改变室外轨道电路发送报文的方向。对应每种轨道电路频率需要不同的室外转换模块。

11. 室外调谐模块

室外调谐模块的主要功能是根据室内送端和受端电缆进行切换后，最终实现室外设备的发送端和接收端之间的相互转换。对应每种轨道电路频率需要不同的室外调谐模块。

（二）数字轨道电路的工作方式

数字轨道电路的工作方式通常有以下四种。

1. 传输轨道电路报文（用于检查轨道区段是否空闲）。当接收电平足够高并且接收信号的频率和编码信息都正确时，才驱动轨道继电器，使它吸起，表示轨道区段“空闲”；否则，继电器落下，表示轨道区段占用。

2. 传输 ATP 列车报文（发送信息的选择）。当列车进入该区段时，造成接收电平的下降，电平监测模块一旦检测到电压低于门限值时，将产生一个触发信号送给报文转换控制器，该控制器的位置将发生翻转，使轨道电路发送 ATP 列车信息，同时轨道继电器落下，区段“占用”。传输 ATP 列车报文是数字轨道电路很重要的一项功能，也是它的主要工作之一。所有的轨旁 ATP 数据都是通过轨道电路发送出去，再由列车车底的 ATP 天线接收到车上的车载 ATP/ATO 设备。车载设备通过轨旁发来的报文信息，得到运行所需的各种参数，如坡度、轨道区段长度、轨道限速、停车点等，对列车驾驶进行实时控制，实现列车自动保护和自动驾驶功能。轨旁设备通过车上发来的信息对列车的运行进行监控。报文是列车自动控制系统功能实现的重要一环，而数字轨道电路既是列车自动控制系统的一个重要组成部分，也是报文传输过程中的重要媒介和载体。

3. 双向发送信息，具有方向性。ATP 设备从联锁设备接收到进路方向的信息后，输出控制信息给轨道电路的双向切换设备，要求它切换送端和受端，双向切换设备内的继电器接点位置改变，从而实现送端和受端的切换。

4. 作为列车的定位设备。拥有 ATP 功能的列车为了达到速度防护功能，必须对列车的位置进行计算，由于列车存在空转/滑行的必然性，故每间隔一段距离列车的位置必须与地面的位置进行校核，而轨道电路之间的分割点则可作为该校核点。校核的基本原理是当列车刚在下一区段的频率上接收到有效的 ATP 列车报文时，系统则认为列车进入了下一个区段，这时列车的新位置就为这两个轨道电路的分割点。

（三）与其他设备的接口

数字轨道电路与其他设备的接口一般是指与微机联锁和轨旁 ATP 的接口。数字轨道电路与其他设备之间的接口如图 19-8 所示。

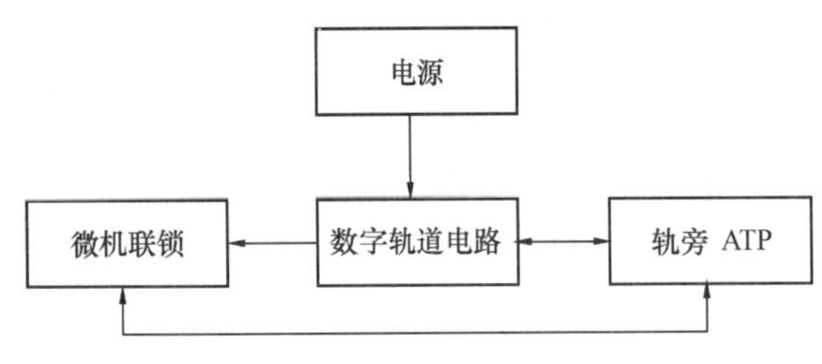

图 19-8　数字轨道电路与其他设备的接口关系框图

数字轨道电路把轨道电路的占用、空闲信息传给微机联锁系统，同时把轨道占用信息传给轨旁 ATP 设备。微机联锁设备将轨道电路的占用、空闲信息传给终端设备（如工作站、人机界面等）用于状态显示，并将排列进路的信息传给轨旁 ATP 设备。轨旁 ATP 设备收到联锁设备的进路方向信息后输出控制信息给轨道电路的双向切换设备，要求它切换发送端和接收端，使得轨道电路的报文发送方向始终迎着进路的方向。轨旁 ATP 设备接收到轨道占用信息后，将 ATP 报文传给数字轨道电路，并通过轨道电路发送到列车上。

第三节　数字轨道电路设备维修与故障处理

一、数字轨道电路设备维修

（一）数字轨道电路设备维护与检修的必要性

由于数字轨道电路设备的以下一些特点，对其维护与检修就显得更加重要。

1. 数字轨道电路的室外设备一般分布在全线各个车站站台区段和区间线路上，设备数量多、位置分散，受环境因素影响较大。

2. 室外设备机械连接部分较多，且都安装在钢轨上或轨旁，长期受震动影响，可能导致螺丝松动产生接触不良等情况。

3. 室外设备中的调谐电路采用了较多的电容、电感元件，长期使用可能会由于元件老化、衰耗等原因造成谐振点漂移，导致接收端信号减弱或接收不到信号。

4. 室外的电气绝缘节通常用螺栓和螺帽固定在两根钢轨之间，由于车辆不断在钢轨上行走产生的应力，长时间可能会使螺栓材质疲劳而被挤（压）断，造成绝缘不良或失效。

5. 室内设备基本上都是PC板插件结构，集成电路元件和电路板对灰尘和温湿度较敏感。积尘会影响设备散热，湿度大可能造成短路，而温度过高则会造成设备工作不稳定，并加速设备的老化。

6. 一旦轨道电路发生故障（一般指红光带）对运营造成的影响是比较大的。如影响进路的正常排列，只能开放引导信号；自动驾驶的列车将会在故障区段前停车，然后以人工驾驶模式通过故障区段，造成列车晚点和行车指挥不便等。

（二）数字轨道电路的设备维护操作

数字轨道电路的设备维护操作通常可以分为：一般性（基本）操作、电气参数测试、分路特性调整等内容。下面分别予以介绍。

1. 一般性（基本）操作

这里的一般性操作是指最基础的设备维护工作，主要是指对设备外观、连接件/紧固件、指示灯的显示状态的检查，以及设备清洁除尘等一般性操作。这种一般性维护操作对室内设备而言，一般每日都要进行一次；而对室外设备来说，一般是半年全部检查一次。而在进行维护操作之前，我们必须先熟悉设备维护和操作的基本规则及常识。

(1) 为了避免损坏设备以及为了自身安全，必须遵守设备安全守则并熟读维修手册以便能安全且正确地进行工作，维护人员要为安全负责。

(2) 对标有严防静电图标的模块必须避免通过电开关造成的电荷泄露，并且在接触模块前，必须一直保持电荷平衡。

(3) 在将模块从设备框、柜或架中取出或放入前，必须弄清楚该模块是否允许带电插拔，对不允许带电插拔的模块在插拔前必须将有关模块的供电电源关闭。

2. 电气参数测试

数字轨道电路的电气参数测试又分为室内和室外电气参数测试。一般来说，在日常的设备维护当中，只需要对室内的电气参数进行测试，并使它们的测试值在标准范围之内就可以了。但在一些特殊情况下，如故障处理、重新调整等则要求同时进行室内外电气参数测试。室内的电气参数测试一般每周测量一次，而且并不用将所有电压参数都测一次，只需要测量几个关键的参数就行了。数字轨道电路的几个关键参数一般有室内发送电压、室内接收电压、室外送电端电缆电压、室外接收端电缆电压、室外发送端轨面电压、室外接收端轨面电压等。通常，进行数字轨道电路电气参数测试用到的主要测试仪表有示波器、选频电压表、数字万用表、兆欧表等。

3. 分路特性调整

数字轨道电路分路特性调整的目的，就是要求通过调整后，使轨道电路区段满足在用标准分路电阻（这里为 0.5Ω）进行内部分路时，轨道继电器可靠落下，而用标准分路电阻（这里为 0Ω）进行外部分路时，轨道继电器可靠吸起。

数字轨道电路分路特性调整的步骤一般可归纳为以下三个部分：

(1) 对照图纸进行硬件一致性检查，主要是检查轨道电路的工作频率、位模式是否与所使用的硬件型号一致。

(2) 对室外轨道电路各个方向的发送端、接收端先后进行调谐，对照图纸中的电压参数参考范围，确定室外轨道电路的最佳工作电气参数值。

(3) 在室外轨道电路的两端分别进行内部和外部分路，同时对室内轨道电路设备进行调整和测试，确定室内轨道电路的最佳工作电气参数值。

(三) 数字轨道电路设备的维修模式

数字轨道电路设备应该采取什么样的维修模式，对不同类型的数字轨道电路其维修模式在内容和形式上可能会有所不同，但它的基本原则和指导思想应该是相通的。下面就以 FTG S-917 型数字轨道电路为例进行介绍，供参考。

一般来说，数字轨道电路的维修模式主要是以预防性维修为主，故障纠正性维修（故障修）为辅的这么一个模式。预防性维修即为了尽早发现潜在的设备问题以避免由其造成系统故障，根据设备的可靠性确定的维修周期预先制定一个维修时间表和维修标准来进行周期性的维护工作，同时根据微机监测远程诊断系统提供的设备运用状态数据，提前发现故障隐患，进行不定期的维修工作。预防性维修是提高数字轨道电路系统运作的可靠性和可用性的重要手段。数字轨道电路预防性维修的定期检查和维护不能影响列车正常的运营，应在非运营时段内进行。而预防性维修又包括计划修和状态修两种模式，目前采用得较多的还是计划修模式。下面我们主要从以下几个方面来介绍数字轨道电路的计划修维护模式是怎样组成和进行实施的，即技术指标、检修标准、检修周期与工作内容、计表、维修组织架构及人力资源配置等。

首先，设备技术指标是我们进行设备维护工作的基础和依据，像设备检修标准、设备检修周期与工作内容等都要围绕它来制定。FTG S-917 型数字轨道电路的主要技术指标如表 19-2。

FTG S-917 型数字轨道电路的主要技术指标　　表 19-2

序　号	技术指标名称	技 术 指 标 内 容
1	应用范围	车站和区间
2	牵引回流	双轨条
3	干扰防护	通过频率调制传输，避免干扰
4	电缆故障检测	通过编码传输和混线检测系统（Asii）检测。故障安全措施：（1）接收设备为双信道结构；（2）轨道继电器相同的开关状态：通过双通道的两个轨道继电器不同的开关状态进行故障检测
5	工作/额定频率	9.5kHz、10.5kHz、11.5kHz、……16.5kHz
6	调制	频率调制（移频键控）

续表

序 号	技术指标名称	技 术 指 标 内 容
7	编码位模式	15bit 位（2.2、2.3、2.4、2.5、2.6，3.2、3.3、3.4、3.5，4.2、4.3、4.4，5.2、5.3，6.2）
8	传输速度	时分比特位传输，$V_b \leqslant 200$bit/s；LZB 电码传输，$V_b \leqslant 200$bit/s。位错率约为 10^{-4}
9	运营可靠性	MTBF = 0.2 个故障/年每个 FTGS。（MTBF 计算值 43000h，实际值 70000h）
10	轨道继电器吸合、释放延迟	$t_{吸} = 0.35$s，$t_{落} = 0.35$s
11	供电	工作电压：ACU = 220V + 10% ~ 20%，50Hz + 2%
12	功耗	标准配置 65VA/TC；道岔配置 75VA/TC
13	轨道数据	最小道渣电阻 $R_B = 1.5\Omega$km
14	额定分路灵敏度	$R_A \leqslant 0.5\Omega$，车站和区间
15	远控	电缆（四芯星形电缆），一组芯线发送，另一组接收
16	电缆芯线尺寸	ϕ1.4mm 或 ϕ0.9mm
17	最大电缆长度	6.5km 或 3.3km
18	最大控制距离	6.5km（轨旁盒——联锁）
19	轨道电路有效长度	30 ~ 300m
20	环境温度	－30 ~ ＋70℃（室内、室外设备）

其次，根据设备的技术指标和在满足设备日常维护需要及保证设备安全、正常运行的前提下，制定相应的数字轨道电路设备检修技术标准（参见表 19-3），并按照计划修的维修模式制定相应的设备检修周期与工作内容（参见表 19-4），从而做到有计划、有步骤、有目的的按标准程序和内容进行设备维修工作。

数字轨道电路设备检修技术标准 **表 19-3**

作业项目	程 序	检 修 标 准
数字轨道电路检修	室内设备外观及运营状态检查	空闲时表示灯显示： L4（绿）亮；L9、L2、L8（绿）亮；L2、L3（黄）短闪；IL5、IIL5；IL6、IIL6、IL7、IIL7（绿）亮；L22（绿）亮（短闪）。 占用时表示灯显示： L4（绿）亮；L9、L2、L8（绿）亮；L2、L3（黄）短闪；L20、L22（绿）亮（短闪）；5V、22V 电源表示灯灭
	室内电气测试、分析	测接收Ⅰ（一送两受区段，两个接收 I 都要测）板的 I5/II8 间的电压，测试值要求大于 AC6.5 V 且与原数据表值比较，负偏差值不大于 AC2V

续表

作业项目	程序	检修标准
数字轨道电路检修	室外电气测试、分析	送电端电缆电压：AC30～40V；接收端电缆电压：AC0.6～0.9V；接收端轨面电压：AC0.5～0.8V；发送端轨面电压：AC3.5～8.0V（非调整短路棒）、18～30V（调整短路棒）
	箱盒防潮、防湿检查	箱盒外观及内部干燥、清洁
	导线、引接线、防护管、接地线及轨端接续线检查	导线、引接线、接地线连接牢固且无绝缘破损；防护管无裂纹及老化现象；轨端接续线无脱落、断痕和磨损
	钢轨绝缘、轨距杆、道岔连接杆、连接垫板及安装装置绝缘外观检查	所有绝缘外观无破损，无绝缘不良或失效现象
	S棒、终端棒、短路棒外观及形状检查	外观无绝缘破损，形状与安装要求基本一致，无变形

数字轨道电路设备检修周期与工作内容 **表19-4**

设备（数量）	修程	检修工作内容	周期
数字轨道电路（XX区段）	日常保养	1. 室内设备外观及运营状态检查。 2. 室内电气测试、分析。 3. 室内卫生清扫	每周
	二级保养	1. 同日常保养内容。 2. 箱盒外观及内部防潮、防湿检查。 3. 导线、引接线、防护管、接地线及轨端接续线检查。 4. 钢轨绝缘、轨距杆、道岔连接杆、连接垫板及安装装置绝缘外观检查。 5.S棒、终端棒、短路棒外观及形状检查。 6. 检查各种紧固件（轨底夹、轨枕夹、夹钉、绑带）。 7. 盒内、盒外各种螺丝紧固。 8. 调整箱盒的橡胶密封条并检查铭牌。 9. 室外电气测试分析。 10. 安装装置的检查。 11. 室内地线检查。 12. 轨道电路分路测试	每半年
	小修	1. 同二级保养内容。 2. 箱盒及各部件除锈、防锈处理。 3. 分解、检查轨道绝缘，更换不良部件	每年
	中修	1. 室外线路整修。 2.S棒、连接线、轨端接续线和连接盒整修。 3. 更换锈蚀螺栓和螺丝。 4. 除锈、防锈、防水、油饰并标签。 5. 基础检查。 6. 检查轨道绝缘，更换不良部件	每4年

再次，表格记录工作也是计划修设备维修模式当中一项重要的环节。其内容根据设备检修标准和设备检修周期与工作内容来制定，主要以检修记录表、检修记录卡及检修作业任务书等形式进行。检修记录表（参见表 19-5）、检修记录卡（参见表 19-6）可以直观地反映出某一台设备是否按照检修周期进行检修，以及每次检修时的工作状态是否满足技术指标要求、每次检修时存在的问题及检修人员克服情况等，这就有利于日后进行数据统计、分析，为设备检修标准和设备检修周期与工作内容的修订提供依据。而检修作业任务书（参见表 19-7）则是一种综合性的计表工作，首先，它对应每一种设备的每一级修程规定了每项检修作业的基本要求，包括安全注意事项、检修程序、检修标准、检修必备的工器具和材料、检修人员的技术等级要求等，使检修人员拿着检修作业任务书就可以进行标准化作业，避免了由于检修人员水平的参次不齐而影响检修质量。其次，它完整记录了每项作业过程中的实际材料消耗和作业工时消耗，有利于日后对各项设备检修作业的材料消耗和工时消耗进行统计、分析，为将来的物流管理和维修管理网络化、智能化打下基础。一般来说，在实际检修作业过程中，为方便操作，有关室内设备检修的记录表会放置在设备房内；有关室外设备检修的记录卡则放置在轨旁盒（数字轨道电路的轨旁设备）内；检修作业任务书由检修人员在检修时随身携带。所有的检修记录表、检修记录卡都会定期回收和更新。检修作业任务书在检修人员完成当次检修作业后回收存档。

数字轨道电路室内设备检修记录表 **表 19-5**

轨道电路编号								
测量并记录接收端Ⅰ5/Ⅱ8 的空闲电压值	G 方向	接收Ⅰ.Ⅰ						
		接收Ⅰ.Ⅱ						
	A 方向	接收Ⅰ.Ⅰ						
		接收Ⅰ.Ⅱ						
	B 方向	接收Ⅰ.Ⅰ						
		接收Ⅰ.Ⅱ						
记表日期：				记表人签名：				
存在问题：								
克服情况：								

数字轨道电路室外设备检修记录卡 **表 19-6**

轨道电路编号	记表日期								
检查结果 （在对应的“是”或“否”栏打“√”）		是	否	是	否	是	否	是	否
导线、引接线和防护软管完好无损									
电气绝缘棒的形状完好，符合安装要求									
各种紧固件（轨底夹、轨枕夹、夹钉、电缆绑带等）保持牢固，无损坏，所有电缆和导线固定在应有的位置									

续表

轨道电路编号：	记表日期							
检查结果 （在对应的“是”或“否”栏打“√”）		是	否	是	否	是	否	是	否
所有焊接点及其连线、接头，连接螺栓及螺帽状态良好，紧固适当									
轨旁连接盒安装方正、稳固，盒内的连接布线合理，电缆引入口密封良好									
盒内清洁、干燥，橡胶密封圈弹性良好									
记表人签名：									
存在问题：									
克服情况：									

数字轨道电路设备检修作业任务书 **表 19-7**

任务书编号	[ ] 字第（ ）— 号	作业名称	数字轨道电路设备检修		
作业地点		作业班组		负责人	
修 程	半年检	作业时间	____年____月____日 起 __：__：____ 止 __：__：____		

作业安全措施：1. 先登记请点，要点后再作业；2. 作业过程中要遵守安全作业制度和作业纪律；3. 下线路作业要穿荧光衣，作业区两头要设红闪灯防护并办理封锁，必要时办理接触网停电；4. 作业完成后，要与车站联系并确认设备完好交付使用，在确认线路出清后再消点、消令

作业材料	材料名称	型 号	实耗数	材料名称	型 号	实耗数
	白棉布			轨底夹		
	油 扫	38mm		轨枕夹		
	绝缘胶布	3m		六角螺帽	ϕ13mm	
	绑扎带	8×200mm		六角螺帽	ϕ19mm	

作业工时消耗情况

技术等级	初级工	中级工	高级工	其 他
作业人数				
完成工时				

工器具	1	数字万用表	5	0.5Ω/1Ω 电阻	9	斜口钳		
	2	弯头扳手 13mm（两把）	6	短路夹	10	铁锤（2P）		
	3	弯头扳手 19mm	7	内六角扳手 3mm	11	照明用具和荧光衣		
	4	一字螺丝刀 3mm	8	星形螺丝刀	12	联系电话		

续表

项　目	程　　序	检　修　标　准
数字轨道电路设备半年检	室内设备外观及运营状态检查	空闲时表示灯显示：L4（绿）亮；L9、L1、L8（绿）亮；L1、L3（黄）短闪；ⅡL5、ⅢL5；ⅡL6、ⅢL6、ⅡL7、ⅢL7（绿）亮；L11（绿）亮（短闪）。 占用时表示灯显示：L4（绿）亮；L9、L1、L8（绿）亮；L1、L3（黄）短闪；L10、L11（绿）亮（短闪）；5V、22V 电源表示灯灭
	箱盒外观及内部防潮、防湿检查	箱盒外观及内部干燥、清洁
	导线、引接线、防护管、接地线及轨端接续线检查	导线、引接线、接地线连接牢固且无绝缘破损；防护管无裂纹及老化现象；轨端接续线无脱落、断痕和磨损
	钢轨绝缘、轨距杆、道岔连接杆、垫板及安装装置绝缘外观检查	所有绝缘外观无破损，无绝缘不良或失效现象
	S 棒、终端棒、短路棒外观及形状检查	外观无绝缘破损，形状与安装要求基本一致，无变形
	检查各种紧固件（轨底夹、轨枕夹、夹钉、绑带）	各种紧固件无缺损、脱落
	盒内、盒外各种紧固螺丝、螺帽	螺丝（帽）无松动、锈蚀、滑丝、缺损现象
	调整箱盒内的橡胶密封条并检查铭牌	橡胶密封条无移位、变形、老化、破损现象，铭牌标识清楚、无脱落
	室外电气测试分析	对在室外电气测试中有问题的区段进行室外电气测试分析： $U_{11/14}$：30～40V；$U_{9/20}$（发送端）：S 棒（3.5～8V），MKV 棒（18～30V）； $U_{9/10}$（接收端）：0.5～0.8V；$U_{15/20}$：0.6～0.9V
	安装装置检查	牢固，无明显晃动；安装支架及基础完好无损
	室内地线检查	地线连接牢固、无锈蚀

请点	时　间		销点	时　间		销令	时　间	
	批准人			批准人			维　调	

签发：　　作业责任人：　　作业检查人：　　返书日期：　　审核：

最后，维修组织架构及人力资源配置是组织建立数字轨道电路维修模式并实施的决定因素。一般而言，进行数字轨道电路设备维修的最基本的维修组织单元就是工班，工班受车间管理。另外，车间可能还会设有生产技术室以负责车间的技术管理、生产调度和日常生产事务处理。以下是一些具体情况的分析，提供参考。

通常的维修组织流程如下：

先由工班制定出年度和月度维修计划，再由生产技术室进行汇总、审核，并形成车间的年度和月度维修计划，最后由车间批准报上级主管部门。经上级主管部门调整审批后，已批准的维修计划将按月下发通告，并据此下发维修施工作业令。车间生产技术室的生产调度拿到维修施工作业令后将附上相应的维修作业任务书，并安排相应的工班派人领取并登记。由于维修施工作业令上已按维修计划明确了维修施工负责人，因此，工班在得到维修施工作业令和检修作业任务书后就可以立即安排相关人员进行检修作业了。工班维修人员到达现场后，要先向相关主管部门请点，经批准同意后方可开始作业。如果是在线路作业，在作业过程中维修人员要按照施工作业管理规定做好安全防护；在作业完成后要按照施工作业管理规定出清线路。作业完成后维修人员要向相关主管部门销点、销令，经批准同意后方可离开，同时通知车间生产技术室生产调度作业已完成。

工班的设置和工班人员的配置可以从以下几个方面考虑，首先是线路长度；其次是设备数量；再次是设备检修周期与工作内容；最后是维修值班点的设置。第一点和最后一点强调的是维修的快速响应问题，因为我们讲的是城市轨道交通运营与维修，因此必须要考虑维修的快速响应问题。中间两点强调的是维修工作量的问题，如果人员配置少而维修工作量又大，则工班人员经常处于超负荷工作状态，必然不利于员工的身心健康，且容易出现生产安全问题。如果人员配置过多就会出现工作不饱满的问题，既浪费了资源，又容易引起员工的惰性。因此，必须综合考虑维修的快速响应和维修工作量的问题，使两者达到相对平衡，从而合理、有效地进行工班的设置和工班人员的配置。一般来说，以 15 ~ 20km 长的运营线路为例，对于数字轨道电路的维修只需由一个工班负责。具体作法可选择在线路的起点站或终点站设置一个值班点（白班），另在线路的中间站设置一个值班点（24h 值班，四班三运转，夜班参与维修），考虑夜间维修需增加 1 人，则一个工班包括工班长在内最少需要 7 个人。再考虑实际情况下一个工班不可能只负责数字轨道电路一项设备的维修，所以实际一个工班的人数应在 7 ~ 11 人左右较为合理。

以上主要是从预防性维修的计划修模式进行的一些分析和介绍。在数字轨道电路设备的日常维修过程中，还有一种维修模式就是故障纠正性维修模式（以下简称故障修）。

故障修包括所有故障的纠正及系统恢复到正常状态的操作，其最重要的要求是尽快恢复系统的正常运行。一些集中监控系统的集中管理功能和微机远程诊断系统能够有效地提高纠正性维修的故障判断准确性，缩短故障修复时间，提高维修效率。

数字轨道电路设备的故障修一般分为现场修和返厂修两类。现场修一般由工班负责实施，在非运营时间进行，必要时由车间技术室专业工程师进行现场指导。现场修的维修范围一般是指不涉及到电路板元件的维修，对故障或损坏的电路板或电子模块只进行更换，对更换下来的电路板或电子模块一般进行返厂修。

总的来说，数字轨道电路设备的维修模式目前还主要是以计划修为主，故障修为辅。当然，如果从节省资源，节约维修成本角度出发，实现状态修将是更好的选择，但前提是必须完善数字轨道电路设备的集中监测和远程故障诊断、报警系统以及经验的积累。应该说，在满足这一前提条件下，实现数字轨道电路设备的状态修是完全可行的。

二、数字轨道电路设备的故障处理

（一）数字轨道电路设备的故障诊断与处理

作为城市轨道交通系统的设备维修是要围绕“运行”来进行的，所以，数字轨道电路设备的故障处理原则就是要尽可能地不影响城市轨道交通系统的运行。由于城市轨道交通中如地铁线路基本为地下线路，数字轨道电路的室外设备基本都在隧道里，所以要在白天的运营时间里对轨道电路的室外设备进行维修是不可能的，因为一是员工人身安全得不到保障；二是地铁运行间隔短，行车密度大，要想利用行车间隔进行维修也是不现实的。既然数字轨道电路设备的大部分故障都集中在室外设备，因此故障处理工作基本都要在夜间的非运营时间进行。当然，如果是室内设备故障，通常都可以及时进行处理。

进行数字轨道电路设备的故障诊断与处理，首先要了解、熟悉设备的各基本硬件组成、功能及其相互之间的工作关系，即系统硬件连接工作流程图。图 19-9 是以 FTG S-917 型数字轨道电路为例，说明其硬件连接工作流程。

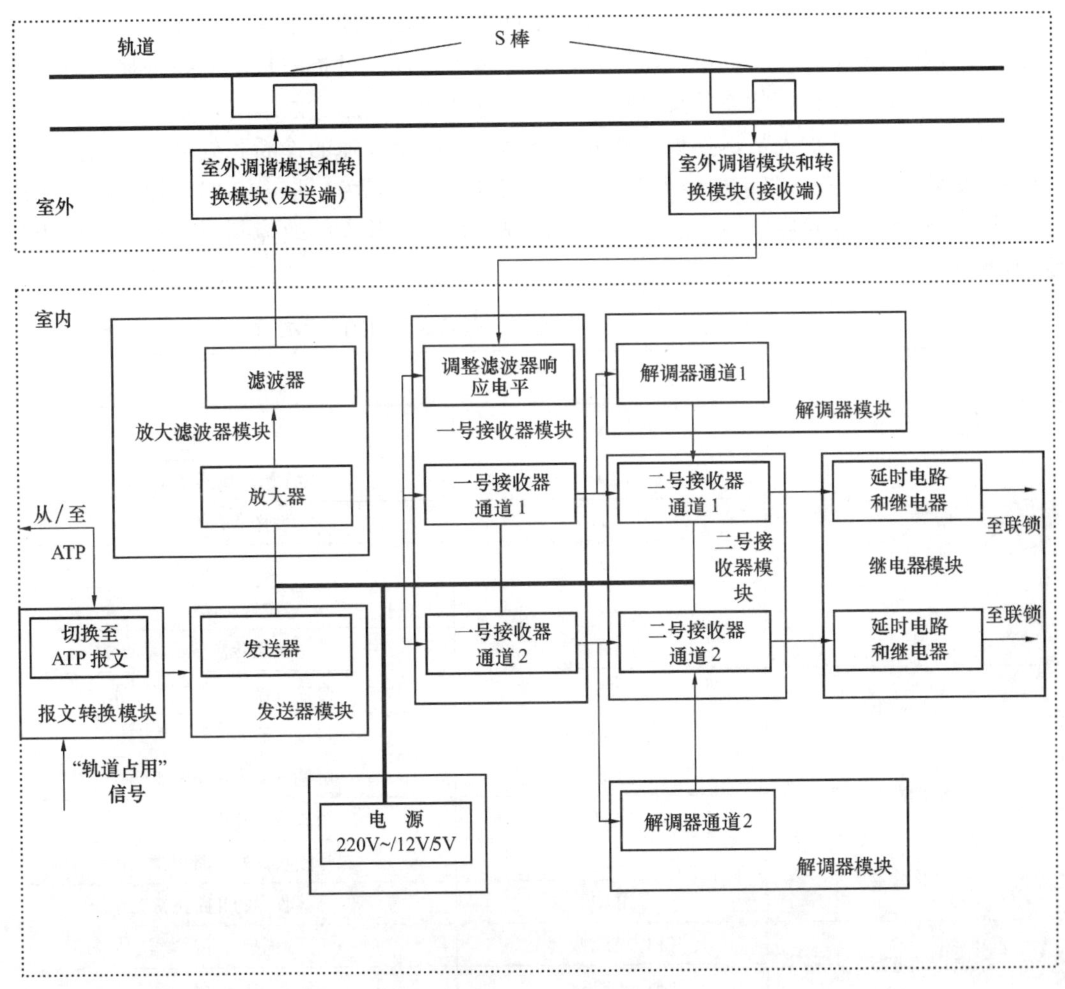

图 19-9 数字轨道电路系统硬件连接工作流程图

根据图 19-9 所示，可以大致描述数字轨道电路设备的工作过程。

当轨道电路空闲时，数字轨道电路的室内发送设备由发送器模块发送轨道电路报文信号，经放大滤波器模块再发送到室外的发送端转换模块，然后经调谐模块馈送到轨面；室外接收端的调谐模块接收到该信号后经转换模块送回室内，室内一号接收器模块接收到轨面送回来的信号后，分别将它们传送至解调器模块和二号接收器模块，然后二号接收器模块将从一号接收器模块处接收来的信息和从解调器模块处接收来的信息进行比较，确认无误后发送一个驱动信号给继电器板，控制轨道继电器的吸起和落下动作，最后将轨道继电器的接点状态信息送给联锁计算机和轨旁 ATP 计算机。在整个的接收信息流程中，室内接收设备的设计都是双通道的结构，以保证安全。

当轨道电路占用时，轨旁 ATP 计算机接收到轨道电路占用信息，同时发送 ATP 报文至报文转换模块。此时，发送器模块通过动作一个报文切换开关接通了报文转换模块上的 ATP 报文，同时切断了轨道电路报文。这时，数字轨道电路设备就开始发送 ATP 报文了。

其次，要搞好数字轨道电路设备的故障维修工作，还必须熟悉和掌握设备的各部分面板显示及其显示意义和设备的电气参数特性以及技术指标。设备面板上的各种显示灯能够非常直观地显示一些设备状态信息，包括报警信息和故障信息。熟悉掌握这些显示灯的表示意义将便于设备维护人员迅速地查找故障原因，有助于故障的诊断和处理。下面是一张 FTG S-917 型数字轨道电路室内设备各表示灯的显示意义列表（见表 19-8）。根据该表，维修人员可以很容易地对照实际表示灯的显示情况进行一些基本的故障判断，从而有助于故障的排除。

FTG S-917 型数字轨道电路室内设备各表示灯的显示意义 **表 19-8**

模块名称	表示灯名称	显示意义
放大滤波器	L4	工作，有电压输出
发送器	L9	一送两受芯线混线显示
	L1	发送器有输出
	L2	位模式高位
	L3	位模式低位
	L8	报文转换显示
一号接收器	ⅠL5	一号接收器的Ⅰ路正常工作
	ⅡL5	一号接收器的Ⅱ路正常工作
解调器	ⅠL6	解调器的Ⅰ路正常工作
	ⅡL6	解调器的Ⅱ路正常工作
二号接收器	ⅠL7	二号接收器的Ⅰ路正常工作
	ⅡL7	二号接收器的Ⅱ路正常工作
轨道继电器	CF1，CF2 吸起	空　闲
	CF1，CF2 落下	占　用
报文转换模块	L10	报文转换显示
	L11	ATP 报文
	L14	允许进行报文切换
方向转换模块	S	G 方向工作
	A	A 方向工作
	B	B 方向工作

有了以上列举的这些基本的设备维护技术资料，作为设备维护人员就可以进行一些简单的设备维护工作了。

下面再进一步举例介绍数字轨道电路设备的故障诊断表和故障处理流程。

FTG S-917 型数字轨道电路设备故障诊断表 **表 19-9**

模块名称	放大滤波器	发送器					一号接收器		解调器		二号接收器		继电器		报文转换模块					方向转换模块			电源	
显示灯名	L4	L9	L1	L2	L3	L8	ⅠL5	ⅡL5	ⅠL6	ⅡL6	ⅠL7	ⅡL7	CF1	CF2	L10	L11	L12	L13	L14	S	A	B	12V	5V
显示状态 序号	灯亮——“○”；灯灭——“●”；灯闪烁——“☆”；灯闪烁后灭——“★”；继电器吸起——“↑”；继电器落下——“↓”；S(G)方向转至A(或B)方向——“→”。																							
1	○	○	○	☆	☆	○	○	○	○	○	○	○	↑	↑	●	●	●	●	●	●	●	●	●	●
2	○	○	○	☆	☆	○	○	○	○	○	○	○	↑	↑	●	●	●	●	●	●	○	●	●	●
3	○	○	○	☆	☆	○	○	○	○	○	○	○	↑	↑	●	●	●	●	●	●	●	○	●	●
4	○	○	○	☆	☆	○	★	★	★	★	★	★	↑	↑	●	●	★	★	★	★	→	→	●	●
5	○	○	○	☆	☆	○	●	●	●	●	●	●	↓	↓	○	☆	●	●	●	●	→	→	●	●
6	●	●	●	●	●	●	●	●	●	●	●	●	↓	↓	●	●	●	●	●	●	→	→	●	●
7	●	○	●	●	●	●	●	●	●	●	●	●	↓	↓	●	●	●	●	●	●	→	→	●	○
8	●	●	●	☆	☆	○	●	●	●	●	●	●	↓	↓	○	☆	●	●	●	●	→	→	○	●
9	●	○	●	●	●	●	●	●	●	●	●	●	↓	↓	●	☆	●	●	●	●	→	→	●	●
10	●	●	●	☆	☆	○	●	●	●	●	●	●	↓	↓	○	☆	●	●	●	●	→	→	●	●
11	●	○	○	☆	☆	○	●	●	●	●	●	●	↓	↓	○	☆	●	●	●	●	→	→	●	●
12	●	○	○	☆	●	○	●	●	●	●	●	●	↓	↓	○	●	●	●	●	●	→	→	●	●
13	○	○	○	☆	☆	●	○	○	○	○	●	●	↓	↓	●	●	●	●	●	●	→	→	●	●
14	○	○	○	●	☆	○	○	○	●	●	●	●	↓	↓	●	●	●	●	●	●	→	→	●	●
15	○	○	○	☆	●	○	○	○	●	●	●	●	↓	↓	●	●	●	●	●	●	→	→	●	●
16	●	○	○	☆	☆	○	●	●	●	●	●	●	↓	↓	○	☆	●	●	●	●	→	→	●	●
17	○	○	○	☆	☆	○	●	●	●	●	●	●	↓	↓	○	☆	●	●	●	●	→	→	●	●
18	○	○	○	☆	☆	○	○	●	○	●	○	●	↑	↓	●	●	●	●	●	●	→	→	●	●
19	○	○	○	☆	☆	○	●	○	●	○	●	○	↓	↑	○	☆	●	●	●	●	→	→	●	●
20	○	○	○	☆	☆	○	○	○	○	●	○	●	↑	↓	●	●	●	●	●	●	→	→	●	●
21	○	○	○	☆	☆	○	○	○	●	○	●	○	↓	↑	●	●	●	●	●	●	→	→	○	○
22	○	○	○	☆	☆	○	○	○	●	●	●	●	↓	↓	●	●	●	●	●	●	→	→	○	○
23	○	○	○	☆	☆	○	○	○	○	○	○	●	↑	↓	●	●	●	●	●	●	→	→	○	○
24	○	○	○	☆	☆	○	○	○	○	○	●	○	↓	↑	●	●	●	●	●	●	→	→	○	○
25	○	○	○	☆	☆	○	○	○	○	○	●	●	↓	↓	●	●	●	●	●	●	→	→	○	○
26	○	○	○	☆	☆	○	○	○	○	○	○	○	↓	↓	●	●	●	●	●	●	→	→	○	○
27	○	○	○	☆	☆	○	○	○	○	○	○	○	↑	↓	●	●	●	●	●	●	→	→	○	○
28	○	○	○	☆	☆	○	○	○	○	○	○	○	↓	↑	●	●	●	●	●	●	→	→	○	○
29	○	○	○	☆	☆	○	●	●	●	●	●	●	↓	↓	●	☆	●	●	●	●	→	→	○	○
30	○	○	○	☆	☆	○	●	●	●	●	●	●	↓	↓	○	☆	●	●	○	○	→	→	○	○

仍以 FTG S-917 型数字轨道电路设备的故障诊断表（参见表 19-9 和表 19-10）为例，我们可以看出，该表基本上把所有可能的表示灯显示状态组合都一一列举了出来，并针对每一种显示状态组合给出了明确的故障原因、处理方法或故障指引。这张故障诊断表基本上是把维修手册或故障处理指南表格化的一种形式，应该说，这种表格化形式的效果是非常好的，既直观又便于现场操作使用，而且对于维修人员迅速判断故障原因和进行处理也是非常实用的。举个简单的例子，假如维修人员在处理故障时发现设备故障显示状态如表 19-9 中的序号 10 所示，则可以很快在续表 19-10 中查到指引“更换放大滤波器模块”，这样维修人员就能够很快地处理完故障。当然，光靠一张故障诊断表就想处理完所有的故障是不可能的，只有通过维修人员的长期实践和摸索，并不断总结经验，逐步对故障诊断表进行完善后，才能真正体现出它的价值。

FTG S-917 型数字轨道电路设备故障诊断表（续表） **表 19-10**

对应表 19-9 中的序号	根据表 19-9 中每行的显示状态组合给出的故障原因、处理方法或故障指引
	轨道电路空闲（G 方向）
	轨道电路空闲（A 方向）
	轨道电路空闲（B 方向）
	方向转换瞬间
	轨道电路占用
	检查 AC220V 电压（或 6.3A 保险）
	检查 DC5V 电压（或 5A 保险）
	检查 DC12V 电压（或 8A 保险）
	位模式插片或频率插片插错
	混线故障
	更换放大滤波器模块
	轨道电路占用，发送 ATP 报文
	无车占用轨道区段时继电器落下，更换发送器模块
	更换发送器模块
	更换发送器模块
	拔出放大滤波器模块，检查发送器模块内部发光二极管，若亮则更换放大滤波器模块，否则更换发送器模块
	测量Ⅰ5/Ⅱ8 测试插孔，若Ⅰ5/Ⅱ8 电压很高，更换一号接收器模块；若电压很低，检查放大滤波器和发送器模块
	测量Ⅰ5/Ⅱ8 测试插孔电压，若超过 6.5V，则更换一号接收器模块；若小于 AC6.5V，再测量 E1/E2 测试插孔电压，若小于 AC0.3V，则可能为室外问题
	先将 220V 电源拔出，等一会再插入，如果仍亮时，测量Ⅰ5/Ⅱ8 测试插孔电压，若大于 AC6.5V，则更换解调器模块

续表

对应表 19-9 中的序号	根据表 19-9 中每行的显示状态组合给出的故障原因、处理方法或故障指引
	短接 E1/E2 两个测试插孔，若只有ⅠL7、ⅡL7 灭灯，则更换解调器模块；若ⅠL5、ⅡL5、ⅠL7、ⅡL7、ⅡL6 灭灯，仅ⅠL6 亮灯，则需更换二号接收器模块
	更换继电器模块
	更换报文转换模块
	切断 ATP 报文发送

注：序号的前五项为正常状态。序号“12”和“30”也是正常状态。

除了依靠故障诊断表，作为一名维修人员，还必须掌握数字轨道电路设备故障处理的一般方法和流程。通常我们判断某一个设备是否有故障，最简单、最直观的办法就是先观察设备的面板指示灯显示是否正常，以此作为判断故障的切入点，然后按照一定的步骤进行测试、分析、排查及判断等程序完成故障处理。下面还是以 FTG S-917 型数字轨道电路设备为例进行具体介绍。

如图 19-10 所示，假设数字轨道电路设备有一个一号接收器模块故障，则按照该故障处理流程，首先观察室内的放大滤波器的“L4”灯是否亮，若亮则继续检查发送器的所有显示灯的显示情况，若都亮，则继续检查一号接收器上的所有显示灯是否正常，若不正常则更换该模块。

（二）数字轨道电路设备的故障处理举例

前面一节我们介绍了数字轨道电路设备故障判断和处理所必须掌握的一些前提条件，并以流程图的形式介绍了设备故障判断和处理的一般方法和过程。在这一节当中，我们将举例介绍数字轨道电路设备故障判断和处理的全过程。

设备故障的处理应以最大限度地减少对运营的影响为前提。为此，就必须首先制定一套行之有效的故障处理组织管理流程。通常来说，处理数字轨道电路这一类设备故障，一般的组织过程是这样的，即控制中心行车调度发现故障（如轨道电路红光带）→通知维修调度→通知设备主管部门轮值工程师（如车间轮值工程师）→通知车站信号值班人员（或设备所属工班）→由工班派人或值班人员进行处理→处理完毕向轮值工程师汇报→轮值工程师通知维修调度→维修调度通知控制中心行车调度。

下面我们将举一个具体的数字轨道电路故障处理的事例（以 FTG S-917 型数字轨道电路为例）来说明故障处理的全过程。

现在假设某车站的一个数字轨道电路区段（一送一受型）发生红光带故障，目前该轨道电路的方向为 G 方向。故障原因是室外轨旁盒中的调谐单元模块故障。

首先，设备维修人员在接到故障通知后应立即赶赴现场，向所在车站的值班员请点，并迅速准备好抢修所需的工器具和材料，待行调批准请点后，便可以进行维修了。

其次，在处理故障时要事先准备好可能用到的工器具及材料（见表 19-11）。

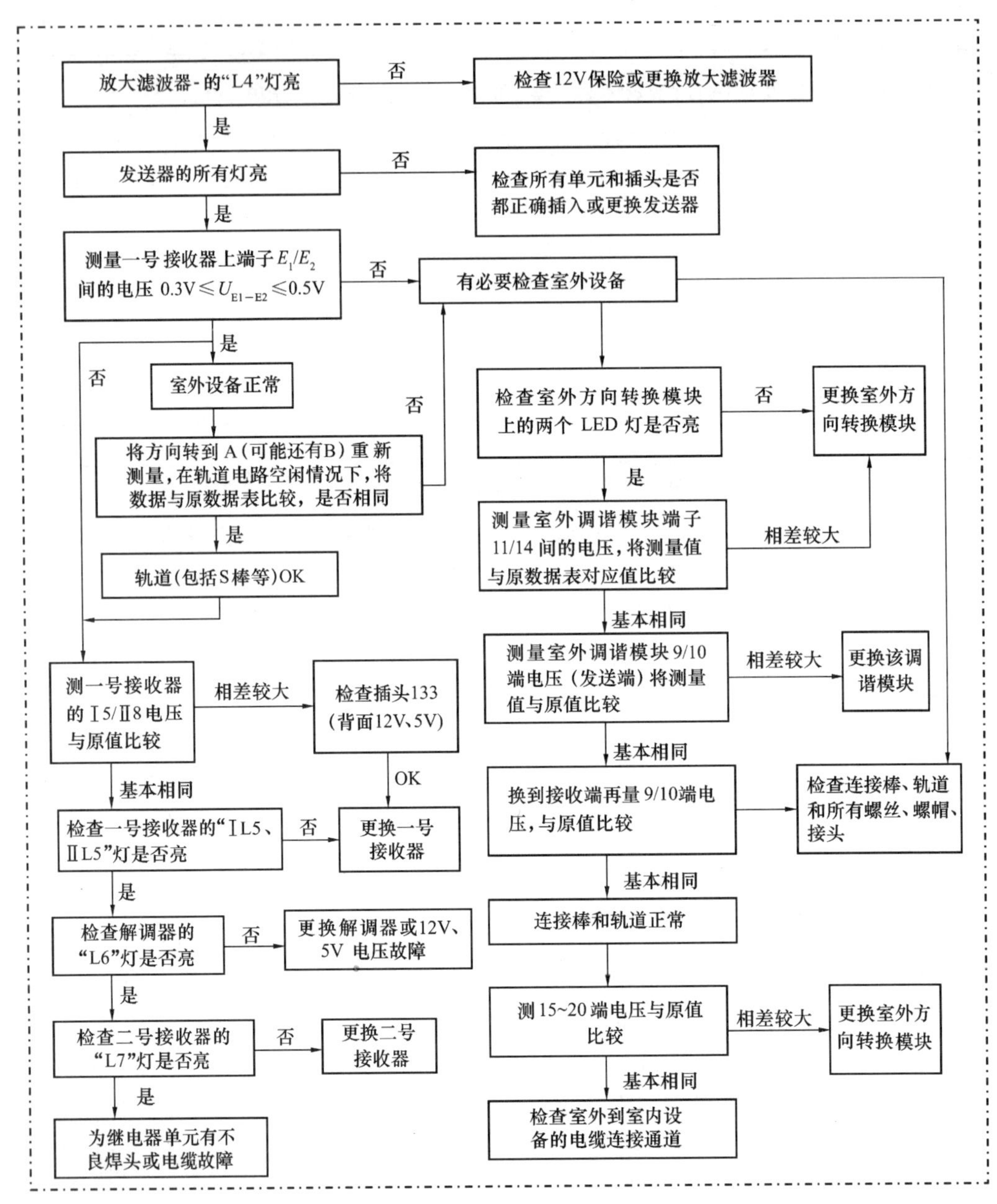

图 19-10　数字轨道电路设备故障处理流程图

数字轨道电路故障处理常备工器具和材料　　**表 19-11**

名　称	规　格	数　量	名　称	规　格	数　量
数字万用表		1	弯头扳手	13mm	2
选频电压表		1	弯头扳手	19mm	2
适配器单元		1	活动扳手	大号	2
电位表模块		1	0.5Ω 标准分路电阻		1
调谐模块		1	标准分路钢轨夹		2
一字螺丝刀	3mm	2	六角螺帽	13mm	2
内六角钥匙	3mm	2	六角螺帽	19mm	6

第三，在开始处理故障时要有一个准确的维修步骤，即：

1. 对故障现象进行初步判断，即先判断出是室内故障还是室外故障。用数字万用表在室内电缆终端架上测量该区段的发送电压（带室外负载），甩开室外负载后再测，若两次测得的电压值相差很大，则说明是室外问题，否则可能是室内问题。

2. 观察各模块的显示灯显示是否正常，若不正常，先检查电源和保险有无问题。若有问题，则更换保险或重新连接电源；没有问题则更换显示有问题的板件。在观察各模块的显示灯显示正常后，转换轨道电路的方向，即从 G 方向转到 A 方向，观察在 A 方向上轨道继电器是否能吸起，若 A 方向上轨道继电器能吸起，则说明是室外设备的问题；若 A 方向上轨道继电器也不能吸起，进行下一步骤。

3. 用数字万用表在室内该区段的一号接收器上测量Ⅰ5/Ⅱ8 端的电压，看看接收电压是否过低，若接收电压正常，则肯定为室内故障。这时只要按照故障处理流程更换室内部件即可（这种情况下最有可能更换的是室内轨道继电器板）；若低于标准临界值，则可按前面的步骤 2 先进行测试，若两次测得的电压值接近且均低于标准值，则很可能是室内方向转换模块的问题，更换该模块应能解决问题。否则可能是室外问题。

4. 若是室外故障，一般先检查 G 方向发送端的轨旁盒，打开盒盖检查室外转换模块上的两个显示灯是否发光，若不发光则更换该板；若发光则进行一些参数测试，测量 11/14 端、9/10 端的电压是否正常，若不正常，见下面步骤 5；若正常，检查 G 方向接收端，测量 9/10 端、15～20 端的电压，若正常，更换室外方向转换模块。

5. 若 G 方向发送端的 11/14 端的电压不正常，则可采用分段排除法来寻找故障点。先甩开室外调谐模块测量 11/14 端的电压，若正常，检查室外调谐模块和轨旁连接线、绝缘节，一般为连接松动、接触不良、绝缘破损或室外调谐模块故障；若不正常，则更换室外转换模块。若 9/10 端电压不正常，甩开电气绝缘节与轨旁盒的连接，再测若正常，检查绝缘节及轨旁各连接线、接头等；若不正常，则更换该室外调谐模块。

以上只是简单讨论了轨道电路故障的其中一种情况，其他情况也基本上可以依据上面介绍过的故障处理流程进行处理。当然，在实际现场处理故障的时候，维修人员的经验和熟练程度是非常重要的。

第二十章 辅 助 设 备

车地通信设备（PTI）和精确停车设备（SYN）是 ATC 系统中的辅助设备，前者用于降级模式下列车运行的控制及提供屏蔽门与车门联动的通信，后者用于控制列车在站台精确停车。

第一节 车 地 通 信 设 备

一、车地通信设备的构成

这里仍以前述的实际系统为例作简单扼要的介绍。其车地通信设备构成框图，见图 20-1。

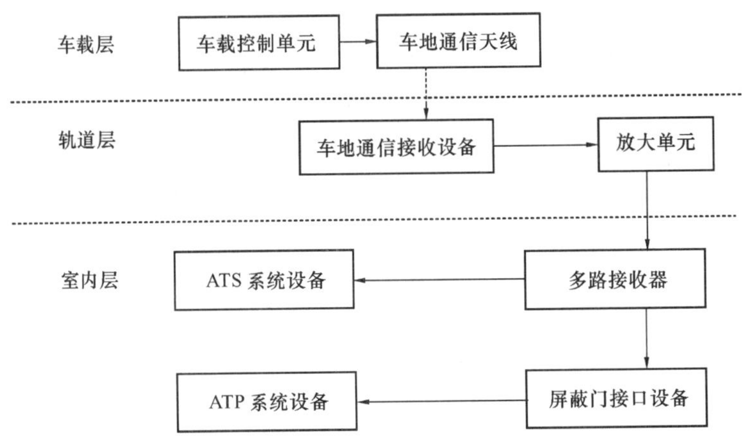

图 20-1 车地通信设备结构图

（一）车载控制单元

车载控制单元在列车两端驾驶室各装一套。它一般和车载 ATO 单元共用一个机柜，由 IMU-VE 板和 SV 板构成。产生 850kHz + 25kHz 的 FSK 信号向车下连续发送信息，传输速率 50kbit。

（二）车地通信天线

车地通信天线乃为密封封塑成一体的器件。安装在列车驾驶室底部距轨面约 20cm 处，由它向车下连续发送信息。

（三）轨旁接收设备

轨旁接收设备一般采用环线或信标，在站台区段的车地通信设备要考虑列车的停车精度，并要实现车门与屏蔽门（PSD）联动的要求，这时要采用信标作为轨旁接收设备。

（四）轨旁信号放大单元

安装在轨旁接收设备旁，将环线感应到的毫伏级电压放大至3～7V，可通过设置开关选择放大倍数。

（五）同轴电缆

不论采用环线还是信标都要采用同轴电缆。同轴电缆将轨旁信号放大单元和室内接收单元多路接收器连接起来，此电缆一方面将DC24V电源送给信号放大单元，另方面它将放大了的信号送回多路接收器。

（六）室内接收单元多路接收器：

每个PTI多路接收器可接8路PTI环线，通过RS-232接口与ATS远程终端RTU相连；同时又通过继电器与屏蔽门（PSD）接口相连，给出屏蔽门开门或关门指令。

（七）与屏蔽门接口

此接口实现车门与屏蔽门的联动。多路接收器和屏蔽门控制器之间采用继电器进行隔离，防止电气干扰影响信号系统。这些继电器安装在车地通信设备多路接收器PTI-MUX内。

二、车地通信设备技术要求

（一）要满足屏蔽门对停车精度的要求，通常列车定点停车的精度要求ATO为+0.3m，ATP为+0.5m。

（二）只有屏蔽门在关闭的情况下列车才能进站。ATP轨旁单元通过故障安全型继电器输入接点接收到当前屏蔽门的状态（PSD开门或PSD关门状态）。如果屏蔽门是开门状态的，ATP轨旁单元会设置一安全停车点，不允许列车进站。

（三）PSD的状态通过ATP报文传输给列车。当列车接近运营停车点时屏蔽门的状态由“PSD关闭状态”变化为“PSD开门状态”时，ATP轨旁单元会产生一紧急制动让列车停车。

（四）当列车在站台范围移动时，ATP通过不激活“PTI释放”切断PTI通道。如果列车停到指定的ATP停车窗位置时通过ATP激活“PTI释放”让PTI通道连通。

（五）列车在停车点停稳并在ATP停车窗位范围内，ATP车载单元会发出列车车门允许开门信号。当列车车门打开，通过ATP车载单元的一个持续的故障安全输出切断列车的牵引系统，这是为了防止列车在车门打开的情况下人为的启动列车。

（六）当列车车门打开时，屏蔽门也会随着打开。ATO生成列车编码报文带2个不同的PSD编码，这些编码会对应“PSD开门”命令，这些报文会通过PTI通道传输到轨旁单元。车门关闭（人工或自动）屏蔽门也随着关闭，其原理相同。

（七）PTI-MUX根据接收到的2个不同的PSD编码（对应PSD开门的编码）驱动2个继电器输出。这2个输出继电器表示“PSD开门”命令的接口，为了产生一个持续的控制信号，ATO需不断发送“PSD开门”命令，直到屏蔽门被请求关闭为止。

（八）PTI-MUX根据接收来的2个不同的PSD编码（对应PSD关门的编码）驱动2个继电器输出。屏蔽门会因此关门，PSD的状态由“PSD开门状态”改变为“PSD关门状态”，ATP车载单元等到列车车门关闭好，并通过ATP报文传输收到屏蔽门的“PSD已关闭”状态后，才会释放列车牵引系统。

（九）如屏蔽门实际已关闭，但设备不能正确响应。此时司机可按下“PSD互锁解除”按钮，切断屏蔽门和信号系统间的联锁关系，启动列车运行。

三、车地通信设备一般工作原理

通常在站台区域、折返线及出入车辆段的转换轨安装有车地通信接收设备，在列车运行过程中，车载车地通信控制单元 IMU 向地面连续发送包括目的地号、车次号、车组号、乘务号的列车信息及屏蔽门开关门指令，数据传输是以电报的形式进行的，此类电报以数字流的形式连续不断地输出。当列车运行在装有轨旁车地通信接收设备上方时，由电磁感应原理环线将产生感应信号，经轨旁放大单元放大感应信号，传输至室内接受单元—PTI 多路接受器进行信息报文识别处理。

车载报文所传输的报文信息一般包含的内容有：

乘务组号	×××
车次号	××××
目的地号	××
列车状态	×
行驶方向	×
车组号 1	×
车组号 2	××
列车识别码	××
里程	×××

及屏蔽门开关指令等信息。

四、屏蔽门控制系统与信号系统的接口原理

（一）ATP 对 PSD 打开状态时的保护功能

PSD 的状态通过 ATP 报文传输给列车。PSD 的整个功能包含了一些监督的程序去防止在 PSD 打开的情况下列车的移动，其出现的情况有如下 5 种状态。

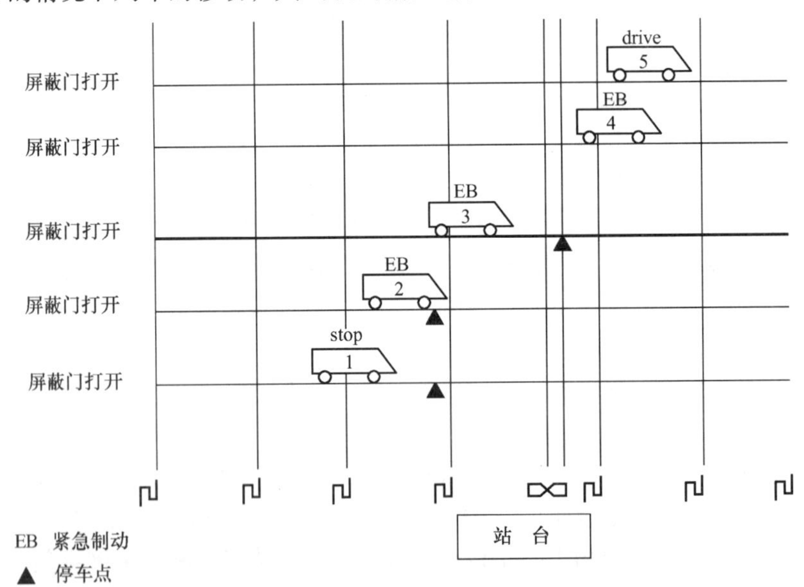

图 20-2 收到 PSD 打开状态时移动着的列车的反应

参见图 20-2，如状态 1 和 2，若 PSD 打开，轨旁 ATP 会生成一个安全停车点让列车不

能进入相应的车站的站台。在状态 1 中列车能到达一个新的停车点，列车制动距离小于与安全停车点的接近距离时，列车实施正常制动让列车在停车点前停车。相反地在情况 2 中，当列车制动距离大于与安全停车点的接近距离时，则列车要被实施紧急制动。

状态 3 如果列车在站台区域移动，同时收到 PSD 状态的改变由“PSD 关闭”改变为“PSD 开门”状态时，车载 ATP 单元会产生一个紧急制动。同样道理在状态 4 中，车载 ATP 单元会产生一个紧急制动，这是因为列车尾部还在站台区域。

在状态 5 中列车已出清站台区域就算 PSD 打开，该列车也不会停止运行。

通过上述的 5 种状态实现 ATP 对 PSD 的保护功能，确保 PSD 打开的情况下禁止列车在站台区域移动，防止危及乘客的安全。

（二）接口故障的安全实现

简单的故障会导致 PSD 的开门或关门这是必须防止的，因此要考虑接口故障的安全设计。

1. PTI-MUX 和 PSD 控制器之间的继电器盒

PTI-MUX 和 PSD 控制器之间采用继电器进行隔离，防止电气干扰影响信号系统。一个正常的 PSD 命令是由总共 4 个 PTI-MUX 输出继电器组合确定的。这些继电器安装在 PTI-MUX 上。它们通过复合的接点关系防止了“PSD 开门”和“PSD 关门”命令的错误输出，参见表 20-1 和图 20-3。

PSD 继电器控制逻辑列表 **表 20-1**

PSD 继电器开门 1	PSD 继电器开门 2	PSD 继电器关门 1	PSD 继电器关门 2	PSD 继电器盒开门输出	PSD 继电器盒关门输出	对 PSD 控制系统的命令
0	0	1	1	0	1	关门
1	1	0	0	1	0	开门

通过表 20-1 可以看出，16 种继电器动作组合中，只有 2 种组合会产生正确的输出，这样的设计就是考虑了防止继电器误动作产生错误的输出命令。

2. 报文容错

ATO 通过 IMU100 到 PTI-MUX 的整个传输通道的报文都有 CRC（循环冗余码校验）保护，没有定义的报文发生错误的几率很小。另外列车停在停车窗位置范围时整个 PTI 传输通道才连通，确保其他情况下没有任何的报文接收影响到 PSD 的功能。

（三）两侧屏蔽门的控制

采用了 6 个继电器，分别是允许开门、允许关门、两侧门都开、开左门、开右门、关闭所有门。通过这 6 个继电器的接点组合控制 PSD 的命令输出：

1. 右侧屏蔽门（允许开门和开右门的继电器吸起）；
2. 开左侧屏蔽门（允许开门和开左门的继电器吸起）；
3. 两侧都开（允许开门和两侧门都开的继电器吸起）；
4. 关闭屏蔽门（允许关门和关闭所有门的继电器吸起）。

如表 20-2，只有上述的情况会产生命令输出，其他的组合是无效的。通过其继电器的互锁关系，确保不会因继电器错误动作产生有效的屏蔽门控制命令。

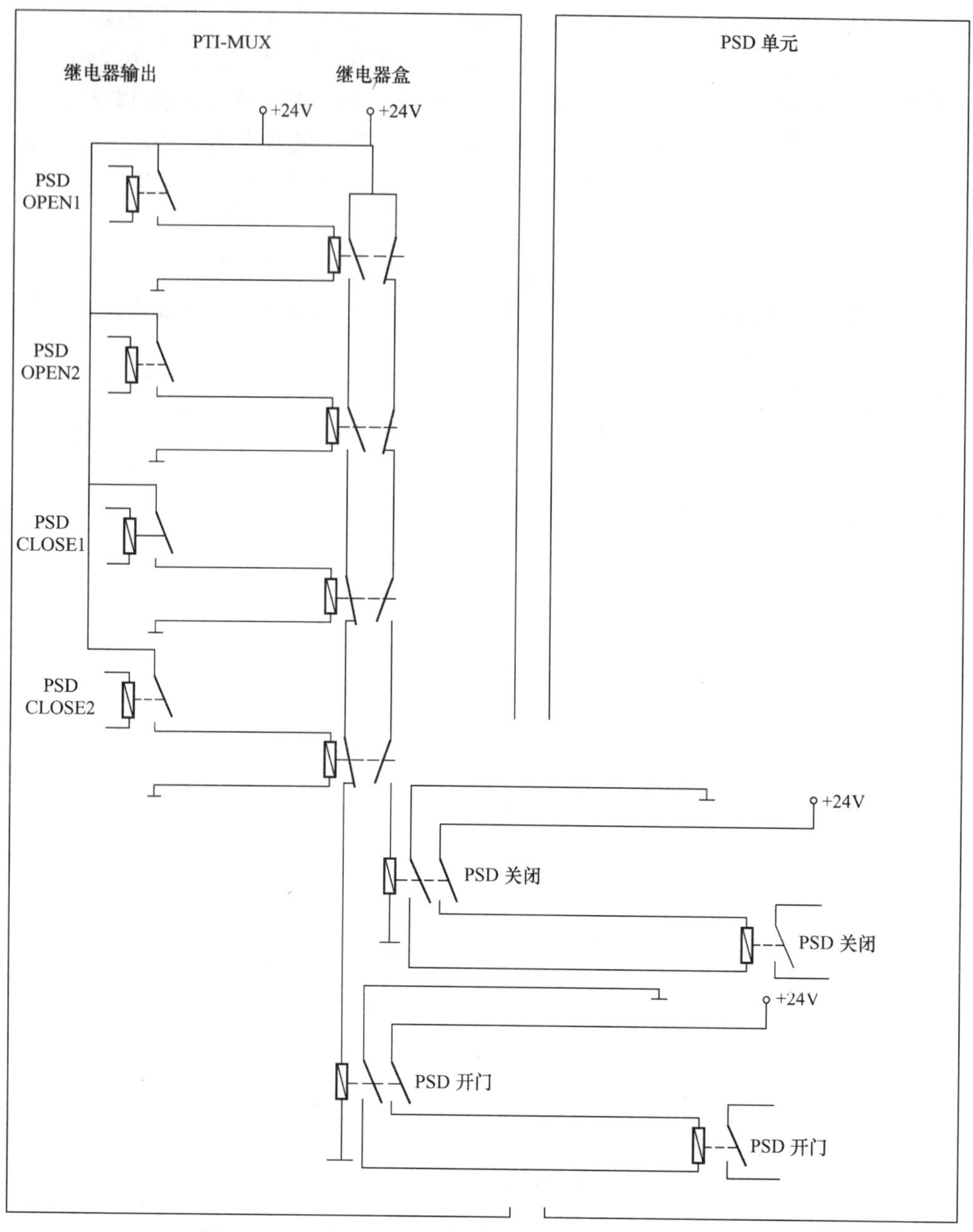

图 20-3　PTI-MUX 和 PSD 控制器之间的继电器盒连接原理

两侧 PSD 继电器控制逻辑列表　　　　**表 20-2**

允许开门	允许关门	两侧都开	开左门	开右门	关闭所有门	PSD 继电器盒开左门输出	PSD 继电器盒关左门输出	PSD 继电器盒开右门输出	PSD 继电器盒关右门输出	PSD 命令
0	1	0	0	0	1	0	1	0	1	关闭所有门
1	0	1	x	x	0	1	0	1	0	两侧都开
1	0	0	1	0	0	1	0	0	0	开左门
1	0	0	0	1	0	0	0	1	0	开右门

（四）屏蔽门关闭故障及互锁解除

站台正向列车运行方向的一端设有屏蔽门就地控制盘（PSL），此控制盘设置于列车司机容易操控的位置。当信号系统发生故障时，能让司机对屏蔽门进行手动控制开关和监视其工作状况。如屏蔽门或紧急门实际已关闭了但设备不能正确反映上来时，可以操作就地控制盘（PSL）上的“PSD 互锁解除”按钮，此时，屏蔽门控制系统将传送此信息给信号系统旁路“所有门已关”这个开车前提条件，实现列车启动运行。

五、车地通信设备的运行、维护及故障处理

（一）车地通信设备运行

在 ATC 系统正常情况下，PTI 只起到接收列车信息及车门与屏蔽门联动的功能，且当列车信息中目的地信息没有更改时，对列车的运行没有任何影响。但在 ATS 降级模式下列车的车次必须通过 PTI 环线或信标接收，并把信息传送到 RTU，以实现在降级模式下根据目的地号自动排列进路。下面就列车在车站停车运行作一简要的描述。

1. 当列车运行进入车站 PTI 环线上方时，地面接收到带有“DRIVE”信息的 PTI 报文，通过 RTU（车站 ATS 分机）使 PIIS（旅客导向牌）产生目的地显示，并使联锁设备产生列车预定进路。

2. 当列车运行进入车站 PTI 环线上方停车时，地面接收到带有“STOP”信息的报文，通过 RTU 控制 DTI（发车指示器）显示预定停站时分，并以秒进行倒记时。

3. 如列车进路排好，DTI 倒记时至零，RTU 在 ATP 保护下取消运营停车点，列车启动，PTI 将产生带有“START”信息的报文，RTU 关闭 DTI、PIIS 显示。

当然根据列车运行状况不同，还有好几种的运行情况，譬如列车从车厂进入正线运行、列车从正线进入车厂运行、列车跳停通过车站运行、列车折返运行等，相对应地，其车地通信设备 PTI 运行方式会略有不同。

另外，不论 ATS 降级与否，只要 PTI 功能正常，屏蔽门与车门仍可以实现联动，但其前提条件是列车必须停在 ATP 停车精度要求的范围内。

在信号系统正常时的运营模式如下：

当列车停靠站台并满足停车精度要求时，信号系统将会输出开门侧的列车车门释放信号（开门按钮点亮），列车司机可按压列车车门开门按钮，此时列车车门将被开启（若已把开门模式按钮打到自动开门模式，则不需要司机的介入，列车门将会自动开门）。与此同时，车门开启信号将经由信号系统传送到屏蔽门控制系统，让屏蔽门开启程序亦同时执行。

当乘客上下完成后，列车司机将按动车门关闭按钮，列车门便会开始关闭。与此同时，此信号将通过信号系统传送至屏蔽门控制系统，使屏蔽门关闭（屏蔽门关闭程序随即同步执行）。

若屏蔽门证实被关闭后，门上的指示灯将会熄灭。当所有屏蔽门和紧急门证实被关闭后，屏蔽门控制系统将传送“所有门已关”信号到信号系统的轨旁 ATP，允许列车发车。

此时，若所有列车门亦同时被证实关闭，列车司机将被提示所有门已正确地关闭，亦即列车可被启动。

（二）车地通信设备的维修

车地通信设备日常维修的重点是车地通信设备 PTI 参数的调整，确保车载 PTI 发射天

线与环线、信标的相对位置及通信功能正常，具体作法可参见表 20-3、表 20-4。

PTI 机柜检修工艺表 **表 20-3**

PTI 机柜检修工艺表					
修程	周期	人员等级	工时	记录表格	材　　料
日常保养	每周	初级工	1 × 10min	试车线设备周巡检记录表 正线信号设备周检表	无
二级保养	每月	中级工	1 × 20min	PTI 设备月检表	方巾抹布、洗洁精少量、扁油扫 25mm、酒精棉球
修程	周期	工　　具			
日常保养	每周	无			
二级保养	每月	一字螺丝旋具（$\phi3$）1 把、数字万用表 1 台			
小修	每年	一字螺丝旋具（$\phi3$）1 把、数字万用表 1 台			

安全注意事项：

1. 维护作业带电，注意接地应良好，保护人身安全。
2. 插拔板件前，要做好防静电措施，带上防静电手腕。
3. 插拔插接件前要关闭电源

序号	检修工作内容	周期	检修步骤	检修标准
1	检查设备运转状态	周	1. 检查散热风扇	风扇工作正常，无杂声
			2. Power、Vint、Vext、WD 是否亮绿灯（是）	Power、Vint、Vext、WD 亮绿灯
			3. SV1、SV2 是否亮绿灯（是）	SV1、SV2 亮绿灯
2	检查设备外表、卫生	周	检查设备外表、卫生	外观无机械损伤，清洁
3	检查各插卡板、插头的插接	月	检查各插卡板插接	无松动
4	螺丝紧固检查	每月	螺丝紧固检查	所有的螺丝紧固
5	检查标示及设备铭牌	每月	检查标示及设备铭牌	标示及设备铭牌完整、清晰
6	测量 K1 的 21 端电压	月	测量 K1 的 21 端电压	（AC50V）
7	测量 K1 的 + A1 端电压	月	测量 K1 的 + A1 端电压	（AC50V）
8	测量 K21 的 + A1 端电压	月	测量 K21 的 + A1 端电压	（AC50V）
9	测量无车时通道电压	年	测量无车时通道电压	（DC35V）
10	测量无车时通道电流	年	测量无车时通道电流	（DC50mA）
11	复位 PTI	年	复位 PTI	听到继电器起落声音
12	彻底清除内部积尘	年	彻底清除内部积尘	清洁无灰尘
13	地线、屏蔽线检查	年	地线、屏蔽线检查	连接良好，安装牢固、无锈蚀
14	电缆入口密封性检查	年	电缆入口密封性检查	密封良好，无破损

PTI 环线及信标检修工艺 **表 20-4**

PTI 环线及信标检修工艺表

修程	周期	人员等级	工时	记录表格	材料
小修	半年	初级工	1×15h	PTI 室外设备维修检查表	毛刷、方形抹布、清洁剂
修程	周期	工具			
日巡视	日检	无			
小修	半年	各类螺丝刀、尖嘴钳、吸尘器、数字万用表			

安全注意事项：

1. 维护作业时设备带电，注意接地应良好，保护人身安全（日检、周检、月检）；
2. 先登记要点，要点后再作业（月检、年检）；
3. 维护作业时必须先断电（年检）；
4. 板件的插拔前手接触机柜的裸露部分进行电荷平衡．（年检）；
5. 作业完成后，要与车站联系并确认设备完好交付使用，消点、消令

序号	检修工作内容	周期	检修步骤	检修标准
1	安装装置的检查	半年	采用眼看、手动检查设备外观	安装装置不超限，牢固，不晃动
2	箱盒外观及内部防潮、防湿检查	半年	采用眼看、手动检查设备外观	箱盒外观良好，无生锈、脱漆、变形现象内部干燥，清洁，有防潮，防湿措施
3	测量环线轨旁盒/应答器盒输入电压	半年	测量无车时环线轨旁盒/应答器盒输入电压	（20V～24V）
4	导线、引接线、防护管、接地线及检查	半年	采用眼看、手动检查设备外观	导线、引接线、防护管、接地线连接牢固且无绝缘破损，防护管无裂纹及老化现象
5	PTI 环线、信标外观及形状检查	半年	采用眼看、手动检查设备外观	环线连接牢固，外观无变形，无绝缘破损；环线形状符合安装标准（安装标准见附件）
6	检查各种紧固件（轨枕夹、夹钉、绑带）	半年	采用眼看、手动检查设备外观	各种紧固件无破损，脱落现象
7	盒内、盒外各种螺丝紧固、防锈	半年	采用眼看、手动检查设备外观	各种螺丝紧固，无生锈、滑丝、松动现象
8	调整箱盒的橡胶密封条并检查铭牌	半年	采用眼看、手动检查设备外观	箱盒密封良好，密封条无裂纹及老化现象；铭牌安装良好，标识齐全，清晰

（三）车地通信设备故障处理

如果车载车地通信设备故障，则列车失去与轨旁的通信，对整个系统的影响是 ATS 将不能接收到包括目的地号、车次号、车组号、乘务号的列车信息及屏蔽门的开关门指令，造成不能实现 ATS 对列车目的地号、车次号、乘务号的修改及不能实现车门与屏蔽门联动开关门，同时，当车地通信设备故障时，设于站台端的屏蔽门就地控制盘将负责控制屏蔽门开关。

若当屏蔽门关闭时车地通信设备故障，屏蔽门状态不能正确反映上来时，列车司机将能用锁匙打开安装在站台端头的就地控制盘上的“PSD 互锁解除”按钮，此时，屏蔽门控制系统将传送此信息给信号系统以令其将“所有门已关”这个开车前提条件旁路，这样列车便能顺利开动。当然，当这个“PSD 互锁解除”条件被允许时，站台人员应确认屏蔽门不会在确实夹着障碍物时开车。

当然每个车头均可以安装 2 套发送的天线以实现故障冗余，甚至可以把另一端的车头天线也做为接收发送信息的硬件冗余。这样只有全部天线故障的列车才不能实现车—地通信，而此类故障的机率显然很小。现车地通信设备的 PTI 设备是采用车到地的单向通信，如果真的故障对系统影响也有限，且车载 ATP 设备正常，列车仍然可以按 ATO 驾驶模式运行。因此增加硬件的作法并无大的必要。

第二节　精确定位停车设备

一、精确定位设备的构成及工作原理

在ATC 系统中，对列车的停车精度要求是很高的，只有这样，列车中不同车厢的乘客才能在站台上固定的位置排队等车、有序上车。尤其对安装屏蔽门的站台，停车精度要求更高（±0.3m）。为此，需在站台区域设置列车定位装置，一般采用同步环线、信标、传感器等列车定位设备。现在城市轨道交通系统中应用较好的是使用在站台区敷设同步环线 SYN－LOOP 的作法。以下对同步环线设备作一简要的介绍，其基本构成如图 20-4 所示。

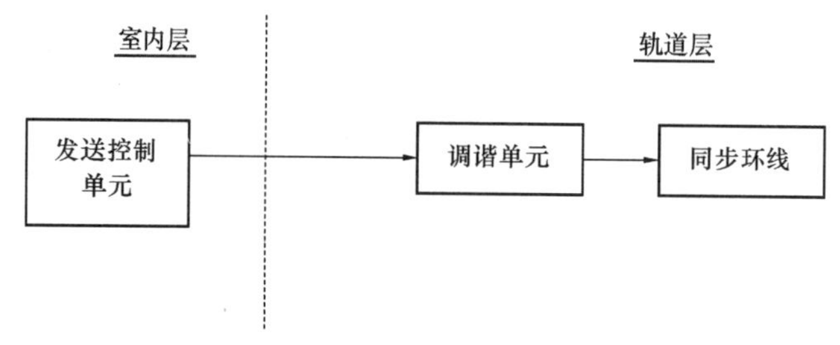

图 20-4　同步环线结构图

在列车进站时，同步环线设备辅助列车能准确判断当前所在位置，直至停稳在准确位置上。一般的技术要求如下：

1.ATP 站台停车窗 ±0.5m。

2.ATO 站台设计停车精度在 ±0.5m 范围内时，正确率为 99.9998%；停车精度在 ±0.3m范围内时，正确率为 99.99%。

3. 同步环线设备不能与其他设备互相干扰。

（一）发送控制单元

发送控制单元安装在设备室内，每个发送控制单元可控制 2 个同步环线。向环线发送一定频率（如 4.75～6.25kHz）的信号。

（二）调谐单元

调谐单元由电容、电感构成，可通过调谐使环线中电流达到 1.5～2A。

（三）同步环线

同步环线有一定数量的交叉点，交叉点按照一定规律设置。同时每列车都设置接收器，以便读取站台同步环线、信标、传感器等定位设备的准确停车位置信息，实现车站精确停车。

二、精确定位设备运行、维护及故障处理

（一）精确定位设备的运行方式

针对站台每一 SYN-LOOP 同步环线，由室内控制柜发送 4.75 ~ 6.25kHz 的交流信号，经轨旁调谐单元传送到同步环线，环线中要求电流为 1.5 ~ 2A。列车运行至环线的每一个交叉点，ATP 车载单元都将接收到交叉点信息（产生一“0”信号），列车进入站台将连续接受到 34 个交叉点信号，由于交叉点的设置有一定规律，一旦列车接收到一预期的交叉点组合，则下一个交叉点就作为位置同步点，对列车进行精确定位，列车通过识别交叉点可以确定其所在的位置距停车点距离，进而调整 ATO 运行曲线，从而达到控制列车精确停车（+0.3m）目的。同步环线交叉点的设置参见表 20-5。

同步环线交叉点的设置表　　表 20-5

交叉点序号	距停车点距离（m）	有效同步点	备　注
1	139.02		
2	134.26		
3	129.50		
4	124.74		
5	119.98		
6	115.22		
7	110.46		
8	105.70		
9	100.94		
10	98.56		
11	96.18		粗同步点
12	93.80		
13	91.42		粗同步点
14	86.66	同步点	标准同步点
15	81.90		
16	77.14		
17	72.38		
18	67.62		
19	62.86		
20	58.10	同步点	
21	53.34		
22	48.58		
23	46.20		

续表

交叉点序号	距停车点距离（m）	有效同步点	备　注
24	43.82		
25	41.44		
26	39.06		
27	34.30		
28	29.54		
29	24.78		
30	20.02		
31	15.26		
32	10.50	同步点	
33	5.74		
34	0.98		

（二）精确定位设备的维修

同步环线设备的日常维修重点是SYN-LOOP形状的整治，确保每一交叉点的位置偏移量在允许范围内（+20mm），并定期测试环线中电流是否满足要求。其检修工艺要求参见表20-6与表20-7。

同步环线机柜的检修工艺表 **表20-6**

SLC同步环线机柜检修工艺表

修程	周期	人员等级	工时	记录表格	材　料
日常巡视	每周	初级工	5分min/台	二号线正线信号设备周检表	毛刷、方形抹布、清洁剂
二级保养	每月	中级工	10min/台	SYN同步环线机柜检查表	毛刷、方形抹布、清洁剂

修程	周期	工　具
日常巡视	每周	一字螺丝旋具（$\phi 3$）、数字万用表（FLUKE）
二级保养	每月	一字螺丝旋具（$\phi 3$）、数字万用表（FLUKE）

安全注意事项：
先登记要点，要点后再作业；
插拔板件前，要做好防静电措施，带上防静电手腕；
插拔插接件前要关闭电源

序号	检修工作内容	周期	检　修　步　骤	检　修　标　准
1	设备运行状态	每周	1. 用眼观察柜内的指示灯显示	发送板L9、L1、L8（绿）亮L2（黄）亮、L3（黄）灭； 放大板L4.1灯（绿）亮； 滤波板L4灯（绿）亮； 电源模块（有两盏，绿）亮； 报警板报警灯（红）灭； 风扇on灯（绿）亮、alarm灯（红）灭
			2. 检查散热风扇	风扇转动时没有噪声，保持一定风量以起到散热作用，并且没有积尘
			3. 听采集板继电器动作声音	继电器没有反复动作

续表

序号	检修工作内容	周期	检 修 步 骤	检 修 标 准
2	安装装置检查	每月	检查安装装置	稳固、螺丝紧固无松动
3	卫生清扫	每周	检查外表卫生	设备外表干净、清洁、无灰尘
4	外观检查	周检	1. 检查设备外表	检查设备外表是否有裂纹、刮花或破损等现象，如果有，应根据损坏程度作出适当的处理
			2. 检查设备标识与设备铭牌	设备标识与铭牌清楚、齐全
5	检查设备元件的连接情况	每月	1. 检查各插卡板插接是否松动	各插卡板插接牢固且密贴性良好
			2. 各接口接头是否松动	各接口应紧固，连接线应连接牢固、无断线、无接触不良、表皮无破损
			3. 地线、屏蔽线检查	地线、屏蔽线接地良好，螺丝紧固
			4. 橡胶密封条的检查	橡胶密封条的密封性良好
6	电气参数测试	每周	3/4 端频率为 5.81kHz 或 6.31kHz	1. 使用 Fluke87III 表测试 2. 频率相差小于 ± 0.01kHz

同步环线轨旁接收器设备检修工艺表 **表 20-7**

SYN同步环线及轨旁接收器设备 检修工艺表					
修程	周期	人员等级	工时	记录表格	材 料
半年检	每半年	中级工	15min/台	SYN室外设备维修检查表	毛刷、方形抹布、清洁剂、绑带、轨枕夹
修程	周期	工 具			
半年检	每半年	各类螺丝刀、13弯头套筒、数字万用表（FLUKE）、斜口钳			

安全注意事项：
1. 先登记要点，要点后再作业；
2. 下线路作业要穿荧光衣，作业区两头要设红闪灯防护并办理封锁；
3. 作业完成后，要与车站联系并确认设备完好交付使用，再确认线路出清后再消点、消令；
4. 维护作业时必须先断电

序号	检修工作内容	周期	检修步骤	检修标准
1	安装装置的检查	每半年	采用眼看、手动检查设备外观	安装装置不超限，牢固，不晃动，无生锈现象
2	导线、引接线、防护管、接地线及检查	每半年	采用眼看、手动检查设备外观	导线、引接线、防护管、接地线连接牢固且无绝缘破损，防护管无裂纹及老化现象
3	SYN同步环线外观及形状检查	每半年	采用眼看、手动检查设备外观	环线连接牢固，外观无变形，无绝缘破损。 环线形状符合安装标准。环线交叉点在一条直线上与钢轨垂直

续表

序号	检修工作内容	周期	检修步骤	检修标准
4	检查各种紧固件（轨枕夹、夹钉、绑带）	每半年	采用眼看、手动检查设备外观	各种紧固件无破损，脱落现象
5	盒内、盒外各种螺丝紧固	每半年	采用眼看、手动检查设备外观	各种螺丝紧固，无生锈、滑丝、松动现象
6	箱盒外观及内部防潮、防湿检查	每半年	采用眼看、手动检查设备外观	箱盒外观良好，无生锈、脱漆、变形现象，内部干燥，清洁，有防潮，防湿措施
7	调整箱盒的橡胶密封条并检查铭牌	每半年	采用眼看、手动检查设备外观	箱盒密封良好，密封条无裂纹及老化现象；铭牌安装良好，标识齐全、清楚。 铭牌安装良好，标识齐全、清楚
8	电气参数测试	每半年	1. 把调谐单元 8 端上的线断开，接到 7 端上； 2. 使用数字万用表（FLUKE）交流安培档测 7/8 端电流； 3. 恢复原来接线（7 端的线接回 8 端上）	电流值在 1.6～1.9A 之间，而且与标准值正负相差小于 0.5A

（三）精确定位设备故障处理

故障处理方法是通过观察室内控制柜单元前面板 LED 显示确定故障点。如果轨旁精确停车设备，如同步环线、信标、传感器等发生故障，只能使用 ATP 保护下人工驾驶模式进站，定点精确停车由司机保证，同时检修人员对故障件进行处理。

第二十一章　电　源　设　备

第一节　概　　述

电源设备是任何一个系统、设备所不能缺少的，它的质量直接影响系统设备的工作状态和运行质量，同样轨道交通信号系统也不例外。在此，以某一实际在用的信号系统电源设备为例做一概略的介绍。其他的系统电源设备无论在设备原理，还是在维护检修方面均可以此为参考，因为它们基本上是大同小异的。

信号系统的电源主要由 UPS 不间断电源、SV 电源柜、220V 交直流电源柜三部分设备组成，其基本结构框图如图 21-1 所示。

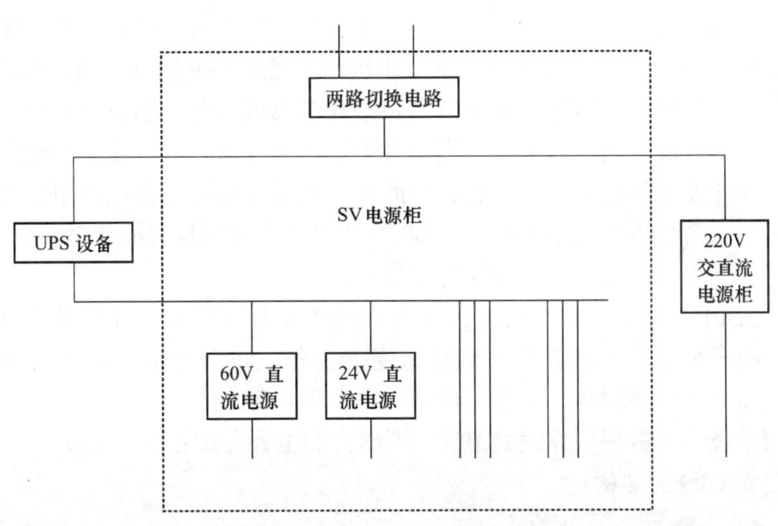

图 21-1　电源结构框图

两路 380V 交流电源经过两路切换电路输出一路电源分别接入到 UPS 设备和 220V 交直流电源柜。

UPS 输出稳定的、无畸变的 380V 交流电源到 60V 直流电源和 24V 直流电源设备和其他的外围设备。

直流模块输出相应的直流电源驱动设备，60V、24V 直流电源采用 N+1 备份。

220V 交直流电源柜输出 220V 的交流和直流电源，其中直流电源主要输出作为道岔转辙机的动作电源，交流电源用于其他要求不高的外围设备，如旅客信息指示牌（PIIS）等。

第二节　UPS 设　备

一、UPS 知识简介

UPS 是一种含有储能装置，以逆变器为主要组成部分的提供恒定的电压和恒定的频率的电源设备，即能够提供干净的、可靠的、良好波形的电源，以满足计算机对电源系统的要求。其主要的功能是当市电输入正常时，将市电电压稳压后供应给负载使用；当市电中断或出现其他故障时，会及时由蓄电池向负载提供电源，使设备仍能维持工作一段时间，保证设备的正常运行，避免因市电故障而造成影响。在信号专业中，就可避免因此而影响行车、甚至中断行车。

UPS 根据后备方式的不同可以分为三类，即后备式 UPS（又称离线式）；在线式 UPS；在线互动式 UPS。

后备式 UPS 在市电正常工作时仅对市电进行稳压，逆变器不工作，处于停机状态，只相当于一台稳压性能较差的市电电网传输通道并由充电电路给蓄电池充电，对市电电网上出现的频率变化、波形畸变和从电网上串入的干扰等不良影响基本上没有任何改善。当市电异常时，后备式 UPS 会迅速切换到逆变状态（存在中断时间），将蓄电池电能逆变成为正常的交流电输出对负载继续供电，具有运行效率高、噪声低、价格较低等优点。

在线式 UPS 在开机后逆变器始终处于工作状态。当外部电网（市电）正常时，UPS 首先将市电交流整流变成直流电源并由充电电路给蓄电池组充电，然后经逆变器将直流逆变成交流向负载提供电源。当外电故障，则由蓄电池组进行供电，逆变器仍输出正常的交流电源。由于其逆变器始终处于工作状态，因此在市电异常而转由蓄电池组供电过程中，电源输出没有中断，系统不存在中断时间，即“零中断”，故它具有稳压精度高、频率稳定、波形失真度小、无干扰的瞬态响应特性好等优点。

在线互动式 UPS 当输入市电正常时，UPS 的逆变器处于反向工作给蓄电池组充电；在市电异常时转换开关断开，逆变器立刻投入逆变工作，将蓄电池组电压转换为交流电输出，具有结构简单、效率很高、可靠、优越的电源保护等优点。

对于大型系统，一般采用在线式 UPS，下面我们主要介绍在线式 UPS。

二、在线式 UPS 的结构

（一）在线式 UPS 的系统结构及组成

在线式 UPS 的系统结构如图 21-2 所示。其主要由以下部件组成：

1. 输入滤波器。

2. 整流器。采用可控硅型三相全控桥式整流器，通过调整导通角可以控制输出的直流电压的大小。

3. 逆变器。将整流器输出的直流电逆变成交流电，从而输出稳定的交流电源。

4. 输出滤波器。

5. 电子旁路。采用静态电子旁路开关来进行市电旁路逆变器供电的切换操作，实现微秒级的切换，真正做到不间断供电。

6. 维修旁路。当 UPS 故障需要维修时通过它将 UPS 设备退出运行，使 UPS 不带电。

7. 蓄电池及管理单元。进行能量存储，当外电故障时，由蓄电池供电实现不间断供电

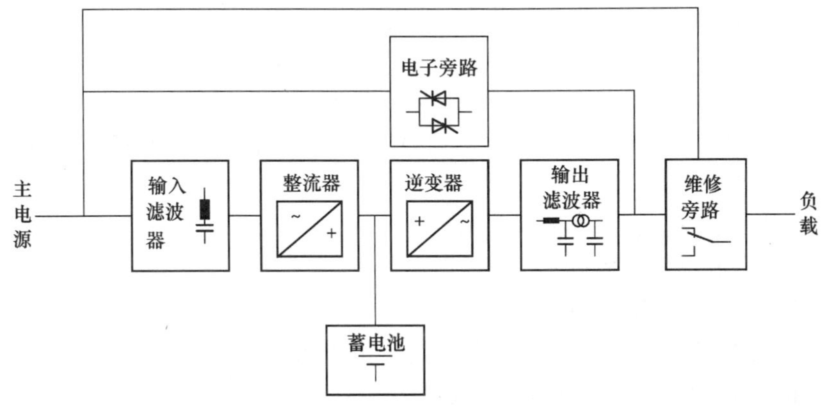

图 21-2　UPS 系统框图

的目的。

8. 其他部件。如控制面扳、防雷元件、涌浪吸收器等。

（二）在线式 UPS 工作模式

在线式 UPS 正常工作原理为市电通过输入滤波器滤波，再进入整流器进行整流输出直流电，然后一方面向蓄电池进行浮充，另一方面向逆变器供电。其主要有正常工作状态、蓄电池供电状态、电子旁路状态等三种工作状态。

1. 在线工作状态。这是 UPS 正常的工作状态，当市电供电正常时，首先将输入交流电压变换成直流电压，对蓄电池进行浮充充电，将电能转变为化学能储存在蓄电池中，并给逆变器提供电能。之后，逆变器产生符合要求的正弦交流电并通过一个隔离变压器作为 UPS 的输出。

2. 蓄电池供电状态。当市电供应意外中断或发生其他故障时，整流器自动截止，由蓄电池放电，并通过逆变器将化学能转变为交流电能提供给负载，从而保证在电源故障时对负载的不间断的电源供应。

3. 电子旁路状态。在刚开机、机器发生故障或者某些情况下，UPS 逆变输出的电源不能满足要求，例如出现瞬间的大电流时，可以通过静态电子旁路开关将输入电源经高频滤波后直接输出，从而保证为负载提供正常的供电。

4. 维修工作状态。指该 UPS 不工作，通过维修旁路开关接通主电源直接向负载供电，这时的 UPS 是不带电的（除了此维修旁路开关带电外），这时可以进行维修作业。

5. 脱机工作状态。若有多台 UPS 并联冗余使用时，该台 UPS 带电而退出服务，即不输出。

（三）蓄电池管理系统

蓄电池管理系统设置的目的是保护 UPS 蓄电池，延长其使用寿命。其主要功能为：

1. 限制蓄电池充电电流。

2. 蓄电池温度过高报警。

3. 根据环境温度调整、补偿充电电压。

4. 容量计算并显示放电量。

5. 蓄电池过放电保护。

6. 根据蓄电池老化情况，自动调节充、放电。

7. 自动监测蓄电池电路，定期检测蓄电池，及早发现故障，减少设备故障。

8. 采用间歇式蓄电池充电方式，避免过电压充电，保护好蓄电池。

有些蓄电池管理系统还包括蓄电池单体监测功能、蓄电池再生功能、蓄电池维护和蓄电池自动测试功能。这些功能主要有：

1. 对单个蓄电池模块进行高精度电压测量。

2. 适应弱蓄电池模块的平稳充电模式。

3. 监测和定位损坏的蓄电池和接头。

4. 通过预定的、周期性的自动放电和充电，检查和保持蓄电池的状况。

5. 分辨和列出各蓄电池的质量状态。

（四）蓄电池

蓄电池作为 UPS 设备的重要组成部分，用于储存能量。首先，它在充电时，将电能转换为化学能并储存；当外电源故障时，蓄电池将化学能转化为电能供 UPS 使用，维持对负载的供电。因蓄电池故障引起的 UPS 故障占 UPS 故障的比例为 30%左右，有的甚至超过了 50%，同时蓄电池的成本占 UPS 的总成本的 30% ~ 50%，对于长延时供电的 UPS 甚至超过了 50%。由此可见，正确维护好蓄电池显得极其重要，因为可以提高设备的可靠性，延长设备寿命，降低维护成本。鉴于其重要性，我们将在第三节做专题介绍。

三、操作程序

我们以 MASTERGUARDS UPS 为例介绍相关的操作程序。

（一）UPS 投入使用的操作程序（见表 21-1）

UPS 投入使用的操作程序 **表 21-1**

序号	操　　作	现　　象
1	将前盖板打开	
2	检查 UPS 连接正确	
3	检查手动开关在位置“3”，并且控制面板的钥匙开关在“BYPASS”位置	
4	接通主电源，这时通过维修旁路电路对负载供电	
5	将手动开关设在位置“2”，对整流器和电子旁路电路进行供电	绿色 LED LINE 亮，约 10s 后黄色 LED 亮。同时显示报警代码“8”和“13”，并有报警音响
6	按压控制面板的 RESET 键	报警音响消失
7	连接维修 PC 到控制面板的接口处，启动 PC，观察内部数据	
8	检查充电电压和蓄电池断路器的极性相同	
9	插入蓄电池保险并闭合断路器	报警代码“13”消失
10	检查面板的 LED BYPASS 亮	
11	将手动开关设在位置“1”	逆变器和电子旁路设备可以使用，并且通过电子旁路电路对负载供电
12	将控制面板的钥匙开关设在 ON-LINE 位置，这时 UPS 工作在在线模式，负载由逆变器供电	黄色 LED BYPASS 灭，同时绿色 LED ONLINE 亮。代码“8”消失
13	将前面板盖上	

（二）UPS退出服务的操作程序（见表21-2）

UPS退出服务的操作程序 **表21-2**

序号	操作	现象
1	将控制面板的钥匙开关设在“BYPASS”位，UPS将工作在旁路模式	黄色 LED BYPASS 亮，同时绿色 LED ONLINE 灭
2	将手动开关设在位置“3”，这时整流器、逆变器、电子旁路设备无电	黄色 LED BYPASS 灭
3	断开蓄电池断路器	
4	如果无须对负载供电，则断开主电源	

注：只有当UPS的手动开关设在“3”位置，并经5~10min后才可以对UPS内部进行维护或检修，同时要注意其手动开关是带电的，不得触摸。

（三）将蓄电池重新投入服务的操作程序（见表21-3）

投入蓄电池的操作程序 **表21-3**

序号	操作内容	序号	操作内容
1	将控制面板的钥匙开关设在“BYPASS”位置	4	将手动开关设在“1”位置
2	将手动开关设在“2”位置	5	将钥匙开关设在“ONLINE”位置
3	将蓄电池的断路器闭合		

（四）故障处理程序

当故障发生时，相应的故障代码将显示在控制面板上并伴有声音报警，一般按表21-4所列程序进行作业。

故障处理程序 **表21-4**

序号	操作	现象
1	按压控制面板上的“TEST/RESET”键	声音消失
2	根据故障代码查找故障代码表，并按相关的内容进行操作	
3	在进行相关操作前，应将UPS的手动开关设在“3”位置，并至少等待5~10min，方可作业	
4	检修作业	
5	将UPS投入使用	
6	故障修复后，按压“TEST/RESET”键	代码消失

（五）参数修改程序

在输入新参数前，一定要保证正确的访问等级和功能选择值。具体操作见表21-5。

参数修改程序 **表21-5**

内容	操作
访问等级调整	1. 将光标移至红色的“访问等级”参数框
	2. 输入与访问等级对应的数字，并回车。只有回车后数字才显示在红色内
	3. 将光标移至红色的“访问等级”参数框并按压快捷键F4，参数传给了UPS，过后在绿色的“访问等级”实际参数框内显示新的数据

续表

内　容	操　　作
功能选择	1. 将光标移至红色的“功能选择”参数框
	2. 输入与功能选择对应的数字，并回车。只有回车后数字才显示在红色内
	3. 将光标移至红色的“功能选择”参数框并按压快捷键 F4，参数传给了 UPS，过后在绿色的“功能选择”实际参数框内显示新的数据
输入新参数	1. 将光标移至红色的你需要改变的参数框内
	2. 输入新的参数，并回车。只有回车后数字才显示在红色内
	3. 将光标移至红色的参数框并按压快捷键 F8 标示为新参数，过后在绿色的实际参数框内显示 E
	4. 重复 1-3 步骤修改其他参数
将参数传给 UPS	按压 F9，新参数传给 UPS，过后在绿色的实际参数框内显示新的值
将访问等级和功能选择复位	1. 通过上述方法将功能选择设为 0
	2. 通过上述方法将访问等级设为 1，只有将两个参数复位后才能保障 UPS 正常运行

四、维修内容

（一）日常测试数据

日常测试数据主要有以下一些参数：

1. 主电源的输入电压和电流。

2. UPS 的输出电压和电流。

3. UPS 的蓄电池浮充电压和浮充电流。

4. 每个蓄电池组的端电压。

5. 对于没有采用蓄电池管理系统的 UPS，在放电时，应测量各蓄电池组的端电压以衡量各蓄电池组的内阻分布情况，及早发现蓄电池是否存在问题。

6. 蓄电池电解液比重。

（二）UPS 的定期保养内容

UPS 的定期保养主要有以下的内容：

1. 进行设备清洁，应定期清洗防尘网。UPS 电源在正常使用情况下，主机的维护工作很少，主要是防尘和定期除尘。特别是气候干燥的地区，空气中的灰粒较多，机内的风机会将灰尘带入机内沉积、当遇空气潮湿时会引起主机控制紊乱造成主机工作失常，并发生不准确告警，大量灰尘也会造成器件散热不好。一般每季度应彻底清洁一次。其次就是在除尘时，检查各连接件和插接件有无松动和接触不牢的情况。

2. 检查风扇运行情况，保证 UPS 散热良好。

3. 定期对控制功能进行动态运行检查。

（三）UPS 的故障处理

当 UPS 蓄电池系统出现故障时，应先查明原因，判明问题出在负载还是 UPS 电源系统；是主机还是蓄电池组。虽说 UPS 主机有故障自检功能，但它只检测到面而不对点，因此对更换配件很方便，但要维修故障点，仍需做大量的分析、检测工作。另外如自检部分发生故障，显示的故障内容又可能有误。

对主机出现击穿、烧断保险或烧毁器件的故障，一定要查明原因并排除故障后才能重新启动，否则会接连发生相同的故障。

（四）UPS 使用注意事项

UPS 的使用注意事项主要有以下几方面。

1. 对于在线式 UPS，应尽可能减少开机和关机的次数。

2. 对于在线式 UPS，应避免在使用过程中“带载”开机或“带载”关机。在无外电仅依靠 UPS 电源系统自行供电时，应避免带负载启动 UPS 电源，应先关断各负载，等 UPS 电源系统起动后再开启负载。因负载瞬间供电时会冲击蓄电池，多个负载的冲击电流之和加上所需的供电电流会造成 UPS 电源瞬间过载，严重时将损坏变换器。

3. 对于在线式 UPS，应避免在蓄电池组没有接入的条件下开机运行。

4. 主机中设置的参数在使用中不能随意改变。特别是对蓄电池组的参数，会直接影响其使用寿命。

5.UPS 电源系统按使用要求功率余量不大，在使用中要避免随意增加大功率的额外设备，也不允许在满负载状态下长期运行。但工作性质决定了 UPS 电源系统几乎是在不间断状态下运行的，增加大功率负载，即使是在基本满载状态下工作，都会造成主机出故障，严重时将损坏变换器。

6. 蓄电池组电压高，存在电击危险，因此装卸导电联接条、输出线时应做好安全保障，采用绝缘工具，输出接点应有防触摸措施。

第三节 蓄 电 池

一、UPS 常用蓄电池的种类

根据电解液的种类一般分为碱性蓄电池和酸性蓄电池；根据密封程度分为开口蓄电池和密封蓄电池，而密封蓄电池的电解液一般为铅酸液体。在 UPS 实际应用中的蓄电池一般有开放型液体铅酸蓄电池、免维护蓄电池、镍铬蓄电池三种。现 UPS 厂家所配的蓄电池一般为免维护蓄电池，下面以免维护蓄电池为主介绍三种蓄电池的特点。

（一）开放型液体铅酸蓄电池

此类蓄电池按结构可分为 8 ~ 10 年，15 ~ 20 年寿命两种。由于此蓄电池硫酸电解会产生腐蚀性气体，此类蓄电池必须安装在通风并远离精密电子设备的房间，且蓄电池房应铺设防腐蚀瓷砖。

由于蒸发的原因，开放蓄电池需定期测量密度，加酸加水。此蓄电池可忍受高温高压和深放电。蓄电池房应禁烟并用开放型蓄电池架。

此蓄电池充电后不能运输，因而必须在现场安装后充电，初充电一般需 55 ~ 90h。

（二）免维护蓄电池

又名阀控式密封铅酸蓄电池，免维护蓄电池都配有安全阀，当蓄电池内部气压升高到一定程度时安全阀可自动排除过剩气体，在内部气压恢复时安全阀会自动恢复。在使用和维护中需遵循下列原则：

免维护蓄电池在低温下运行将获得长寿命但容量较低，而在高温运行则可获得较高容量但寿命较短。一般地，温度超过摄氏 25℃后，每高 10℃蓄电池寿命将减一半，故推荐

在20℃到25℃范围内使用。

免维护蓄电池的设计浮充电压为2.3V/节。12V的蓄电池为13.8V。在120节蓄电池串联的情况下，温度高于摄氏25℃后，温度每升高1℃浮充电压应下调3mV。同样温度每降低1℃为避免充电不足电压应上调3mV。放电终止电压在满载（<30分钟）情况下为1.67V/节。在低放电率情况下（小电流长时间放电）要升高至1.7~1.8V/节，某些UPS可根据负载量调节充电电压。

免维护蓄电池在到达寿命终了时表现为容量衰减，内部短路，外壳变形，极板腐蚀，开路电压降低。

（三）镍铬蓄电池

此类蓄电池不同于铅酸蓄电池，电解时产生氢和氧而不产生腐蚀性气体，因而可安装在电子设备的旁边。且水的消耗很少，一般不需维护。正常寿命为20~25年。远比前面提到的蓄电池昂贵。初始安装的费用约为铅酸蓄电池的三倍。并不会因环境温度高而影响蓄电池寿命，也不会因环境温度低而影响蓄电池容量。一般每节电压为1.2V，UPS若应用此类蓄电池需设计较高的充电器电压。

（四）三种蓄电池的优点和缺点

三种蓄电池的比较见表21-6。

各种蓄电池的比较 **表21-6**

种类	概　　述	优　缺　点
铅酸蓄电池	一般型蓄电池，也称为汽车用蓄电池	对温度要求较低； 充放电时会产生氢气，安置地点须通风良好以免造成危险； 电解液呈酸性，会腐蚀金属； 需在现场充电； 需经常加水维护； 价格低廉
铅酸免维护蓄电池	新型蓄电池	密封式充电不会产生任何有害气体，不需考虑通风问题； 不需加液等维护，可在满充状态下运输，不需专人维护； 放电率高，特性稳定； 不及时恢复性充电会损害蓄电池； 对温度较敏感，寿命较短； 价格较高
镍镉蓄电池	高级蓄电池	寿命长，对温度不敏感； 水为介质，充放电不会产生有害气体； 维护要求较低，失水率低，需要固定时间加水及保养； 放电特性最佳；可放置于任何恶劣环境； 期望寿命20~40年； 价格高昂，用于特殊场合及特殊设备上

在目前，使用较多的还是免维护蓄电池。下面我们主要介绍这种蓄电池。

二、蓄电池的主要技术参数和性能指标

蓄电池一般有以下几个指标：

（一）正常电压。

（二）容量。蓄电池的额定容量根据国家标准是指在25℃下10h放电率的容量，放电终止电压不低于1.80V。在环境温度－40～40℃范围内，蓄电池的放电容量随温度升高而升高。一般而言，在0～25℃时温度每下降1℃容量也下降1%。

（三）放电速率。一般用多少倍C表示放电速率，1C表示数值为额定容量的电流，如果额定容量为24Ah，则1C＝24A。有的用Cn表示额定容量是以n小时的放电速率进行放电测得的。

（四）终止电压。

如某蓄电池的参数为12V，24Ah/10HR，表示蓄电池电压为12V，以10h的放电速率对蓄电池放电，到蓄电池的截止电压为10.5V时，蓄电池一共可供使用的容量为24Ah，即额定容量为24Ah。

三、蓄电池的放电特性及影响因素

图21-3为典型的放电曲线，其中竖轴为蓄电池的电压，横轴为蓄电池可供使用的容量。

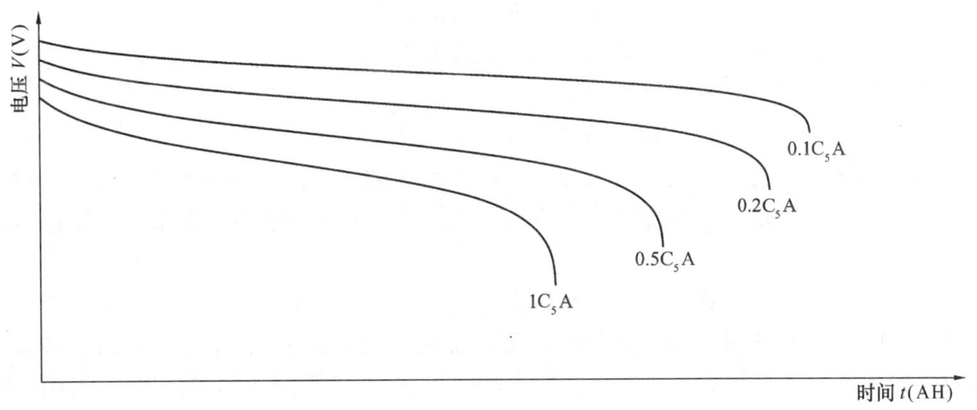

图21-3　蓄电池不同放电速率的放电曲线图

从图21-3可以看出：

1. 蓄电池的放电电流越大，则蓄电池的输出电压稳定能力越差，可供使用的容量越小。

反之，蓄电池的放电电流越小，则蓄电池的输出电压稳定能力越好，可供使用的容量越大。

2. 蓄电池在接通负载开始放电的瞬间，蓄电池的输出电压迅速下降；蓄电池的放电电流越大，瞬间电压降越大；蓄电池的放电电流越小，瞬间电压降越小。

3. 在放电的最后阶段，可以看到蓄电池的电压迅速降低，造成蓄电池过度放电，从而影响蓄电池的使用寿命。

4. 电池的放电电流越大，则蓄电池的可供使用的容量越小，放电时间越短；反之，蓄电池的放电电流越小，则蓄电池的可供使用的容量越大，放电时间越长。

实践证明：当放电电流超过 2C 时，将大大缩短蓄电池电压的稳定时间，而且会在接通负载的瞬间造成蓄电池输出电压的迅速跌落。故在实际的使用过程中，我们应控制好放电电流，避免蓄电池大电流放电，保证蓄电池的使用寿命。

同时实践发现，蓄电池可供使用的容量与环境的温度有密切的关系，当蓄电池的温度过低或过高，均会导致蓄电池的实际可供使用的容量下降，在维护过程中应保证蓄电池的温度在适宜的范围内。

四、蓄电池的充电类型

一般我们说蓄电池的充电方式有浮充充电和均衡充电两种。

（一）浮充充电，简称浮充。是以最小的充电电流、比较低的推荐电压对电池进行长时间的连续不断地充电，以使电池始终保持满容量的充电方式。浮充运行是蓄电池的最佳运行条件，运行时电池一直处于满荷电状态，在此条件下运行电池将达到最长的使用寿命。充电电压应随环境温度作适当调整，一般温度每升高或降低 1℃，每只电池浮充电压将相应下降或升高，具体值因蓄电池而异。

（二）均衡充电，简称均充。是在规定的时间内，以所能容许的最大电压对电池充电以恢复电池的能量，可使串联的各个电池单元容量最大且电压一致的充电方式。对蓄电池进行均充，充电电流大小必须严格遵循产品说明书要求，否则会大大降低蓄电池的使用寿命。在以下几种情况下，应及时对蓄电池进行均衡充电：

1. 过度放电使得端电压小于蓄电池规定的终止电压。

2. 放电后未及时进行充电的蓄电池。

3. 市电中断后，连续浮充蓄电池放出近一半的实际容量。

4. 长期闲置不用的蓄电池或蓄电池内阻明显增大的蓄电池。但对于蓄电池液面过低的蓄电池不能通过均衡充电来使蓄电池复活的，只能重新更换蓄电池或者重新更换电解液才能解决。

5. 电池组浮充运行过程中，有两只以上电池电压低于 2.18V，应人为进行均充。

鉴于蓄电池在 UPS 系统中的重要性，而充电方式直接影响到蓄电池的寿命，各设备厂家针对各种不同的情况对蓄电池的充电模式进行优化，以延长蓄电池的寿命。根据运行情况我们又可以分为四种模式：

（1）初充电。为新蓄电池在安装完毕后，进行的第一次较长时间的充电。蓄电池的初充电的电流大小应按照说明书规定值或额定容量 1/10 的电流进行初充电，一般建议按照说明书的规定进行。

（2）浮充。蓄电池充满电后，在 UPS 正常工作时，采用这种充电方式对蓄电池进行充电。在浮充过程中，负载电流全部由整流器提供，同时蓄电池接收来自整流器的部分电流，作为补充蓄电池组自身的局部放电的消耗，蓄电池对负载不提供任何输出，在电路中只起到平滑滤波作用。这种平滑滤波作用对减小整流器滤波电容和提高逆变器工作的稳定性都非常有利。

（3）复电均充，是指蓄电池在放电终止后进行的再充电。正常充电时应采用分级定流充电方式，即在充电初期采用较大的电流进行充电，经一段时间后改用较小的电流进行充电，在充电后期改用更小的电流充电。采用这种充电方式的充电效率较高，所需的充电时间较短，充电效果较好，有利于延长蓄电池寿命。

(4) 定时均充。蓄电池在正常使用过程中会产生电解液液面位置、密度、温度、各蓄电池单元的端电压、蓄电池内阻等变化引起的不均衡情况，这种不均衡会导致蓄电池组输出电压过低或蓄电池组内阻过大，严重时有导致蓄电池组无法再次充电使用的危险。为了防止这种蓄电池的不均衡的不断加剧，在一定的时间内应分别对蓄电池组中的每个单元进行均衡充电，使蓄电池的每个单元都达到均衡一致的良好状态。

五、使用和保养

蓄电池的维护应做到运行、日常管理的周到、细致和规范性，以保证设备（包括主机设备）保持良好的、可靠的运行状况，进而延长使用年限；保证直流母线经常保持合格的电压和蓄电池的放电容量；保证蓄电池运行和人员的安全。

（一）影响蓄电池使用寿命的因素

蓄电池的寿命是衡量蓄电池质量的重要参数。蓄电池的寿命一般有循环寿命和涓流寿命之分。

循环寿命是指蓄电池的充、放电循环寿命。充满电的蓄电池放电至临界电压后，再从重充满电算一次循环，主要取决于放电率、放电深度和恢复性充电的方式，其中最重要的因素是放电深度。在放电率和放电时间一定时，放电深度越浅，蓄电池周期寿命越长。

涓流寿命是指蓄电池放电时，并不放电至临界电压，只释放出部分容量，然后再充电。涓流寿命受放电深度影响很大，一般说来，质量较好的小型铅酸蓄电池，在蓄电池制造商推荐的条件下使用，其涓流寿命为600～1000次，中型蓄电池在1200次以上。

IEEE定义蓄电池寿命结束为容量不足标称容量（安时）的80%。一些UPS厂家定义蓄电池的寿命结束为容量降至标称容量的50%～60%。

蓄电池使用寿命受蓄电池的种类、安装、环境温度、充放电电流、充电方式、充电电压、放电深度、长期充电和蓄电池维护等因素的影响，兹分述之。

1. 蓄电池安装。蓄电池应尽可能安装在清洁、阴凉、通风、干燥的地方，并要避免受到阳光、加热器或其他辐射热源的影响；蓄电池应正立放置，不可倾斜角度，每个蓄电池间端子连接要牢固。

2. 环境温度。环境温度对蓄电池的影响较大。环境温度过高，会使蓄电池过充电产生气体；环境温度过低，则会使蓄电池充电不足，这都会响蓄电池的使用寿命。温度偏高会缩短蓄电池的用寿命，温度偏低会降低蓄电池的有效放电容量，特别是密封蓄电池，当温度在25℃以上时，温升每增加10℃，蓄电池的使用寿命将缩短一半。因此一般蓄电池运行时要求环境温度在20～25℃左右，UPS浮充电压值也是按此温度来设定的。

3. 充放电电流。放电电流一般要求在0.05～3C，UPS在正常使用中都能满足此要求，但也要防止意外情况的发生，如蓄电池短路。充电电流过大或过小都会影响蓄电池的使用寿命。应防止蓄电池被过电流充电，虽说在充电时可以接受大电流，但在实际操作中应尽量避免，否则会造成蓄电池极板膨胀变形，使得极板活性物质脱落，蓄电池内阻增大，温升越高，严重时将造成容量下降，寿命提前终止。

4. 充电电压。由于UPS蓄电池属于备用工作方式，市电正常情况下处于充电状态，只有停电时才会放电。为延长蓄电池的使用寿命，UPS的充电器一般采用恒压限流的方式控制，蓄电池充满后即转为浮充状态，每节浮充电压设置为13.7V左右。如果充电电压过高就会使蓄电池过充电，反之会使蓄电池充电不足。充电电压异常，可能是由蓄电池配置错误引起，或因充电器故障造成，因此在安装蓄电池时，一定要注意蓄电池的规格和数量的正确性，不同规格、不同批号的蓄电池不要混用。外加充电器不要使用劣质充电器，而且安装时要考虑散热问题。

应防止蓄电池被过电压充电；充电电压过高，将加速电解电解液中的水分，分离为氢气和氧气而逸出，并且对于密封蓄电池，内部气压过高将导致减压阀打开，这样设备的寿命将缩短。同时也应防止蓄电池被欠电压充电。充电电压过低，也会导致蓄电池寿命缩短。

不论是在浮充工作状态还是在充电、放电检修测试状态，都要保证电压、电流符合规定要求。过高的电压或电流可能会造成蓄电池的热失控或失水；电压或电流过小会造成蓄电池亏电，这都会影响蓄电池的使用寿命，前者的影响更大。

5. 放电深度。放电深度对蓄电池使用寿命的影响也非常大，蓄电池放电深度越深，其循环使用次数就越少，因此在使用时应避免深度放电。虽然 UPS 都有蓄电池低电压保护功能，一般对于单节 12V 的蓄电池放电至 10.5V 左右时，UPS 就会自动关机，但是如果 UPS 处于轻载放电或空载放电的情况下，也会造成蓄电池的深度放电。这种小电流深度放电，会造成蓄电池永久损坏。在容量试验中或是放电检修中，通常放电深度达到蓄电池容量的 30%～50%就可以了。

（二）定期保养

蓄电池在使用一定时间后应进行定期检查，检查内容有：

1. 查室内温度，保证在 20～25℃之间，最好 25℃。

2. 保证室内空气的流通性，特别是对非密封蓄电池。

3. 非密封蓄电池组应定期检查电解液的液面和密度，定期补充蒸馏水，弥补电解液中水分的损失，并且根据电解液的密度补充电解液。

4. 定期清洁、紧固连接条，检测连接条电压降，并用中性凡士林涂抹连接条做防酸、防碱处理，防止松动、腐蚀现象。

5. 检查蓄电池外观是否完好，是否有破裂、漏液，对于免维护蓄电池还应检查蓄电池外壳是否鼓胀、变形、蓄电池的通气孔的密封是否完好，极柱、安全阀周围是否有酸雾逸出。

6. 定期测量各蓄电池的端电压，检查是否正常。通过测量蓄电池开路电压来判断蓄电池的好坏，开路电压越低，则蓄电池储能也越低；若是测量到一个蓄电池的端电压明显偏离正常值，就可以判断此节蓄电池已经损坏。同时对蓄电池组中的各蓄电池进行对比比较，可以发现明显落后的蓄电池。

7. 定期测量各蓄电池的内阻，根据内阻值能准确查出完全失效的电池。根据运行经验，正常的蓄电池内阻在 10～30mΩ，若测得内阻在 200mΩ 以上，则蓄电池的放电特性不足以维持 UPS 的正常运行。经大量的实验分析及研究结果证明，电池的容量只有降低到 50%以后，内阻才会有较大变化，降低到 40%以后，会有明显变化，所以，根据电池内阻值，可以在一定程度上确定电池的性能，但对于电池的好坏程度，还不能提供准确的数据依据。随着蓄电池充电过程的进行，内阻逐步减小；随着放电过程的进行，内阻逐步增大。另外，随着蓄电池老化，其剩余容量随之下降，内阻也逐渐增大。蓄电池完全充电（充满）和完全放电（放完）时，其内阻相差 2～4 倍，变化率远远大于蓄电池端电压变化率（约为 30% ~ 40%），因此，通过测量蓄电池内阻可以比较准确地预测其剩余容量。

8. 长期放置不用的蓄电池需定期进行充放电。

9. 定期进行放电试验。对于运行在供电质量高很少发生停电的 UPS 电源而言，蓄电池会一直处于充电状态，这样会使蓄电池的活性变差，故需要定期进行放电试验以保持蓄电池活性。

10. 核对性放电试验。一般可三个月进行一次，做法是 UPS 带载，然后断开市电，使 UPS 处于蓄电池放电状态，放电持续时间视蓄电池容量而言一般为几分钟至十几分钟或者放电时间控制在正常放电时间的 1/3 ~ 1/4，放出额定容量的 30% ~ 40%，此时 12V 电池单只端压应大于 11.7V，放电后恢复市电供电，继续对蓄电池充电。在该过程中要不断测量电压，特别关注发现和处理落后蓄电池，一旦有一只达到放电终止电压时，应停止放电，对落后蓄电池进行处理后方可再做放电试验。这样可防止事故，以免放电中落后蓄电池恶化为反极蓄电池。

11. 容量试验。测量电池的实际容量，每三年做一次。在接近使用寿命期的后几年宜每年一次。一般采用在线式的检测，比较安全，但对实际容量只能作一个估计，具体方法如下：

（1）为防止出现直流供电中断一般都把整流器开着，调整整流器输出电压为蓄电池放电电压终止电压以下（例如调至 1.75 × 24 = 42V）。

（2）放电电流为实际负载的供电电流，在放电到设定终止电压以前，由蓄电池供电给负载。这时要记录蓄电池电压变化过程。

（3）当放电电压低于设定终止电压，这时系统将自动转由整流器供电，确保设备安全。

（4）调整开关电源充电电压到设定浮充电压，对蓄电池组进行充电。

（5）调整整流器输出电压为（2.23 × 23 + 1.8V = 53.09V），用假负载对步骤（2）放电时发现的最差的那只电池进行放电实验，放电电流可以选择较大电流（3 ~ 5）I10。

（6）放电电流乘以放电时间即为蓄电池组的容量。蓄电池按 10h 率放电时，如果温度不是 25℃，则应按照实际测量的容量换算成 25℃的容量。

（7）放电结束后用充电机对该只最差的电池进行充电，恢复其容量。

（8）根据记录的数据绘制放电曲线。

（三）使用注意事项

1. 绝对禁止不同容量和不同厂家的蓄电池混用，否则会降低蓄电池寿命。

2. 若两组蓄电池并联使用，应保证蓄电池连线、汇流排阻抗相同。

3. 放电结束后，应马上充电。若在 72h 内没有再次充电，硫酸盐将附着在极板上而损坏蓄电池。

第四节 SV 电源柜

一、设备概况

SV 电源柜主要有以下功能。

（一）提供主/副两路电源的切换电路。该电路是信号系统电源设备中的基本元素，当一路电源发生欠压、过压、断相或缺相等故障时，将自动或手动地将负载接入到另一路供电电源上。

（二）提供几种常见的标准电源，如DC60V，DC24V，这些电源采用 $N+1$ 方式进行容量冗余设计，从而提高设备的可用性。

（三）作为各类电源的配电柜。

（四）对输出电源进行检测，包括欠压、过压、断相、缺相等故障的检测。

二、设备维护

设备维护主要分为日常维护和定期维护。前者主要进行设备的清洁和输入、输出电源的电气测量等方面的工作。定期维护主要包括连接件紧固；线槽清洁、检查，防鼠措施检查；内部检查、清扫；测量电源线对地绝缘；测试地线、防雷元件；定期更换保险；主、副电源切换测试；两路电源相序检查等。

第五节　220V交直流电源柜

一、设备组成

该柜的主要功能是提供220V的交流和直流电源给对电源要求不高的设备。其主要由以下三部分组成。

（一）直流220V的电源部分。提供一路220V、20A/10A的直流电源，采用三相变压器和三相全波整流桥电路，通过改变变压器二次抽头即可调节输出电压，整流后加RC浪涌吸收器，防止当整流元件导通顺序发生变化，切断或接通电源产生过电压击穿元件。采用主、备双套设备，不能自动切换，只能人工切换，并可以做到完全断电。主要提供给电动转辙机作为驱动电源。

（二）交流220V的电源部分。通过隔离变压器提供三路220V、3A的交流电源，每路电源均有主、备双套设备，可以人工切换，也可以做到完全断电。主要提供给车站的旅客向导系统以及车站的接口电路。

（三）报警部分。对于各路电源均设有监督继电器，正常工作时，可靠励磁，若某路电源故障，继电器落下，同时给出灯光和音响报警提示，便于检修和维护。

二、设备维护

设备维护主要有日常维护和定期维护。前者主要进行设备的清洁和输入、输出电源的电气测量等方面的工作。定期维护主要包括连接件紧固；线槽清洁、检查，防鼠措施检查；内部检查、清扫；测量电源线对地绝缘；测试地线、防雷元件等。

三、主要操作程序

（一）主、备电源切换程序（见表21-7）

主、备电源切换程序　　表21-7

序号	操　作　内　容
1	闭合备用路（2路）的输入断路器
2	断开当前路（1路）的输出断路器，负载失电
3	闭合2路的输出断路器，由2路供电
4	断开1路的输入断路器，1路设备全部断电

（二）报警声音切除程序

当出现报警，在处理过程中，可以断开断路器10K，切断音响报警。故障修复后，闭合断路器10K即可。

第二十二章　城市轨道交通信号系统的发展

第一节　概　　述

信号系统在城市轨道交通中占有重要地位，它是保障轨道交通系统安全与高效运行的重要手段。信号系统的结构与性能直接关系到项目建设初期投资、系统运量、运行能耗，以及系统运行与维修成本。在欧洲，早在20世纪70年代初，一些发达国家已经在干线铁路及城市轨道交通上安装了各自的列车速度自动控制系统。进入20世纪90年代后，随着城市轨道交通综合技术的不断发展，各国亦相继推出各自越来越先进的列车信号自动控制系统。

第二节　信号闭塞方式的发展

目前用于城市轨道交通系统的闭塞方式有三种，即固定闭塞、准移动闭塞和移动闭塞。

一、基于传统的音频轨道电路的固定闭塞ATP系统

固定闭塞又称分级速度控制方式或台阶式速度控制模式。其特点是采用固定划分区段的轨道电路，提供分级速度信息，实施台阶式的速度监督，使列车由最高速度逐步降至零。列车超速时由设备自动实施最大常用制动或紧急制动，使列车安全停车。这种控制模式只需获得轨道电路提供的速度信息即可完成列车超速防护，其制动安全性由合理安排自动闭塞分区长度来保证。这种方式所需传输的信息量少，对应每个闭塞分区只能传送一个信息代码，即该区段所规定的最大速度码或入口/出口速度命令码，系统构成简单，设备也不复杂，因此成本低，列车速度监控采用的是闭塞分区入口/出口检查方式。

（一）出口检查方式（ATP）

在闭塞分区入口给出列车限制速度值，监控列车在本闭塞分区不超过限制速度，采取人控优先方法，控制列车在出口的速度不超过下一闭塞分区的限制速度。如超速，即强迫制动，如图22-1所示。

采用这种控制方式，列车速度的调整主要依靠司机，只是在司机操作失误时，设备才起作用。

（二）入口检查方式（ATC）

在自动闭塞分区入口处给出列车限制速度值，控制列车到出口时不超过限制速度，如图22-2所示。

二、基于报文式轨道电路的准移动闭塞ATP系统

一般采用数字式音频无绝缘轨道电路、音频无绝缘轨道电路＋感应电缆环线或计轴＋

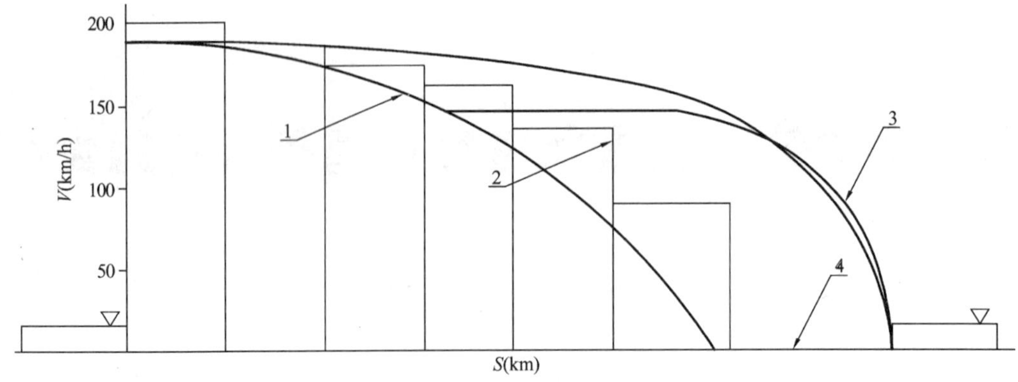

图 22-1　ATP 台阶式分级速度控制出口检查方式图

1—司机操作常用制动曲线；2—基于常用制动的台阶式限制速度曲线；

3—超速后设备动作的最大常用制动曲线；4—保护区段

ATP 台阶式分级速度控制方式图

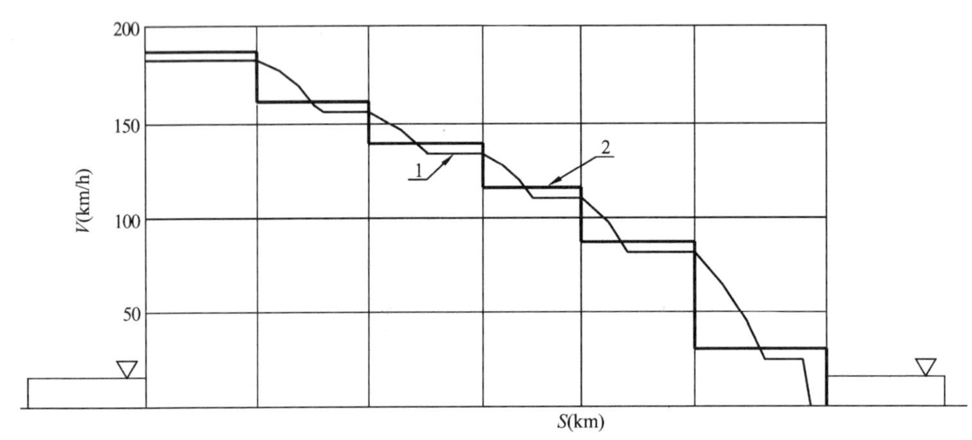

图 22-2　ATP 台阶式分级速度控制入口检查方式图

1—设备自动制动速度曲线图；2—台阶式入口检查速度曲线

ATC 台阶式分级速度控制方式图

感应电缆环线方式作为列车占用监测和 ATP 信息传输媒介，具有较大的信息传输量和较强的抗干扰能力。通过音频轨道电路的发送设备向车载设备提供目标速度、目标距离、线路状态（曲线半径、坡道）等信息，ATP 车载设备结合固定的车辆性能信息计算出适合本列车运行的速度/距离曲线，保证列车在速度/距离曲线下有序运行，提高了线路的利用率。准移动闭塞 ATP 系统采用速度/距离曲线的列控方式，提高了列车运行的平稳性，列车追踪运行的最小安全间隔较固定闭塞短，对提高区间通过能力有利。

为保证列车正常运行，前后列车之间至少隔开一个轨道区段加一个制动距离和保护区段，如图 22-3 所示。

三、基于通信的移动闭塞 ATP 系统

前两种闭塞制式均属于基于轨道电路的 ATP 系统。基于通信的移动闭塞 ATP 系统不依

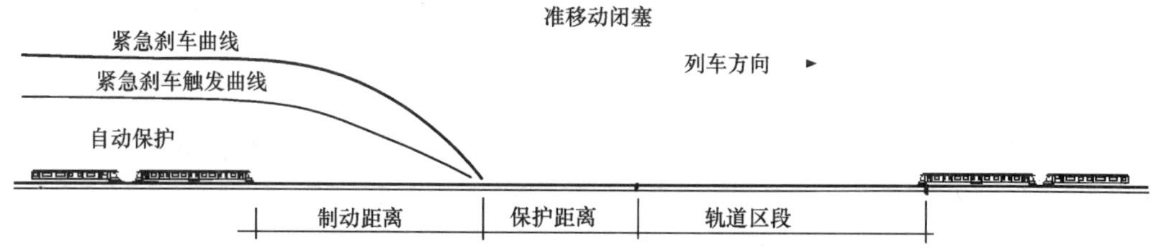

图 22-3 准移动闭塞示意图

靠轨道电路，而是采用交叉感应电缆环线、漏缆、裂缝波导管以及无线电台等方式实现车地、地车间双向数据传输。其监测列车位置使地面信号设备可以得到每一列车连续的位置信息和列车运行其他信息，并据此计算出每一列车的运行权限，及时动态更新，发送给列车。列车根据接收到的运行权限和自身的运行状态计算出列车运行的速度曲线，车载设备保证列车在该速度曲线下运行。ATO 子系统则在 ATP 保护下，控制列车的牵引、巡航及惰行、制动。追踪列车之间应保持一个"安全距离"。这个安全距离是指后续列车的指令停车点和前车尾部的确认位置之间的动态距离。这个安全距离允许在一系列最不利情况存在时，仍能保证安全间隔。列车安全间隔距离信息是根据最大允许车速、当前停车点位置、线路等信息计算出的。信息被循环更新，以保证列车不断收到实时信息。因此在保证安全的前提下，能最大程度地提高区间通过能力。

与基于轨道电路的闭塞制式相比，移动闭塞制式具有以下主要特点：

1. 实现车地双向、实时、高速度、大容量的信息传输。
2. 列车定位精度高。
3. 列车运行权限更新快。
4. 不受牵引回流的干扰。
5. 轨旁设备简单，可靠性高。
6. 缩短列车追踪间隔，提高通过能力。
7. 能适应不同性能列车的运行。

为保证列车正常运行，前后列车之间至少隔开一个制动距离和保护区段（如图 22-4 所示）。

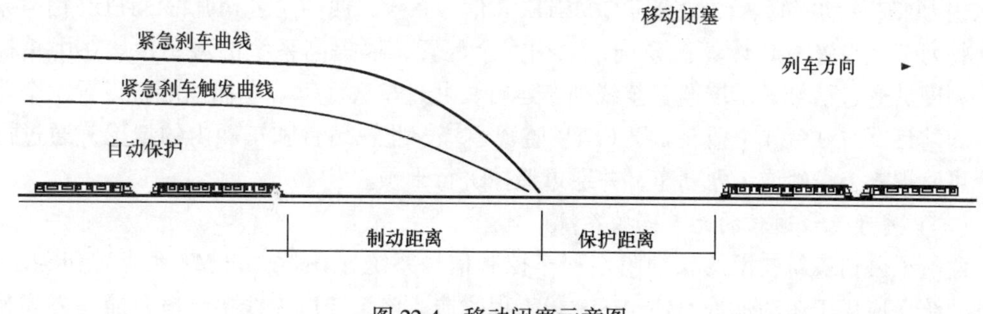

图 22-4 移动闭塞示意图

第三节　列车驾驶控制模式的发展

随着列车自动控制技术的不断发展，列车驾驶控制模式由最初的司机承担全部驾驶控制列车职责，发展为在司机监督下的 ATO（自动列车控制）运行模式，目前已有多个系统开发商提供了更为先进的无人驾驶控制技术。无人驾驶是在“列车控制系统”安全保护下，由现代计算机控制技术取代司机驾驶，自动控制列车运行的一种高度智能化的列车运营模式。在小编组、高密度、快速运行条件下，可有效节省运营成本，大幅提高运营服务水平，进一步提高城市轨道交通运行的竞争力。

无人驾驶运营模式从 1980 年开始至今已在世界多条城市轨道交通中使用，包括加拿大温哥华地铁线、法国巴黎地铁 14 号线、英国伦敦 Dockland 线、马来西亚吉隆坡轻轨 2 号线、丹麦哥本哈根轻轨线、新加坡东北线等均已实现了全自动无人驾驶运行模式。在意大利的都灵、瑞士的洛桑、西班牙的巴塞罗那等城市均在新建无人驾驶系统。从世界范围来讲，无人驾驶系统是城市轨道交通逐步走向高度集中监控和自动化管理的发展趋势，它在世界多个城市轨道交通中得到广泛运用。与轨道交通有人自动驾驶的运营系统相比，无人自动驾驶列车控制系统具有更高的安全性和可靠性，能更有效地提供运营线路的通过能力，提高列车平均旅行速度，减少车辆需求量，减少组织管理人员，为运营管理降低成本。

无人自动驾驶技术经过国外开通运营线路的实践证明，它不仅代表了轨道交通的先进性，而且已具有成熟的运用经验，但国内城市轨道交通系统尚没有无人自动驾驶载客使用的工程建设、运营管理经验。随着世界轨道交通技术发展，无人自动驾驶信号系统的列车控制运营模式将是一个可供选择的发展方向。下面列举无人自动驾驶列车控制技术的应用实例。

（一）基于环线通信的无人驾驶系统

法国巴黎地铁 14 号线一期工程长约 11km，共设置 8 座车站，车站安装屏蔽门，设计行车间隔 85s，运营行车间隔 105s，平均旅行速度 40km/h。初期 4 辆车编组，远期 6 辆或 8 辆车编组，选用 SiCMens 法国设备，工程于 1998 年 6 月开通运营。该无人驾驶自动列车控制采用 CBTC 移动闭塞、环线通信的 METEOR 信号系统（西门子公司）。METEOR 信号系统是在每列车上设置一套计算机系统，采用冗余配置，以提高系统的可用性。在中央控制室，调度员通过信号显示屏监督全线列车运行，通过车载（每节车厢两端各设置 1 个监视器）和站台（每站台 4 个监视器）CCTV 监视系统，监视站台和车厢内的情况，通过操作选择可监视 1 个车站或 1 列列车，并通过遥控进行干预。

（二）基于无线通信的无人驾驶系统

西门子公司最新技术的移动闭塞列车控制信号系统（Trainguard MT 系统）和 SICASOI 联锁系统，应用于纽约地铁 CANARSIE 线工程改造。该系统以无线扩频电台通信方式替代环线式通信，使用 2.4GHz 频段，采用直接序列扩频技术（DSSS）调制方式，码分多址编码、时序半双工进行车—地、地—车双向连续通信。

西班牙巴塞罗那 9 号线也是采用基于无线扩频技术的 CBTC 移动闭塞信号系统。

（三）基于无线漏缆通信的无人驾驶系统

瑞士洛桑轨道交通采用漏缆传输技术的无人自动驾驶系统。

（四）基于数字轨道电路通信的无人驾驶系统

2002年10月，丹麦哥本哈根建成了第一条从东向西的全自动运营线路。该线路有两条分支，一条向南连接到奥莱斯塔德（Ørestad）；一条向东连接到哥本哈根机场。第一阶段2002年10月19日开通诺雷坡特（Nørreport）-奥莱斯塔德（Ørestad）-威斯塔马格（Vestamager）；2003年5月29日开通佛鲁姆（Forum）和腓特烈斯贝（Frederiksberg），2003年10月12日地铁延伸至万洛斯（Vanløse）。该地铁线路配备34列车，每列车3辆编组。轨道电路采用US&S的AF9000轨道电路。

综上所述，信号系统技术的发展使得城市轨道交通在小编组、高密度、快速运行条件下，有效地节省运营成本，大幅提高运营服务水平，进一步提升城市轨道交通运营的竞争力。经过国内外已开通运营线路的实践证明，最大限度地提高城市轨道交通信号系统的自动化程度将是以后发展的必然趋势。显然，移动闭塞、无人自动驾驶技术等都代表了当今城市轨道交通信号系统发展的最新方向。

附录：缩写定义

ALE	处理器地址暂存启用
ATI	到达时分指示
ATO	列车自动运行
ATS	列车自动监控
ATP	列车自动防护
CC	中央控制器
CP	通信处理器
CFSU	集中故障存储单元
CPU	中央处理器
Clock	时钟系统
DI	终到站指示
DTI	发车倒计时指示
DIN-Bus	连接 ATP，ATO 车载计算机和 MMI 的数据总线
EU	扩展单元
FIFO	先进先出存储器
FTGS	西门子遥控无绝缘音频轨道电路
IM	接口模块
IMU	感应信息单元
LCP	车站控制盘
LED	发光二极管
LOW	车站操作员工作站
LZB	连续式列车自动控制系统
LED	发光二极管
MDP	模拟表示屏
MES80	为铁路信号技术而设计的微型计算机系统
MMI	人机接口
OCC	运行控制中心
OLM	光纤连接模块
OTN	开放式传输网
PC	个人计算机

续表

PCU	过程耦合单元
PIIS	旅客信息指示
PG740	编程器
PTI	列车位置识别
RS485	串行接口标准
RTU	远程终端单元
SEPP	SIMIS 开机检查程序
SIC	车站接口柜
SICAS	计算机辅助信号
SIMIS	安全微机系统
SMD	表面安装设备
SSN	西门子识别号
SYN	列车同步（系统，环线）
TFG	车门释放
VLA	在速度限制区段的速度
BHP	非安全停车点（运营停车点）
HP	安全停车点
ESTW	电子联锁
DTRO	无人驾驶列车折返运行
AR	自动折返
MMI	人机接口
RTU	远程终端单元
dc	无关

参 考 文 献

1 中华人民共和国铁道部．信号维护规则　技术标准．北京：中国铁道出版社，2002

2 李成章，王淑芳．新型 UPS 不间断电源原理与维修技术．北京：电子工业出版社，1995